Über
prozessualische Rechtsgeschäfte.

Civilprozessuale Studie

von

Dr. Josef Trutter,
freiresigniertem Hof- und Gerichts-Advokaten.

Als Habilitations-Schrift angenommen von der Juristenfakultät der königl. Ludwig-Maximilians-Universität München.

München 1890.
Kommissionsverlag von R. Oldenbourg.

Druck von R. Oldenbourg, München.

Vorrede.

Die vorliegende Studie ist entstanden in Unterbrechung einer größer angelegten Arbeit, deren Gegenstand und Ziel aus dem auf Seite 28 ff. Gesagten zu entnehmen ist. Der Wunsch, die venia legendi bald zu erlangen, wurde, da sich die Aussicht, jene Arbeit in absehbarer Zeit vollenden zu können, mit dem Fortschreiten derselben in die Ferne rückte, bestimmend dafür, daß ich mich zunächst einem beschränkterem Stoffe, als welcher mir die Erörterung der prozessualischen Rechtsgeschäfte nahegelegt wurde, zuwendete.

In meiner anfänglichen Erwartung, das Thema bearbeiten zu können, ohne auf die großen Streitfragen des Civilprozesses eingehen zu müssen, sah ich mich bald getäuscht, dafür aber mitten auf den Kriegsschauplatz versetzt; ich konnte nicht ausweichen, am Kampfe wenigstens als Schildträger teilzunehmen. Ob ich mich auf Seite der Siegenden oder Unterliegenden unter den Todten befinden werde, soll mir gleich sein, wenn ich nur wenigstens etwas zur baldigen Entscheidung des erlahmenden Kampfes beigetragen habe. Daß ich mich besonders in Fällen, in denen ich mich weder dem pro noch dem contra voll anzuschließen vermochte, Angriffen aussetze, wurde mir erst recht klar, als ich erkannte, daß meine Erörterungen der prozessualischen Rechtsgeschäfte nur eine Vorstudie für meine unterbrochene Arbeit sind.

**

Wenn ich es unternehme, mit dieser als Habilitations-Schrift approbierten Studie unter Hinzufügung eines der Fakultät nicht vorgelegten Exkurses vor die Öffentlichkeit zu treten, so geschieht dies abgesehen von dem nur so erreichbaren Zwecke meiner Habilitierung in der Hoffnung, daß es mir gelungen ist, auch Gutes gebracht zu haben. In einzelnen Fällen habe ich die Überzeugung davon dadurch erlangt, daß ich die gewonnenen Resultate übereinstimmend fand mit dem Ergebnisse bereits früher angestellter historischer Untersuchungen. Und doch mußte ich für jetzt darauf verzichten mich auf dasselbe zu berufen, weil diese in anderen Fällen noch nicht zu dem gewünschten Ergebnisse geführt haben und mir eine ungleichmäßige Behandlung der einzelnen Fragen unzulässig erschien. Bei Wiederaufnahme meiner unterbrochenen Arbeit, hoffe ich dies nachholen zu können.

Ein während der Drucklegung unternommener Versuch, die Studie, welche innerhalb Jahresfrist zum Abschlusse und zur Vorlegung gebracht worden war, teilweise umzuändern, ist, wie ich sehe, nicht zum Vorteile ausgefallen. So konnten insbesondere Abänderungen, welche sich erst bei Revision späterer Abschnitte ergaben, wegen vorgeschrittener Drucklegung in früheren Abschnitten nicht mehr berücksichtiget werden, so daß vielleicht zuweilen scheinbare Widersprüche zu Tage treten, deren Aufklärung ich mir vorbehalten muß. Nur **eines** und zwar nicht bloß scheinbaren, sondern thatsächlich existierenden **Widerspruches** sei hier gedacht.

Während ich im allgemeinen Teile S. 160 ff. und auch noch an späteren Stellen den **Verzicht** auf prozeßhindernde Einreden — auf die Erklärung des nolle seitens des Beklagten — als ein prozessualisches Rechtsgeschäft ausdrücklich bezeichne und dementsprechend behandle, bin ich hiervon in der sedes materiae auf Seite 405 f. **abgegangen**. An der zuletzt aufgestellten Ansicht halte ich fest und es wäre darnach das früher Gesagte richtig zu stellen. Der Beklagte hat nur die **Möglichkeit**, das Zustandekommen des vom Kläger beabsichtigten Klaggeschäftes beim Mangel dispositiver Voraussetzungen durch Erklärung seines nolle zu vereiteln; ein Verzicht auf diese Möglichkeit ist **kein** Verzicht im technischen Sinne. Insoferne daher von einem Verzichte in diesen Fällen gesprochen wird, ist das Wort Verzicht in vulgärem Sinne zu nehmen und es entfallen jene Ausführungen, die darauf beruhen, daß wir es in diesen Fällen mit einem ein subjektives Prozeßrecht beendenden, rechtsgeschäftlichen Verzichte zu thun haben. An der versuchten Konstruktion des Klagegeschäftes wird dadurch nichts geändert.

Wenn sogar, wie eben dargethan, durch eine überhastete Abänderung die Sache gelitten, um wieviel mehr erst die Form. Manche sonst unverzeihliche Satzbildung wird nicht als nach meinen Geschmacke ausgefallen angesehen werden dürfen.

München, im Oktober 1890.

Josef Trutter.

Inhalt.

I. Allgemeiner Teil.

II. Besonderer Teil.

III. Exkurs.

Paragraphen-Register.

Angabe

jener Werke, auf welche in dieser Studie samt daran sich anschließendem Exkurse Bezug genommen wird.

Name des Autors	Name des Werkes	wird citiert
Bekker	Die Aktionen des röm. Privatrechtes . .	Bekker A.
„	System des heutigen Pandektenrechtes . .	Bekker P.
v. Bethmann-Hollweg	Civilprozeß des gem. Rechtes	Bethmann-Hollweg
Bierling	Zur Kritik der juristischen Grundbegriffe .	Bierling K.
Binding	Normen und ihre Übertretungen . . .	Binding N.
Birkmeyer	Das Offizialverfahren im Civilprozeß (Busch Zeitschr. Bd. 7)	Birkmeyer O.
„	Begriff der Streiteinlassung des Beklagten nach der RCPO. und seine Vorgeschichte (Arch. f. civ. Pr. Bd. 66)	Birkmeyer B.
Brettner	Abhandlung in den Beitr. z. Erläut. des deutschen Rechtes Bd. 25 S. 327 ff. . .	Brettner
Brinz	Pandekten	Brinz P.
Brunner	Deutsche Rechtsgeschichte	Brunner
Bruns	Das heutige röm. Recht (in v. Holtzendorff Encykl.)	Bruns
Bulgarus	Summa de judiciis (Wunderlich) . . .	Bulgarus
Bülow	Die Lehre von den Prozeßeinreden und die Prozeßvoraussetzungen	Bülow Pr.
„	Civilprozessualische Fiktionen und Wahrh. (Arch. f. c. Pr. Bd. 62)	Bülow F.
„	Dispositives Civilprozeßrecht u. s. w. (Arch. f. c. Pr. Bd. 64)	Bülow D.
Degenkolb	Einlassungszwang und Urteilsnorm . .	Degenkolb E.
Demelius	Die confessio im röm Civilprozeß u. s. w.	Demelius C.
„	Schiedseid u. Beweiseid im röm. Civilprozeß	Demelius Sch.

Name des Autors	Name des Werkes	wird citiert
Dernburg	Pandekten	Dernburg P.
Deybeck	Der Gerichtsstand der Vereinbarung . .	Deybeck G.
Franke	Die Nebenparteien	Franke N.
Hasse	Über das Wesen der Actio (Rhein. Mus. Bd. 6)	Hasse A.
Heise	Grundriß eines Systemes des gem. Civilrechtes	Heise
Hellmann	Lehrbuch des deutschen Civilprozeßrechts .	Hellmann L.
Heußler	Institutionen des deutschen Privatrechtes .	Heußler
Heyßler	Besprechung des Degenkolb'schen Einl. u. Urt. Norm. (Grünhut Zeitschr. Bd. 5) .	Heyßler
Hufeland	Lehrbuch des in deutschen Ländern geltenden Civilrechtes	Hufeland
Huschke	Über das Recht des Nexum und das alte röm. Schuldrecht	Huschke
Jhering	Geist des röm. Rechtes	Jhering
Karlowa	Das Rechtsgeschäft und seine Wirkungen .	Karlowa R.
Keller	Der röm. Civilprozeß (rev. von Wach) .	Keller
Klein	Die schuldhafte Parteihandlung	Klein Sch. P. H.
Kohler	Der Prozeß als Rechtsverhältnis . . .	Kohler Pr.
Köppen	Der obligat. Vertrag unter Abwesenden .	Köppen O.
Kroll	Klage und Einrede	Kroll Kl.
Küntzell	Abhandlung in den Beiträgen zur Erl. des deutschen Rechts (Bd. 25 S. 327 ff.)	Küntzell B.
Lenel	Abhandl. in den Jahrb. f. Dogmat. Bd. 19	Lenel A.
„	Das Edictum perpetuum	Lenel E.
Liszt	Lehrbuch des Strafrechtes	Liszt L.
Lotmar	Über causa im röm. Rechte	Lotmar C.
Menger	System des österr. Civilprozeßrechtes . .	Menger S.
Muther	Zur Lehre von der römischen Actio, dem heutigen Klagrechte rc.	Muther A.
„	Besprechung der Bekker'schen Aktionen (Krit. Viertelj.-Schrift Bd. 15, 17)	Muther B.
Pernice	Rechtsgeschäft und Rechtsordnung (Grünhuts Zeitschr. Bd. 7 S. 465—498) . .	Pernice R.
v. Planck	Recht zur Beweisführung (Zeitschrift für deutsches Recht Bd. 1)	Planck R.
„	Lehre vom Beweisurteil	Planck B.
„	Das deutsche Gerichtsverfahren im Mittelalter	Planck G.

Name des Autors	Name des Werkes	wird citiert
v. Planck	Lehrbuch des deutschen Civilprozeßrechtes .	Planck L
Plósz	Beiträge zur Theorie des Klagrechtes . .	Plósz K.
Rudorff	Römische Rechtsgeschichte	Rudorff
Savigny	Vermischte Schriften	Savigny V.
"	System des heut. röm. Rechtes	Savigny S.
Schollmeyer	Zwischenstreit	Schollmeyer
Schultze	Privatrecht und Prozeß	Schultze Pr. u. Pr.
Schuppe	Der Begriff des subjektiven Rechtes . .	Schuppe B.
Schwalbach	Über Rechtshängigkeit und formelle Rechtskraft (Arch. f. c. Pr. Bd. 64)	Schwalbach R.
"	Der Fall der Versäumung und der Eintritt der Versäumnis (Gruchot Beitr. Bd. 26)	Schwalbach V.
Seuffert	Kommentar	Seuffert C.
Siegel	Geschichte des deutschen Gerichtsverf. . .	Siegel G.
Sohm	Begriff des Forderungsrechtes (Grünhuts Zeitschr. Bd. 4)	Sohm F.
"	Der Prozeß der lex Salica	Sohm Pr.
Thon	Rechtsnorm und subjektives Recht . . .	Thon R
Unger	System des österr. Privatrechtes . . .	Unger S.
Wach	Defensionspflicht und Klagrecht (Grünhuts Zeitschr. Bd. 6)	Wach D. u. K.
"	Präklusion und Kontumaz (Grünhuts Zeitschrift Bd. 7)	Wach Pr. u. K.
"	Geständnis (Arch. f. civ. Pr. Bd. 64) . .	Wach G.
"	Vorträge über die Reichscivilprozeßordnung	Wach V.
"	Handbuch des deutschen Civilprozeßrechtes	Wach H.
Wendt	Beweis und Beweismittel (Arch. f. c. Pr. Bd. 63)	Wendt B.
Wetzell	System des ordentlichen Civilprozesses .	Wetzell
Wilda	Pfändungsrecht (Ztschr. f. deutsch. R. Bd 10)	Wilda
Windscheid	Die Actio des röm. Civilrechtes vom Standpunkte des heutigen Rechtes	Windscheid A.
"	Pandekten	Windscheid P.
Zimmern	Geschichte des röm. Privatrechtes . . .	Zimmern
Zitelmann	Irrtum und Rechtsgeschäft	Zitelmann J. u. R.

Berichtigungen.

Seite	5	Zeile	6	von	oben	lies: intendentis statt intendendis.
„	11	„	12	„	unten	lies: erfolgen soll „ erfolgt.
„	24	„	16	„	„	lies: Geltung statt Gattung.
„	38	„	15	„	„	lies: Rechtsgeschäfte.
„	44	„	11	„	oben	lies: § 83 Abs. 2 statt § 13 Abs. 2.
„	66	„	9	„	unten	lies: Streitverkündung statt Streitverbindung.
„	70	„	1	„	oben	ist nach „der Antrag" ein Komma einzuschalten.
„	72	„	15	„	oben	lies: ab instantia statt ab instantia.
„	85	„	10	„	„	lies: geschützt statt geschätzt.
„	101	„	2	„	unten	lies: in dem „ bei dem.
„	134	„	4	„	„	lies: fähigen „ fähiger.
„	160	„	14 f.	„	oben	wird der Verzicht auf prozeßhindernde Einreden ausdrücklich als ein prozessualisches Rechtsgeschäft erklärt; dies ist unrichtig; **ich verweise auf das in der Vorrede S. IV und V Gesagte.**
„	161	„	13	„	unten	ist § 257 zu streichen.
„	170	„	15	„	oben	lies: auf statt au.
„	181	„	9	„	„	ist „mit" zwischen „zeitig" und „der" einzuschalten.
„	183	„	4	„	„	ist „die" einmal zu streichen.
„	194	„	10	„	unten	lies: Prorogationsvertrages statt Prorogationsantrages.
„	213	„	16	„	„	ist „der" einmal zu streichen.
„	220	„	3	„	oben	lies: durch statt dch.
„	247	„	17	„	unten	ist nach „die Klage" ein Komma einzuschalten.
„	253	„	14	„	oben	ist „diese" zu streichen.
„	272	„	5	„	„	ist „und 241" zu streichen.
„	272	„	15	„	„	lies: diesen Mangel statt dieselbe.
„	309	„	8	„	unten	lies: 277 statt 267.
„	309	„	1	„	„	lies: Folge statt Wirkung.

Seite 311	Zeile	2	von	unten	lies: ersterer statt letzterer.
„ 314	„	6	„	oben	lies: Prozeßhandlungen statt Prozeßverhandlungen.
„ 330	„	16	„	unten	sind nach „vollziehen" die Worte „auf Feststellung einer Thatsache gerichtet ist" einzuschalten.
„ 352	„	3	„	oben	lies: welcher statt welche.
„ 366	„	7	„	unten	lies: Schiedseide statt Schiedsgerichte.
„ 390	„	12	„	„	lies: um statt und.
„ 401	„	8	„	oben	ist „und" zu streichen.
„ 428	„	11	„	unten	ist nach „eingeleitet" einzuschalten „(§ 128)".
„ 438	„	2	„	„	lies: möglich.
„ 452	„	12	„	oben	lies: cognitio statt cognitis.
„ 452	„	15	„	„	lies: Angabe „ Angaben.
„ 456	„	14	„	„	lies: aus dem „ aus den.
„ 479	„	9	„	„	lies: hätte „ hatte.
„ 480	„	20	„	„	lies: ergehen „ vorgehen.
„ 481	„	9	„	„	lies: judicio „ judicis.
„ 492	„	13	„	unten	lies: hätte „ hatte.

I. Allgemeiner Teil.

Einleitung.

Die erste systematische Bearbeitung des Prozeßrechtes — heute würde man das Büchlein einen Grundriß zur Vorlesung über Prozeßrecht nennen — verdanken wir bekanntlich Bulgarus, dem hervorragendsten Mitgliede des in der 2. Hälfte des 12. saec. zu Bologna tagenden vierköpfigen Doktorenkollegiums; der wissenschaftliche Wert seiner Summa de judiciis ist von einem der Berufensten — v. Bethmann Hollweg — entsprechend gewürdigt worden.

Siebenhundert Jahre, nachdem das erste System des Civilprozesses der wissenschaftlichen Behandlung desselben in markigen Zügen die Richtung angedeutet hat, in der sie sich zu bewegen habe, erschienen Prolegomena zu einem System des Civilprozesses, in deren Vorwort der Verfasser — Kohler — seine Ansicht dahin ausspricht, daß ein jedes System des Civilprozesses insolange verfrüht sei, bis die wichtigsten prozessualischen Erscheinungen fundiert, auf ihre Prinzipien zurückgeführt und die wichtigsten prozeßrechtlichen Institute in ihre Elemente zerlegt sind.

Ein hartes Wort! nicht ermutigend für jene Männer der Wissenschaft, welche bereits daran gegangen sind, eine systematische Bearbeitung des heute im deutschen Reiche geltenden Prozeßrechtes zu liefern.

Ob nicht die wissenschaftliche Arbeit, die nach Kohler (wohl von Verschiedenen) gethan sein soll, bevor an eine systematische Behandlung des Prozeßrechts gegangen werden kann, einheitlich beim Aufbaue eines Systemes gethan werden muß, wenn sich die Prinzipien als richtige, die Elemente als solche erkennen lassen sollen?

Vor sieben Jahren hat Schultze Pr. und Pr. (Bd. I S. 48) die Behauptung aufgestellt, „der Prozeß sei kein Rechtsverhältnis, sondern ein Rechtsgeschäft oder vielmehr eine Mehrheit von Rechtsgeschäften" und daran die Prophezeiung geknüpft, daß „in einer erschöpfenden Theorie der Prozeßrechtsgeschäfte die Zukunft der Prozeßrechtswissenschaft ruhe" (a. a. O. S. 288). Zur Erfüllung der Prophezeiung hat Schultze leider seither nichts gethan; sie wird sich auch wohl kaum erfüllen; aber immerhin dürfte es sich verlohnen, sich zur Zeit, wo noch jeder Aufschluß über die Stellung und Bedeutung der Prozeßrechtsgeschäfte in einem Systeme des Civilprozeßrechtes mangelt, mit diesen Prozeßrechtsgeschäften, denen eine so große Wichtigkeit nicht nach- sondern vorgerühmt wird und zu „deren (noch ungeschriebenen) Lehre" bis jetzt nur „ein Beitrag" allerdings von Wach mit dessen „Geständnis" geliefert wurde, ex professo zu beschäftigen.

Die Schwierigkeiten, welche sich dem Unternehmen, das Wesen und die Bedeutung der Prozeßrechtsgeschäfte, oder wie sie im weiteren Verlaufe der Untersuchungen genannt werden sollen, der prozessualischen Rechtsgeschäfte klarzulegen, entgegenstellen, erscheinen so schwer zu bewältigende, daß wohl nicht daran gedacht werden kann, mit dem ersten Versuche, ihrer Herr zu werden, eine „erschöpfende Theorie der Prozeßrechtsgeschäfte" zu liefern.

Angestrebt wird nur, durch Ausscheidung der prozessualischen Rechtsgeschäfte aus der großen Gruppe der Prozeßhandlungen, durch Gegenüberstellung derselben und zwar sowohl mit den anderen Prozeßhandlungen, als auch mit den Handlungen im Prozesse Resultate zu gewinnen, welche sich bei dem Aufbaue eines Systemes des Civilprozeßrechtes durch die Hand eines Berufenen vielleicht verwerten ließen.

Ausgegangen soll werden von jenen Worten, welche bereits die erste systematische Darstellung des Civilprozeßrechtes über den Gegenstand der folgenden Untersuchungen enthält.

Bulgarus sagt in seiner Summa de judiciis im Titel 8:

Judicium accipitur actus ad minus trium personarum, actoris intendendis, rei intentionem evitantis, judicis in medio cognoscentis.

Quod vero ut juris sortiatur effectum, spectatur forma judicii, (judicis)[1]) vis ac potestas. Forma in instituendo et terminando.

In instituendo intuemur personas, rem utrumque simul....

In terminando forma illa est:

Actor, ut vincat, intendat actionem, intentionem probet. Simili modo reus negabit, excipiet, probabit.

Judex examinet, saepius interroget, postea pronunciet.... executioni quod judicatum est mandans.

Nachdem bis zum 12. saec. zur sententia diffinitiva ohne vorangehende Litis contestatio gar nicht, im 12. und 13. saec. nur nach einzelnen italienischen Stadt- und Landrechten oder ausnahmsweise endlich seit der Clementina Saepe vom Jahre 1306 nur in den Fällen des außerordentlichen Verfahrens geschritten werden konnte[2]) so ist es gewiß richtig, daß zur Begründung (in instituendo) des judicium actus ad minus trium personarum notwendig gehörten; weiters ist es auch richtig, daß die

---

[1]) Diese von Wunderlich gemachte, offenbar durch die nachfolgenden Worte »vis ac potestas« veranlaßte Einschaltung scheint gewiß mit Rücksicht auf die später folgende Stelle: »vis et potestas est ex contestatione et pronumciatione« unrichtig; nicht um die vis et potestas judicis handelt es sich, sondern gerade um die des judicium.

[2]) Vergleiche darüber Wetzell S. in § 49 von Nr. 51—56 und die dort citierte Literatur.

regelmäßige Durchführung (in terminando) des judicium durch actus der drei Prozeßsubjekte erfolgte.

Auch heute setzt sich noch der Prozeß aus den actus des Klägers, des Beklagten und des Gerichtes zusammen, welche Bulgarus aufzählt; ob sie bei jedem Prozesse notwendigerweise vorkommen müssen, ist eine andere Frage, die von Verschiedenen verschieden beantwortet wird, je nachdem es sich um die Begründung oder um die Durchführung des Prozesses handelt.

Während nun Bulgarus die forma in terminando durch Aufzählung der einzelnen actus, welche den genannten Personen zufallen, angibt, beschäftigt er sich bei Erörterung der forma in instituendo nicht mit den actus, durch welche das judicium zu stande kommt, sondern mit den Voraussetzungen für die Wirksamkeit der diesbezüglichen actus, mit der Fähigkeit zur Vornahme der actus und mit der Legitimation.

Die actus, welche Bulgarus ausdrücklich nennt und durch deren Vornahme die Durchführung des Prozesses erfolgt, sind auf Seite des Klägers: „behaupten" und „beweisen", auf Seite des Beklagten: „leugnen", „excipieren" und „beweisen", und auf Seite des Gerichtes: „untersuchen", „fragen" und „urteilen".

Betrachten wir den heutigen Prozeß, so haben wir es mit denselben actus zu thun. Schon daraus, daß sie noch immer dieselben sind, folgt deren Bedeutung für den Prozeß und für dessen wissenschaftliche Konstruktion.

Daß aber diese actus „Prozeßrechtsgeschäfte" sind, wird wohl Niemand behaupten; wenn nun auch die Zukunft der Prozeßrechtswissenschaft in einer erschöpfenden Theorie der Prozeßrechtsgeschäfte bestehen sollte, so wird man doch nicht übersehen können, daß uns eine lange Vergangenheit und die Gegenwart dazu drängt, gerade das Wesen, die Bedeutung und die Wirkung dieser actus, welche nicht nur seit Bulgarus, sondern seit Jahrtausenden dieselben geblieben sind, zu erforschen und festzustellen.

Neben der Theorie der Prozeßrechtsgeschäfte wird sich auch

in Zukunft noch ein ergiebiges Feld für prozeßwissenschaftliche Untersuchungen bieten.

Gerade mit den von Bulgarus aufgezählten actus wird sich hier nicht eingehend zu beschäftigen sein; soll es Prozeßrechtsgeschäfte geben, so müssen dies *andere* als die von Bulgarus genannten actus sein; zählt man zu diesen mit Rücksicht darauf, daß Bulgarus des actoris als intendentis und des rei als intentionem evitantis gedenkt, das „verlangen", oder „begehren", oder „beantragen" der beiden Parteien, so hat man so ziemlich der Hauptsache nach jene actus, welche von einem Einzuge in die Prozeßwissenschaft der Zukunft als *Prozeßrechtsgeschäfte* gewiß *ausgeschlossen* sind.

Prozeßrechtsgeschäfte dürften vielmehr dort zu suchen sein, wo Bulgarus keine actus nannte, also *in instituendo*; vielleicht zeigen sich auch in terminando von Bulgarus nicht genannte actus, welche mit den genannten in einem Gegensatze, dagegen mit den in instituendo gefundenen in einer Verwandtschaft stehen und zusammen mit diesen die Gruppe der prozessualischen Rechtsgeschäfte, welche aus der Gesamtheit der actus als eine selbstständige auszuscheiden ist, bilden.

Wenn nun ein Teil der actus, *durch* welche sich der Prozeß *vollzieht*, und welche im Anschlusse an die Terminologie der RCPO. *Prozeßhandlungen* genannt werden sollen, als eine besondere Art derselben mit dem Namen *prozessualische Rechtsgeschäfte* gekennzeichnet wird, so wird für den anderen Teil der Prozeßhandlungen, für die schon von Bulgarus genannten actus eine sie zusammenfassende Bezeichnung zu suchen sein. Es würden sich also vor allem gegenüberstehen: die *Prozeßhandlungen* und die anderen Handlungen, durch welche sich der Prozeß *nicht* vollzieht, die aber doch *im* Prozesse vorkommen können, und die im Gegensatze „*Handlungen im Prozesse*" genannt werden sollen; weiters würden sich gegenüber stehen: innerhalb der ersteren die *prozessualischen Rechtsgeschäfte* und die übrigen Prozeßhandlungen, welche, da ein ganz entsprechender Name für dieselben nicht zur Verfügung steht, im Anschlusse an Kohler Pr. (S. 34) mit prozessualische „Rechtsakte" bezeichnet werden sollen.

Hält man vorläufig auch für den Prozeß daran fest, daß Rechtsgeschäfte Handlungen sind, durch welche nach der Intention der Handelnden Rechtsverhältnisse und damit Rechte begründet, abgeändert oder aufgehoben werden sollen, daß sie also rechtserzeugende Handlungen sind, so machen im Gegensatze dazu die Gruppe der Rechtsakte jene Handlungen aus, durch welche Rechte ausgeübt werden, also die rechtsausübenden.

Ob nun thatsächlich die Prozeßhandlungen zum Teile das eine, zum Teile das andere sind, muß sich erst durch die anzustellenden Untersuchungen ergeben. A priori dürfte sich sagen lassen, daß, wenn der Prozeß ein Rechtsverhältnis ist, dessen Inhalt notwendigerweise Rechte zu und auf prozessuale Handlungen bilden, die dieses Rechtsverhältnis begründenden Handlungen Rechtsgeschäfte sein müssen, während die Handlungen, durch welche das Prozeßverhältnis zu seiner Entwickelung und Beendigung gebracht wird, Rechtsakte sein können, aber nicht sein müssen; letzteres dann nicht, wenn das positive Prozeßrecht eine Abänderung oder Beendigung des Prozeßverhältnisses durch Rechtsgeschäfte zuläßt.

Das objektive Prozeßrecht bestimmt einerseits, wie das Prozeßverhältnis und andere neben demselben vorkommende prozessualische Rechtsverhältnisse entstehen, geändert und aufgehoben werden, andererseits deren Inhalt, die Rechte zu und auf Handlungen der in dem Prozeßverhältnisse oder in einem anderen prozessualischen Rechtsverhältnisse stehenden Personen und damit zugleich in Anbetracht des Umstandes, daß das Prozeßverhältnis ein fortschreitendes, ein sich nach seinem bestimmungsmäßigen Ende zu durch Prozeßhandlungen entwickelndes ist, jene Handlungen, durch welche sich dasselbe entwickelt und zum bestimmungsmäßigen Ende gelangt. Jene Prozeßhandlungen nun, durch welche absichtsgemäß das Prozeßverhältnis oder auch andere prozessualische Rechtsverhältnisse oder nur einzelne subjektive Prozeßrechte zur Entstehung gelangen, abgeändert oder aufgehoben werden, wären prozessualische Rechtsgeschäfte.

Mit Rücksicht auf die besondere Natur des Prozeßverhältnisses als eines bestimmungsgemäß fortschreitenden und mit der Erfüllung des Prozeßzweckes endenden, sowie mit Rücksicht darauf, daß dieses Fortschreiten und Enden durch Handlungen der Prozeßsubjekte bewirkt wird, muß, um ein Mißverständnis nicht aufkommen zu lassen, sofort hervorgehoben werden, daß die Handlungen, durch welche die in dem objektiven Prozeßrechte vorgesehene normale Entwickelung und Beendigung des Prozeßverhältnisses erfolgt, keine prozessualen Rechtsgeschäfte sind, wenn auch bei Vornahme der Handlung die Absicht des Handelnden etwa auf die Herbeiführung des vom objektiven Prozeßrechte bestimmten prozessualen Erfolges gerichtet sein sollte. Durch solche Prozeßhandlungen erfolgt vielmehr nur die Ausübung aus dem Prozeßverhältnisse fließender Rechte; sie sind Rechtsakte, durch welche prozessuale Rechte bethätigt werden; die wichtigsten sind die Erklärungshandlungen, sowohl Wissens- als auch Willens-Erklärungen; die letzteren und nur diese erzeugen neue prozessuale Ansprüche des Handelnden an ein anderes Prozeßsubjekt; durch solche Ansprüche erweitert sich wohl das Prozeßverhältnis inhaltlich; es entwickelt sich und ändert sich auch insofern; aber diese Änderungen liegen in der Eigenart des Prozeßverhältnisses als eines fortschreitenden und sind darum im objektiven Prozeßrechte im voraus vorgesehen und geregelt.

Die Handlungen, durch welche subjektive Rechte ausgeübt werden, spielen im Prozesse eine ganz andere Rolle als im Privatrechte.

Privatrechtsverhältnisse sind mit Ausnahme der dem Prozeßverhältnisse am nächsten verwandten Obligationen stationäre, für eine längere Dauer bestimmte; sie haben zu ihrem Inhalte Rechte und Pflichten zu und auf Handlungen, deren Ausübung unter dem Schutze des Privatrechtes steht.

Eine Anzahl von Privatrechtsverhältnissen wird geschaffen

behufs fortdauernder Ausübungen dieser Handlungen als Rechtsakte, ohne daß dadurch das Privatrechtsverhältnis geändert wird.

Hiermit soll nicht etwa gesagt werden, daß es im Privatrechte nicht auch Handlungen gibt, durch welche ein subjektives Privatrecht ausgeübt und zugleich eine Änderung des Privatrechtsverhältnisses bewirkt wird.

Solches findet sich vor allem bei jenen Privatrechtsverhältnissen, auf deren Ähnlichkeit mit dem judicium bereits in der l. 83 § 1 de verb. obl. und l. 29 de novat. hingewiesen wurde, bei den Obligationen[8]).

Das juristische Interesse, welches die notwendige Voraussetzung eines jeden subjektiven Rechtes bildet, ist beim subjektiven Privatrechte ein anderes als beim subjektiven Prozeßrechte.

Es ist ein selbständiges, zumeist ein wirtschaftliches oder sittliches; es findet seine Befriedigung in den Handlungen, zu welchen das subjektive Privatrecht berechtigt resp. verpflichtet. Durch Vornahme einer Parteiprozeßhandlung wird allerdings auch ein juristisches Interesse befriedigt, aber dieses ist kein selbständiges, sondern es besteht nur mit Rücksicht auf ein privatrechtliches d. i. durch das Privatrecht zu einem rechtlichen gemachten, wirtschaftlichem oder sittlichem Interesse; durch die einzelne Prozeßhandlung wird kein privatrechtliches also selbständiges Interesse befriedigt; sie hat keinen unmittelbaren Wert, sondern ist nur Mittel zum Zwecke der Privatrechtsbewährung.

Die bekannte von Ihering aufgestellte Definition des subjektiven Privatrechtes, „Rechte sind rechtlich geschützte Interessen", ließe sich ganz abgesehen davon, daß hinter dem Prozeßrechte zu dessen Schutze kein solches Rechtsinstitut mehr steht, wie der Prozeß, welcher zum Schutze des Privatrechtes hinter diesem steht, auf das subjektive Prozeßrecht gar nicht übertragen.

In eine Definition des subjektiven Prozeßrechtes könnte das Interesse, der Nutzen oder Vorteil, — das Privatrecht dient dem-

[8]) Vergleiche hierüber insbesondere Unger S. (B. II. S. 545 und 546 Z. 4), dann Sohm F. (S. 457 f.)

selben wenigstens direkt — noch viel weniger aufgenommen werden; durch das Privatrecht sollen wirtschaftliche oder sittliche Interessen zu rechtlichen werden, indem sie als berechtigte geschützt werden; durch das Prozeßrecht soll aber dieser im Privatrechte versprochene Schutz bethätigt, das Privatrecht verwirklicht werden; das Privatrecht bezweckt den Interessenschutz, das Prozeßrecht ist das Mittel, durch welches jener Zweck erreicht wird.

Wer in Ausübung eines Privatrechtes handelt, befriedigt ein wirtschaftliches oder sittliches Interesse in rechtlicher Form; die in Ausübung eines Prozeßrechtes handelnde Partei sucht diese Befriedigung indirekt durch eine Richterhandlung herbeizuführen.

Die Befriedigung des Interesses ist die Wirkung einer in Ausübung eines subjektiven Privatrechtes gesetzten Handlung, aber sie kann immer nur die Folge einer in Ausübung eines subjektiven Prozeßrechtes durch die ihr Interesse verfolgende Prozeßpartei gesetzten Handlung sein, deren Wirkung vielmehr immer nur die Vornahme einer anderen prozessualen Handlung und zwar einer Richterhandlung ist und sein kann.

Das Prozeßverhältnis ist ein Zweckverhältnis κατ' ἐξοχήν. Die Prozeßhandlungen können nie Selbstzweck sein; durch sie soll nur das Prozeßverhältnis geschaffen, weiter entwickelt und zu dem Abschlusse gebracht werden, durch welchen die Bewährung des Privatrechtes erfolgt.

Durch die Vornahme von Prozeßhandlungen werden insolange prozessuale Ansprüche erzeugt und erfüllt, bis der Zweck des behufs Erfüllung dieses Zweckes geschaffenen Prozesses selbst erfüllt ist; das Prozeßverhältnis wird nur geschaffen, um die autoritative Rechtsanwendung durch Urteil zu bewirken; alle Parteihandlungen, welche den Inhalt des Prozeßverhältnisses bilden, haben nur den Zweck, jene den Prozeß abschließende Richterhandlung vorzubereiten und zu ermöglichen; sie bezwecken nur die Erreichung des Prozeßzweckes, sind darauf abgestellt und deshalb mit Rücksicht auf das jeweilige Entwickelungsstadium des Prozesses, in welches die betreffenden Prozeßhandlungen fallen, und in Ansehung der ihnen innewohnenden Kraft, den Prozeß fortzuentwickeln, verschieden gestaltet und geartet. Die Handlungen, durch welche subjektive Prozeßrechte ausgeübt werden, zeigen sich daher ganz anders, als die Handlungen, durch welche subjektive Privatrechte insbesondere dingliche oder familienrechtliche ausgeübt werden; jene nähern sich durch ihre das Prozeßverhältnis fortbildende Kraft den Rechtsgeschäften und es wird darum für das Prozeßrecht viel schwieriger, die Rechtsakte von den Rechtsgeschäften zu sondern, als für das Privatrecht.

Vorläufig ließe sich der Unterschied zwischen beiden vorbehaltlich einer Ergänzung durch sich erst später ergebende Unterscheidungsmerkmale dahin präzisieren, daß prozessualische Rechtsgeschäfte jene Handlungen sind, durch welche prozessualische Rechtsverhältnisse resp. subjektive Prozeßrechte absichtsgemäß begründet und in anderer Weise, als dies bereits durch die Natur des Prozeßverhältnisses als eines in steter Entwickelung begriffenen bedingt ist, geändert und aufgehoben werden, während prozessuale Rechtsakte solche Handlungen sind, durch welche absichtsgemäß nur die Ausübung eines subjektiven Prozeßrechtes erfolgt, wenn dieselbe auch eine Weiterentwickelung — also Änderung — oder die Beendigung des Prozesses notwendigerweise mit sich bringt. Das Urteil ergeht nicht, um das Prozeßverhältnis zu beendigen, sondern um den Prozeßzweck, autoritative Rechtsanwendung zu verwirklichen, womit das Prozeßverhältnis als Zweckverhältnis beendigt wird.

Weiters ist es wohl selbstverständlich, daß ein prozessualer Rechtsakt, d. i. eine Prozeßhandlung, durch welche ein subjektives Prozeßrecht ausgeübt werden soll, zur notwendigen Voraussetzung das Bestehen des subjektiven Prozeßrechtes, und wenn dieses den Inhalt eines prozessualischen Rechtsverhältnisses mit bildet, auch des letzteren hat.

Die einzelnen subjektiven Prozeßrechte werden durch das objektive Prozeßrecht, die Prozeßordnung bestimmt; auch die Form und die Zeit ihrer Ausübung; die einzelnen Prozeßrechte sind dem jeweiligen Prozeßstadium, für welches sie bestimmt sind, entsprechend; sie haben ihren Platz nur an bestimmter Stelle.

Insoweit sie den Inhalt von prozessualischen Rechtsverhältnissen ausmachen, hängen sie von der Entwickelung derselben, insbesondere des Prozeßverhältnisses ab und ihre Ausübung mit der Weiterentwickelung derselben resp. desselben zusammen.

Dagegen können Rechtsgeschäfte, durch welche das Prozeßverhältnis oder andere prozessualische Rechtsverhältnisse erst begründet werden sollen, keine Ausübungshandlungen eines subjektiven Prozeßrechtes, sondern nur actus merae facultatis sein. Die Prozeßordnung eröffnet den Parteien nur die Möglichkeit, durch Vornahme bestimmter Prozeßhandlungen prozessualische Rechtsverhältnisse zu begründen, sie setzt aber zugleich fest, die Vornahme welcher Handlungen dazu notwendig ist und wie diese Handlungen beschaffen sein müssen, damit sie die Begründung der prozessualischen Rechtsverhältnisse bewirken können. Diese können nur dann begründet werden, wenn die Prozeßhandlungen dem Gesetze entsprechen und wenn die Voraussetzungen, für deren Zulässigkeit, welche von der Prozeßordnung ebenfalls vorgeschrieben werden, erfüllt sind; wer die Begründung des Prozeßverhältnisses oder eines anderen prozessualischen Rechtsverhältnisses will, muß die gesetzlichen Anforderungen und Voraussetzungen erfüllen resp. als gegeben darthun; dazu bedarf es aber keines subjektiven Prozeßrechtes; es genügt die rechtliche Möglichkeit, die Befugnis, diese Prozeßhandlungen in entsprechender Weise vorzunehmen. Sie sind Kreationshandlungen der prozessualischen Rechtsverhältnisse und damit prozessualer Rechte, aber keine Ausübungshandlungen eines subjektiven Prozeßrechtes. Der Befugnis zur Vornahme einer Handlung entspricht niemals eine Pflicht — auch nicht die von den Prozessualisten zum Nachteile der Sache so sehr ausgebeutete Pflicht „zu dulden" — während der Berechtigung, dem Rechte stets eine Pflicht gegenübersteht[4]).

[4]) Gerade so wie die Occupation einer herrenlosen Sache, die Abschließung von vermögensrechtlichen Verträgen, des Ehevertrages u. s. w. nicht auf einem Rechte zur Occupation, zur Vertragsschließung beruhen, die diesbezüglichen Handlungen keine Ausübung eines diesbezüglichen, nicht existierenden Rechtes,

Vorläufig genügt es, nur darauf hinzuweisen, daß prozessuale Rechtsverhältnisse begründende Handlungen nicht Rechtsakte, Rechtsausübungshandlungen sein können, somit Rechtsgeschäfte sein müssen, weil es an dem auszuübenden subjektiven Prozeßrechte fehlt.[5])

Auch jene prozessualischen Rechtsgeschäfte, durch welche prozessualische Rechtsverhältnisse resp. deren bestimmungs- und normgemäße Entwickelung abgeändert, somit auch in anderer als in der dem Prozeßzwecke entsprechenden Weise (d. i. durch Urteil) beendet werden, können ebenfalls nur actus merae facultatis sein. Die Prozeßordnung bestimmt als Inhalt der prozessualischen Rechtsverhältnisse, insbesondere des Prozeßverhältnisses Rechte zu und auf Handlungen, durch deren Vornahme der Prozeß seinem normalen Ziele zugeführt wird; mit dessen Erreichung, d. i. mit dem Urteile, wird er beendet. Die Prozeßhandlungen, durch welche diese prozessualischen Rechte ausgeübt werden, sind ausschließlich Rechtsakte. Wenn durch deren Vornahme auch eine Fortentwickelung

---

sondern nur eine Bethätigung der rechtlichen Möglichkeiten sind, solche Handlungen vorzunehmen.

[5]) Wenn im § 61 von einer „Berechtigung" zur Erhebung der Hauptinterventionsklage gesprochen wird, so ist doch darüber nichts ausgesagt, daß diese Erhebung auf Grund eines subjektiven Prozeßrechtes erfolgt; sie ist vielmehr ein actus merae facultatis wie die Erhebung jeder Klage.

Binding N. (B. I. S. 49) sagt: „Bedingte Erlaubnis ist Ausnahme vom Verbot und Verbot des Nichtausgenommenen." Danach ist wohl die „Berechtigung", bis zur rechtskräftigen Entscheidung des Hauptprozesses die Hauptinterventionsklage anzustellen, nichts anderes als die zeitlich beschränkte rechtliche Möglichkeit zur Anstellung einer (wider beide Parteien des Hauptprozesses gerichteten) Hauptinterventionsklage (bei dem Gerichte, vor welchem der Hauptstreit in erster Instanz anhängig wurde); durch die Verneinung der Möglichkeit in einem anderen Falle wird dieselbe in dem Falle, in welchem sie gegeben ist, nicht zum subjektiven Rechte. Man müßte nur etwa aus der privatrechtlichen Bestimmung, daß man nur berechtigt ist, über im Verkehre befindliche Sachen Kaufverträge abzuschließen, deduzieren wollen, es werde hiermit anerkannt, daß es ein subjektives Privatrecht sei, einen Kaufvertrag abzuschließen. Ähnlich verhält es sich mit der in §§ 73 Abs. 3 und 237 ausgesprochenen „Berechtigung" zum Eintritte in den Prozeß seitens der Auctor und des Rechtsnachfolgers in ein Grundstück, worüber das Nähere bei der Erörterung der diesfälligen Rechtsgeschäfte folgen wird.

und insofern Änderung des Prozeßverhältnisses erfolgt, und wenn dieser Erfolg auch von dem Handelnden beabsichtigt wird, so ist er doch nicht die Wirkung des Rechtsaktes, sondern dessen Folge; die Prozeßordnung verknüpft mit der Vornahme oder auch Nichtvornahme eines Rechtsaktes bestimmte Folgen; diese treten immer mit Notwendigkeit ein, sie mögen vom Handelnden oder Nichthandelnden beabsichtigt sein oder nicht.

Daneben eröffnet die Prozeßordnung den Prozeßsubjekten die Möglichkeit, durch Vornahme von ihr für zulässig erklärter Prozeßhandlungen eine andere Entwickelung des Prozeßverhältnisses als diejenige ist, welche durch die Vornahme oder Nichtvornahme von Rechtsakten erfolgt, also eine wirkliche Abänderung des Prozeßverhältnisses herbeizuführen; eine solche Abänderung ist jedoch niemals zur Erreichung des Prozeßzieles, zum Zustandekommen eines Sachurteiles überhaupt eine notwendige; dieses ist vielmehr durch die elastischen Bestimmungen der Prozeßordnung über die subjektiven Prozeßrechte und deren Ausübung für alle Fälle vollkommen gesichert. Abänderungen des Prozeßverhältnisses sollen nur zulässig sein im Interesse der Prozeßsubjekte, und zwar, wie sich später zeigen wird, im Interesse der Prozeßparteien.

Die Prozeßordnung mußte und konnte sich darum darauf beschränken, bloße Möglichkeiten zu solchen Abänderungen dadurch zu eröffnen, daß sie den Prozeßsubjekten gestattete, diese Abänderungen im Wege des Rechtsgeschäftes herbeizuführen, im Wege ein- oder zweiseitigen Rechtsgeschäftes, je nachdem es die Berücksichtigung der verschiedenen Parteiinteressen erfordert.

Durch die Vornahme eines prozessualischen Rechtsgeschäftes wird die beabsichtigte Wirkung der Abänderung des Prozeßverhältnisses unmittelbar erzeugt.

Das Verhältnis des beabsichtigten Erfolges zu dem objektiven Prozeßrechte resp. zu der die Möglichkeit und die Wirkung des betreffenden prozessualischen Rechtsgeschäftes normierenden Bestimmung desselben ist hier ein ganz anderes wie das bei den Rechtsakten.

Dort ist der Erfolg die Folge des vorgenommenen Rechtsaktes; dieser bewirkt nur, daß eine bestimmte Norm des objektiven Prozeßrechtes zur Anwendung kommt — nebenbei schon im voraus bemerkt, durch das Gericht zur Anwendung gebracht wird, zumeist zur Anwendung gebracht werden muß —; die Abänderung oder zur Vermeidung eines Mißverständnisses besser gesagt: die Fortentwickelung des Prozeßverhältnisses ist erst die Wirkung der auf Grund des Rechtsaktes zur Anwendung gebrachten gesetzlichen Verfügung.

Hier liegt die Sache anders.

Die Prozeßordnung bestimmt von vornherein, daß gewisse Abänderungen des Prozeßverhältnisses zulässig und durch Vornahme bestimmter prozessualer Rechtsgeschäfte zu erzielen sein sollen.

Hat die Prozeßordnung gewisse prozessuale Rechtsgeschäfte als erlaubte, d. i. die Herstellung des durch deren Vornahme beabsichtigten Erfolges als eine zulässige erklärt, so tritt dieser als unmittelbare Wirkung des prozessualen Rechtsgeschäftes — wieder im voraus bemerkt ohne jede Vermittelung durch das Gericht — ein.

Im Zusammenhange mit vorstehendem und zur Klarstellung soll gleich hier darauf hingewiesen werden, daß durch Nichtvornahme von Rechtsakten allerdings Änderungen des Prozeßverhältnisses in dem Sinne eintreten können, daß sich dasselbe seinem Ziele zu einen — in manchen Fällen bedeutenden — Schritt weiter entwickelt; wer ein prozessuales Recht (in bestimmter Zeit) auszuüben unterläßt, den entsprechenden Rechtsakt nicht vornimmt, schafft einen negativen prozessualen Thatbestand, mit welchem die Prozeßordnung bestimmte, das Prozeßverhältnis weiter entwickelnde Folgen verknüpft. Diese Änderungen sind nur Folgen der Unterlassung, der Nichtvornahme des Rechtsaktes, aber nicht dessen Wirkungen.

Prozessuale Unterlassungshandlungen können für sich allein niemals prozessuale Wirkungen hervorbringen, denn dies setzt notwendig eine Willenserklärung voraus; Unterlassungshandlungen können wohl auf dem Willen beruhen — nur dann sind sie sie Omissivhandlungen — aber sie müssen es nicht.

Nachdem nun die Hervorbringung der beabsichtigten Wirkung auch das Charakteristikon des prozessualen Rechtsgeschäftes ist, so folgt daraus, daß ein solches sich niemals lediglich durch prozessuale Unterlassungshandlungen vollziehen könne.

Hierin liegt eine erfreuliche Übereinstimmung mit dem Privatrechte, nach welchem Omissivhandlungen niemals Rechtsgeschäfte sein können[6]).

Daß durch eine Omissivhandlung ein zweiseitiges Rechtsgeschäft unter Umständen mit zustande gebracht werden kann, hatte früher die Bedeutung, daß in gewissen Fällen das Nichthandeln als stillschweigende Willenserklärung aufgefaßt wurde; in Wirklichkeit steht die Sache so, daß gewisse Rechtsgeschäfte gesetzlich in der Weise als zweiseitige gestaltet sind, daß es zu ihrem Zustandekommen nicht der Erklärung eines Konsenses bedarf, sondern daß dazu eine Willenserklärung und das Nichterklären eines dissentire genügt. Vergl. hierüber die geradezu für die Lehre vom prozessualen Rechtsgeschäfte bahnbrechenden Ausführungen Bülows F. (S. 81 ff.)

Hier soll einstweilen von der Bedeutung des Abwehrprinzipes für den Civilprozeß abgesehen und nur darauf hingewiesen werden, daß man im Privatrechte nur dann von einer Omissivhandlung sprechen kann, wenn die Unthätigkeit auf einem Willensentschlusse beruht, da doch jede Handlung, also auch die negative, etwas Gewolltes sein muß.

Im Civilprozesse wird aber jede Unterlassung einer Prozeßhandlung als Handlung im juristischen Sinne behandelt; auch die nicht auf einem Willensentschlusse beruhende Nichtvornahme einer Prozeßhandlung bringt den prozessualen Erfolg hervor, welchen die Prozeßordnung an das Unterlassen knüpft. In diesem Erfolge

[6]) Der testamentarische Erbe vollzieht kein Rechtsgeschäft zu gunsten der substituierten oder accreszenz-berechtigten Testamentserben oder der Intestaterben, wenn er die Erbschaft nicht antritt; der von ihm beabsichtigte Erfolg tritt nicht ein als Wirkung seiner Omissivhandlung, sondern als Wirkung der Gesetzesnorm, welche infolge seines Nichthandelns zur Anwendung kommt.

stehen sich — abgesehen von einer auf Notfristen beschränkten Wiedereinsetzungsmöglichkeit — absichtliche und unabsichtliche Unterlassung gleich; sie stehen sich aber auch noch darin gleich, daß durch keine von beiden für sich allein eine prozessuale Wirkung erzielt, ein prozessualisches Rechtsgeschäft vollzogen werden kann.

Mit Bezug auf das Gesagte ist darauf hinzuweisen, daß derselbe prozessuale Erfolg die Folge einer Unterlassungshandlung oder die Wirkung eines prozessualen Rechtsgeschäftes sein kann; in vielen Fällen stellt die RCPO. diese Wirkung jener Folge ausdrücklich gleich.

Obwohl das von der Änderung der prozessualen Rechtsverhältnisse Gesagte schon deswegen auch bezüglich der Beendigung derselben volle Geltung haben muß, weil ja die Beendigung ebenfalls eine Änderung ist, soll doch mit wenigen Worten noch speciell von dieser gehandelt werden.

Die normale Beendigung des Prozeßverhältnisses erfolgt durch das Urteil, also durch eine Richterhandlung. Daß diese ein Rechtsakt und kein Rechtsgeschäft ist, braucht, obwohl es bis auf die jüngste Zeit immer wieder behauptet wurde, nicht nochmals nachgewiesen zu werden; es genügt wohl eine Bezugnahme auf die überzeugenden Ausführungen von Wach H., (Bd. I. S. 8).

Eine andere Beendigung des Prozeßverhältnisses durch Ausübung eines prozessualen Rechtes, also durch einen Rechtsakt würde der ganzen Institution des Prozesses direkt widersprechen.

Zweck des Prozesses ist doch die Herbeiführung des richterlichen Urteiles, d. i. der Anwendung des objektiven Privatrechtes auf den zur Entscheidung verstellten Fall. Die subjektiven Prozeßrechte sollen nur ermöglichen und bewirken, daß die nötigen Urteilsgrundlagen in der besten, vollkommensten Weise beschafft werden, damit ein gerechtes Urteil ergehen könne.

Man wird daher wohl nicht annehmen dürfen, daß es ein prozessuales Recht zur Vornahme einer Prozeßhandlung gibt, durch welche die Ausschließung des Urteiles, die Beendigung des Prozeßverhältnisses in anderer Weise als durch Urteil erfolgt, daß es eine einem solchen Rechte notwendigerweise entsprechende Pflicht gibt, daß eine zwangsweise Durchsetzung für ein solches Recht ermöglicht wurde.

Dagegen dürfte nichts im Wege stehen, daß ebenso, wie das Recht auf Urteil durch ein prozessuales Rechtsgeschäft, welches das Prozeßverhältnis erzeugte, entstanden ist, das Prozeßverhältnis anders als durch Urteil beendet werden kann, nämlich wieder durch ein Rechtsgeschäft, also durch actus merae facultatis.

Man wird vielleicht geneigt sein, die Richtigkeit des Gesagten im Hinblicke darauf, daß doch der Kläger nach § 243 Abs. 1 seine Klage bis zur Einlassung des Beklagten auf die mündliche Verhandlung zur Hauptsache einseitig zurückziehen kann, zu bezweifeln, besonders dann, wenn man annimmt, daß das Prozeßverhältnis bereits mit der Klageerhebung zustande gekommen ist, der Beklagte also bereits ein Recht auf Urteil hat. Wie sollte diesem durch Vornahme eines actus merae facultatis von Seite des Klägers das Recht auf Urteil entzogen werden können? Zur einseitigen Klagezurücknahme müsse Kläger ein prozessuales Recht haben.

Die Widerlegung eines solchen Einwandes an dieser Stelle ist nicht möglich. Dazu, sowie zur Begründung mancher der aufgestellten Behauptungen bedarf es vor allem einer Erörterung des subjektiven Prozeßrechtes und im Zusammenhange damit des prozessualen Anspruches; erst wenn dargethan sein wird, daß subjektive Prozeßrechte immer Rechte zur Vornahme eigener Prozeßhandlungen, und prozessuale Ansprüche immer erst die Wirkung der durch Vornahme eigener Prozeßhandlungen erfolgten Ausübung von subjektiven Prozeßrechten sind, kann über die Natur der prozessualen Rechtsgeschäfte das Weitere vorgebracht werden[7]).

[7]) Bezüglich der erwähnten Klagezurücknahme soll nur bemerkt werden, daß der Anspruch des Beklagten auf Urteil erst durch einen Rechtsakt seinerseits, durch Stellung des Abweisungsantrages in der Hauptsache entsteht; daraus erklärt sich die Zulässigkeit des einseitigen Rechtsgeschäftes der Klagezurücknahme.

Es soll aber gleich hier darauf hingewiesen werden, daß die Behauptung, jeder prozessuale Anspruch entsteht erst mit der Vornahme einer Prozeßhandlung (abgesehen davon, daß diese eine eigene ist und sich als Rechtsakt darstellt) in Übereinstimmung steht mit dem, was die herrschende Doktrin lehrt, daß jedes Prozeßgesetz die in seine Zeit fallenden Prozesse und Prozeßvorgänge beherrscht (so Wach H. Bd. I, S. 211), daß das zur Zeit, wo gehandelt wird, geltende Prozeßrecht entscheidet (so Planck L. Bd. I, S. 19 sub 3).

Bevor der Prozeß existent, die betreffende den Prozeßvorgang bildende Handlung vorgenommen ist, besteht kein prozessualer Anspruch. Würde er schon vordem bestehen, so könnte er doch durch ein späteres Prozeßgesetz nach den allgemeinen Grundsätzen — abgesehen von positiv rechtlichen Abweichungen — nicht getroffen werden.

Es müßte dann aber der Lehrsatz dahin erweitert werden, daß bestehende prozessuale Ansprüche durch ein späteres Prozeßgesetz nie getroffen werden können.

Diese Erweiterung ist nur dann nicht notwendig, und man kann sich nur dann auf den oben citierten Lehrsatz beschränken, wenn es richtig ist, daß es vor dem Prozesse, vor dem einzelnen Prozeßvorgange keinen prozessualen Anspruch gibt, daß jeder solche erst durch Vornahme einer Prozeßhandlung entsteht; dann ist mit dem oben citierten Satze auch gesagt, daß das Prozeßgesetz die in seine Zeit fallenden prozessualen Ansprüche und nur diese, nicht aber auch früher entstandene beherrscht[8]).

[8]) Wach, der zugibt, daß der Prozeß selbst in seiner Entstehung und in seinem Bestande nicht Folge existenten Rechtes, sondern der abstrakten Klagemöglichkeit ist, muß für den von ihm konstruierten Rechtschutzanspruch eine etwas gekünstelte Ausnahmsstellung schaffen, indem er sagt, der Rechtsschutzanspruch bestehe schon vor dem Prozesse, aber wahrnehmbar und beachtlich werde er nur in seiner erfolgreichen Geltendmachung im Prozesse, als prozessualisch erhebliche Willenserklärung der Partei (H. Bd. I, S. 211); für das Auge des Gesetzes ist kein existenter Anspruch „nicht wahrnehmbar und beachtlich"; würde er der Klage präexistieren, so könnte er durch ein erst die Klage beherrschendes Prozeßgesetz gewiß nicht getroffen werden.

Um den Gegensatz zwischen prozessualen Rechtsakten und Rechtsgeschäften anschaulich machen und sohin die juristische Natur der prozessualen Rechtsgeschäfte darlegen zu können, müssen einige das Wesen der subjektiven Prozeßrechte betreffende Bemerkungen vorangeschickt werden. Für obigen mit dieser Abhandlung angestrebten Zweck genügt es, bezüglich der subjektiven Prozeßrechte einzelne Punkte hervorzuheben, die mit den hier zu beantwortenden Fragen im Zusammenhange stehen; für den Aufbau eines Systemes des Prozeßrechtes scheint es dagegen vor allem nötig, daß gerade diese Lehre recht bald eine erschöpfende Darstellung findet[9]).

---

[9]) Man dürfte dann vielfach zu anderen Resultaten kommen, als jene sind, zu denen man kommen muß, wenn man zum Ausgangspunkte der Darstellung des Prozeßrechtes die richterliche Zwangsgewalt, den Zwang der am Prozesse beteiligten Parteien zur Mitwirkung nimmt, deren Wollen nur neben dem Gerichte als entscheidenden Faktor gelten läßt, und die Stellung der Parteien zum Gerichte so auffaßt, als wären sie auch heute noch dingpflichtig. Dadurch wird der Begriff des subjektiven Prozeßrechtes so eingeengt, daß man, wenn überhaupt noch von subjektiven Prozeßrechten gesprochen werden soll, jenen Begriff nach einer andern Seite hin erweitern muß, um die Parteien als prozessual berechtigte Prozeßsubjekte gelten lassen zu können; durch die Prozeßordnung gegebene Möglichkeiten, Prozeßhandlungen vorzunehmen, müssen dann als Prozeßrechte erklärt, die auf Grund dieser Befugnisse vollzogenen prozessualen Rechtsgeschäfte lediglich als Ausfluß des freien Verfügungsrechtes der Parteien über den Gebrauch ihrer prozessualischen Rechte hingestellt werden.

I. Abschnitt.

Über subjektive Prozeßrechte und deren Ausübungshandlungen — Rechtsakte.

I. Allgemeines.

Nach Schuppe B. (S. 3) ist Recht derjenige (objektiv gültige) Wille, welcher aus der Schätzung der Bewußtseinskonkretion (= konkretes Ich oder Menschenindividuum) als solcher hervorgeht; Recht ist nur von jenem Willen resp. aus dem einen Motiv der Wertschätzung der Bewußtseinskonkretion als solcher mit den aus dem Wesen derselben hervorgehenden Einschränkungen Gewolltes. Jener Recht machende Wille ist der objektive Rechtswille, das von ihm Gewollte und dadurch zum Recht Gemachte ist objektives Recht (S. 5).

Bierling K. (Bd. II, S. 33) erklärt als Recht im objektiven Sinne alles, was als Norm des staatlichen Zusammenlebens anerkannt ist seitens der Staatsgenossen. In diesen Normen, deren Inbegriff das Recht i. o. S. ausmacht, spricht sich der objektive Rechtswille aus.

Dernburg P. (Bd. I, S. 43) erklärt das Recht (i. o. S.) als die durch den allgemeinen Willen aufrecht erhaltene Ordnung der Lebensverhältnisse, Unger S. (Bd. I, S. 3) als die Gesamtheit jener Rechtssätze, welche diese Verhältnisse der Menschen regeln und normieren.

Obwohl objektives und subjektives Recht nur zwei von verschiedenen Standpunkten aus gewonnene Ansichten derselben Sache sind (so Bierling K. Bd. II, S. 33), gehen doch auch jene Rechtsgelehrten, deren Definitionen des objektiven Rechtes im Einklange stehen, bei der Begriffsbestimmung des Rechts im subjektiven Sinne weit auseinander. Nach Bierling (S. 71) steht der Rechtsanspruch zu der Rechtsnorm in dem Verhältnis der subjektiven zur objektiven Ansicht derselben Sache; Rechtsanspruch ist also identisch mit subjektivem Rechte; unter letzterem ist nicht zu verstehen die Befugnis zu irgend welchem (eigenen) Handeln (?).

Dernburg P. (Bd. I, S. 43) erklärt das subjektive Recht als eine durch die Rechtsordnung gewährleistete Berechtigung, und an anderer Stelle (S. 86) als einen dem Individuum nach der Rechtsordnung zustehenden Anteil an den Lebensgütern.

Nach Unger S. (Bd. I, S. 489) ist Recht im subjektiven Sinne die vom objektiven Rechte anerkannte Herrschaft des individuellen Willens, vermöge dessen der Berechtigte befugt ist, in den durch das objektive Recht geregelten Beziehungen zu handeln und von dritten Handlungen und Unterlassungen zu fordern. Das Recht im subjektiven Sinne ist eine Macht, welche einer Person über Personen oder Sachen zusteht, eine Macht, welche der Wille über andere Willen hat.

Ähnlich Bruns:

Die subjektiven Rechte sind die Befugnisse, die den einzelnen Subjekten dem objektiven Rechte nach zustehen. Sie bestehen im allgemeinen in der vom objektiven Rechte anerkannten und geschützten Freiheit der Einzelnen in Verfolgung ihrer Interessen. Indem die Rechtsordnung diese Freiheit dem Einzelnen gewährleistet, legt sie Anderen die Pflicht auf, diese Freiheit anzuerkennen und nicht zu verletzen. Durch die Beziehung auf eine Pflicht anderer wird die Freiheit zur rechtlichen, zum Rechte.

Das Recht ist reine Freiheit, d. h. Möglichkeit zum Handeln; man darf es ausüben, braucht es aber nicht auszuüben; man kann darauf verzichten, es übertragen.

Die Pflicht ist die reine Notwendigkeit; man muß sie auf Verlangen des Berechtigten erfüllen, kann sich ihr nicht einseitig entziehen, sie nicht übertragen. Das Recht gibt eine Macht, Herrschaft über den Verpflichteten.

Windscheid P. (Bd. I, S. 37) erklärt das Recht im subjektiven Sinne als eine von dem Recht im objektiven Sinne verliehene Willensmacht.

Bekker P. (Bd. I, S. 49) meint, der Begriff des subjektiven Rechtes sei nicht absolut festzustellen, und vervollständigt nur die von ihm citierten Definitionen dahin, daß er das subjektive Recht als Interessenschutz, der eine Willensmacht des Geschützten begründet, erklärt. Auch diese vervollständigte Definition ist noch ungenügend.

Schuppe entwickelt im Anschlusse an die eingangs citierten Definitionen von Recht, objektivem Recht, den Begriff des subjektiven Rechts, wie nachstehend deshalb ausführlicher wiedergegeben folgt, weil Späteres darauf fußt:

Das objektive Recht schafft sich den Staat und erscheint im Gesetz (S. 8). Die Verbindlichkeit des Gesetzes als Willensakt beruht darin, daß dies Wollen dem Gattungsbegriffe des Menschen, dem Bewußtsein überhaupt zuzurechnen ist, daß es unabhängig von der Eigenart eines jeden zu seinem gattungsmäßigen Wesen gehört, für jeden gilt und in und von jedem vorauszusetzen zu verlangen ist. Nur um dieser Gattung willen kann das Wollen als Norm bezeichnet werden; nur diesen Sinn hat das „sollen“ (S. 6, 7). In diesem Sinne hat, obwohl Wollen nur ein Subjekt kann, Wille daher stets etwas Subjektives sein muß (S. 5), auch das Recht objektive Geltung, in diesem Sinne ist der Wille (welcher ja Recht ist) ein objektiver, d. h. objektiv gültiger Wille (S. 7). Gehört nun diese Objektivität zum Rechte, so kann es subjektives — subjektiv in diesem Gegensatze gefaßt — nicht geben; der auf Individualität des Einzelnen beruhende Wille verpflichtet niemanden (S. 8).

Subjektives Recht muß etwas vom objektiven Rechtswillen Gewolltes sein, ein von ihm gewolltes Recht oder „ein“ Recht. Das Beiwort subjektiv betrifft nicht das Recht als Recht, es kann nur etwas, was vom objektiven Rechte gewolltes Recht ist, charakterisieren; dieses Etwas muß subjektiv oder der Subjektivität Angehöriges sein. Subjektives Recht ist Recht durch das objektive Recht. Das Recht im objektiven Sinne umfaßt alle subjektiven Rechte und Pflichten. Der Wille ist mit seinem Objekte ein konkret Eines (S. 9). Der Inhalt oder das Objekt des objektiven Rechtswillens gehört zu ihm, zum objektiven Rechte, auch wenn dieses Gewollte der Subjektivität angehörig ist. Jede Norm, auch die subjektive Rechte schaffende, ist objektives Recht, aber nicht alles vom objektiven Rechte Gewollte ist deshalb schon subjektives Recht (S. 10).

Das objektive Recht, konkretes Wollen nur im einzelnen Wollenden, kann nur dessen eigene oder anderer Menschen Handlungen oder Unterlassungen wollen; das subjektive Recht wird also nur in eigenen oder fremden Handlungen oder Unterlassungen bestehen können, die vom objektiven Rechte gewollt sind (S. 16).

Alles Recht besteht darin, daß das objektive Recht bestimmte Handlungen oder Unterlassungen aller oder einzelner will, gebietet oder verbietet; thut der Geheißene dies, so thut er recht, aber diese Handlung ist nicht sein Recht, sondern seine Pflicht; sie stammt aus der objektiven Gültigkeit des gedachten Willens, daß er dem gattungsmäßigen Wesen des Menschen angehört (S. 22). Im Gegensatze zur Pflicht ist subjektives Recht ein vom objektiven Rechte Gewolltes, eine gewollte Handlung oder Unterlassung aber nur in Übereinstimmung mit, nicht unbekümmert um seinen (des Berechtigten) Willen (S. 24).

Der Wille ist absolut abhängig vom wertschätzenden Gefühl und von Überzeugungen; der Wert, auf dessen Schätzung der objektive Rechtswille beruht, ist der der Bewußtseinskonkretion als solcher (S. 25). Das objektive Recht kann immer nur Handlungen oder Unterlassungen bestimmter einzelner oder aller wollen, weil sie das beste und einzige Mittel sind, um die Ziele, welche sich aus dem Gefühle des Wertes des Menscheninbividuums als konkretes Bewußtsein ergeben — möglichste moralische und intellektuelle Vervollkommnung und möglichste Steigerung des subjektiven Glücksgefühles resp. Schutz vor dem Gegenteil — zu erreichen (S. 26).

Wenn das objektive Recht jemanden zu einer Handlung oder Unterlassung verpflichtet, so kann es dies nur entweder in dessen eigenem Interesse oder in dem eines anderen thun (S. 29, 30). Zu einem Rechte gehört ein zu schützendes Interesse und ein dem entsprechender Wille, als das Subjektive, welches durch den objektiven Rechtswillen zum subjektiven Rechte wird.

Mit Ausnahme der Fälle einer Verpflichtung im eigenen Interesse gehört zum Begriffe der Pflicht das Moment, daß sie eine im Interesse anderer vom objektiven Rechte gewollte Handlung oder Unterlassung ist; diese anderen resp. jeder von ihnen hat in diesem Schutze seines Interesses und seines Willens durch die an andere gerichteten Gebote und Verbote ein Recht; zu jedem Rechte gehört eine entsprechende Pflicht anderer.

Was unter den Begriff „Interesse" fällt, sondert sich in zwei große Gruppen (S. 37). Es gibt Wertschätzungen, die zum gattungsmäßigen Wesen des Menschen gerechnet werden; in ihrer Schätzung wird kein subjektiver Geschmack anerkannt; dem gegenüber gibt es Dinge, deren Schätzung dem individuellen Geschmacke angehört und von individuellen Zu- und Umständen abhängt. In jenen Fällen gilt die Norm, in diesen wird die Freiheit der Wahl als Bedingung aller menschlichen Wohfahrt zugestanden.

Das objektive Recht schützt jedem die Interessen, die nach der objektiven gültigen Wertschätzung als die seinigen vorauszusetzen sind (S. 38); auch hat es (bezüglich des subjektiven Glücksgefühles) bestimmte Fälle des subjektiven Wollens sich ausersehen, in denen es den Interessen der Einzelnen dient, den subjektiven Willen des Einzelnen zu seinem eigenen macht, ihn bestätigt und bejaht.

In letzteren Fällen ist das subjektive Recht subjektiv in doppeltem Sinne, weil selbstverständlich eines Subjektes Interesse und Wille und subjektiv im engeren Sinne als dem objektiv Gültigen entgegengesetzt, der Individualität angehörig; in diesen Fällen will das objektive Recht, was das Individuum will, aber nur wenn, weil und solange dieser Wille da ist (S. 45).

Zum Rechte wird eine Handlung oder Unterlassung einzelner Menschen dadurch, daß sie von dem zum gattungsmäßigen Wesen des Menschen gehörigen und deshalb objektiv gültigen aus der Wertschätzung der Bewußtseinskonkretion als des an sich Guten hervorgehenden Willen gewollt wird (S. 46).

Jemand hat ein subjektives Recht, wenn es „sein“ subjektiver Wille ist, durch welchen eine eigene oder fremde Handlung oder Unterlassung zum Recht wird, indem auch das objektive Recht, jenen subjektiven Willen sich zu eigen machend und bejahend, eben diese Handlung oder Unterlassung will, welche jener will. Das subjektive Recht ist eine Abhängigkeit des objektiven Rechtswillens von einem subjektiven Willen, zu welcher Abhängigkeit es sich aus seinem Grundprinzip in bestimmten, an allgemeinen Merkmalen erkennbaren Fällen entschlossen hat; in diesen Fällen leiht es dem subjektiven Willen seine Autorität, seine Macht, sagt sein „Du sollst“ zu dem, von dem der subjektive Wille etwas gethan oder unterlassen sehen will (S. 49).

Das subjektive Recht ist ein Willensakt des objektiven Rechts; dieses will in abstracto: Wer die und die Merkmale an sich hat, in den und den Beziehungen zu einem andern steht, dies oder jenes gethan hat, der soll die und die Vorteile oder Nachteile haben. Wo und wann immer in concreto diese Bedingungen erfüllt sind, da wird der objektive Rechtswille konkret und der, an dem sie erfüllt sind, hat das entsprechende subjektive Recht; hört eine wesentliche Bedingung zu existieren auf, verliert er das subjektive Recht (S. 151, 152).

Das aktuelle subjektive Recht entsteht dadurch, daß jemand diejenige Bedingung hervorbringt, an welche das objektive Recht seine Bestätigung des subjektiven Willens ein für allemal geknüpft hat (S. 156).

Bevor von dem Begriffe des subjektiven Rechtes zu dem des subjektiven Prozeßrechtes[1]) übergegangen wird, soll darauf hin-

[1]) Plósz Kl. (S. 73) ist zur Aufstellung einer Definition gelangt, welche lautet: „Subjektives Recht ist die rechtlich bestimmte und gesicherte Möglichkeit den abgesehen von dieser Möglichkeit rechtlich geschützten Zustand eines anderen Rechtssubjektes ändern zu dürfen.“ Sie ist dem von Plósz postulierten publi-

gewiesen werden, daß die eigenen oder fremden Handlungen, in denen subjektive Prozeßrechte bestehen können, sich als vom objektiven Prozeßrechte gewollte Prozeßhandlungen — prozessuale Rechtsakte — zeigen werden.

In Bezug auf diese in den verschiedenen Prozeduren verschiedener Zeiten uns begegnenden Handlungen soll zunächst und zwar nur in kurzen Worten auf Dinge hingewiesen werden, welche hier als von dem umschriebenen Thema dieser Abhandlung trotz ihres historischen und sachlichen Zusammenhanges zu weit abliegend eine eingehendere Würdigung nicht finden können[2]).

---

zistischen Klagerechte auf den Leib geschrieben; im übrigen so unrichtig wie die behauptete Existenz dieses subjektiven Klagerechtes.

[2]) Bezüglich der nachfolgenden ganz beweislos hingestellten, das allmähliche Zurückdrängen der Sebsthilfe im Rechtsgange und die dadurch bedingte Umgestaltung des Verfahrens betreffenden Behauptungen kann hier nur darauf hingewiesen werden, daß dieselben durch die citierten Stellen der nachstehend bezeichneten Werke bestätigt werden und zwar für den germanischen Prozeß:

Wilda, Pfändungsrecht (Zeitschr. f. dtsch. Recht Bd. I, S. 179, 183, 188, 190, 241, 242).

Planck, Recht zur Beweisführung (Zeitschr. f. d. R., Bd. X, S. 207, 231.)

— — Lehre vom Beweisurteil (S. 4, 5, 6, 14, 251).

Siegel, Geschichte d. dtsch. Gerichtsverfahren, Bd. I, S. 8, 15, 35—39, 42—47, 50, 52—55, 63 (Note *), 70—76, 109, 115, 117, 148, 153, 219, 224, 241—245 und 251.

Bethmann-Hollweg, Civilprozeß des gem. Rechts, Bd. IV, S. 474, 478, 480, 483—485, dann § 14 Note 6 und § 31 Note 10—17, Bd. V, S. 103, 111, 129.

Planck, deutsch. Gerichtsverfahren im Mittelalter, Bd. I, S. 4, 42, 43, 51, 52, 87—90, 170, 171, 194—216, 217, 228—231, 235—237, 270, 280, 284—325, 326, 339—345, 357, 358, 413—22, 423—430, 840—849 und Bd. II, S. 19—27, 144 ff., 268—284, 314—328.

Sohm, Prozeß der lex Salica, S. 55 ff.

Brunner, dtsch. Rechtsgeschichte, Bd. I, S. 109, 144, 149, 155, 157—159, 160—163, 167, 168, 173, 178—180, 181—184, 280.

Heußler, Institutionen des dtsch. Privatrechtes, Bd. II, S. 216;

weiters für den römischen Prozeß:

Ihering, Geist des röm. Rechts, Bd. I, S. 116, 145, 151, 152, 156 ff.

Zimmern, Geschichte des röm. Privatrechtes, Bd. III, S. 122 ff., 411, 412, 549.

Rudorff, röm. Rechtsgeschichte, Bd. II, S. 76, 85 ff., 191, 201 ff., 208, 291, 293, 307.

Ohne zu erörtern, welche Begriffsmerkmale zu dem Begriffe Rechtsgang hinzutreten müssen, um zu dem Begriffe Prozeß zu gelangen, ohne zu untersuchen, zu welchem von beiden ein zunächst auf Rechtsfindung und ein unmittelbar auf Rechtsdurchsetzung gerichtetes Verfahren zu zählen seien und wie sich ein nur auf Rechtsanwendung abzielendes Verfahren zu diesen beiden verhalte, soll nur bemerkt werden, daß die Klage (Klagehandlung) in einem auf Rechtsfindung gerichteten Verfahren deshalb, weil der im gegebenen Falle für das Schicksal der Klage ausschlaggebende Rechtssatz selbst noch fraglich ist, nur in der allgemeinen Beschwerde, Unrecht erlitten zu haben, bestehen konnte[8]).

Weil mit der Klage eine Beschuldigung des Gegners erhoben wurde, war die Ansprache an ihn gerichtet; Kläger beschwor ihn, auf die erhobene Beschuldigung zu antworten und dann erst die Gerichtsversammlung, ein Urteil zu finden. Erst später wurde die Klage an das Gericht gerichtet und forderte dieses den Beklagten zur Antwort auf.

Weil die Klage nur eine Beschuldigung war, wurde sie weder thatsächlich noch rechtlich begründet, darum lief sie nicht aus in ein Sachpetit, sondern in eine Gebietung zur Antwort. Planck G. (Bd. I S. 357).

Huschke, über das Recht des nexum, S. 80.
Savigny, Vermischte Schriften, Bd. II, Abs. XIX, S. 450.
Keller, röm. Civilprozeß, S. 91, 92, 406.
Bethmann-Hollweg, Civilprozeß des gem. Rechts, Bd. I, S. 190, Bd. II, S. 656, 663, 691, Bd. III, S. 32, 228, 231, 233.
Demelins „Confessio u. s. w." und zwar die ganzen beiden Abschnitte „confessio in jure im Legisaktionsprozesse" und „confessio in jure im Formularprozesse".

[8]) Über die dem Gesagten entsprechende Abstammung des Wortes „Klage" über die hiermit ebenfalls übereinstimmenden lateinischen Bezeichnungen für dieselbe wird auf Siegel G. (Bd. I, S. 115 ff.), der die Klage im germanischen Prozesse richtig als einen Vorwurf, injuste oder malo ordine etwas gethan oder unterlassen zu haben, oder sich infolgedessen in einem rechtswidrigen Zustande zu befinden, verbunden mit einem Verlangen nach Befriedigung, in entsprechender Weise bezeichnet, verwiesen.

Nicht über das Recht des Klägers, sondern über das Unrecht des Beklagten sollte geurteilt werden.

Bei Klagen um Schuld erlangte der Beklagte durch Leugnen Beweisrecht; nicht so bei Klagen auf Gut, wo Beklagter den Rechtsgrund seines Habens beweisen mußte; dem gegenüber konnte es wohl zur Darthuung eines Rechtsgrundes kommen, welcher den Kläger berechtigt, das Gut dem Beklagten zu entziehen, aber in allen Fällen war Ausgangspunkt und Gegenstand des Streites das Recht des Beklagten. Das Gericht mußte ermitteln, wer der Nähere ist, das Gut zu behalten.

In erster Linie kam es also auf die Verteidigung des Beklagten an, Ableugnen oder Behauptung eigenen Rechtes; das Gericht wurde von den Parteien um die einschlägigen Rechtssätze, welche für das Urteil und auch für das Zustandekommen desselben, für das Verhalten der Parteien dabei maßgebend sind, befragt. Nur diese Rechtssätze, nicht das ausgegebene Urteil konnte gescholten werden.

Im strikten Gegensatze zu dem germanischen, auf Rechtsfindung gerichteten Verfahren war das altrömische Rechtsdurchsetzungsverfahren, welches in einem Handeln des actor unter Aufstellung einer Rechtsbehauptung bestand; er hatte nur etwa ein seinem Handeln in den Weg gelegtes Hindernis zu beseitigen.

Sowohl der germanische als der römische Prozeß beruhten in ihren Anfängen zum großen Teile auf Selbsthilfehandlungen, deren Übereinstimmung sich dann findet, wenn sie durch die Einheit des nächsten Zweckes der Handlung festgestellt wird, und entwickelten sich aus der Selbsthilfe. Diese war im Anfang eine reine (wenn auch formelle) Selbsthilfe, später eine kontrollierte und noch später eine autorisierte; an deren Stelle ist schließlich die Staatshilfe getreten.

Solange die Rechtsdurchsetzung im Wege der reinen Selbsthilfe erfolgte, haben wir es im Rechtsgange nur mit Handlungen der Parteien, vorzüglich des Aktors zu thun, sie sind direkt wider den Gegner gerichtet; anfangs formlose, später formelle.

Bei der kontrollierten (vor der Obrigkeit sich vollziehenden) Selbsthilfe treten zu den in ihrer Richtung gleichbleibenden Parteihandlungen auch Handlungen des Gerichtes, die aber nur den Zweck haben, die Rechtsdurchsetzung im Wege der Selbsthilfe bis zur Beseitigung eines derselben entgegengesetzten Hemmnisses auszuschließen.

Erst als diese zur autorisierten wurde, richteten sich die Parteihandlungen an das Gericht, welches durch seine Handlung wieder die Partei zur Selbsthilfe autorisierte, worauf sich die Parteihandlung wieder direkt gegen den Gegner wandte.

Eine gänzliche Umbildung der Parteihandlungen erfolgte erst mit dem Verbote der Selbsthilfe, mit dem Verweisen des Rechtssuchenden auf die ihm zur Verfügung gestellte Staatshilfe. Alle Handlungen der Parteien im Prozesse sind von da ab an das Gericht gerichtet; die richterlichen, insbesondere prozeßleitenden Handlungen gewinnen von da ab eine ganz andere Bedeutung; der Rechtsweigerer wird nicht mehr aus der Friedensgemeinschaft ausgeschlossen, sein Hab und Gut nicht mehr dem Kläger überantwortet, sondern das Gericht übt den Gerichtszwang.

Um nun die Natur und das Wesen der Parteihandlungen im heutigen Prozesse zu erforschen, sollte darauf zurückgegangen werden, ob der betreffenden Prozeßhandlung eine Selbsthilfehandlung entsprach, welcher Art diese Selbsthilfe war und in welcher Art von Verfahren diese Selbsthilfehandlung vorkam, denn die Bedeutung der Selbsthilfe war eine ganz andere im germanischen und im römischen Verfahren.

Das Rechtsfindungsverfahren änderte sich sprungweise und damit auch die Selbsthilfehandlungen.

Das Rechtsdurchsetzungsverfahren dagegen entwickelte sich zwar schrittweise, aber es machte doch die interessantesten Wandlungen mit den größten Schwingungshöhen durch.

Die intensivste Entwickelung nahm das auf Rechtsanwendung beruhende Verfahren, in dem sich schließlich immer mehr Doktrinarismus und Formalismus absetzte; das subjektive

Privatrecht konnte nicht mehr unter Anwendung des objektiven zum Siege gelangen, es verkümmerte unter Anwendung des Prozeßrechtes, welches sich als ein selbständiges Recht herausgebildet und immer künstlicher aufgebaut hatte; eine Reaktion konnte nicht ausbleiben.

Der heutige Prozeß ist an Stelle der früheren, in verschiedenen, den jeweiligen Entwickelungsstadien entsprechenden Formen auftretenden Selbsthilfe getreten.

Mit dem Verbote der Selbsthülfe sollten zunächst nur neue Wege eröffnet, nicht neue Rechte geschaffen werden.

Demjenigen, welcher sich in seinem Rechte gekränkt erachtete und dem der Weg der Selbsthilfe verschlossen wurde, brauchte kein neues Recht — kein Klagerecht — verliehen zu werden; es genügte die Erschließung der Möglichkeit, die Durchsetzung des von dem Staate anerkannten Rechtes durch Staatshilfe zu bewirken. Andererseits brauchte auch dem Beklagten nur die Möglichkeit eröffnet zu werden, den Angriff abzuwehren; eine Pflicht auf die Initiative des Klägers hin zu reagieren, brauchte nicht geschaffen zu werden; auch bei dem Selbsthilfeverfahren brauchte sich der Angegriffene nicht zu verteidigen. Nur die Form der Aktion sollte mit Rücksicht auf das Medium des Gerichtes geändert, eine Aktion selbst aber weder unterbunden noch aufgedrungen werden.

Mit der Zurverfügungstellung der Staatshilfe mußte als oberster Grundsatz hingestellt werden, daß nur vom Staate geprüftes und anerkanntes Recht durchgesetzt werden könne; der Staat durfte seinen starken Arm nicht dem Unrechte leihen, er mußte den vermeintlichen Anspruch zunächst prüfen, ob er ein wirklicher sei. Nur für den geprüften Anspruch darf es Exekution geben; wo kein Urteil möglich war, sollte zunächst nur eine Art Exekutionseinleitung mit Offenhaltung eines späteren Streites geschaffen werden; man erachtete nämlich anfangs Urteil nur möglich auf Grund vorangegangenen litis contestatio; da nun die Selbsthilfe genommen war, mußte man doch die Staatshilfe auch dann wirken lassen, wenn lis nicht kontestiert wurde und kam zunächst auf das Auskunftsmittel des indirekten Zwanges durch missio in bona, Bann, Acht und Schuldknechtschaft. Dieses Stadium konnte erst überwunden werden, nachdem man zur Ansicht vorgeschritten war, daß Rechtsanwendung auch ohne Streit, ohne dessen Befestigung möglich sei.

Noch eines muß aus dem vielen herausgegriffen werden.

Während früher die Parteithätigkeit hauptsächlich auf die Rechtsdurchsetzung durch Selbsthilfehandlungen gerichtet war, wurde damit, daß für die Durchsetzung des Rechtes die Staatshilfe parat gestellt werden konnte, demjenigen, der sein Recht verwirklichen wollte, die Sorge um dessen Durchsetzung abgenommen, dafür aber auferlegt, dafür zu sorgen, daß die staatliche Prüfung im Sinne der Rechtsbehauptung ausfalle. Dies ist der Springpunkt, von wo ab die Parteithätigkeit eine geänderte wurde.

Erst viel später kam es dazu, daß es sich um die Prüfung nicht als Mittel, sondern als Zweck handelte.

Die Rechtskraft des Urteiles war anfangs nur Voraussetzung der Exekution und als solche von Wert; später wurde ihr absoluter Wert klar und sie darum begehrlich; man schuf die Möglichkeit der rechtskräftigen Feststellung des Bestehens oder Nichtbestehens von Rechtsverhältnissen.

Wendet man sich von der hier nur in den äußersten Umrissen angedeuteten Entwickelung der Dinge zu deren heutigem Stande, der hergestellt wurde durch die Ideen, auf denen der moderne Staat beruht, durch die richtige Auffassung von dem Wesen der Staatshoheit, so ergibt sich folgendes:

Im Staate wird das objektive Privatrecht von der sich als Gesetzgebungsgewalt äußernden Staatsgewalt für die in ihm Lebenden festgesetzt; jenes umfaßt die diesen zustehenden subjektiven Privatrechte; befinden sich dieselben in einem Zustande, der dem objektiven Privatrechte nicht entspricht, so muß die von dem Berechtigten angegangene Staatsgewalt, welche die

Selbsthilfe verboten und dafür die Staatshilfe im Prozesse zur Verfügung gestellt hat, und zwar als Gerichtsgewalt, für die Herstellung des dem objektiven Privatrechte entsprechenden Zustandes sorgen; der Staat zwingt die dem objektiven Privatrechte nicht entsprechenden faktischen Zustände in den jenem entsprechenden Zustand hinein; dies hat aber zur notwendigen Voraussetzung die Untersuchung, ob das behauptete subjektive Privatrecht, dessen Verwirklichung der Kläger mit seiner Klage verlangt, ein von dem objektiven Rechte Gewolltes, also ein Recht ist. Auf jene Personen, für welche das objektive Privatrecht Geltung hat, muß dasselbe auch in rechtswirksamer Weise zur Anwendung gebracht werden können. Wer den Gesetzen eines Staates unterworfen ist, muß auch — von den bekannten Ausnahmsfällen natürlich abgesehen — den Gerichten des Staates, durch welche die Anwendung der von dem Staate gegebenen Gesetze erfolgen soll, unterworfen sein; durch welches Gericht des Staates die Gesetzesanwendung erfolgen soll, ist eine andere Frage, die hiermit nichts zu thun hat; aber ein Gericht des Staates muß dazu absolut berechtigt sein; alle anderen Kompetenzbestimmungen sind Sache der Zweckmäßigkeit.

Die von dem Staate eingesetzten Gerichte, denen er seine Gerichtsgewalt übertragen hat, sind angerufen verpflichtet, die vom Staate durch seine Gesetzgebung mittelbar geschaffenen subjektiven Privatrechte unter Anwendung der Bestimmungen des objektiven Privatrechtes zu verwirklichen; ergeht ein diese Rechtsanwendung aussprechendes Urteil, so müssen die Parteien dieser Rechtsanwendung ebenso unterworfen sein, wie sie einer Regelung des objektiven Privatrechtes unterworfen sind, vorausgesetzt, daß nicht nur die Rechtsanwendung durch das berufene Organ der Staatsgewalt erfolgte, sondern auch die Garantien für eine richtige Rechtsanwendung eingehalten wurden; diese Garantien hat der Staat in die Prozeßordnung gelegt, welche als das objektive Prozeßrecht für die Prozeßhandlungen, in welchen die subjektiven Prozeßrechte bestehen, maßgebend ist.

Der Kläger will den Zwang des Beklagten; das Gericht zwingt diesen aber erst nach Rechtsanwendung; der Beklagte braucht sich den Zwang nur gefallen zu lassen, wenn er auf Rechtsanwendung beruht.

Daß diese in allen Fällen durch das Gericht stattfinden könne, muß außerhalb des Machtkreises des Beklagten liegen; er darf durch keinerlei Prozeßhandlungen die Rechtsanwendung hindern können — um wieviel weniger erst durch seine Passivität; es kann kein subjektives Prozeßrecht des Beklagten geben, durch dessen Ausübung oder Nichtausübung die ganze Institution des Prozesses negiert würde; das subjektive Recht ist stets ein von objektivem Rechte Gewolltes. Aber der Beklagte darf auch nicht ausgeschlossen sein vom Kampfe um sein vermeintliches Recht, auch nicht davon, zu überwachen, ob die vom Staate für richtige Rechtsanwendung als erforderlich erachteten Garantien im einzelnen Falle gegeben sind; er muß dem Kläger als ein vollkommen gleichberechtigter, aktionsfreier Gegner im Kampfe ums Recht gegenüberstehen; daraus folgt, daß auf keiner Seite ein Überwiegen der Rechte oder Pflichten gegeben sein darf; aus dem früher betonten Umstande, daß der Staat, der die Selbsthilfe verbietet und dafür seine Hilfe zur Verfügung stellt, die subjektiven Privatrechte unter Anwendung der Bestimmung des objektiven schützen und verwirklichen muß, folgt weiters, daß die pflichtmäßigen Prozeßhandlungen notwendig auf Seite des Gerichtes liegen, und daß die Parteien es sind, welche dieselben durch ihre Handlungen zu veranlassen haben, mag es nun sein, daß sie ein Recht haben so zu handeln, welchem Rechte dann eine specielle Pflicht auf Seite des Gerichtes entspricht, oder daß ihnen nur die Möglichkeit geboten ist, die betreffende Prozeßhandlung vorzunehmen, in welchem Falle dann der Parteihandlung keine specielle pflichtmäßige Richterhandlung entspricht, es wäre denn, daß die Prozeßordnung das Gericht von vornherein anweist, sich einem gewissen Thatbestande gegenüber in einer von ihr bestimmten Weise zu verhalten (Offizialpflicht).

Daraus nun, daß das objektive Prozeßrecht die Selbsthilfe

verbietet und die Rechtsschutzbedürftigen anweist, die Staatshilfe behufs Befriedigung ihres Schutzbedürfnisses in Anspruch zu nehmen, ergibt sich, daß subjektives Prozeßrecht nicht identisch sein könne mit dem Begriffe des prozessualen Anspruches (wie dies nach der Bierlingschen Auffassung des subjektiven Rechtes der Fall sein müßte), sondern daß es bestehen müsse in des Berechtigten eigenen Prozeßhandlungen, durch deren Vornahme (d. i. Ausübung des subjektiven Prozeßrechtes), wie sich zeigen wird, erst ein prozessualer Anspruch entstehen kann. Früher war es erlaubt, die Eigenmacht durch Selbsthilfehandlungen zu bethätigen; dies ist nun verboten, dafür aber ist es gestattet, eigene Handlungen vorzunehmen, die darauf gerichtet sind, den staatlichen Zwang eintreten zu lassen; ob die Eigenmacht ausreichend war, um den angestrebten Erfolg herbeizuführen, war quaestio facti; das gleiche gilt nicht vom staatlichen Zwange, wenn es auch Fälle gibt, in denen durch ihn der dem Rechte entsprechende Zustand nicht hergestellt zu werden vermag; dies hat aber dann seinen Grund nicht in dem Unzureichenden der Macht des Staates, sondern in dem des Objektes, an dem sich der staatliche Zwang bethätigen kann.

Heute handelt es sich nur darum, durch eigene Handlungen jene Voraussetzungen als gegeben erscheinen zu lassen resp. herzustellen, von denen die Bethätigung des staatlichen Zwanges abhängt. Man hat von vornherein keinen Anspruch auf Bethätigung desselben, sondern man ist nur befugt, eigene Handlungen vorzunehmen, auf welche hin die Bethätigung des staatlichen Zwanges in Aussicht gestellt ist. Ob sich diese Aussicht erfüllt, hängt von den Prozeßhandlungen der Rechtsuchenden ab. Die Parteien nehmen die Gerichte durch ihre Handlungen in Anspruch, ohne daß sie bereits einen Anspruch, einen prozessualen Anspruch haben. Dieser entsteht vielmehr erst dadurch, daß man die Staatshilfe durch berechtigtes Handeln in Anspruch nimmt, vorausgesetzt, daß das ausgeübte subjektive Prozeßrecht auch eine Handlung des Gerichtes zu seinem Inhalte hat.

Die subjektiven Prozeßrechte müssen daher immer sein durch das objektive Prozeßrecht geschaffene Befugnisse zur Vornahme eigener Prozeßhandlungen.

In der Befugnis zu irgend welchem eigenen Handeln steckt, wie Bierling K. (Bd. II, S. 50) hervorhebt, einerseits das einfache rechtliche Dürfen (Nichtverbotensein) und andererseits das rechtliche Können d. i. die aus Bestimmungen des positiven Rechtes folgende Fähigkeit, durch Rechtsgeschäfte bestimmte Rechtwirkungen zu erzeugen.

Das letztere, das sog. rechtliche Können muß als Befugnis i. e. S. von der Befugnis i. w. S. (oder Berechtigung i. w. S.) zu irgend welchem eigenen Handeln ausgeschieden und der Berechtigung i. e. S. — dem subjektiven Rechte — gegenübergestellt werden. Das objektive Recht erklärt wohl bestimmte Rechtsgeschäfte als zulässig, es bestimmt die Bedingungen ihrer Zulässigkeit; damit gibt es aber kein subjektives Recht. Ein solches ist aber auch mit dem rechtlichen Dürfen = Nichtverbotensein noch nicht gegeben; auch das zulässige Rechtsgeschäft ist nicht verboten.

Damit das Dürfen — das Handeln-Dürfen — sich zum Begriffe des subjektiven Rechtes verenge, ist notwendig, daß noch als Begriffsmerkmal die dem Rechte entsprechende Pflicht anderer hinzutrete. Nach Wach D. u. K. (Exkurs über subjektives Recht) kann ein Handeln-Dürfen nur dann ein subjektives Recht sein, wenn es aus dem positiven Willen (im Gegensatze zum bloßen Nichtverbotensein) der Staatsgewalt algeleitet und durch die Kraft derselben wirksam ist (wenn es also, um mit Schuppe zu sprechen, ein von dem objektiven Rechte Gewolltes ist). Weiters wird von Wach, damit ein Rechtsverhältnis von einem zum anderen im Sinne von Berechtigten und Verpflichteten entstehe, gefordert, daß gerade das Sollen des einen zum Inhalte eines staatlich anerkannten Dürfen des anderen gemacht sei.

Mit der Aufstellung des letzten Erfordernisses ist zwar nur für jene subjektiven Rechte etwas ausgesagt, welche den Inhalt eines Rechtsverhältnisses von einem zum anderen im Sinne von

Berechtigten und Verpflichteten bilden. Wie es aber mit jenen subjektiven Rechten stehe, welche den Inhalt eines Rechtsverhältnisses in dem Sinne von Person zur Sache bilden, kann hier außer Betracht bleiben, denn die subjektiven Prozeßrechte bilden entweder (und zwar gerade die eigentlichen Prozeßrechte) den Inhalt von prozessualischen Rechtsverhältnissen oder sie beziehen sich doch auf solche. Diese sind aber nur Rechtsverhältnisse von einem zum anderen im Sinne von Berechtigten und Verpflichteten. Danach gewinnt man als Begriff für das subjektive Prozeßrecht das aus positiven Bestimmungen der Prozeßordnung abgeleitete Handeln-Dürfen, welchem durch die Kraft des Gesetzes Wirksamkeit damit gegeben wurde, daß demselben stets ein Sollen — eine Pflicht — jener Personen entspricht, die mit dem zur Vornahme einer Prozeßhandlung Befugten in einem prozessualischen Rechtsverhältnisse stehen oder in solches oder doch in eine prozessuale Beziehung treten.

Erst dadurch, daß dem Dürfen des einen ein Sollen — eine Pflicht — anderer entspricht, wird die bloße Befugnis zur Berechtigung; dadurch unterscheidet sich diese von dem rechtlichen Können, von der Befugnis, durch prozessualische Rechtsesgchäfte prozessualische Rechtswirkungen zu erzeugen, welcher Befugnis keine Verpflichtung anderer — auch nicht etwa die, die Vornahme des prozessualischen Rechtsgeschäftes dulden zu müssen — zur Seite steht.

Das rechtliche Können, die Kraft, welche den prozessualischen Rechtsgeschäften durch deren gesetzliche Sanktion verliehen wird, besteht nicht in einer Willensunterwerfung eines Verpflichteten unter den Willen eines Berechtigten, sondern in der durch Vornahme des Rechtsgeschäftes bewirkten Rechtserzeugung ohne Verpflichtung jener, mit denen das prozessualische Rechtsverhältnis hergestellt wird, zu dieser Rechtserzeugung mitzuwirken. Hierzu bedarf es keiner aus positiver Gesetzesbestimmung fließenden Berechtigung, keines subjektiven Rechtes; es genügt das Erschließen der rechtlichen Möglichkeit, durch eigenes Handeln einen beabsichtigten prozessualen Erfolg herzustellen.

Das rechtliche Können, die Befugnis, prozessualische Rechtsgeschäfte vorzunehmen, ist als Befugnis zur Vornahme rechtserzeugender Handlungen scharf auseinander zu halten von der Berechtigung zur Vornahme von Prozeßhandlungen, durch welche subjektive Prozeßrechte ausgeübt werden. In beiden Fällen handelt zwar der Befugte oder Berechtigte und in beiden Fällen entnimmt das Handeln seine Kraft dem objektiven Rechte, aber nur in dem einen zunächst zu betrachtenden Falle beruht das Handeln-Dürfen auf positiven Bestimmungen der Prozeßordnung, welche das Handeln-Dürfen dadurch zum subjektiven Prozeßrechte erheben, daß dem von ihr anerkannten Handeln-Dürfen des Berechtigten das Handeln-Sollen eines Verpflichteten — eine Pflicht — entspricht.

Das eben Gesagte gilt nicht nur von den eigentlichen subjektiven Prozeßrechten, welche den Inhalt eines prozessualischen Rechtsverhältnisses ausmachen, sondern von allen.

Mit „eigentlichen" Prozeßrechten sollen diejenigen subjektiven Prozeßrechte, welche den Inhalt des Prozeßverhältnisses, des Interventionsverhältnisses sowie des zwischen den sog. notwendigen Streitgenossen bestehenden Rechtsverhältnisses bilden[4]), bezeichnet werden, weil auf deren Ausübung allein dasjenige, was man Prozeß nennt, beruht.

Neben diesen subjektiven Prozeßrechten kennt die Prozeßordnung allerdings noch andere, die nicht den Inhalt eines prozessualen Rechtsverhältnisses insbesondere des Prozeßverhältnisses bilden, wohl aber von ihr durch positive Bestimmungen nur im Hinblicke auf ein erst und nur möglicherweise existent werdendes Prozeßverhältnis geschaffen sind.

Solche subjektive Prozeßrechte sind:

Das Recht des Klägers, unter mehreren zuständigen Gerichten zu wählen (§ 35).

---

[4]) Diesbezüglich ist darauf hinzuweisen, daß den Inhalt des Interventionsverhältnisses sowie des zuletzt gedachten Rechtsverhältnisses keine anderen subjektiven Prozeßrechte bilden, als solche, die auch den Inhalt des Prozeßverhältnisses mit bilden.

Das Recht auf Bestimmung des zuständigen Gerichtes (§ 36).

Das Recht zur Ablehnung eines Richters, wenn das Ablehnungsgesuch vor Zustellung der Klage an den Beklagten, also vor Begründung des Prozeßverhältnisses angebracht wird.

Das Recht auf Beweisführung zum ewigen Gedächtnisse vor Erhebung der Klage.

Das Recht auf Arrestschlag und Vornahme einstweiliger Verfügungen vor Erhebung der Klage.

Auch das Recht auf Bestimmung des Termins zur mündlichen Verhandlung über eine bei der Gerichtsschreiberei überreichte Klageschrift muß dazu gezählt werden, wenn die fragliche Richterhandlung den Gegenstand eines Parteiprozeßrechtes überhaupt bildet.

Die eben angeführten subjektiven Prozeßrechte stehen an Bedeutung weit hinter den eigentlichen Prozeßrechten zurück, sie dienen nur diesen; durch ihre Ausübung soll das Zustandekommen eines rechtsbeständigen Prozeßverhältnisses, das eines auf sonst nicht erweisbaren Thatsachen beruhenden Urteils, die sonst gefährdete Vollstreckung eines Urteils, die Verwirklichung eines Rechtes der Partei gesichert werden.

Diese Rechte beziehen sich wohl alle auf ein prozessualisches Rechtsverhältnis, aber sie bilden nicht den Inhalt eines solchen; vielmehr werden zumeist durch ihre Ausübung Beziehungen von Person zu Person hergestellt, welche die Prozeßordnung zwar regelt, welche aber doch nicht zu den prozessualischen Rechtsverhältnissen zu zählen sind.

Auch bei diesen subjektiven Prozeßrechten steht der auf positiver Gesetzesvorschrift beruhenden Befugnis eine Pflicht zur Seite; also auch diese außerhalb eines prozessualischen Rechtsverhältnisses stehenden Berechtigungen sind subjektive Prozeßrechte im früher entwickelten Sinne.

II. Die Subjekte.

Subjekt eines subjektiven Rechtes ist jener, welcher das Recht „hat". Bezüglich des Habens eines Rechtes wird sich hier auf die bereits oben citierte Stelle aus Schuppe (S. 49) bezogen; und weiters: Das Haben eines Rechtes besteht aus der Bejahtheit des subjektiven Willens durch das objektiven Recht, nicht erst in der Ausübung, sofern darunter die der Durchsetzung des Willens dienenden Handlungen verstanden werden (S. 146). Weil man sein Interesse und seinen Willen „hat", so „hat" man ihn auch als vom objektiven Rechte bejahten, hat seine Bejahtheit von Seiten des objektiven Rechtes, hat den auf seinen subjektiven Willen gerichteten Willen des objektiven Rechtes. Die aktuelle Existenz eines subjektiven Rechtes ist also geknüpft an ein interessiertes und wollendes Subjekt; das Haben, als Thätigkeit, von welcher das gehabte Recht, als ihr Objekt, unterschieden wird, ist nichts anderes, als das Verhältnis des Ganzen zum Teile, nach welchem der Wille, der objektiv rechtlich bejahte Wille desselben zu ihm als ein Teil desselben gehört (S. 154).

Die subjektiven Prozeßrechte, oder doch die meisten und wichtigsten, welche oben als eigentliche Prozeßrechte bezeichnet wurden, bilden den Inhalt der prozessualischen Rechtsverhältnisse; jene kann **nur** haben, wer als Subjekt in einem solchen steht; also nur die Subjekte der prozessualischen Rechtsverhältnisse können Subjekte der eigentlichen Prozeßrechte sein.

Die von prozessualischen Rechtsverhältnissen umschlossenen Personen sind **Kläger**, **Beklagter** und **Gericht**, außerdem nur noch der Nebenintervenient. Sie sind es, die im Prozesse handeln und voneinander Handlungen fordern können[5]).

[5]) Darauf, daß es auch subjektive Prozeßrechte gibt, die nicht den Inhalt prozessualischer Rechtsverhältnisse ausmachen, wird an nächster Stelle Bedacht genommen. Die von Bekker P. (Bd. I, S. 46) aufgestellte Behauptung „jedes Recht ist ein Rechtsverhältnis" ist nur dann zu halten, wenn man unter Verhältnis auch ein einseitiges Verhalten eines Rechtskörpers für sich versteht, während doch gewiß unter Verhältnis nur die Beziehung eines Rechtskörpers zu einem andern zu verstehen ist.

Streitgenossen haben als selbständige Prozeßparteien selbständige Prozeßrechte, auch wenn die Streitgenossenschaft, wie § 59 RCPO. sich ausdrückt, eine notwendige ist[6]).

Der Hauptintervenient ist im Interventionsprozesse Kläger somit Prozeßpartei; er steht in dem durch Erhebung der Interventionsklage begründeten Prozeßverhältnisse zu den beiden Parteien des Hauptprozesses, die ihm als beklagtische Streitgenossen gegenüberstehen, und zu dem Gerichte des Hauptprozesses. Den Prozeßparteien, dem Kläger und dem Beklagten, sowie dem Gerichte stehen demnach als Prozeßsubjekten Prozeßrechte zu.

Dagegen steht der Nebenintervenient nicht im Prozeßverhältnisse, sondern zunächst nur zu Einer der Prozeßparteien in einer direkten materiell-rechtlichen Beziehung, welche von der RCPO. für genügend erklärt wird, um auch eine prozessuale Beziehung zwischen ihnen unmittelbar und mittelbar auch zu den beiden anderen Prozeßsubjekten herzustellen, nämlich das Interventionsverhältnis.

Auch der Nebenintervenient hat, als in einem prozessualen Rechtsverhältnisse stehend, Prozeßrechte; er kann, wie es im § 64 heißt, alle Prozeßhandlungen wirksam vornehmen. Nur ist er in der Ausübung der ihm zustehenden Prozeßrechte beschränkt, durch die der Partei — seinem Interventen — selbst zustehenden Prozeßrechte; im Kollisionsfalle gehen diese als die Rechte des Näherberechtigten, der im Prozeßverhältnisse nicht bloß im Interventionsverhältnisse stehenden Partei, vor; es wäre denn der Fall des § 66 gegeben, in welchem sich die Rechte des Intervenienten zu denen eines Streitgenossen erweitern.

Dies soll dann der Fall sein, wenn die Entscheidung auch auf das Rechtsverhältnis des Nebenintervenienten zu dem Gegner von Wirksamkeit ist; in einem solchen Falle steht er auch zu diesem und dem Gerichte in einer unmittelbaren

[6]) Das Recht zur Betreibung des Prozesses hätte wohl als ein jedem einzelnen Streitgenossen zustehendes, selbständiges Recht nicht eigens im § 60 hervorgehoben zu werden gebraucht; es folgt von selbst aus der selbständigen Parteistellung jedes Streitgenossen — allerdings nicht die mit dem Betreibungsrechte in Verbindung gebrachte Ladungspflicht.

prozessualen Beziehung, die aber doch nicht das durch die Klage engagierte Prozeßverhältnis ist. Darum sagt auch § 66 RCPO., daß er nur als Streitgenosse gilt, nicht aber Streitgenosse ist, denn dieser steht eben im Prozeßverhältnisse.[7])

Der Rechtsnachfolger in das Prozeßverhältnis wird selbst

---

[7]) Bezüglich des Gesagten ist zu bemerken: Ein Civilprozeß kann nur gedacht werden in Beziehung auf ein Privatrechtsverhältnis. (Auch die Urkundenechtheits=Feststellungsklage ist nur möglich, wenn es sich um eine für ein Privatrechtsverhältnis erhebliche Urkunde handelt.)

Das Prozeßverhältnis kann nur existent werden mit Bezug auf ein wenn auch nur behauptetes Privatrechtsverhältnis; letzteres wird von ersterem für die Dauer des Prozesses umschlossen.

Regelmäßig stehen im Prozeßverhältnisse (abgesehen vom Gerichte) nur Personen, die in dem diesem zu Grunde liegenden (wenn auch nur behaupteten) Privatrechtsverhältnisse stehen. Stehen Kläger und Beklagter wie beim Prätendentenstreite in keinem Privatrechtsverhältnisse zu einander, so stehen sie doch in wenigstens behaupteten Privatrechtsverhältnissen zu derselben Sache; diese privatrechtliche Beziehung zur selben Sache ersetzt die sonst durch das Privatrechtsverhältnis hergestellte Verbindung. Darum kann auch das Prozeßverhältnis nur zwischen den Personen, zwischen welchen das Privatrechtsverhältnis oder diese privatrechtliche Beziehung wenigstens angeblich besteht, existent werden. Das privatrechtliche Verhältnis des Intervenienten zum Interventen und im Falle des § 66 RCPO. zum Gegner ist nun nicht das zwischen Kläger und Beklagten bestehende Privatrechtsverhältnis oder die zwischen ihnen abgesehen von einem solchen hergestellte privatrechtliche Beziehung, sondern ein anderes, mit Bezug auf welches das Prozeßverhältnis nicht zustande gekommen ist, welches von diesem nicht umschlossen wird. Darum muß der Intervenient immer außerhalb des Prozeßverhältnisses in einer anderen prozessualischen Beziehung zu dem Interventen oder auch zu dem Gegner stehen.

Dieser prozessualischen Beziehung liegt eine privatrechtliche, nach welcher sich das Vorhandensein des Interventionsinteresses bestimmt, zu Grunde; sie muß stets eine solche zwischen dem Intervenienten und dem Interventen sein; ist sie nur dies, so steht der Intervenient nur zum Interventen in direkter prozessualischer Beziehung, zu dem Gegner nur in einer durch die Prozeßführung hergestellten Verbindung. Ist aber die Beziehung des Intervenienten auch zum Gegner eine privatrechtliche, was sie immer sein muß, wenn die Entscheidung des Prozesses auch zwischen diesen beiden wirken soll, so ist die prozessuale Beziehung zwischen diesen beiden wohl eine unmittelbare, aber noch immer nicht das Prozeßverhältnis. Vergl. im übrigen die überaus trefflichen Ausführungen Wachs über die Nebenintervention. H. (B. I., S. 613 ff.)

Prozeßsubjekt; es bedarf daher einer weiteren Bemerkung, daß ihm die durch das Prozeßverhältnis begründeten subjektiven Prozeßrechte zustehen, ebensowenig als darüber, daß weder dem gesetzlichen Vertreter noch dem Prozeßbevollmächtigten noch dem Beistande subjektive Prozeßrechte zukommen; die letztgenannten Personen üben nur im Prozesse durch die von ihnen gesetzten Prozeßhandlungen die Prozeßrechte der Partei aus.

Auch der einstweilen zugelassene, nicht legitimierte gesetzliche Vertreter oder der ohne Vollmacht erschienene Bevollmächtigte übt allerdings nur bedingungsweise die Prozeßrechte der Partei aus; ebenso der Bevollmächtigte, dessen Vollmacht nach § 13 Abs. 2 durch Kündigung von seiner Seite bereits erloschen ist[8]).

Auch Zeugen und Sachverständige haben keine Prozeßrechte; sie haben wohl von der RCPO. so genannte Berechtigungen, so die zur Verweigerung des Zeugnisses, des Gutachtens; diese sogenannten Berechtigungen sind aber keine Prozeßrechte, überhaupt keine Rechte[9]).

Mit den bis jetzt als Subjekte von Prozeßrechten genannten Personen: Gericht, Kläger, Beklagter und Nebenintervenient (der Hauptintervenient ist Kläger, die Streitgenossen sind entweder

[8]) Die Bestimmungen der RCPO., in denen von einer Berechtigung zur Vertretung der Partei, zur Vornahme von Prozeßhandlungen gesprochen wird, können nicht etwa als Beleg für die Existenz eines diesbezüglichen Prozeßrechtes aufgefaßt werden; sie besagen nur, ob die Ausübung des Prozeßrechtes der Partei durch den Bevollmächtigten in rechtswirksamer d. h. die Partei bindenden Weise erfolgte. Die Befugnis zur Ausübung der Parteirechte im Namen der Partei wird zwar durch die Prozeßordnung geregelt, sie ist aber deshalb kein subjektives Prozeßrecht.

[9]) Das Recht zur Zeugnisverweigerung ist nur die bedingte Befreiung von einer sonst eintretenden, außerhalb des Prozeßrechtes liegenden Verpflichtung. Die RCPO. drückt dies nun anders aus.

Wenn es auch im § 352 Abs. 1 heißt, daß über „die Rechtmäßigkeit der Weigerung" entschieden wird, so ergeht doch die Entscheidung thatsächlich nur über das Vorhandensein der bedingten Aussagepflicht, welche zwar eine öffentlich rechtliche, aber keine prozessuale Pflicht ist, und deren Kehrseite der Anspruch auf Entschädigung für Zeitversäumnis, für gehabte Auslagen u. s. w. bildet, welchem Anspruche also kein prozessuales Recht zu Grunde liegt.

Kläger oder Beklagte) ist der Kreis jener Personen nicht erschöpft, die Subjekte von Prozeßrechten sein können. Es gibt, wie bereits bemerkt, auch subjektive Prozeßrechte, welche selbständig, nur im Hinblicke auf erst zur Existenz gelangende prozessuale Rechtsverhältnisse von der Prozeßordnung Personen gegeben wurden, die nur eventuell in einem künftigen Prozesse Subjekte des Prozeßverhältnisses werden sollen.

Wem diese Prozeßrechte zustehen, wer sie hat, also Subjekt derselben ist, das ergibt sich aus den speciellen Normen des objektiven Prozeßrechtes; das aktuelle subjektive Recht entsteht demjenigen, der die Bedingungen hervorbringt, an welche das objektive Recht seine Bestätigung des subjektiven Willens ein für allemal geknüpft hat. Die Bestimmungen der §§ 36, 42/3, 447, 796 und 814 geben Aufschluß, wem die dort genannten subjektiven Prozeßrechte zustehen; auch die Subjekte dieser subjektiven Prozeßrechte sind Parteien, wenn auch nicht Prozeßparteien.

Von der weiteren Betrachtung werden jene subjektiven Prozeßrechte, welche dem Gerichte zustehen, ausscheiden und zwar deshalb, weil, wie sich dies aus späterer Darstellung ergeben wird, das Gericht keine prozessualischen Rechtsgeschäfte vornehmen kann, daher hier nur die den Parteien zustehenden Prozeßrechte resp. deren Ausübungshandlungen, denen dann die prozessualischen Rechtsgeschäfte gegenübergestellt werden sollen, ins Auge zu fassen sind.

III. Der Inhalt.

Jedes subjektive Recht ist etwas vom objektiven Rechtswillen in Bejahung des Willens des Berechtigten Gewolltes. Dieses Wollen ist ohne einen Gegenstand, ohne Objekt undenkbar. Das objektive Recht, konkretes Wollen nur im einzelnen Wollenden, kann nur dessen eigene oder anderer Menschen Handlungen oder Unterlassungen wollen; das subjektive Recht besteht also in eigenen oder fremden Handlungen oder Unterlassungen, die vom objektiven Rechte in Bestätigung des vom Berechtigten Gewollten gewollt sind.

Eigene oder fremde Handlungen (i. w. S.) sind das Objekt des Wollens, und sie bilden den Inhalt des subjektiven Rechtes.

Das Haben des Rechtes ist die objektiv rechtliche Bejahtheit des subjektiven Willens, das Recht selbst aber als Objekt dieses Habens ist der bestimmte Willensinhalt, dasjenige, wozu man berechtigt ist. Von diesem Inhalte sagt man: „Das ist das Recht, welches ich habe" (Schuppe S. 153).

Demnach können die subjektiven Prozeßrechte zu ihrem Inhalte nur des Berechtigten eigene Prozeßhandlungen i. w. S. oder solche anderer haben.

Der Prozeß setzt sich ausschließlich aus einer Reihe von Handlungen, die von den Parteien und dem Gerichte vorgenommen werden, zusammen; nur diese Prozeßhandlungen können den Inhalt der Prozeßrechte also auch der den Parteien zustehenden Prozeßrechte, mit welchen allein sich in dem Weiteren zu beschäftigen ist, bilden.

Dagegen scheint die Frage offen, ob den Inhalt der Parteiprozeßrechte nur die Befugnis zur Vornahme eigener Handlungen, also ein Handeln-Dürfen bildet oder ob es auch Rechte auf Handlungen anderer gibt und ob diese letzteren Rechte, wenn sie existieren, immer durch die Existenz eines prozessualischen Rechtsverhältnisses bedingt sind wie im Privatrechte, wo ein Recht auf Handlungen stets den Bestand eines zumeist obligatorischen Rechtsverhältnisses voraussetzt; weiters ob, wenn es nicht nur Parteiprozeßrechte zu, sondern auch auf Handlungen gibt, ein prozessualischer Anspruch darauf bereits mit der Existenz des den Inhalt eines prozessualischen Rechtsverhältnisses mit bildenden subjektiven Prozeßrechtes gegeben ist, oder ob derselbe immer erst durch eine Handlung, mit welcher das subjektive Prozeßrecht ausgeübt wird, erzeugt wird; daß ein außerhalb eines prozessualischen Rechtsverhältnisses bestehendes Parteiprozeßrecht, wenn es ein Recht auf eine Handlung sein soll, notwendigerweise ein eigenes Handeln, durch welche die prozessualische Beziehung zwischen den Berechtigten und demjenigen, auf dessen Handlung das Prozeßrecht gerichtet ist, hergestellt wird, zur Voraussetzung hat, scheint wohl zweifellos.

Zunächst soll daran erinnert werden, daß das Prozeßverhältnis ein dreiseitiges, das Interventionsverhältnis ein mehr als dreiseitiges ist, daß in den prozessualen Rechtsverhältnissen daher stets ein Prozeßsubjekt wenigstens zwei anderen gegenübersteht und daß die Stellung des Gerichtes und der Parteien im Prozesse eine ganz verschiedene ist.

Wenn also auch für alle subjektiven Prozeßrechte gilt, daß denselben eine Pflicht eines anderen zur Seite stehen muß, so ergibt sich daraus für die subjektiven Prozeßrechte keineswegs, daß dem Dürfen des einen Subjektes eines Prozeßverhältnisses ein Sollen der anderen gegenüber stehen müsse; es genügt die Pflicht eines anderen, damit es dem Rechte an dem notwendigen Erfordernisse der ihm entsprechenden Pflicht nicht fehle. Es gibt nun kein Parteiprozeßrecht, welches nicht ein Handeln-Dürfen des Berechtigten zu seinem Inhalte hätte; auch für jene Prozeßrechte, bei welchen das Gewollte die Handlung eines anderen ist, gehört das Handeln-Dürfen des Berechtigten mit zu dem Inhalte und zwar zu dem notwendigen Inhalte, denn ohne eigene Prozeßhandlung des Berechtigten kann aus dem Rechte auf eine Prozeßhandlung eines anderen kein Anspruch auf diese entstehen; es gibt kein Prozeßrecht, welches einen prozessualen Anspruch enthielte, der schon mit der bloßen Existenz des subjektiven Prozeßrechtes, wenn dieses auch den Inhalt eines prozessualen Rechtsverhältnisses bildet, gegeben wäre.

Eine Ausnahme scheint nur der Anspruch auf Erstattung der Kosten zu bilden, denn nach § 279/2 hat das Gericht auch ohne Antrag über die Verpflichtung, die Prozeßkosten zu tragen, zu erkennen.

Darnach ist aber dieser Anspruch nur von der Stellung eines Antrages auf Entscheidung darüber, wer die Kosten zu tragen habe, unabhängig; diese Entscheidung ergeht immer auch in den Fällen des § 90 von Amts wegen.

Eine Partei, welche im Prozesse gar nicht gehandelt hat, kann zwar zur Tragung der Kosten verurteilt werden, aber nur jene Partei, welche Prozeßrechte thatsächlich ausgeübt, also selbst gehandelt hat, kann einen Anspruch auf Kostenerstattung haben; dieser entsteht daher ebenfalls nur durch eigenes Handeln; das Gesetz sieht aber von der Abgabe einer den durch Ausübung von Prozeßrechten entstandenen Anspruch betreffenden Willenserklärung des Anspruchsberechtigten ab.

Ansprüche, wie sie ungezählt das Privatrecht kennt, welche bereits mit der Existenz des Rechtsverhältnisses da sind, kennt das Prozeßrecht nicht.

Ein Anspruch auf eine Prozeßhandlung eines anderen hat stets als notwendige Voraussetzung eine Prozeßhandlung des Berechtigten.

Nach Unger S. (Bd. I, S. 503) bilden den Inhalt eines Rechtes die einzelnen dem Berechtigten kraft des Rechtes zustehenden Befugnisse. Zu diesen gehört bei allen subjektiven Prozeßrechten die zur Vornahme einer eigenen Prozeßhandlung.

Mit der Existenz eines Forderungsrechtes ist (es wäre denn die obligatio bedingt oder betagt) der Anspruch auf die Handlung (Leistung) des Schuldners da, ohne daß es einer Ausübungshandlung des Forderungsberechtigten bedarf.

Ganz anders beim subjektiven Prozeßrechte.

Nimmt man beliebige, ganz verschiedene Prozeßrechte, so das Recht auf Vertagung der Verhandlung und das auf Vorlegung von in Händen des Gegners befindlichen Beweisurkunden, so gehört zu dem Inhalte ein Handeln-Dürfen, welches bei dem ersteren eine dem subjektiven Prozeßrechte entsprechende Handlung des Gerichtes, bei letzterem eine solche des Gegners als gewollten Erfolg herbeizuführen geeignet ist. Mit der Existenz dieser beiden Prozeßrechte ist weder in dem einen Falle ein Anspruch auf die Handlung des Gerichtes, noch in dem anderen auf eine Handlung des Gegners da; damit ersterer Anspruch entstehe, muß eine Ausübungshandlung des Berechtigten vorgenommen werden; dieser muß einen Antrag stellen, der auf Vornahme der Richterhandlung, auf die Vertagung gerichtet ist.

Im zweiten Falle genügt die Stellung des Antrages dem Gerichte gegenüber nicht; der Antrag erzeugt nur den Anspruch ans Gericht auf Vornahme der Richterhandlung, d. i. Aufforderung des Gegners; an den Gegner aber entsteht der Anspruch erst, nachdem das Gericht über den Antrag dem Gegner die Vorlage der Urkunden aufgegeben hat. Dadurch entsteht aber nicht etwa ein Anspruch des Gerichtes, sondern der Anspruch entsteht durch die richterliche Handlung der Partei; diese verfügt über den entstandenen Anspruch, denn ihr steht ja das auf Urkundenvorlage gerichtete subjektive Prozeßrecht, daher auch der diesfällige Anspruch zu.

Wenn also auch das Gewollte die Prozeßhandlung eines anderen ist, so gehört doch zu dem Inhalte des subjektiven Prozeßrechtes ein Handeln-Dürfen, die Befugnis zur Vornahme einer den Prozeß in seiner bestimmungsgemäßen, von dem Berechtigten gewollten Entwickelung fördernden eigenen Prozeßhandlung.

Zweck jeder einzelnen eigenen oder fremden Prozeßhandlung, welche den Inhalt der einzelnen Parteiprozeßrechte bildet, ist Ermöglichung und Vorbereitung des Urteiles, der Rechtsanwendung auf das behauptete Privatrecht, eventuell dessen Verwirklichung; diesem einen Zwecke dienen sowohl des Berechtigten eigene als auch fremde Prozeßhandlungen verschiedenster Art, und zwar mit ganz verschiedenem unmittelbaren Erfolge.

Nur bei der eigenen Prozeßhandlung kann dieser darin bestehen, daß durch sie allein ein die Entwickelung des Prozesses fördernder Thatbestand geschaffen wird, so daß mit der bloßen Vornahme der Handlung, mit der Ausübung des Prozeßrechtes, der Erfolg bereits hergestellt ist.

Der prozessuale Erfolg der eigenen Prozeßhandlung kann aber auch darin bestehen, daß gewisse Thatumstände, Behauptungen von Thatsachen, Rechtsbehauptungen, Benennungen von Beweismitteln zur Kenntnis der anderen Subjekte des prozessualen Rechtsverhältnisses gebracht und dadurch zum Gegenstande ihrer Beachtung für den Fall eines Handelns derselben gemacht werden.

Endlich kann gerade in der Bewirkung des Handelns eines anderen Subjektes des Prozeßverhältnisses der durch die eigene Prozeßhandlung herzustellende prozessuale Erfolg bestehen.

Nur in dem letzten Falle ist das durch die eigene Handlung ausgeübte subjektive Prozeßrecht ein solches auf eine Prozeßhandlung eines anderen, des Gerichtes oder der Partei, und die Vornahme dieser Handlung die dem Rechte entsprechende Pflicht.

Im zweiten Falle entspricht dem subjektiven Prozeßrechte die dem Gerichte obliegende Beachtungspflicht; im ersten ist die dem Rechte entsprechende Pflicht nur eine negative.

Die Prozeßhandlungen, durch welche die eben genannten drei Arten von prozessualen Erfolgen hergestellt resp. angestrebt werden, sind immer eigene Handlungen; ihre Vornahme ist behufs Weiterentwickelung des Prozesses seinem Ziele zu unbedingt notwendig, auch dann, wenn das subjektive Prozeßrecht Prozeßhandlungen anderer zum Inhalte hat.

Die eigenen Prozeßhandlungen der Parteien sind entweder Realakte (mechanische Handlungen) oder Erklärungshandlungen; diese sind wieder Wissens- oder Willenserklärungen.

1. Realakte (mechanische Handlungen).

Solche sind:

Die Überreichung von Prozeßgesuchen, welche Wissens- und Willenserklärungen, oder auch nur letztere enthalten können, so in den Fällen der §§ 37, 44, 98, 109, 187, 225, 371 Abs. 2, 448, 596, 616 mit 617 Abs. 3, 621 Abs. 1 und 3, 625, 628, 800, 813, 815, 818 und 819 der RCPO.

Die Einreichung von Schriftsätzen, die eine Ladung enthalten, bei der Gerichtsschreiberei behufs Terminbestimmung §§ 193/1, 233/1, 305 Z. 3, 506, 529.

Das Abgeben der Prozeßvollmacht zu den Gerichtsakten § 76.

Die Niederlegung einer Abschrift eines vorbereitenden Schriftsatzes, des Klagezurücknahmeschriftsatzes, einer ausländischen Beweisaufnahmeurkunde, endlich des die Einspruchs-, Berufungs- oder Revisionszurücknahme enthaltenden Schriftsatzes auf der Gerichtsschreiberei §§ 124, 243 Abs. 2, 329/3, 476 Abs. 2 und 529.

Die Übergabe eines zuzustellenden Schriftstückes in Ur- und Abschrift, der vollstreckbaren Urteilsausfertigung an den Gerichtsvollzieher behufs Zustellung rücksichtlich Vornahme der Vollstreckung §§ 155 und 675.

Die Besorgung eines Ersuchschreibens an ein ausländisches Gericht wegen Beweisaufnahme § 329 Abs. 1.

Die Erlegung eines Vorschusses für Kosten einer Beweisaufnahme §§ 344 Abs. 1, 367, 406 und 407.

Die Sicherheitsleistung seitens des ausländischen Klägers, des unlegitimierten Vertreters und im Zwangsvollstreckungs- und Arrestverfahren.

Die Vorlegung von Schriftstücken behufs Schriftvergleichung § 406 Abs. 2.

Das bloße Erscheinen im Termine ohne zu verhandeln § 298.

Das bloße Beiwohnen der Beweisaufnahme § 322.

Ein Zweifel dürfte nur bezüglich Einer der voraufgeführten Handlungen möglich sein, nämlich, ob die Einreichung der Ladungsschriftsätze, insbesondere der Klage-, Einspruchs-, Berufungs- und Revisionsschrift bei der Gerichtsschreiberei zum Zwecke der Terminansetzung als eine rein mechanische Handlung oder aber als Abgabe einer Willenserklärung — etwa einer nur stillschweigenden — zu betrachten sei.

Im weiteren wird der Kürze halber nur von der Klageschrift gesprochen; was für sie als Ladungsschriftsatz gilt, gilt ebenso für die anderen Ladungsschriftsätze.

Für die erstere Ansicht ließe sich geltend machen:

Die Klage enthält vor allem keinen Antrag auf Terminsansetzung, wenigstens ist ein solcher weder als notwendiger Inhalt der Klageschrift, noch instruktionell vorgeschrieben[10]); der in der Klage enthaltene Antrag in der Sache ist für die Terminsansetzung ohne alle Bedeutung; der den Termin ansetzende Richter hat sich um denselben nicht zu kümmern; er hat nur zu untersuchen, ob die Klageschrift eine Ladung enthält nnd das Recht zur Ladung gegeben ist, und, wenn beides der Fall ist, dieselbe durch Terminsbestimmung von Amts wegen zu ergänzen.

Der in der Klageschrift enthaltene, noch gar nicht gestellte, sondern nur angekündete Antrag ist für den Termin ansetzenden Richter kein Grund seiner Aktion.

Die Terminsbestimmung ist nicht die Wirkung eines Parteiantrages, sondern die Folge des Vorliegens eines eine Ladung enthaltenden Schriftsatzes; liegt dieser Grund vor, so hat er die Folge, daß die Terminsansetzung von Amts wegen geschieht. Richtig ist, daß das Gericht ohne Grund nie von Amts wegen thätig wird, aber es ist ein Unterschied, ob es infolge einer Parteihandlung von Amts wegen thätig wird, oder ob die Thätigkeit des Gerichtes die Wirkung eines Parteiantrages ist. In jenem Falle erfüllt das Gericht durch sein Handeln die ihm obliegende Offizialpflicht, in diesem die einem subjektiven Parteirechte entsprecheude Pflicht.

Demnach wäre die erste Richterhandlung im Prozesse — allerdings nicht im Prozeßverhältnisse, denn dies ist in dem Momente der Terminsbestimmung noch nicht zustande gekommen — eine solche von Amts wegen.

Der anderen Auffassung, nach welcher in der Einreichung der Klageschrift bei der Gerichtsschreiberei ein stillschweigender Parteiantrag auf Terminsansetzung liegen würde, ließe sich entgegenhalten, daß die RCPO. keine stillschweigenden An-

[10]) Wird die Ladung so gefaßt, daß man zu dem „von dem Gerichte anzusetzenden Termine" ladet, so liegt dann hierin allerdings eine an das Gericht gerichtete Willenserklärung, ein Gesuch um Terminsansetzung.

träge kennt, sondern daß ihre Tendenz vielmehr dahin geht, die Anträge möglichst zu präzisieren, zu formalisieren.

Daß aber doch der Schriftsatz als ein Gesuch um Terminsansetzung anzusehen ist, würde sich daraus ergeben, weil sonst bei dem Wortlaute des § 530 eine Beschwerde dagegen, daß Terminsansetzung nicht erfolgte, ausgeschlossen wäre.

Ist die letztere Ansicht die richtige, so scheidet die Einreichung eines Ladungsschriftsatzes von den Realakten aus und zählt zu den ad 3 zu erörternden Willenserklärungen.

Über die prozeßordnungsgemäße Form der Realakte ist nicht viel zu bemerken; sie ist in den meisten Fällen schon durch die vorzunehmende Handlung an sich bedingt.

Die Vornahme des Realaktes, also die Ausübung des Prozeßrechtes ist zuweilen zeitlich beschränkt und zwar in ungleicher Weise, entweder so, daß die Nichtvornahme der betreffenden Prozeßhandlung innerhalb einer bestimmten Frist einen Nachteil in der Sache nicht zur Folge hat, also die Handlung nachgeholt werden kann, höchstens eine Kostenersatzpflicht eintritt, oder so, daß die Partei mit der vorzunehmenden, aber nicht rechtzeitig vorgenommenen Prozeßhandlung ausgeschlossen wird, oder sogar so, daß die sonst eintretende Wirkung einer anderen rechtzeitig vorgenommenen Prozeßhandlung wieder aufgehoben wird (§ 105).

Der Effekt eines vorgenommenen Realaktes besteht lediglich in der Herstellung eines prozessualen Thatbestandes, an welchen die Prozeßordnung prozessuale Folgen knüpft, die in der Fortentwickelung des Prozeßverhältnisses seinem Ziele zu bestehen.

Niemals, nur darauf kommt es hier an, ist die Vornahme eines Realaktes Ausübungshandlung eines subjektiven Prozeßrechtes auf eine Handlung anderer, niemals entspricht dem subjektiven Prozeßrechte zur Vornahme eines Realaktes eine Handlungspflicht anderer; es wird durch sie kein Anspruch auf ein Handeln erzeugt, weder auf ein Handeln des Gerichtes, noch des Gegners[11]).

---

[11]) Daß die Überreichung eines Gesuches von der in demselben verkörperten Willenserklärung, welche allerdings die Entstehung eines Anspruches

Auch durch Erlegung eines Beweisaufnahmskostenvorschusses oder durch Sicherheitsleistung wird kein Anspruch erzeugt, sondern nur die zeitweilige Hemmung in der Erfüllung eines bereits früher entstandenen Anspruches behoben.

Die diesen die Befugnis zur Vornahme von Realakten enthaltenden subjektiven Prozeßrechten entsprechende Pflicht ist lediglich eine negative, die Freiheit des Berechtigten wahrende.

Dabei darf nicht unbemerkt bleiben, daß einige der eingangs aufgezählten Realakte, z. B. das Abgeben der Prozeßvollmacht zu den Gerichtsakten, nicht Ausübungshandlungen eines subjektiven Prozeßrechtes, sondern pflichtmäßige Handlungen sind, die dem Prozeßrechte eines anderen Subjektes entsprechen.

2. Wissenserklärungen.

Diese dienen ausschließlich zur Begründuug der sub 3 zu erörternden Willenserklärungen und zur Erhärtung oder Entkräftung diesbezüglich angeführter Thatsachen; durch dieselben sollen dem Gerichte die notwendigen Grundlagen für seine Entscheidung geliefert werden; sie bilden das eigentliche Prozeßmaterial, den Verhandlungsstoff, der vom Gerichte im Sinne der Anträge zur Entscheidungs- bezüglich Urteilsgrundlage umzugestalten ist.

Die Parteien haben ein Recht, dem Gerichte diese Grundlagen an die Hand zu geben, alle Angriffs- und Verteidigungsmittel geltend zu machen (§ 251).

Solche Wissenserklärungen sind:

Thatsächliche Behauptungen,
Erklärungen über solche,
insbesondere auch eidliche Erklärungen[12]),

---

an das Gericht bewirkt, auseinander zu halten ist, bedarf wohl keiner weiteren Bemerkung.

[12]) Wollte man den Eidschwur wegen des Umstandes, daß der Eid nicht immer ein Wissens-, sondern auch ein Glaubenseid ist, nicht als Wissenserklärung gelten lassen, so müßte man ihn, zumal er doch gewiß keine Willenserklärung ist, zu den rein mechanischen Prozeßhandlungen zählen, was wohl, wenn er auch thatsächlich in manchen Fällen nichts anderes ist, nicht angeht.

Beweis-Anführungen
und Widerlegungen,
endlich Rechtsdeduktionen.

Bezüglich der Form, in welcher Wissenserklärungen abzugeben sind, gilt, daß dieselben, wenn sie bestimmt sind, die Grundlage einer auf eine notwendig mündliche Verhandlung hin ergehende Entscheidung zu bilden, mündlich vorgebracht werden müssen; im anderen Falle genügt schriftliches Vorbringen.

Damit eine von einer Partei in der mündlichen Verhandlung abgegebene, eine Thatsache enthaltende Wissenserklärung im Versäumnisfalle als vom Gegner zugestanden angenommen, richtiger ausgedrückt als nicht beweisbedürftig behandelt werden könne, ist es notwendig, daß dieselbe nicht nur in der mündlichen Verhandlung vorgebracht wurde, sondern daß sie dem Gegner rechtzeitig mittels Schriftsatzes mitgeteilt war (§§ 296 und 300 Z. 3).

Vollkommen unrichtig wäre aber die Auffassung, daß jede thatsächliche Behauptung, auf welche hin ein Urteil gegen den säumigen Beklagten ergehen soll, diesem mittels Schriftsatzes rechtzeitig mitgeteilt sein müsse.

Bezüglich einer nicht so mitgeteilten Thatsache kann nur die Versäumnisfolge nicht ausgesprochen werden; ist aber die Thatsache etwa notorisch, so braucht die Verhandlung nicht vertagt zu werden, sondern es kann sofort das Urteil als ein kontradiktorisches ergehen.

Das Recht, in der mündlichen Verhandlung Wissenserklärungen vorzubringen, ist also in gar keinem Falle dadurch beschränkt, daß dieselben bereits in einem vorbereitenden Schriftsatze enthalten sind.

Dagegen ist die Ausübung der Prozeßrechte, welche zu ihrem Inhalte die Abgabe von Wissenserklärungen haben, in anderer Weise mehrfach beschränkt.

Vor allem zeitlich.

Die thatsächlichen Anführungen haben ihren Platz vor dem Urteile; das Gesetz beschränkt daher das Recht zur Abgabe von

Wissenserklärungen auf die dem Urteile vorangehende mündliche Verhandlung, auf die Zeit bis zu dem durch den Vorsitzenden verkündeten Schlusse derselben § 251 Abs. 1.

Wird die Verhandlung geschlossen und es ergeht im nächsten Termine kein Urteil, sondern es wird die Verhandlung wieder eröffnet, so haben die Parteien ihr Recht zu thatsächlichen Anführungen durch den früher ausgesprochenen Schluß der Verhandlung noch gar nicht verloren[13]).

Innerhalb der mündlichen Verhandlung ist das Recht zur Vorbringung von Angriffsmitteln unbeschränkt, dagegen das zur Vorbringung von Verteidigungsmitteln nach richterlichem Ermessen beschränkt; das Gericht kann nachträglich, d. i. später, als man es nach der Sachlage von einer bona fide handelnden Partei erwarten durfte (Wach, V. S. 28), vorgebrachte Verteidigungsmittel zurückweisen (§ 252). Diese Zurückweisung erfolgt aber ebensowenig von Amts wegen als die Zurückweisung nach Erlassung eines Beweisbeschlusses benannter Zeugen (§ 339) oder Sachverständiger (§ 367). Es wird eine hierauf abzielende Willenserklärung des Gegners erfordert.

Bezüglich der Berufungsverhandlung wäre nur als Besonderheit zu bemerken, daß nachträglich vorgebrachte Verteidigungsmittel wohl über Antrag zurückgewiesen werden können, daß aber der Partei das Recht vorbehalten bleibt, sie in einem Nachverfahren geltend zu machen (§ 502).

Dagegen ist das Recht zur Vorbringung neuer Thatsachen und Beweismittel in der Revisionsinstanz gegenständlich beschränkt durch die Bestimmung des § 524 im Zusammenhange mit § 516 Nr. 2 u. 3, ohne daß es diesbezüglich eines Parteiantrages bedarf. Ebenso existiert eine gegenständliche und zugleich zeitliche Beschränkung in der Anführung von Beweismitteln im Urkundenprozesse (§§ 561, 562).

---

[13]) Zu bemerken wäre nur, daß die Partei oder auch beide Parteien einverständlich kein Recht haben, einen Antrag auf Wiedereröffnung der Verhandlung zu stellen, denn das Gericht schließt die Verhandlung von Amts wegen.

Bezüglich des Rechtes zur Abgabe von Erklärungen über gegnerische Behauptungen ist vor allem zu sagen, daß jedwede derartige Erklärung zulässig ist (trotz § 129 Abs. 3).

Durch Wissenserklärungen soll der Urteilsstoff beschafft werden; dies geschieht aber durch Erklärungen über bereits aufgestellte Thatsachen-Behauptungen nur im negativen Sinne; der aufgestellten Behauptung wird durch Bestreitung wieder die Bedeutung als Urteilsstoff genommen; das Recht, Wissenserklärungen über aufgestellte Behauptungen abzugeben, hat also nur seine Bedeutung als Bestreitungsrecht. Das Zugestehen von behaupteten Thatsachen hat rechtsgeschäftliche Bedeutung.

Zur Ausübung dieses Bestreitungsrechtes genügt nicht jede Erklärung; die Erklärung mit Nichtwissen über eigene Handlungen oder Gegenstände eigener Wahrnehmung gilt nicht als Ausübung des Bestreitungsrechtes; das und nichts anderes soll durch die Bestimmung des § 129/3 gesagt sein.

Das Gesetz will mutwilligem Bestreiten und damit unnötigen Beweisführungen dadurch vorbeugen, daß es das Abgeben von Nichtwissenserklärungen als zur Bestreitung in den Fällen des § 129 Abs. 3 unwirksam erklärt, wobei es darauf rechnet, daß man sich eher verleitet finden kann, bezüglich einer eigenen Handlung oder eines Gegenstandes eigener Wahrnehmung eine Nichtwissens- als eine Bestreitungserklärung abzugeben, wenn durch diese der Wahrheit ins Gesicht geschlagen wird.

Also nur bezüglich ihres Erfolges sind die Erklärungen über Thatsachen insofern beschränkt, daß eine Nichtwissenserklärung in gewissen Fällen nicht als Bestreitungserklärung wirkt.

Die Bestreitungserklärung ist immer eine Wissenserklärung[14]);

[14]) Auch in der Nichtabgabe kann keine Willenserklärung gefunden werden; darum wirkt sie auch anders als das Geständnis; dieses ist als Willenserklärung mit beabsichtigter Wirkung ein Rechtsgeschäft.

daran wird auch dadurch nichts geändert, daß in § 129 Abs. 2 auf die Absicht, bestreiten zu wollen, Gewicht gelegt wird.

Nachdem das Gesetz kein ausdrückliches Bestreiten verlangt, um den Effekt des Bestrittenseins zu erzielen, so genügt eine Erklärung, die zwar keine Bestreitung enthält, aus der aber geschlossen werden muß, daß sie in Bestreitungsabsicht abgegeben wurde.

Alles Handeln beruht auf dem Willen; aber nicht jede Handlung ist eine Erklärung des Willens. In § 129 Abs. 2 handelt es sich also um die beabsichtigte Abgabe einer Wissenserklärung dahin, daß die behauptete Thatsache nicht wahr sei.

Zeitlich beschränkt ist das Recht zu Erklärungen über thatsächliche Behauptungen in gleicher Weise, wie das zur Vorbringung von thatsächlichen Behauptungen. Es braucht diesfalls nur kurz gesagt zu werden, daß es in allen Fällen, in welchen der einen Partei das Recht zur Aufstellung einer thatsächlichen Behauptung offen steht, der Gegenseite das Recht zur Erklärung hierüber — das Bestreitungsrecht bezüglich derselben — notwendigerweise gewahrt sein müsse.

Gegenständlich ist das Bestreitungsrecht zunächst durch die aufgestellten Behauptungen begrenzt; es gibt aber weiters thatsächliche Behauptungen, die wohl de facto, aber nicht in Ausübung eines Prozeßrechtes bestritten werden können; die gesetzliche Folge des Bestreitens tritt dann in diesen Fällen nicht ein. Trotz faktischen Bestreitens bedarf es keines Beweises von notorischen Thatsachen und der Existenz und des Inhaltes inländischer Gesetze.

Auch die Erklärungen bezüglich der gegnerischen Beweismittel sind Wissenserklärungen, insbesondere die Erklärung über die Echtheit einer Privaturkunde § 404.

Gewöhnlich pflegt die Abgabe von Erklärungen über zugeschobene Eide mit den Erklärungen auf behauptete Thatsachen oder angebotene Beweise hin in gleicher Weise behandelt zu werden. Dies ist ganz unrichtig. Diese Erklärungen sind vor allem keine Wissenserklärungen; sie könnten daher nur bei den Willenserklärungen ihre Erörterung finden, insofern sie nicht zu den prozessualen Rechtsgeschäften gehören.

Der Effekt einer abgegebenen Wissenserklärung ergibt sich schon aus der Bedeutung der Wissenserklärungen im Prozesse; sie kommen immer nur vor in Verbindung mit und mit Bezug auf Willenserklärungen.

Diese bilden, wie ad 3 den Ausführungen Kleins Sch. P. H. folgend dargethan werden soll, ein selbständiges Agens im Civilprozesse; dagegen können Behauptungen und Erklärungen darüber nie eine richterliche Aktion hervorrufen. „Die Funktion der Behauptungen ist, dem Richter das Urteil durch Nachweis der Voraussetzungen, an welche die Ausübung des Richteramtes in bestimmter Weise geknüpft ist, zu ermöglichen."

Wissenserklärungen sind reine Vorstellungsmitteilungen.

„Behauptungen können Vorstellungen aller Arten mit Ausnahme der Äußerung eines prozessualen Begehrens übertragen", „sie geschehen, damit der Richter bei der Entscheidung alle durch Behauptung mitgeteilten Vorstellungen auf sich wirken lasse; durch sie kann aber nie Pflicht zu neuer Thätigkeit entstehen."

Den Prozeßrechten zur Abgabe von Wissenserklärungen entsprechen also ebensowenig wie den prozessualen Rechten zur Vornahme von Realakten Pflichten zu handeln. Das Gericht, und nur dieses, hat nur die Pflicht, die Behauptungen und Erklärungen zu beachten und als Urteilsgrundlage zu verwerten; fehlt es in diesem Punkte, so verletzt es nicht seine Pflicht zu entscheiden, sondern es entscheidet unrichtig; es treffen daher in einem solchen Falle das Gericht auch nicht die Folgen einer Pflichtverletzung, sondern es kann nur die Abänderung des Urteiles als einzige Folge eintreten.

Den oben citierten Ausführungen Kleins ist mit Rücksicht darauf, daß ja auch die Beweisanführungen zu den Wissenserklärungen gehören, in Bezug auf sie noch etwas beizufügen. Damit das Gericht thätig wird, genügen Wissenserklärungen nicht.

Wer sich im Laufe der Verhandlung auf Zeugen, Augenschein oder Sachverständige beruft, bewirkt in dem Richter nur die Vorstellung, daß diese oder jene Behauptung durch Zeugen, Augenschein oder Sachverständige bewiesen werden könnte; wenn aber von Seite des Gerichtes mit Rücksicht auf diese Vorstellung gehandelt, der Beweis durchgeführt werden soll, bedarf es einer dahin abzielenden Willenserklärung der Partei, der Beweisantretung (die durch § 135 gegebene theilweise Modifikation des Gesagten bleibt hier außer Betracht).

Ebensowenig, um nicht zu sagen noch weniger als Wissenserklärungen einen Anspruch auf ein Handeln des Gerichtes erzeugen, welchem eine Handlungspflicht desselben entsprechen würde, ebensowenig erzeugen sie einen Anspruch auf ein Handeln des Gegners. Jenen subjektiven Prozeßrechten, deren Ausübung durch Abgabe von Wissenserklärungen erfolgt, stehen keine Handlungspflichten der anderen Prozeßsubjekte zur Seite.

Man ist im Prozesse berechtigt, Thatsachen zu behaupten; mit der Aufstellung der Behauptung ist das Recht erschöpft; die Behauptung soll bei Fällung des Urteiles auf den Richter wirken, und sie kann Grund werden für Ausübung des dem Gegner zustehenden Bestreitungsrechtes, sie ist aber nie Ursache dafür nach Absicht des Behauptenden.

Für die Fortentwickelung des Prozesses bedarf es keiner Erklärung über eine aufgestellte Behauptung.

Wird von dem Bestreitungsrechte Gebrauch gemacht, so besteht der Effekt in der Nichtbeachtung der bestrittenen Behauptung, insofern nicht von dem Behauptenden ein anderes Prozeßrecht — das Beweisrecht — und zwar mit Erfolg ausgeübt wird. Die erfolgte Bestreitung ist aber wieder nicht Ursache für die Ausübung des Beweisrechtes, sondern nur Grund hierfür.

Dem Behauptungsrechte entspricht nicht eine Erklärungspflicht, dem Bestreitungsrechte keine Beweispflicht.

Eine Handlungspflicht auf Seite des Gegners besteht nur bei jenen subjektiven Prozeßrechten, durch deren Ausübungshandlung unter

Hinzutritt einer Richterhandlung ein Anspruch wider den Gegner entsteht. Darüber folgt das Nähere bei der Erörterung der subjektiven Prozeßrechte zur Abgabe von Willenserklärungen (Antrag auf Urkundenedition.)

Gewiß ist es der RCPO. nie eingefallen, aus einer Wissenserklärung, aus einer Thatsachenbehauptung einen wider den Gegner gerichteten Anspruch, welcher einer Behauptung schon ihrer Natur nach nie zukommen kann, und zwar den Anspruch auf Abgabe einer Erklärung über die Wissenserklärung entstehen zu lassen, also eine Pflicht zu handeln auf Seite des Gegners zu statuieren, wo kein Raum für eine solche ist.

Für die gegenteilige Ansicht wird § 129 ins Feld geführt, dessen unglückliche Fassung zu bedauern ist.

Wenn das Gesetz durch das „hat sich zu erklären" eine Pflicht zu handeln hätte aussprechen wollen, so hätte es müssen sagen, wie man sich über die betreffende Behauptung zu erklären habe.

Das Gesetz sagt nur: Wenn Du Dich durch Bestreiten verteidigen willst, mußt Du bestreiten; bestreitest Du nicht, so wird die Thatsache als zugestanden angesehen, ohne es zu sein; um dies zu sein, müßte eine auf das Zugestehen gerichtete Willenserklärung vorliegen; diese kann aber in dem bloßen Nichtbestreiten nie gefunden werden, denn das Nichtbestreiten kann ja seinen Grund auch in der Anschauung haben, daß es auf die Thatsache gar nicht ankommt.

Die Thatsachenbestreitung ist eine mit dem Verteidigungsrechte verknüpfte Last.[15])

Eine dem Prozeßrechte zur Anfechtung thatsächlicher Behauptungen entsprechende Erklärungspflicht in abstracto ist undenkbar, weil eine abstrakte Erklärung undenkbar ist. Die Erklärung über die Richtigkeit einer Thatsache kann entweder eine bestreitende oder eine nicht bestreitende sein; gäbe es eine Erklärungspflicht, so müßte ein durch Ausübung des Rechtes zur Abgabe

[15]) Daß es damit nicht so leicht zu nehmen ist, wird sich bei Erörterung des Eidesgeschäftes zeigen.

von Wissenserklärungen entstandener Anspruch auf Erfüllung dieser Pflicht auf ein gegensätzliches Handeln gerichtet sein.

Man wird nun im Gebiete des Rechtes vergebens nach einem Anspruche, der alternativ auf anerkennen oder nicht anerkennen, zahlen oder nicht zahlen, zustimmen oder nicht zustimmen gerichtet ist, suchen. Weil es kein abstraktes Erklären gibt, kennt auch das Recht keinen Anspruch auf ein Erklären überhaupt.

Wohl aber gibt es eine mit der hier vertretenen Auffassung der Norm des § 129 übereinstimmende Figur.

Es gibt Fälle, in denen man sich ablehnend zu erklären hat, wenn man den Eintritt eines sonst im Gesetze vorgesehenen Erfolges abwenden will. Aber auch in diesen Fällen kann man ebensowenig von einer Ablehnungspflicht als von einem Anspruche auf eine ablehnende Erklärung sprechen. Wer in solchen Fällen den Eintritt eines gewissen Erfolges, z. B. das Zustandekommen eines Vertrages abwenden will, muß ablehnen.

Ebenso im Prozesse. Nur wer den Erfolg, daß für eine aufgestellte Behauptung vom Gerichte kein Beweis verlangt wird, hintanhalten will, muß bestreiten.

Nichtsdestoweniger wird an der Erklärungspflicht festgehalten; man sagt, der bei jeder Pflicht notwendige Zwang zur Erfüllung liege bei derselben in der Fiktion des Zugestandenseins. Durch die Fiktion werde jener Zustand hergestellt, welcher der für den Berechtigten günstigsten Pflichterfüllung entspricht.

Mit der zwangsweisen Herstellung dieses Zustandes müßte aber dann denn doch die Pflicht erfüllt sein und eine bereits erfüllte Pflicht könnte nicht mehr erfüllt werden, gewiß nicht in einer für den Berechtigten ungünstigeren Weise, als sie bereits zwangsweise durch die Fiktion erfüllt wurde.

Nun gestattet aber § 493 das Nachholen einer in der ersten Instanz (in sog. pflichtwidriger Weise) unterbliebenen Erklärung über Thatsachen in der Berufungsinstanz; das würde, wenn es eine Erklärungspflicht gäbe, heißen, man kann seiner Verpflichtung auch noch in der zweiten Instanz nachkommen, und dieselbe, obwohl sie bereits zwangsweise erfüllt wurde, noch einmal und zwar ganz anders, in einer für den Berechtigten ungünstigen Art erfüllen.

Über dieses Bedenken hilft man sich dadurch hinweg, daß man von einer Art Restitution zur Erfüllung der Pflicht in der zweiten Instanz spricht. Darum braucht man, um die Erklärungspflicht aufrecht halten zu können, für die erste Instanz eine Fiktion, für die zweite eine Restitution.

Sollte es nicht entsprechender sein, das Gesetz so zu verstehen, daß man ohne Fiktion und Restitution ausreicht?

3. Willenserklärungen.

Jede Handlung ist veranlaßt durch eine Willensthätigkeit, sie ist etwas Gewolltes, gleichviel ob sie eine mechanische Handlung oder eine Erklärungshandlung ist.

Die Abgabe einer Erklärung, die Erklärungshandlung, ist also zwar stets etwas Gewolltes, aber sie ist nicht immer Erklärung eines Gewollten, sondern vielmehr nach dem Inhalte der Erklärung eine Erklärung eines Gewußten oder Gewollten, eine Wissens- oder Willenserklärung. Durch erstere wird in demjenigen, welchem gegenüber sie abgegeben wird, lediglich eine Vorstellung hervorgerufen, worauf bereits hingewiesen wurde. Wenn auch das Hervorrufen der Vorstellung von dem Erklärenden beabsichtigt wird, so hört deshalb doch die Erklärung nicht auf, eine reine Wissenserklärung zu sein.

Die so hervorgerufene Vorstellung wird den Destinatär bei seinem Handeln, wenn er überhaupt in Aktion tritt, beeinflussen, wenigstens soll sie es nach der Absicht des Erklärenden. Die Absicht bei der Abgabe einer Wissenserklärung geht aber nie dahin, daß der Destinatär handle. Diese Absicht liegt immer nur in einer Willenserklärung[16]); aber **nicht jede** Willenserklärung ist auf ein Handeln eines Destinatärs gerichtet.

---

[16]) Behauptung verhält sich zum Urteile wie Grund zur Folge, dagegen verhält sich der Antrag zum Urteile wie Ursache zur Wirkung. Klein Sch. P. H.

Willenserklärung ist jede Erklärung eines Gewollten; durch sie soll ein in der Absicht des Erklärenden liegender Erfolg herbeigeführt werden; die Willenserklärung ist eine solche auch dann, wenn der Erfolg nicht erst durch eine vom Erklärenden beabsichtigte Handlung des Destinatärs hervorgebracht wird, was Klein (a. a. O. S. 10 ff.) in Bekämpfung der von Zitelmann J. u. R. (S. 241) aufgestellten Begriffsbestimmung als ein wesentliches Merkmal des Begriffes Willenserklärung hinstellt. Dadurch wird ein zu enger Begriff geschaffen, bei dessen Festhalten unslöbare Widersprüche zu Tage treten.

Die von Klein gegebene Definition:

„Willenserklärungen sind alle jene körperlichen Bewegungen, „die in einem anderen die Vorstellung einer psychischen Spannung „des Erklärenden auf eine durch Handeln des Destinatärs zu vermittelnden Erfolg hin (Absicht) auslösen sollen", ist ja für eine specielle Art von Willenserklärungen richtig; aber nur müßte man diese etwa Willenserklärungen im engsten Sinne nennen und sie als eine Unterart der Willenserklärungen jenen entgegensetzen, die zwar kein Handeln des Destinatärs bezwecken, aber doch an einen solchen gerichtet und von diesem entgegengenommen sein müssen (Willenserklärungen im engeren Sinne) und jenen, bei welchen der Wille nicht einem bestimmten Destinatär, sondern überhaupt erklärt, geoffenbart wird (Willenserklärungen im weiteren Sinne).

Würde man an der Kleinschen Begriffsbestimmung festhalten, so wäre die Annahmerklärung, die über eine gestellte Offerte erfolgt, keine Willenserklärung; es wäre keine solche eine letzte Willenserklärung, eine Anerkennungserklärung u. s. w.

In der That behauptet Klein, das Versprechen, die Verpflichtungserklärung (jede Erklärung über ein künftiges Thun des Erklärenden) seien keine Willenserklärungen; er wird dadurch irre geführt, daß er die Willensunterwerfung und zwar die des Erklärenden (dessen rechtsgeschäftliche Bindung) mit in Betracht zieht, worauf es doch sogar nach seiner eigenen Definition bei der Willenserklärung nicht ankommt. Andererseits wird zugestanden, daß das Unterworfensein des Willens des Schuldners nur eine durch das Gesetz mit der Schulderklärung verbundene Rechtsfolge ist; darauf, wodurch der durch die Willenserklärung beabsichtigte Erfolg herbeigeführt wird, kommt es nicht an, wohl aber darauf, daß die Absicht des Erklärenden auf Herbeiführung eines ihm vorschwebenden Erfolges gerichtet ist. Ebensowenig kommt es auf den Eintritt des Erfolges an; auch Klein abstrahiert davon; im gegenteiligen Falle müßte durch eine Willenserklärung, deren Erfolg in einem Handeln des Destinatärs bestehen soll, immer eine Willensunterwerfung desselben stattfinden, zum mindesten insoweit, daß dieser auf die Willenserklärung hin überhaupt handeln muß; mit anderen Worten die Willenserklärung wäre Kreationshandlung für ein Recht des Erklärenden, welchem Rechte eine Pflicht des Destinatärs entspricht; Klein trifft ganz das (von dem Vorgesagten abweichende) Richtige, wenn er sagt, daß der prozessuale Antrag die Kreationshandlung für den prozessualen Anspruch (aber keineswegs für das Recht des Antragstellers und eine diesem Rechte entsprechende Pflicht) bildet.

Hier brauchen die für ein richtiges Erfassen der Prozeßhandlungen sehr wertvollen Untersuchungen Kleins, aus welchen nur die vorbesprochenen Punkte mit Rücksicht auf das später zu erörternde Rechtsgeschäft hervorgehoben wurden, nicht weiter verfolgt zu werden.

An dieser Stelle kommen nur jene Willenserklärungen in Betracht, die im Prozesse und zwar in Ausübung eines subjektiven Prozeßrechtes abgegeben werden, nicht also die nach dem objektiven Prozeßrechte zulässigen Willenserklärungen rechtsgeschäftlicher Natur, d. i. jene, die gerichtet sind auf die Begründung, gewillkürte Abänderung und Aufhebung von prozessualischen Rechtsverhältnissen.

Die weitaus wichtigsten in Ausübung eines subjektiven Prozeßrechtes abgegebenen Willenserklärungen sind jene, die dem Gerichte gegenüber abgegeben werden und unter diesen wieder die prozessualen Anträge und die Prozeßgesuche.

Daneben gibt es noch solche, die sich an den Gegner richten; aber keine solchen, die weder dem Gerichte, noch dem Gegner gegenüber abgegeben werden. Die RCPO. bezeichnet die an den Gegner gerichteten Willenserklärungen, insofern sie nicht „Ladungen" sind, zumeist mit dem Namen „Aufforderungen".

Hier sollen nur genannt werden:

Die Aufforderung, welche die Partei im Falle des § 100 an den Gegner richtet, die Berechnung seiner Kosten dem Gerichte einzureichen.

Die Ladung des Gegners zum Termine, zur mündlichen Verhandlung, eventuell verbunden mit der Aufforderung, einen beim Prozeßgerichte zugelassenen Anwalt zu bestellen §§ 191, 192.

Die Ladung der Rechtsnachfolger zur Aufnahme des Prozesses § 217/2.

Die Ladung der Partei selbst zur mündlichen Verhandlung oder die Aufforderung zur Bestellung eines neuen Anwaltes im Falle des § 221/2.

Die Ladung zur Verhandlung über Berichtigung des Thatbestandes des Urteiles, über Urteilsergänzung §§ 291/3 und 292/3.

Die Ladung zum Sühneversuche § 471/1.

Die Ladung zur Verhandlung über den Einspruch, über die Berufung, Revision §§ 305/3, 479/3 und 515/3.

Die Aufforderung, Urkunden, auf welche der Gegner in einem vorbereitenden Schriftsatze Bezug genommen hat, auf der Gerichtsschreiberei niederzulegen § 125/1.

Die Streitverbindung.

Die Ladung des Auktors § 73.

Alle an den Gegner gerichteten Willenserklärungen haben miteinander gemein, daß durch Abgabe derselben der Gegner sich wohl zu eigenem Handeln veranlaßt sehen kann, ohne daß er jedoch hierzu verpflichtet wäre und ohne daß demjenigen, welcher die Willenserklärung abgegeben, durch deren Abgabe, d. i. durch Ausübung seines Prozeßrechtes, ein Anspruch auf eine Handlung des Gegners entsteht. Der Berechtigte hat zumeist gar kein rechtliches Interesse an der Handlung, eine zwangsweise Herstellung der Handlung wird von ihm deshalb nicht angestrebt; dazu kommt noch die Frage, ob denn die Erfüllung einer dem fraglichen Anspruche entsprechenden Pflicht (?) durch Zwang bewirkt werden könne.

Es gibt gewiß für den Geladenen keine Pflicht, im Termine zu erscheinen. Das Nichterscheinen des Beklagten dient dem Interesse des Klägers besser als das Erscheinen; dazu kann jener nicht gezwungen werden. Das Erscheinen im Termine ist vielmehr Ausübung eines subjektiven Prozeßrechtes, wie bereits ad 1 gesagt wurde.

Ebenso gibt es auch in den Fällen der Aufforderung keine Handlungspflicht des Aufgeforderten.

Dies ist klar gesagt im Falle des § 100, wo ja dem Aufgeforderten das Recht vorbehalten bleibt, seinen Anspruch auf Erstattung der nicht bekannt gegebenen Kosten nachträglich geltend zu machen. Dieses Recht würde mit einer Pflicht in unlösbarem Widerspruche stehen.

Ebensowenig braucht der Aufforderung, einen beim Prozeßgerichte zugelassenen Anwalt (§ 192) oder einen neuen Anwalt (§ 221/2) zu bestellen, entsprochen zu werden; auch dafür gibt es keinen Zwang.

An die Nichtbestellung eines Anwaltes knüpft das Gesetz nur im Falle des § 221/2 eine rechtliche Folge, nämlich die, daß nach Ablauf der Frist der Prozeß als aufgenommen gilt und daß weitere Zustellungen durch Aufgabe zur Post erfolgen können; darin liegt wohl kein Zwang zur Bestellung eines neuen Anwaltes.

Nachteilige Folgen können erst im Termine eintreten; aber auch diese können nach § 85 hintangehalten werden.

Im § 125 wird allerdings von einer Verpflichtung, die Urkunden auf der Gerichtsschreiberei niederzulegen und den Gegner hiervon zu benachrichtigen, gesprochen; aber zur Erfüllung dieser Verpflichtung gibt es wieder keinen Zwang; vielleicht ließe sich noch von einer solchen reden, wenn mit der Nichterfüllung derselben der Verlust des Urkundenbeweises verbunden wäre, obwohl auch hier nur die Präklusion wirken würde; aber die Prozeßordnung will es anders; das Schlimmste, was den gegen seine sog. Verpflichtung Handelnden, richtig Nichthandelnden, treffen soll, ist, wenn er die Urkunden erst im Termine vorweist, eine gegen ihn erzwingbare Vertagung des Termines mit Kostenersatz nach § 90.

Liegt hierin ein Zwang?

Und was ist es mit der Verpflichtung, wenn der zur Niederlegung der Urkunden Verpflichtete ohne diese bei der Verhandlung auszureichen gedenkt und dann auch ausreicht?

Durch an den Gegner gerichtete Willenserklärungen wird also in keinem Falle ein Anspruch auf ein Handeln des Gegners erzeugt; derjenige, welcher „ladet", „auffordert", erfüllt eine ihn treffende Last; er hat sie zu erfüllen, wenn sein weiteres Handeln von prozessualischem Erfolge sein soll. Dem Geladenen, Aufgeforderten soll die Möglichkeit eröffnet werden, seine Prozeßrechte auszuüben, um sein Interesse zu wahren. Er braucht sie aber nicht auszuüben, weil er ja sein Interesse nicht zu wahren braucht; er ist nicht verpflichtet zu handeln.

Anders gestaltet sich die Sache bezüglich der dem Gerichte gegenüber abgegebenen Willenserklärungen.

Es sind dies außer den Erklärungen im engeren Sinne, so die: Einspruch, Berufung oder Revision einzulegen, die bereits erwähnten Anträge und Prozeßgesuche.

Willenserklärungen, welche auf ein Handeln — Anordnen oder Entscheiden — des Gerichtes gerichtet sind, sind nur die Anträge und Prozeßgesuche. Mit der Abgabe der Erklärungen im engeren Sinne ist bereits der zunächst beabsichtigte Erfolg, ein bestimmter Thatbestand, hergestellt. Dagegen besteht der durch Anträge und Prozeßgesuche unmittelbar angestrebte Erfolg in der Bewirkung einer Richterhandlung, durch welche der dem ausgeübten Prozeßrechte entsprechende prozessualische Erfolg vermittelt werden soll.

Wer in Ausübung eines Prozeßrechtes einen prozessualen Antrag, ein Gesuchsbegehren stellt, erwirbt mit dessen Stellung einen Anspruch auf eine Handlung des Gerichtes.

Aber nur wer in Ausübung eines subjektiven Prozeßrechtes einen prozessualen Antrag oder ein Gesuchsbegehren stellt, erwirbt einen prozessualen Anspruch; dieser präexistiert nicht der eigenen Handlung — der Antrag- oder Gesuchstellung — wohl aber präexistiert derselben das Recht zu deren Vornahme, das subjektive Prozeßrecht und die diesem entsprechende Pflicht. Es gibt (mit Ausnahme des Anspruches auf Erstattung der Prozeßkosten) keinen prozessualen Anspruch, der nicht die Stellung eines Antrages, eines Prozeßgesuches, also die Abgabe einer prozessualen Willenserklärung zu seiner unmittelbaren, die Existenz eines zur Stellung berechtigenden Prozeßrechtes, sowie einer demselben entsprechenden Pflicht zu seiner mittelbaren Voraussetzung hätte.

Die Frage, gegen wen der Anspruch gerichtet ist, wird nicht erst durch positivrechtliche Bestimmungen beantwortet, sondern es ergibt sich die Beantwortung mit Notwendigkeit schon aus dem Vorgesagten.

Wenn die Willenserklärung den Destinatär zu einem Handeln bestimmen soll und der Destinatär das Gericht ist, so kann sich auch der Anspruch auf das Handeln nur wider das Gericht richten.

Nach der RCPO. kann dies keinem Zweifel unterliegen; ebenso wie es immer nur das Gericht ist, welches das „Du sollst" spricht, ebenso ist es immer nur das Gericht, welches mit dem „Du sollst" angesprochen wird; die den Antrag stellende Partei spricht das „Du sollst" in Ausübung des ihr seitens der Prozeßordnung eingeräumten Prozeßrechtes, durch Stellung eines Antrages die Verwirklichung des Prozeßrechtes im Wege des Gerichtes herbeizuführen.

Die Prozeßordnung räumt dem Willen des Antragstellers nur insofern eine Macht über den Willen des Gerichtes ein, als der Antrag das Gesuch in Ausübung eines Prozeßrechtes gestellt ist. Nur dann ist der Antrag der Partei die Ursache für die über denselben ergehende Entscheidung des Gerichtes.

Bevor von dem Antrage als eine das Gericht zum Handeln bestimmende Willenserklärung weiter gesprochen werden kann, muß der Antrag als solcher, das Vorliegen eines Antrages oder Gesuches ohne Rücksicht, ob man zur Stellung desselben berechtigt ist, ins Auge gefaßt werden.

Wenn mit der Institution des Prozesses das Auslangen gefunden werden soll, muß dieser so eingerichtet sein, daß, abgesehen von der Wirkung des Parteiantrages als einer von einem Berechtigten abgegebenen Willenserklärung, an das bloße Vorliegen eines Antrages oder Gesuches von der Prozeßordnung die Folge geknüpft ist, daß das Gericht auf jede Parteiwillenserklärung hin in Aktion treten müsse.

Dieses Thätigwerden des Gerichtes ist ähnlich dem schon oben anläßlich der Terminsbestimmung besprochenen; das Gericht hat von Amts wegen in Erfüllung der dasselbe treffenden Offizialpflicht zu handeln. Es muß in Aktion treten, sobald demselben eine Parteiwillenserklärung, durch welche ein bestimmter prozessualer Erfolg angestrebt wird, vorliegt. Die Prozeßordnung knüpft an das Vorliegen eines Antrages (eines Gesuches) die Folge, daß der Richter darüber einen Ausspruch thun muß, und wäre er auch nur der, daß der Antrag, so wie er vorliegt, für ihn nicht weiter beachtlich sei, daß er auf den Inhalt des Antrages, auf die von der Partei abgegebene Willenserklärung, welche darauf gerichtet ist, daß ihr ein dem ausgeübten Prozeßrechte entsprechender gesetzlicher Erfolg zugeteilt werde, nicht eingehe. Das Gericht muß in Erfüllung der demselben obliegenden Offizialpflicht über den vorliegenden Antrag handeln; wenn nicht, treten ganz andere Folgen ein[17]), als wenn es nicht so handelt, wie die Partei es beantragt.

[17]) Passivität des Gerichtes — also Nichtverfügen über Gesuch oder gestellten Antrag — ist Justizverweigerung; im weiteren Sinne umfaßt

Wer handelt, ohne ein Prozeßrecht auszuüben, hat keine Willensmacht; diese entspricht nur dem subjektiven Rechte; der unberechtigte Wille kann den Richter nicht zwingen; aber dieser muß ex officio handeln, wenn und weil ein Antrag vorliegt. Während es Offizialpflicht des Gerichtes ist, über jeden Parteiantrag in Aktion zu treten, richtet sich die vorzunehmende Richterhandlung zunächst darnach, ob der Antrag in Ausübung eines Prozeßrechtes und in Gemäßheit der Prozeßordnung gestellt wurde; wenn nicht, so ist der Antrag ohne weiteres zu verwerfen, abzuweisen; es wird wohl über den Antrag erkannt, aber eine Entscheidung findet nur statt, wenn man einen Anspruch auf Entscheidung hat; dieser setzt aber die Existenz eines Prozeßrechtes voraus, das durch Stellung des Antrages ausgeübt wurde und zwar so, wie dies nach der Prozeßordnung gestattet ist. Nur wenn dies der Fall ist, ergeht eine Entscheidung über das Begehren, aber nicht notwendig im Sinne des Antrages; dies hängt von Voraussetzungen ab, die hier nicht weiter zu untersuchen sind.

Justizverweigerung auch die Justizverzögerung. Niemals aber ist darunter Zurückweisung eines Antrages zu verstehen.

Schon im römischen Recht gab es dagegen Strafen, aber deshalb nicht Devolution der Sache an den Kaiser; nach kanonischem Recht soll im Falle Justizverweigerung das geistliche Gericht zur Annahme der Sache berechtigt sein. Nach einigen deutschen Rechten stand sogar Todesstrafe auf Justizverweigerung seitens des Grafen, daneben Amtsentsetzung und Zwang zur Gewährung der Rechtspflege; (vergl. hierüber Wetzell S. 463); im Mittelalter berechtigte die Rechtsweigerung den dadurch Betroffenen, sein Recht anderweits, insbesondere beim Oberrichter, zuletzt beim Könige zu suchen. (Planck G. Bd. I, S. 113.)

Im gemeinen Prozesse gab es gegen Justizverweigerung die querela denegatae vel protractae justitiae, worüber von der Aufsichtsbehörde Befehle und Disziplinarstrafen ergingen. Daneben Devolution der Sache an den Oberrichter; es ergingen Strafbefehle, mandata de administranda justitiae, mit schrittweiser Verschärfung. (Wetzell S., S. 816.)

Derzeit ist die Regelung der Abhilfe den Landesgesetzen überlassen; eventuell kann Beschwerde beim Bundesrate erhoben werden, dieser führt Abhilfe durch die Landesregierung herbei. (Bundesverfassung des deutschen Reiches Art. 77).

Das Gesagte gilt von jedem Antrage oder Gesuche, insbesondere auch vom Urteilsantrage, an dem die Richtigkeit des Gesagten beispielsweise dargethan werden soll.

Das Recht des Klägers auf Urteil gehört zum Inhalte des Prozeßverhältnisses; es besteht nur, wenn dieses zu Recht besteht. Ausgeübt wird es durch Stellung des Urteilsantrages.

Diesem gegenüber ist es Offizialpflicht des Gerichtes, in Aktion zu treten. Es hat vor allem zu untersuchen, ob das Prozeßverhältnis zu Recht besteht, ob keine absoluten Prozeßvoraussetzungen mangeln. Ergibt sich ein solcher Mangel, so besteht das Prozeßverhältnis nicht zu Recht und Kläger hatte kein Recht auf Urteil. Der von demselben gestellte Urteilsantrag erfolgte nicht in Ausübung eines Prozeßrechtes, entbehrt daher der Wirkung; das Gericht erkennt nicht über denselben, sondern weist die Klage ex officio ab instatia ab.

Fehlt es an einer dispositiven Prozeßvoraussetzung, so erfolgt die Abweisung über den Abweisungsantrag des Beklagten. Über den vom Kläger gestellten Urteilsantrag wird nur erkannt, wenn Kläger ein Recht hatte, ihn zu stellen, wenn das Prozeßverhältnis zu Recht besteht; nur dann ist das ergehende Urteil die Wirkung des in Ausübung eines Prozeßrechtes gestellten Antrages.

Weil der Antrag, das Gesuchsbegehren stets gegenüber dem Gerichte gestellt wird, so wird dadurch auch nur eine Handlung des Gerichtes veranlaßt; eine Handlung des Gegners schon deshalb nicht, weil ja der Antrag, das Gesuchsbegehren gar nicht an ihn gerichtet ist und von ihm nicht entgegengenommen wird; von einer Wirkung des Antrages auf den Gegner kann keine Rede sein, weil eine solche gar nicht beabsichtigt ist, und die in der Willenserklärung liegende Absicht für die Existenz einer solchen entscheidend ist.

Auch nach den positiven Bestimmungen der Prozeßordnung gibt es keinen Antrag, durch dessen Stellung ein unmittelbarer Anspruch auf eine Handlung der Gegenpartei entstehen würde, wenn schon eine solche den Inhalt des durch die Antragstellung ausgeübten subjektiven Prozeßrechtes (z. B. Recht auf Urkundenedition) bildet; der aus solchem Rechte fließende Anspruch entsteht erst durch Vermittelung des Gerichtes, welches den Antrag prüft, auf ihn die Bestimmungen der Prozeßordnung zur Anwendung bringt und wenn sich nach diesen ein dem Antragsteller wider die Gegenpartei zustehendes Prozeßrecht ergibt, die Gegenpartei auffordert, die dem Prozeßrechte des Antragstellers entsprechende Handlung vorzunehmen.

Das subjektive Prozeßrecht ist wie das subjektive Privatrecht eine Macht des Willens des Berechtigten über den Willen anderer; es unterscheidet sich aber vom subjektiven Privatrechte dadurch, daß diese sich äußernde Willensmacht stets durch eigenes Handeln des Berechtigten bedingt ist; dadurch, daß zunächst diese Voraussetzung des Anspruches erfüllt sein muß und zwar in gesetzlicher Weise, ist es schon gegeben, daß sich die Willensmacht nie unmittelbar auf den Gegner erstrecken, d. h. der durch die eigene Ausübungshandlung unmittelbar entstandene Anspruch nie gegen den Gegner gerichtet sein könne, nachdem doch vorerst die Ausübungshandlung mit Bezug auf die ihr zu Grunde liegende Berechtigung geprüft werden muß; diese Prüfung ist Amtspflicht des Gerichtes; ergibt sich das Vorhandensein des subjektiven Prozeßrechtes auf Seite des Handelnden und die Ordnungsmäßigkeit der Ausübung desselben, so hat er Willensmacht über das Gericht, aber nur über das Gericht.

Das Gericht wird durch Stellung eines berechtigten Antrages gezwungen zu handeln; den Gegner kann man durch eigene Prozeßhandlungen wohl provozieren, zu handeln, nie aber zwingen. Ersteres dann, wenn die Willenserklärung an ihn gerichtet ist. Andererseits kann das Gericht nur durch Willenserklärungen, Stellung von Anträgen, zum Handeln gezwungen werden, während andere Parteihandlungen, insbesondere auch Wissenserklärungen, für den Gegner Grund zum eigenen in Ausübung eines Prozeßrechtes bestehenden Handeln sein können.

Es gibt allerdings subjektive Prozeßrechte, die auf ein Handeln der Gegenpartei gerichtet sind, eine Prozeßhandlung des Gegners des Berechtigten zu ihrem Inhalte haben; es gibt aber keinen der Prozeßpartei auf eine Handlung des Gegners zustehenden Anspruch, welcher schon mit der Existenz des subjektiven Prozeßrechtes gegeben wäre, oder durch dessen Ausübung unmittelbar entstände; der Anspruch an den Gegner setzt stets richterliche Vermittelung voraus; es gibt kein Prozeßrecht, welches dem Willen des Berechtigten eine direkte Macht über den Willen seines Gegners, durch welche er zu einem Handeln gezwungen wird, einräumen würde; es gibt wohl eine dem Prozeßrechte der einen Partei entsprechende Pflicht der anderen (z. B. die Pflicht über Aufforderung resp. richterliche Anordnung die Urkunde vorzulegen — § 390); der Anspruch auf die pflichtmäßige Handlung setzt aber stets nicht nur eine Willenserklärung des Berechtigten, sondern auch eine richterliche Verfügung voraus.

Die von Bülow (F.) aufgestellte und in geistreicher Weise ausgeführte Behauptung, daß es im Prozesse für den Beklagten bis zum Urteile gar keine Pflichten zu handeln gäbe, dürfte nicht in vollem Umfange aufrecht zu halten sein. Bildet den Inhalt eines subjektiven Prozeßrechtes eine Handlung des Gegners, was allerdings nur in wenigen Fällen zutrifft, so entspricht diesem Rechte eine Pflicht zur Vornahme dieser Handlung, welche vom objektiven Rechte unabhängig von dem Willen des Gegners, gewollt ist.

Hier genügt es festzustellen, daß

1. durch eine dem Gegner gegenüber in Ausübung eines subjektiven Prozeßrechtes abgegebene Willenserklärung gar kein Anspruch auf ein Handeln desselben entsteht, und daß

2. durch eine dem Gerichte gegenüber in Ausübung eines subjektiven Prozeßrechtes abgegebene Willenserklärung ein Anspruch auf eine Richterhandlung und durch diese, wenn das Prozeßrecht

eine Handlung des Gegners zum Inhalte hat, auch ein Anspruch an diesen entsteht.

Kein prozessualischer Anspruch ohne eigene Handlung des Berechtigten, kein Anspruch an den Gegner ohne Richterhandlung!

In der Vornahme von Prozeßhandlungen, in dem dadurch bedingten Entstehen neuer Ansprüche liegt das Fortschreiten des Prozesses, die Weiterentwickelung des jeweilig um einen Anspruch bereicherten Prozeßverhältnisses, aber keine Änderung desselben, denn diese Bereicherung ist stets von der Prozeßordnung vorgesehen, sie ist durch diese mit der Ausübung der subjektiven Prozeßrechte von vornherein verbunden.

In der ganzen RCPO. gibt es keine in Ausübung eines Prozeßrechtes abgegebene Parteiwillenserklärung, auf welche hin nicht das Gericht und nur dieses handeln müßte.

Wie das Gericht zu handeln habe, bestimmt die Prozeßordnung. Die Thätigkeit des Gerichtes ist stets eine pflichtmäßige in doppeltem Sinne. Es muß handeln auf das Vorliegen eines Parteiantrages hin und es muß so handeln, daß durch sein Handeln das der Partei zustehende, von ihr ausgeübte Prozeßrecht der Verwirklichung zugeführt wird [18]).

Die richterliche Aktion ist entweder Erfüllung der durch die Prozeßordnung statuierten Verpflichtung, von sich aus zu handeln — der Offizialpflicht — oder einer solchen, die einem subjektiven Prozeßrechte (der Partei) entspricht, dessen Ausübung den Anspruch gegen das Gericht erzeugt; dieser Anspruch wird erfüllt durch den Ausspruch des Gerichtes.

Über jedes Prozeßgesuch, über jeden gestellten prozessualischen Antrag muß das Gericht untersuchen, ob dem Antrag- oder Gesuchsteller das durch Antrag oder Gesuch ausgeübte Prozeßrecht zusteht und es muß Gesuch oder Antrag zurück- resp. abweisen, wenn das faktisch ausgeübte Prozeßrecht nicht existiert. Dazu

---

[18]) Daß das Gericht auch ohne vorangehenden Parteiantrag zu handeln verpflichtet sein kann, so in den Fällen der §§ 132—143, bleibt hier außer Betracht.

bedarf es keines Abweisungsantrages; bedürfte es eines solchen, so müßte ja jedes einseitige Prozeßgesuch, über welches keine Einvernehmung des Gegners stattfindet, und bezüglich dessen von diesem auch kein Abweisungsbegehren gestellt werden kann, bewilligt, d. h. demselben stattgegeben werden, gleichviel ob dem Gesuchsteller das Prozeßrecht, welches zur Stellung des Begehrens berechtigt, zusteht oder nicht. Die Richtigkeit des Gesagten wird von keiner Seite bestritten; dafür aber ist die Zahl derer, welche behaupten, daß ein Urteilsantrag in der Hauptsache nur abgewiesen werden könne, wenn ein Abweisungsantrag gestellt ist, eine große; werde keiner gestellt, so müsse man, damit nur überhaupt ein Urteil ergehen könne, rasch einen Abweisungsantrag fingieren! Es wird sich bald Gelegenheit finden, hierauf zurückzukommen; für jetzt genügt es, zu konstatieren, daß es zur Abweisung eines prozessualischen Antrages keineswegs nötig ist, daß ein Abweisungsantrag vorliegt.

Wenn oben gesagt wurde, daß Prozeßrechte immer die Berechtigung zur Vornahme bestimmter eigener Prozeßhandlungen zu ihrem Inhalte haben, so ist damit nicht gesagt, daß man die betreffende Prozeßhandlung nicht auch vornehmen könne, ohne dazu berechtigt zu sein; gerade so verhält es sich ja auch im Privatrechte [19]).

Daß im Prozesse über jeden Antrag, auch über den von einem Unberechtigten gestellten, von Seite des Gerichtes erkannt werden muß, ist ein notwendiges Postulat des an die Stelle der Selbsthilfe getretenen Prozesses. Hinter dem Privatrechte steht der Civilprozeß, hinter diesem steht nichts mehr.

---

[19]) Auch der nicht Berechtigte kann Handlungen vornehmen, deren Vornahme den Inhalt eines dem dinglich Berechtigten oder dem Forderungsberechtigten zustehenden Rechtes bildet; werden sie von ersterem animo possidendi vorgenommen, knüpft sich daran sogar ein richterlicher Schutz, der Besitzesschutz; erhebt dagegen der Nichtforderungsberechtigte einen Anspruch gegen den vermeintlichen Schuldner, so braucht ihn dieser nicht nur nicht zu erfüllen, sondern überhaupt gar nicht zu handeln; anders im Prozeßrechte.

Über Privatrechte wird erst im Prozesse entschieden, über Prozeßrechte muß schon im Prozesse entschieden werden.

Die Prozeßordnung muß den Richter anweisen, über jeden gestellten Antrag zu entscheiden, wenn nur der Antrag oder das Gesuch wenigstens in einer solchen Form gestellt wurde, welche die Prozeßordnung als essentielle vorschreibt. Deshalb aber, weil das Gericht in Aktion treten muß, hat man noch keinen Anspruch auf die Richterhandlung; ein Anspruch im rechtlichen Sinne hat zur notwendigen Voraussetzung die Existenz eines subjektiven Rechtes.

Durch Ausübung jedes Prozeßrechtes soll ein bestimmter von der Prozeßordnung in Aussicht gestellter Erfolg — Weiterentwickelung oder Abschluß des Prozesses — bewirkt werden. Vermittelt wird dieser Erfolg aber in allen Fällen durch das Gericht, dessen Thätigkeit wieder durch die Stellung eines Antrages von Seite des Berechtigten wachgerufen wird. Die Partei kann das objektive Prozeßrecht zur Erreichung des dem subjektiven Prozeßrechte entsprechenden Erfolges ebensowenig wirken lassen als das objektive Privatrecht; das Gericht muß die Voraussetzungen, unter denen die Prozeßordnung ein Prozeßrecht zuteilt, als gegeben erklären, woraufhin erst der von der Prozeßordnung als durch Ausübung des Prozeßrechtes erreichbar erklärte, durch die Gerichtsgewalt gesicherte Erfolg eintritt.

Nur dem subjektiven Prozeßrechte entspricht eine erzwingbare Pflicht des Gerichtes, im Sinne des Berechtigten zu handeln. Wer dagegen einen Antrag stellt, ohne dazu berechtigt zu sein, muß sich damit zufrieden geben, daß ihm das Recht, den Antrag zu stellen, also das Recht zur Vornahme einer Handlung, die einen prozessualen Erfolg nur dann hat, wenn sie sich als Ausübungshandlung eines subjektiven Prozeßrechtes darstellt, abgesprochen wird. Darauf war aber der Antrag nicht gerichtet, vielmehr sollte durch dessen Stellung ein prozessualer Erfolg erzielt werden. Jeder Antrag geht auf Entscheidung resp. Verfügung in einem bestimmten, dem Antragsteller günstigen, dem behaupteten Prozeßrechte desselben entsprechenden Sinne, niemals auf Entscheidung über die Berechtigung zur Antragstellung oder auf Entscheidung überhaupt.

Über den Antrag soll der Absicht des Antragstellers gemäß eine Entscheidung oder Verfügung ergehen, welche den Prozeß weiter entwickelt, seinem Ziele näher bringt, eine Fortbewegung (oder auch wenn das Prozeßrecht darauf gerichtet ist, einen Stillstand in dem Verfahren) erzeugt. Nur auf eine Richterhandlung, durch welche die Herstellung des dem ausgeübten Prozeßrechte entsprechenden prozessualen Erfolges bewirkt wird, hat der Antrag- oder Gesuchsteller einen Anspruch, und diesem Anspruche entspricht die Pflicht, die dem subjektiven Prozeßrechte entsprechende Richterhandlung vorzunehmen, wenn jenes vorhanden ist.

Die den Antrag als von einem Unberechtigten gestellt verwerfende Entscheidung erfolgt zwar auch in Ausübung der Richterpflicht, aber nicht der besonderen, dem subjektiven Prozeßrechte des Antragstellers entsprechenden Pflicht, sondern der Offizialpflicht, ohne welche der Prozeß als seinem Zwecke entsprechende Institution gar nicht gedacht werden kann.

Das Beschwören (tanganare) des Gerichtes, eine Entscheidung zu geben, stimmt nicht mehr zu der heutigen Stellung des Gerichtes über den Parteien; das Gericht entscheidet nicht erweicht durch die Bitten der Parteien, sondern es entscheidet als mit der Handhabung des Prozeßrechtes betrautes Organ des Staates; es realisiert die Prozeßrechte der Parteien über deren Antrag unmittelbar oder doch mittelbar, nachdem es sich von ihrer Existenz überzeugte, oder es schreitet über den Antrag hinweg, nachdem es die Überzeugung gewonnen, daß demselben kein subjektives Prozeßrecht zu Grunde liege.

Der Inhalt der subjektiven Prozeßrechte der Parteien und zwar sowohl jener, welche diesen als in einem prozessualen

Rechtsverhältnisse stehend zukommen, als auch jener, die nicht den Inhalt prozessualer Rechtsverhältnisse bilden, also auch jener subjektiven Prozeßrechte, welche im Hinblicke auf ein erst und nur möglicherweise existent werdendes prozessuales Rechtsverhältnis geschaffen sind, bildet in allen Fällen die Befugnis zur Vornahme eigener Prozeßhandlungen der vorbezeichneten drei Arten.

Die meisten und wichtigsten dieser subjektiven Prozeßrechte der Parteien haben aber zu ihrem Inhalte nicht bloß die Befugnis zu diesen eigenen Prozeßhandlungen, sondern auch das Recht auf Handlungen des Gerichtes, nur wenige, geradezu vereinzelte auch auf Handlungen der Gegenpartei (so das Recht des Beklagten auf Sicherheitsleistung seitens des ausländischen Klägers, das Recht auf Urkundenedition, das Recht auf Vorlegung zur Handschriftvergleichung geeigneter Schriften).

Wenn das Recht auf Handlungen anderer den Inhalt des subjektiven Prozeßrechtes mit bildet, so entspricht demselben wohl die Handlungspflicht dieser anderen, aber der Anspruch auf Erfüllung dieser Pflicht, auf Vornahme der pflichtmäßigen Handlung entsteht erst durch Vornahme der eigenen, in einer Willenserklärung bestehenden Prozeßhandlung.

Weder aus den prozessualen Rechtsverhältnissen noch aus anderen prozessualen Beziehungen stehen den Berechtigten primär Ansprüche auf Handlungen anderer zu.

Im Prozesse kann die Partei bloß deshalb, weil sie im Prozeßverhältnisse oder in einer anderen prozessualen Beziehung als berechtigtes Subjekt steht, keine Handlung eines anderen Subjektes fordern; der Prozeß ist das Surrogat der Selbsthilfe und daher auf eigenes Handeln abgestellt; die Parteien haben ein Recht, in einer dem Angriffe und der Verteidigung dienenden Weise zu handeln, und durch ihr der Prozeßordnung gemäßes Handeln jenen Erfolg zu erzielen, den die Prozeßordnung damit verbindet; dieser Erfolg vollzieht sich aber nicht durch die Parteihandlungen unmittelbar, weil sie eben keine Selbsthilfehandlungen mehr sind, sondern durch die Handlungen des Gerichtes, welches den Eintritt der Staatshilfe in der entsprechenden Weise bewerkstelligt.

Durch den Prozeß wird das Privatrecht verwirklicht; im Prozesse verwirklichen sich die Prozeßrechte, denn er setzt sich zusammen aus Handlungen, durch welche die Prozeßrechte ausgeübt werden.

Die subjektiven Prozeßrechte treten in die Erscheinung in den denselben entsprechenden Ausübungshandlungen; diese dürfen vom Gerichte nie unberücksichtigt bleiben; es muß die Existenz des in die Erscheinung gelangten Prozeßrechtes prüfen und im Falle seiner Existenz durch den vorzunehmenden Richterakt den Erfolg herstellen resp. vermitteln, auf welchen das Prozeßrecht gerichtet ist. Die Richterhandlung steht immer zwischen der Ausübungshandlung des Prozeßrechtes und dem durch die Ausübung angestrebten, in der Prozeßordnung vorgesehenen Erfolge. Sie vermittelt diesen dadurch, daß sie einen ausdrücklichen oder stillschweigenden Ausspruch über die Existenz und über die konkrete Folge des ausgeübten Prozeßrechtes enthält, diese Folge unmittelbar eintreten läßt, oder den Gegner zur Herstellung desselben auffordert, eine Prozeßhandlung vorzunehmen. Diese Aufforderung muß aber, wenn sie den Erfolg vermitteln soll, Erklärung des eigenen (allerdings dem objektiven Prozeßrechte konformen) richterlichen Willens sein; sie muß auf einem Entschlusse des Gerichtes beruhen, sie muß eine wirkliche Willenserklärung sein, bei welcher der Entschluß zur wirklichen Selbstbestimmung nicht fehlen kann. Fehlt es an einem solchen, so liegt gar keine Willenserklärung, keine (selbständige) Richterhandlung vor; so im Falle des § 420, wo das Gericht den Gegner auffordert, sich auf eine Eideszuschiebung zu erklären.

Durch eine solche Richterhandlung wird kein Erfolg vermittelt; der eventuell eintretende Erfolg beruht schon auf der Wirkung der Parteihandlung, der Eideszuschiebung; diese wirkt durch sich selbst, es bedarf nicht notwendig erst der Aufforderung des Gerichtes. Die Vorschrift des § 420 ist eine bloße, mit Rücksicht auf die Flüchtigkeit des mündlichen Verfahrens gegebene, im früheren gemeinen Prozeß wegen der Schriftlichkeit nicht für notwendig erachtete, daher fehlende Formvorschrift. Das Nähere hierüber in dem Abschnitte vom prozessualen Rechtsgeschäft der Eideszuschiebung.

Die konkrete Folge des Prozeßrechtes entspringt aus der berechtigten Vornahme der Prozeßhandlung, aber es bedarf in allen Fällen der Anerkennung des Prozeßrechtes seitens des Gerichtes. Es gibt kein Prozeßrecht, welches nicht durch Vermittelung des Gerichtes und nur durch diese wirkt. Es gibt keinen prozessualen Erfolg, der sich unmittelbar aus der Ausübung eines subjektiven Prozeß**rechtes** ergeben würde; er ist immer ein mittelbarer, sogar ein doppelt mittelbarer, je nachdem das Gericht das Prozeßrecht unmittelbar realisiert, oder dessen Realisierung durch Aufforderung des Gegners dazu anstrebt.

Die mechanische Handlung wirkt nur dadurch, daß sie von dem Gerichte beachtet wird, die Wissenserklärung nur dadurch, daß sie bestimmenden Einfluß auf das Wie der richterlichen Entscheidung nimmt, die Willenserklärung nur dadurch, daß über sie eine richterliche Entscheidung ergeht.

Bezüglich dieser muß nur noch bemerkt werden, daß sie nicht immer ausdrücklich zu ergehen braucht; über Anträge, deren mehrere gleichzeitig zur Entscheidung vorliegen, wird oft schon dadurch entschieden, daß diese nur über einen ergeht[20]).

[20]) Durch Stellung eines Beweisantrages (Beweisantretung) erwirbt man kein Recht auf Entscheidung über denselben durch Beweisbeschluß. Das Gericht kann sofort mit der Erledigung des Urteilsantrages vorgehen, wenn sich seine Überzeugung nicht erst durch Aufnahme des beantragten Beweises bilden soll oder durch die Beweisaufnahme nicht mehr beeinflußt werden konnte. Aber das Gericht darf bei seiner Entscheidung den Beweisantrag nicht übergehen; wenn es sich auch nicht in den Entscheidungsgründen darüber ausspricht, warum es auf den Beweis nicht abgegangen, muß es wenigstens in dem Thatbestande die Beweisantretung beurkunden. Dies ist zur Wahrung des Prozeßrechtes (Statthaftigkeit der Revision nach § 516 Z. 3) von der größten Wichtigkeit bei den Berufungsurteilen.

Schließlich muß noch bemerkt werden, daß jedes subjektive Prozeßrecht dem Berechtigten die Macht gewährt, gewisse Prozeßhandlungen (Rechtsakte) selbst gegen den Willen der anderen Prozeßsubjekte vorzunehmen; in diesem Sinne räumt das objektive Prozeßrecht dem Berechtigten stets eine Herrschaft über den Willen der anderen Prozeßsubjekte ein.

Diese Herrschaft geht, wie gezeigt, dem Gerichte gegenüber so weit, daß dieses im Falle einer in Ausübung eines Prozeßrechtes abgegebenen Willenserklärung selbst handeln muß, dem Gegner gegenüber aber nur so weit, daß dieser, von wenigen Fällen abgesehen, in denen von einer Handlungspflicht desselben gesprochen werden kann, das eigene Handeln des Berechtigten nicht zu hindern vermag.

Diese Willensherrschaft muß das Prozeßrecht gewähren, wenn anders die Erreichung des Prozeßzweckes gesichert werden soll, aber auch notwendig nur diese.

Der Gegner kann nur die Existenz oder die prozeßordnungsgemäße Ausübung des Prozeßrechtes auf Seite des Handelnden bestreiten und damit den Erfolg der vorgenommenen Prozeßhandlung in Frage stellen, er kann aber den Eintritt des Erfolges durch eigenes Handeln nicht hindern.

Allerdings gibt es einige wenige Fälle, in denen es den Anschein hat, daß der Gegner sich der Ausübung eines Prozeßrechtes mit Erfolg widersetzen könne, wenn er selbst handelt.

Soweit es sich um Ausübung eines Prozeßrechtes, um Rechtsakte handelt, ist dies nur scheinbar, thatsächlich liegt dann kein Prozeßrecht vor, sondern die Existenz eines nur behaupteten wird bestritten.

So, um nur ein Beispiel anzuführen, im Falle des § 252.

Der Zurückweisungsantrag hat gegenüber der in Ausübung des Prozeßrechtes vorgebrachten Verteidigungsmittel keinen Erfolg.

Aber der Beklagte ist trotz der allgemein lautenden Bestimmung des § 251 Abs. 1 nicht berechtigt, innerhalb der Verhandlung mit seinen Verteidigungsmitteln zurückzuhalten; er hat sie vielmehr stets dann vorzubringen, wenn sie am richtigen Platze sind. Das Prinzip der bona fides beherrscht auch den Prozeß.

Wer dem entgegen seine Verteidigungsmittel nicht zur Zeit, wo man deren Vorbringung mit Recht erwarten durfte, vorbringt, sondern erst später, thut dies „nachträglich", und zur nachträglichen Geltendmachung von Verteidigungsmitteln kann es nach dem eben Gesagten kein Prozeßrecht geben.

Über den Zurückweisungsantrag hat das Gericht zu entscheiden, ob dem Beklagten das Recht zur Vorbringung seiner Verteidigungsmittel noch zustand, nicht aber handelt es sich um die Aufhebung eines durch eine berechtigte Handlung angestrebten Erfolges durch Geltendmachung eines entgegenstehenden Prozeßrechtes.

Wo ein subjektives Prozeßrecht da ist, gibt dieses in dem eben erörterten Sinne stets Willensherrschaft auch über den Willen des Gegners. Es gibt keine sich aufhebenden oder beschränkenden Prozeßrechte.

Die Stellung der Parteien im Prozesse muß eine gleiche sein; die eine darf nicht von vornherein als die berechtigte, die andere als verpflichtete erscheinen. Nur in wenigen Fällen ist eine dem subjektiven Prozeßrechte entsprechende Handlungspflicht des Gegners normiert[21]). Beide Parteien haben zunächst nur Rechte, Prozeßhandlungen vorzunehmen.

Es gibt insbesondere nur ein Recht, sich zu verteidigen (auch durch Bestreiten), Verteidigungsmittel zu gebrauchen, aber keine Pflicht dazu. Um aber im Prozesse wirksam handeln zu können, muß man ein Prozeßrecht haben und es in der der Prozeßordnung gemäßen Weise ausüben; Zeit- und Formvorschriften müssen befolgt werden, wenn der von der Prozeßordnung mit der Handlung verbundene Erfolg erzielt werden soll.

---

[21]) Aber auch in diesen ist die Pflicht nur eine unvollkommene; sie muß nicht erfüllt werden; der Verpflichtete hat stets die Wahl, die pflichtmäßige Handlung vorzunehmen oder einen ihm für den Fall der Nichterfüllung angedrohten Nachteil zu erleiden.

Es gibt von vornherein für die Parteien im Prozesse kein pflichtmäßiges, wohl aber ein den Anforderungen der Prozeßordnung entsprechendes Handeln. Das nur in wenigen Fällen pflichtmäßige Handeln setzt immer einen Ausspruch des Gerichtes über die dem von ihm anerkannten Rechte entsprechende Pflicht voraus; so §§ 105, 390 und 406. Sonst gibt es nur ein Recht zu handeln und mit diesem verknüpfte Lasten.

Wer im Prozesse überhaupt oder in einer bestimmten Weise handelt, um einen von ihm angestrebten, durch das objektive Recht mit einem Handeln überhaupt oder mit einem bestimmten Handeln verbundenen Erfolg zu erzielen, handelt nach seinem vom objektiven Prozeßrechte bejahten Willen und, von dem mehrerwähnten Fällen abgesehen, nicht in Erfüllung einer ihm unbekümmert um seinen Willen vom objektiven Prozeßrechte auferlegten Pflicht. In Bezug auf die Beweispflicht hat man dies längst anerkannt; man redet nur mehr von Beweislast, aber man glaubt noch immer eine Einlassungs- oder Defensions-, sowie eine Erklärungspflicht aufrecht halten zu können. Warum dann nicht auch eine Klage- und Behauptungspflicht?

IV. Das Interesse.

Zu einem Rechte gehört ein zu schützendes Interesse und ein dem entsprechender Wille, als das Subjektive, welches durch den objektiven Rechtswillen zum subjektiven Rechte wird.

Was unter den Begriff „Interesse“ fällt, sondert sich in zwei große Gruppen. Das objektive Recht schützt jedem die Interessen, die nach der objektiven gültigen Wertschätzung als die seinigen vorauszusetzen sind und besondere Interessen des Individuums, indem es den subjektiven Willen des einzelnen zu seinem eigenen macht, ihn bestätigt und bejaht; in letzterem Falle hat man es mit einem subjektiven Recht in doppeltem Sinne — im engeren Sinne — zu thun (Schuppe S. 37, 38, 45). Der objektiv gültige Rechtswille hat die Institution des Prozesses geschaffen und tritt im Prozeßgesetze in die Erscheinung. Durch den Prozeß wird das allgemeine Interesse an einer geordneten Rechtsverfolgung, an der Bewährung und Verwirklichung der Privatrechte, geschützt. Die subjektiven Prozeßrechte haben zu ihrem Inhalte Handlungen, die vom objektiven Rechte im Hinblicke auf dieses allgemeine Interesse gewollt sind. Dem Individualgeschmacke wird vom Prozeßgesetze keine Rechnung getragen; es gibt keine subjektiven Prozeßrechte im engeren Sinne. Weil nur das allgemeine Interesse geschätzt wird, so kommt es darauf nicht weiter an, ob im konkreten Falle der einzelne ein wirkliches Interesse an der Prozeßhandlung hat; das subjektive Prozeßrecht ist unabhängig vom aktuellen Interesse des einzelnen.

Alle subjektiven Prozeßrechte, resp. deren Ausübungshandlungen, verfolgen nur den einen Zweck, die Erreichung des Prozeßzieles, d. i. die im Urteile erfolgende Rechtsanwendung zu sichern und in entsprechender Weise vorzubereiten resp. das anerkannte Recht zu verwirklichen. Die subjektiven Prozeßrechte der Parteien haben zu ihrem Inhalte Prozeßhandlungen, die von rechtlichen Folgen begleitet sind; diese Folgen bestehen in der Fortentwickelung des Prozeßverhältnisses seinem Ziele zu.

Die Prozeßrechte müssen mit Bezug auf ihre Folgen von der Prozeßordnung dem einen allgemeinen Interesse entsprechend festgestellt sein ohne Rücksicht auf ein specielles Parteiinteresse an der Vornahme der den Inhalt des einzelnen Prozeßrechtes bildenden Prozeßhandlung.

Auch wenn jenes im konkreten Falle fehlt, fällt doch damit nicht das subjektive Prozeßrecht. Während das Servitutsrecht ein juristisches Interesse des Berechtigten voraussetzt, steht im Prozesse das Berufungsrecht auch demjenigen zu, der gewiß kein Interesse an der Berufung hat, weil das erstinstanzliche Urteil ohnedies zu seinen Gunsten lautet[22]).

[22]) Daß der Beklagte gegen die Abweisung der Klage berufen kann, wenn er trotzdem ein Interesse an einer Abänderung des zwar zu Ungunsten

Die Prozeßordnung abstrahiert von jeglichem speciellen Interesse an der Berufung bei Statuierung des im allgemeinen Interesse gegebenen Berufungsrechtes; man kann gegen jedes auch in allen Punkten günstig lautende erstrichterliche Urteil berufen; nur die Berufungsverhandlung — aber nicht die Abhaltung des Berufungstermines — entfällt, wenn keine Berufungsanträge gestellt wurden, nachdem diese grenzsetzend sind für jene (§ 487). Ein Urteil des Berufungsgerichtes muß ergehen, wenn es auch nach § 498, abgesehen von dem Ausspruche über die Tragung der Kosten der Berufung, nur eine vollinhaltliche Bestätigung der erstrichterlichen Entscheidung sein kann.

Geradeso verhält es sich mit allen anderen subjektiven Prozeßrechten; man ist berechtigt, Behauptungen aufzustellen, Beweise anzubieten, auch wenn man gar kein specielles Interesse daran hat.

Dieses kann beim Prozeßrechte nie in Frage kommen; im Momente der Ausübung des Prozeßrechtes kann ja oft gar nicht das Vorhandensein eines Interesses beurteilt werden; und ist die Prozeßhandlung einmal vorgenommen, so kann sie weder ungeschehen gemacht, noch von ihr gesagt werden, daß sie deshalb von einem Unberechtigten vorgenommen wurde, weil es an dem juristischen Interesse bezüglich der Ausübungshandlung fehlte. Wie sollte von vornherein darüber entschieden werden, ob die Aufstellung dieser oder jener Behauptung im Interesse des Behauptenden liegt, oder woher sollte der Beweisanbietende wissen, daß er an dem Beweise deshalb kein Interesse habe, weil die zu beweisende Thatsache von dem Gerichte ohnedies als notorische behandelt wird?

Durch den Prozeß, durch die Gesamtheit der Prozeßhandlungen und der sie bedingenden Prozeßrechte soll das subjektive Privatrecht geschützt, das objektive Privatrecht in Bezug auf den vorliegenden

des Klägers lautenden Urteiles hat, ist klar, beispielsweise, wenn das Klagebegehren, welches schon an sich hätte abgewiesen werden müssen, nur mit Rücksicht auf eine eingewendete Kompensation, also unter Aufzehrung der compensando eingewendeten Forderung abgewiesen wurde.

Fall zur Anwendung gebracht werden; mit Rücksicht hierauf sind die einzelnen Prozeßhandlungen von der Prozeßordnung gestaltet, die einzelnen Prozeßrechte normiert; sie sollen dem Interesse an einer möglichst raschen und präzisen Prozeßentscheidung dienen; darum die mancherlei Zeit- und Formvorschriften; nur diese müssen bei Ausübung der Prozeßrechte eingehalten werden — ob aber zur Vornahme der Prozeßhandlung von Seite des Berechtigten ein juristisches Interesse vorliegt, ist nie zu untersuchen; wenigstens kann das Ergebnis einer solchen selbstverständlich nur dem Gerichte zustehenden Untersuchung nicht in dem Absprechen des betreffenden Prozeßrechtes, sondern höchstens in einer Kostenauflage nach § 91 bestehen.

Nicht dem erkennenden, nur dem prozeßleitenden Gerichte resp. seinem Vorsitzenden steht in dieser Richtung eine gewisse Macht zu. Es resp. er kann die Parteien anweisen, zur Sache zu sprechen, nur auf die Sache bezügliche Anträge zu stellen u. s. w. und demjenigen, welcher seinen diesbezüglichen Anordnungen nicht Folge leistet, das Wort entziehen, er kann auch, wenn ihm ein Interesse der Parteien an weiterem Vorbringen deshalb zu mangeln scheint, weil ja die Verhandlung für das Gericht bereits spruchreif ist, die Verhandlung schließen (§ 127 Absatz 2 und 4, § 272).

Dadurch werden aber den Parteien keine Prozeßrechte wegen mangelnden Interesses abgesprochen, sondern dieselben bloß an der weiteren Ausübung ihrer Prozeßrechte faktisch gehindert; sollte dieses faktische Hindernis durch Wiedereröffnung der Verhandlung behoben sein, so sind die Parteien im Vollbesitze ihrer Prozeßrechte.

Eine Prozeßordnung ist so anzulegen und die RCPO. ist so angelegt, daß durch sie das öffentliche Interesse, welches selbst wieder mit Rücksicht auf Schnelligkeit, Billigkeit des Verfahrens und Gründlichkeit der Entscheidung ein verschiedenes, sich widersprechendes ist und welches die Gesamtheit an einer geordneten, diese verschiedenen Momente nach Möglichkeit berücksichtigenden, geordneten Rechtspflege hat, entsprechend gewahrt wird.

Auf das Einzelinteresse der Prozeßparteien kann dabei keine Rücksicht genommen werden, schon deshalb nicht, weil die Parteien entgegengesetzte Interessen haben oder haben können.

Nur dort, wo die Prozeßordnung das Vorhandensein eines speciellen Parteiinteresses als notwendige Voraussetzung für ein Prozeßrecht ausdrücklich fordert, kommt es selbstredend auf das Vorhandensein desselben an und es wird die Berechtigung zur Vornahme der Ausübungshandlung, z. B. zur Stellung des betreffenden Antrages, von dem Glaubhaftmachen des speciellen Interesses abhängig gemacht, so in den Fällen, in denen es sich um Beweisaufnahme zum ewigen Gedächtnisse, um Erklärung der vorläufigen Vollstreckbarkeit von nicht rechtskräftigen Urteilen, um Bewilligung des Arrestes und einstweiliger Verfügungen handelt.

Im Anschluße an das Vorstehende ist noch hervorzuheben, daß eine Handlung nur dann als eine Ausübungshandlung eines subjektiven Rechtes angesehen werden kann, wenn sie im Bewußtsein der Rechtsausübung vorgenommen wird. Die Prozeßordnung macht hiervon eine Ausnahme und von diesem Bewußtsein den prozessualen Erfolg der vorgenommenen Prozeßhandlung regelmäßig nicht abhängig.

Die Prozeßordnung knüpft an die Prozeßhandlung den prozessualen Erfolg zuweilen auch in Fällen, wo sie von einem Nichtberechtigten vorgenommen wurde; umsomehr muß der prozessuale Erfolg dann eintreten, wenn der Handlung ein Prozeßrecht zu Grunde liegt und der Handelnde nur desselben sich nicht bewußt war.

Bei den prozessualen Willenserklärungen wird zwar das Bewußtsein, daß man durch die Abgabe derselben einen prozessualen Erfolg herbeiführen wolle, gefordert, weil es ja sonst an einem für jede Willenserklärung notwendigen Erfordernisse fehlen würde; es wird aber nicht das Bewußtsein gefordert, daß man durch

Abgabe der Willenserklärung ein prozessuales Recht ausübe. Bei prozessualen Wissenserklärungen wird nur ausnahmsweise das Bewußtsein, daß man durch die Handlung einen bestimmten Erfolg herbeiführen wolle, gefordert.

Die bezüglich einer gegnerischerseits angeführten Thatsache abgegebenen Wissenserklärungen, welche mit der Wahrheit der angeführten Thatsache nicht vereinbar sind, sollen nur dann als Bestreitungserklärungen gelten, wenn die Absicht erkennbar vorliegt, durch die abgegebene Wissenserklärung nicht nur neue Thatsachen vorzubringen, sondern auch angeführte zu bestreiten.

Auch in anderen Fällen haben Wissenserklärungen nur dann einen Erfolg, wenn die Absicht, diesen Erfolg herbeizuführen, erkennbar ist.

Die bloße Anführung von Thatsachen, aus denen sich der Mangel absoluter Prozeßvoraussetzungen ergibt, genügt, daß das Prozeßverhältnis als ein nicht zu Recht bestehendes von Seite des Gerichtes erklärt und die Klage ab instantia abgewiesen wird, wenn es auch demjenigen, welcher diese Thatsachen geltend machte, nicht darum, eine solche Abweisung zu bewirken, sondern vielmehr um ein abweisendes Erkenntnis in der Hauptsache zu thun war.

Bei den dispositiven Prozeßvoraussetzungen genügt jedoch die Anführungen von Thatsachen nicht, aus welchen sich der Mangel derselben ergibt; es muß die Absicht erkennbar vorliegen, daß die angeführten Thatsachen „als sog. prozeßhindernde Einrede" einen prozessualischen Erfolg haben sollen; die Abgabe einer besonderen diese Absicht aussprechenden Willenserklärung, eines speciell auf Abweisung der Klage ab instantia gerichteten Antrages wird nicht gefordert. Ebenso ist es mit der Anführung von Thatsachen, welche materielle Einreden zu begründen geeignet sind.

Die Anführung solcher Thatsachen macht zwar in allen Fällen einen Teil der Verantwortung des Beklagten aus, aber sie wirkt nicht immer als Verteidigung.

In vielen Fällen muß wenigstens die Absicht des Beklagten,

daß die angeführten Thatsachen als Verteidigungsmittel wirken sollen, erkennbar sein, wenn auch ein specieller Antrag wieder nicht gefordert wird.

Während die bloße Anführung der Thatsachen, man habe die eingeklagte Schuld bereits bezahlt, man habe die eingeklagte Schuld noch zur Zeit der Minderjährigkeit kontrahiert, wirkt, ohne daß es dabei darauf ankommt, ob man die Einrede der Zahlung oder Minderjährigkeit erheben wolle, kommt es bei Thatsachen, welche Exzeptionen im römisch-rechtlichen Sinne begründen, stets darauf an, daß man dieselben im Bewußtsein des Einrederechts und mit der Absicht, daß das Einrederecht wirken solle, anführte. Es genügt beispielsweise nicht, Thatsachen anzuführen, aus denen sich eine kompensable Gegenforderung ergibt; die Absicht, kompensieren zu wollen, muß ersichtlich sein, eventuell durch Ausübung des richterlichen Fragerechtes zur Evidenz gelangen, wenn die Wirkung der Kompensationseinrede eintreten soll.

Dabei wird betont, daß die Absicht darauf und nur darauf gerichtet ist, daß jener Erfolg eintrete, den das Gesetz mit der Vornahme der Prozeßhandlung, durch welche das ihr entsprechende Prozeßrecht ausgeübt wird, verbindet; man beabsichtigt zwar einen Erfolg, dieser muß sich aber mit dem durch die Prozeßordnung als mit der Ausübung des Prozeßrechtes verbundenen decken.

Ebenso wie Prozeßhandlungen auch einen prozessualischen Erfolg haben, die gar nicht im Bewußtsein, daß man durch die Handlung ein Prozeßrecht ausübt, vorgenommen wurden, ebenso verbindet die Prozeßordnung mit der Nichtvornahme von Prozeßhandlungen bestimmte prozessualische Folgen, ohne daß es darauf ankommt, ob dem Nichthandelnden das Bewußtsein innewohnte, daß er ein Prozeßrecht habe, welches er durch eine vorzunehmende Prozeßhandlung ausüben könnte.

Mit der Nichtvornahme von Prozeßhandlungen verbindet die Prozeßordnung einen von dem Bewußtsein und dem Willen des Nichthandelnden unabhängigen Erfolg, während, wie später darzuthun ist, beim Verzichte auf ein Prozeßrecht der Erfolg ein stets bewußter und beabsichtigter sein muß.

V. Die Fortdauer.

Der prozessualische Erfolg, welcher durch Ausübung eines subjektiven Prozeßrechtes bewerkstelligt wird, tritt durch Vermittelung des Gerichtes, durch dessen Spruch auf Grund vorangegangener causae cognitio über die Existenz des subjektiven Prozeßrechtes ein.

Die Gestaltung des prozessualischen Erfolges muß aber nicht immer der Ausübungshandlung — dem Rechtsakte — unmittelbar nachfolgen; die Parteihandlung ruft nicht in allen Fällen eine sofortige Richterhandlung hervor, durch welche der Erfolg hergestellt wird; dieser kann für einige Zeit ein latenter bleiben; es genügt für das spätere Inslebentreten des Erfolges, das Prozeßrecht rechtzeitig und richtig ausgeübt zu haben, denn die Ausübungshandlung darf dann von Seite des Gerichtes nie unbeachtet bleiben. Als äußerste Grenze für diese Beachtung gilt regelmäßig das ergehende Endurteil.

Ausnahmsweise kann in Fällen der Wiederaufnahme des Verfahrens die Herstellung des prozessualischen Erfolges auch noch später angestrebt werden.

Mit dem Endurteile hört die Befassung des Gerichtes, bei welchem der Prozeß anhängig war, mit diesem auf; das Gericht scheidet aus dem Prozeßverhältnisse aus; mit dem Rechtskräftigwerden des Endurteiles zerfällt das dreiseitige Prozeßverhältnis, und zwar auch rücksichtlich der Parteien, nachdem der Zweck der Begründung desselben, das Zustandekommen des den Prozeß entscheidenden Urteiles erreicht ist.

An Stelle des Prozeßverhältnisses tritt aber nunmehr die nur die beiden ehemaligen ehemaligen Prozeßparteien umschließende

Judikatsobligatio, deren specieller Inhalt durch das Urteil gegeben ist. Aber nicht das Recht auf die mit demselben zuerkannte Leistung allein bildet den Inhalt der Judikatsobligatio, denn eine große Anzahl von Urteilen normiert ja keine Leistung; in all diesen Fällen hätte sie keinen Inhalt; dieser beruht vielmehr auf der Verpflichtung, die durch das Urteil erfolgte Privatrechtsnormierung als die gerichtsunterworfenen Prozeßparteien bindend anzuerkennen und den dieser entsprechenden faktischen Zustand herzustellen, insoweit er nicht schon durch den Urteilsspruch an sich hergestellt wurde.

Für die Erfüllung der Judikatsobligatio stellt der Staat den Parteien seine Gewalt zur Verfügung; nicht bloß zu dem Ende, um eine Leistung im Wege der Zwangsvollstreckung zu erzwingen, sondern auch um einen neuen Prozeß der Parteien über dieselbe Sache hintanzuhalten. Durch die urteilsmäßige Leistung erlischt nur der eine Teil des Inhaltes der Judikatsobligatio. Nur der Leistungsanspruch ist erfüllt und erloschen, aber die Judikatsobligatio bleibt bestehen und wirksam, jeder Versuch der Erneuerung des Prozesses über dieselbe Sache zwischen den Parteien wird durch sie hintangehalten, und zwar tritt diese Wirkung der Judikatsobligatio in der denkbar energischten Weise ein.

Den Inhalt der Judikatsobligatio bilden also ebenfalls Prozeßrechte. Sie enthält aber nicht bloß die vorgedachten Prozeßrechte, sondern auch noch andere, durch deren Ausübung das bereits erloschene Prozeßverhältnis wieder ins Leben gerufen werden kann.

Diese Prozeßrechte beziehen sich auf die Wiederaufnahme des Verfahrens, welche zwar stets nur durch eine neue Klage — entweder Nichtigkeits- oder Restitutionsklage — bewirkt werden kann, durch welche aber kein neues Prozeßverhältnis zustande kommt.

Die beiden gedachten Klagen — resp. deren Erhebung — sind nicht wie die den Prozeß begründenden Klagen prozessualische Rechtsgeschäfte, sondern sie sind Ausübungshandlungen subjektiver Prozeßrechte, und zwar sowohl gegenständlich als zeitlich beschränkter Prozeßrechte.

Darum hat auch das Gericht die Statthaftigkeit der Nichtigkeits- oder Restitutionsklage nach § 552 zu prüfen und das Recht dieselben, wenn es an einem gesetzlichen Erfordernisse derselben mangelt, zu verwerfen.

Beide Klagen haben keine rechtsgeschäftliche Wirkung, deren Wesen bald genauer erörtert werden soll, sondern nur einen prozessualen Erfolg, nämlich jenen, den die Prozeßordnung mit der Ausübung des betreffenden Prozeßrechtes verbindet; darum ist es Pflicht des Gerichtes, zunächst die Existenz des ausgeübten Prozeßrechtes und die richtige, der Prozeßordnung entsprechende Ausübung desselben zu prüfen, und nur dann den Erfolg — das Wiederaufleben des Prozeßverhältnisses — zu vermitteln, wenn das subjektive Prozeßrecht gegeben ist und ordnungsmäßig ausgeübt wurde, wodurch neue Ansprüche entstehen.

Die durch Wiederaufleben des Prozeßverhältnisses entstehenden subjektiven Prozeßrechte sind solche, die den Inhalt des Prozeßverhältnisses in einem bestimmten Stadium desselben bilden, am meisten vergleichlich jenen im Stadium der Berufung oder Revision. Die Prozeßordnung hat das Prozeßverhältnis wohl einheitlich, aber bezüglich seines Inhaltes verschieden gestaltet; es umfaßt als ein fortschreitendes, sich stufenweise entwickelndes immer jene Prozeßrechte, durch deren Ausübung die Weiterentwickelung seinem Ziele zu erfolgt.

Ihrer rechtlichen Natur nach sind mit der Restitutions- und Nichtigkeitsklage verwandt die Anfechtungsklagen gegen den Entmündigungsbeschluß § 605, gegen die Ablehnung des Antrages auf Wiederaufhebung der Entmündigung § 620, gegen das Ausschlußurteil § 834; sie alle beruhen auf der Ausübung von Prozeßrechten; die betreffenden Klagehandlungen sind Rechtsakte und keine prozessualischen Rechtsgeschäfte.

Anders verhält es sich mit den Klagen auf Aufhebung eines Schiedsspruches, wegen Ernennung, Ablehnung eines Schiedsrichters, Erlöschen eines Schiedsvertrages u. s. w. nach §§ 870, 871.

Bezüglich jener subjektiven Prozeßrechte, welche sich auf die

Vollstreckung des Urteiles beziehen, ist noch zu bemerken, daß nicht alle diese Prozeßrechte zum Inhalte der an Stelle des Prozeßverhältnisses tretenden Judikatsobligatio gehören, sondern daß einige derselben den Inhalt des Prozeßverhältnisses mit bilden, ja daß die Ausübungshandlungen derselben noch in die Zeit der Existenz des Prozeßverhältnisses fallen. So das Recht, die vorläufige Vollstreckbarkeit oder Nichtvollstreckbarkeit des Urteiles zu begehren (§§ 649, 650, 651, 652); die diesen Rechten entsprechenden Ausübungshandlungen sind die nach § 653 vor Schluß der mündlichen Verhandlung zu stellenden Anträge.

Dagegen gehören das Recht auf Erteilung einer vollstreckbaren Aussfertigung des Urteiles, das Recht auf Erlassung eines Vollstreckungsurteiles bezw. eines ausländischen Urteiles, weiters das Recht, Einwendungen gegen die Zulässigkeit der Vollstreckungsklausel zu erheben (§ 668), das Recht, die Art und Weise der Zwangsvollstreckung oder das bei derselben vom Gerichtsvollzieher zu beobachtende Verfahren betreffende Anträge, Einwendungen und Erinnerungen (§ 685) vorzubringen, sowie das Recht, gegen den urteilsmäßig festgestellten Anspruch oder gegen die Annahme des Eintrittes der Thatsache, von welcher das Urteil die Vollstreckung abhängig macht, oder gegen die Annahme der eingetretenen Rechtsnachfolge gerichtete Einwendungen (§§ 686, 687) zu erheben, der Judikatsobligatio an. Diese Rechte können in einigen Fällen nur im Wege der Klage ausgeübt werden; diese Klagen sind aber im Gegensatze zu den den Prozeß einleitenden Klagehandlungen, welche, wie bereits gesagt, prozessuale Rechtsgeschäfte sind, Rechtsakte. Durch sie wird nicht etwa mit Bezug auf ein Privatrechtsverhältnis ein Prozeßverhältnis begründet, welches die urteilsmäßige Feststellung des ersteren bezweckt und bewirkt, sondern es werden nur Prozeßrechte zur Entscheidung verstellt.

Dies könnte nur in jenen Fällen, in denen der Schuldner Einwendungen, welche den durch das Urteil festgestellten Anspruch selbst oder die Annahme des Eintrittes der Thatsache, von welcher das Urteil die Vollstreckung abhängig macht, oder endlich die

Annahme der eingetretenen Rechtsnachfolge betreffen, mittels Klage geltend macht, zweifelhaft erscheinen. Aber auch in diesen Fällen handelt es sich um das Zurechtbestehen der eine Mehrheit von Prozeßrechten umfassenden Judikatsobligatio, also eines durch das den Prozeß abschließende Urteil geschaffenen prozessualen Rechtsverhältnisses, welches zu dem Privatrechtsverhältnisse schützend hinzugetreten ist, so daß ein gegen letzteres zu richtender Angriff auf ersteres abgestellt werden muß.

Durch die Klage der §§ 686, 687 wird nicht das Urteil angefochten, sie ist nicht eine Klage nach Analogie derer, durch welche die Wiederaufnahme des Verfahrens bewirkt wird, deren Zulässigkeit eine viel beschränktere ist, sondern durch sie wird nur das dem Schuldner zustehende Prozeßrecht zur bedingten nachträglichen Vorbringung von nach dem Urteile entstandenen, den durch dasselbe geschaffenen Vollstreckungsanspruch ausschließenden, beschränkenden oder bedingenden Einwendungen, welche aber das Urteil selbst unangefochten lassen, geltend gemacht.

Durch solche Klage wird kein neues Prozeßverhältnis geschaffen, die prozessualen Beziehungen des Klägers, des Beklagten und des Gerichtes präexistieren der Klage; es handelt sich nicht um richterliche Feststellung eines privatrechtlichen Verhältnisses, sondern um die Existenz behufs Verwirklichung des privatrechtlichen Anspruches entstandenen subjektiven Prozeßrechtes auf Vollstreckung. Ob die Erteilung des Vollstreckungsauftrages an den Gerichtsvollzieher bereits erfolgte oder nicht, ist für die Berechtigung, Entscheidung über das Zurechtbestehen des Vollstreckungsrechtes zu verlangen, gleichgültig.

Darnach wird sich nur die Form der Klage zu richten haben, ob sie als Anspruchsklage (gerichtet auf Aufhebung von Vollstreckungshandlungen) oder als Feststellungsklage zu fassen ist.

Während durch die Klagen nach §§ 686, 687 kein neues Prozeßverhältnis begründet wird, während sie keine prozessualischen Rechtsgeschäfte, sondern Rechtsakte sind, liegt die Sache bei der Klage nach § 690 vollständig anders. Diese umfaßt nicht die bereits in der Judikatsobligatio stehenden Personen, sondern ein außerhalb derselben stehender Dritter ist es, welcher durch die Klage Widerspruch gegen die Zwangsvollstreckung erhebt; dieser Widerspruch richtet sich weder gegen die urteilsmäßige Feststellung des Privatrechtsverhältnisses, noch gegen den Inhalt der Judikatsobligatio, also nicht gegen das prozessuale Recht auf Vollstreckung, sondern gegen einen durch diese erfolgten Eingriff in die Privatrechtssphäre des Dritten, gegen eine behauptete, durch eine an sich berechtigte Vollstreckungshandlung erfolgte Rechtsverletzung, zu deren Wiederaufhebung der gewöhnliche Rechtsweg mittels ordentlicher Klage, für die nur ein ausschließlicher Gerichtsstand besteht, betreten werden muß.

Durch die diesbezügliche Klagehandlung wird von dem Kläger ein neues Prozeßverhältnis zwischen ihm, der bisher in keiner prozessualen Beziehung zu den Parteien des der Vollstreckung vorangegangenen Prozesses gestanden und diesen sowie dem früheren Prozeßgerichte mit Rücksicht auf ein ihm zustehendes, im früheren Prozesse noch gar nicht in Frage gekommenes Privatrecht begründet.

Diese Klagehandlung ist offenbar keine Ausübungshandlung eines dem Kläger zustehenden Prozeßrechtes, sondern ein prozessuales Rechtsgeschäft, am nächsten verwandt demjenigen Rechtsgeschäfte, durch welches die Hauptinterventionsklage des § 61 erhoben wird.

VI. Schluß.

Das bisher bezüglich der subjektiven Prozeßrechte Angeführte dürfte für den mit dieser Untersuchung angestrebten Zweck der Scheidung der prozessualen Rechtsakte, d. i. der Prozeßhandlungen, durch welche subjektive Prozeßrechte ausgeübt werden, von den prozessualischen Rechtsgeschäften, bezüglich welcher vorläufig nur negativ ausgesagt wird, daß sie keine Prozeßhandlungen sind, durch welche ein subjektives Prozeßrecht ausgeübt wird, genügen[23]).

Bezüglich der prozessualen Rechtsakte ist daran festzuhalten: Jedes subjektive Prozeßrecht hat zu seinem, wenn auch nicht ausschließlichen Inhalte, eine eigene Handlung des Berechtigten: bilden den Inhalt Handlungen anderer Prozeßobjekte mit, so entsteht doch dem Berechtigten ein Anspruch auf diese Handlungen erst über Vornahme der eigenen Prozeßhandlung, ja, wenn es eine Handlung des Gegners ist, erst über hinzutretende Richterhandlung.

Die Vornahme einer dem Inhalt eines subjektiven Prozeßrechtes bildenden eigenen Prozeßhandlung hat einerseits die Existenz desselben zur notwendigen Voraussetzung, andererseits den Eintritt eines bestimmten prozessualen Erfolges zur notwendigen Folge.

Das subjektive Prozeßrecht wirkt niemals durch seine bloße Existenz; es bedarf, damit ein prozessualer Erfolg eintritt, stets zunächst einer Prozeßhandlung des Berechtigten, durch welche das subjektive Prozeßrecht ausgeübt wird. Der Erfolg der Ausübungshandlung ist kein gewillkürter, sondern ein notwendiger; nicht der prozessuale Erfolg tritt ein, den etwa die Partei bei Vornahme der Ausübungshandlung beabsichtigt, sondern der, den das Gesetz — die Prozeßordnung — mit der Ausübung des Prozeßrechtes verbindet.

Die Parteiabsicht bei Vornahme des Rechtsaktes ist daher für den Eintritt des prozessualen Erfolges gleichgültig; dies gilt positiv und negativ; der vom Gesetze mit der Ausübung des

---

[23]) Selbstredend würde noch viel weniger als das in Vorstehendem auszugsweise und mit bewußter Hinweglassung von zwar Wichtigem aber nicht Einschlägigem Zusammengedrängte genügen, wenn man mit Kohler Pr. (S. 34) den Unterschied zwischen Rechtsakten und dem Rechtsgeschäft nur darin erkennen würde, daß die ersteren nicht selbständig wie das Rechtsgeschäft, sondern nur adminikulierend wirken, indem sie innerhalb des Rechtsverhältnisses fördernd, weiterbildend, weitergestaltend agieren. Nach Kohler gibt es im Prozesse das Eröffnungsrechtsgeschäft und modalierende Rechtsakte; dann nur noch lösende, beendigende, beschließende Rechtsgeschäfte: Verzicht, Anerkenntnis und Vergleich.

Prozeßrechtes verknüpfte Erfolg tritt auch in dem Falle ein, als die Partei den Eintritt des Erfolges nicht beabsichtigt, wenn nur die Ausübung durch eine Handlung von Seite eines Berechtigten vorgenommen wurde; der von der Partei bei Ausübung des Prozeßrechtes beabsichtigte prozessuale Erfolg tritt nicht ein, wenn nicht von vornherein dessen Eintritt durch die Prozeßordnung mit der Ausübung des Prozeßrechtes verknüpft ist. „Bei den rechtserheblichen civilprozessualischen Handlungen, die nicht Rechtsgeschäfte, sondern Ausübungen von Parteirechten sind, ... ist das bewußte Wollen indifferent." (Wach, S.)

Weil die Parteiabsicht für den Eintritt des prozessualen Erfolges gleichgültig ist, so bildet das Vorhandensein derselben keinen Bestandteil des Thatbestandes eines Rechtsaktes.

Für diesen genügt einerseits die Existenz des subjektiven Prozeßrechtes und andererseits die durch eine Prozeßhandlung vorgenommene Ausübung, vorausgesetzt, daß die Ausübungshandlung den Vorschriften der Prozeßordnung entspricht. Soll der prozessuale Erfolg eintreten, so ist es nötig, daß im Prozesse sowohl die Existenz des ausgeübten subjektiven Prozeßrechtes als auch die Ausübungshandlung mit Rücksicht auf die für sie geltenden prozeßrechtlichen Normen geprüft, und für den Fall, als diese doppelte Prüfung ein günstiges Resultat ergibt, der Eintritt des prozessualen Erfolges durch das Gericht, dem diese Prüfung obliegt, vermittelt wird.

Der prozessuale Erfolg eines Rechtsaktes ist demnach: von der Parteiabsicht unabhängig, durch die Prozeßordnung, welche denselben mit der Ausübung eines subjektiven Prozeßrechtes als notwendige Folge der Ausübungshandlung verbindet, bestimmt und durch die Vermittelung des Gerichtes bedingt.

Weil der Erfolg von der Parteiabsicht unabhängig ist, kann die Prozeßordnung nicht nur für alle Fälle, in denen eine ordnungsmäßige Ausübungshandlung vorliegt, den Eintritt des prozessualen Erfolges bestimmen, sondern sie kann auch mit jeder Nichtvornahme einer Ausübungshandlung den Eintritt einer bestimmten Rechtsfolge verknüpfen. Diese Rechtsfolge kann entweder darin bestehen, daß der früher zur Vornahme der Prozeßhandlung Berechtigte sein Recht nicht mehr ausüben kann, oder auch darin, daß der Gegenpartei aus der Nichtausübung des Prozeßrechtes ein neues subjektives Prozeßrecht erwächst, welches aber wie jedes solche erst ausgeübt werden muß, damit der durch dasselbe bedingte prozessuale Erfolg eintritt. (§§ 208, 209, 295, 296.)

II. Abschnitt.

Prozessualische Rechtsgeschäfte.

I. Allgemeines.

Die Begründung, die Weiterentwickelung und die Beendigung des Prozesses und des Prozeßverhältnisses erfolgt durch Prozeßhandlungen.

Die den Prozeß begründenden Handlungen, welche die RCPO. unter dem Namen Klagerhebung zusammenfaßt, sind Parteihandlungen; die den Prozeß fortbildenden, welche zusammen die mündliche Verhandlung bilden, sind Partei- und Richterhandlungen; die den Prozeß beendende, d. h. in seiner bestimmungsgemäßen Weise beendende — das Urteil — ist eine Richterhandlung. Diese hat stets Parteihandlungen zur notwendigen Voraussetzung[1]).

Die Aufeinanderfolge der Prozeßhandlungen wird durch die Prozeßordnung bestimmt und zwar nicht bloß zeitlich, sondern genetisch; die vorangehende Handlung ist stets Grund oder Ursache der folgenden, welche sich als Folge oder Wirkung der ersteren darstellt.

[1]) Unrichtig ist es zu sagen, daß sie Handlungen der beiden Prozeßparteien zur notwendigen Voraussetzung habe, daß der Prozeß seiner Anlage nach ein wesentlich zweiseitiges, sogenanntes kontradiktorisches Verfahren sei. Hält man daran fest, daß das Prozeßziel, das Urteil, und der durch dasselbe zu erreichende Zweck, Privatrechtsbewährung, durch autoritative Anwendung des objektiven Rechtes ist, so wird man von vornherein zugeben müssen, daß Ziel und Zweck auch durch einseitige Parteihandlung erreicht und verwirklicht werden können.

Bis jetzt wurden jene Prozeß- und zwar Parteihandlungen ins Auge gefaßt, denen ein subjektives Prozeßrecht zu Grunde liegt, welche Ausübungshandlungen eines solchen sind, oder doch wenigstens als Ausübungshandlungen eines behaupteten, wenn auch thatsächlich nicht existierenden Prozeßrechtes erscheinen.

Daneben gibt es aber auch Prozeßhandlungen, denen kein subjektives Prozeßrecht zu Grunde liegt, die nur ein Gebrauchmachen von durch die Prozeßordnungen geschaffenen Möglichkeiten sind. Daß es solche Prozeßhandlungen geben müsse, wurde daraus gefolgert, daß die meisten und wichtigsten Prozeßrechte den Inhalt des Prozeßverhältnisses bilden, dieses aber durch Parteihandlungen erst zustande kommen muß; es muß daher auch Prozeßhandlungen mit rechtsproduktiver Kraft geben[2]).

Zunächst ist zu untersuchen, ob jene Prozeßhandlungen, denen kein subjektives Prozeßrecht zu Grunde liegt, jene Merkmale aufweisen, die im Privatrechte bei jenen rechtserheblichen oder juristischen Handlungen vorhanden sind, die man mit „Rechtsgeschäfte" bezeichnet.

Die rechtserheblichen juristischen Handlungen im Gegensatze zu den rechtserheblichen juristischen Thatbeständen, mit denen zusammen sie die Kategorie der juristischen Thatsachen erschöpfen, zerfallen in rechtsausübende und rechtsgestaltende Handlungen; für die zu der letzteren Art gehörenden Prozeßhandlungen dürfte die Benennung „rechtsgestaltende" besser durch „rechtsproduktive" ersetzt werden, nachdem auch die rechtsausübenden prozeßgestaltende sind.

Die einzelnen Arten von Prozeßhandlungen, durch welche Parteiprozeßrechte ausgeübt werden, wurden im vorangehenden Abschnitte ad III genannt.

---

[2]) Es fehlt bekanntlich nicht an scharfsinnigen Verteidigungen der Behauptung, daß auch die Handlung, durch welche das Prozeßverhältnis begründet wird, eine Ausübungshandlung des dem Prozesse präexistierenden publizistischen Klagerechtes sei. Die Widerlegung dieser Ansicht folgt bei der Erörterung des Rechtsgeschäftes der Klage, bei der Klageerhebung, resp. bei dem damit im Zusammenhange stehenden Exkurse.

Hinwieder teilen sich die rechtsgestaltenden, besser rechtsproduktiven Handlungen in solche, die juristische Wirkungen unmittelbar hervorbringen und in solche, die nur mittelbar die Hervorbringung juristischer Wirkungen bezwecken; die ersteren zerfallen in die Rechtsgeschäfte, bei denen die Absicht des Handelnden auf Rechtsproduktion oder Rechtsveränderung gerichtet ist, und in Delikte, d. i. Handlungen, die wohl eine unmittelbare aber nicht beabsichtigte juristische Wirkung haben.

Das „Rechtsgeschäft" hat im Privatrechte schon viele Gegner gefunden, das Aufgeben dieses „Schulbegriffes" sogar ist schon befürwortet worden. Im Prozeßrechte hat dieser Begriff noch keine rechten Wurzeln gefaßt; Bülow spricht in D. (S. 24) seine Bedenken gegen den Versuch, alle Prozeßhandlungen als Rechtsgeschäfte und den ganzen Prozeß als eine Summe von Rechtsgeschäften zu erklären, aus; diese Bedenken sind durch die bloße Hinweisung darauf, daß es auch Geschäfte des öffentlichen Rechtes und nicht bloß Privatrechtsgeschäfte gibt, nicht erledigt (Schultze Pr. u. Pr. Bd. I, S. 49, Note 1).

Es wird daher wohl zu überlegen sein, ob man den Begriff des Rechtsgeschäftes ins Prozeßrecht herübernimmt, und man wird sich dafür nur dann entscheiden dürfen, wenn man Prozeßhandlungen vorfindet, welche den Anforderungen, die von der privatrechtlichen Doktrin an die absichtsgemäß rechtsproduktive Handlung gestellt werden, entsprechen und diese sich scharf von den Rechtsakten abheben; man wird sich aber dann um so bestimmter dafür entscheiden, wenn sich im Prozesse die Rechtsakte von den Rechts geschäften noch schärfer differenzieren.

Unter den Prozeßhandlungen findet sich eine ansehnliche Reihe solcher, die im Gegensatze zu den früher betrachteten Rechtsakten stehen. Es sind dies immer nur Willenserklärungen, bei welchen die Absicht des Handelnden direkt auf die Hervorbringung einer prozessualischen Wirkung gerichtet ist, und durch welche diese Wirkung auch thatsächlich erzielt wird.

Die Prozeßordnung sanktioniert bestimmte, von ihr als

zulässig erachtete Willenserklärungen, sie eröffnet den Parteien die Möglichkeit, durch Abgabe derselben bestimmte prozessualische Wirkungen unmittelbar hervorzubringen.

Die handelnde Partei übt kein subjektives Prozeßrecht, sondern eine Macht aus, welche die Prozeßordnung in den nach einer bestimmten Richtung erklärten Parteiwillen gelegt hat; bei diesen Handlungen tritt nicht ein Erfolg ein, der mit der Ausübungshandlung eines subjektiven Prozeßrechtes verknüpft ist, sondern es wirkt der mit der Kraft zur Herbeiführung eines prozessualischen Erfolges ausgestattete Parteiwille. An diesen knüpft die Prozeßordnung unmittelbar die prozessualische Wirkung.

Während bei den Rechtsakten jener Erfolg eintritt, welchen das Gesetz von vornherein als der Fortentwickelung des Prozeßverhältnisses dienend erkannt, und zu dessen Herbeiführung es subjektive Prozeßrechte geschaffen hat, die von den Parteien nur ausgeübt zu werden brauchen, ohne daß der Parteiwille auf die Herbeiführung des mit der Ausübungshandlung verknüpften prozessualischen Erfolges gerichtet zu sein braucht, der daher mit Notwendigkeit immer dann eintritt, wenn sich nur zeigt, daß der Ausübungshandlung ein subjektives Prozeßrecht zu Grunde liegt, wird durch eine rechtsproduktive Willenserklärung unmittelbar jene prozessualische Wirkung hergestellt, auf deren Herbeiführung die Absicht der handelnden Partei gerichtet ist, ohne daß es einer auf vorangehender cognitio beruhenden Vermittelung durch das Gericht bedarf.

Bei einer Parteihandlung, durch welche ein subjektives Prozeßrecht ausgeübt wird, hängt der prozessuale Erfolg von der Existenz des subjektiven Prozeßrechtes ab — darüber und über die Ordnungsmäßigkeit der Ausübungshandlung entscheidet vorerst das Gericht; der Erfolg tritt erst ein, wenn die Entscheidung des Gerichtes nach beiden Seiten hin günstig ausfällt.

Bei der rechtsproduktiven Willenserklärung tritt die beabsichtigte prozessuale Wirkung dann schon ein, wenn deren Herbeiführung durch Parteiwillen vom Gesetze für zulässig erklärt, das prozessuale

Rechtsgeschäft vom Gesetze sanktioniert ist; die Wirkung wird nicht erst durch das Gericht vermittelt, es ergeht keine der Wirkung vorangehende, dieselbe bedingende Entscheidung des Gerichtes; dem prozessualen Rechtsgeschäfte gegenüber kommt das Gericht nur in die Lage, etwa nachträglich zu erklären, daß die von den Parteien beabsichtigte Wirkung trotz der darauf gerichteten Willenserklärung nicht eingetreten ist.

Die rechtsproduktive Kraft der Parteiwillenserklärung kann sich nur bewähren innerhalb der von der Prozeßordnung gezogenen Schranken; nicht jedes denkbare prozessuale Rechtsgeschäft ist auch ein durch die Prozeßordnung anerkanntes, gültiges; nur jene Rechtsgeschäfte, welche von dieser sanktioniert sind, haben rechtsproduktive Kraft und damit prozessuale Wirkung.

Die Prozeßordnung eröffnet nur die Möglichkeit, von ihr anerkannte prozessualische Rechtsgeschäfte vorzunehmen, und erklärt, daß diese innerhalb der vom Gesetze der individuellen Parteiwillkür gesetzten Schranken prozessuale Wirkungen hervorbringen können.

Die darnach eintretende Wirkung ist diejenige, auf welche die Absicht der Partei bei Abgabe ihrer Willenserklärung gerichtet war; diese Absicht wird unmittelbar durch den Parteiwillen resp. dessen Erklärung erreicht, ohne daß die Partei vor Abgabe der Erklärung etwa ein hierauf abzielendes subjektives Prozeßrecht hatte, was sie nur auszuüben brauchte. Es kann deshalb auf die fragliche Existenz eines solchen subjektiven Prozeßrechtes nicht ankommen, die Frage darnach kann gar nicht gestellt werden, das Gericht kann daher auch gar nicht in die Lage kommen, darüber zu entscheiden.

Für die Vermittelung der Wirkung durch das Gericht ist gar kein Raum; die Wirkung tritt ein unmittelbar durch den erklärten Parteiwillen, wenn erstens das prozessuale Rechtsgeschäft durch die Prozeßordnung sanktioniert ist, die beabsichtigte Wirkung innerhalb jener Grenzen liegt, welche die Prozeßordnung der Parteiwillensmacht gesteckt hat, wenn zweitens eine Parteiwillenserklärung vorliegt, welche in Bezug auf die Person, von welcher und in Bezug auf die Form, in welcher sie abgegeben wurde, und in Bezug auf den Inhalt jenen Anforderungen entspricht, welche das Gesetz überhaupt für die specielle rechtsgeschäftliche Willenserklärung vorschreibt, und wenn drittens die gesetzlichen Voraussetzungen für die Zulässigkeit des beabsichtigten Rechtsgeschäftes im konkreten Falle gegeben sind.

Nur über das Vorhandensein dieser Bedingungen kann das Gericht in die Lage kommen, zu erkennen und bei deren Abgang das beabsichtigte prozessuale Rechtsgeschäft in abstracto als ein ungültiges — von der Prozeßordnung nicht sanktioniertes — zu erklären, oder die Wirkung der Willenserklärung in concreto als nicht eingetreten auszusprechen, weil es an der geforderten Willenserklärung oder an den Voraussetzungen für die Zulässigkeit des Rechtsgeschäftes fehlt. Darin liegt aber gewiß keine Vermittelung des prozessualen Erfolges durch das Gericht. Die prozessuale Wirkung tritt von selbst über die Parteiwillenserklärung ein; das Gericht kann den Eintritt der Wirkung nur für ausgeschlossen erklären, d. h. erklären, daß die Parteiwillenserklärung in abstracto nicht unter gesetzliche Sanktion gestellt ist, oder daß die konkrete Willenserklärung troß ihrer Sanktion in abstracto aus irgend einem Mangel der Wirkung entbehrt. Das Gericht hat nicht zu prüfen, ob der handelnden Partei ein durch die Prozeßhandlung ausgeübtes subjektives Prozeßrecht zusteht, es kann nur im Nachhinein untersuchen, ob die Prozeßordnung das in die Erscheinung getretene prozessualische Rechtsgeschäft in abstracto kennt und ob das konkrete Rechtsgeschäft ein gültiges ist; niemals aber wird durch das Gericht, wie dies bei den Rechtsakten der Fall ist, abstraktes, subjektives Prozeßrecht in konkretes umgesetzt.

Der prozessuale Erfolg ist nicht ein von der Prozeßordnung, sondern ein von der Partei gewollter, er ist nicht das Produkt eines subjektiven Prozeßrechtes, sondern des Parteiwillens.

Wer klagt, übt nicht etwa ein prozessualisches Recht — das sog. publizistische Klagerecht — aus, sondern er macht, indem er die komplizierte Klagehandlung vornimmt, die Klage erhebt, nur von einer ihm durch die Prozeßordnung eingeräumten Möglichkeit Gebrauch; mit der Klagerhebung tritt die beabsichtigte Wirkung — Begründung des Prozesses, des Prozeßverhältnisses — unmittelbar ein; die Rechtshängigkeit ist die unmittelbare, durch keinen Richter vermittelte Wirkung der Klagerhebung (§ 235 RCPO.); mit dieser ist der beabsichtigte prozessuale Erfolg da, zum mindesten als ein faktischer, der nur mit Rücksicht auf seinen Rechtsbestand richterlicher Prüfung unterliegt.

Die Rechtshängigkeit, d. i. der Zustand, welcher dem Bestehen des wenn auch zunächst noch in einem Schwebezustande befindlichen Prozeßverhältnisses entspricht, ist die Wirkung der Klagerhebung; neben dieser als der wirkenden Ursache müssen noch andere Voraussetzungen gegeben sein, damit das durch die Klagerhebung faktisch begründete Verhältnis auch rechtlichen Bestand habe; die prozeßordnungsmäßig abgefaßte und sohin zugestellte Klage ist für sich allein Ursache für das Entstehen der Rechtshängigkeit; in Verbindung mit den gegebenen Prozeßvoraussetzungen bildet sie den Ursachenkomplex für das Zurechtbestehen des Prozeßverhältnisses.

Bei der Klagehandlung kommt nur die in ihr liegende Willenserklärung in Betracht; diese in ihrer Richtung auf Begründung des Prozesses, des Prozeßverhältnisses ist die causa efficiens; die in der Klageschrift enthaltenen Wissenserklärungen bezwecken nur Instruktion des Gerichtes und Gegners, müssen erst durch Vortrag in der mündlichen Verhandlung die relevante Erscheinungsform gewinnen, um von rechtlichem Erfolge begleitet zu sein.

Dagegen hat die Klagehandlung als Willenserklärung immer prozessuale Wirkung, wenn sie an keinem prozessualen Mangel leidet; durch das Erreichen der beabsichtigten Wirkung wird die Willenserklärung zum Rechtsgeschäfte. Eine Klageschrift, welche an solchen Mängeln leidet, daß nicht einmal die Wirkung der Rechtshängigkeit eintritt, ist nicht einmal eine wegen des ihr anhaftenden Mangels gültige Willenserklärung, viel weniger ein Rechtsgeschäft; von einem solchen kann man nur dann reden, wenn die Willenserklärung imstande ist, die beabsichtigte Wirkung hervorzubringen.

Zur Illustration des bisher Gesagten sei hier nur vorläufig außer auf die bereits besprochene Klagerhebung auf folgende Beispiele hingewiesen:

Der übereinstimmend erklärte Wille, eine Notfrist zu verlängern, ist kein Rechtsgeschäft; die Willenserklärung hat nicht die beabsichtigte Wirkung weil das Prozeßgesetz dieselbe als unerreichbar erklärt.

Ein Prorogationsvertrag, welcher nicht mit Rücksicht auf ein bestimmtes Rechtsverhältnis abgeschlossen wird, entbehrt der rechtlichen Wirkung, weil die Willenserklärung nicht den vom Gesetze geforderten Inhalt hat.

Die Klageänderung ist immer eine Willenserklärung; als einseitige entbehrt sie des beabsichtigten Erfolges; dieser tritt erst mit der Einlassung des Beklagten auf die geänderte Klage ein, aber nie durch einen Ausspruch des Gerichtes.

Die vor Einlassung des Beklagten auf die Hauptsache erfolgte Klagezurücknahme hat schon als einseitige Willenserklärung immer die beabsichtigte Wirkung; sie ist daher ein Rechtsgeschäft; die nach Einlassung ist wohl eine gültige, für sich allein aber noch nicht rechtswirksame Willenserklärung; es bedarf zum Zustandekommen des Rechtsgeschäftes noch einer Willenserklärung des Beklagten.

Der dem Gegner zugeschobene Eid ist eine von der beabsichtigten Wirkung begleitete Willenserklärung, also ein Rechtsgeschäft, wenn die die Voraussetzungen für die Zulässigkeit bestimmenden Vorschriften der § 410 und ff. eingehalten sind; sind sie es nicht, so tritt die beabsichtigte Wirkung nur ein, wenn zunächst eine Willenserklärung des Delaten hinzutritt und hierüber die von der RCPO. in das Ermessen des Gerichtes gestellte Zulässigkeit des Rechtsgeschäftes statuiert wird; cf. § 415.

Durch alle eben beispielsweise erwähnten Prozeßhandlungen

wird kein subjektives Prozeßrecht ausgeübt, das Gericht hat mit Bezug auf sie nicht zu prüfen, ob der Handlung ein subjektives Prozeßrecht zu Grunde liegt, und das Gericht vermittelt nicht den durch die Existenz eines subjektiven Prozeßrechtes bedingten Erfolg; die Parteien, welche einzeln oder zusammen diese Prozeßhandlungen vornehmen, die zum Zustandekommen des prozessualischen Rechtsgeschäftes erforderlichen Willenserklärungen abgeben, machen nur von durch die Prozeßordnung geschaffenen Möglichkeiten Gebrauch und indem sie dies thun, erzielen sie unmittelbar die von ihnen beabsichtigte Wirkung.

Ob solche von den prozessualischen Rechtsakten verschiedene Prozeßhandlungen mit Recht als prozessualische Rechtsgeschäfte bezeichnet werden dürfen, wie dies im Verlaufe bereits geschehen ist, bildet den nächsten Gegenstand der Untersuchung.

Ist dann einmal festgestellt, daß es Prozeßhandlungen gibt, welche als prozessualische Rechtsgeschäfte den Rechtsakten entgegenzustellen sind, so wird zu erörtern sein, welche einzelnen Prozeßhandlungen zu den prozessualischen Rechtsgeschäften gehören. Vor allem wird es sich darum handeln, den Begriff „prozessualisches Rechtsgeschäft“ festzustellen.

Aus den Ausführungen über prozessualische Rechtsakte hat sich ergeben, daß zu diesen auch Prozeßhandlungen gehören, die prozessuale Willenserklärungen sind; prozessualische Rechtsgeschäfte können dagegen nur Prozeßhandlungen sein, welche prozessuale Willenserklärungen sind. Prozessuale Willenserklärung ist der weitere Begriff, der sich durch Hinzutritt bestimmter Merkmale zu dem Begriffe prozessualisches Rechtsgeschäft verengt.

Um den Begriff des prozessualischen Rechtsgeschäftes zu gewinnen, wird man wohl gut thun, zunächst zu fragen, was unter einem Rechtsgeschäfte im Privatrechte, welches sich vielfältig und eingehend mit der Klarstellung dieses Begriffes beschäftigt hat, zu verstehen sei.

Schultze, der in Pr. u. Pr. (Bd. I, S. 288) den Prozeß als einen Komplex sehr mannigfaltiger Prozeßrechtsgeschäfte und beziehungsweise sehr verschiedenartiger Prozeßhandlungen rechtsgeschäftlichen Charakters (?) erklärt, meint, man dürfe sich, um diesen Begriff zu verstehen, durch die herkömmlichen Definitionen der Privatrechtsgeschäfte nicht beirren lassen. Danach scheint es wohl, daß Schultze mit den Rechtsgeschäften, welche den Prozeß bilden sollen, einen anderen als den von der Doktrin des Privatrechtes aufgestellten Begriff verbindet. Welchen — darüber kann man aus dem bisher erschienenen ersten Bande, dem der zweite, welcher das Rätsel lösen sollte, noch nicht gefolgt ist, nicht klar werden. In Ermangelung einer für das Prozeßrecht maßgebenden Definition wird man sich daher mit den „herkömmlichen" Definitionen befassen und sehen müssen, ob und inwieweit man mit ihnen sein Auslangen für das Prozeßrecht findet[8]).

II. Der Begriff.

Der zuerst von Savigny präzise ausgesprochene Gedanke, „es gehöre zu dem Begriffe des Rechtsgeschäftes, daß seine rechtliche Wirkung nicht als sein Erfolg, sondern als sein Zweck erscheine", findet sich schon in den Definitionen Heises Gr.: „Rechtsgeschäfte sind erlaubte Handlungen, die zu dem Zwecke unternommen sind, eine Rechtsveränderung zu machen", und Hufelands C. (Bd. I, S. 45, Abs. 105): „Rechtsgeschäft ist jede Handlung, die auf Veränderung von Rechten Einfluß haben kann und soll" enthalten.

Nach Savigny wird zum Begriffe des Rechtsgeschäftes erfordert, daß die das Rechtsgeschäft bildende Handlung nicht bloß Mittel zum Zwecke ist, sondern sich auch äußerlich als solches kenn-

[8]) Mit Bezug auf obiges Citat nur noch nebenbei die Bemerkung, daß Schultze auch darüber jede Andeutung schuldig geblieben, was er unter „Prozeßhandlungen rechtsgeschäftlichen Charakters" im Gegensatze zu den Prozeßrechtsgeschäften versteht, worin der Unterschied zwischen beiden gelegen ist. Sollte es neben den prozessualischen Rechtsakten und den prozessualischen Rechtsgeschäften noch ein drittes geben?

zeichnet. Weil nicht jede beliebige Handlung Mittel zu einem bestimmten Zwecke sein kann, so weist Savigny bereits darauf hin, daß durch die Rechtsordnung nicht jede Handlung zum Rechtsgeschäfte umgestempelt werden könne, ein Gedanke, den Brinz P. (I. A., S. 1390 f.) näher dahin ausführt, daß „Rechtsgeschäfte — unter denen er Geschäfte des Rechtes, vom Rechte geschaffene oder zu seinen Zwecken angenommene Geschäfte versteht (a. a. O. S. 1388) — Handlungen sind, die nicht erst vom Handelnden, sondern vom Rechte aus und generell zur Gründung und Aufhebung von Rechten bestimmt werden. Das Wie aller Rechtsgeschäfte wird vom Rechte bestimmt: ein Teil von ihnen ist geradezu vom Rechte geschaffen, ein anderer nur adoptiert".

Ebenso Dernburg P. (Bd. I, S. 210): „Rechtsverhältnisse kann man nicht willkürlich, nicht nach subjektiven Einfällen schaffen. Das Rechtsleben bewegt sich vielmehr in bestimmten typischen Arten von Geschäften."

Dann Karlowa R. (S. 176 f.): „Die Personen sind in Bezug auf das, was sie wollen, nicht ganz frei; ihre Willenserklärungen bedürfen einer Zweckbestimmung, und auf der anderen Seite schreibt die Rechtsordnung vor, was zur Realisierung bestimmter Zweckberedungen gewollt werden kann; doch geschieht dies nicht in willkürlich ersonnener Weise, sondern beruht auf dem Verkehrsleben, dem regelmäßig Gewollten und genauer Analyse der vernünftigen Natur des Willens."

Anknüpfend an den oben citierten Satz von Brinz führt Zitelmann J. u. R. (S. 306 f.) aus, daß „dadurch, daß der Wille des Rechtes einer Handlung generell den Charakter eines Rechtsgeschäftes gibt, indem er ihr Wie bestimmt, einerseits die Gleichartigkeit der konkret vorkommenden Willenserklärungen begriffen, daraus der allgemeine Begriff abstrahiert und das abstrakte Rechtsgebilde für kommende Fälle brauchbar gemacht wird durch Bestimmungen, wo die Partei nicht bestimmte; was das Recht so geschaffen, ist Rechtsgeschäft. Andererseits bestimmt zuweilen die Rechtsordnung die Formen zur Verfolgung juristischer Zwecke neu;

auch das so geschaffene ist ein Rechtsgeschäft. Rechtsgeschäfte sind Mittel, die das Recht für gebilligte Zwecke zur Disposition stellt; in dieser objektiven Bedeutung liegt der Hauptwert des Begriffes Rechtsgeschäft. Das Rechtsgeschäft im objektiven Sinne ist ein Rechtsinstitut; im subjektiven Sinne kann es durch den Begriff der juristischen Willenserklärung ersetzt werden." „Rechtsgeschäfte und juristische Willenserklärungen sind Wechselvorstellungen" (a. a. O. S. 281). Hieran schließen sich folgende Definitionen:

„Rechtsgeschäfte im objektiven Sinne sind die vom objektiven Rechte geschaffenen oder anerkannten Mittel für den Einzelnen, begehrte Rechtsfolgen zu schaffen", „Rechtsgeschäfte im objektiven Sinne sind diejenigen Typen von Handlungen, welche nach der Bestimmung des objektiven Rechtes den Einzelnen als Mittel dienen sollen, gewillkürte Rechtsfolgen zu schaffen".

Dadurch, daß man den bereits von Savigny betonten und zuletzt von Zitelmann scharf abgegrenzten Begriff des Rechtsgeschäftes im objektiven Sinne aus dem Auge gelassen hatte und sich mit der Bestimmung des davon losgelösten Begriffes des Rechtsgeschäftes im subjektiven Sinne begnügte, ist diese Begriffsbestimmung von vielen Seiten als ungenügende empfunden worden. Die Versuche, sie richtig zu stellen, welche nach verschiedenen Richtungen auseinandergehen, können ihrer Mehrzahl nach nicht als glückliche bezeichnet werden.

Savigny selbst identifiziert das Rechtsgeschäft im subjektiven Sinne mit der Willenserklärung.

Er teilt die juristischen Handlungen ein in Rechtsgeschäfte und in andere Handlungen, welche unmittelbar auf andere, nicht juristische Zwecke gerichtet sind, so daß die juristische Wirkung als untergeordnete im Bewußtsein zurücktritt oder entschieden nicht gewollt wird. Im Gegensatze dazu ist Rechtsgeschäft jede auf eine juristische Wirkung gerichtete freie menschliche Handlung, d. i. jede juristische Willenserklärung.

In den meisten Definitionen wird nur betont das Willensmoment, die Absicht, eine juristische Wirkung hervorzubringen;

man vermißt dagegen die Betonung des Effektes als eines durch die Willenserklärung herbeigeführten oder doch durch die vorliegende Willenserklärung an sich herbeiführbaren.

Wenn Arndts P. (§§ 58 und 63) definiert, „Rechtgeschäfte sind Handlungen — Willenserklärungen — deren Zweck und Absicht wesentlich auf eine rechtliche Wirkung gerichtet ist", liegt darin nicht, daß die Handlung — Willenserklärung — das Mittel und noch weniger das vom objektiven Rechte als wirksam erklärte Mittel ist, den Zweck und die Absicht, worauf sie gerichtet ist, zu erreichen.

Näher kommt Unger S. (Bd. II, S. 40): „Rechtsgeschäfte sind Handlungen (Willenserklärungen), welche die Entstehung, Modifizierung oder Erlöschung von Rechtsverhältnissen unmittelbar bezwecken und wesentlich bedingen", wozu er bemerkt, daß es nicht genüge, daß der Wille des Handelnden auf die Rechtsveränderung gerichtet ist, sondern daß diese Mitwirkung des Willens zum Eintritt der Rechtsänderung wesentlich sein müsse, so daß die Hervorbringung der juristischen Wirkung durch den darauf gerichteten Willen ursachlich bedingt ist. Aber auch dadurch wird nur das eine die Rechtsgeschäfte von den Rechtsakten scheidende Moment, daß beim Rechtsgeschäfte der Erfolg ein gewillkürter, beim Rechtsakte dagegen ein notwendiger ist, betont. Von den Rechtsgeschäften scheiden danach alle Handlungen aus, bei denen der Wille zwar auf die Hervorbringung der Wirkung gerichtet, die Mitwirkung des Willens behufs Herstellung des Erfolges aber indifferent ist.

Bruns H. E. (Bd. I, S. 418) schließt sich an Arndts, nur schränkt er den Begriff des Rechtsgeschäftes ganz richtig auf Privatwillenserklärung ein, so daß die Ansicht, nach welcher auch das Urteil ein Rechtsgeschäft sein soll, von vornherein zurückgewiesen wird. Nach ihm ist „Rechtsgeschäft jede Willenserklärung der Personen als solcher (nicht als Richter oder Beamter), die auf Begründung oder Aufhebung von Rechten (Erhaltung oder Veränderung ist darin enthalten) für sie selbst oder andere gerichtet ist".

Es ist gewiß nicht richtig, daß Dernburg P. (B. I, S. 207) in seiner Definition, „das Rechtsgeschäft ist die Willenserklärung einer Person, mittels deren sie ein Rechtsverhältnis für sich begründen, verändern oder aufheben will“, das Moment der Privatwillenserklärung dadurch betont, daß er in dieselbe aufnimmt, die Wirkung müsse für den Handelnden eintreten, was bei den Willenserklärungen der Richter und Beamten nicht zutrifft, dieselben daher von den Rechtsgeschäften ausschließt; damit scheiden aber auch alle jene Willenserklärungen aus, durch welche der Eintritt der Rechtswirkung für einen anderen als den Handelnden erfolgen soll.

Dagegen wird mit dieser Definition durch das „mittels deren“ auf das Rechtsgeschäft im objektiven Sinne hingewiesen, welches auch im weiteren Verlaufe der Darstellung in den Vordergrund tritt, wo es heißt, daß das Rechtsgeschäft allgemein das Instrument der privatrechtlichen Selbstbestimmung sei, daß es dieser diene. Hierdurch erhalte der Begriff des Rechtsgeschäftes seine festen Grenzen.

Aber auch Dernburg thut nicht den letzten, entscheidenden Schritt, indem er dabei stehen bleibt, daß das Charakteristische des Rechtsgeschäftes die Abhängigkeit der Rechtsfolge vom Willen ist. Gerade gegen dieses Charakteristikon wurden die Angriffe von verschiedenen Seiten gerichtet.

Der Angriff wurde eröffnet durch Lotmar C. (S. 15 ff.), welcher den ursächlichen Zusammenhang zwischen der Willensäußerung und der Rechtsfolge leugnet und behauptet, daß die Willensäußerung nur durch die Rechtsordnung Rechtsfolgen habe, daß die Rechtswirkung eintrete, einerlei, ob der Urheber der rechtlichen Willensäußerung den Willen habe oder nicht, daß sie eintritt, oder ob er den Willen habe, daß sie nicht eintritt; denn sie trete ein kraft des Urteils des Rechtes; immer trete jene Rechtswirkung ein, die das Recht, nicht die, welche der Urheber will.

Das Aufgeben des ursächlichen Zusammenhanges zwischen Willensäußerung und Rechtserfolg muß das Aufgeben des Begriffes „Rechtsgeschäft“ zur Folge haben.

Wäre Lotmars Ansicht richtig, dann wäre der Wunsch Schloßmanns, der leugnet, daß die Parteiabsicht auf den Eintritt von Rechtsfolgen gerichtet sei und nur die Richtung auf wirtschaftliche Folgen zugesteht, gerechtfertiget, daß mit diesem Schulbegriffe ein Ende gemacht werde.

Dagegen sind für die Beibehaltung des Rechtsgeschäftes zwar eingetreten Windscheid und Lenel — beide aber in ungenügender, den Begriff des Rechtsgeschäftes geradezu abschwächender Weise, während es doch einer Festigung desselben bedurft hätte.

Windscheid P. (§§ 63 und 68) findet auch beim Rechtsgeschäfte die Ursache des Rechtserfolges nicht im Willen des Handelnden, sondern im Willen des Gesetzes gelegen; nach ihm unterscheidet sich das Rechtsgeschäft von anderen juristischen Handlungen — von den Rechtsakten — nur dadurch, daß bei jenen der Rechtserfolg mit Rücksicht auf den Parteiwillen, bei diesen anderen ohne Rücksicht anf denselben eintrete.

Gerade auf die unmittelbare Wirkung des Willens muß das Gewicht gelegt werden, ohne daß dies jedoch für den Abschluß des Begriffes „Rechtsgeschäft" genügen würde. Darauf, daß es ungenau ist, dem Willen des Handelnden den Willen des Gesetzes gegenüberzustellen und diese Gegenüberstellung der Einteilung zu Grunde zu legen, hat Zitelmann a. a. O. S. 278 ff. hingewiesen, worauf bald zurückzukommen sein wird.

Auch Lenel J. (Bd. XIX, S. 250) genügt für den Begriff des Rechtsgeschäftes eine indirekte Verbindung des Rechtserfolges mit dem Parteiwillen, indem er definiert: „Das Rechtsgeschäft ist jede juristisch erhebliche Parteiwillenserklärung, deren Rechtsfolge bestimmt ist, der Verwirklichung der erklärten Parteiabsicht zu dienen." Danach wäre die Parteiwillenserklärung wohl das Mittel zur Herbeiführung der beabsichtigten Rechtsfolge, aber nicht zugleich die Ursache, welche dessen Eintritt unmittelbar bewirkt.

Karlowa R. verfällt in den von Zitelmann dargethanen, oben erwähnten Fehler, indem er die Rechtsgeschäfte von den anderen juristischen Handlungen und Thatsachen, mit Rücksicht auf welche von einer gesetzlichen Entstehung, Untergang oder Veränderung der Rechte gesprochen wird, dadurch auseinanderzuhalten sucht, daß er darauf hinweist, daß diese von dem Rechte bloß als Voraussetzungen der Wirkungen, welche unmittelbar aus dem Willen des Rechtes hervorgehen, behandelt werden, daß der an die vollendete Thatsache angeknüpfte Spruch der Rechtsordnung das eigentlich und unmittelbar Wirkende sei (ungenau), während bei Handlungen, deren Absicht und Zweck auf eine rechtliche Wirkung gerichtet ist, also bei Rechtsgeschäften, d. i. bei auf Hervorbringung einer Rechtswirkung gerichteten Willenserklärungen, der Wille des Rechtes nicht selbst unmittelbar die Wirkung an die Handlung knüpft, sondern den Willen des oder der Privaten sanktioniert und diesem dadurch zu einem rechtlichen Bestande und einer Wirkungskraft verhilft, welche die rechtliche Wirkung hervorbringen und die unmittelbare Ursache der letzteren sind. Der Wille des Rechtes ist auf die Ratifikation der Willenserklärung gerichtet; das Geschäft ist nicht bloß die Voraussetzung oder Bedingung, sondern die causa efficiens der Rechtswirkung (S. 4).

Dem entsprechend definiert Karlowa das Rechtsgeschäft, dessen Existenz und Bestand er in der rechtlichen Gebundenheit der Parteien bezüglich des Eintrittes der beabsichtigten Rechtswirkungen (wohl nicht zutreffend) erkennt (S. 6), als die durch den Errichtungswillen infolge Anerkennung seitens der Rechtsordnung bewirkte Fessel und Gebundenheit der Parteien bezüglich des Eintrittes der ins Auge gefaßten Rechtswirkung (S. 117); weiters heißt es (S. 161): Der Wille der Rechtsordnung bringt beim Rechtsgeschäft nicht unmittelbar die Rechtswirkung hervor (abermals als für den gedachten Gegensatz positiv geltend ungenau), sondern er anerkennt und sanktioniert nur den auf jene Wirkung gerichteten Privatwillen; dieser bringt die Wirkung hervor, aber er kann es nur, sofern er von der Rechtsordnung sanktioniert ist.

Pernice R. stellt sich der herrschenden Auffassung vom Rechtsgeschäfte entgegen und doch gerade in einem wesentlichen Punkte auf den Standpunkt Karlowas, obwohl er diesem vorwirft, es mit seiner Sache zu leicht genommen zu haben. Er billigt es nicht, daß man beim Rechtsgeschäfte den Nachdruck auf dessen schöpferische Bedeutung, auf die durch dasselbe herbeigeführten rechtlich erheblichen Änderungen in der Verkehrswelt legt; dies sei wohl die Folge des Geschäftsabschlusses, aber nicht, was unmittelbar durch den Geschäftsabschluß eintritt; das Nächste sei, daß der Konstituent meist (nur bei einseitigen Rechtsgeschäften bloß ausnahmsweise) bei seiner Erklärung festgehalten wird, daß er den mit seiner Einwilligung herbeigeführten thatsächlich neuen Zustand der Dinge nicht anfechten, dessen Realisierung nicht widerstreben darf. Das sei davon der natürliche Erfolg. Diese festhaltende Kraft stamme aber nicht aus der Rechtsordnung; zwischen dem Willen und den Veränderungen in der Rechtswelt bestehe eine Kausalität; die Rechtsordnung enthalte nur die Feststellung der Kausalitätsthatsache; die Geltung der Rechtsgeschäfte beruhe auf einer Kraft, die neben dem positiven Rechte und davon unabhängig wirksam ist. Der Grund, aus dem die Rechtsordnung von einer nicht gebotenen und nicht verbotenen Handlung Folgen abhängig macht, liege außerhalb der Rechtsordnung; diese arbeite nur mit vorhandenen Kräften. Die Rechtsordnung knüpfe an die Verlautbarung des Willens Rechtsfolgen, weil sie lediglich die durch denselben bereits hervorgebrachten (thatsächlichen oder wirtschaftlichen) Veränderungen unter Gewähr nimmt. (Der ausgesprochene Entschluß gewinne eine selbständige, fast objektive Macht über den Erklärenden ... Die Notwendigkeit, sein Wort zu halten, sei eine psychologische, keine rechtliche Thatsache.)

Rechtsgeschäft sei eine Äußerung des Willens, die Wirkung des Rechtsgeschäftes hervorzubringen; der in bestimmter Weise kundgegebene Wille werde als solcher schöpferisch. Nur der Privatwille als schöpferisches Moment halte die Rechtsgeschäfte als einheitliche Masse zusammen; in allen Rechtsgeschäften wirke der Privatwille gleichmäßig, der seine zwingende Kraft aus der Bestätigung durch die Rechtsordnung zieht.

Obwohl Pernice bereits darauf hingewiesen, daß eine Kausalität zwischen dem Willen und den Veränderungen in der Rechtswelt bestehe und die Rechtsordnung andererseits nur die Kausalitätsthatsachen enthalte, ist er doch nicht an das naheliegende, von ihm selbst gesteckte Ziel, „das Verhältnis des Individualwillens der Rechtssubjekte zum Allgemeinwillen der Rechtsordnung festzustellen", gelangt.

Die von Pernice bezeichnete Aufgabe, „die theoretische Grundlage und praktische Bedeutung des Begriffes Rechtsgeschäft zu erforschen", hat erst Zitelmann gelöst.

Er hat darauf hingewiesen, daß das zwischen der natürlichen Thatsache und der Rechtsfolge bestehende Verhältnis nicht die natürliche Kausalität selbst, sondern eine von dem Menschen ganz nach Analogie der natürlichen geschaffene eigene juristische Kausalität ist (a. a. O. S. 221); die zwischen dem Eintreten gewisser äußerer Thatsachen und einer Änderung in den bisherigen subjektiven Verhältnissen bestehende notwendige Verbindung ist hergestellt durch den Willen des Gesetzgebers (S. 225); das Gesetz ist es, welches in allen Fällen die Wirkung an die Ursache bindet; bei den Rechtsgeschäften identifiziert es seinen allgemeinen Willen je für den konkreten Fall mit dem Einzelwillen der Partei, es stattet ihren Willen mit Wirksamkeit aus; in anderen Fällen spricht es einem anderen Thatbestande (d. i. sämtliche eine Rechtswirkung verursachende Thatsachen S. 225) gleiche Wirkung zu; die Funktion des Gesetzes ist in beiden Fällen die gleiche; das Gesetz ist nie Ursache der Rechtswirkung; es steht über Ursache wie Wirkung und ist selbst nichts als die Kausalbeziehung zwischen beiden, die Macht, welche von zwei Thatsachen die eine zur Ursache der anderen als ihrer Wirkung macht, welche die Beziehung zwischen beiden Thatsachen setzt. Ursache der Rechtswirkung ist in den Fällen der gewillkürten wie der notwendigen Rechtsfolge immer der Thatbestand, dem die Rechtsordnung die Qualität einer Ursache verleiht, nur daß bei der gewillkürten Rechtsfolge die auf deren Eintritt gerichtete Absicht der Partei Moment des Thatbestandes ist, während dies bei der notwendigen Rechtsfolge nicht der Fall ist (a. a. O. S. 279, 280).

Rechtsgeschäft ist wohl das, was Recht schafft; aber nicht jede Ursache einer Rechtswirkung ist Rechtsgeschäft, sondern nur die menschliche Handlung; wieder aber nicht alle menschlichen Handlungen, sondern nur die juristischen Willenserklärungen, bei welchen das Begehrtsein einer Rechtsfolge durch eine Person zum Thatbestandsmoment für den Eintritt dieser Rechtsfolge gemacht wird (a. a. O. S. 233—238); wieder aber nicht alle juristischen Willenserklärungen, sondern nur jene, die nicht wirkungslos geblieben sind, wo ein Recht geschaffen wurde. (S. 286).

Bei der juristischen Willenserklärung soll dem Handelnden das objektive Recht zu dem begehrten Erfolge verhelfen; dadurch erhält die Person unmittelbare Einwirkung auf die Welt der subjektiven Rechte (S. 244, 245).

Bei allen Willenserklärungen ist die Beabsichtigung einer Rechtsfolge für deren Eintritt wesentlich, sie sind Handlungen mit gewillkürter Rechtsfolge und nur sie können solche Handlungen sein; bei allen anderen juristischen Handlungen ist die Absicht des Handelnden völlig gleichgültig für das Eintreten der Rechtsfolge, es sind Handlungen mit notwendiger Rechtsfolge (S. 276, 277).

Zitelmann gibt für das Rechtsgeschäft im subjektiven Sinne nachstehende Begriffsmerkmale an, die er zum Schlusse in zur Auswahl verstellte Definitionen zusammenfaßt:

Rechtsgeschäfte sind Handlungen, in welchen der Einzelne rechtsschöpferisch thätig wird, Handlungen mit gewillkürter Rechtsfolge; das Rechtsgeschäft muß eine auf das Eintreten einer Rechtswirkung gerichtete Willenserklärung sein; während aber die Willenserklärung eine solche auch bleibt, wenn sie keine rechtliche Wirkung hat, wird zum Begriffe des Rechtsgeschäftes der Eintritt der beabsichtigten Wirkung — das Schaffen von Recht — gefordert.

Rechtsgeschäft ist demnach die auf das Eintreten einer Rechtswirkung gerichtete Willenserklärung, welche Ursache für das Eintreten dieser Rechtswirkung ist; Rechtsgeschäft ist die Schaffung einer Rechtsfolge durch darauf gerichtete Willenserklärung (S. 281 bis 288).

Durch „Errichtung eines Rechtsgeschäftes“ und durch „Rechtsgeschäft“ wird dieselbe Thatsache, nämlich die Handlung einer Person bezeichnet.

Das Rechtsgeschäft ist die Ursache des Rechtserfolges. Es wird unterschieden zwischen Ursache im engeren Sinne und der Voraussetzung (oder Bedingung), welche mit jener zum Ursachenkomplex in weiterem Sinne gehören.

Jeder Thatbestand einer Rechtswirkung besteht aus der Ursache im engeren Sinne und einer Anzahl von Voraussetzungen; beim Rechtsgeschäfte ist die Willenserklärung die Ursache im engeren Sinne, welche unter den gegebenen Voraussetzungen das Eintreten der Wirkung nach sich zieht.

Unrichtig ist es, den Begriff des Rechtsgeschäftes weiter zu fassen und darunter zu verstehen den Gesamtthatbestand, an den der Spruch der Rechtsordnung die Wirkung knüpft; Rechtsgeschäft ist nur der ganze Thatbestand minus der Voraussetzungen, also die Willenserklärung nebst ihren Erfordernissen, aber nur dann, wenn sie die beabsichtigte Rechtswirkung hat; nicht jede an sich genügende Willenserklärung ist also Rechtsgeschäft.

Ein Rechtsgeschäft, welches die beabsichtigte Rechtswirkung nicht hat, ist nichtig, d. h. es liegt der für die Rechtswirkung erforderliche Thatbestand nicht vor (so S. 289—300); danach ist ein Rechtsgeschäft nichtig, wenn es an einer Voraussetzung fehlt; dagegen ist gar kein Rechtsgeschäft zustande gekommen, wenn es an der Willenserklärung, an einem Erfordernisse einer giltigen Willenserklärung fehlt. „Nur jener eine Willenserklärung enthaltende Thatbestand ist ein Rechtsgeschäft, der gerade die beabsichtigte Rechtswirkung nach sich zieht (S. 301); die Absicht auf Herbeiführung der Rechtsfolge ist Thatbestandsmoment; es genügt nicht, daß bei Vornahme einer Handlung die

Absicht auf eine Rechtsfolge gerichtet ist; dies ist etwas rein thatsächliches.

Die Wesentlichkeit der Absicht für das Eintreten der Rechtsfolge muß als Begriffsmerkmal betont sein; daher ist Rechtsgeschäft im subjektiven Sinne die Schaffung von Rechtsfolgen durch Erklärung der auf das Eintreten der Rechtsfolgen gerichteten Absicht, oder: Rechtsgeschäft ist die juristische Willenserklärung, welche die beabsichtigte Rechtsfolge nach sich zieht (S. 309).

Die Ausführungen Zitelmanns lassen an Klarheit und Präzision nichts zu wünschen übrig.

Der Begriff des Rechtsgeschäftes ist unter Aufnahme eines neuen, früher unbeachtet gelassenen Begriffsmerkmales für das Privatrecht festgestellt und es ist fixiert, was man unter dem Thatbestande des Rechtsgeschäftes zu verstehen habe.

Auch in dem letzteren Punkte bestanden für die ganze Lehre vom Rechtsgeschäfte erhebliche Differenzen.

Ihering (Geist des röm. Rechtes III. 1. S. 149 und 157 ff.) unterscheidet zwischen dem Akte der Handlung und seinen Voraussetzungen, in welchen er den Thatbestand erkennt; nach ihm sind Thatbestand die verschiedenen Erfordernisse, welche teils die persönliche Fähigkeit des Handelnden, teils den Gegenstand und den Inhalt des Rechtsgeschäftes, teils gewisse durch den Zweck desselben gebotene Voraussetzungen betreffen.

Dagegen fordert Köppen O. (S. 6 ff.) für die Entstehung des Rechtsgeschäftes zwei Requisite, die Existenz seines Erichtungsaktes und die der juristischen Voraussetzungen, welche beide Momente zusammen den Thatbestand des Rechtsgeschäftes ausmachen.

Karlowa (a. a. O. S. 10, 11) unterscheidet im Anschlusse an Brinz die juristischen Thatsachen, welche die causa efficiens einer Rechtswirkung sind oder doch diese vermöge einer aus der causa efficiens abgeleiteten Kraft mitbewirken, von anderen Thatsachen, von denen der Bestand des Rechtsgeschäftes oder der Eintritt der Rechtswirkung abhängig ist, und die doch nicht zu den das Geschäft konstituierenden Momenten gehören, Thatsachen, die nur entscheiden, daß andere konstituierende wirklich ein Rechtsgeschäft, ein Rechtsverhältnis, begründen, beziehungsweise nicht begründen, und die er im Gegensatze zu dem konstituierenden entscheidende Thatsachen nennt.

Nach der Verschiedenheit dieser Thatsachen, von welchen es wohl stets abhängt, ob die rechtliche Wirkung eintritt, ist diese Abhängigkeit eine verschiedene, und zwar so, daß die Abhängigkeit, in welcher Rechtsgeschäft und rechtliche Wirkung vor den konstituierenden Thatsachen stehen, nach Brinz Nichtohneseinkönnen und Nichtvorseinkönnen, dagegen jene, in welcher Rechtsgeschäft und rechtliche Wirkung vor der entscheidenden Thatsache stehen, zwar auch Nichtohneseinkönnen, nicht aber Nichtvorseinkönnen ist.

Zum Schlusse soll noch angeführt werden, was Bekker P. (in dem nach Erscheinen des Entwurfes zum bürgerlichen Gesetzbuche publiziertem 2. Bande § 89) über das Rechtsgeschäft bemerkt:

„Das Wort ist jung, der Begriff im groben unzweifelhaft, die beste Fassung der Definition lebhaft umstritten .... Rechtsgeschäft ist diejenige juristische Thatsache, zu deren Bestande (Thatbestand) eine Willenserklärung als unentbehrliches (wesentliches) Moment gehört .... Willenserklärung ist ein sinnlich wahrnehmbarer Vorgang, den das (objektive) Recht mit Folgen bekleidet, weil derselbe auf ein rechtlich anerkanntes Wollen = Geschäftswillen (?) schließen läßt .... Falsch ist es Rechtsgeschäft = Willenserklärung zu nehmen."

Die Begriffsmerkmale des Rechtsgeschäftes, welche von der privatrechtlichen Doktrin festgestellt wurden, werden trotz des Widerspruches Schultzes zunächst, wenn man sich der Betrachtung des prozessualischen Rechtsgeschäftes zuwendet, zu berücksichtigen und auch insolange festzuhalten sein, bis man sich zu einer Modifikation dieses Begriffes in der einen oder anderen Richtung durch die Eigenart des prozessualischen Rechtsgeschäftes gezwungen sieht.

Zunächst wird der allgemeine Begriff „Rechtsgeschäft" dahin einzuengen sein, daß prozessualische Rechtsgeschäfte im objektiven Sinne die von der Prozeßordnung geschaffenen oder anerkannten Mittel für den Einzelnen sind, begehrte prozessualische Rechtsfolgen zu schaffen; sie sind jene Prozeßhandlungen, welche nach der Bestimmung der Prozeßordnung den Parteien als Mittel dienen sollen, gewillkürte prozessualische Rechtsfolgen zu schaffen.

Ein prozessualisches Rechtsgeschäft im subjektiven Sinne ist die auf das Eintreten einer prozessualischen Rechtswirkung gerichtete Parteihandlung, prozessualische Willenserklärung, welche Ursache für das Eintreten dieser prozessualischen Rechtswirkung ist; oder ein prozessualisches Rechtsgeschäft im subjektiven Sinne ist die Schaffung einer prozessualischen Rechtsfolge seitens einer Prozeßpartei durch Erklärung der auf das Eintreten derselben gerichteten Parteiabsicht.

Die Prozeßordnung bindet in allen Fällen den Eintritt eines prozessualen Erfolges an gewisse Thatbestände.

Diese Thatbestände können sein Handlungen — und zwar entweder Prozeßhandlnngen oder auch Handlungen im Prozesse — und andere Thatsachen, wie z. B. der Tod einer Partei, die Konkurseröffnung über deren Vermögen u. s. w.

Diese anderen Thatsachen können einen prozessualen Erfolg nur zur Folge, aber nie zur Wirkung haben. Dagegen können die Handlungen und zwar die Prozeßhandlungen sowie die Handlungen im Prozesse sowohl prozessuale Folgen, als auch prozessuale Wirkungen haben.

Eine prozessuale Wirkung können nur jene Handlungen haben, welche in prozessualen Willenserklärungen bestehen.

Aber nicht bei allen prozessualen Willenserklärungen ist der Eintritt des prozessualen Erfolges vom Prozeßgesetze daran geknüpft, daß derselbe ein beabsichtigter, ein bewußt gewollter ist[4]); der Erfolg tritt vielmehr bei prozessualischen Willenserklärungen,

[4]) „Ist die Vorstellung des durch eine Handlung herbeigeführten Erfolges das Motiv, seine Herbeiführung der Zweck, der Erfolg selbst aber das Ziel der Handlung, dann ist der Erfolg beabsichtigt." Liszt L. (S. 119).

die in Ausübung eines subjektiven Prozeßrechtes abgegeben wurden, auch dann, wenn er vom Berechtigten nicht beabsichtigt war, ein, und zwar als an den durch die Willenserklärung geschaffenen Thatbestand geknüpfte, von der Absicht, sie herbeizuführen, unabhängige Rechtsfolge, also nicht als Wirkung der Willenserklärung.

Die in Ausübung eines subjektiven Prozeßrechtes dem Gegner gegenüber abgegebenen Willenserklärungen sollen lediglich eine Anregung zu eigenem Handeln desselben bewirken; bei ihnen ist der Wille nicht auf sein Handeln, sondern nur darauf gerichtet, daß eine andere bereits vorgenommene oder auch erst vorzunehmende Handlung desjenigen, welcher den Gegner „ladet", „auffordert", einen bestimmten prozessualischen Erfolg hat, den die Prozeßordnung davon abhängig macht, daß dem Gegner durch die abgegebene Willenserklärung die Möglichkeit und Zweckmäßigkeit eigenen Handelns nahe gelegt wurde.

Anders sind die dem Gericht gegenüber abgegebenen Willenserklärungen beschaffen, mögen diese nun sein Erklärungen i. e. S., oder Gesuche und Anträge. Bei diesen ist der Wille zunächst stets auf ein Handeln des Gerichtes gerichtet und zwar auf ein Handeln, durch welches ein seitens der Prozeßordnung an die durch Abgabe der Willenserklärung erfolgte Ausübung eines subjektiven Prozeßrechtes geknüpfter prozessualer Erfolg vermittelt, und durch die Richterhandlung entweder direkt oder indirekt hergestellt werden soll. Wenn durch solche prozessualische Willenserklärungen auch der Eintritt des prozessualischen Erfolges beabsichtigt werden sollte, was für die Herstellung desselben keineswegs erfordert wird, so bewirken sie ihn doch nicht; sie bewirken nur, wenn sie in Ausübung eines subjektiven Prozeßrechtes in gesetzmäßiger Weise abgegeben sind, die Entstehung eines Anspruches auf eine Richterhandlung, und zwar auf eine richterliche Willenserklärung, durch welche erst der beabsichtigte Erfolg eintritt.

Die Wirkung des Rechtsaktes „Willenserklärung" besteht daher in den Fällen, wo eine solche eintritt — also nie bei dem

Gegner gegenüber abgegebenen Willenserklärungen (Rechtsakten) — nur in dem Entstehen eines Anspruches auf eine Richterhandlung. Dieser Anspruch setzt die Existenz eines subjektiven Prozeßrechtes und dessen ordnungsmäßige Ausübung durch den Berechtigten voraus. Erst durch Erfüllung dieses Anspruches seitens des Gerichtes wird der (wenn auch beabsichtigte) prozessualische Erfolg hergestellt; dieser tritt nicht ein als die Wirkung der Parteiwillenserklärung, sondern als deren mittelbare Folge. Bewirkt wird er durch jene Handlung, welche als pflichtmäßige dem ausgeübten Prozeßrechte entspricht.

Hierzu kommt aber noch weiters, daß diese Folge nicht in einer Rechtsproduktion, nicht in dem Schaffen eines neuen subjektiven Prozeßrechtes besteht. Das subjektive Prozeßrecht muß vielmehr demjenigen, welcher den Rechtsakt „Willenserklärung" vornimmt, bereits zustehen, wenn durch die Willenserklärung ein Anspruch auf die Richterhandlung, eventuell mittelbar auf die Handlung des verpflichteten Gegners, geschaffen werden soll. Das Schaffen eines neuen Anspruches genügt aber nicht, um die Willenserklärung zur rechterzeugenden, zum Rechtsgeschäfte zu machen.

Zu einem prozessualen Rechtsgeschäfte wird erfordert eine Willenserklärung, durch welche der Einzelne rechtsschöpferisch thätig wird. Wenn auch mit einem subjektiven Prozeßrechte niemals bereits ein Anspruch vorhanden ist, sondern es erst einer eigenen Handlung — Willenserklärung — bedarf, durch welche das Prozeßrecht ausgeübt wird, damit der Anspruch entsteht, so ist doch eine solche Anspruch erzeugende Willenserklärung keine rechtsschöpferische; sie kann, wenn auch über dieselbe der erst entstandene, aber auf dem ausgeübten Rechte beruhende Anspruch erfüllt wird, doch kein Rechtsgeschäft sein.

Zweifellos gibt es auch im Privatrechte, obwohl dies aus den Ausführungen Zitelmanns nicht zu entnehmen ist, Willenserklärungen, durch deren Abgabe eine gewisse Rechtsfolge beabsichtigt wird und in deren Folge diese auch eintritt, die aber nichtsdestoweniger keine Rechtsgeschäfte sind; es soll nur auf die Willenserklärungen, durch welche eine „auf Verlangen" zahlbare Schuld eingefordert, von dem Kündigungsrechte bei Darlehen auf unbestimmte Zeit Gebrauch gemacht wird, hingewiesen werden; es sind dies gewiß Willenserklärungen, durch welche eine gewillkürte (wenigstens in einem gewissen Sinne) Rechtsfolge beabsichtigt wird, und bei welchen die Beabsichtigung für den Eintritt der Rechtsfolge wesentlich ist; aber die Willenserklärung schafft nicht Recht, sondern es wird durch sie nur ein bestehendes Recht ausgeübt, und durch die Ausübung des Rechtes ein Anspruch erzeugt, der zu seiner notwendigen Voraussetzung das existente Recht hat.

Die prozessualen Willenserklärungen, mittels welcher Prozeßrechte ausgeübt werden, durch deren Ausübung wieder neue Ansprüche entstehen, und in deren Folge der beabsichtigte prozessuale Erfolg eintritt, sind noch immer keine prozessualischen Rechtsgeschäfte, denn sie sind eben rechtsausübende und keine rechtsschöpferischen Handlungen; weiters liegt es zwar in der Willkür des Berechtigten, sie vorzunehmen, aber der durch ihre Vornahme erzielte Erfolg ist von dem Willen des Berechtigten, von dessen Absicht unabhängig, kein gewillkürter, sondern er hängt ab von dem ausgeübten Prozeßrechte.

Soll es im Gegensatze zu diesen Rechtsakten prozessuale Willenserklärungen geben, die prozessualische Rechtsgeschäfte sind, so können dies nur Willenserklärungen sein, bei denen die Schaffung von neuen oder die Abänderung oder Beendigung subjektiver Prozeßrechte resp. prozessualer Rechtsverhältnisse beabsichtigt und auch durch die Abgabe der von der Prozeßordnung, welche „ihren allgemeinen Willen für den konkreten Fall mit dem Einzelwillen identifiziert und diesen dadurch rechtswirksam macht", sanktionierten Parteiwillenserklärung bewirkt wird, und zwar unmittelbar, ohne daß es einer weiteren Handlung, insbesondere einer auf vorangehender Prüfung beruhenden, vermittelnden Willenserklärung des Gerichtes bedarf.

Die prozessuale Willenserklärung ist nur dann eine rechtsproduktive, wenn durch sie ein neuer Rechtszustand produziert wird, und wenn dieser die absichtsgemäße, unmittelbare und allein von ihr hervorgerufene Wirkung der Parteiwillenserklärung (eventuell, wenn das Rechtsgeschäft ein zweiseitiges ist, der Parteiwillenserklärungen) ist.

Die Prozeßordnung muß „dem Handelnden zum begehrten Erfolge dadurch verhelfen, daß es ihm unmittelbare Einwirkung" auf die subjektiven Prozeßrechte gewährt.

Darauf, daß es nicht bloß prozessuale Willenserklärungen gibt, durch welche ein prozessualer Erfolg absichtsgemäß durch richterliche Vermittelung herbeigeführt wird, sondern daß es auch solche prozessuale Willenserklärungen gibt, durch welche nicht erst ein Anspruch zwecks Herbeiführung des beabsichtigten Erfolges geschaffen wird, sondern dieser unmittelbar als die Wirkung des erklärten Parteiwillens eintritt, wurde bereits wiederholt hingewiesen.

Diese Prozeßhandlungen (Willenserklärungen) — als solche wurden bereits und werden jetzt beispielsweise noch genannt: die Klagerhebung, die Klagänderung, die Zurücknahme der Klage, das gerichtliche Geständnis, die Eideszuschiebung und Zurückschiebung, der Verzicht auf ein Rechtsmittel, der Beitritt des Nebenintervenienten — sind es, welche die erörterten Begriffsmerkmale des Rechtsgeschäftes in sich vereinigen und daher mit Recht den Prozeßhandlungen, die als Rechtsakte bezeichnet wurden, als prozessualische Rechtsgeschäfte gegenübergestellt werden.

Während so die Gegenüberstellung der prozessualischen Rechtsgeschäfte mit den prozessualischen Rechtsakten, die in der Abgabe von Willenserklärungen bestehen, erfolgte, muß noch eine weitere Gegenüberstellung der prozessualischen Rechtsgeschäfte mit materiellen, durch Handlungen im Prozesse zustande kommenden Rechtsgeschäften stattfinden.

Die Absicht desjenigen, der ein prozessualisches Rechtsgeschäft vornimmt, muß immer gerichtet sein auf das Schaffen eines prozessualen Erfolges und zwar unmittelbar darauf, also auf die Herbeiführung einer prozessualen Wirkung, die sich in einer Veränderung des prozessualen Rechtszustandes — Begründung, Abänderung oder Beendigung eines prozessualen Rechtsverhältnisses oder subjektiven Prozeßrechtes — äußert.

Man wird daher von einem prozessualischen Rechtsgeschäfte dann nicht reden können, wenn die Absicht desjenigen, der im Prozesse eine rechtsgeschäftliche Willenserklärung abgibt, gerichtet ist auf die Herbeiführung eines materiell-rechtlichen Erfolges, wenn dies auch im Bewußtsein geschieht, daß der beabsichtigte materiell-rechtliche Erfolg — das zustande gekommene Privatrechtsgeschäft — wieder von prozessualen Rechtsfolgen begleitet ist.

Dann wird man es zwar auch mit einem Rechtsgeschäfte zu thun haben, aber mit einem dem Privatrechte angehörigen, welches als solches allerdings wieder von prozessualen Folgen begleitet ist. Solche materielle Rechtsgeschäfte bleiben dies trotzdem, als die den Rechtserfolg unmittelbar herstellenden Willenserklärung im Prozesse, abgegeben wird. Die betreffende, den Thatbestand des materiellen Rechtsgeschäftes bildende Handlung gehört dann wohl ihrem Vorkommen nach, keineswegs aber nach ihrem Wesen dem Prozesse an, sie ist keine Prozeßhandlung, sondern eine Handlung im Prozesse. Obwohl nun ein solches Rechtsgeschäft ein materielles Rechtsgeschäft ist und bleibt, — das objektive Privatrecht „stellt die Kausalitätsbeziehung zwischen der Handlung und dem beabsichtigten Rechtserfolge her", es bestimmt, daß durch die abgegebene Willenserklärung die beabsichtigte privatrechtliche Wirkung unmittelbar effektuiert werden soll, und es ist auch für die Rechtsgeschäftsnatur einer solchen Handlung die entscheidende Rechtsnorm, — so steht doch die Handlung selbst, durch welche sich das Rechtsgeschäft vollzieht, insofern sie im Prozesse gesetzt wird, im Bereiche des Prozeßgesetzes. Dieses normiert alle juristischen Handlungen, die sich im Prozesse abspielen, insoweit sie irgend welche prozessuale Folgen oder Wirkungen haben. Darum bestimmt die Prozeßordnung auch die Gestaltung jener im Prozesse vorkommenden materiellen Rechtsgeschäfte, insoweit sie zugleich prozessuale Folgen haben. Demnach werden bezüglich der das materielle Rechtsgeschäft konstituierenden, im Prozesse sich vollziehenden Handlung oder Handlungen jene Erfordernisse gestellt werden müssen, welche die Prozeßordnung vorschreibt, mögen diese den Erfordernissen, welche das Privatrecht für das Zustandekommen des Rechtsgeschäftes stellt, gegenüber mehr oder weniger bedeuten.

So ist beispielsweise das Anerkenntnis des eingeklagten Anspruches ein materielles Rechtsgeschäft, auch wenn es im Prozesse erfolgt und obwohl es prozessuale Folgen hat. Wird das Anerkenntnis in der mündlichen Verhandlung abgegeben, so steht die diesbezügliche Willenserklärung als Handlung im Prozesse wegen ihrer prozessualen Folgen unter der Herrschaft des Prozeßgesetzes; dieses bestimmt, wie die Handlung beschaffen sein müsse, damit das von prozessualen Folgen begleitete materielle Rechtsgeschäft zustande kommt; es bestimmt, daß der prozessuale Erfolg ohne Annahme der Anerkenntniserklärung eintrete. Deshalb hört aber das Rechtsgeschäft nicht auf ein materielles zu sein; es wird nicht zu einem prozessualischen, da gewiß die thatsächliche Einwirkung auf das Prozeßverhältnis nicht beabsichtigt, sondern von der Prozeßordnung mit dem materiellen Rechtsgeschäft verknüpft ist.

Die prozessuale Folge zeigt sich an dem Prozesse und an dem Prozeßverhältnisse.

Das Anerkenntnis äußert seinen Einfluß auf das Prozeßverhältnis dadurch, daß es dasselbe inhaltlich um das dem Gegner entstehende Recht, Verurteilung dem Anerkenntnisse gemäß zu begehren, erweitert und auf den Prozeß dadurch, daß dieser, wenn jenes Recht nicht ausgeübt wird, ruht.

Daß das gerichtliche Anerkenntnis des erhobenen Anspruches ebenso wie der gerichtliche Verzicht auf denselben nur prozeßrechtlich gestaltete materielle Rechtsgeschäfte, aber nicht zugleich prozessualische sind, wird auch daraus ersichtlich, daß der dem Gegner des Anerkennenden oder Verzichtenden entstehende prozessuale

Vorteil jenem nicht aufgedrungen wird; jener muß vielmehr immer erst das ihm neu entstandene Prozeßrecht ausüben, d. i. den der durch das materielle Rechtsgeschäft geänderten Sachlage enſprechenden Urteilsantrag stellen; er braucht nur diese Änderung nicht erst zu beweisen.

Wird das als deklaratorisches ergehende Urteil im Sinne der §§ 277, 278 nicht beantragt, so ruht der Prozeß, d. h. der Richter kann nicht mehr die durch das materielle Rechtsgeschäft zur unbestrittenen gewordene Rechtsfrage auf Grund des zum Beginne der Verhandlung gestellten Urteilsantrages entscheiden; er kann sie nicht entscheiden, absehend von dem materiellen Rechtsgeschäfte, das sich im Prozesse vollzogen, er kann aber auch die prozessuale Folge, Abweisung der Klage oder Verurteilung dem Anerkenntnisse gemäß nicht eintreten lassen, wenn ein diesbezügliches deklaratorisches Urteil nicht beantragt ist.

Der Prozeß muß also bis zur Stellung dieses Antrages ruhen. Nur das Streiten im Prozesse ist durch das materielle Rechtsgeschäft, welches sich im Prozesse vollzogen, beendet, nicht aber der Prozeß selbst, nicht das Prozeßverhältnis.

Die unmittelbar durch Anerkenntnis und Verzicht auf den Anspruch veranlaßte prozessuale Folge besteht nur darin, daß der Prozeß, wenn vom Gegner das ihm ebenfalls unmittelbar neu entstandene Prozeßrecht, deklaratorisches Urteil zu verlangen, nicht ausgeübt wird, ruht; daß dieser Effekt von demjenigen, der das materielle Rechtsgeschäft vorgenommen, nicht beabsichtigt wurde, dürfte wohl von niemandem angezweifelt werden.

Der andere Effekt dagegen, daß es zum deklaratorischen Urteile kommt, tritt nicht ein als Wirkung des Willens desjenigen, der das materielle Rechtsgeschäft vorgenommen, sondern als Wirkung der in einer Willenserklärung des Gegners bestehenden Ausübung eines ihm neu entstandenen Prozeßrechtes.

Solche materielle Rechtsgeschäfte, die im Prozesse vorkommen können, und an welche die Prozeßordnung prozessuale Folgen knüpft, ohne Rücksicht darauf, ob dieselben beabsichtigte sind, scheiden ex professo von der Betrachtung aus, welche sich im Gegensatze zu denselben mit den prozessualischen Rechtsgeschäften zu befassen hat, obwohl auch jene Rechtsgeschäfte — es sind deren nur drei: Anspruchsverzicht, Anerkenntnis und Vergleich — nebenbei an passenden Stellen zur Erörterung gelangen[5]).

Faßt man die bisher erörterten Begriffsmerkmale des prozessualischen Rechtsgeschäftes zusammen, so ergibt sich, daß prozessualische Rechtsgeschäfte jene Parteiwillenserklärungen sind, durch welche prozessuale Rechtsverhältnisse oder einzelne subjektive Prozeßrechte absichtsgemäß und unmittelbar geschaffen, abgeändert oder beendet werden, und zwar in der Weise, daß die Rechtsproduktion einzig und allein durch Erklärung des von dem objektiven Prozeßrechte sanktionierten Parteiwillens hervorgerufen wird.

III. Die Subjekte.

Die zunächst sich aufdrängende Frage, wer prozessualische Rechtsgeschäfte vornehmen, von dieser durch die Prozeßordnung eröffneten **facultas agendi** Gebrauch machen könne, führt zu einer Scheidung der prozessualischen Rechtsgeschäfte.

Die weitaus meisten subjektiven Prozeßrechte stehen den Subjekten des Prozeßverhältnisses und in anderen prozessualen Rechtsverhältnissen stehenden Personen zu, welche wohl auch befugt sein dürften, prozessualische Rechtsgeschäfte vorzunehmen. Diese prozessualischen Rechtsgeschäfte können zu ihrem Gegenstande aber nur die Abänderung oder Beendigung der prozessualen Rechtsverhältnisse haben, welche erst geschaffen werden müssen, damit in ihnen stehende Personen gedacht werden können.

---

[5]) „Anerkennung des Anspruches, Verzicht auf den Anspruch und Vergleich sind Rechtsgeschäfte civilistischer Art, welche auch außerhalb des Prozesses wirksam sind, ... sie stehen mit dem Prozesse in Beziehung; . . . . aber die Hauptbeziehung ist keine direkte, sondern eine indirekte: indem sie den Anspruch aufheben oder rechtsgeschäftlich festsetzen, machen sie das Urteil gegenstandslos oder . . . . überflüssig.“ Kohler Pr. (S. 61).

Rechtsverhältnisse werden nun vorzüglich durch Rechtsgeschäfte geschaffen. Ein Rechtsverhältnis entsteht, wenn in Beziehung auf eine bestimmte Person sich jene Umstände verwirklichen, an die das positive Recht diese Wirkung knüpft; die Umstände können bestehen in freien Handlungen desjenigen oder derjenigen, die das Rechtsverhältnis begründen wollen — Rechtsgeschäft — in einer von diesen unabhängigen Thatsache oder in beiden zusammen. Unger S. (Bd. II, S. 3).

Die Möglichkeit, das Prozeßverhältnis und andere prozessuale Rechtsverhältnisse zu begründen, diesbezügliche Rechtsgeschäfte vorzunehmen, kann daher unmöglich auf die in denselben bereits stehenden Personen beschränkt sein.

Thon R. (S. 338) hat hervorgehoben, daß die Fähigkeit, eine Rechtswirkung zu erzeugen, nicht wieder ein Recht sein könne[6]).

Wenn durch prozessualische Rechtsgeschäfte prozessualische Rechtsverhältnisse, in welche die Handelnden treten, begründet werden, so müssen alle jene Personen fähig sein, prozessualische Rechtsgeschäfte abzuschließen, welche in prozessualischen Rechtsverhältnissen stehen können. Die Fähigkeit, prozessualische Rechtsgeschäfte vorzunehmen, kommt daher den in prozessualischen Rechtsverhältnissen stehenden oder in dieselben erst tretenden Personen, also allen jenen zu, welche prozeßfähig sind.

---

[6]) Der dagegen von Pernice gemachte Einwand, daß diese Fähigkeit aber doch vom Rechte geschützt werde, wenn auch nicht wie ein Rechtszustand, ist nicht stichhaltig und wenn er es wäre, würde er nicht das Gegenteil der von Thon aufgestellten Behauptung beweisen.

Nicht die Fähigkeit, die facultas agendi, wird vom Rechte geschützt — sie ist latent, sondern erst die auf Grund der Fähigkeit vorgenommene Handlung, das Rechtsgeschäft in diesem Sinne; der Schutz, dessen sich diese Handlung erfreut, besteht aber nur darin, daß man an der Vornahme derselben nicht gehindert werden darf; unter dem Schutze des Gesetzes steht erst die Wirkung der Handlung, diese hat aber zur notwendigen Voraussetzung das Zurechtbestehen des Rechtsgeschäftes, insofern nicht durch die rechtsgeschäftliche Handlung eine vom Gesetze anerkannte Interimswirkung eintritt, deren Bestand und Schutz unabhängig ist von dem Rechtsbestande des Rechtsgeschäftes.

Prozeßfähig ist aber nach § 51/1 eine Person insoweit, als sie sich durch Verträge verpflichten kann, was extensiv dahin zu interpretieren ist, „als sie sich durch Rechtsgeschäfte verpflichten kann".

Prozessuale Rechtsgeschäfte kann nur abschließen, wer sich durch materielle Rechtsgeschäfte verpflichten kann.

Also nicht alle Personen, welche juristische Willenserklärungen abzugeben in der Lage sind, sind auch fähig, prozessuale Rechtsgeschäfte abzuschließen, sondern nur diejenigen, welche sie verpflichtende rechtsgeschäftliche Willenserklärungen abgeben können.

Darnach ist notwendigerweise das Gericht, obwohl es als Subjekt im Prozeßverhältnisse steht, unfähig, prozessualische Rechtsgeschäfte abzuschließen; fähig sind also nur die Parteien und alle Personen, welche Parteirechte (Partei im weiteren, nicht bloß den Kläger und Beklagten umschließenden Sinne, also nicht im Sinne von Prozeßpartei genommen) haben oder erwerben können.

Nachdem es zum Begriffe des prozessualischen Rechtsgeschäftes gehört, daß durch dasselbe eine prozessualische Wirkung erzeugt wird, welche stets eine gewillkürte — keine notwendige — Rechtsfolge sein muß, so widerstrebt es von vornherein der Stellung, welche das Gericht im Prozesse, im Prozeßverhältnisse, einnimmt, daß das Gericht, dessen Handeln stets ein pflichtmäßiges ist, die Befugnis, prozessualische Rechtsgeschäfte vorzunehmen, haben kann.

Das Gericht hat nur das Interesse des Staates an einer durch diesen geordneten Rechtspflege zu wahren. Es hat nur seine Richterpflicht zu erfüllen, die darin besteht, darüber zu wachen, daß die Prozeßhandlungen der Parteien der Anordnung des Prozeßgesetzes entsprechen und selbst in der Weise zu handeln, wie es ihm das Gesetz vorschreibt. Dies auch dann, wenn es befugt ist, nach freiem Ermessen zu handeln. Auch eine Handlung des Gerichtes, in welcher sich dieses bethätigt, ist eine pflichtmäßige, daher die durch sein Handeln erzeugte Rechtsfolge keine gewillkürte, sondern eine notwendige, welche nur nicht im vorhinein mit Rücksicht auf die individuelle Beschaffenheit des Prozesses, auf dessen Lage genau bestimmt sein konnte. Das Verfahren muß sich dem Falle anschließen und von dem Gerichte diesem entsprechend gestaltet werden.

Das Gericht hat, wenn die Parteihandlungen Rechtsakte sind, zu untersuchen, ob der Partei das ausgeübte subjektive Prozeßrecht zusteht und ob die Ausübungshandlung eine gesetzmäßige ist, in welchem Falle der prozessuale Erfolg durch dasselbe vermittelt wird.

Sind die Prozeßhandlungen der Parteien Rechtsgeschäfte, durch welche unmittelbar eine prozessualische Wirkung hergestellt wird, so kann selbstverständlich von einer Mitwirkung des Gerichtes zu dem Rechtsgeschäfte keine Sprache sein; das Gericht hat nur hintanzuhalten, daß Prozeßhandlungen der Parteien vorkommen, welche keine durch die Prozeßordnung sanktionierten Rechtsgeschäfte sind, es hat zu erklären, daß solchen Prozeßhandlungen deshalb auch keine Wirkung zukommen könne, es hat das Rechtsgeschäft, welches sich durch die Parteiwillenserklärung (oder -Erklärungen) vollziehen soll, eventuell als ein ungültiges zu erklären.

Das Gericht kann weder berechtigt sein, selbständig prozessualische Rechtsgeschäfte vorzunehmen, noch verpflichtet sein, bei den Rechtsgeschäften der Parteien behufs Zustandekommen derselben mitzuwirken.

Zuweilen gewinnt es allerdings den Anschein, als wäre eine Mitwirkung des Gerichtes zum Zustandekommen von prozessualischen Rechtsgeschäften notwendig und dies zwar dann, wenn die Prozeßordnung in Bezug auf ein in bestimmter Weise gestaltetes prozessualisches Rechtsgeschäft Voraussetzungen für dessen Zulässigkeit zwar vorgeschrieben, dieselben aber nicht als absolute erklärt, sondern es dem Ermessen des Gerichtes überlassen hat, die betreffenden Voraussetzungen als absolute zu erklären, bei deren Mangel es dann die Unzulässigkeit des Rechtsgeschäftes im speciellen Falle im Sinne der Prozeßordnung auszusprechen hat.

So beim Eidesgeschäfte; die Prozeßordnung hat in den §§ 410 ff. die Eidesgeschäfte, d. i. Zuschiebung oder Zurückschiebung des Eides, nur unter gewissen Beschränkungen, richtiger Voraussetzungen, für zulässig erklärt, so daß, wenn die Voraussetzungen gegeben sind, die von der Partei gewillkürten Rechtsfolgen ohne weiteres eintreten. Die Prozeßordnung wollte aber das Eidesgeschäft nicht nur unter Einhaltung dieser Beschränkungen für zulässig erklären, sondern, wenn die Parteien über einen Thatsacheneid einig sind, einem solchen, wenn auch die Voraussetzungen nicht gegeben sind, die gewillkürte Rechtsfolge dann nicht versagen, wenn die Eigenart des speciellen Falles die Einhaltung der Beschränkungen nicht erfordert.

Ob dies so sei, konnte von der Prozeßordnung nicht im voraus bestimmt, sondern mußte dem Ermessen des Gerichtes überlassen werden. Das Gericht ist statt des Gesetzes berufen, darüber zu befinden, ob gewisse Voraussetzungen als absolute gelten sollen, und bei deren Mangel zugleich über die Ungültigkeit des Eidesgeschäftes einen Ausspruch zu thun. Dies wird durch die Bestimmung des § 415 gesagt. Zu einer „Anordnung" des Gerichtes über den Wegfall der Beschränkungen wird es nicht kommen. Das Gericht hat nur auf den Eid nicht zu erkennen, wenn es der Ansicht ist, daß die vom Gesetze für die Zulässigkeit des Eides geforderten Voraussetzungen gegeben sein müssen, damit das prozessualische Rechtsgeschäft der gesetzlichen Sanktion teilhaftig sei[7]).

Das Gericht steht immer außerhalb des prozessualischen Rechtsgeschäftes, aber die beabsichtigte Rechtswirkung desselben erstreckt sich allerdings auf jenes.

Hiermit ist einerseits negativ die Abgrenzung der zur Abschließung prozessualischer Rechtsgeschäfte fähiger Personen dahin erfolgt, daß das Gericht unfähig ist, solche zu schließen, und andererseits die positive Feststellung, daß zum Abschlusse prozessualischer Rechtsgeschäfte nur jene Personen befugt sind, die sich durch

---

[7]) Das Nähere hierüber im Abschnitte vom Eidesgeschäfte.

materielle Rechtsgeschäfte verpflichten können; aber nicht alle solche Personen sind befugt, alle prozessualischen Rechtsgeschäft vorzunehmen.

Während prozessualische Rechtsgeschäfte, durch welche ein prozessualisches Rechtsverhältnis begründet werden soll, von jedem vorgenommen werden können, der prozeßfähig ist, so kann doch die Befugnis, prozessualische Rechtsgeschäfte vorzunehmen, durch welche prozessualische Rechtsverhältnisse abgeändert oder beendet werden sollen, nicht in gleichem Umfange bestehen. Außerhalb eines Rechtsverhältnisses stehende Personen können niemals Rechtsgeschäfte vornehmen, durch welche ein zwischen anderen Personen bestehendes Rechtsverhältnis abgeändert oder beendet wird. Um daher prozessualische Rechtsgeschäfte, durch welche prozessualische Rechtsverhältnisse abgeändert oder beendet werden sollen, vornehmen zu können, muß man zunächst Subjekt des abzuändernden oder zu beendenden prozessualischen Rechtsverhältnisses oder doch eines prozessualischen Rechtsverhältnisses sein, welches mit Bezug auf das prozessualische Hauptrechtsverhältnis — das Prozeßverhältnis — behufs umfassendster Ausübung der in demselben enthaltenen einzelnen subjektiven Prozeßrechte geschaffen wurde [8]).

Prozeßbevollmächtigte, gesetzliche Vertreter und Beistände können keine prozessualischen Rechtsgeschäfte in eigenem Namen, Zeugen und Sachverständige überhaupt keine solchen vornehmen.

Im Zusammenhange soll hier die Frage erledigt werden, unter welchen Voraussetzungen Prozeßbevollmächtigte und gesetzliche Vertreter zur Vornahme prozessualischer Rechtsgeschäfte namens der Partei berechtigt sind, ob dazu für die einen die im allgemeinen erteilte Prozeßvollmacht ausreicht, und ob bezüglich der anderen die Statthaftigkeit der Prozeßführung im allgemeinen ohne

[8]) Wie sich bald zeigen wird, gibt es außer dem Prozeßrechtsverhältnisse nur noch zwei prozessualische Rechtsverhältnisse, nämlich das Nebeninterventionsverhältnis und das Rechtsverhältnis zwischen den „notwendigen" Streitgenossen; nur zur Schaffung dieser prozessualischen Rechtsverhältnisse genügt es, überhaupt prozeßfähig zu sein.

besondere Ermächtigung zum Abschlusse prozessualischer Rechtsgeschäfte genügt.

Die Frage findet ihre bejahende Beantwortung im § 52 unter der Voraussetzung, daß die prozessualischen Rechtsgeschäfte zu den Prozeßhandlungen gehören. Daß dies der Fall ist, kann wohl keinem Zweifel unterliegen.

Im § 77 werden die Prozeßhandlungen in Gegensatz gestellt zu materiellen Rechtsgeschäften, als welche die Bestellung eines Vertreters oder Bevollmächtigten für die höheren Instanzen, der Vergleich, die Verzichtleistung auf den Streitgegenstand und die Anerkennung des von dem Gegner geltend gemachten Anspruches deshalb besonders genannt werden, weil diese materiellen Rechtsgeschäfte die am häufigsten im Prozesse vorkommenden sind und weil sie auch prozessuale Rechtsfolgen haben; diese materiellen Rechtsgeschäfte stehen aber wieder im Gegensatze zu den prozessualischen Rechtsgeschäften; nachdem nun nur jene, nicht aber auch diese in Gegensatz zu den Prozeßhandlungen gestellt werden, so müssen diese zu den Prozeßhandlungen gehören.

Dies wird bestätigt durch § 81, welcher eines der wichtigsten prozessualischen Rechtsgeschäfte, nämlich das Geständnis als zu den Prozeßhandlungen gehörig ausdrücklich nennt.

Nach Franke N. (S. 120, 121) sind Prozeßhandlungen diejenigen Handlungen, welche einem Rechtsstreite seinem Wesen nach angehören, nicht aber sonstige Handlungen, welche sich auf einen Rechtsstreit beziehen und im Laufe desselben vorkommen; also nur Handlungen, welche dem Gerichte Stoff und Mittel (wohl auch noch Veranlassung) für die Entscheidung unterbreiten sollen, nicht aber solche, welche sonstige Erledigung des Streites oder bloße Vorbereitung der eben gedachten Thätigkeit bezielen. Insbesondere zählt er dazu das Geständnis mit der Bemerkung, daß es ja Entscheidung nicht überflüssig mache.

Ebenso Kroll K. (S. 103): Prozeßhandlung ist eine zur Prozeßführung notwendige oder geeignete Handlung. Eine solche ist nicht Vergleich, Verzichtleistung auf den Streitgegenstand, da diese ebenso außer der Prozeßführung liegen, wie etwa die Zahlung oder Erfüllung der eingeklagten Verbindlichkeit.

Im Anwaltsprozesse muß dem Anwalte eine Prozeßvollmacht, d. i. eine zu sämtlichen Prozeßhandlungen ermächtigende Vollmacht erteilt werden (§ 79). Nach § 77 soll aber die Prozeßvollmacht noch einen weiteren Umfang haben; eine Beschränkung desselben soll nach § 79 nur bezüglich der im § 77 genannten materiellen Rechtsgeschäfte zulässig sein, nicht aber bezüglich der prozessualischen Rechtsgeschäfte, denn wäre dies zulässig, dann würde ja der Anwalt nicht mehr zu allen Prozeßhandlungen berechtigt sein, was er ja nach der dem Bedürfnisse entsprechenden, von der Prozeßordnung gestellten Anforderung sein muß. Der Prozeßzweck wird erreicht auch ohne Vergleich, Verzichtleistung und Anerkenntnis; darum braucht sich die Prozeßvollmacht hierauf nicht notwendig zu erstrecken und es soll in das Ermessen der Partei gestellt sein, ob sie den Anwalt auch zu diesen, direkt eine materiellrechtliche, in einer Verfügung über die Streitsache bestehende Wirkung erzeugenden Rechtsgeschäften ermächtigen will.

Es genügt, wenn der Anwalt ermächtigt ist, alle durch Vornahme von Prozeßhandlungen bewirkbaren prozessualen Erfolge herbeizuführen, seien es gewillkürte oder notwendige.

Daß die Prozeßvollmacht bezüglich der Befugnis, einen Vertreter oder Bevollmächtigten für die höhere Instanz zu bestellen und die Prozeßkosten in Empfang zu nehmen, unbeschränkbar ist, obwohl es sich in beiden Fällen um Vornahme materieller Rechtsgeschäfte handelt, erklärt sich daraus, daß ja doch durch deren Vornahme keine Disposition über das Streitobjekt erfolgt.

Bei der Bestellung eines Vertreters oder Bevollmächtigten für die höhere Instanz hat es die Partei in ihrer Hand, zu bewirken, daß auch dieser nur zur Vornahme von Prozeßhandlungen ermächtigt wird, wenn sie die Vollmacht des für die erste Instanz bestellten Anwaltes in zulässiger Weise beschränkt hat.

Die Empfangnahme der Prozeßkosten ist ein materielles Rechtsgeschäft bezüglich eines prozessualen Anspruches; durch dasselbe wird in die Privatrechtssphäre nicht eingegriffen, es erlischt nur ein dem Prozeßrechte entstammender Anspruch.

Mit Rücksicht hierauf konnte es zulässig erscheinen, die Prozeßvollmacht als in diesen beiden Punkten unbeschränkbar zu erklären, obwohl an dem Prinzipe festgehalten wurde, daß die Partei durch Erteilung der vom Gesetze geforderten Prozeßvollmacht nicht gezwungen werden soll, ihrem Anwalte die unmittelbare Disposition über ihre privatrechtlichen Ansprüche anheim zu geben.

Wenn es nach den Vorschriften des bürgerlichen Rechtes zur Vornahme einzelner Prozeßhandlungen (was das Gesetz dazu rechnet, erfährt man durch die Gegenüberstellung der im § 77 aufgeführten materiellen, im Prozesse nur vorkommenden Rechtsgeschäfte) auch einer speciellen Ermächtigung bedürfen sollte, so genügt doch für deren wirksame Vornahme die Ermächtigung zur Prozeßführung im allgemeinen.

Beruht diese Vollmacht auf dem Willen der Partei, also auf der Bevollmächtigung, so ist für die Frage, wie weit sich eine solche allgemein erteilte Prozeßvollmacht erstrecke, die im § 77 aufgestellte Norm maßgebend.

Diese bezieht sich aber nicht auf den Fall, daß die Bevollmächtigung nicht durch Rechtsgeschäft der Partei erfolgte, sondern deren Vertretung kraft Vorschrift des Gesetzes statthat.

Die Frage geht dann nicht dahin, wozu berechtigt die im allgemeinen erteilte Prozeßvollmacht, sondern es gilt ganz unabhängig von der Beantwortung dieser Frage die Norm des § 52, daß der zur Prozeßführung kraft Gesetzes berechtigte gesetzliche Vertreter **nur** zu allen Prozeßhandlungen, also nur zu den prozessualen Rechtsakten und zu den prozessualischen Rechtsgeschäften, welche § 77 zu den Prozeßhandlungen zählt, niemals aber auch zu den anderen, im § 77 diesen gegenübergestellten, im Prozesse nur zuweilen vorkommenden materiellen Rechtsgeschäften ermächtigt ist.

Im Ergebnisse stimmen hiermit überein die Ausführungen Küntzels B. (Bd. XXV, S. 327 f.), welche nebst einer Widerlegung der gegenteiligen von Brettner B. (Bd. XXV, S. 324 f.) aufgestellten, von Kohler Pr. (S. 62) geteilten Ansicht auch Hinweisungen auf die Umgrenzung des Begriffes „Prozeßhandlung" im gemeinen Rechte enthält, den Prozeßhandlungen aber die rechtsgeschäftlichen Dispositionsakte gegenübergestellt, ohne hervorzuheben, worauf sich diese Dispositionsakte beziehen, also ohne zu sagen, daß den Prozeßhandlungen nur diejenigen rechtsgeschäftlichen Dispositionsakte gegenüberstehen, durch welche über den privatrechtlichen Anspruch disponiert wird, nicht aber jene, durch welche über ein Prozeßrecht rechtsgeschäftlich disponiert wird.

Nicht die Erledigung von Rechtsstreiten durch rechtsgeschäftliche Dispositionsakte ist das Kriterium; denn Verzicht und Anerkenntnis erledigen den Prozeß nicht, sind aber gleichwohl Rechtsgeschäfte, durch welche über den privatrechtlichen Anspruch disponiert wird, und deshalb keine Prozeßhandlungen wie Geständnis, Eidesdelation u. s. w., welche allerdings auch rechtsgeschäftliche Dispositionsakte sind, durch welche aber lediglich über Prozeßrechte disponiert wird.

Andererseits wäre es unrichtig, mit Wetzell S. (S. 117) das Anerkenntnis deshalb, weil über dasselbe zur Erledigung des Rechtstreites noch eine Deklaration seitens des Gerichtes ergehen muß, zu den Prozeßhandlungen zu zählen; das Anerkenntnis ist immer ein materielles Rechtsgeschäft, auch wenn es durch eine Handlung im Prozesse erfolgt, nur daß es dann anders gestaltet ist und besondere prozessualische Folgen hat. Daß wohl das Geständnis, nicht aber das Anerkenntnis nach RCPO. zu den Prozeßhandlungen zu zählen ist, geht aus § 81 zur vollsten Evidenz hervor, welcher sich bei seiner Bestimmung nur deshalb darauf beschränken konnte, das Geständnis zu nennen, weil ja das Anerkenntnis überhaupt nicht unter den Begriff „Prozeßhandlung" fällt, sondern eine Handlung im Prozesse ist.

IV. Gegenstand, Inhalt und Gestaltung.

Prozessualische Rechtsgeschäfte im objektiven Sinne sind die von der Prozeßordnung geschaffenen oder anerkannten Mittel für die zum Abschlusse von prozessualischen Rechtsgeschäften Fähigen, begehrte prozessuale Rechtsfolgen zu schaffen, Typen von Prozeßhandlungen, welche nach der Bestimmung der Prozeßordnung den zum Abschlusse von prozessualischen Rechtsgeschäften Fähigen als Mittel dienen sollen, gewillkürte prozessuale Rechtsfolgen zu schaffen.

Hiemit ist der Gegenstand und Inhalt der prozessualischen Rechtsgeschäfte gegeben; sie sind prozessuale Willenserklärungen, durch welche gewillkürte prozessuale Rechtsfolgen geschaffen werden; die notwendigen werden herbeigeführt durch Ausübung von Prozeßrechten, durch Rechtsakte. Willenserklärungen, welche lediglich die Realisierung der mit der Ausübung von prozessualen Rechten verbundenen Rechtsfolgen bewirken, können nie prozessualische Rechtsgeschäfte sein.

Im Gegensatze zur Ausübung der subjektiven Rechte steht deren Schaffung oder Abänderung; beides kann nie durch eine Rechtsausübungshandlung erfolgen, sondern nur durch auf Rechtsproduktion gerichtete Handlungen, durch Rechtsgeschäfte.

Die subjektiven Rechte bilden ihrer großen Mehrzahl nach den Inhalt von Rechtsverhältnissen und werden geschaffen oder abgeändert durch Schaffung resp. Abänderung der dieselben enthaltenden Rechtsverhältnisse. Die Rechtsgeschäfte, welche dies bewirken sollen, sind daher zumeist unmittelbar gerichtet auf die Schaffung oder Abänderung von Rechtsverhältnissen.

So ist es auch im Prozeßrechte.

Die bei weitem größte Anzahl der subjektiven Prozeßrechte und zwar gerade die wichtigsten, bilden den Inhalt des Prozeßverhältnisses oder sonstiger prozessualischen Rechtsverhältnisse.

Dem entsprechend sind die prozessualischen Rechtsgeschäfte in ihrer überwiegenden Mehrheit gerichtet auf Schaffung oder

Abänderung (Endigung mit inbegriffen) von subjektiven Prozeßrechten durch Schaffung oder Abänderung prozessualischer Rechtsverhältnisse. Daneben kommen auch prozessualische Rechtsgeschäfte vor, die subjektive Prozeßrechte schaffen, welche nicht den Inhalt eines prozessualischen Rechtsverhältnisses mit bilden.

Nachdem die wichtigsten subjektiven Prozeßrechte den Inhalt des Prozeßverhältnisses bilden, so sind diejenigen prozessualischen Rechtsgeschäfte, welche dessen Schaffung oder Abänderung bewirken, von hervorragender Wichtigkeit; unter diesen ist wieder das Wichtigste jenes, durch welches das Prozeßverhältnis und damit der Prozeß selbst begründet wird, die Klagerhebung. Wenn auch den Ausführungen Schultzes Pr. u. Pr. (Bd. I, S. 288), daß jedes einzelne Prozeßrechtsgeschäft prozessualische Rechtsverhältnisse erzeuge, nicht beizustimmen ist, da ja die verschiedenen, durch prozessualische Rechtsgeschäfte erzeugten Abänderungen des Prozeßverhältnisses unmöglich als neu entstandene, selbstständige prozessualische Rechtsverhältnisse betrachtet werden können, so ist gewiß richtig, was Schultze im Anschlusse hieran bemerkt, „daß das weittragendste Prozeßrechtsgeschäft die Klagerhebung ist; daß sie und nicht eine Litiskontestation, die es im heutigen Rechte nicht gibt, auch nicht die Einlassung, welche wieder eine eigene rechtsgeschäftliche Handlung ist[9]), das weittragendste Prozeßrechtsverhältnis, nämlich die Rechtshängigkeit, erzeugt".

Dagegen wäre nur einzuwenden, daß die RCPO. mit Rechtshängigkeit den Zustand bezeichnet, in welchen eine Rechtssache durch die Klagerhebung versetzt wird, daß dagegen das Prozeßrechtsverhältnis die durch die Klagerhebung zwischen dem Kläger,

---

[9]) Wodurch soll sich eine rechtsgeschäftliche Handlung von einem Rechtsgeschäfte unterscheiden? Die Einlassung ist der Gegensatz und nicht eine Abart des prozessualischen Rechtsgeschäftes; sie ist ein Rechtsakt, eine Handlung, durch welche ein bereits bestehendes, den Inhalt des durch die Klageerhebung geschaffenen Prozeßverhältnisses mit bildendes, subjektives Prozeßrecht ausgeübt wird.

Beklagten und Gerichte mit Bezug auf die rechtshängige Rechtssache hergestellte, durch die Prozeßordnung geregelte prozessuale Beziehung ist; diese prozessuale Beziehung, welche die Grundlage des ganzen Prozesses bildet, mit ihm entsteht und vergeht, hat nach dem Vorgange Bülows ein großer Teil der Doktrin richtig vor allen anderen prozessualen Beziehungen durch den Namen Prozeßverhältnis ausgezeichnet.

Die weitere Bemerkung Schultzes, daß es außerdem eine Unzahl (?) prozessualische Rechtsgeschäfte gebe, von denen jedes innerhalb jenes Rechtsverhältnisses (der Rechtshängigkeit) je nach seiner Natur besondere Rechtsverhältnisse erzeugt, beruht zunächst auf einer irrigen Auffassung des Wesens der prozessualen Rechtsakte, auf deren Gleichstellung mit den prozessualischen Rechtsgeschäften [10]) — nur so könnte man mit nicht zu arger Übertreibung von einer Unzahl von prozessualischen Rechtsgeschäften, deren Aufzählung bald folgen soll, sprechen — und weiters auf dem bereits besprochenen Irrtume, daß jedes Prozeßrechtsgeschäft neue, nach seiner Natur besondere Rechtsverhältnisse erzeuge. Es wird sich zeigen, daß die relativ größte Anzahl von prozessualischen Rechtsgeschäften das bestehende Prozeßverhältnis abändert und zwar abändert im engeren Sinne; nur drei Rechtsgeschäfte existieren, welche dasselbe beenden. Das eine ist die Zurücknahme der Klage; dieses Rechtsgeschäft ist das einzige prozessuale, durch welches das Prozeßverhältnis beendet wird. Beendigung erfolgt auch durch die Antretung der Erbschaft des Klägers durch den Beklagten oder der des letzteren durch jenen; hierdurch erfolgt einerseits Konfusion der den Gegenstand des Prozesses bildenden Privatrechte und Pflichten, andererseits die Endigung des Prozeßverhältnisses als prozessualische Folge; auch das dritte endigende Rechtsgeschäft ist kein prozessuales, sondern ein materiell-

[10]) Gerade im Gegensatze hiezu beruht die Ansicht Kohlers Pr. (S. 34), wornach es immer nur ein prozessualisches Rechtsgeschäft, nämlich das Eröffnungsrechtsgeschäft gibt, auf einer nicht gerechtfertigten Gleichstellung der übrigen prozessualischen Rechtsgeschäfte mit den Rechtsakten.

rechtliches mit prozessualen Rechtsfolgen, nämlich der Vergleich. Dieser ist nur dann, wenn und insoweit als er die Prozeßkosten mit umfaßt, ein prozessualisches Rechtsgeschäft.

Danach zerfallen die prozessualischen Rechtsgeschäfte in solche, durch welche prozessualische Rechtsverhältnisse, subjektive Prozeßrechte, geschaffen, in solche, durch welche dieselben abgeändert und in solche, durch welche sie beendet werden. Daneben kommen auch solche vor, durch welche nur einzelne subjektive Prozeßrechte direkt geschaffen werden.

Das eine wie das andere wird unmittelbar bewirkt durch Abgabe darauf abzielender prozessualer Willenserklärungen und zwar, wie nach dem ad III Gesagten beigefügt werden kann, Parteiwillenserklärungen, wobei unter Partei nicht bloß die eigentlichen Prozeßparteien — also Kläger und Beklagter — sondern alle jene Privatpersonen im Gegensatze zu dem Gerichte zu verstehen sind, welche im eigenen Interesse und im eigenen Namen Prozeßhandlungen rechtswirksam vornehmen können.

Die Prozeßordnung anerkennt diese Parteiwillenserklärungen als rechtswirksam, d. h. sie stattet den erklärten Parteiwillen mit der Macht aus, von ihr mit Rücksicht auf den Prozeßzweck als zulässig anerkannte prozessualische Erfolge herbeizuführen und zwar direkt, unabhängig von dem Willen des Gerichtes und ohne dessen Vermittelung, ohne hinzutretende richterliche Willenserklärung.

Das Gericht steht den prozessualischen Rechtsgeschäften ganz anders gegenüber als den prozessualischen Rechtsakten; bei den prozessualischen Rechtsgeschäften ist die Willenserklärung niemals an das Gericht als Destinatär gerichtet; sie kann wohl dem Gerichte gegenüber abgegeben, d. h. vor Gericht erklärt werden, aber sie soll niemals für das Gericht ein movens sein, da es ja einer Richterhandlung zur Bewirkung des beabsichtigten Erfolges nicht bedarf; das prozessualische Rechtsgeschäft vollzieht sich lediglich durch den Parteiwillen, ohne Mitwirkung des Gerichtes; zuweilen bloß durch den Willen eines Erklärenden, zuweilen muß noch ein zweiter Wille dazu oder es darf doch ein solcher nicht hindernd entgegen treten. Nur in dem Falle, daß es auch auf den Willen eines Zweiten ankommt, ist die Erklärung der einen Partei an den Gegner als Destinatär gerichtet entweder als movens, um ihn zur Abgabe der zum Zustandekommen des Rechtsgeschäftes erforderten Willenserklärung zu bestimmen, oder nur, um ihm die Möglichkeit zur Abgabe einer dissentierenden, das Zustandekommen ausschließenden Willenserklärung zu eröffnen.

In Gegenüberhaltung der prozessualischen Rechtsgeschäfte und Rechtsakte ist weiters noch zu bemerken: Durch die an das Gericht gerichtete prozessualische Willenserklärung, welche sich als Ausübungshandlung eines existenten subjektiven Prozeßrechtes darstellt, entsteht wohl ein Anspruch auf eine Handlung des Gerichtes, eventuell durch den ergehenden Ausspruch des Gerichtes auch ein Anspruch wider den Gegner; niemals aber entsteht erst das Prozeßrecht selbst. Durch an den Gegner gerichtete Willenserklärungen, die Rechtsakte sind, entsteht nicht einmal ein Anspruch; erst das Unterbleiben der provozierten Handlung ermöglicht es der Partei, ihr prozessualisches Recht durch Stellung eines an das Gericht gerichteten Antrages, durch welchen ein neuer, das Prozeßverhältniß entwickelnder Anspruch entsteht, weiter auszuüben.

Durch die in den prozessualischen Rechtsgeschäften liegenden Willenserklärungen entstehen prozessualische Rechtsverhältnisse resp. deren Abänderung, also neue Prozeßrechte oder deren Abänderung, welche, um einen Anspruch zu erzeugen, wieder erst ausgeübt werden müssen.

Die prozessualischen Rechtsverhältnisse werden unmittelbar existent durch die darauf gerichtete Parteiwillenserklärung resp. Erklärungen; der durch das prozessualische Rechtsgeschäft angestrebte Erfolg tritt ein als unmittelbare Wirkung des erklärten Parteiwillens, immer ohne richterliche Vermittelung, ohne eine seitens des Gerichtes abzugebende Willenserklärung.

Die gesetzmäßig abgefaßte und dem Beklagten zugestellte Klage ist bei dem Prozeßgerichte erhoben, das Prozeßverhältnis, welches den Kläger, das Gericht und den Beklagten als Prozeßsubjekte umschließt, begründet; der Eid ist, wenn die gesetzlichen Voraussetzungen der Zulässigkeit des Eidesgeschäftes gegeben sind, mit der Zu- oder Zurückschiebungserklärung zugeschoben oder zurückgeschoben; ein Thatumstand ist mit zwingender Wirkung auf das Gericht zugestanden, der Gerichtsstand prorogiert, die Frist abgekürzt oder verlängert, der Termin aufgehoben, das Verfahren ruht u. s. w., ohne daß dem Gerichte irgend ein Einfluß auf das Zustandekommen des beabsichtigten prozessualischen Erfolges zusteht, ohne daß es nur von der Partei zur Abgabe einer Willenserklärung aufgefordert worden wäre.

Der Parteiwille allein bewirkt den angestrebten Erfolg; zuweilen genügt hierzu der erklärte Wille einer Partei, eines beteiligten Interessenten, zuweilen wird Willensübereinstimmung aller beteiligten Interessenten oder doch widerspruchsloses Hinnehmen des erklärten Willens des einen seitens des anderen oder der übrigen gefordert.

Nicht in allen Fällen verleiht die Prozeßordnung dem rechtsgeschäftlichen Willen nur einer Prozeßpartei auch Macht über den Willen des Gegners, insofern, als sie dessen Willen für den Eintritt der beabsichtigten Wirkung als indifferent erklärt.

Es liegt nahe, daß das objektive Recht zur Begründung oder Änderung von Rechtsverhältnissen (im Sinne von rechtlichen Beziehungen von Person zu Person) die Willensübereinstimmung derjenigen, welche durch das Rechtsverhältnis umschlossen werden sollen, oder bereits umschlossen sind, verlangt. Im Privatrechte ist dies auch die Regel; Veränderungen, insbesondere nachteilige Veränderungen in der Rechtssphäre bestimmter Personen können nur mit Willen desjenigen, auf dessen Seite eine Änderung der Rechtslage eintreten soll, herbeigeführt werden. Veränderungen, welche gegen den Willen der anderen Interessenten bewirkt werden, beruhen gewöhnlich nicht auf Rechtsgeschäften; sie sind zumeist rechtswidrige, beruhen auf Delikten oder rechtswidrigen Unterlassungen (nicht deliktischen).

Der Prozeß soll dazu dienen, diese in den Rechtssphären bewirkten rechtswidrigen Veränderungen wieder aufzuheben und auszugleichen.

Wollte man dem Parteiwillen im Prozesse überhaupt rechtserzeugende Kraft geben, so war von vornherein damit zu rechnen, daß man die Zustimmung eventuell Mitwirkung desjenigen, der die rechtswidrige Rechtsveränderung bewirkte, oder sich doch dieselbe, deren Fortdauer mit Rücksicht auf sein Interesse gerne gefallen läßt, nicht werde erlangen können, um die Aufhebung der rechtswidrigen Veränderung, also die Verwirklichung des Rechtes, zu ermöglichen.

Die Privatrechtsverhältnisse sollen einverständlich reguliert werden; ist aber in denselben durch einseitigen Übergriff oder sonstiges rechtswidriges Verhalten, oder auch ohne solches eine Störung eingetreten, so muß dem Willen desjenigen, in dessen Rechtssphäre eingegriffen wurde, dessen Recht ein unbefriedigtes ist, ein ausgleichendes Übergewicht über den Willen des anderen eingeräumt, es müssen die prozessuale Rechte erzeugenden oder abändernden Rechtsgeschäfte so gestaltet werden, daß der rechtsgeschäftliche Wille der einen Partei rechtserzeugende Kraft ohne den Willen der anderen erhält; der Eintritt des beabsichtigten Rechtserfolges muß unabhängig nicht bloß vom Willen des Gerichtes, sondern auch von dem des Gegners gestellt werden. Die prozessualen Rechtsgeschäfte, (insbesondere jenes, durch welches die Wirkung von mala fide vorgenommenen Prozeßhandlungen paralysiert werden soll), mußten einseitig, also in der Weise gestaltet werden, daß der erklärte, einen von der Prozeßordnung als zulässig anerkannten Erfolg anstrebende Parteiwille zur Erreichung desselben genügt, also mittelbar zwingende Macht über den Willen des Gegners erhält.

Wenn auch dem Willen des einen insofern zwingende Macht über den des anderen durch die Prozeßordnung beigelegt wird, daß die beabsichtigte prozessuale Wirkung unabhängig von dem Willen des anderen, obwohl die Wirkung auch diesen ergreift, eintritt, so ist diese Willensmacht doch nicht auf ein Handeln des andern gerichtet; die Willensmacht liegt nur darin, daß die beabsichtigte Wirkung des Rechtsgeschäftes, ohne daß es auf den Willen desjenigen, dem gegenüber die Willenserklärung abgegeben wird, ankommt, unmittelbar eintritt, lediglich durch die eigene Willenserklärung desjenigen, welcher das einseitige prozessuale Rechtsgeschäft vornimmt; es tritt somit das beabsichtigte prozessuale Rechtsverhältnis zwischen den Personen, welche dasselbe umschließen soll, resp. dessen Abänderung oder ein neues unabhängig von demselben geschaffenes subjektives Prozeßrecht in Kraft, ohne daß es einer Mitwirkung des Mitumschlossenen bedarf; weil es einer solchen nicht bedarf, braucht die Willenserklärung gegen den anderen gar nicht als movens gerichtet zu sein, noch viel weniger braucht die Willensmacht eine auf ein Handeln gerichtete Zwangsgewalt zu enthalten.

Ob nun das Rechtsgeschäft ein ein- oder zweiseitiges ist, daher zum Zustandekommen desselben ein Handeln (Abgabe einer Willenserklärung) nur von einer oder von zwei Personen gefordert wird, immer ist die Wirkung des Rechtsgeschäftes die gleiche: Es entstehen prozessuale Rechtsverhältnisse resp. Abänderungen derselben oder selbständige subjektive Prozeßrechte.

Nachdem nun die prozessualen Rechtsverhältnisse Prozeßrechte zu ihrem Inhalte haben, so entstehen in allen Fällen diese oder deren Abänderungen. Das Entstehen oder die Abänderung der subjektiven Prozeßrechte kann demnach, wenn das prozessuale Rechtsgeschäft einseitig gestaltet ist, durch die Willensmacht des einen, durch Vornahme des einseitigen prozessualen Rechtsgeschäftes erfolgen, ohne daß eine weitere Willenserklärung, ein weiteres Handeln gefordert wird. Der beabsichtigte prozessuale Erfolg tritt ein durch Vornahme des einseitigen Rechtsgeschäftes, das prozessuale Rechtsverhältnis, die subjektiven Prozeßrechte sind damit geschaffen resp. abgeändert.

Es handelt sich nur darum, ob das prozessuale Rechtsgeschäft durch Abgabe einer Willenserklärung zustande kommt, oder ob dazu das Unterlassen einer entgegenstehenden oder gar die Abgabe einer zustimmenden Willenserklärung gefordert wird. In den beiden letzteren Fällen hat der Wille des einen nie die Macht, den andern zum Unterlassen oder zur Abgabe der weiteren Willenserklärung zu zwingen; nicht die einzelnen von mehreren, zum Zustandekommen eines Rechtsgeschäftes geforderten Willenserklärungen resp. der durch sie manifestierte Parteiwille ist durch das Gesetz mit zwingender Macht ausgestattet; diese wohnt nur dem Rechtsgeschäfte selbst inne; es muß zustande gekommen sein, um zwingende Wirkung äußern zu können; diese äußert es aber auf alle in dem durch das Rechtsgeschäft begründeten oder abgeänderten prozessualen Rechtsverhältnissen stehenden Personen, mag es nun als einseitiges, durch Willenserklärung einer Person, oder als zwei- resp. mehrseitiges, durch mehrere Willenserklärungen zustande gekommen sein.

In dem Streite darüber, ob es im Prozesse Pflichten der Parteien gebe, ob diese Pflichten seien solche zu handeln oder zu dulden, wurde von beiden Seiten mehr behauptet als sich aufrecht erhalten läßt. Dies hängt damit zusammen, daß man stets nur die subjektiven Prozeßrechte und deren Ausübung, die Rechtsakte im Auge hatte und dabei das prozessuale Rechtsgeschäft, insbesondere das einseitige, außer Betracht ließ.

Zur Klärung der Streitfrage wird es beitragen, wenn man die Bedeutung des einseitigen prozessualen Rechtsgeschäftes für den Prozeß, für dessen Begründung und Weiterentwickelung erfaßt, die diesfälligen Willenserklärungen nicht als Ausübungshandlungen eines Prozeßrechtes auffaßt, und dort nicht nach einer Pflicht fragt, wo deren Voraussetzung — das subjektive Recht — nicht gegeben ist.

Die Prozeßordnung hat die Möglichkeit erschlossen, durch prozessuale Rechtsgeschäfte — auch und vorzugsweise durch einseitige, also durch Abgabe einer Willenserklärung seitens einer Partei — unmittelbar prozessuale Rechtswirkungen zu schaffen. Diese Wirkungen werden durch ein Handeln, welches nicht etwa in Ausübung eines noch gar nicht existierenden subjektiven Prozeßrechtes erfolgt, sondern ein rechtsgeschäftliches ist, herbeigeführt, und zwar durch die Macht, mit welcher die Prozeßordnung den Einzelwillen ausgestattet hat, indem es mit demselben im konkreten Falle seinen allgemeinen Willen identifizierte, und denselben daher zum Zustandekommen eines prozessualen Rechtsgeschäftes dadurch für ausreichend erklärte, daß es dasselbe als einseitiges gestaltete.

Der Einzelwille bewirkt das Zustandekommen des prozessualischen Rechtsgeschäftes und dieses übt seine zwingende Macht auf alle jene, welche in dem durch das einseitige Rechtsgeschäft geschaffenen oder abgeänderten prozessualen Rechtsverhältnisse stehen.

Diese so geschaffenen Rechtsverhältnisse haben erst Rechte zu ihrem Inhalte und erst diesen Rechten gegenüber kann von Pflichten die Sprache sein.

Die Willenserklärung, welche das prozessuale Rechtsgeschäft ausmacht, beruht auf keinem Rechte, ist keine Ausübung eines nicht existierenden Rechtes; mit Bezug auf sie kann daher nach keiner Pflicht gefragt und nicht darüber gestritten werden, ob diese nicht existente Pflicht eine Pflicht zu handeln oder nur zu dulden sei.

Ist das Rechtsgeschäft einseitig gestaltet, so ist es von vornherein ausgeschlossen, daß zum Zustandekommen desselben ein Handeln von anderer Seite als von jenem, der die rechtsgeschäftliche Willenserklärung abgibt, gefordert wird; aber auch von einem Dulden kann dann keine Sprache sein; ein Dulden hätte zur Voraussetzung, daß das Rechtsgeschäft eben nicht einseitig, sondern so gestaltet ist, daß zu der einen abgegebenen Willenserklärung das Unterlassen eines sonst, d. i. abgesehen von dieser Pflicht zu dulden, berechtigten Widerspruches gegen dieselbe hinzutreten muß. Wenn aber das Rechtsgeschäft durch einseitige Willenserklärung perfekt wird, so hat der andere Beteiligte nur zu dulden, daß die Prozeßordnung prozessualische Rechtsgeschäfte als einseitige gestaltete; ein solches „Dulden“ ist wohl etwas ganz anderes als das Dulden, welches sich als Pflicht gegenüber einem subjektiven Rechte darstellt.

Der einseitigen Willenserklärung, mit deren Abgabe sich das Rechtsgeschäft vollzieht, gegenüber haben die anderen Personen, welche in die Wirkungssphäre des Rechtsgeschäftes gezogen werden, weder zu handeln noch etwas zu dulden; der rechtsgeschäftlichen Willenserklärung gegenüber kann von einer Pflicht zum Handeln oder Dulden keine Sprache sein; diese entsteht erst mit dem Rechte und dieses erst durch das Rechtsgeschäft.

Wer das prozessualische Rechtsgeschäft und insbesondere das einseitige, nicht anerkennt, dafür aber die dasselbe ausmachende Willenserklärung als Ausübungshandlung eines subjektiven Prozeßrechtes ansieht, muß natürlich zu der Frage kommen, wie es denn mit der diesem Rechte etwa entsprechenden Pflicht bestellt sei. Um eine solche zu finden und dadurch den Begriff des subjektiven Rechtes, dem ja eine Pflicht entsprechen muß, zu retten, hat man dort Pflichten gefunden, wo keine sind und auch gar nicht zu suchen waren.

Man sagt, dem Klagerecht entspreche die Einlassungspflicht, durch die Handlung der Klage einerseits und die der Einlassung andererseits komme das Prozeßverhältnis zustande. Die Klagehandlung erfolgt aber nicht in Ausübung eines subjektiven Prozeßrechtes, sondern dadurch, daß man von einer durch die Prozeßordnung geschaffenen Möglichkeit, ein prozessualisches Rechtsgeschäft vorzunehmen, Gebrauch macht. Dem entspricht keine Pflicht. Dadurch, daß man von jener Gebrauch macht — Klage erhebt — wird die Rechtshängigkeit der Streitsache, das Zustandekommen des Prozeßverhältnisses bewirkt; darauf ist die in der Klagerhebung gelegene Willenserklärung gerichtet und dieser Erfolg tritt ein unmittelbar durch die Klagehandlung, als einseitig gestaltetes prozessualisches Rechtsgeschäft.

Die Klagehandlung, d. i. die Erhebung der Klage, ist als einseitiges, die Begründung des Prozeßverhältnisses bewirkendes Rechtsgeschäft auseinanderzuhalten vom Klagevortrag in der mündlichen Verhandlung. Der Klagehandlung liegt kein subjektives

Prozeßrecht zugrunde, sie ist nicht die Ausübung eines solchen; durch sie entsteht erst das Prozeßverhältnis, welches subjektive Prozeßrechte zu seinem Inhalte hat; ein solches ist das Recht auf Urteil; dieses Recht gewährt aber, wie alle übrigen subjektiven Prozeßrechte, noch keinen mit der Existenz des Rechtes gegebenen Anspruch; zu dessen Entstehung bedarf es einer Ausübungshandlung, d. i. des Antrages auf Urteil, der in der mündlichen Verhandlung gestellt resp. verlesen werden muß; ebenso gehört das Recht zur Vorbringung der Angriffsmittel zu jenen subjektiven Prozeßrechten, welche den Inhalt des Prozeßverhältnisses bilden; es wird ausgeübt durch den Klagevortrag in der mündlichen Verhandlung. Unrichtig ist es daher, die Klage als einen Antrag auf Prozeß, auf Urteil zu bezeichnen. Die Klagehandlung ist gar kein Antrag, den ein solcher kann nur in Ausübung eines subjektiven Prozeßrechtes gestellt werden, sondern sie ist ein prozessualisches Rechtsgeschäft, durch welches Prozeßrechte erst entstehen.

An dieser Stelle muß davon Umgang genommen werden, die rechtliche Natur des Eidesgeschäftes resp. der Eidesgeschäfte — Eideszuschiebung und Eideszurückschiebung — darzustellen und klarzulegen, daß sie einseitige prozessualische Rechtsgeschäfte sind, und welche rechtliche Wirkung sie haben; es soll hier nur im voraus bemerkt werden, daß sich aus einer späteren Untersuchung ergeben wird, daß das Eidesgeschäft kein zweiseitiges, aus der Zuschiebung und Erklärung darüber (event. Zurückschiebung) bestehendes Rechtsgeschäft ist, daß es daher zum Zustandekommen der Eidesgeschäfte nur je einer Willenserklärung, nämlich der Eideszuschiebung oder Zurückschiebung bedarf, daß diese Erklärungen nicht abgegeben werden in Ausübung eines subjektiven Prozeßrechtes, daß durch die Eidesgeschäfte erst im Wege der Abänderung des Prozeßverhältnisses neue subjektive Prozeßrechte entstehen.

In Anbetracht dessen entspricht auch der das Eidesgeschäft bildenden rechtsgeschäftlichen Willenserklärung keine Pflicht auf Seite des Delaten oder Relaten, keine solche zu handeln und keine zu dulden; demnach kann auch von einem dieser nicht bestehenden

Pflicht zur Seite stehenden Zwange — dem Eideszwange — nicht gesprochen werden.

Dasselbe gilt von anderen einseitigen prozessualischen Rechtsgeschäften, auf welche im Verlaufe der Darstellung zurückzukommen sein wird.

Daran ist festzuhalten, daß es sich bei allen einseitigen prozessualischen Rechtsgeschäften eben um Rechtsgeschäfte handelt, d. h. um durch die Prozeßordnung geschaffene Möglichkeiten, durch Parteiwillenserklärungen unmittelbar prozessualische Rechtswirkungen hervorzubringen; für die Beurteilung des Rechtsgeschäftes und seiner Wirkung ist die Gestaltung gleichgültig; ob das Rechtsgeschäft ein ein- oder zwei- (auch mehr-)seitiges ist, also auf dem Willen eines oder beider (eventuell mehrerer) beteiligter Interessenten beruht, immer ist der Eintritt des beabsichtigten rechtsgeschäftlichen Erfolges die Wirkung des Einzel- oder Gesamtwillens, dessen Erklärung das mit rechtsproduktiver Kraft ausgestattete Rechtsgeschäft ausmacht.

Diese rechtsproduktive Kraft besteht in der Erzeugung oder Abänderung von subjektiven Prozeßrechten auf Seite aller in den geschaffenen prozessualischen Rechtsverhältnissen stehenden Personen.

Darum ist beim prozessualischen Rechtsgeschäfte nicht so wie bei der Ausübungshandlung eines subjektiven Prozeßrechtes von der zwingenden Macht des Willens eines Berechtigten über den eines Verpflichteten zu sprechen; es stehen sich nicht Recht und Pflicht gegenüber, jenes wird nicht ausgeübt, diese nicht wachgerufen; es entsteht, ohne daß vorher ein diesfälliges Recht oder eine diesfällige Pflicht bestanden, durch die Parteiwillenserklärung ein subjektives Prozeßrecht, oder die Modifizierung eines solchen und damit eine Pflicht oder die Modifizierung einer solchen.

Das Verhalten der Partei resp. der Parteien, durch deren Willenserklärung das Rechtsgeschäft zustande gebracht wird, ist niemals weder ein berechtigtes, noch ein verpflichtetes. Das Rechtsgeschäft entsteht immer durch freies Handeln des oder der Interessenten; der erklärte Wille hat rechtsproduktive Kraft, sei es nun der Wille nur des einen oder beider (mehrerer) Interessenten; ob das eine genügt oder das andere gefordert wird, hängt von der Gestaltung des Rechtsgeschäftes durch die Prozeßordnung als ein- oder zwei- (mehr-)seitiges ab; ist letzteres der Fall, so gibt es keinen auf die Abgabe einer zum Zustandekommen eines Rechtsgeschäftes notwendigen Willenserklärung gerichteten Zwang, denn ein solcher könnte nur dem Berechtigten behufs Erzwingung der Erfüllung einer seinem Rechte entsprechenden Pflicht zustehen.

Es kann nicht genug betont werden, daß stets die Abgabe der rechtsgeschäftlichen Willenserklärung resp. -erklärungen von dem zustande gekommenen Rechtsgeschäfte, von dem Eintritte seiner Wirkung auseinanderzuhalten ist.

Mit dem Rechtsgeschäfte ist dessen Wirkung da; aber mit der Abgabe nur einer Willenserklärung, durch welche das Zustandekommen eines Rechtsgeschäftes beabsichtigt wird, ist noch gar keine Wirkung da, wenn das Rechtsgeschäft ein zweiseitiges ist, sei es, daß die Prozeßordnung die Abgabe einer zweiten zustimmenden Willens- oder nur die Nichtabgabe einer Protesterklärung zum Zustandekommen des zweiseitigen Rechtsgeschäftes verlangt. Erfolgt die zustimmende Willenserklärung nicht, oder wird die Protesterklärung abgegeben, so kommt das beabsichtigte Rechtsgeschäft nicht zustande, es tritt keinerlei Wirkung ein; derjenige, welcher seinerseits die Willenserklärung abgegeben, hat weder das Recht noch die Macht, die Abgabe der zustimmenden Willenserklärung zu bewirken oder die Abgabe der Protesterklärung zu hindern.

Der Berechtigte kann Erfüllung der Pflicht seitens des Verpflichteten verlangen eventuell erzwingen; aber derjenige, welcher nur von der Möglichkeit, ein zweiseitiges Rechtsgeschäft vorzunehmen, dadurch Gebrauch macht, daß er seinerseits die erforderliche Willenserklärung abgibt, hat nie Macht über den Willen des andern.

Beim zweiseitigen Rechtsgeschäfte ist der Wille desjenigen, welcher die die Proposition enthaltende Willenserklärung abgibt, nicht nur auf den Eintritt der Rechtsfolge, sondern auf Mitwirkung desjenigen, dessen Willenserklärung zum Zustandekommen des Rechtsgeschäftes gefordert wird, gerichtet; das Gesetz hat aber dem erklärten Willen des Proponenten nicht die Macht verliehen, den beabsichtigten Erfolg dadurch herbeizuführen, daß er einen Zwang auf den anderen ausüben kann; die zustimmende Willenserklärung abzugeben oder die Abgabe der Protesterklärung zu unterlassen, beides steht in dem freien Willen des anderen. Aber die Willenserklärung des Proponenten ist movens für die Abgabe der zustimmenden oder doch Veranlassung für die Abgabe der dissentierenden Willenserklärung des anderen.

Erreicht der Proponent die auf die Abgabe der zustimmenden Willenserklärung gerichtete Absicht, oder nimmt doch der Destinatär die ihm gegenüber abgegebene Willenserklärung nicht zum Anlasse, seinerseits eine dissentierende Willenserklärung abzugeben, so kommt das Rechtsgeschäft zustande und es tritt die von dem Proponenten beabsichtigte Wirkung des Rechtsgeschäftes ein.

Anders verhält es sich bei den prozessualischen Rechtsgeschäften, welche von der Prozeßordnung als einseitige gestaltet sind.

Bei diesen tritt der beabsichtigte Erfolg ein, ohne daß es auf den Willen des anderen ankommt; dieser braucht den angestrebten Erfolg nicht auch zu wollen; zur Herbeiführung desselben kommt es auf eine Handlung oder Unterlassung des anderen gar nicht an.

Der in entsprechender Form geäußerte Wille der einen Partei bewirkt den beabsichtigten prozessualen Erfolg, welcher auch die Rechtssphäre derer beeinflußt, die in das zu begründende prozessuale Rechtsverhältnis treten oder in demselben bereits stehen.

Dem einseitigen prozessualen Rechtsgeschäfte mußte besondere Aufmerksamkeit zugewendet werden, weil es eine große äußere Ähnlichkeit hat mit den Willenserklärungen, durch welche Prozeßrechte ausgeübt werden.

Die prozessualen Rechtsgeschäfte vollziehen sich also, je nachdem sie von der Prozeßordnung als ein- oder zweiseitige gestaltet sind, durch die Willenserklärung einer oder zweier (mehrerer) Parteien; diese Willenserklärung resp. Willenserklärungen müssen, da es sich ja um Bewirkung eines gewillkürten Erfolges handelt, begriffsmäßig freie, nicht unter Pflicht stehende, also nicht erzwingbare sein.

Während im Privatrechte die Mehrzahl der Rechtsgeschäfte zweiseitige — Verträge — sind, begünstigt die Prozeßordnung die einseitige Willenserklärung und fordert nur in wenigen Fällen für das Zustandekommen eines prozessualen Rechtsgeschäftes, für die Herbeiführung einer gewillkürten prozessualen Rechtsfolge, zustimmende Willenserklärung oder doch Nichtablehnung von Seite desjenigen, dem gegenüber die Willenserklärung abgegeben wird[11]).

Für die Prozeßbegründung und Gestaltung erscheint von besonderer Wichtigkeit die von der Prozeßordnung im Verhältnisse zum Privatrechte geübte Begünstigung des einseitigen Rechtsgeschäftes gegenüber dem zweiseitigen, ob dieses nun auf Willensübereinstimmung, auf dem velle beider, oder auf dem velle des einen und dem non nolle des anderen beruht, und unter den zweiseitigen wieder die Begünstigung des letzteren vor dem ersteren, und zwar in der Weise, daß in Fällen, in denen das einseitige prozessuale Rechtsgeschäft versagt, die rechtsgeschäftliche Wirkung im Wege eines zweiseitigen, durch Nichterklärung des nolle zustande kommenden (ungleich zweiseitigen) Rechtsgeschäftes hergestellt wird. Gerade die wichtigsten prozessualen Rechtsgeschäfte sind einseitige; sie mußten als solche und in subsidio als ungleich zweiseitige gestaltet werden, wenn die Möglichkeit der Rechtsdurchsetzung für alle Fälle gesichert werden sollte.

Zur Vermeidung ganz widernatürlicher Konstruktionen und Fiktionen mußte mit der dem römischen Prozesse zugrunde liegenden, denselben in seiner Blütezeit vollkommen beherrschenden Idee, daß der Prozeß auf einem zweiseitigen Vertrage beruhe, gebrochen und die Rechtsdurchsetzung möglichst unabhängig

---

[11]) Über diese durch die Nichterklärung des nolle zustande kommenden Rechtsgeschäftes und im Anschlusse daran über die Bedeutung des Abwehrprinzips für die Grundanlage des Civilprozesses hat Bülow sich in trefflicher Weise F. und insbesondere S. 79 ff. geäußert.

von dem Willen des Prozeßgegners gestellt werden. Dazu genügte es nicht, Prozeßhandlungen schon dann als wirksam zu erklären, wenn nur kein Widerspruch von der Gegenseite erhoben wurde, vielmehr mußte die Prozeßgründung nicht nur unabhängig von der Zustimmung, sondern auch von einem etwaigen Widerspruche des Gegners gestellt, es mußten die prozessualen Rechtsgeschäfte zur Bewirkung der Prozeßgründung, d. i. zur Begründung des Prozeßverhältnisses, sowie anderer prozessualischer Rechtsverhältnisse als einseitige gestaltet werden.

Nur prozessuale Erfolge von mehr untergeordneter Bedeutung sind von übereinstimmenden Willenserklärungen der interessierten Personen abhängig gemacht, sie werden durch (gleichmäßig) zweiseitige Rechtsgeschäfte bewirkt; solche sind der Prorogationsvertrag, die Vereinbarungen über Sicherheitsleistung, über Verlängerung oder Abkürzung von Fristen, über Terminsaufhebung, über das Ruhen des Prozesses, die Einigung über die Erheblichkeit und die Norm des Eides, der Eintritt des Auktors und des Rechtsnachfolgers in ein Grundstück in den Prozeß an Stelle des Beklagten bezw. des Besitzvorgängers. (Zurücknahme der Klage, der Berufung und der Revision nach Beginn der mündlichen Verhandlung des Beklagten [Berufungs- und Revisionsbeklagten] zur Sache sind keine zweiseitigen, sondern zusammengesetzte einseitige Rechtsgeschäfte.)

Prozessuale Rechtsgeschäfte, bei denen es nicht auf die Zustimmung der Interessenten ankommt, sondern der bloße Nichtwiderspruch zu deren Zustandekommen genügt, sind die sogenannte „stillschweigende Vereinbarung" des Gerichtsstandes, beruhend auf der widerspruchslosen Einlassung (?) auf die mündliche Verhandlung vor dem von dem Kläger gewählten inkompetenten Gerichte, die Klageänderung durch widerspruchslose Einlassung auf die abgeänderte Klage; endlich alle einseitigen, nicht an einem Willensmangel, sondern nur an einem Mangel einer dispositiven Voraussetzung (sog. verzichtbarem Mangel) leidenden prozessualen Rechtsgeschäfte, wenn dieser Mangel dadurch, daß dessen Rügung nicht erfolgt, geheilt, das beabsichtigte, einseitige Rechtsgeschäft also zu einem wirklichen als ungleich zweiseitiges wird.

Wie schon bemerkt, werden gerade die wichtigsten prozessualen Rechtsfolgen durch einseitige prozessuale Rechtsgeschäfte bewirkt, so die Prozeßbegründung, das Existentwerden des Prozeßverhältnisses, durch das Rechtsgeschäft der Klagerhebung, ebenso die Eideszuschiebung und Zurückschiebnng; daneben auch minder wichtigere, wie die Schaffung eines gewählten Gerichtsstandes neben dem gesetzlichen von Seite der Gemeinden, der Korporationen, sowie derjenigen Gesellschaften, Genossenschaften oder anderen Personvereine und derjenigen Stiftungen, Anstalten und Vermögensmassen, welche als solche verklagt werden können, die Zurücknahme der Klage, der Berufung, der Revision vor Einlassung des Beklagten resp. Berufungs- oder Revisionsbeklagten, der Verzicht auf Vorbringung prozessualhindernder Einreden, auf Rüge von Mängeln des Verfahrens, auf Einspruch und dessen Zurücknahme, auf das Recht der Berufung und Revision; Erhebung der Hauptinterventionsklage; Eintritt in den Streit als Nebenintervenient u. s. w.

V. Perfektion.

Je nachdem die Prozeßordnung die einzelnen prozessualischen Rechtsgeschäfte als einseitige oder zweiseitige gestaltet hat, tritt deren Perfektion bei den verschiedenen Arten der Rechtsgeschäfte in verschiedenen Momenten ein.

A. Das einseitige Rechtsgeschäft wird perfekt mit der einen Willenserklärung; zu untersuchen ist nur, wann die Willenserklärung als abgegeben anzusehen ist.

Diesbezüglich unterscheiden sich die einseitigen prozessualischen Rechtsgeschäfte von den einseitigen materiellen Rechtsgeschäften dadurch, daß die Willenserklärung nicht nur abgeschlossen sein muß (wie z. B. beim Testamente), sondern daß sie stets in solcher Weise abgegeben sein muß, daß derjenige, dem daraus ein subjektives Prozeßrecht erwachsen oder der von dem nexus des prozessualischen Rechtsverhältnisses umschlossen werden soll, von dem Inhalte der Willenserklärung Kenntnis erlangen konnte.

Es wird nicht gefordert, daß er wirklich Kenntnis erlangt hat; aber die Erklärung ist erst dann perfekt, wenn sie für den Betreffenden Gegenstand der Wahrnehmung werden konnte; die Erklärung muß eine mitgeteilte sein[12]).

Wem sie mitgeteilt, resp. wem gegenüber sie abgegeben sein muß, ist verschieden, je nach der prozessualischen Wirkung, welche durch Abgabe der Erklärung erzeugt werden soll.

So wird die Willenserklärung, durch welche Gemeinden, Korporationen u. s. w. neben ihrem allgemeinen Gerichtsstande sich einen besonderen, gewählten schaffen, wodurch für jeden Dritten das subjektive Prozeßrecht entsteht, eine Klage bei diesem gewählten Gerichtsstande anhängig zu machen, gar keiner bestimmten Person gegenüber abgegeben; sie ist kundzumachen; das einseitige Rechtsgeschäft der Konstituierung des gewählten Gerichtsstandes wird daher nicht bereits perfekt mit dem diesfalls gefaßten Beschlusse, sondern erst mit dessen Kundmachung.

Dagegen wird die Willenserklärung, welche in der Klagerhebung gelegen ist, dem Gerichte und dem Beklagten gegenüber abgegeben; sie wird erst perfekt mit der ordnungsmäßigen Zustellung des Klageschriftsatzes an den Beklagten (ob dieser infolge dieser Zustellung Kenntnis von der Willenserklärung erhalten hat, ist unentscheidend) oder mit der Geltendmachung des Klageanspruches in der mündlichen Verhandlung (§ 254) oder mit dem mündlichen Vortrage der Klage (§ 461), beides in Gegenwart des Beklagten.

B. Bei zweiseitigen prozessualischen Rechtsgeschäften müssen mit Bezug auf deren Perfektion zunächst die gleichmäßig zweiseitigen, von den ungleich zweiseitigen auseinandergehalten werden.

---

[12]) Eine Ausnahme findet sich nur bei der Eideszuschiebung; das Gericht hat zu kontrollieren, ob der Delat Kenntnis von der Eideszuschiebung genommen hat, ihn zu einer Erklärung über dieselbe aufzufordern (§ 420).

a. Bei ersteren wird zur Perfektion erfordert, daß die übereinstimmenden Willenserklärungen abgegeben sind und zwar wechselseitig, die Erklärung demjenigen, welcher die Gegenerklärung abzugeben und diese demjenigen, welcher die Erklärung abgegeben hat; das durch die beiderseitigen Erklärungen zustande kommende Rechtsgeschäft ist mit deren Abgabe perfekt, wenn auch noch behufs Realisierung der beabsichtigten prozessualischen Wirkung der Inhalt des Rechtsgeschäftes dem Gerichte mitgeteilt werden muß, ja sogar dann, wenn das Gericht die abgegebene Willenserklärung nach Form und Inhalt oder die Zulässigkeit des prozessualischen Rechtsgeschäftes zu prüfen hat.

In dieser Prüfung liegt keinerlei konstitutives Element; das Gericht hat nur eventuell zu erklären, daß das beabsichtigte Rechtsgeschäft der gesetzlichen Sanktion entbehre, oder daß die abgegebenen Willenserklärungen nach Form oder Inhalt mangelhaft seien oder endlich, daß das beabsichtigte Rechtsgeschäft nicht zustande gekommen sei, weil es an Voraussetzungen für die Zulässigkeit des Rechtgeschäftes fehlte. In solchen Fällen ist das prozessualische Rechtsgeschäft zwar mit der Abgabe der übereinstimmenden Willenserklärungen perfekt, aber es bleibt bis zur richterlichen Prüfung in einem Schwebezustande, der dann entweder damit endet, daß das intentionierte Rechtsgeschäft als ein zu Recht bestehendes anerkannt wird, es daher bei der eingetretenen Wirkung desselben sein Bewenden hat, oder daß es als nicht zustande gekommen gilt und damit die beabsichtigte und auch eine bereits als Interimswirkung etwa eingetretene Wirkung entfällt.

Gar keiner Mitteilung an das Gericht bedürfen Vereinbarungen über Bestellung einer prozessualischen Sicherheit, über das Ruhen des Prozesses; dagegen einer Mitteilung aber keiner Prüfung Vereinbarungen über Verlängerung oder Abkürzung von Fristen, die keine Notfristen sind, über Verlegung von Terminen; einer Prüfung unterstehen der Prorogationsvertrag, sobald er seine Wirkung äußern soll, sobald also bei dem prorogierten Gerichte geklagt wird, weiters Vereinbarungen — nicht jedes

„einig sein" der Parteien (§ 415) beruht auf einer Vereinbarung; nur von diesen ist hier die Sprache — über den Wegfall der gesetzlichen Eidesbeschränkungen, über die Erheblichkeit und die Norm des Eides.

b. Ungleich zweiseitige prozessuale Rechtsgeschäfte, das sind jene, zu deren Zustandekommen die Abgabe einer Willenserklärung von der einen Seite und die Nichtabgabe einer Protesterklärung von der anderen Seite erfordert wird, werden in dem Momente perfekt, in welchem es gewiß ist, daß die Protesterklärung nicht abgegeben wird. Diesbezüglich müssen zwei, vielleicht richtiger drei Fälle unterschieden werden.

Derjenige, auf dessen non nolle es ankommt, kann darauf, die Erklärung des nolle abzugeben, verzichten; dieser Verzicht bedarf wie alle prozessualischen Verzichte keiner Annahme; das Rechtsgeschäft wird daher in diesem Falle durch Abgabe der Verzichtserklärung perfekt.

Eines solchen ausdrücklichen Verzichtes bedarf es aber zum Zustandekommen des Rechtsgeschäftes nicht; es genügt, daß eine Nichterklärung des nolle vorliegt; eine solche Nichterklärung kann in einem Handeln, welches die RCPO. als Nichterklärung des nolle aufgefaßt wissen will, gefunden werden; in diesem Falle wird das Rechtsgeschäft mit diesem Handeln perfekt.

Es genügt aber auch das Verstreichen jener Frist, innerhalb welcher das nolle mit Rechtswirkung erklärt werden kann, ohne daß es erklärt wurde, wo dann das Rechtsgeschäft mit Ablauf der Frist perfekt wird.

Durch Verzicht auf die Abgabe der Protesterklärung kommen jene ungleich zweiseitigen prozessualischen Rechtsgeschäfte zustande, werden also mit seiner Erklärung perfekt, welche von der Prozeßordnung von vornherein als einseitige gestaltet sind, die aber deshalb als unzulässig erscheinen, weil es an einer dispositiven Voraussetzung für deren Zulässigkeit mangelt, so zwar, daß es auf den Willen des anderen ankommt, ob das prozessualische Rechtsgeschäft auch ohne Vorhandensein der mangelnden dispositiven Voraussetzung für seine Zulässigkeit dennoch und zwar als ungleich zweiseitiges zustande kommen soll. So kommt das Rechtsgeschäft der Klageerhebung, wenn es an einer dispositiven (verzichtbaren) Prozeßvoraussetzung fehlt, durch Abgabe einer diesbezüglichen Verzichtserklärung als ungleich zweiseitiges zustande. Die Verzichtserklärung deckt sich nicht mit der erstabgegebenen — ist keine mit dieser übereinstimmende.

Durch ein Handeln, welches die RCPO. als Nichterklärung des nolle aufgefaßt wissen will, kommt das Rechtsgeschäft der Klageänderung dann zu Stande, wenn sich der Beklagte in mündlicher Verhandlung auf die abgeänderte Klage einläßt; ebenso kommt die „stillschweigende" Prorogation dadurch zustande, daß der Beklagte, ohne die Unzuständigkeit geltend zu machen, zur Hauptsache mündlich verhandelt hat.

Durch Ablauf der Frist zur Protesterhebung kommen ebenfalls von vornherein als einseitig gestaltete prozessualische Rechtsgeschäfte dann zustande, wenn es an dispositiven Voraussetzungen fehlt, der Gegner aber innerhalb der ihm vom Gesetze zur Rüge des Mangels offen gelassenen Frist, eine solche Rüge nicht vorbringt (§§ 247, 257).

Aus dem Gesagten ergibt sich, daß keine bestimmte Form für die abzugebenden Willenserklärungen, durch welche sich prozessualische Rechtsgeschäfte vollziehen, allgemein erfordert wird, insbesondere daß es, damit prozessualische Rechtsgeschäfte zustande kommen, nicht etwa notwendig ist, daß die diesbezüglichen Willenserklärungen in gerichtlicher Form — also mündlich in mündlicher Verhandlung vor dem Prozeßgerichte, eventuell zu Protokoll eines beauftragten oder ersuchten Richters — abgegeben werden.

Als zulässige Formen für die Abgabe rechtsgeschäftlicher Willenserklärungen kennt die RCPO. überhaupt alle Formen, in denen Willenserklärungen abgegeben werden können. Für einige, insbesonders für von der Prozeßordnung einseitig gestaltete prozessualische Rechtsgeschäfte wird jedoch gefordert, daß die Willenserklärungen, durch welche sich dieselben vollziehen sollen, in einer bestimmten Form — entweder in einem Schriftsatze oder mündlich vor Gericht — abgegeben werden; so wird regelmäßig die schriftliche Abgabe der Willenserklärung gefordert, neben welcher nur ausnahmsweise eine mündliche Abgabe derselben zulässig d. i. wirksam ist, für das Rechtsgeschäft der Klagerhebung; bei anderen prozessualischen Rechtsgeschäften wird wieder die mündliche Erklärung vor Gericht als notwendige Form gefordert, so beim Geständnis und bei den Eidesgeschäften.

In den genannten Fällen sind die Formvorschriften absolute; derjenige, welcher die Willenserklärung abgibt, kann dieselbe, wenn sie als eine rechtlich wirksame in Betracht kommen soll, nur in der vom Gesetze vorgeschriebenen essentiellen Form abgeben. Es ist nicht in das Belieben der Partei gestellt, an welche die betreffende Willenserklärung als Destinatär gerichtet ist, in einem solchen Falle die nicht in der essentiellen Form abgegebene, also rechtlich gar nicht in Betracht kommende Willenserklärung gelten zu lassen.

Anders, wenn bei einem auf einseitiger Willenserklärung beruhenden Rechtsgeschäfte für diese eine bestimmte Form vom Gesetze nur dispositiv vorgeschrieben ist, wie die schriftliche Form der Beitrittserklärung für das Interventionsgeschäft. In diesem Falle muß der Destinatär die Willenserklärung nur gelten lassen (das einseitige Rechtsgeschäft kommt dann als solches unabhängig von dem Willen des anderen zustande), wenn die Willenserklärung in der gesetzlichen Form (beim Interventionsgeschäfte also schriftlich) abgegeben wurde. Der in anderer Form abgegebenen kann er Protest entgegensetzen; das Rechtsgeschäft kommt dann nicht zustande. Unterläßt er den Protest, so hat wohl die in anderer Form als der gesetzlichen abgegebene Willenserklärung rechtliche Wirkung, das Rechtsgeschäft kommt aber nicht allein auf Grund derselben als einseitiges, sondern in Anbetracht des unterlassenen Protestes (§ 267) als ungleich zweiseitiges zustande. Es wird sich bald Gelegenheit bieten, sich mit dieser Figur eingehend zu befassen.

Bezüglich der gleichmäßig zweiseitigen prozessualischen Rechtsgeschäfte hat die RCPO. keine Formvorschriften aufgestellt; die betreffenden Willenserkärungen können nach Wahl der Parteien schriftlich oder mündlich, außergerichtlich oder gerichtlich abgegeben werden; so beim Prorogationsvertrage, bei einverständlichen Fristverlängerungen oder Abkürzungen, Terminsaufhebungen, Vereinbarungen über Sicherstellungen u. s. w.

In diesen Fällen und in den Fällen einseitiger Rechtsgeschäfte, für welche Formvorschriften nur dispositiv gegeben sind, können auch die rechtsgeschäftlichen Willenserklärungen durch Vornahme konkludenter Handlungen abgegeben werden, so bei der Terminsaufhebung (terminus circumductus) und beim Interventionsgeschäft. (Vergleiche im besonderen Teil Abschnitt 2, II.)

Die Form, in welcher die Willenserklärungen abgegeben werden, ist demnach ohne Einfluß darauf, ob das zustande kommende Rechtsgeschäft ein prozessuales ist; zum Begriffe eines prozessualen Rechtsgeschäftes gehört es daher keineswegs, daß die rechtsgeschäftlichen Willenserklärungen vor Gericht, in mündlicher Verhandlung oder in einem dem Gerichte überreichten Schriftsatze abgegeben werden.

Anders verhält es sich mit dem Inhalte der rechtsgeschäftlichen Willenserklärungeu.

Ein prozessualisches Rechtsgeschäft kann nur durch Willenserklärungen, welche auf Begründung, Abänderung oder Endigung prozessualischer Rechtsverhältnisse, auf Schaffung, Abänderung oder Endigung subjektiver Prozeßrechte gerichtet sind, hergestellt werden. Auch ist es wohl selbstverständlich, daß die rechtsgeschäftlichen Willenserklärungen nur dann die beabsichtigte Wirkung herbeiführen können, wenn diese Absicht durch die Willenserklärungen zum sicheren Ausdrucke gebracht wird.

Ein Geständnis kann nur hergestellt werden durch eine Erklärung, welche den Geständniswillen zum Ausdrucke bringt; die Eideszuschiebung verlangt eine an den Gegner gerichtete Zuschiebungserklärung u. s. w.

Abgesehen hiervon hat sich die RCPO. bestimmt gefunden, für einige prozessualische Rechtsgeschäfte ausdrücklich vorzuschreiben, welchen besonderen Inhalt die Willenserklärungen enthalten müssen, damit durch sie der beabsichtigte Erfolg herbeigeführt werden könne, und zwar immer so, daß Willenserklärungen, welche den bestimmten Inhalt nicht haben, absolut nicht geeignet sind, den durch sie beabsichtigten Erfolg herzustellen.

So hat die RCPO. den notwendigen Inhalt der Willenserklärungen, durch welche sich die Prorogation bewirkende Vereinbarung vollziehen soll, im § 40, Abs. 1 vorgeschrieben. Eine Vereinbarung, welche sich nicht auf die Austragung von Rechtsstreitigkeiten bezieht, die aus einem bestimmten Rechtsverhältnisse entspringen, hat keine rechtliche Wirkung, das mit derselben beabsichtigte Rechtsgeschäft kommt nicht zustande.

Ebenso hat die RCPO. den notwendigen Inhalt von Willenserklärungen bestimmt, durch welche einseitig gestaltete prozessualische Rechtsgeschäfte geschaffen werden sollen. Nach dem Wortlaute des Gesetzes könnte es den Anschein haben, als würden auch dispositive gesetzliche Bestimmungen über den Inhalt rechtsgeschäftlicher Willenserklärungen, durch welche sich einseitige prozessualische Rechtsgeschäfte vollziehen, existieren; dies ist thatsächlich nicht der Fall; es kann gar keinen dispositiven Inhalt einer solchen Willenserklärung geben; verlangt das Gesetz für das Zustandekommen eines Rechtsgeschäftes eine Willenserklärung bestimmten Inhalts, so kann sich das Rechtsgeschäft durch eine inhaltlich mangelhafte Willenserklärung niemals vollziehen.

Auch der Inhalt jener Willenserklärungen, durch welche das Klagegeschäft und das Interventionsgeschäft hergestellt werden sollen, wird nur absolut, nicht auch dispositiv normiert. Was durch das Gesetz neben dem notwendigen Inhalte der fraglichen rechtsgeschäftlichen Willenserklärungen noch dispositiv normiert wird, ist nicht der Inhalt der rechtsgeschäftlichen Willenserklärungen, sondern der der Schriftsätze, welche diese Willenserklärungen enthalten.

Sowohl die Klageschrift als die schriftliche Beitrittserklärung sollen einen Inhalt haben, welche über die den Hauptinhalt bildenden rechtsgeschäftlichen Willenserklärungen hinausreicht; dieser Inhalt nur ist es, welcher dispositiv normiert wird.

Die §§ 230 und 67 führen unter Ziffer 1—2 jene Bestandteile der Schriftsätze auf, welche diese haben müssen, wenn der beabsichtigte Erfolg — das Inslebentreten des Prozeß- oder Interventionsverhältnisses — eintreten soll. Die in § 67, Ziffer 1, 2 u. 3 und in § 230, Z. 1 und 2 genannten Bestandteile der Schriftsätze machen den absolut notwendigen Inhalt der in dem Schriftsatze enthaltenen rechtsgeschäftlichen Willenserklärungen aus. (Z. 3 des § 230 nennt noch eine zweite, zu dieser hinzutretende, aber nicht rechtsgeschäftliche Willenserklärung.)

Außerdem besagen die beiden Paragraphen, daß der Klage- resp. Interventionsschriftsatz den Inhalt haben soll, welcher durch § 121 als der Inhalt, den alle vorbereitenden Schriftsätze haben sollen, bezeichnet wird, insoweit nicht einzelne Bestandteile dieses Inhaltes bereits durch die Ziffern 1—3 der §§ 230 und 67 als notwendiger Inhalt der Klageschrift resp. Beitrittserklärung erklärt wurden. Für die Klageschrift wird auch noch die Angabe des Wertes des Streitgegenstandes eventuell gefordert.

Fehlt es nun einem solchen Schriftsatze an jenem Inhalte, den er haben muß, so fehlt es eben an dem Inhalte, welche die in dem Schriftsatze enthaltene rechtsgeschäftliche Willenserklärung haben muß; dann ist aber die Willenserklärung keine solche, durch welche nach der Vorschrift des Gesetzes die beabsichtigte Wirkung hergestellt werden kann; das Gericht hat darum von Amts wegen zu untersuchen, ob die abgegebene Willenserklärung den vom Gesetze als absolut notwendig erklärten Inhalt hat, und bei dem

Abgange desselben das beabsichtigte Rechtsgeschäft als ein nicht zustande gekommenes deshalb zu erklären, weil die Willenserklärung in Anbetracht ihres mangelhaften Inhaltes unzureichend ist. (Für die Klageschrift wird nebstbei gefordert, daß sie außer der rechtsgeschäftlichen Willenserklärung noch die Ladung enthalten muß. Hierüber weiter unten.)

Eine Klageschrift, welche den in § 230 Z. 1 u. 2 aufgeführten Inhalt nicht hat, kann, weil sie keine den absolut notwendigen Inhalt aufweisende rechtsgeschäftliche Willenserklärung enthält, wenn auch deren Zustellung an den Beklagten erfolgt ist, nicht einmal den Eintritt der Rechtshängigkeit der Streitsache, des zunächst als pendentes zustandekommenden Prozeßverhältnisses bewirken, denn der Eintritt der beabsichtigten Wirkung ist von der Existenz der causa efficiens, d. i. der den notwendigen Inhalt aufweisenden Willenserklärung, unbedingt abhängig.

Ein derartiger inhaltlicher Mangel der Klageschrift kann nicht dadurch saniert werden, daß der Beklagte denselben nicht rügt oder auf sein Rügerecht ausdrücklich verzichtet und bereit ist, über die Klage zu verhandeln; sein Wille, auf den es für die Klagerhebung und für die Schaffung des Prozeßverhältnisses nicht ankommt, vermag einen Mangel in dem notwendigen Willen des Klägers oder in der Erklärung desselben nicht zu ergänzen; sein Wille ist, was den Inhalt der rechtsgeschäftlichen Willenserklärung anbelangt, stets indifferent. Nur jene Willenserklärung, deren Inhalt den absoluten Anforderungen des Gesetzes entspricht, vermag die beabsichtigte Wirkung zu erzielen.

Der Klageschriftsatz ist, wie allgemein gelehrt wird, zum Teil ein rechtsbestimmender, zum Teil ein vorbereitender; das will sagen, er hat zunächst jene inhaltlich durch das Gesetz vorgeschriebene Willenserklärung des Klägers zu enthalten, durch welche das Prozeßverhältnis geschaffen werden soll und kann; erst in zweiter Linie hat er noch das zu enthalten, was das Gericht und den Beklagten in entsprechender Weise zu instruieren vermag; dasjenige, was den Inhalt jener Willenserklärung ausmacht, bildet den sogenannten wesentlichen Inhalt des Klageschriftsatzes; daß dieser vorhanden sein muß, wenn das Prozeßverhältnis zustande kommen soll, ist selbstverständlich.

Was der Klageschriftsatz als vorbereitender Schriftsatz zur Instruktion des Beklagten und des Gerichtes für die mündliche Verhandlung zu leisten hat, ist eine andere nicht hierher gehörige Sache; der diesfalls vom Gesetze vorgeschriebene Inhalt hat mit der klägerischen Willenserklärung, die auf die Prozeßgründung gerichtet ist, nichts zu thun; fehlt er, so mag der Klageschriftsatz allerdings den Anforderungen nicht entsprechen, die man an einen die mündliche Verhandlung vorbereitenden Schriftsatz zu stellen berechtigt ist und die auch die RCPO. darum an denselben stellt, aber er enthält doch die den Anforderungen des Gesetzes entsprechende rechtsgeschäftliche Willenserklärung, durch welche das Prozeßverhältnis geschaffen werden kann.

Bezüglich des in § 230 sub Ziffer 1, 2 und 3 aufgeführten absolut notwendigen Inhaltes der Klageschrift ist zu bemerken, daß sie zwei selbständige Willenserklärungen enthalten muß, nämlich jene, welche auf die Prozeßgründung gerichtet ist, die eigentliche „Klage“ und die „Ladung“, worauf in dem Abschnitte vom Klagegeschäfte zurückzukommen sein wird. Hier sei nur im Zusammenhange mit dem Vorangehenden bemerkt, daß mit der „Ladung“, welche keine rechtsgeschäftliche Willenserklärung, sondern ein Rechtsakt ist, auch die Aufforderung zur Anwaltsbestellung (§ 192) im Zusammenhange steht. Die Ladung und diese Aufforderung gehören wohl zum notwendigen Inhalte der Klageschrift, aber nicht zu dem der Willenserklärung „Klage“; auf diese beziehen sich, wie bereits bemerkt, nur die ad Ziffer 1 und 2 genannten Inhaltserfordernisse.

Die im § 230 ebensowenig als im § 67 genannte Unterschrift (des Klägers resp. des Intervenienten) wird einerseits zu dem notwendigen Inhalte der Klageschrift und andererseits zu deren dispositiven Erfordernissen gezählt. Hier ist nur zu konstatieren, daß die Unterschrift nicht zu dem notwendigen

Inhalte der betreffenden Willenserklärungen gehört; sie gehört überhaupt nicht zum Inhalte der Willenserklärung, denn dieser ist unabhängig von der Form, und die Unterschrift ist nur das Requisit einer in schriftlicher Form abgegebenen Erklärung, gleichviel ob diese eine Willens- oder Wissenserklärung ist. Sie gehört nicht zur Erklärung, sondern dient nur zur Authentisierung derselben und als Beweis des Abgeschlossenseins derselben. Sie bildet daher überhaupt keinen Bestandteil der Willenserklärung „Klage", wohl aber ein Erfordernis des Klageschriftsatzes resp. der Beitrittserklärung.

Im amtsgerichtlichen Verfahren muß die Klage nicht unterschrieben sein, sie soll es nur sein; bekennt sich der Kläger zu der nicht unterschriebenen Willenserklärung, so hat sie die beabsichtigte Wirkung. Dagegen ist die Unterschrift des Anwaltes in an das Landgericht gerichteten Klagen absolut notwendig, denn im landgerichtlichen Verfahren können Parteiwillenserklärnngen nur durch einen zugelassenen Anwalt rechtswirksam abgegeben werden; das ist die in der Klageschrift enthaltene Willenserklärung nur dann, wenn die Klageschrift die Unterschrift des Anwaltes trägt.

Wird die Klage mündlich erhoben, so kommen nur jene Erfordernisse in Betracht, welche die Willenserklärung „Klage" enthalten muß, damit sie als eine rechtsgeschäftliche, die beabsichtigte Wirkung: Begründung des Prozeßverhältnisses mit Bezug auf ein Privatverhältnis herbeiführen kann; die Erfordernisse sind die sub Z. 1 u. 2 des § 230 genannten; die ausdrückliche Hervorhebung der sub Z. 1 genannten wird wohl in den meisten Fällen zulässiger, mündlicher Klageerhebung ein superfluum sein.

Zum absolut notwendigen Inhalte der prozessualischen Rechtsgeschäfte: Geständnis und Eidesgeschäft gehört es, daß sich aus dem Inhalte der Willenserklärung ergibt, daß durch sie (allein oder in Verbindung mit dem an sie sich schließenden Verfahren) eine Thatsache festgestellt werden soll. Ist das Festgestellte resp. Festzustellende keine Thatsache, so kann durch die Willenserklärung das Rechtsgeschäft des Geständnisses oder das Eidgeschäft nicht zustande kommen.

Ist dasjenige, was durch die Willenserklärung festgestellt werden soll, ein Rechtsverhältnis, so geht die allgemeine Ansicht dahin, daß durch sie das Rechtsgeschäft des gerichtlichen Geständnisses zustande kommen könne. Der Geständniswille ist auf Feststellung eines bestehenden Rechtsverhältnisses gerichtet.

Beim Eidesgeschäfte dagegen soll es nur angehen, daß der Feststellungswille auf ein Rechtsgeschäft, also auf einen Thatbestand, auf dem ein Rechtsverhältnis beruht, gerichtet ist und dies nur dann, wenn dieser Thatbestand so klar ist, daß man unbedenklich den Eidsatz auf das Rechtsgeschäft, Kauf, Miete u. dgl., statt auf die einzelnen Thatsachen, aus denen dasselbe hervorgegangen ist, stellen kann.

Der Grund, aus welchem die Feststellung eines bestehenden Rechtsverhältnisses nur durch das Rechtsgeschäft des Geständnisses und nicht durch das Eidesgeschäft erfolgen kann, ist darin gelegen, daß niemand gehindert werden kann, ein Rechtsverhältnis als bestehend gelten zu lassen, wenn es auch nicht bestehen sollte.

Darauf, ob die zugestandene Thatsache wahr ist, kommt es nicht an; das Geständnis kann auch Feststellung einer (sogar nach der richterlichen Überzeugung) unwahren Thatsache bewirken, insoweit nur deren Gegenteil keine notorische Thatsache ist; gleicher Weise auch Feststellung eines nicht bestehenden Rechtsverhältnisses.

Das Eidesgeschäft bezweckt zwar auch Feststellung; diese erfolgt aber nicht unmittelbar durch den Willen desjenigen, der das Eidesgeschäft vornimmt, sondern durch den Eid, durch Ablegung des Eides oder durch einen von dem Gesetze mit dieser als gleichwertig erklärten Thatbestand. Durch den Eid soll aber die Wahrheit bekräftigt werden: wenn es sich daher um die eidliche Feststellung eines Rechtsverhältnisses handelt, so kann der Eid nur dann abgelegt werden, wenn der Schwörende das Bestehen oder Nichtbestehen des Rechtsverhältnisses erkennen kann. Die Untersuchung, ob dies der Fall ist, ist aber keineswegs eine so einfache wie dann, wenn es sich um einen Eid über sogenannte Rechtsbegriffe, als da sind Kauf, Miete u. dgl., handelt. Es kann dem Richter überlassen bleiben, ein auf die Ablegung eines derartigen Eides hinauslaufendes Eidesgeschäft als durch die Willenserklärung der Partei bewirkbar zu erklären, wenn er davon überzeugt ist, daß das Festzustellende für den Schwörenden eine Thatsache oder ein Komplex von Thatsachen ist, die er wahrgenommen haben kann. Diese Überzeugung kann aber das Gericht nie haben, wenn es sich um Rechtsverhältnisse handelt; es muß daher bei der strengeren Auffassung, wonach nur Thatsachen beschworen werden können, sein Bewenden haben.

Die rechtsgeschäftlichen Willenserklärungen, durch welche Feststellungen und damit, wie sich dies aus einer späteren Darstellung ergeben wird, Abänderung des Prozeßverhältnisses bewirkt werden soll, müssen sich also beziehen auf eine Thatsache oder au einen ein Rechtsverhältnis erzeugenden Thatbestand; davon kann nur beim Geständnisse eine Ausnahme gemacht werden, insoweit sich die Willenserklärung auf ein Rechtsverhältnis bezieht. Diese Ausnahme findet ihre Rechtfertigung darin, daß ja eine Parteiwillenserklärung eine noch weiter gehende Wirkung haben kann. Es ist nämlich der mit der Klage geltend gemachte Anspruch zwar kein Gegenstand eines prozessualische Feststellung bewirkenden Rechtsgeschäftes, weder des gerichtlichen Geständnisses noch des Eidesgeschäftes, aber die Anerkennung des mit der Klage geltend gemachten Anspruches kann doch durch eine rechtsgeschäftliche Willenserklärung erfolgen; nur ist das Rechtsgeschäft, welches sich durch das Anerkenntnis vollzieht, kein prozessualisches, sondern ein materiellrechtliches.

Zum Zustandekommen eines prozessualischen Rechtsgeschäftes wird also vor allem erfordert, daß die Willenserklärung resp. -erklärungen, durch welche sich das Rechtsgeschäft vollziehen soll, jenen Anforderungen entsprechen, welche das positive Gesetz für deren Wirksamkeit aufstellt.

Davon allein, daß kein Mangel der Form und des Inhaltes der Willenserklärung vorliegt, hängt es jedoch nicht ab, ob die beabsichtigte Wirkung durch die Willenserklärung in rechtswirksamer Weise herbeigeführt werden kann; die in Bezug auf Form und Inhalt den Anforderungen des Gesetzes entsprechende Willenserklärung ist nur die causa efficiens dafür; mangelt es an ihr, so ist natürlich der Eintritt der beabsichtigten Wirkung, das Zustandekommen des Rechtsgeschäftes von vornherein ausgeschlossen. Aber auch wenn eine solche gesetzmäßige Willenserklärung vorliegt, so ist damit der Eintritt der beabsichtigten Wirkung noch nicht gesichert.

Das Gesetz verlangt dafür außer der gesetzmäßigen Willenserklärung noch das Vorhandensein bestimmter Voraussetzungen; nur dann, wenn auch diese gegeben sind, tritt die beabsichtigte Wirkung ein, die rechtsgeschäftliche Willenserklärung wird zum Rechtsgeschäfte.

Die vom Gesetze aufgestellten Voraussetzungen sind die conditio sine qua non für das Zustandekommen des Rechtsgeschäftes.

Nur die den Anforderungen des Gesetzes entsprechende Willenserklärung ist eine gültige, aber nicht jede gültige Willenserklärung ist wirksam, d. h. nicht jede wird von dem Gesetze bedingungslos für genügend erklärt, um die beabsichtigte Wirkung herzustellen; dies wird sie erst dadurch, daß auch die Voraussetzungen gegeben sind, unter denen es das Gesetz für entsprechend erachtete, dem gesetzmäßigen Willen eine rechtserzeugende Wirkung zuzugestehen.

Der Eintritt der beabsichtigten Wirkung hängt ab von der gültigen Willenserklärung als causa efficiens einerseits und von dem Vorhandensein der Voraussetzungen dafür, daß die an sich gültige Willenserklärung den beabsichtigten Erfolg haben können, als conditio sine qua non andererseits. Weil die gültige rechtsgeschäftliche Willenserklärung nur dadurch zum Rechtsgeschäfte wird, daß auch die Voraussetzungen für deren rechtserzeugende Kraft gegeben sind, ist es richtig, diese Voraussetzungen als Voraussetzungen für die Zulässigkeit des intentionierten Rechtsgeschäftes zu bezeichnen.

Jedes Rechtsgeschäft beruht auf einer gültigen Willenserklärung und auf dem Vorhandensein der Voraussetzungen für seine Zulässigkeit. Der Thatbestand, welcher den Eintritt der gewillkürten Rechtswirkung verursacht, setzt sich zusammen aus der gültigen Willenserklärung und aus den Voraussetzungen für die Zulässigkeit des Rechtsgeschäftes; erstere bildet die Ursache im engeren Sinne, beide zusammen den Ursachenkomplex im weiteren Sinne.

Die Prozeßordnung macht den Eintritt eines gewillkürten prozessualen Erfolges nicht nur von dem Vorliegen einer nach Form und Inhalt ihren Anforderungen entsprechenden Willenserklärung, sondern auch von dem Vorhandensein der von ihr aufgestellten Voraussetzungen für die Zulässigkeit des intentionierten prozessualen Rechtsgeschäftes abhängig.

Zur Vermeidung eines Mißverständnisses soll nur bemerkt werden, daß hier von den Voraussetzungen für die Zulässigkeit eines konkreten, in abstracto zugelassenen prozessualen Rechtsgeschäftes gehandelt wird. Die Frage ist hier nicht die, welche prozessualen Erfolge können durch prozessuale Rechtsgeschäfte hergestellt werden, sondern unter welchen Voraussetzungen wird ein prozessualer Erfolg, welcher überhaupt durch ein prozessuales Rechtsgeschäft geschaffen werden kann, durch Abgabe einer gültigen, auf die Herbeiführung dieses Erfolges gerichteten Willenserklärung hergestellt.

Diese Voraussetzungen sind entweder solche, durch welche das Interesse des Staates an einer geordneten Rechtspflege, an der ganzen Institution des Prozesses und an der Gestaltung der einzelnen Prozeßhandlungen gewahrt wird, oder solche, durch welche dem Interesse der Parteien am Prozesse und an den einzelnen Prozeßhandlungen Rechnung getragen wird.

Die ersteren werden von dem Gesetze als absolute erklärt; sie müssen vorhanden sein, wenn der beabsichtigte prozessuale Erfolg eintreten soll; es ist daher Sache des Gerichtes, das Vorhandensein dieser Voraussetzungen von Amts wegen zu prüfen und bei deren Abgange auszusprechen, daß der durch die wenn auch an sich gültige Willenserklärung beabsichtigte, durch das Gesetz als herstellbar erklärte Erfolg deshalb nicht eintreten könne, weil es an einer notwendigen Voraussetzung fehlt, daß die rechtsgeschäftliche Willenserklärung nicht genüge, diesen Erfolg herbeizuführen, sondern daß das intentionierte Rechtsgeschäft wegen Abganges einer notwendigen Voraussetzung für seine Zulässigkeit nicht zustande gekommen sei.

Die letzteren, im Interesse der Parteien am Prozesse und an den einzelnen Prozeßhandlungen aufgestellten Voraussetzungen werden von der Prozeßordnung nur als dispositive hingestellt; es wird den Parteien überlassen, ihr Interesse wahrzunehmen; sie können eine Prüfung des Gerichtes darüber, ob die als fehlend behauptete Voraussetzung mangelt, und einen Ausspruch desselben darüber, daß das intentionierte Rechtsgeschäft wegen des festgestellten Mangels der Voraussetzung nicht zu Recht bestehe, herbeiführen; es bleibt ihnen aber auch unbenommen, über den Mangel der Voraussetzung hinauszugehen und dadurch, daß sie es unterlassen, gegen den Eintritt des beabsichtigten prozessualen Erfolges, also gegen die Zulässigkeit des prozessualen Rechtsgeschäftes, Protest und Einsprache zu erheben, das von Hause aus nur bedingt zulässige prozessuale Rechtsgeschäft zum zulässigen und unanfechtbaren zu machen.

Die RCPO. hat für die von ihr anerkannten prozessualen Rechtsgeschäfte ebensowenig, als sie allgemeine Vorschriften über Form und Inhalt der rechtsgeschäftlichen Willenserklärungen aufgestellt hat, allgemein gültige Voraussetzungen für deren Zulässigkeit angeordnet. Die verschiedenen prozessualen Rechtsgeschäfte haben daher verschiedene besondere Voraussetzungen ihrer Zulässigkeit.

So ist das einseitige Rechtsgeschäft, durch welches für eine der im § 19 genannten Personen ein gewählter Gerichtsstand geschaffen wird, nur unter der absoluten Voraussetzung zulässig, daß für dieselben bereits ein allgemeiner Gerichtsstand gegeben ist.

Der zweiseitige Prorogationsvertrag ist nur unter der absoluten Voraussetzung zulässig, daß der Rechtsstreit, für welchen das prorogierte Gericht kompetent werden soll, vermögensrechtliche Ansprüche betrifft, und daß für die Klage kein ausschließlicher Gerichtsstand begründet ist.

Für das Zustandekommen des Interventionsgeschäftes müssen nur dann, wenn dieses als einseitiges (über eine schriftliche Beitrittserklärung) sich vollzieht, zwei Voraussetzungen, und zwar absolute, sonst nur eine solche gegeben sein.

Die Voraussetzungen für die Zulässigkeit des einseitigen Klagegeschäftes, welche zum Teile absolute, zum größeren Teile dispositive sind, ergeben sich aus den Bestimmungen der §§ 41, 42, 50, 84, 247, wozu nur bemerkt werden muß, daß die Partei- und Prozeßfähigkeit keine Voraussetzungen für die Zulässigkeit des Klagegeschäftes, sondern absolute Erfordernisse für die Abgabe einer rechtswirksamen, rechtsgeschäftlichen Willenserklärung sind.

Die Voraussetzungen für die Zulässigkeit der einseitigen Eidesgeschäfte — der Zuschiebung und Zurückschiebung — sind in den §§ 410, 411, 412, 413 und 414 genannt: nur die Voraussetzungen der §§ 411 und 412 sind absolute; die übrigen sind von der RCPO. weder als absolute noch als dispositive für alle Fälle festgesetzt; es ist vielmehr in das Ermessen des Gerichtes gesetzt, sie von Fall zu Fall als absolute oder dispositive zu erklären; zu den Voraussetzungen für die Zulässigkeit gehört nicht, daß die Eideszuschiebung überhaupt eine Thatsache betreffen muß; dies gehört zu dem notwendigen Inhalte der rechtsgeschäftlichen Willenserklärung.

Je nachdem nun die Voraussetzungen für die Zulässigkeit der prozessualischen Rechtsgeschäfte durch das Gesetz entweder von vornherein oder durch das Gericht im speciellen Falle als absolute oder dispositive erklärt werden, ist ein Mangel derselben von verschiedener Bedeutung.

A. Fehlt es an absoluten Voraussetzungen, so kann das intentionierte Rechtsgeschäft nicht als ein rechtsbeständiges zustande kommen; es steht nicht in der Macht der Parteien, sich über den Mangel derselben hinwegzusetzen; das Gesetz hat eben dem Parteiwillen rechtserzeugende Kraft nur unter der betreffenden Voraussetzung, die es als absolute erklärt hat oder die durch das Gericht als solche erklärt wird, zugestanden; der Parteiwille kann sich nicht selbst von der durch das Gesetz als notwendig erklärten Voraussetzung für seine rechtliche Wirksamkeit loslösen. Dabei ist es natürlich gleichgültig, ob das Gesetz die rechtserzeugende Kraft dem Willen einer Partei oder dem übereinstimmenden (oder wenigstens nicht dissentierenden) Willen beider Parteien verliehen hat.

Das Gericht, welches in die Lage kommt, den Rechtsbestand des prozessualischen Rechtsgeschäftes zu prüfen, hat von Amts wegen ebenso wie es die rechtsgeschäftliche Willenserklärung resp. -erklärungen zu untersuchen hat, ob sie die absoluten Erfordernisse, welche das Gesetz an deren Form und Inhalt stellt, aufweisen, auch zu untersuchen, ob jene absoluten Voraussetzungen gegeben sind, unter welchen allein das Gesetz dem rechtsgeschäftlichen Willen rechtserzeugende Kraft zugesteht, oder nach dem Ermessen des Gerichtes zugestanden wissen will.

B. Anders verhält es sich mit den dispositiven Voraussetzungen. Solche für ein als zweiseitiges gestaltetes Rechtsgeschäft vorzuschreiben, hätte keinen Zweck.

Das zweiseitige Rechtsgeschäft beruht auf der rechtsproduktiven Kraft zweier Willen, mag diese auf Willensübereinstimmung durch zwei Willenserklärungen oder auf Abgabe nur einer Willenserklärung und auf Nichtabgabe einer zweiten (dissentierenden) beruhen. Werden nun die beiden Erklärungen, aus denen die Willensübereinstimmung zu entnehmen ist, oder wird doch die eine allein abzugebende Willenserklärung in den Anforderungen des Gesetzes an Form und Inhalt entsprechender Weise abgegeben, eine dissentierende aber nicht abgegeben, und fehlt es an keiner absoluten Voraussetzung, so erscheint es höchst überflüssig, das Zustandekommen des Rechtsgeschäftes noch von weiteren Voraussetzungen, deren Gegebensein aber nur nach dem Willen der Parteien Ausschlag gebend sein soll, abhängig zu machen.

Das Zustandekommen des Rechtsgeschäftes ist ja durch Willensübereinstimmung oder wenigstens durch Nichterklärung der Nichtübereinstimmung bedingt, und man kann zur Abgabe einer zustimmenden Willenserklärung ebensowenig gezwungen werden, als man an der Erklärung des nolle gehindert werden kann. Der Proponent kann seine Willenserklärung rechtswirksam nur abgeben, wenn jene Voraussetzungen, welche etwa das Gesetz als dispositive aufzustellen für entsprechend befunden haben könnte, gegeben sind und der Destinatär kann in dem gegenteiligen Falle die Abgabe seiner zustimmenden Willenserklärung unterlassen, rücksichtlich mit der Erklärung des nolle vorgehen. Kein Wille hat Macht über den anderen.

Bei einem als einseitiges gestalteten Rechtsgeschäfte, welches zustande kommt durch den Willen des einen, auch gegen den Willen des anderen, liegt die Sache anders.

Das Gesetz kann es für zweckmäßig erachten, dem Willen des einen, auch wenn die Erklärung desselben den Anforderungen des Gesetzes entspricht, doch jene rechtsproduktive Macht nicht unbedingt zuzugestehen, sondern den Eintritt des beabsichtigten Erfolges davon abhängig zu machen, daß gewisse Voraussetzungen, durch welche das Interesse des anderen gewahrt werden soll, gegeben sind oder daß sich dieser über deren Mangel hinwegsetzt.

Für einseitige Rechtsgeschäfte kann es daher angemessen erscheinen, deren Zulässigkeit von dem Vorhandensein dispositiv normierter, im Interesse der Parteien aufgestellten Voraussetzungen abhängig zu machen.

Dies hat auch die RCPO. gethan und für einseitige Rechtsgeschäfte dispositive Voraussetzungen ihrer Zulässigkeit vorgeschrieben.

In Anbetracht des Umstandes, daß bei dem Eide staatliche Interessen mit Interessen der Parteien koincidieren, es aber in konkreten Fällen fraglich sein kann, ob nicht das staatliche Interesse auch gewahrt ist, obgleich gewisse zu dessen Wahrung im allgemeinen notwendig erscheinende Voraussetzungen nicht gegeben sind, wo es dann genügend wäre, wenn die betreffenden Voraussetzungen nur als dispositive zur Wahrung der Parteiinteressen gelten, so hat die RCPO. die Voraussetzungen für die Zulässigkeit der Eidesgeschäfte sowohl als dispositive als auch als absolute — als letztere jedoch nur bedingungsweise geltend — erklärt und zu dem Auskunftsmittel des § 415 gegriffen.

Ob das einseitige prozessualische Rechtsgeschäft der Eideszuschiebung oder Zurückschiebung als ein rechtsbeständiges zustande kommen konnte, hat in allen Fällen das Gericht dann zu untersuchen, wenn es sich darüber entscheiden muß, ob auf den Eid erkannt werden soll.

Dabei hat es zu prüfen, ob die in Frage kommenden Personen die Fähigkeit und Berechtigung zur Abgabe einer prozessualen Willenserklärung haben, ob diese mündlich vor dem Gerichte abgegeben wurde, ob sie den geforderten Inhalt hat, nämlich ob der Eid über eine Thatsache zugeschoben ist, endlich, ob die sämtlichen in den §§ 410—414 bezeichneten Voraussetzungen gegeben sind, eventuell, ob auch ohne, daß diese Voraussetzungen — mit Ausnahme der absoluten der §§ 411 und 412, die stets gegeben sein müssen [13]) — gegeben sind, im speciellen Falle das Interesse, welches der Staat daran hat, daß der Eid nicht gemißbraucht werde, gewahrt erscheint.

Nach der Meinung des Gesetzes sollen die in den §§ 410, 413 und 414 genannten Voraussetzungen unbedingt als dispositive Geltung haben, so zwar, daß es dem Willen des Delaten resp. Relaten überlassen ist, wegen Mangel derselben Protest gegen die Zulässigkeit des betreffenden Eidesgeschäftes zu erheben.

[13]) Darüber, daß auch § 412 eine Voraussetzung für die Zulässigkeit enthält, folgt die Erörterung in dem Abschnitte vom Eidesgeschäfte.

Setzt sich der Delat oder Relat über deren Mangel hinaus, nimmt also ersterer den ihm zugeschobenen Eid, ohne gegen dessen Zuschiebung eine Einwendung, wie § 417 sagt, vorzubringen, an oder erhebt letzterer keinen Protest gegen die Zurückschiebung wegen Mangels der Voraussetzung des § 413, kommt es daher darauf, ob die unbedingt als dispositive geltenden Voraussetzungen gegeben sind, nicht an, dann sollen dieselben Voraussetzungen auch als absolute in zweiter Linie zu gelten haben, aber nur dann, wenn das Gericht im speciellen Falle nach seinem Ermessen findet, daß das Gegebensein der betreffenden Voraussetzungen im Interesse des Staates notwendig ist.

Ob diese Voraussetzungen auch als absolute zu gelten haben, hängt also von dem Ermessen des Gerichtes im einzelnen Falle ab. Dieselben Voraussetzungen, welche unbedingt dispositive sind, sind zugleich bedingt absolute.

Das Gesetz wollte und mußte es in Anbetracht der Vielgestaltigkeit der einzelnen Fälle dem Ermessen des Gerichtes überlassen, ob die Zulassung des Eidesgeschäftes im speciellen Falle von gewissen Voraussetzungen behufs Wahrung des staatlichen Interesses am Eide abhängig sein solle oder nicht. Die beliebte Auffassung des § 415, wonach das Gericht in Fällen, wo die Parteien über den Eid einig sind, befugt sein soll, von gesetzlichen Beschränkungen des Eides zu dispensieren, ist für das richtige Erfassen der Eidesgeschäfte nicht ausreichend.

Die Wirkung des Mangels einer dispositiven Voraussetzung für die Zulässigkeit eines einseitigen prozessualischen Rechtsgeschäftes ist von der RCPO. in einer ganz eigentümlichen, weder der Wirkung eines impedimentum impediens noch der eines impedimentum dirimens entsprechenden Weise normiert.

Durch die rechtsgeschäftliche nach Form und Inhalt dem Gesetze entsprechend gestaltete Willenserklärung kann das beabsichtigte Rechtsgeschäft als einseitiges in dem Falle, als es an einer dispositiven Voraussetzung seiner Zulässigkeit mangelt, überhaupt nicht zustande kommen; zur Herstellung der beabsichtigten Rechtswirkung genügt die einseitige Willenserklärung nur dann, wenn **auch** die dispositiven Voraussetzungen der Zulässigkeit gegeben sind.

Fehlt es an diesen, so wird die Herbeiführung der durch die abgegebene Willenserklärung beabsichtigten Wirkung von dem Verhalten der anderen Partei abhängig gemacht.

Diese soll befugt sein, den Mangel der dispositiven Voraussetzung geltend zu machen, und dem velle desjenigen, welcher die rechtsgeschäftliche Willenserklärung abgegeben hat, ihr nolle unter Berufung auf jenen Mangel entgegenzusetzen.

a) Thut sie dies, rügt sie den Mangel, so hat das Gericht zu prüfen und zu erkennen, ob der gerügte Mangel vorliegt oder nicht.

Ist das Letztere der Fall, so ist das Rechtsgeschäft, durch die einseitige Willenserklärung als ein rechtsbeständiges zustande gekommen.

Jedes einseitig gestaltete prozessualische Rechtsgeschäft tritt mit der Perfektion der einseitigen Willenserklärung zunächst in einen Schwebezustand, der so lange dauert, bis die andere Partei in die Lage kommt, einen etwa von ihr wahrgenommenen Mangel einer dispositiven Voraussetzung zu rügen; durch die richterliche Konstatierung, daß dieser Mangel nicht vorhanden ist, wird der Schwebezustand beendet und das Rechtsgeschäft wird zum rechtsbeständigen, insofern sich nicht etwa später Mängel absoluter Voraussetzungen ergeben.

Daß das Gericht zuweilen über die Rüge des Mangels einer dispositiven Voraussetzung eine Frist zur Behebung derselben geben kann (§ 105), ist hier nicht weiter in Betracht zu ziehen; die Ausdrucksweise des Gesetzes, wonach im Falle der Nichtbehebung des Mangels innerhalb der Frist „die Klage für zurückgenommen zu erklären ist", ist zwar wie in anderen ähnlichen Fällen eine die wissenschaftliche Konstruktion nicht gerade fördernde, aber gesagt wird doch nur, daß das Gericht die einseitige rechtsgeschäftliche

Willenserklärung „Klage" als eine nicht rechtswirksame zu erklären hat, daß also das intentionierte Rechtsgeschäft sich durch dieselbe wegen des gerügten Abganges einer dispositiven Voraussetzung nicht vollziehen kann.

Dies und nichts anderes erklärt das Gericht in allen Fällen, in denen seine Prüfung, ob der gerügte Mangel einer dispositiven Voraussetzung thatsächlich vorhanden ist, damit endet, daß dieser Mangel konstatiert wird; nur erfolgt die Abgabe dieser Erklärung in verschiedenen Formen; so gegenüber der Willenserklärung „Klage" durch ein Urteil, welches die Abweisung der Klage angebrachtermaßen, die sog. absolutio ab instantia, ausspricht; gegenüber der Beitrittserklärung des Nebenintervenienten (wenn der gerügte Mangel des rechtlichen Interesses insofern konstatiert wird, daß dieses nicht glaubhaft gemacht wurde) durch Nichtzulassung desselben; bei den Eidesgeschäften durch das Sachurteil unter Motivierung des Nichtabgehens auf den zu- oder zurückgeschobenen Eid.

b) Die Eigentümlichkeit der Wirkung des Mangels einer dispositiven Voraussetzung tritt erst zu Tage, wenn dieser Mangel von der Gegenpartei nicht gerügt wird.

Wie schon bemerkt, tritt jedes einseitig gestaltete prozessualische Rechtsgeschäft mit der Abgabe der einseitigen Willenserklärung, also mit dem Momente seiner Perfektion, zunächst in einen Schwebezustand, der so lange dauert, bis die Gegenpartei in die Lage kommt, einen von ihr wahrgenommenen Mangel einer dispositiven Voraussetzung zu rügen resp. bis die Frist, welche die Prozeßordnung zur Geltendmachung eines solchen Mangels für entsprechend erachtete, abgelaufen ist.

Sollte der Rechtsbestand eines einseitigen prozessualischen Rechtsgeschäftes nicht dauernd in Frage gestellt sein, so mußte die RCPO. die Möglichkeit, wegen des Mangels einer dispositiven Voraussetzung gegen das Zurechtbestehen des bereits in den Schwebezustand getretenen einseitigen Rechtsgeschäftes Protest zu erheben, zeitlich begrenzen.

Diese Begrenzung ist bei den einzelnen Rechtsgeschäften in verschiedener Weise erfolgt.

Der Mangel der aus § 247 Z. 1, 3, 4 und 5 sich ergebenden dispositiven Voraussetzungen ist vor Einlassung des Beklagten auf die Verhandlung zur Hauptsache — wenigstens in der Regel — geltend zu machen.

Bei dem Eidesgeschäfte der Zuschiebung muß der Mangel einer Voraussetzung von Seite des Delaten spätestens gleichzeitig der Abgabe der Annahmeerklärung „eingewendet" werden; bei der Zurückschiebung braucht der Mangel der Voraussetzung des § 413 von Seite des Deferenten, der ja keine Annahmeerklärung abzugeben hat, erst unmittelbar vor Schluß der mündlichen Verhandlung gerügt zu werden, es wäre denn, daß der Deferent überflüssigerweise eine Annahmeerklärung bezüglich des zurückgeschobenen Eides abgibt, in welchem Falle die Rüge gleichzeitig damit erhoben werden müßte.

Nur innerhalb dieser Fristen hat die Gegenpartei die Möglichkeit, durch Hinweisung auf den behaupteten Mangel einer dispositiven Voraussetzung ihr nolle, d. h. ihren Willen, dahin zu erklären, daß wegen dieses Mangels durch die einseitige rechtsgeschäftliche Willenserklärung der beabsichtigte Erfolg rechtlich nicht hergestellt, das im Schwebezustande befindliche einseitige Rechtsgeschäft als nicht zu Recht bestehend erklärt werde.

Läßt sie nun aber diese Frist verstreichen, ohne ihr nolle zu erklären, so kommt durch die vorliegende einseitige Willenserklärung, durch welche die Herbeiführung des beabsichtigten Rechtserfolges im Wege des einseitigen Rechtsgeschäftes bewirkt werden sollte, einerseits und durch die Nichterklärung des nolle andererseits das prozessualische Rechtsgeschäft statt als einseitiges als ein ungleich zweiseitiges zustande.

Wenn zur Konstruktion des in solchem Falle zustande kommenden prozessualischen Rechtsgeschäftes die besondere Figur des zweiseitigen Rechtsgeschäftes, welches auf einer Willenserklärung einerseits und auf der Nichterklärung des Nichtwollens andererseits beruht, verwendet wird, sind die Bestimmungen der RCPO. über die dispositiven Voraussetzungen der einseitigen prozessualischen Rechtsgeschäfte richtig zu verstehen.

Das Verdienst, auf diese besondere Figur des zweiseitigen Rechtsgeschäftes, welches nicht auf dem consentire, sondern auf dem non contradicere, auf dem non nolle beruht, und insbesondere auf dessen Bedeutung für den Civilprozeß hingewiesen zu haben, gebührt Bülow; mit seinen diesbezüglichen in F., Abschn. X gebrachten inhaltsreichen Erörterungen hat er die Bahn eröffnet, auf welcher allein man zu dem vorstehenden Resultate gelangen kann.

Daß er selbst nicht sofort dazu kam, alle Konsequenzen zu ziehen, hat wohl seinen Grund in dem ablehnenden Verhalten Bülows gegenüber den prozessualischen Rechtsgeschäften.

Die von ihm in den Pr. (S. 9) aufgeworfene Frage: welche Prozeßhindernisse sind impedimenta dirimentia und welche bloß impedientia? kann gar nicht so, wie sie gestellt ist, richtig beantwortet werden, denn es gibt dispositive Voraussetzungen für die Zulässigkeit der einseitigen Rechtsgeschäfte, insbesondere des Rechtsgeschäftes der Klagerhebung (Prozeßvoraussetzungen), deren Mangel weder ein impedimentum impediens, noch ein impedimentum dirimens bildet, sondern in der oben dargelegten Weise wirkt.

Dagegen, daß es prozessualische Rechtsgeschäfte gibt, die von der RCPO. für den Fall des Gegebenseins aller Voraussetzungen der Zulässigkeit derselben als e i n s e i t i g e gestaltet sind, die sich aber beim Mangel dispositiver Voraussetzungen als u n g l e i c h z w e i s e i t i g e vollziehen können, wird man nicht etwa einwenden dürfen, daß es nicht angehe, ein beabsichtigtes einseitiges Rechtsgeschäft wegen eines Mangels seiner Voraussetzungen als ungleich zweiseitiges zustande kommen zu lassen, daß vielmehr ein als einseitiges beabsichtigtes Rechtsgeschäft nur als solches oder gar nicht hergestellt werden könne.

B e a b s i c h t i g t wird von Seite desjenigen, welcher die rechtsgeschäftliche Willenserklärung abgibt, überhaupt nur der Eintritt eines bestimmten Erfolges; nur bei einem von vornherein als zweiseitiges gestalteten Rechtsgeschäfte erstreckt sich die Absicht auch auf die die Mitwirkung des Partners zum Zustandekommen des Rechtsgeschäftes durch Abgabe einer zustimmenden Willenserklärung; zum Zustandekommen eines Rechtsgeschäftes ist es genügend, daß die Absicht auf Herstellung des Rechtserfolges gerichtet ist; ob das Gesetz den Eintritt des Rechtserfolges von einer zustimmenden Erklärung oder mindestens von der Nichterklärung eines dissentire seitens des Partners abhängig gemacht hat, oder ob dazu die abgegebene Willenserklärung desjenigen, welcher das Rechtsgeschäft intentioniert, allein ausreicht, kommt für die in Erörterung stehende Frage nicht in Betracht.

Die oben gedachte Einwendung könnte vielleicht mit dem Scheine einiger Berechtigung dann gemacht werden, wenn das beabsichtigte Rechtsgeschäft statt als einseitiges als ein gleichmäßig zweiseitiges, auf Willensübereinstimmung beruhendes Rechtsgeschäft zustande kommen würde; da könnte man fragen, wie kommt die Willenserklärung, die gar nicht als movens für den anderen beabsichtigt ist, dazu, für diesen zum movens zu werden?

Aber in dem behandelten Falle bedarf es ja zum Zustandekommen des Rechtsgeschäftes gar nicht der Mitwirkung des anderen; es genügt sein Nichthandeln; die Willenserklärung braucht für ihn gar nicht movens zu sein.

Ganz abgesehen davon, ist die Gestaltung des Rechtsgeschäftes Sache des positiven Gesetzes; ermöglicht dieses, daß ein Rechtsgeschäft, welches auf Grund einer einseitigen Willenserklärung dann sich vollziehen kann, wenn alle Voraussetzungen der Zulässigkeit desselben gegeben sind, bei Abgang dispositiver als ungleich zweiseitiges zustande kommt, so braucht sich die Absicht desjenigen, welcher den Rechtserfolg herbeiführen will, darauf nicht zu erstrecken. Es genügt, daß sie für alle Fälle auf die Herbeiführung der gewillkürten Rechtswirkung gerichtet ist; ob diese auf Grund der einen, eigenen Willenserklärung eintritt, oder erst durch die Nichterklärung des dissentire geschaffen wird, liegt außerhalb der Absicht des Handelnden. Das Rechtsgeschäft vollzieht sich in der Weise, welche das Gesetz (alternativ) vorschreibt, je nach dem konkreten Thatbestande.

Zu dem früher Gesagten braucht wohl kaum ausdrücklich hinzugefügt zu werden, daß die oben dargelegten Wirkungen des Mangels einer dispositiven Voraussetzung nur dann eintreten, wenn diese (unbedingt) dispositiven Voraussetzungen nicht zugleich bedingt absolute Voraussetzungen sind, was nur bei den Eidesgeschäften vorkommt.

Für die Eidesgeschäfte gilt der bezüglich der Wirkung des ungerügten Mangels einer dispositiven Voraussetzung gewonnene Satz, daß das einseitige prozessuale Rechtsgeschäft als ein ungleich zweiseitiges zustande kommt, nicht unbedingt. Es kann als solches zustande kommen, es muß aber nicht; ob es zustande kommt, ist durch § 415 dem Ermessen des Gerichtes überlassen.

„Sind die Parteien in betreff des zu leistenden Eides einig", d. h. hat der Delat auch nur, ohne „Einwendungen" zu erheben, den Eid angenommen, oder der Deferent im Rückschiebungsfalle gegen die Zulässigkeit der Zurückschiebung keine Einwendung erhoben, so hängt es von dem Ermessen des Gerichtes ab, ob das Eidesgeschäft, dem es an einer dispositiven Voraussetzung fehlt, als ungleich zweiseitiges rechtsbeständig ist. Das Gericht muß, weil ja die dispositiven Voraussetzungen eventuell auch als absolute zu gelten haben, deren Vorhandensein, wenn durch die Partei ein Mangel nicht gerügt wurde, von Amts wegen prüfen; sind die dispositiven Voraussetzungen nicht gegeben und ist ohne deren Vorhandenseiu das staatliche Interesse am Eide nach richterlichem Ermessen nicht gewahrt, so gelten die dispositiven Voraussetzungen auch als absolute, und es ist das Eidesgeschäft von Amts wegen als ein unzulässiges, auch als ungleich zweiseitiges nicht rechtsbeständiges, zu erklären; auf den Eid kann nicht abgegangen werden. Ist aber das staatliche Interesse auch ohne

Gegebensein dieser Voraussetzungen nach dem Ermessen des Gerichtes gewahrt, so ist das Eidesgeschäft als ein ungleich zweiseitiges zustande gekommen.

Bezüglich der Eidesgeschäfte gilt also das früher Gesagte nur mit dieser Einschränkung. (Daß der Eid sich auf Thatsachen beziehen müsse (§ 415 in fine), ist keine Einschränkung des Gesagten; denn wenn dies nicht der Fall ist, kommt das Eidesgeschäft zwar auch nicht zustande, aber schon von vornherein deshalb nicht, weil es der rechtsgeschäftlichen Willenserklärung an dem gesetzlichen Inhalte mangelt.)

Zum Zustandekommen der prozessualischen Rechtsgeschäfte ist, wie gezeigt wurde, notwendig:

1. daß die Personen, durch deren Willenserklärungen sich dieselben vollziehen sollen, fähig sind, prozessualische Rechtsgeschäfte vorzunehmen;

2. daß die Willenserklärungen jene Form und jenen Inhalt haben, die das Gesetz vorschreibt; endlich

3. daß die Voraussetzungen der Zulässigkeit des Rechtsgeschäftes gegeben sind, oder doch der Mangel der dispositiven nicht gerügt wird.

Ob diese Bedingungen erfüllt sind, hat stets das Gericht zu prüfen, und zwar je nachdem die Anforderungen des Gesetzes absolut oder dispositiv normiert sind, von Amts wegen oder über eine von der Partei abgegebene Willenserklärung; in ersterem Falle kann das Gericht die Parteien auffordern, Nachweisungen darüber, daß den Anforderungen des Gesetzes entsprochen wurde, vorzubringen.

Sind die Bedingungen erfüllt, so bedarf es keineswegs erst eines Ausspruches des Gerichtes über das Zurechtbestehen, damit das Rechtsgeschäft die mit demselben beabsichtigte Wirkung äußert; diese wird unmittelbar durch das Rechtsgeschäft selbst hergestellt.

Das ordnungsmäßig gestaltete Klaggeschäft erzeugt beim Vorhandensein der Voraussetzungen das Prozeßverhältnis, ebenso der Beitritt des Nebenintervenienten das Interventionsverhältnis u. s. w.

Von der Wirkung des Rechtsgeschäftes wird das Gericht vielmehr selbst ergiffen, aber stets so, daß ohne weiter hinzutretende Parteiwillenserklärung eine Aktivität des Gerichtes nicht wachgerufen wird.

Das in das Prozeßverhältnis getretene Gericht hat nur die Parteihandlungen, durch welche die subjektiven, den Inhalt des Prozeßverhältnisses bildenden Rechte ausgeübt werden, entgegenzunehmen.

In einigen Fällen wird das durch einen Rechtsakt veranlaßte Handeln des Gerichtes durch die Wirkung des prozessualen Rechtsgeschäftes beeinflußt; so wenn das Gericht über Antrag auf Sachurteil zu erkennen hat und ein gerichtliches Geständnis oder zu Recht bestehende Eidesgeschäfte vorliegen.

In noch anderen Fällen wird ein Parteiantrag gerade mit Bezugnahme auf ein prozessualisches Rechtsgeschäft gestellt, so bei den einverständlichen Gesuchen um Abkürzung oder Verlängerung von Fristen 2c.

Immer ist der durch das als zu Recht bestehend befundene Rechtsgeschäft hergestellte prozessuale Erfolg gegeben, das Gericht braucht denselben nicht erst mit zu schaffen; es handelt nur in Gemäßheit des hergestellten Erfolges, es verwirklicht denselben zuweilen. Das Gericht muß die zugestandene Thatsache, ihre Relevanz vorausgesetzt, dem Urteile zu Grunde legen, es muß auf den zu- oder zurückgeschobenen Eid unter der gleichen (und noch einer weiteren) Voraussetzung erkennen, die verlängerte oder verkürzte Frist dadurch aktivieren, daß es darnach den Termin ansetzt u. s. w.

Sind die Bedingungen, von denen das rechtsbeständige Zustandekommen eines prozessualischen Rechtsgeschäftes abhängt, nicht erfüllt, so hat das Gericht das intentionierte Rechtsgeschäft als ein nicht zustande gekommenes oder nicht zu Recht bestehendes zu erklären.

Erst durch diesen Ausspruch des Gerichtes wird festgestellt, daß das in die prozessuale Erscheinung getretene Rechtsgeschäft rechtlich nicht vorliegt, daß daher die durch dasselbe beabsichtigte Wirkung, der angestrebte prozessuale Rechtserfolg nicht gegeben ist.

Dieser Ausspruch des Gerichtes muß daher in allen Fällen erfolgen; er muß nicht gerade immer ein selbständiger sein wie in den Fällen, in denen das Klag- oder Interventionsgeschäft als nicht existent erklärt wird, aber er muß stets in dem aus einem anderen Anlasse ergehenden Ausspruche des Gerichtes enthalten sein, so der Ausspruch über die Unzulässigkeit des Eidesgeschäftes in dem ergehenden Sachurteile.

Alle diese Verschiedenheiten können erst bei den einzelnen prozessualischen Rechtsgeschäften dargestellt werden, zu deren Einzelbetrachtung nunmehr geschritten werden soll.

VI. Schluß.

Die prozessualischen Rechtsgeschäfte bewirken, wie wiederholt erwähnt, entweder die Begründung oder die Abänderung oder die Beendigung prozessualischer Rechtsverhältnisse resp. subjektiver Prozeßrechte; die einzelnen prozessualischen Rechtsgeschäfte werden dem entsprechend in drei Gruppen zusammengefaßt zur Besprechung kommen.

Keine prozessualischen Rechtsgeschäfte sind der Schiedsvertrag, das zeitlich unbegrenzte pactum de non petendo und das intra tempus, die Verzichtleistung auf den Streitgegenstand, das Anerkenntnis des von dem Kläger geltend gemachten Anspruches und der Vergleich; die eben genannten Rechtsgeschäfte werden deshalb keinen Gegenstand der nachstehenden Darstellung bilden; die drei letztgenannten sollen nur nebenbei in die Erörterung derjenigen prozessualischen Rechtsgeschäfte, durch welche das Prozeßverhältnis beendet wird, insoweit mit einbezogen werden als es nötig ist, um darzuthun, daß dieselben materielle Rechtsgeschäfte sind, woran dadurch nichts geändert wird, daß deren Gestaltung dann, wenn sie sich durch Handlungen im Prozesse (im Gegensatz zu den Prozeßhandlungen) vollziehen, durch das Prozeßrecht geregelt wird und daß sie auch prozessuale Rechtsfolgen haben; weil diese keine beabsichtigten sind, so gehören diese Rechtsgeschäfte nicht zu den prozessualischen.

Der Schiedsvertrag ist, obwohl die RCPO. bezüglich desselben zahlreiche Bestimmungen enthält, doch kein prozessualisches Rechtsgeschäft, denn durch denselben sollen ja prozessualische Rechtsverhältnisse weder geschaffen, noch abgeändert, noch beendet, sondern es soll vielmehr nur ein „prozeßähnliches Verfahren" ermöglicht werden.

„Der Schiedsvertrag hat nur negative publizistische Bedeutung; er schließt die Staatsrechtspflege aus." Wach H. (Bd. I, § 7).

Darüber noch ein Wort zu verlieren, wäre wohl nach den gediegenen Ausführungen Wachs höchst überflüssig.

Nur das Eine sei hier bemerkt, daß der Schiedsvertrag auch durch Handlungen im Prozesse zustande kommen kann. Aber auch dann ist der Schiedsvertrag kein prozessualisches Rechtsgeschäft, denn durch ihn wird das Prozeßverhältnis keineswegs beendet. Ein solcher im Prozesse zustande gekommenener Schiedsvertrag kann nur mittelbare prozessualische Folgen, aber keinerlei prozessualische Wirkung haben.

Der Kläger kann in einem solchen Falle seine Klage zurücknehmen; dazu wird er niemals einer erst zu erklärenden Zustimmung von Seite des Beklagten bedürfen, denn diese Zustimmung hat dieser bereits dadurch erklärt, daß er sich damit einverstanden erklärte, daß die Entscheidung durch einen Schiedsrichter erfolge. Aber erst durch Zurücknahme der Klage wird das Prozeßverhältnis beendet, nicht durch den Schiedsvertrag.

Nimmt der Kläger die Klage nicht zurück, so kann der Beklagte die Einrede des Schiedsvertrages erheben, auf Grund welcher absolutio ab instantia zu erfolgen hat.

Das Eigentümliche dabei liegt nur darin, daß das ergehende Urteil nicht wie sonst das Prozeßverhältnis als ein nicht zustande gekommenes, sondern als ein nicht mehr zu Recht bestehendes erklärt.

Dieses Urteil kann aber nur ergehen, wenn der Beklagte die Einrede des Schiedsvertrages erhebt und absolutio ab instantia beantragt; das ergehende Urteil ist die Wirkung dieses Antrages und nur die mittelbare Folge des abgeschlossenen Schiedsvertrages; dieser vermag das Prozeßverhältnis nicht zu beenden, er hat keine prozessualische Wirkung.

Daß dies so ist, ergibt sich aus der Betrachtung des wohl kaum wahrscheinlichen, aber doch immerhin möglichen Falles, daß weder der Kläger seine Klage mit Rücksicht auf den vor Gericht abgeschlossenen Schiedsvertrag zurückzieht, noch der Beklagte die Einrede des Schiedsvertrages erhebt, obwohl beide vom Gerichte befragt wurden, ob sie das eine oder das andere zu thun gesonnen seien.

Für diesen Fall gibt es nur zwei denkbare Möglichkeiten; entweder es kommt zum Sachurteile oder der Prozeß bleibt ruhen: beides setzt die Fortexistenz des Prozeßverhältnisses voraus; der Schiedsvertrag ist zwar vor Gericht zustande gekommen, aber er gehört nicht zu der mündlichen Verhandlung, sondern wird erst dann für das Gericht beachtlich, wenn sich eine Partei auf denselben beruft; in einer solchen Berufung ist aber entweder eine Zurücknahme der Klage oder die Erhebung der Einrede des Schiedsvertrages gelegen. Mit dem Gesagten ist bereits die Frage, welche der beiden oben erwähnten Möglichkeiten sich verwirklicht, beantwortet.

Was endlich das **pactum de non petendo** ohne zeitliche Beschränkung und das pactum de non petendo intra tempus anbelangt, so bedarf es wohl keiner weiteren Beweisführung dafür, daß diese pacta materielle Rechtsgeschäfte sind; es genügt der Hinweis, daß dieselben nur die materielle Eigenschaft der Klagbarkeit eines Anspruches betreffen, daß die aus ihnen eventuell hergeholte Einrede eine materiell-rechtliche ist.

Dies gilt auch für den Fall, als sich diese pacta auf einen Feststellungsanspruch beziehen, denn auch dieser ist ein materieller, allerdings durch eine materiell-rechtliche Bestimmung der RCPO. geschaffener; er beruht auf dem materiell-rechtlichen Interesse an alsbaldiger Feststellung; auf die Befriedigung des aus diesem Interesse erwachsenen Anspruches wird durch das pactum entweder für immer oder doch für eine gewisse Zeit verzichtet; dieser Verzicht ist ein materiell-rechtlicher, kein prozessualer.

Daß ein pactum de non petendo auch in Bezug auf einen Feststellungsanspruch vorkommen könne, wird nicht geleugnet werden. Wäre dieser nun ein publizistischer, so müßte auch ein auf ihn bezügliches pactum de non petendo ein publizistisches Rechtsgeschäft sein, dann aber wäre die Einrede aus dem pactum in diesem Falle eine prozessualische, während sie in den Fällen der Leistungsklage stets eine materielle ist. Eine solche Abnormität wird man von der Hand weisen müssen, wenn es möglich erscheint, den Feststellungsanspruch als einen materiellen zu erklären.

Den drei Gruppen, in denen die einzelnen prozessualischen Rechtsgeschäfte, je nachdem durch sie prozessualische Rechtsverhältnisse geschaffen, abgeändert oder beendet werden, zusammengefaßt zur Erörterung gelangen werden, ist noch eine Gruppe von prozessualischen Rechtsgeschäften voranzustellen, welche sich auf den Gerichtsstand beziehen.

II. Besonderer Teil.

Die einzelnen prozessualischen Rechtsgeschäfte.

I. Abschnitt.

Den Gerichtsstand betreffende prozessualische Rechtsgeschäfte.

Diese Gruppe umfaßt zwei prozessualische Rechtsgeschäfte.

1. Gemeinden, Korporationen, sowie diejenigen Gesellschaften, Genossenschaften oder andere Personenvereine, und diejenigen Stiftungen, Anstalten und Vermögensmassen, welche als solche verklagt werden können, sind befugt, sich neben dem gesetzlichen Gerichtsstande, welcher durch den Sitz derselben bestimmt wird, einen zweiten Gerichtsstand zu wählen (§ 19). Die Schaffung dieses gewählten Gerichtsstandes erfolgt durch eine einseitige Willenserklärung. Sie wird abgegeben von den gesetzlichen Vertretern der betreffenden juristischen Personen, der Vereinigungen von physischen Personen, oder der Vermögensmassen, welche, ohne eine juristische Person zu bilden, als solche klagen oder verklagt werden können; daß der Beschluß, auf Grund dessen die Willenserklärung abgegeben wird, von den gesetzlichen Vertretern ausgeht, ist damit nicht gesagt; es kann sein, daß der Beschluß von anderen oder doch unter Mitwirkung von anderen physischen Personen gefaßt werden muß.

Mit der Abgabe der Willenserklärung wird die beabsichtigte prozessualische Wirkung hergestellt, das einseitig gestaltete prozessualische Rechtsgeschäft kommt zustande, ob nun der jener zu Grunde liegende Beschluß ordnungsmäßig gefaßt wurde oder nicht, wenn nur die Abgabe der Willenserklärung durch die gesetzlichen Vertreter erfolgte. Die Wirkung bleibt, bis sie durch eine entgegengesetzte Willenserklärung wieder beseitigt wird; die neue hat natürlich keine rückwirkende Kraft.

Die Abgabe der rechtsgeschäftlichen Willenserklärung, welche an keine bestimmte Person, sondern an die Allgemeinheit gerichtet ist, vollzieht sich durch Kundmachung derselben. Diese muß immer in jener Form erfolgen, welche für die Kundmachung von Erklärungen der betreffenden juristischen Personen u. dergl. vorgeschrieben ist. Mit dieser Kundmachung wird die Willenserklärung perfekt und damit kommt das einseitig gestaltete Rechtsgeschäft zustande.

Voraussetzung für die Zulässigkeit dieses prozessualischen Rechtsgeschäftes ist, daß die betreffende juristische Person oder dergl. bereits einen gesetzlichen Gerichtsstand hat.

Nur neben dem gesetzlichen Gerichtsstande ist der gewählte zulässig. Die gedachte Voraussetzung ist eine absolute, deren Mangel von Amts wegen zu berücksichtigen ist, d. h. über eine bei dem gewählten Gerichtsstande eingebrachte Klage muß das Gericht von Amts wegen untersuchen, ob die Voraussetzung gegeben ist. Das Gesetz macht die Zulässigkeit unbedingt von dem Bestehen des in Absatz 1 u. 2 § 19 normierten Gerichtsstandes abhängig, stellt es nicht dem Parteiwillen anheim, von der geforderten Voraussetzung der Zulässigkeit des Rechtsgeschäftes abzusehen; es ist darum diese Voraussetzung der Zulässigkeit ebenso ex officio zu prüfen wie die der Zulässigkeit des Prorogationsantrages nach § 40 Abs. 2.

2. Die RCPO. eröffnet den Prozeßparteien (auch künftigen) die Möglichkeit, durch ein prozessualisches Rechtsgeschäft, ein sonst unzuständiges Gericht zum zuständigen zu machen; zu diesem Behufe bedarf es einer Vereinbarung, also der Abgabe übereinstimmender Willenserklärungen, deren Absicht auf die Begründung der Zuständigkeit des an sich unzuständigen Gerichtes gerichtet ist.

„Da die RCPO. eine solche Vereinbarung als Prozeßhandlung auffaßt, so sind bezüglich der persönlichen Berechtigung zum

Abschlusse die Grundsätze über Prozeßfähigkeit und Prozeßvertretung anzuwenden", Planck L. (Bd. I, S. 80).

Die die Vereinbarung ausmachenden Willenserklärungen können außergerichtlich und gerichtlich, letzteres in der mündlichen Verhandlung oder in vorbereitenden Schriftsätzen, schriftlich oder mündlich, ausdrücklich oder stillschweigend (durch konkludente Handlungen) abgegeben werden.

Die Willenserklärungen resp. die Vereinbarung muß zum Inhalte haben außer der selbstverständlichen Bezeichnung des Gerichtes, welches für die Kompaciszenten kompetent werden soll, die Benennung jenes materiellen Rechtsverhältnisses, welches im Prozeßfalle dem Ausspruche des vereinbarten Gerichtes unterstellt werden soll. Fehlt es der Vereinbarung an diesem für notwendig erklärten Inhalte, so hat sie „keine rechtliche Wirkung", d. h. das prozessualische Rechtsgeschäft kommt trotz der übereinstimmenden Willenserklärungen nicht zustande.

Voraussetzungen für die Zulässigkeit des Rechtsgeschäftes sind: die vermögensrechtliche Natur des Anspruches, welcher vor dem prorogierten Gerichte geltend gemacht wird, weiters der Umstand, daß für die Klage nicht etwa ein ausschließlicher Gerichtsstand begründet ist. Beide Voraussetzungen sind absolute. Fehlen sie, so ist das intentionierte Rechtsgeschäft von Amts wegen als „unzuläßig" zu erklären.

Über das „Rechtsgeschäft" der Prorogation, über den Prorogationsvertrag als „Rechtsgeschäft" finden sich dieses Rechtsgeschäft nach allen Richtungen klar stellende Ausführungen bei Wach H. (Bd. I, S. 502 ff,) und bei Deybeck G. (Teil I, Kap. 4.)

Besondere Besprechung erfordert die Vereinbarung, durch welche ein an sich unzuständiges Gericht zum ausschließlich zuständigen werden soll.

Die Zuläſſigkeit eines solchen prozessualischen Rechtsgeschäftes wird von einigen — so Schwalbach R. (S. 293, Anm. 4), Hellmann L. (S. 127) — entschieden bestritten, und zwar, wie gesagt wird, ohne Grund; dieser Vorwurf erscheint ungerechtfertigt, denn beide nennen den Grund, und zwar denselben, der darin zu suchen sein soll, daß die RCPO. nur eine Vereinbarung kennt, durch welche ein unzuständiges Gericht zuständig (§ 38), nicht aber eine solche, durch welche die im Gesetze begründete Zuständigkeit aufgehoben wird.

Erwägt man, daß Willenserklärungen, wenn sie rechtsproduktive Kraft haben sollen, gesetzlich sanktioniert sein müssen, so wird man über den angeführten Grund nicht mit dem Bemerken, daß er kein Grund sei, hinweggehen können, sondern man wird vielmehr aus dem Gesetze den Nachweis zu erbringen haben, daß die in Rede stehende Vereinbarung zu den von der RCPO. zugelassenen prozessualischen Rechtsgeschäften gehöre.

Entgegen der von Schwalbach und Hellmann aufgestellten Behauptung treten Planck L. (I, S. 82) und Wach H. (I, S. 504) für die Rechtswirksamkeit obiger Vereinbarung ein, ohne dieselbe darzuthun.

Darin, daß „der außerprozessuale Prorogationsvertrag um ein gut Teil seines praktischen Wertes beraubt würde“, wenn solche Vereinbarung die beabsichtigte Wirkung nicht hätte, ist kein die Zulässigkeit beweisender Grund zu finden, und aus der Frage, „weshalb es den Parteien versagt sein solle, sich an ein bestimmtes Gericht ausschließlich zu binden?“ ist der Grund nur schwer zu entnehmen, denn es fragt sich noch immer, durch welche Gesetzesnorm wird diese Bindung als rechtswirksame erklärt?

Die Lösung der Frage wird dann nicht zu erreichen sein, wenn man nach einer Gesetzesbestimmung sucht, die besagt, daß es dem Parteiwillen anheimgegeben ist, ein zuständiges Gericht unzuständig zu machen.

Die Lösung wird nur auf Grund der Bestimmung des § 35, wonach der Kläger unter mehreren zuständigen Gerichten die Wahl hat, zu finden sein.

Zu dem Ende ist die Vereinbarung, durch welche ein unzuständiges Gericht zum ausschließlich zuständigen gemacht werden soll, in jene prozessualischen Handlungen — Vorgänge — aufzulösen, aus denen sie sich zusammensetzt: in den gewöhnlichen Prorogationsvertrag — also in ein prozessualisches Rechtsgeschäft — und in einen Rechtsakt, durch welchen die Ausübung des dem Kläger zustehenden Wahlrechtes erfolgt.

Das Gesetz sagt nichts über die Zeit der Ausübung dieses Wahlrechtes; es kann also auch vor der Klagerhebung in der die Prorogation enthaltenden Vereinbarung ausgeübt werden.

Der Kläger beendet das ihm zustehende Wahlrecht dadurch, daß er im Prorogationsvertrage erklärt, bei dem als ausschließliches vereinbarten Gerichte zu klagen.

Bringt dann der Kläger (nur dieser Fall eines der Vereinbarung widersprechenden Handelns ist denkbar) die Klage doch bei einem anderen zuständigen Gerichte ein, so kann der Beklagte der Klage allerdings nicht die prozeßhindernde Einrede der Unzuständigkeit entgegensetzen, denn das Gericht ist ja zuständig geblieben und er hat deshalb, weil ihm keine prozeßhindernde Einrede zusteht, auch keineswegs, wie behauptet wird, die „Befugnis der Einlaßverweigerung"; aber er kann die Einrede erheben, Kläger sei wegen des von ihm bereits ausgeübten nnd durch die Vornahme der Wahl beendeten Wahlrechtes nicht mehr berechtigt, neuerdings in anderer Weise zu wählen und vor einem anderen als dem gewählten Gerichte zu klagen; diese Einrede ist, wenn auch keine prozeßhindernde, so doch eine prozessuale und es muß Abweisung der Klage ab instantia erfolgen.

Demnach ist der von Wach und Planck ausgesprochenen Ansicht beizutreten und dürfte des Letzteren Ansicht nur in dem Punkte zu modifizieren sein, daß dem Beklagten im Falle klägerischen Zuwiderhandelns die Befugnis zur Einlassungsverweigerung zusteht; unrichtig ist es dagegen, daß, wie Schwalbach und Hellmann behaupten, dem Beklagten in solchem Falle nichts anderes erübrige, als den Prozeß vor dem Gerichte der Klage zu führen und etwaige Entschädigungsansprüche geltend zu machen.

Von dem Rechtsgeschäfte der Prorogation kann nur dann die Sprache sein, wenn die durch die Willenserklärungen herbeigeführte Wirkung — das Zuständigwerden eines sonst unzuständigen Gerichtes — beiderseits beabsichtigt wird. Diese Absicht muß in den Willenserklärungen, welche die Vereinbarung bilden, ausgesprochen sein, entweder ausdrücklich, oder es muß sich doch diese Absicht aus konkludenten Handlungen ergeben. Ob eine Handlung als eine konkludente angesehen werden kann, ist Gegenstand richterlicher Beurteilung; aus ihr wird der Wille des Handelnden immer nur erschlossen; sie ist dann keine konkludente, wenn der Handelnde bei Vornahme derselben den erschlossenen Willen nicht hatte, insbesondere, wenn er von einem das Dasein des als stillschweigend erklärt angenommenen Willens ausschließenden Irrtum bei seinem Handeln resp. Nichthandeln geleitet wurde.

Damit Prorogation als Wirkung der Vereinbarung eintrete, muß von dem Gerichte befunden werden, daß der Prorogationswille übereinstimmend von dem Kläger und Beklagten erklärt wurde.

Das Rechtsgeschäft der Prorogation steht und fällt mit dem Prorogationswillen der Kompaciszenten.

Nach Wach beruht auch die Schaffung der Zuständigkeit im Falle des § 39 (und zwar so, wie dieser allgemein interpretirt wird) auf einem Rechtsgeschäfte, denn nach seiner Anschauung setzt das Gesetz durch die Bestimmung des § 39 „eine Praesumtio juris et de jure konkludent erklärten Prorogationsvertrages, und demnach für den Fall, als es am Prorogationswillen fehlt, eine Fiktion desselben" H. (Bd. I, S. 504). Dagegen, daß das Gesetz den Vorgang des Zuständigwerdens des Gerichtes im Falle des § 39 dem Vereinbarungsprinzipe unterstelle, ist schon Vieles und nach meinem Dafürhalten Überzeugendes gesagt worden.

Schließt man sich dem an, so braucht die Schaffung der Zuständigkeit im Falle des § 39 hier deshalb nicht erörtert zu werden, weil sie ja auf keiner Vereinbarung über das Zuständigwerden, also auf keinem prozessualischen Rechtsgeschäfte, sondern auf Präklusion beruht, welche den prozessualen Erfolg — das Zuständigwerden des Gerichtes — geradeso herbeiführt, als würde eine stillschweigende Vereinbarung vorliegen. Ich will aber hiermit nicht schließen, ohne einen scheinbar unbedeutenden Grund angeführt zu haben, der für meine Stellungnahme gegen die gewiß in scharfsinniger Weise verteidigte Anschauung Wachs entscheidend war.

Entweder es wird der in § 39 bezeichnete Thatbestand so aufgefaßt, wie er zumeist aufgefaßt wird, dann ist mit dem Vereinbarungsprinzipe nicht auszukommen. Oder dieser Thatbestand ist ein anderer, unten darzustellender, dann ist bezüglich desselben nichts zu bemerken, als daß für ihn eine praesumtio juris et de jure aufgestellt erscheint; er ist als konkludenter für eine stillschweigende Vereinigung anzusehen und diese daher anzunehmen. Daß dann das Vereinbarungsprinzip auch für eine solche nach § 39 sich vollziehende stillschweigende Vereinbarung über die Zuständigkeit des Gerichtes Geltung hat, ist selbstverständlich.

In dem ersteren Falle beruht das Zuständigwerden des Gerichtes auf keinem Rechtsgeschäfte; im zweiten thatsächlich auf einer stillschweigenden Vereinigung, die ebenso zu behandeln ist, wie jede andere, bei welcher bezüglich der Konkludenz der Handlung Überzeugungsgründe für das Gericht maßgebend sind, nicht aber wie bei der in Rede stehenden eine Präsumtionsnorm für dasselbe bestimmend ist.

Manche der von Wach bei Entwickelung seiner Anschauung aufgestellten Behauptungen scheinen mir nur dann möglich, wenn § 39 in der That so lauten würde, wie ihn Wach H. (Bd. I, S. 504) sub Anführungszeichen citiert; sie scheinen mir aber mit dem wirklichen Wortlaute des § 39, resp. mit dem auf einer richtigen syntaktischen Interpretation sich notwendig ergebenden Sinne desselben geradezu unvereinbar. Dagegen, daß ich hiermit sagen wolle, Wach habe es mit dem Citieren nicht eben genau genommen, brauche ich mich wohl nicht zu schützen; solches wird mir von niemandem, am allerwenigsten von Wach selbst zugemutet werden; ich bin vielmehr innerst überzeugt, daß er von der jeden Zweifel ausschließenden Überzeugung getragen ist, er habe genauest citiert, ja § 39 könne gar nicht anders lauten, als wie er ihn citierte.

In dem Wach'schen Citate ist thatsächlich das letzte Wort des § 39 weggeblieben; er lautet nicht: „Stillschweigende Vereinbarung ist anzunehmen, wenn der Beklagte, ohne die Unzuständigkeit geltend zu machen, zur Hauptsache mündlich verhandelt", sondern „verhandelt hat".

Gerade dieses „hat", das Perfektum im Konditionalsatze, während im Hauptsatze und auch in dem dem Konditionalsatze eingeschalteten, von diesem regierten Nebensatze das Präsens steht, scheint mir zu Zweifeln Veranlassung zu geben, die ganz ausgeschlossen sind, wenn auch das Wach vorschwebende Präsens im Konditionalsatze stünde.

Ich hätte vielleicht diese consecutio temporum selbst als unwesentlicher für die Auslegung des § 39 erachtet, wenn ich mich nicht durch das Wach'sche Citat davon überzeugt hätte, daß die Auslegung Wachs das Präsens im Konditionalsatze notwendig fordert, wenn jeder Zweifel an der Richtigkeit eines Teiles der von ihm diesbezüglich aufgestellten Behauptungen ausgeschlossen sein soll, so notwendig, daß man es beim Citieren aus vollster Überzeugung hinsetzt.

§ 39 lautet weder so wie Wach ihn zitiert, noch auch so (wie es ja auch möglich wäre): „stillschweigende Vereinbarung ist anzunehmen, wenn der Beklagte ohne die Unzuständigkeit geltend gemacht zu haben, zur Hauptsache mündlich verhandelt hat", sondern: „stillschweigende Vereinbarung ist anzunehmen, wenn der Beklagte, ohne die Unzuständigkeit geltend zu machen, zur Hauptsache mündlich verhandelt hat."

Damit ist gesagt, daß das Verhandeln zur Hauptsache in dem Momente, wo die stillschweigende Vereinbarung anzunehmen ist, bereits ein abgeschlossenes sein muß, und daß das nicht Geltendmachen der Unzuständigkeit sich während der ganzen Zeit, in welcher zur Hauptsache mündlich verhandelt wurde, fortsetzte, daß also eine stillschweigende Vereinbarung über die Zuständigkeit nur dann anzunehmen ist, wenn die mündliche Verhandlung zur Hauptsache, an welcher sich der Beklagte aktiv beteiligte, geschlossen wurde, ohne daß dieser die Unzuständigkeit des Gerichts, wenn auch nach § 247 verspätet und deshalb rechtsunwirksam, geltend gemacht, gegen die Zulässigkeit des einseitigen Rechtsgeschäftes der Klagerhebung wegen Mangels der dispositiven Voraussetzung der Zuständigkeit überhaupt (also unangesehen auf die Wirksamkeit) Protest erhoben hat.

Nur in diesem Thatbestande ist nach dem in Gemäßheit der Regeln der Syntax interpretierten Wortlaute des § 39 die Voraussetzung für die Annahme einer stillschweigenden Vereinbarung gelegen. Wenn man daher die Worte des Gesetzes „stillschweigende Vereinbarung ist anzunehmen“ mit Wach dahin auffassen wollte, daß das Gesetz damit eine praesumtio juris et de jure konkludent erklärten Prorogationsvertrages eventuell eine Fiktion des Prorogationswillens setzte, so wird man doch nicht mit ihm behaupten können, daß das Gesetz „die Folge der Prorogation an den Thatbestand des Eintrittes in die mündliche Verhandlung zur Hauptsache unter Verschweigen der Einrede der Unzuständigkeit geknüpft habe.“

Die Voraussetzung für die Annahme einer stillschweigenden Vereinbarung auf Grund der für die Konkludenz des Thatbestandes aufgestellten praesumtio juris et de jure eventuell auf Grund der Fiktion des Vereinbarungswillens wäre vielmehr der Abschluß der unter aktiver Beteiligung des Beklagten stattgehabten mündlichen Verhandlung zur Hauptsache, ohne daß derselbe während dieser seinen dem Prorogationswillen entgegengesetzten Willen erklärt hat.

Darnach wäre eine auf stillschweigender Vereinbarung beruhende Prorogation erst dann anzunehmen, nachdem die Verhandlung zur Hauptsache geschlossen wurde und sie wäre in allen Fällen ausgeschlossen, in denen der Beklagte gar nicht zur Hauptsache verhandelt oder im Laufe dieser Verhandlung die Unzuständigkeit, wenn auch verspätet, gerügt hat.

Wird die Verhandlung vor dem unzuständigen Gerichte unter Beteiligung beider Parteien durchgeführt, so könnte man sagen, daß als eine das Zuständigmachen des Gerichtes bewirkende Vereinbarung der Thatbestand anzusehen sei, daß die Parteien ihre Urteilsanträge stellten, in denen sie übereinstimmend Entscheidung in der Hauptsache von dem an sich inkompetenten Gerichte verlangten, und daß sie an diesem Verlangen bis zum Schlusse der mündlichen Verhandlung, auf welche das Sachurteil zu ergehen hatte, festhielten.

Ein anderer Thatbestand soll und kann das Gericht nicht zwingen, eine stillschweigende Vereinbarung anzunehmen.

Das Gesetz kann weder durch Aufstellung einer praesumtio juris et de jure, noch durch die einer Fiktion die Annahme einer stillschweigenden Vereinbarung über die Zuständigkeit anbefehlen, wenn eine Partei eine ausdrückliche (wenn auch verspätete) Erklärung abgibt, durch welche in der unzweideutigsten Weise ausgesprochen wird, daß es ihr an dem Willen zu prorogieren, fehle.

Aber das Gesetz kann durch Aufstellung einer praesumtio juris et de jure bewirken, daß das bis zum Schlusse Verhandeln vor dem unzuständigen Gerichte, ohne daß die Unzuständigkeit gerügt wird, als konkludente Handlung für die Erklärung des Prorogationswillens gelten solle.

Versteht man den § 39 in der hier behaupteten Weise, so ließe sich die Begründung der Zuständigkeit durch den Thatbestand des § 39 dem Vereinbarungsprinzipe unterstellen.

Anders, wenn man den Thatbestand des § 39 so nimmt wie er nach dem Citate Wachs genommen werden muß.

Sobald die Norm des § 39 nicht bloß als Aufstellung einer praesumtio juris et de jure für die Konkludenz des Thatbestandes des § 39, sondern eventuell auch als Fiktion gelten soll, so kann daran nicht mehr festgehalten werden, daß die Begründung der Zuständigkeit auf dem Vereinbarungsprinzipe beruhe.

Wird die Unzuständigkeitseinrede im Laufe der mündlichen

Verhandlung erhoben, so handelt es sich nur darum, ob sie als verspätete unwirksam ist, oder ob sie nach § 247 Abs. 3 nachgeholt werden kann. Vereinbarung ist ausgeschlossen, nur Präklusion kann wirken.

Die Bestimmungen der §§ 38—40 beschäftigen sich mit der Vereinbarung über die Zuständigkeit der Gerichte; § 247 ff. dagegen mit der Unzulässigkeit des einseitigen Rechtsgeschäftes der Klagerhebung, wenn es an Voraussetzungen der Zulässigkeit fehlt; darnach kommt im Falle, als die Voraussetzung für die Zulässigkeit des Klaggeschäftes eine dispositive ist und als wegen deren Mangel Protest nicht rechtzeitig erhoben wird, daher die Erklärung des nolle präkludiert erscheint, das Klaggeschäft als ungleich zweiseitiges zustande, während es überhaupt nicht zustande kommen kann, wenn die Voraussetzung eine absolute ist, oder wenn der Protest wegen deren Mangel auch noch nachträglich rechtswirksam erhoben werden kann.

Diese beiden Gruppen der im Gesetze weit auseinanderliegenden Bestimmungen haben jede für sich selbständige und volle Geltung.

Als wegen der praesumtio juris et de jure anzusehende, im übrigen wie jede andere zu behandelnde stillschweigende Vereinbarung über die Prorogation wäre kraft Gesetzesvorschrift nur der oben bezeichnete, durch korrekte Interpretation des § 39 sich ergebende Thatbestand anzusehen, bei dem es ausgeschlossen erscheint, daß der Beklagte bis zum Schlusse der Verhandlung, auf welche hin das Urteil ergeht, die Unzuständigkeit des Gerichtes rügt.

Thut er letzteres, so liegt der Thatbestand eben nicht vor, der als stillschweigende Vereinbarung anzusehen wäre. Die Frage könnte dann nur die sein, ob das Klaggeschäft dadurch als ein ungleich zweiseitiges zustande gekommen ist, daß Beklagter sein nolle vor Einlassung auf die mündliche Verhandlung zur Hauptsache nicht erklärt hat. Diese Frage ist zu verneinen, insoweit die Zuständigkeit des Gerichtes eine absolute Voraussetzung für die Zulässigkeit des Klaggeschäftes ist, also stets wenn ein anderes Gericht, als vor welchem der Beklagte belangt wurde, das ausschließlich zuständige ist; ebenso, wenn der Beklagte erst nach Einlassung auf die Verhandlung zur Hauptsache die Unzuständigkeit des Gerichtes geltend und glaubhaft macht, daß er ohne sein Verschulden nicht imstande gewesen sei, sein nolle unter Hinweis auf die Unzuständigkeit des Gerichtes zu erklären [1]).

[1]) Im Ergebnisse übereinstimmend mit Planck L. (S. 92 Note 25).

II. Abschnitt.

Prozessuale Rechtsverhältnisse begründende prozessualische Rechtsgeschäfte.

I. Gemeinsames.

Jedes Rechtsverhältnis, jedes Recht ist das Produkt von Thatsachen, insofern das objektive Recht mit diesen die Entstehung von Rechtsverhältnissen, von Rechten verbindet; sie sind die rechtserzeugenden Thatsachen.

Auch alle prozessualen Rechtsverhältnisse, sowohl das Prozeßverhältnis als auch andere prozessuale Rechtsverhältnisse entstehen dadurch, daß bestimmte Thatsachen in Bezug auf die von den prozessualen Rechtsverhältnissen zu umschließenden Personen eintreten, an deren Eintritt die Prozeßordnung das Existentwerden der prozessualen Rechtsverhältnisse geknüpft hat. Welche Thatsachen dies sind, bestimmt das positive Prozeßgesetz.

Schon daraus ergibt sich, daß die Frage nach der Begründung der prozessualischen Rechtsverhältnisse nur auf Grund positivrechtlicher Bestimmungen beantwortet werden kann, daß diese Beantwortung eine verschiedene sein muß, je nachdem sie unter Zugrundelegung der Bestimmungen dieses oder jenes Prozeßgesetzes erfolgt.

Im allgemeinen läßt sich nur sagen, daß diese rechtserzeugenden Thatsachen in Handlungen der in die prozessualischen Rechtsverhältnisse tretenden Personen bestehen können, aber nicht müssen, daß diese Thatsachen nicht notwendigerweise Willensäußerungen dieser Personen sein müssen, sondern auch von deren Willen unabhängige sein können; immer aber wird ein die Entstehung des prozessualen Rechtsverhältnisses beabsichtigendes Handeln wenigstens von einer Seite vorliegen müssen, welches für sich allein diese Entstehung zu bewirken vermag, wenn thatsächliche Umstände vorliegen, welche die Voraussetzung dafür bilden, daß das absichtsgemäße Handeln des einen genügt, um den beabsichtigten Erfolg herzustellen.

Von vornherein ausgeschlossen ist, daß prozessualische Rechtsverhältnisse lediglich durch den Eintritt irgend welcher juristischer Thatsachen entstehen, die sich unabhängig von dem Willen der durch sie betroffenen Personen vollziehen, durch Ereignisse.

Alle Rechtsverhältnisse sind zwar Zweckverhältnisse, jedes derselben dient der Erreichung eines durch das Recht gebilligten Zweckes, aber nicht alle werden absichtlich behufs Erreichung dieses Zweckes begründet.

Die prozessualischen Rechtsverhältnisse gehören zu jenen Rechtsverhältnissen, welche behufs Erreichung eines bestimmten Zweckes ins Leben gerufen werden und welche mit der Erreichung desselben wieder vergehen.

Die prozessualen Rechtsverhältnisse dienen dem Zwecke der Bewährung, der Verwirklichung des Privatrechtes; die Anstrebung dieses Zweckes ist der Willkür desjenigen, welchem einer solchen Bewährung, Verwirklichung bedürftige Privatrechte wenigstens vermeintlich zustehen, anheimgegeben; sein absichtsgemäßes Handeln wird behufs Entstehung derselben stets gefordert; wenn sie thatsächlich entstehen, ist das absichtsgemäße Handeln ein rechtsgeschäftliches. Ob jenes zugleich dieses ist, hängt nur davon ab, ob das objektive Prozeßrecht mit einem bestimmten, absichtsgemäßen Handeln den Eintritt der beabsichtigten Rechtswirkung unter gewissen Voraussetzungen verbindet und ob diese gegeben sind.

Das positive Prozeßrecht gestaltet jene von vornherein zur Begründung prozessualer Rechtsverhältnisse notwendigen Rechtsgeschäfte als zulässige.

Es kann geschehen, daß prozessualische Rechtsverhältnisse

hergestellt werden durch prozessuale Rechtsgeschäfte, welche beruhen auf übereinstimmenden Willenserklärungen der Subjekte des intentionierten prozessualen Rechtsverhältnisses, oder welche beruhen auf einer freien Willenserklärung des einen, welcher eine pflichtmäßige des oder der anderen nachfolgen muß, oder welche endlich beruhen lediglich auf der Willenserklärung des einen, zu deren Rechtswirksamkeit nur das Vorhandensein bestimmter Bedingungen — eines bestimmten sich Imzustandbefindens — erfordert wird.

Von vornherein wird man zugestehen müssen, daß nur die erste und letzte der drei vorerwähnten Formen natürliche, mit anderen Rechtsbildungen übereinstimmende sind, die mittlere dagegen eine ganz exzeptionelle ist.

Daß prozessuale Rechtsverhältnisse durch zwei- oder mehrseitige Rechtsgeschäfte oder auch durch einseitiges, unter bestimmten Voraussetzungen zulässiges Rechtsgeschäft geschaffen werden können, ist nichts auffallendes.

Anders sieht es mit der mittleren der vorerwähnten Figuren aus. Ein Rechtsverhältnis soll hergestellt werden durch eine freie rechtsgeschäftliche Willenserklärung des einen, zu welcher weitere pflichtmäßige Erklärungen des oder der anderen hinzutreten müssen.

Auf der einen Seite der rechtsgeschäftliche, d. i. auf die Herbeiführung einer bestimmten Wirkung gerichtete Wille, auf der oder den anderen eine Pflicht! Woher soll diese stammen? Natürlich nur aus dem Gesetze; das objektive Recht sagt uns ja, welche Umstände eintreten müssen, damit ein Rechtsverhältnis entstehe. Die Prozeßordnung müßte also in solchem Falle sagen, daß das Prozeßverhältnis dann entstehe, wenn jemand (der Kläger) eine auf dessen Inslebentreten gerichtete Willenserklärung abgibt und der oder die beiden anderen (Beklagter oder dieser und das Gericht) ebenfalls eine Willenserklärung abgeben, zu deren Abgabe sie durch das Gesetz beim Vorliegen der ersteren verpflichtet werden.

Die RCPO. kennt nur drei prozessuale Rechtsverhältnisse,

von denen jedoch nur eines ein selbständiges ist, während die beiden anderen zu diesem als accessorische hinzutreten.

Das eine — selbständige — besteht zwischen dem Kläger, Beklagten und Gericht — das Prozeßverhältnis —; das zweite zwischen den genannten Personen und einem oder mehreren Nebenintervenienten — das Nebeninterventionsverhältnis —; von beiden wird in den folgenden das Klaggeschäft und das Interventionsgeschäft erörternden Kapiteln ausführlich gehandelt; das dritte besteht zwischen Streitgenossen, aber nur, wenn die Streitgenossenschaft eine „notwendige“ ist; von diesem zunächst.

Es kann sein, daß in einem Prozesse mehrere Personen als Kläger oder resp. und als Beklagte vorkommen; in einem solchen Falle liegen so viele selbständige Prozeßverhältnisse vor, als Kläger und Beklagte sind; die einzelnen Kläger sowohl, als auch die einzelnen Beklagten stehen aber zu einander ebenfalls in einem Verhältnisse — in dem der Streitgenossenschaft; diese ist an sich ohne Einfluß auf die einzelnen Prozeßverhältnisse; jeder Kläger und jeder Beklagte hat nur jene subjektiven Prozeßrechte, die den Inhalt jenes Prozeßverhältnisses bilden, in dem er steht; nur er selbst, nicht etwa sein Streitgenosse kann seine Prozeßrechte ausüben, und durch seine Rechtsakte allein entwickelt sich das Prozeßverhältnis, bis es durch Urteil oder eigenes prozessualisches Rechtsgeschäft zum Abschlusse gelangt.

Eine durch das Verhältnis, welches zwischen den einzelnen Streitgenossen besteht, durch die Streitgenossenschaft bewirkte Modifikation der einzelnen Prozeßverhältnisse tritt nur im Falle des § 59 ein; nur in diesem Falle wird jenes Verhältnis Gegenstand rechtlicher Normierung, es wird zum Rechtsverhältnisse.

Liegt der Fall des § 59 vor, so ist es nicht nötig, daß jeder Streitgenosse die ihm zustehenden Prozeßrechte ausübt, es genügt deren Ausübung durch einen mit Rechtswirksamkeit für alle.

Weil die Entscheidung, die auf den von den einzelnen Streitgenossen vorgenommenen Prozeßhandlungen beruht, nur eine sein kann, es aber in der Willkür jedes einzelnen Streitgenossen gelegen ist, welche Prozeßhandlungen er vornimmt, so war die RCPO. vor die Wahl gestellt, entweder nur jene Prozeßhandlungen, die von allen Streitgenossen gleichmäßig vorgenommen werden, als wirksam, oder die von dem einzelnen Streitgenossen vorgenommene Prozeßhandlung als für alle wirksam, für die Gestaltung der einzelnen Prozesse maßgebend zu erklären; das erstere hätte zu einer Härte geführt, die, wenn man sich für das zweite entschied, vermieden werden konnte; es blieb dann die Frage zu lösen, in welcher Weise in Anbetracht des zwingenden Umstandes, daß alle Prozesse nur durch gleichmäßige Urteile entschieden werden können, von dem allgemeinen im § 58 ausgesprochenen Grundsatze, daß die Prozeßhandlungen des einen Streitgenossen dem anderen weder zum Vorteile, noch zum Nachteile gereichen sollen, abgegangen werden sollte.

Ausgesprochen hat sich die RCPO. über die Behandlung der „notwendigen" Streitgenossenschaft, welche allein als ein besonderes prozessualisches Rechtsverhältnis in Betracht kommt, ausdrücklich nur an zwei Stellen, in §§ 59 u. 434. Beide Bestimmungen reichen für sich zur vollständigen Lösung der Frage nicht aus; sie müssen verallgemeinert werden und zwar so, daß sie miteinander nicht in Widerspruch geraten. Dies soll hier versucht werden.

Man wird zu unterscheiden haben die Vornahme von Rechtsakten und die von prozessualischen Rechtsgeschäften; man wird finden, daß für die ersteren das Gegenteil von dem zu gelten hat, was für die zweiten gilt.

Die RCPO. normiert in § 59 nur, daß die totale Versäumung von Rechtsakten seitens einzelner Streitgenossen den übrigen nicht zum Nachteile, vielmehr die durch einzelne vorgenommenen Rechtsakte den anderen zum Vorteile gereichen sollen.

Dieser Ausspruch wird richtig dahin zu verallgemeinern sein, daß eine Nichtausübung eines subjektiven Prozeßrechtes seitens eines Streitgenossen, auch wenn dadurch nur eine partielle Versäumnis eintritt, für die übrigen unnachteilig, und jede Ausübung eines subjektiven Prozeßrechtes auch nur durch einen Streitgenossen den übrigen insofern vorteilhaft ist, als auf diese Ausübung des Prozeßrechtes bei der Entscheidung Bedacht zu nehmen ist; ob diese dadurch günstig oder ungünstig ausfällt, kommt nicht in Betracht.

Was ein Streitgenosse behauptet oder bestreitet, gilt für alle als behauptet oder bestritten, ein von einem angebotenes Beweismittel gilt für alle angeboten, weil der betreffende Rechtsakt resp. der durch dessen Vornahme herbeigeführte prozessualische Erfolg bei der einheitlichen Entscheidung nicht unberücksichtigt bleiben darf.

In dem Falle, daß ein Streitgenosse eine Thatsache behauptet, eine anderer dieselbe direkt oder per positionem alterius bestreitet, kommt es zunächst darauf an, ob eine Bestreitung auch von der Gegenseite erfolgt. Ist dies der Fall, so wird für das Gericht das Beweisergebnis maßgebend sein; allerdings kann für die Bildung seiner Überzeugung gerade das verschiedene Verhalten der Streitgenossen von Einfluß werden.

Erfolgt aber keine Bestreitung von der Gegenseite, so wirkt die Bestreitung von Seite des Streitgenossen; dem Gerichte, nicht dem Gegner ist zu beweisen; der Behauptende braucht nur dann nicht zu beweisen, wenn die Thatsache beweisunbedürftig, also nicht bestritten ist; bezüglich jeder bestrittenen Behauptung, von wem immer die Bestreitung — die Berechtigung dazu vorausgesetzt (diese kann wohl den einzelnen Streitgenossen nicht aberkannt werden) — erfolgt, tritt die Pflicht des Gerichtes ein, die behauptete Thatsache auf ihre Wahrheit zu prüfen, ob wegen der Verhandlungsmaxime oder des auch in diesem Falle eingreifenden Offizialprinzipes, kann hier dahingestellt bleiben.

Bezüglich der nur von einem Streitgenossen angebotenen Beweismittel, oder bezüglich von verschiedenen Streitgenossen angebotener verschiedener Beweismittel, endlich bezüglich der für eine

Thatsache und deren Gegenteil angebotenen Beweismittel, ist das verschiedene Vorgehen der einzelnen Streitgenossen nur insofern von Bedeutung, als es für die Gestaltung der richterlichen Überzeugung von dem zu erwartenden Ergebnisse der beantragten Beweisaufnahme und somit für das Abgehen auf diesen oder jenen Beweis oder auf keinen von Einfluß sein kann; im übrigen gilt nichts besonderes.

In schroffen Gegensatz zu dem bisher bezüglich einer verschiedenartigen Ausübung oder Nichtausübung von subjektiven Prozeßrechten durch einzelne Streitgenossen Gesagten tritt die Verfügung des § 434.

In den Fällen des § 434 handelt es sich nicht um Rechtsakte, sondern um die Vornahme von prozessualischen Rechtsgeschäften, speciell um die Vornahme der beiden Eidesgeschäfte der Zuschiebung und Zurückschiebung des Eides.

In eine Rechtfertigung der Behauptung, daß diese beiden Eidesgeschäfte prozessualische Rechtsgeschäfte sind, kann hier nicht eingegangen werden; sie wird in dem nächsten Abschnitte erfolgen.

§ 434 bestimmt, daß die Vornahme der beiden Eidesgeschäfte nur durch alle (notwendigen) Streitgenossen geschehen könne. Die Zu- oder Zurückschiebung des Eides seitens eines Streitgenossen kann daher dem anderen nicht nur weder zum Vorteile noch zum Nachteile gereichen, sondern sie ist ausgeschlossen; es bedarf dazu der übereinstimmenden Erklärung aller Streitgenossen.

Auch dieser Ausspruch des Gesetzes wird zu verallgemeinern sein und zwar dahin, daß kein prozessualisches Rechtsgeschäft nur von einem (notwendigen) Streitgenossen vorgenommen werden kann, sondern daß alle prozessualischen Rechtsgeschäfte, mit welchen sich in den folgenden Abschnitten als das Prozeßverhältnis abändernden oder beendenden im einzelnen zu beschäftigen sein wird, nur vorgenommen werden können von sämtlichen Streitgenossen zusammen, daß es dazu einer übereinstimmenden rechtsgeschäftlichen Willenserklärung aller Streitgenossen bedarf.

Hiermit stimmt die herrschende Lehre in den Einzelergebnissen überein; man ist einig, daß ein nur von einem Streitgenossen abgelegtes gerichtliches Geständnis rechtsunwirksam ist; unzulässig ist die Zurücknahme der Klage von Seite nur eines Streitgenossen in der Klägerrolle oder wider einen Streitgenossen in der Beklagtenrolle; selbstredend unzulässig ist die Klagabänderung in gleicher Weise; notwendig unzulässig das prozessualische Rechtsgeschäft des Eiderlasses, so daß nur einem Streitgenossen oder nur von einem Streitgenossen der abzulegende Eid erlassen wird, da es ja in diesen Fällen zu widersprechenden Ergebnissen kommen könnte; unzulässig der von einem Streitgenossen erklärte Verzicht auf den Einspruch, auf die Berufung oder Revision, sowie deren Zurücknahme seitens nur eines Streitgenossen u. s. w.

Fragen wir nach dem Grunde, warum alle die prozessualischen Rechtsgeschäfte nur durch übereinstimmende Willenserklärung der Streitgenossen vorgenommen werden können, so ist derselbe leicht in folgendem zu erkennen:

Das für oder wider alle Streitgenossen ergehende Urteil kann nur eines sein; die notwendige Vorbedingung hierzu ist, daß die einzelnen Prozeßverhältnisse, welche durch die subjektiv kumulierte Klage erzeugt werden, bis zum Urteile fortbestehen und zwar unabgeändert oder gleichmäßig abgeändert fortbestehen.

Jede Abänderung oder Beendigung eines einzelnen Prozeßverhältnisses müßte zur Unmöglichkeit des Ergehens gleichmäßiger Urteile führen. Dies zeigt sich deutlich in den Fällen der gewöhnlichen (der nicht notwendigen) Streitgenossenschaft, in denen es den Streitgenossen unbenommen ist, jeder für sich was immer für prozessualische Rechtsgeschäfte vorzunehmen, deren Wirkungen in den Sonderurteilen zu Tage treten, insofern diese auf jenen beruhen.

Für die Fälle der notwendigen Streitgenossenschaft muß daher die Abänderung eines Einzelprozeßverhältnisses oder dessen Beendigung ausgeschlossen sein; nachdem nun Abänderung und Beendigung der Prozeßverhältnisse durch prozessualische Rechtsgeschäfte bewirkt wird, so müssen diese als von einzelnen Streitgenossen für ihr Prozeßverhältnis intentioniert als rechtsunwirksam erklärt, die Zulässigkeit prozessualischer Rechtsgeschäfte darf nur dann anerkannt werden, wenn durch diese Rechtsgeschäfte alle einzelnen Prozeßverhältnisse gleichmäßig abgeändert oder beendigt werden.

Für die untrennbar kumulierten Prozesse ist es nicht nur unbedingt nötig, daß die einzelnen Prozeßverhältnisse mit demselben Gerichte begründet werden können (Voraussetzung der gleichen Zuständigkeit) und daß die normale Entwickelung Fortbildung der einzelnen Prozeßverhältnisse in gleicher Weise erfolgen könne (Voraussetzung der gleichen Prozeßart), sondern es ist auch notwendig, daß die einzelnen Prozeßverhältnisse selbst gleichartig sind, daß sie entweder alle so beschaffen sind, wie sie durch die Prozeßgründung entstehen, oder daß sie alle gleichmäßig abgeändert werden. Es darf nicht in einem der Parallelprozesse zur Thatsachenfeststellung durch Geständnis oder Eid kommen, während in dem anderen bewiesen werden muß u. s. w., was sich nur dann ergeben könnte, wenn ein Prozeßverhältnis abgeändert würde, während das andere unabgeändert bliebe. Die gleichmäßige Fortdauer der der einzelnen Prozeßverhältnisse ist selbstverständlich.

Damit diese dritte notwendige Voraussetzung gegeben bleibe bis zur einheitlichen Entscheidung, muß die Zulässigkeit der prozessualischen Rechtsgeschäfte, durch welche Abänderung oder Beendigung des Prozeßverhältnisses bewirkt wird, davon abhängig sein, daß deren Wirkung für alle verbundenen Prozesse gleichmäßig eintrete, daß alle diese prozessualischen Rechtsgeschäfte von allen in gleicher Parteistellung befindlichen Prozeßsubjekten bezüglich des Prozeßverhältnisses, in dem jedes derselben steht, unter einem vorgenommen werden.

Dieser mit Notwendigkeit sich ergebende Grundsatz ist speciell bezüglich der Eidesgeschäfte im § 434 zum Ausdrucke gebracht. Daß diese specielle Bestimmung zu verallgemeinern ist, ergibt sich daraus, daß sie nicht eine singuläre Bestimmung ist, sondern daß sie eine allgemeine, aus dem Wesen des Prozesses, aus der Bedeutung des Prozeßverhältnisses und aus der Wirkung der prozessualischen Rechtsgeschäfte auf dieses sich ergebende Bestimmung ist, die im Gesetze nur in ihrer Anwendung auf ein bestimmtes prozessualisches Rechtsgeschäft zum Ausdrucke gebracht wurde.

Der für die prozessualischen Rechtsgeschäfte aufgestellte Grundsatz ist mit gleicher Notwendigkeit dann anzuwenden, wenn es sich um die Beurteilung der prozessualen Rechtsfolgen von materiellen Rechtsgeschäften, die in solchen kumulierten Prozessen vorkommen können, nämlich der durch die Prozeßordnung gestalteten Rechtsgeschäfte des Anspruchsverzichtes, des Anerkenntnisses und des Vergleiches handelt.

Die notwendigen Streitgenossen werden durch die Prozeßordnung diese materiellen Rechtsgeschäfte im Prozesse vorzunehmen nicht gehindert; die Berechtigung dazu bestimmt sich nach dem Privatrechte. Jeder Streitgenosse kann für sich in der mündlichen Verhandlung auf den Anspruch verzichten oder ihn anerkennen, wenn er dazu materiell berechtigt ist, und zwar ohne daß es einer Annahmeerklärung bedarf; er kann sich unter derselben Voraussetzung auch mit seinem Gegner vergleichen; zu all dem verlangt die Prozeßordnung keine zustimmende Erklärung seiner Streitgenossen. Aber diese im Prozesse eventuell zustande kommenden materiellen Einzelrechtsgeschäfte haben gar keinen prozessualen Erfolg, weder den, daß der Prozeß ruht, noch den, daß der Gegner das Recht erhält, Urteilsantrag nach §§ 277, 278 zu stellen. Dieser Erfolg ist ja auch bei den prozeßrechtlichen Rechtsgeschäften des Anspruchsverzichtes und des Anerkenntnisses gar nicht beabsichtigt (das Nähere hierüber in dem Abschnitte vom Verzichte; hier soll nur zur Anschaulichmachung auf den möglichen Fall hingewiesen werden, daß der den Anspruch Anerkennende unter einem das Vorhandensein einer dispositiven Prozeßvoraussetzung bestreitet); er kann nur dann eintreten, wenn in allen notwendig verbundenen Prozessen der gleiche prozessualische Erfolg eintreten kann, also wenn in allen Parallelprozessen dieselben prozeßrechtlichen Rechtsgeschäfte zustande gekommen sind.

Ebenso verhält es sich mit dem gerichtlichen Vergleiche, wie sich dies aus den Ausführungen, die über denselben im Abschnitte vom Verzichte folgen werden, ohne daß auf den eben in Rede stehenden Gegenstand nochmals zurückgekommen werden muß, ergeben wird.

Durch Erörterung des prozessualischen Rechtsverhältnisses der notwendigen Streitgenossenschaft wird eine ganz ungesuchte und darum um so freudiger ergriffene Bestätigung für die Richtigkeit der Grundanschauungen, auf welchen die ganze Abhandlung beruht, durch anscheinend mit derselben nur in losem Zusammenhange stehende Gesetzesbestimmungen erbracht.

Geschaffen wird das prozessualische Rechtsverhältnis der notwendigen Streitgenossenschaft durch Zustellung der subjektiv kumulierten Klage an den oder die Beklagten. Das Nähere wird durch die folgenden Erörterungen des Klaggeschäftes klar gestellt. Besondere Voraussetzung ist, daß das Rechtsverhältnis, welches durch die kumulierte Klage zur Entscheidung verstellt wird, nur einheitlich festgestellt werden kann.

Anknüpfend an das oben Gesagte, daß die RCPO. nur drei prozessualische Rechtsverhältnisse — das Prozeßverhältnis, das Nebeninterventionsverhältnis und das Rechtsverhältnis der notwendigen Streitgenossenschaft — kenne, von denen das erstere ein selbständiges, die beiden letzteren accessorische sind, ist noch zu bemerken daß die in dem Prozeßverhältnisse bereits stehenden oder auch in dasselbe noch nicht getretenen Personen sich in besonderen prozessualischen Beziehungen befinden können, die aber nicht durch die Vornahme prozessualischer Rechtsgeschäfte, sondern durch Rechtsakte, also durch Ausübung subjektiver Prozeßrechte hergestellt werden.

Zur Sicherung des Beweises, der Zwangsvollstreckung und der Verwirklichung des Rechtes einer Partei (§ 814), zum Zwecke der Regelung eines einstweiligen Zustandes in Bezug auf ein streitiges Rechtsverhältnis (§ 819) sollen die diesfalls Interessierten das subjektive Prozeßrecht haben, um sofortige Beweisaufnahme um Arrest oder um Anordnung einstweiliger Verfügungen einzuschreiten. Dies Recht wird ausgeübt durch Prozeßgesuch, über welches das Gericht das Recht des Impeteranten zu prüfen und sohin die diesem Rechte entsprechenden Verfügungen anzuordnen hat.

Durch die dem Gegner des Impeteranten zuzustellende richterliche Entscheidung wird eine zu dem Prozeßverhältnis hinzutretende oder auch nur im Hinblicke auf ein künftiges Prozeßverhältnis eintretende prozessualische Beziehung zwischen den Parteien hergestellt. Für den Zweck dieser Abhandlung genügt es hierauf hinzuweisen.

Wenn auch diese Herstellung der prozessualischen Beziehungen nicht auf einem prozessualischen Rechtsgeschäfte beruht, so kann doch ein solches mit hineinspielen. Bei dem Beweise zum ewigen Gedächtnisse können die Parteien sich einigen darüber, daß eine sofortige Beweisaufnahme erfolgen solle; liegt ein diesbezügliches prozessualisches Rechtsgeschäft vor, so hat das Gericht das Vorhandensein der Voraussetzungen (§ 447), von denen die Existenz des subjektiven Prozeßrechtes abhängig ist, nicht zu prüfen, sondern die einverständlich angesuchte Verfügung sofort zu erlassen.

Durch ein solches prozessualisches Rechtsgeschäft wird ein von dem Vorhandensein gesetzlicher Voraussetzungen abhängiges subjektives Prozeßrecht von diesen unabhängig gemacht.

Diese subjektiven Prozeßrechte, durch deren Ausübung prozessualische Beziehungen zwischen den Parteien herstellbar sind, werden von der RCPO. auch Personen zugestanden, die noch nicht im Prozeßverhältnisse stehen; subjektive Prozeßrechte, welche regelmäßig den Inhalt eines prozessualischen Rechtsverhältnisses mit bilden, können auch unabhängig von deren Existenz vorkommen.

Hierdurch könnte man leicht verleitet werden, anzunehmen, daß diese subjektiven Prozeßrechte gar keine solchen, sondern bloße Befugnisse sind, ein prozessualisches Rechtsgeschäft vorzunehmen und dadurch prozessualische Beziehungen herzustellen. Daß dies nicht der Fall ist, muß noch dargethan werden, und zwar um so notwendiger, als die in Rede stehenden Fälle eine gewisse Ähnlichkeit haben mit der beabsichtigen Vornahme von prozessualischen Rechtsgeschäften, deren Unzulässigkeit zu statuieren das Gesetz dem richterlichen Ermessen überlassen hat, statt selbst von vornherein ein solches Rechtsgeschäft als zulässiges oder unzulässiges zu erklären.

Durch jedes zulässige prozessualische Rechtsgeschäft wird die beabsichtigte prozessualische Wirkung durch den erklärten Parteiwillen unmittelbar hergestellt; es bedarf dazu keiner richterlichen Vermittelung; das Gericht kann nur in die Lage kommen, anstatt des Gesetzes die Unzulässigkeit des beabsichtigten Rechtsgeschäftes zu statuieren.

In den Fällen, von denen hier die Sprache ist, liegt die Sache anders. Über das Prozeßgesuch hat stets das Gericht zu entscheiden; es kann dasselbe als ein unberechtigtes abweisen oder es vermittelt durch seine Entscheidung die Herstellung der prozessualen Beziehung; das Gericht schließt nicht bloß die Herstellung des Erfolges aus, sondern es bewirkt denselben; der erklärte Parteiwille reicht hierzu nicht aus. Genügt aber dieser zur Herstellung der beabsichtigen Wirkung nicht, so kann kein prozessualisches Rechtsgeschäft vorliegen. Demnach beruht das Zustandekommen der prozessualischen Beziehungen zwischen Personen, die nicht im Prozeßverhältnisse stehen, auf keinem prozessualischen Rechtsgeschäfte, sondern auf der Ausübung eines durch die Prozeßordnung geschaffenen, ganz selbständigen subjektiven Prozeßrechtes.

Die Herstellung der mehrerwähnten prozessualischen Beziehungen beruht demnach in allen Fällen auf der Ausübung subjektiver Prozeßrechte, auf Rechtsakten.

Im Gegensatze dazu erfolgt die Begründung der prozessualen Rechtsverhältnisse stets nur durch prozessuale

Rechtsgeschäfte; sie kommen nur dann zustande, wenn eine rechtsgeschäftliche, auf das Zustandekommen des betreffenden prozessualen Rechtsverhältnisses gerichtete Parteiwillenserklärung vorliegt.

Die Gestaltung der die Begründung des Prozeß- und Nebeninterventionsverhältnisses bewirkenden Rechtsgeschäfte wird von der RCPO. gleichmäßig normiert. Zur Herbeiführung der beabsichtigten Wirkung genügt beim Vorhandensein der vom Gesetze für die Zulässigkeit des prozessualen Rechtsgeschäftes geforderten Voraussetzungen eine einseitige, nach Form und Inhalt den Anforderungen des Gesetzes entsprechende Willenserklärung; sind aber diese Voraussetzungen nicht gegeben, so ist das intentionierte Rechtsgeschäft unzulässig, wenn es sich um absolute Voraussetzungen handelt.

Sind sie dispositive, so kommt es beim Mangel derselben stets auf das Verhalten der anderen Prozeßpartei gegenüber der vorliegenden Willenserklärung an; es muß zu dieser entweder eine zweite (selbständige, nicht mit der ersten übereinstimmende) Willenserklärung der anderen Partei hinzutreten, oder es kann auch genügen, daß von dieser nur keine das Zustandekommen des Rechtsgeschäftes ausschließende Willenserklärung abgegeben wird. Die Willenserklärung, deren Abgabe eventuell gefordert wird, besteht in einem Verzichte darauf, sich dem rechtswirksamen Zustandekommen des Rechtsverhältnisses in Anbetracht des Mangels einer Voraussetzung zu widersetzen (§ 247/3).

Auf die Geltendmachung des Mangels dispositiver Voraussetzungen braucht aber nicht gerade verzichtet zu werden, es genügt, daß der Mangel nicht geltend gemacht wird; erst wenn er geltend gemacht wird, hat das Gericht das Vorhandensein der dispositiven Voraussetzungen zu prüfen und wegen sich ergebenden Mangels die Unzulässigkeit des Rechtsgeschäftes und folgemäßig das Nichtzurechtbestehen des beabsichtigten prozessualen Rechtsverhältnisses auszusprechen (§§ 247/1, 3, 68/1).

Die rechtsgeschäftliche Willenserklärung wird in allen Fällen dem Gerichte und der Partei resp. den Parteien, also jenen Personen gegenüber abgegeben, zwischen welchen und dem Erklärenden das prozessuale Rechtsverhältnis entstehen soll; mit der Abgabe der Erklärung resp. Zustellung des die Willenserklärung enthaltenden Schriftsatzes ist das Rechtsgeschäft perfekt (§§ 230, 67, 254 u. 461); ob dieses zulässig und daher rechtswirksam ist, hängt von der Fähigkeit des Erklärenden zur Abgabe der rechtsgeschäftlichen Willenserklärung, weiters davon ab, daß die Willenserklärung selbst jene Form und jenen Inhalt hat, welche das Gesetz verlangt, endlich davon, daß die Voraussetzungen der Zulässigkeit des Rechtsgeschäftes, welche zugleich die Voraussetzungen für das Zustandekommen und Zurechtbestehen des prozessualen Rechtsverhältnisses bilden, gegeben sind, oder daß der Mangel dispositiver nicht gerügt wird.

Sind diese Bedingungen gegeben, so tritt die beabsichtigte Wirkung — die Begründung des prozessualen Rechtsverhältnisses — ein, ohne daß es einer gerichtlichen Entscheidung über das Zustandegekommensein des Rechtsgeschäftes oder sonst irgend einer richterlichen Entscheidung bedarf, also unmittelbar.

Solange es unentschieden ist, ob das durch Abgabe einer den Anforderungen des Gesetzes entsprechenden Willenserklärung sich vollziehende prozessualische Rechtsgeschäft wegen der Voraussetzungen als ein zulässiges erscheint, ist aber nicht nur derjenige, durch dessen abgegebene Willenserklärung es zustande kommen soll, gebunden, sondern es tritt sofort mit der Perfektion des Rechtsgeschäftes, also mit der abgegebenen resp. zugestellten Willenserklärung eine Interimswirkung desselben ein, die umfänglich der definitiven Rechtswirkung entspricht; sie unterscheidet sich von letzterer nur darin, daß sie nur eine provisorische, keine als zu Recht bestehend anerkannte Wirkung ist (§§ 235, 68/3).

Dem thatsächlichen Vorliegen der betreffenden Willenserklärung entspricht die Herstellung des intentionierten Rechtsverhältnisses als eines pendenten; dieses wird zum rechtsbeständigen Rechtsverhältnisse, sobald die durch die Voraussetzungen bedingte Zulässigkeit des prozessualischen Rechtsgeschäftes außer Zweifel gesetzt ist;

erfolgt das Gegenteil, so endet auch die Interimswirkung, jener Schwebezustand; er wurde zwar nicht durch richterlichen Ausspruch geschaffen, muß aber als nicht rechtsbeständiger dch einen solchen beseitigt, es muß durch Ausspruch des Gerichtes das pendente Rechtsverhältnis als ein nicht zu Recht bestehendes erklärt werden; dies geschieht durch eine über die Unzulässigkeit des prozessualischen Rechtsgeschäftes resp. über das Nichtvorhandensein der Voraussetzungen für das Zustandekommen des durch dieses intentionierten prozessualen Rechtsverhältnisses ergehende Entscheidung (§§ 248, 68/1).

Zu dieser muß es in allen Fällen kommen, in denen es an einer absoluten Voraussetzung für die Zulässigkeit des prozessualischen Rechtsgeschäftes resp. für das Zurechtbestehen des prozessualen Rechtsverhältnisses gebricht; in den Fällen, in welchen es sich nur um dispositive Voraussetzungen handelt, kommt es nur dazu, wenn ein diesfälliger Mangel durch die andere Partei (oder durch die Parteien, oder auch nur durch eine derselben) geltend gemacht wird (§§ 247, 68).

Die Entscheidung besteht in der Unzulässigkeitserklärung jener rechtsgeschäftlichen Willenserklärung, durch welche die Begründung des prozessualischen Rechtsverhältnisses erfolgen sollte, aber wegen Mangel einer Voraussetzung nicht erfolgen konnte.

Darnach gilt allgemein, daß jedes prozessualische Rechtsverhältnis entweder durch eine einseitige, den Anforderungen des Gesetzes entsprechende rechtsgeschäftliche Willenserklärung, welche keiner Annahme bedarf, dann zustande kommt, wenn es an keiner Voraussetzung für die Zulässigkeit des intentionierten Rechtsgeschäftes fehlt, oder durch jene einseitige Willenserklärung und durch Erklärung des non nolle (eventuell durch Verzichterklärung) beim Fehlen einer Voraussetzung, insofern es sich um eine dispositive handelte, in beiden Fällen, ohne daß es einer richterlichen Vermittelung bedarf. Das zulässige prozessualische Rechtsgeschäft bewirkt unmittelbar die Herstellung des beabsichtigten prozessualischen Rechtsverhältnisses zwischen den Personen, welche durch das rechtliche Band umschlossen werden sollen.

II. Das Klaggeschäft.

Unbestritten ist, daß es keinen Civilprozeß ohne Klage, ohne Klaghandlung gibt; hiermit ist aber nur gesagt, daß es eines äußeren Anstoßes bedarf, damit ein Prozeß in den Gang kommt und daß dieses movens stets eine Klage sein müsse.

Unbestritten ist auch, daß es über die Klage zum Prozesse zwischen den durch die Klage ergriffenen Personen: dem Kläger, dem Beklagten und dem Gerichte kommt; damit ist wenigstens zugestanden, daß die genannten Personen durch die Klage in eine gewisse äußere Verbindung zu einander gebracht werden.

Dagegen ist lebhaft bestritten, daß das die genannten Personen umschlingende Band ein Rechtsverhältnis sei; auch von solchen, welche dies zugeben, wird doch wieder bestritten, daß alle drei eben genannten Personen in einem Rechtsverhältnisse stehen; von anderen wird wieder entweder die Einheitlichkeit oder doch die Einheit dieses Rechtsverhältnisses bestritten.

Um bei diesem Wirrsal von Meinungen, zu welchen im Verlaufe der Erörterung des Klaggeschäftes Stellung zu nehmen sein wird, einen festen Ausgangspunkt zu gewinnen, kann man sich vorläufig damit begnügen, in der Klage nicht bloß eine rechtserhebliche Thatsache, sondern eine vom Kläger ausgehende rechtserhebliche Handlung (Willensäußerung) zu erkennen, durch welche eine Verbindung mit dem Beklagten und dem Gerichte zu dem Zwecke hergestellt werden soll, daß der Prozeß, dessen Endziel ein von dem in Anspruch genommenen Gerichte ergehendes, auf Rechtsanwendung beruhendes, die Parteien bindendes Urteil ist, seinen Anfang nehmen könne; mit Rücksicht auf diese durch die Klage zu bewirkende Verbindung zwischen den genannten Personen wird die Klage zu den rechtsgestaltenden, rechtsproduktiven Handlungen zu zählen sein, und zwar zu jenen mit unmittelbarer juristischer Wirkung; da der Eintritt dieser Wirkung in der Absicht des Handelnden gelegen ist, so ergibt sich weiters mit Notwendigkeit, daß die Klage ein Rechtsgeschäft ist, und zwar ein prozessuales, weil ja die Verbindung nur die Wirkung hat, daß der Prozeß zwischen den verbundenen Personen seinen Anfang nehmen könne.

Daß die Klage auch materiell-rechtliche Wirkung hat, ja daß sogar zuweilen gerade die Herstellung einer solchen (Unterbrechung der Klagenverjährung) mit, ja sogar hauptsächlich in der Absicht des Klägers gelegen ist, wird bereitwillig zugegeben; aber diese Absicht kann nur erreicht werden, wenn man Prozeß will und weil das Gesetz mit jeder Klage diese Wirkung verbunden hat; sie tritt auch ein, ohne beabsichtigt zu sein; für die Beurteilung des Rechtsgeschäftes der Klage ist entscheidend die Absicht der Prozeßeröffnung.

Die Klarstellung des prozessualischen Rechtsgeschäftes der Klage, und zwar, wie anticipiert werden soll, als einseitiges, durch welches das einheitliche, dreiseitige Prozeßverhältnis hergestellt wird, kann nicht versucht werden, ohne zwei leider noch immer nicht ausgekämpfte Streitfragen — gibt es ein publizistisches Klagrecht? gibt es eine Einlassungs- oder Defensionspflicht? — mit in die Diskussion zu ziehen. Für die Erreichung des hier angestrebten Zweckes, nicht Streitfragen zur Austragung, sondern die Theorie des prozessualischen Rechtsgeschäftes, insbesondere desjenigen der Klage mit einer der vertretenen Ansichten in Einklang zu bringen, dürfte es genügen, nur „Abwehrgedanken“ vorzubringen.

Nach der Bestimmung des § 230 besteht die Klaghandlung in der Zustellung eines Schriftsatzes, welcher den in § 230 bezeichneten Inhalt aufweist. Darnach stellt sich die Abfassung des zuzustellenden Schriftsatzes als bloße Vorbereitungshandlung dar: die Einreichung des Schriftsatzes bei dem Gerichtsschreiber zum Zwecke der Termінseinstellung und diese selbst gehören aber nicht zu den Vorbereitungshandlungen, denn die ergänzte Klagschrift wird nur mehr an den Gegner zugestellt, um die Abgabe der in der Klagschrift enthaltenen Willenserklärung „Klage“ dem Gegner gegenüber, sowie die Ladung desselben zu bewirken; dem Gerichte gegenüber ist die Willenserklärung „Klage“ bereits mit der Einreichung des Klagschriftsatzes bei Gericht (bei dem Gerichtsschreiber) abgegeben.

Die eigentliche Klaghandlung beginnt demnach mit der Einreichung der Klagschrift bei dem Gerichtsschreiber zum Zwecke der Terminsbestimmung und ist vollendet mit der erfolgten Zustellung an den Beklagten.

Die Frage, wer zur Abfassung der Klagschrift befugt sei, bedarf, nachdem dieselbe nur eine Vorbereitungshandlung ist, keiner Beantwortung. Die Frage, wer befugt sei, die eigentliche Klaghandlung vorzunehmen, — ob Kläger selbst oder durch einen Bevollmächtigten oder ob ein gesetzlicher Vertreter für ihn handelt, ist hier gleichgültig — wurde bereits im allgemeinen Teile beantwortet.

Die einzelnen Handlungen, die hierbei in Frage kommen, gelten entweder, mögen sie von wem immer vorgenommen sein, als Handlungen der Partei, so die Einreichung der Klagschrift bei dem Gerichtsschreiber zum Zwecke der Terminsbestimmung, oder sie müssen eigene Handlungen der Partei resp. Handlungen ihres Bevollmächtigten oder Vertreters — eventuell ihres Anwaltes — sein, so die Beauftragung des Gerichtsvollziehers mit der Zustellung der Klagschrift an den Gegner oder die Zustellung von Anwalt zu Anwalt.

Nicht darum handelt es sich hier, durch wen gehandelt wird, sondern wer handelt resp. für wen gehandelt wird.

Die betreffenden Handlungen gelten immer, wenn sie auch durch den Bevollmächtigten oder den Vertreter der Partei vorgenommen werden, als deren Handlungen; diese Handlungen sind keine Vorbereitungshandlungen mehr, sondern Prozeßhandlungen; sie können daher nur von jemandem vorgenommen werden, der überhaupt fähig ist, Prozeßhandlungen vorzunehmen.

Zur Vornahme der Klaghandlung, d. i. zur Abgabe der in ihr liegenden rechtsgeschäftlichen Willenserklärung, wird also Prozeßfähigkeit gefordert.

Die Absicht bei der Klagerhebung ist dahin gerichtet, daß derjenige, der in eigenem Namen handelt oder in dessen Namen gehandelt wird, Subjekt des durch die Klaghandlung zu schaffenden Prozeßverhältnisses werde; soll diese Handlung die beabsichtigte Wirkung haben können — und nur dann, wenn dies der Fall ist, vollzieht sich durch dieselbe ein Rechtsgeschäft — so muß der Handelnde auch parteifähig sein.

Jeder, der partei- oder prozeßfähig ist, erscheint daher befugt, die Klaghandlung vorzunehmen; nur ein solcher hat die Möglichkeit, dieselbe selbst oder durch einen Bevollmächtigten rechtswirksam vorzunehmen. Für Partei-, aber nicht Prozeßfähige kann die Klaghandlung nur durch deren gesetzliche Vertreter resp. durch die von diesem bestellten Bevollmächtigten vorgenommen werden.

Die Frage nach der Gestaltung des prozessualischen Rechtsgeschäftes der Klage ist nach den diesbezüglichen Bestimmungen der RCPO. zu beantworten; das positive Gesetz ist es, welches stets sagt, wie irgend ein Rechtsgeschäft als ein zulässiges, rechtswirksames zustande komme.

Die RCPO. nennt das prozessualische Rechtsgeschäft der Klage „Klagerhebung“ und erklärt, daß dieselbe durch ordnungsmäßige Zustellung der den gesetzlichen Anforderungen entsprechenden Klageschrift an den Beklagten erfolge (§ 230).

Neben dieser durch Zustellung eines Klagschriftsatzes (oder des von dem Geschichtsschreiber aufgenommenen, die Klage enthaltenden Protokolles — §§ 457, 460 —) an den Beklagten erfolgenden Klagerhebung kennt die RCPO. auch noch eine Klagerhebung durch mündlichen Vortrag; diese Gestaltung ist aber eine ausnahmsweise, in den Fällen amtsgerichtlicher Klagen, der Widerklage, Incidentklagen und Incidentwiderklage vorkommende (§§ 461, 33, 253), wozu bemerkt werden mag, daß diese ausnahmsweise Gestaltung der amtsgerichtlichen Klagerhebung wegen der geringeren Bedeutung solcher Rechtssachen, die der drei letztangeführten Klagen aber deshalb zulässig erscheint, weil ja in diesen Fällen die Verbindung zwischen Gericht und den Parteien durch die erste ordnungsmäßig erhobene Klage bereits hergestellt ist.

Im Normalfalle setzt sich die Klagerhebung zusammen aus mehreren Einzelhandlungen des Klägers resp. seines Anwaltes und zwar — abgesehen von den Vorbereitungshandlungen — aus der Überreichung der Klageschrift bei der Gerichtsschreiberei behufs Ergänzung der in der Klageschrift enthaltenen Ladung durch Terminsansetzung, sowie behufs Abgabe der in der Klageschrift enthaltenen rechtsgeschäftlichen Willenserklärung dem Gerichte gegenüber, aus der Übergabe der ergänzten Klagschrift an das staatliche Zustellungsorgan behufs Bewirkung der Zustellung an den Beklagten oder aus der Zustellung von Anwalt zu Anwalt.

Die Mitwirkung des Gerichtes durch Terminsansetzung und des Gerichtsvollziehers eventuell Gerichtsschreibers bei der Zustellung haben keinerlei selbständige und gewiß keine rechtsgeschäftliche Bedeutung. Von solcher ist nur die in der Klage liegende Willenserklärung des Klägers, den Beklagten vor dem in Anspruch genommenen Gerichte zu belangen, den zur Ermöglichung eines Urteiles notwendigen Kontakt mit beiden herzustellen.

Nur des Klägers Absicht ist bei den von ihm ausgehenden, die Klagerhebung bildenden Prozeßhandlungen auf die Begründung des Prozesses gerichtet, nur er beabsichtigt den durch die Klagerhebung hergestellten, in der Verbindung der drei Prozeßsubjekte bestehenden Rechtserfolg.

Das Gericht hat bei der Terminsansetzung nicht den ganzen Inhalt der Klagschrift, sondern nur die einen Teil derselben bildende Ladung ins Auge zu fassen, und wenn sie, sowie auch das Recht zur Ladung vorliegt, den Termin einzustellen, für welchen die Ladung wirksam werden soll.

Fehlt die Ladung in der Klagschrift, so hat es durch Zurückweisung derselben zu erklären, daß das von dem Kläger durch Überreichung der Klagschrift beabsichtigte Rechtsgeschäft wegen Mangelhaftigkeit des Klagschriftsatzes nicht zustande kommen könne.

Aber auch bei der Terminsansetzung ist die Absicht des Gerichtes nicht auf Prozeßgründung gerichtet; sie kann es nicht sein, wenn die Klagschrift an einem vom Gerichte sofort wahrgenommenen, die Prozeßgründung ausschließenden Mangel leidet, der vom Gerichte bei der mündlichen Verhandlung von Amts wegen berücksichtigt und wegen dessen die Klage ab instantia gewiesen werden muß; sie ist es in allen Fällen nicht, da das Gericht keinerlei Interesse an der Prozeßgründung hat, seine Mitwirkung eine pflichtmäßige ist, es daher schon deshalb auf seinen Willen nicht ankommen kann.

Die Mitwirkung des Gerichtsvollziehers resp. Gerichtsschreibers bei Zustellung der Klage ist von noch unwesentlicherer und gewiß von keiner rechtsgeschäftlichen Bedeutung; daß eine rechtsgeschäftliche Mitwirkung des Gerichtsschreibers zur Prozeßgründung nicht erfordert wird, folgt schon daraus, daß diese ja ohne jede Mitwirkung desselben lediglich durch eine Parteihandlung bei der Zustellung von Anwalt zu Anwalt erfolgt.

Daß zum Rechtsgeschäfte der Klagerhebung keinerlei Mitwirkung des Beklagten erfordert wird, liegt auf der Hand; ihm wird nur die Klagschrift zugestellt; die Ersatzzustellung (§§ 166 bis 169) ist, wenn deren Voraussetzungen gegeben sind, gleich wirksam; wird die Annahme der Zustellung grundlos verweigert, so genügt es, die Klagschrift am Zustellungsorte zurückzulassen (§ 170); von einem rechtsgeschäftlichen Willen des Beklagten kann noch weniger die Sprache sein, als von einem solchen des Gerichtes.

Die Klagerhebung vollzieht sich daher durch eine einseitige Parteihandlung, oder wenn man lieber will, durch einen Inbegriff mehrerer solcher, von denen jedoch nur die in der Klagerhebung liegende Willenserklärung in Betracht kommt; sie bewirkt unmittelbar die Rechtshängigkeit (§ 235); diese Wirkung ist nur denkbar, wenn durch die Klagerhebung sowohl Gericht als Beklagter unmittelbar ergriffen werden; die Herstellung dieser Verbindung zwischen Kläger, Beklagtem und Gericht und dadurch die Begründung des Prozesses ist die vom Kläger beabsichtigte Rechtsfolge des einseitigen prozessualischen Rechtsgeschäftes der Klagerhebung.

Der Eintritt dieser beabsichtigten Rechtsfolge wird in allen Fällen bewirkt, vorausgesetzt, daß die Klagerhebung in der vom Gesetze vorgeschriebenen Weise erfolgt ist; das Gesetz hat dem durch die Klagerhebung erklärten Willen des Klägers Macht über den Willen des Beklagten und des Gerichtes verliehen, indem es das einseitige prozessualische Rechtsgeschäft der Klagerhebung — das Klaggeschäft — als ein zulässiges dadurch anerkannte, daß es mit dessen Vornahme den Eintritt der beabsichtigten Wirkung verband.

Nachdem durch das Klaggeschäft allein die Verbindung zwischen den Prozeßsubjekten hergestellt wird, ohne daß es auf den Willen des Beklagten und des Gerichtes ankommt, kann man sagen, daß die in Rede stehende Verbindung den zuletzt Genannten aufgezwungen wird.

Diese Verbindung resp. das Verhältnis, in welches die gedachten Personen durch dieselbe gebracht werden, ist Gegenstand rechtlicher Normierung durch die Prozeßordnung; diese bestimmt, in welcher Weise die Beziehung von Person zu Person rechtlich begründet werde und von welchen rechtlichen Wirkungen das Stehen dieser Personen in dem gegenseitigen Verhältnisse begleitet sei.

Hiernach kann es keinem Zweifel unterliegen, daß die von den Privatrechtslehrern übereinstimmend [1]) aufgestellten Begriffsmerkmale des Rechtsverhältnisses in Bezug auf die durch Klagerhebung hergestellte Beziehung zwischen Kläger, Beklagtem und Gericht gegeben sind, daß diese Beziehung somit ein Rechtsverhältnis und zwar in Anbetracht dessen, daß dieselbe nur die Begründung des ein Urteil zu Tage fördernden Prozesses bezweckt, ein prozessualisches Rechtsverhältnis ist.

---

[1]) So Savigny, System heut. röm. Rechtes Bd. I, S. 333. — Unger, Syst. d. österr. Priv. Bd. I, S. 2, Note 4. — Dernburg, Pandekten Bd. I, S. 88 u. a.

Es bildet die Grundlage des ganzen Prozesses, beherrscht denselben vom Momente seiner Entstehung, d. i. der Klagerhebung, bis zu seiner Beendigung, welche normal durch Urteil erfolgt; in Anbetracht dieser seiner Bedeutung nannte Bülow in Pr. (1868) dieses von ihm zuerst in seiner Bedeutung für das Prozeßrecht erkannte prozessualische Rechtsverhältnis kurz Prozeßrechtshältnis, (von S. 285 ab) Prozeßverhältnis.

Die mit dem prozessualischen Rechtsgeschäfte der Klagerhebung beabsichtigte Wirkung ist die Begründung des Prozeßverhältnisses, welches Kläger, Beklagten und Gericht umschließt, sich bis zum Urteile dem angestrebten Prozeßzwecke entsprechend durch Handlungen der genannten Prozeßsubjekte fortentwickelt und normal durch eine Richterhandlung, das Urteil[2]), beendet wird.

Der Eintritt dieser beabsichtigten Wirkung wird durch das einseitige Klaggeschäft unmittelbar hergestellt, jedoch nur dann, wenn einerseits eine den gesetzlichen Anforderungen entsprechende Willenserklärung des Klägers vorliegt, wenn die Klaghandlung eine gesetzmäßige ist, und wenn andererseits die Voraussetzungen gegeben sind, von denen die Zulässigkeit des Rechtsgeschäftes der Klagerhebung abhängt.

Der Kläger kann nicht gehindert werden, eine rechtsgeschäftliche Handlung vorzunehmen, welche den von dem Gesetze für die Klaghandlung aufgestellten Anforderungen entspricht; damit ist aber der rechtliche Erfolg dieser Handlung nicht hergestellt; die rechtliche Wirkung einer solchen Klagehandlung tritt nur ein, wenn Kläger zur Vornahme derselben befugt ist und wenn die Voraussetzungen für die Zulässigkeit des in der Klagehandlung liegenden prozessualischen Rechtsgeschäftes gegeben sind, wenn also die rechtsgeschäftliche Willenserklärung ein zulässiges Rechtsgeschäft ist; nur durch ein solches wird diejenige rechtliche Wirkung hergestellt, welche beabsichtigt ist.

---

[2]) Abnorme Beendigung ist durch Parteihandlungen und zwar durch prozessualische Rechtsgeschäfte möglich, wie im Abschnitte vom Verzichte dargethan werden soll.

Jede ordnungsmäßige Klagerhebung begründet die Rechtshängigkeit der Streitsache (§ 235) resp. die Verbindung zwischen dem Kläger, Beklagten und Gericht, zwischen welchen die Streitsache anhängig ist; die Rechtshängigkeit ist der Zustand, in welchen die Streitsache durch Herstellung dieser Verbindung versetzt wird; schon dieser Zustand, richtiger das Bestehen jener Verbindung hat bereits rechtliche Wirkungen im Gefolge (§ 235/2, Ziffer 1—3); diese Wirkungen treten als Interimswirkungen mit Vornahme der rechtsgeschäftlichen Handlung sofort ein. Sie dauern fort, bis die Fragen entschieden sind, ob Kläger zur Vornahme der Klaghandlung befugt ist und ob die Voraussetzungungen für die Zulässigkeit des Klaggeschäftes gegeben sind; ist das eine oder andere nicht der Fall, dann hört der Zustand der Rechtshängigkeit auf, er wird nicht zum rechtlichen, wie die Verbindung zwischen den Prozeßsubjekten erlischt, statt zum Rechtsverhältnisse, zum Prozeßverhältnisse zu werden.

Sind dagegen die Prozeß- und Parteifähigkeit des Klägers, sowie die Voraussetzungen, zu denen die Prozeß- und Parteifähigkeit des Beklagten (eventuell dessen gesetzliche Vertretung) gehört, gegeben, oder wird deren Mangel, insoweit es sich nur um dispositive Voraussetzungen handelt, nicht geltend gemacht (ist diese Geltendmachung präkludiert, oder wurde gar auf sie verzichtet), so ist entweder der Zustand der Rechtshängigkeit von vornherein zugleich ein rechtsbeständiger, die Verbindung der Prozeßsubjekte ist das rechtsbeständige Prozeßverhältnis oder es geht der Interimszustand in einen rechtsbeständigen über, die interimistische Verbindung wird zum rechtsbeständigen Prozeßverhältnisse.

Jede Klagerhebung ist also eine rechtsgeschäftliche Willenserklärung; als solche muß sie vor allem so beschaffen sein, wie es die Prozeßordnung verlangt; sonst ist sie schon an sich unbeachtlich; der Eintritt der beabsichtigten Wirkung — nicht etwa der nach dem Gesetze eintretenden Interimswirkungen — hängt aber von der Befugnis zur Vornahme der Klaghandlung, d. i. zur Abgabe der diesfälligen rechtsgeschäftlichen Willenserklärung und von dem

Vorhandensein jener Voraussetzungen ab, welche die Prozeßordnung dafür aufstellt, daß der Parteiwille rechtsgestaltende Macht habe. Hat der bethätigte Wille diese Macht, weil er der Wille eines Befugten ist, und sind die Voraussetzungen gegeben, dann ist die rechtsgeschäftliche Willenserklärung ein Rechtsgeschäft, ein durch die Prozeßordnung für zulässig erklärtes Rechtsgeschäft.

Sowohl die für alle Fälle, in denen eine ordnungsmäßig erhobene Klage eines Befugten vorliegt, nach dem Gesetze interimistisch eintretende Wirkung, als auch die rechtsbeständige, die von dem Vorhandensein der Voraussetzungen für die Zulässigkeit des Rechtsgeschäftes der Klage abhängig ist, wird lediglich durch die Klagehandlung, durch den Willen des Klägers, durch die entsprechende Bethätigung dieses Willens hergestellt.

Für den Eintritt der Interimswirkungen ist der Wille des Beklagten und Gerichtes ganz einflußlos. Sie treten ein mit der Existenz der einseitigen, ordnungsmäßig gestalteten Klaghandlung; für den der rechtsbeständigen Wirkungen kann wohl der Wille des Beklagten Bedeutung haben und zwar dann, wenn dieser auf die Geltendmachung des Mangels einer dispositiven Voraussetzung verzichtet; sonst kommt es weder auf den Willen des Beklagtsn noch auf den des Gerichtes, sondern nur auf das Vorhandensein der von dem Gesetze für die Rechtswirksamkeit des Klaggeschäftes gestellten Erfordernisse, welche, insoweit sie absolute sind, von dem Gerichte von Amts wegen — in Erfüllung der von seinem Willen unabhängigen Officialpflicht — geprüft werden müssen, an. Aber auch in jenem Falle hat der Wille des Beklagten nur eine negative Bedeutung; dazu, daß die rechtlichen Wirkungen eintreten, bedarf es keines Verzichtes, keiner Willenserklärung; es genügt das Nichtgeltendmachen des Mangels einer dispositiven Vorausetzung.

Man wird also richtig sagen: Mitwirkung zum Zustandekommen des Prozeßverhältnisses von Seite des Beklagten und des Gerichtes wird nie erfordert, das Gericht muß die Zulässigkeit des Klaggeschäftes mit Bezug auf die Befugnis des Klägers und mit Bezug auf die absoluten Voraussetzungen prüfen und eventuell die Unzulässigkeit desselben, sowie unter einem das Beendetsein der durch Vornahme der ordnungsmäßigen Klagerhebung eingetretenen Interimswirkungen aussprechen; der Beklagte kann diese Prüfung und diesen Ausspruch bezüglich der dispositiven Voraussetzungen verlangen. Dann liegt aber keine Mitwirkung zum Zustandekommen des Prozeßverhältnisses, sondern nur eine Einwirkung darauf vor, daß die ohne Mitwirkung eingetretenen Interimswirkungen des Klagegeschäftes wegen Unzulässigkeit desselben wieder beseitigt werden.

Die Prozeßordnung konnte das prozessuale Rechtsgeschäft der Klagerhebung nur als ein einseitiges gestalten, wenn der Zweck des Prozesses — Bewährung des in einem mit der Rechtslage nicht übereinstimmenden Zustande befindlichen Privatrechtes, Befriedigung unbefriedigter Ansprüche (event. Beseitigung rechtlicher Ungewißheit) — erreicht werden sollte; würde es von dem Willen desjenigen abhängig gemacht werden, dem es zum Vorteile gereicht, daß die Sachlage der Rechtslage nicht entspricht (oder die rechtliche Ungewißheit fortdauert), so käme es sicher nie zustande.

Auf den Willen des Gerichtes kann es nicht ankommen, da ja, wie im allgemeinen Teile dargethan wurde, prozessuale Rechtsgeschäfte immer nur auf dem Partei-, nie aber auf dem Richterwillen beruhen können.

Die Prozeßordnung mußte den Willen des Klägers mit der Macht ausstatten, das Prozeßverhältnis als die Basis des ganzen Prozesses, immer dann zustande zu bringen, wenn nur die gesetzlichen Erfordernisse für die Rechtswirksamkeit des Klaggeschäftes gegeben sind; mit dieser Macht ist in Anbetracht dessen, daß in dem Prozeßverhältnisse drei Personen als Subjekte stehen, auch die Macht dem Kläger gegeben, die beiden anderen Prozeßsubjekte in das Prozeßverhältnis hineinzuzwingen; hierzu bedarf es weiter nichts als der Vornahme des prozessualischen Rechtsgeschäftes der Klagerhebung — des Klaggeschäftes —, durch welches das Prozeßverhältnis als rechtsbeständiges zustande kommt.

Der klägerische Wille bewirkt das Zustandekommen des

Prozeßverhältnisses und dieses übt wieder seine rechtliche Wirkung auf den Beklagten und auf das Gericht aus, ohne daß es auf deren Willen oder gar auf dessen Bethätigung durch Vornahme irgend einer Prozeßhandlung weiter ankommt; das Prozeßverhältnis wird durch Vornahme des einseitigen prozessualischen Rechtsgeschäftes der Klagerhebung geschaffen ohne Mitwirkung, ohne den zustimmenden Willen der anderen Prozeßsubjekte; es wird auch geschaffen gegen deren Willen.

Darin besteht ja die Bedeutung eines für zulässig erklärten einseitigen Rechtsgeschäftes, daß durch die Bethätigung des einen Willen und nur durch diese die beabsichtigte Wirkung, bestehe sie nun in der Schaffung, Abänderung oder Beendigung eines Rechtsverhältnisses, eintritt; damit treten die weiteren Wirkungen, welche das Gesetz mit der Existenz, Abänderung oder Beendigung des betreffenden Rechtsverhältnisses verbindet, von selbst ein; dazu bedarf es gar keines Willens mehr, also gewiß auch nicht des Willens derjenigen, in Bezug auf welche diese Wirkungen eintreten sollen.

Faßt man die Klagerhebung, wie es wohl nach dem bisher Gesagten kaum anders möglich scheint, als ein prozessualisches Rechtsgeschäft auf, so muß man mit der Anschauung in Konflikt geraten, welche an der Annahme eines publizistischen Klagrechtes festhält.

Würde ein solches existieren, dann läge ja in der Klagerhebung die Ausübung dieses publizistischen Klagrechtes, sie wäre ein Rechtsakt und kein Rechtsgeschäft; die Klagerhebung wäre zwar eine Willenserklärung oder Willensbethätigung, aber keine rechtsproduktive, sondern eine rechtsausübende Handlung. Um nun die hier vertretene Auffassung der Klagerhebung nach dieser Seite sicher zu stellen, müssen die für die Existenz eines publizistischen Klagrechtes vorgebrachten Gründe zunächst geprüft werden. Nach dem Ergebnisse dieser Prüfung dürfte man sich leichter dafür entscheiden,

Überflüssiges aufzugeben, um an der einfachen natürlichen Konstruktion des Klaggeschäftes, welche hier versucht wurde, festhalten zu können.

Wenn man aber auch zu der Ansicht gelangt, daß die Klagerhebung kein Rechtsakt ist, so folgt daraus noch nicht, daß sie jenes einseitige prozessuale Rechtsgeschäft ist, durch welches das Prozeßverhältnis geschaffen wird. Es fehlt bekanntlich nicht an Verteidigern — und zwar sind diese schon nach ihrer Zahl und noch mehr nach ihrem Gewichte höchst bedeutend — einer Anschauung, welche sich dahin zusammenfassen läßt, daß die Klagerhebung allerdings ein einseitiges Handeln sei, durch welches die Rechtshängigkeit und auch das Prozeßverhältnis begründet wird, daß aber zur Herstellung des letzteren eine Prozeßhandlung des Beklagten, die Streiteinlassung, hinzutreten müsse, wonach das Rechtsgeschäft, durch welches das Prozeßverhältnis geschaffen wird, ein zweiseitiges wäre.

Zweiseitige Rechtsgeschäfte beruhen aber entweder auf Willensübereinstimmung, also auf zwei miteinander übereinstimmenden Willenserklärungen oder auf einer Willenserklärung und der Nichterklärung des gegenteiligen, dem erklärten entgegengesetzten Willens.

In dem Nichtprotesterheben liegt zwar notwendigerweise keine Willenserklärung; zum Zustandekommen des Rechtsgeschäftes genügt es, daß überhaupt kein Protest erhoben wird; aber darin, daß eine solche Protesterklärung unbedingt — nicht etwa bloß dann, wenn eine dispositive Voraussetzung für die Zulässigkeit des intentionierten Rechtsgeschaftes fehlt — statthaft sein und das Zustandekommen des Rechtsgeschäftes ausschließen würde, läge die Verneinung der Macht des einen auf das Zustandekommen des Rechtsgeschäftes gerichteten Willens.

Beide Arten des zweiseitigen Rechtsgeschäftes beruhen auf dem freien Willen zweier Personen resp. dessen Erklärungen, oder doch auf einer durch freien Entschluß veranlaßten Erklärung eines Willens und auf dem Unterbleiben einer zweiten, ebenfalls dem freien Entschlusse anheimgegebenen Erklärung; das Eintreten der durch eine Willenserklärung beabsichtigten Rechtswirkung hängt also stets von einem zweiten freien Willen ab.

Wird in dem einen Falle die zustimmende Willenserklärung nicht abgegeben, oder wird in dem anderen die verneinende abgegeben, so kommt das als ein zweiseitiges gestaltete Rechtsgeschäft nicht zustande.

Anders soll eine dritte im Prozesse vorkommende Figur des zweiseitigen Rechtsgeschäftes gestaltet sein.

Zur rechtsgestaltenden, auf freiem Willen beruhenden Handlung der Klagerhebung soll behufs Herstellung der beabsichtigten Wirkung — des Prozeßverhältnisses — eine nicht auf freiem Willen des Beklagten beruhende, sondern eine pflichtmäßige Erklärung seines Willens hinzutreten müssen. Irgend eine auf das Zustandekommen des Prozesses bezügliche Erklärung soll der Beklagte abgeben müssen; seinem freien Willen soll es nur überlassen sein, sich zu einer anerkennenden (zustimmenden) oder bestreitenden (verneinenden) Erklärung zu entschließen.

Daß es zweiseitige Rechtsgeschäfte gibt, welche durch Abgabe zweier übereinstimmender Willenserklärungen, andere, welche durch die Abgabe einer Willenserklärung und durch die Nichtabgabe einer verneinenden zustande kommen, ist gewiß; daß es aber auch Rechtsgeschäfte geben soll, die sowohl durch Abgabe einer zweiten zustimmenden, als auch durch Abgabe einer zweiten verneinendeu Willenserklärung zustande kommen, ist historisch, sonst müßte man sagen, neu.

Man hat heute nur ein mitleidiges Lächeln für die Rechtsgelehrten, welche sich zu der „Abenteuerlichkeit" einer litis contestatio affirmativa bekannten, aber man stellt mit ganz ernster Miene nötigenfalls die Erklärung des Streitwillens durch das Zwangsmittel der Fiktion her.

Man kann es eben nicht aufgeben, ein Rechtsgeschäft, welches einst ein zweiseitiges und zwar ein auf der Willensüberstimmung der beiden Parteien, zusammen mit dem gewählten Richter in das judicium einzutreten, beruhendes gewesen ist, noch immer als ein zweiseitiges und zwar als ein, wie man sich auszudrücken beliebt, notwendig zweiseitiges anzusehen.

Statt zu sagen, wenn der Kläger will, muß der Prozeß zustande kommen, sagt man, wenn der Kläger will, muß der Beklagte zum Zustandekommen des Prozesses mitwirken. Das Prozeßverhältnis soll nicht durch ein einseitiges Rechtsgeschäft geschaffen werden können, aber durch die einseitige Prozeßhandlung der Klagerhebung soll eine Pflicht auf Seite des Beklagten wachgerufen werden, die er erfüllen muß, damit dann unter Zuhilfenahme seiner pflichtmäßigen Einlassungshandlung das Prozeßverhältnis durch ein zweiseitiges Rechtsgeschäft entstehen könne; und wenn er sie nicht erfüllt, muß jener Zustand auf künstlichem Wege hergestellt werden, der durch Vornahme der pflichtmäßigen Handlung eingetreten wäre. Warum stellt man diesen Zustand, d. i. das Prozeßverhältnis, nicht gleich direkt auf natürlichem Wege her, indem man dem Klaggeschäft die Ehre gibt, ein einseitiges, das Prozeßverhältnis schaffendes Rechtsgeschäft zu sein? Und wie überaus künstlich ist dieser für den Fall, als die direkte Verbindung unterbrochen ist, über den Fiktionssteg führende Weg!

Durch einseitige Prozeßhandlung darf man das Prozeßverhältnis nicht zustande kommen lassen, dadurch würde man den historischen Faden zerreißen; welchen? den römischen oder den germanischen, oder ein Geflecht aus beiden?

Der klassische römische Prozeß kennt allerdings das Prozeßverhältnis und zwar als ein auf Willensübereinstimmung beruhendes, aber er kennt keine Einlassungspflicht im heutigen Sinne; Urteil war nur möglich, wenn das negotium, quod judicio contrahitur, thatsächlich als zweiseitiges, auf dem Willen der beiden Parteien beruhendes, zustande gekommen war; der Satz: judicium in invitum redditur gilt erst in der Kaiserzeit.

Der älteste germanische Prozeß kennt keine Einlassungspflicht und kein Prozeßverhältnis als Basis für ein richterliches Urteil; dieses kennt auch der spätere Prozeß des Mittelalters nicht, wohl aber, wenn man will, eine Art Einlassungspflicht, nämlich die in der Dingpflicht enthaltene Pflicht zur Antwort.

Daß die Erfindung der fingierten litis contestatio in die Blütezeit der Rechtswissenschaft fällt, wird niemand behaupten; und doch sollen wir heute von den Früchten jener Zeit leben?

Vielleicht könnte man sich doch entschließen, die Herstellung des Prozeßverhältnisses als durch das einseitige Klaggeschäft erfolgt anzusehen, wenn man sich der Anschauung zuneigt, daß die Lebensbedingung für die Existenz der heraufbeschworenen Einlassungs- oder Defensionspflicht — ein Recht, dem sie entsprechen soll — fehlt, weiters, daß ein Urteil auch möglich ist ohne Streiteinlassung, weil ja das Urteil nichts anderes ist als autoritative Gesetzesanwendung auf den vom Kläger zur Entscheidung verstellten Fall, wozu es nicht erst einer Bestreitung des behaupteten Rechtes bedarf, weiters, daß nur ein vom Staate geprüftes und als bestehend anerkanntes Recht zwangsweise durchgesetzt werden darf[3]).

Man könnte nur dann genötigt sein, die Klagerhebung als eine Handlung, durch welche ein Recht — das sog. publizistische Klagrecht — ausgeübt wird, zu erklären, wenn durch dieselbe Wirkungen herbeigeführt würden, die nur über Ausübung eines subjektiven Prozeßrechtes eintreten können.

Als durch Ausübung von Prozeßrechten, insofern jene durch eine Willenserklärung — eine solche ist die Klaghandlung —

[3]) Hierüber wird ausführlich in dem am Schlusse der Abhandlung folgenden Exkurse über publizistisches Klagrecht und Defensionspflicht anläßlich der Prüfung der für die Notwendigkeit der letzteren vorgebrachten Gründe gesprochen werden. Im weiteren Verlaufe der Erörterung des prozessualischen Rechtsgeschäftes der Klagerhebung wird, wenn auch nicht unter ausdrücklicher Hinweisung auf Dinge, die in dem Exkurse ihre ausführliche Darstellung finden, Bezug genommen. Es muß daher auf diesen Exkurs im allgemeinen verwiesen und bemerkt werden, daß dessen Einschaltung hier am Platze wäre, wovon nur deshalb Umgang genommen wird, um die Darstellung des Klaggeschäftes nicht zu zerreißen.

erfolgt, hervorgebrachte Wirkung hat sich die Entstehung des prozessualischen Anspruches gezeigt. Würde durch die Klagerhebung ein prozessualischer Anspruch entstehen, so müßte wohl in ihr ein Rechtsakt erkannt werden.

1. In der That wird behauptet, daß durch die Klagerhebung ein Anspruch entstehe auf Mitwirkung zur Prozeßgründung und zwar soll dieser Anspruch wider den Beklagten gerichtet sein und auf ein Handeln desselben gehen.

In dem von den subjektiven Prozeßrechten handelnden Abschnitte des allgemeinen Teiles wurde gezeigt, daß Ansprüche auf eine fremde Handlung immer nur durch einen Rechtsakt, welcher in einer dem Gerichte gegenüber abgegebenen Willenserklärung besteht, entstehen, und daß diese Ansprüche immer nur gerichtet sind auf ein Handeln des Gerichtes.

Erst durch die Richterhandlung kann ein Anspruch auf ein Handeln des Gegners entstehen, wenn das ausgeübte subjektive Prozeßrecht gegen den Gegner gerichtet ist (so § 390); dieser Anspruch wird erfüllt durch ein Handeln des Gegners dem Gerichte gegenüber.

Der Anspruch auf dieses Handeln des Gegners entsteht also nicht unmittelbar durch die Parteiwillenserklärung und er wird auch nicht erfüllt durch ein Handeln der Partei gegenüber.

Das Handeln des Gegners ist ein pflichtmäßiges, durch dasselbe soll erfüllt werden die dem ausgeübten, von dem Gerichte anerkannten subjektiven Prozeßrechte entsprechende Pflicht. Wird sie nicht erfüllt, so treten entweder durch die Prozeßordnung bestimmte Nachteile ein, oder es bleibt dem Gerichte überlassen, aus dem Nichthandeln, aus dem Nichtbefolgen seiner Anordnung Schlüsse zu ziehen, die bei der Entscheidung nach Anweisung des § 259 zu verwerten sind.

Ganz anders zeigt sich der behauptete Anspruch wider den Beklagten auf Mitwirkung zur Prozeßbegrüudung; gäbe es einen solchen, so müßte er existent werden unmittelbar durch korrekte Ausübung des sogenannten publizistischen Klagrechtes, denn die die Ausübungshandlung bildende Willenserklärung wird wohl dem Gerichte und dem Gegner gegenüber abgegeben, aber es entsteht durch sie kein Anspruch auf ein Handeln des Gerichtes; dieses kommt gar nicht zu einer ein Handeln des Beklagten anordnenden Entscheidung, die sich gründet auf das Vorhandensein des Klagrechtes, auf dessen richtige Ausübung; darüber soll es für das Entstehen des behaupteten Anspruches keines richterlichen Ausspruches bedürfen, sondern er soll unmittelbar durch die Klagehandlung entstehen. Das Gericht ordnet weder ein bestimmtes Handeln noch ein Handeln des Beklagten überhaupt behufs Erfüllung des Anspruches an; auch erklärt die Prozeßordnung keineswegs, daß beim Nichthandeln des Beklagten, bei Nichterfüllung des sogenannten Anspruches, ein bestimmter Nachteil eintreten oder das Gericht berechtigt sein solle, dem Nichthandeln irgend welche Überzeugungsgründe zu entnehmen[4]).

Das, was man Anspruch auf Mitwirkung zur Prozeßgründung

---

[4]) Hiermit steht § 296 nicht im Widerspruche. Dieser besagt wohl, daß im Falle, als Beklagter zum Zustandekommen des Prozesses nicht mitwirkt, als er über die Klage gar nicht handelt, das thatsächliche mündliche Vorbringen des Klägers als zugestanden anzunehmen ist. Hierin liegt aber kein infolge des Nichthandelns des Beklagten eintretender Nachteil. Dasselbe tritt ein, wenn der Beklagte bereits seine sog. Einlassungspflicht erfüllt hat, aber in einem späteren Termine ausbleibt; der sog. Nachteil tritt nicht ein in Erfüllung eines durch die Klaghandlung wider den Beklagten entstandenen Anspruches, sondern als Folge der Nichtausübung eines dem Beklagten bereits entstandenen, den Inhalt des Prozeßverhältnisses bildenden, also dessen Entstandensein voraussetzenden subjektiven Prozeßrechtes, und zwar tritt diese Folge erst ein über Antrag des Klägers. Mit dem Nichterscheinen des Beklagten entsteht für den Kläger als Folge in Fortentwickelung des Prozeßverhältnisses ein neues subjektives Prozeßrecht, das von ihm ausgeübt werden muß; durch den klägerischen Antrag entsteht ein Anspruch auf eine den Eintritt des sog. Nachteiles vermittelnde Richterhandlung; diese erfolgt erst nach Prüfung der Existenz des neuen Prozeßrechtes des Klägers. Weiters liegt in der Annahme des thatsächlichen Vorbringens als zugestanden kein Nachteil des Beklagten; es tritt eben nur die Wirkung nicht ein, die mit der Ausübung seines Bestreitungsrechtes verbunden ist. Endlich ist die Nichterfüllung des behaupteten Anspruches auf Mitwirkung zur Prozeßgründung ohne Einfluß auf die Bildung der richterlichen Überzeugung, auf die es wegen Nichtbestreitung gar nicht ankommt.

nennt, wäre etwas, was von allen anderen prozessualen Ansprüchen so wesentlich verschieden ist, daß man wohl diesen sog. Anspruch nicht den prozessualen Ansprüchen gleichstellen darf.

Wenn nun der Beklagte zur Begründung des Prozesses nicht mitwirkt, wenn er den angeblich auf sein Handeln gerichteten sog. Anspruch des Klägers nicht erfüllt, so kommt das Prozeßverhältnis doch zustande, allerdings, wie man sagt, im Wege der Fiktion. Zu dieser Fiktion wird man aber dadurch gedrängt, daß man sich dazu verstand, von einem Anspruche zu sprechen, wo kein solcher gegeben ist. Gewiß ist es, daß das Prozeßverhältnis über die Klagerhebung zustande kommt auch ohne Mitwirkung des Beklagten, ohne Streiteinlassung, d. i. Bestreitung des Klaganspruches. Wenn es nun zustande kommen kann ohne thatsächliche Mitwirkung, so ergibt sich doch daraus, daß es einer solchen nicht bedarf; darnach ginge der Anspruch auf etwas ganz unnötiges, er entspräche keinem rechtlichen Bedürfnisse; deshalb könnte der sog. Anspruch auf Mitwirkung zur Prozeßgründung kein rechtlicher sein und daher gewiß auch kein prozeßrechtlicher; er ist eben überhaupt gar kein Anspruch; man nennt etwas einen Anspruch, was keiner ist; der Beklagte wird vom Kläger gar nicht angesprochen zu handeln; das Handeln des Beklagten ist für den Kläger höchst gleichgültig, wenn es nicht Befriedigung des privatrechtlichen Anspruches ist; er will nur ein die Rechtsbewährung bewirkendes Handeln des Gerichtes.

Der Grund dieser irrigen Annahme eines Anspruches liegt darin, daß man vom Privatrechte her gewohnt ist, für das Entstehen eines Rechtsverhältnisses von Person zu Person, wenn es überhaupt durch ein Rechtsgeschäft zur Entstehung gelangt, ein zweiseitiges Rechtsgeschäft zu suchen, daß man sich von vornherein gegen das gerade für den Civilprozeß unbedingt nötige Postulat verschließt, daß ein zwei- oder gar dreiseitiges Rechtsverhältnis durch ein einseitiges Rechtsgeschäft ins Leben gerufen werden könne. Weil man dem Willen des einen diese Macht durch das Gesetz nicht beigelegt wissen will, soll der andere zu wollen verpflichtet sein; man gibt dem einen einen Anspruch gerichtet auf ein Handeln des anderen, welches in nichts anderem bestehen soll, als in der Mitwirkung zum Zustandekommen eines zweiseitigen Rechtsgeschäftes. Ein solcher Anspruch wäre ein Unikum; entweder kommt ein Rechtsgeschäft durch die Erklärung eines Willens zustande, oder es beruht noch auf einem zweiten Willen, dann aber immer auf einem freien und nicht pflichtmäßigen, d. i. einem solchen, auf dessen Erklärung man einen Anspruch hat.

Die in der Klagerhebung liegende einseitige Willenserklärung erzeugt nicht erst einen Anspruch auf Mitwirkung zum Zustandekommen des Prozeßverhältnisses, sondern dieses selbst.

Durch die Klagerhebung entsteht also keineswegs dieser, wie eben dargelegt, sonderbare Anspruch auf Mitwirkung zur Begründung des Prozeßverhältnisses; dieser Anspruch würde sich von allen anderen Ansprüchen wesentlich unterscheiden und seine ihn ganz besonders auszeichnende Eigentümlichkeit darin bestehen, daß das Prozeßverhältnis auch ohne Erfüllung des Anspruches, d. i. ohne Mitwirkung, worauf der Anspruch gerichtet sein soll, zustande kommt.

Wegen eines solchen sogenannten, von einem civilprozessualen Anspruche weit verschiedenen Anspruches braucht man die Klagerhebung nicht als einen Rechtsakt zu erklären; man muß sie vielmehr, weil durch sie nicht ein Anspruch auf Mitwirkung zur Begründung des Prozeßverhältnisses, sondern dieses selbst unmittelbar entsteht, als das zu erklären, was sie ist, als einseitiges Rechtsgeschäft[5]).

2. Andererseits wird das publizistische Klagrecht als Recht auf Entscheidung erklärt und behauptet, daß durch dessen Ausübung, d. i. durch die Klagerhebung, ein Anspruch auf Entscheidung entstehe.

Wie bereits im allgemeinen Teile unter Berufung auf Klein

[5]) Übereinstimmend Kohler Pr. (S. 35 Note): Das das Prozeßrechtsverhältnis begründende Prozeßeröffnungsgeschäft ist ein einseitiges; es bedarf keiner Mitwirkung auf Seite des Angegriffenen, es genügt einseitiger Angriff.

Sch. P. H. hervorgehoben wurde, kann von einem Anspruche nur dann gesprochen werden, wenn die Möglichkeit der Erfüllung desselben vorliegt. Hält man daran fest, so widerlegt sich die Behauptung, daß durch die Klagerhebung ein Anspruch auf Entscheidung entsteht, von selbst. Dieser Anspruch entsteht erst durch Stellung resp. Verlesung des Klagantrages in der mündlichen Verhandlung. Früher existiert kein Anspruch auf Urteil; ein solches kann erst ergehen, nachdem es in mündlicher Verhandlung beantragt wurde; erst mit der Stellung resp. Verlesung dieses Antrages wird der Anspruch an das Gericht auf Urteil existent. Weil dieser Anspruch thatsächlich nicht schon durch die Klagerhebung, sondern erst durch Stellung des Antrages entsteht, so kann nicht behauptet werden, daß die Klagerhebung in Anbetracht dieses faktisch noch gar nicht existierenden Anspruches ein Rechtsakt, eine Willenserklärung sei, durch welche ein subjektives Prozeßrecht ausgeübt wird und durch welche ein Anspruch entsteht; sie ist vielmehr eine Handlung, durch welche jenes dem Anspruche zu Grunde liegende Prozeßrecht — das Recht auf Entscheidung — entsteht.

Dieses prozessuale Recht auf Urteil ist das wichtigste unter jenen Rechten, welche den Inhalt des Prozeßverhältnisses bilden, es zielt ab auf die Erfüllung des Prozeßzweckes, auf die Rechtsbewährung; alle anderen Prozeßrechte, welche den Inhalt des Prozeßverhältnisses noch mit bilden, haben mehr sekundäre Bedeutung, sie dienen nur der Gestaltung des Urteils.

Wenn nun, wie von maßgebender Seite zugestanden wird, die Klagerhebung bereits dieses wichtigste Prozeßrecht entstehen macht, warum sollte die einseitige Klagerhebung nicht genügen, um auch die anderen um dieses Hauptrecht sich gruppierenden Prozeßrechte, um die Gesamtheit jener Prozeßrechte, welche den Inhalt des Prozeßverhältnisses ausmachen, also um dieses selbst entstehen zu lassen? Ist es nicht richtiger zu sagen, daß das Rechtsverhältnis selbst durch jene Handlung geschaffen werde, als deren Produkt man das vorzüglichste seinen Inhalt mit bildende Recht erkennt, anstatt das Zustandekommen des Prozeßverhältnisses von der Einlassung des Beklagten abhängig zu machen, von welcher aber das Existentwerden jenes Rechtes nicht abhängt?

Es ist nicht richtig, daß durch die Klagerhebung nur das prozessualische Recht auf Urteil schlechthin, aber nicht auch bereits das Recht auf Sachurteil begründet werde; sind die Prozeßvoraussetzungen gegeben, so bewirkt bereits die Klagerhebung Entstehung des Rechtes auf Sachurteil; fehlen sie und zwar absolute, oder wird der Mangel dispositiver durch den Beklagten geltend gemacht, so spricht das Gericht die Unzulässigkeit des durch die Klagerhebung beabsichtigten Rechtsgeschäftes, eventuell auch das Nichtfortbestehen der bereits eingetretenen Interimswirkungen desselben aus. Dieser Ausspruch hängt mit dem sog. prozessualischen Rechte auf Urteil schlechthin gar nicht zusammen, er beruht nicht auf einer Ausübung dieses Rechtes, d. i. auf Stellung eines Antrages seitens des Klägers, sondern er beruht entweder auf der Offizialpflicht des Gerichtes oder auf dem subjektiven Prozeßrechte des Beklagten, die Unzulässigkeit des einseitigen Rechtsgeschäftes der Klagerhebung geltend zu machen und über sie die Entscheidung des Gerichtes zu bewirken.

Zu dem sog. Urteile schlechthin kommt es nicht, wenn das Recht auf Sachurteil bereits durch Klagerhebung entstanden ist oder doch wenigstens entstehen konnte und später entstanden ist, weil es nur an dispositiven Prozeßvoraussetzungen, die geltend gemacht werden müssen, fehlte und die Geltendmachung des Mangels thatsächlich nicht erfolgte; zu dem Urteile „schlechthin“ — im Gegensatze zum Sachurteil — kommt es nur, wenn absolute Prozeßvoraussetzungen mangeln, ohne jeden darauf gerichteten Antrag, wenn nur dispositive, über Antrag des Beklagten.

In beiden Fällen ist dieses Urteil eine Entscheidung über die Zulässigkeit resp. Unzulässigkeit des Rechtsgeschäftes der Klagerhebung, die entweder von Amts wegen oder über Anregung des Beklagten ergeht; weil durch das zulässige Klaggeschäft das

Prozeßverhältnis nicht nur nach seiner ihm bis zur Prüfung über die Zulässigkeit unbedingt zugestandenen Interimswirkung, sondern auch nach seinem Rechtsbestande begründet wird, pflegt man zu sagen, daß diese Entscheidung über das Zurechtbestehen, über die rechtliche Existenz des durch Klagerhebung nur als ein pendentes Verhältnis ins Leben getretenen Prozeßverhältnisses ergehe.

Aber dies scheint ungenau; durch eine die Abweisung einer prozeßhindernden Einrede aussprechende Entscheidung wird nur insofern das Zurechtbestehen des Prozeßverhältnisses anerkannt, als im Laufe der Verhandlung zur Hauptsache kein Mangel einer absoluten Voraussetzung, z. B. der der Eignung der Streitsache für den Civilrechtsweg zu Tage kommt; ist dies der Fall, so muß das Gericht später den Ausspruch thun, daß das Prozeßverhältnis nicht zu Recht bestehe, obwohl dasselbe nach der eben erwähnten Auffassung zuvor im gegenteiligen Sinne entschieden haben würde.

Richtig stellt es sich, wenn man das Urteil betrachtet, als eine nicht über das Zurechtbestehen des Prozeßverhältnisses, sondern über die mit Berufung auf den Mangel einer speciellen Voraussetzung behauptete Unzulässigkeit des Klaggeschäftes ergehende Entscheidung.

Das Urteil über die Unzulässigkeit des Klaggeschäftes ergeht von Amts wegen oder über Antrag des Beklagten; es ist nicht abzuleiten aus einem prozessualen Rechte des Klägers auf Urteil schlechthin. Dieser hat entweder ein Recht auf Sachurteil oder er hat überhaupt kein Recht auf Urteil. Daß es in den Fällen, in denen es wegen Unzulässigkeit des Klaggeschäftes zum Sachurteile nicht kommen kann, überhaupt zu einem Urteile kommt, hat seinen Grund in der Offizialpflicht des Gerichtes oder in einem Prozeßrechte des Beklagten. Mit dem Rechte auf Urteil schlechthin, welches sich in fortschreitender Entwickelung zum Rechte auf Sachurteil, endlich zum Rechte auf günstiges Sachurteil gestalten soll, ist somit schwer etwas anzufangen; es existiert kein Recht des Klägers auf Urteil schlechthin, sondern nur ein Recht auf Sachurteil.

Aber auch insoweit es dieses ist, dem Kläger dieses Recht zusteht, also im Falle der Zulässigkeit des Klaggeschäftes ist mit dem Existentwerden dieses Rechtes ein prozessualer Anspruch auf Sachentscheidung noch nicht gegeben; dieser muß erst entstehen durch Ausübung dieses prozessualen Rechtes, durch Stellung des Klagantrages in mündlicher Verhandlung.

Während nach der zuerst widerlegten Auffassung, nach welcher ein Anspruch auf Mitwirkung zur Begründung des Prozeßverhältnisses bestehen soll, der behauptete Anspruch nicht besteht, weil ja durch die Klagerhebung bereits das Prozeßverhältnis, auf dessen Mitgründung der Anspruch gerichtet sein soll, entstanden ist, so zwar, daß dieser Anspruch als völlig gegenstandslos erscheinen müßte, kann auch nach der letztbesprochenen Auffassung von einem Anspruche, der auf Urteil gehen soll, keine Sprache sein; dieser entsteht vielmehr erst mit der Stellung des Antrages auf Verurteilung in der mündlichen Verhandlung.

Durch die Klagerhebung entsteht weder ein Anspruch auf Mitwirkung zur Prozeßgründung, noch ein solcher auf Urteil, welcher ein Recht, das den Inhalt des Prozeßverhältnisses mit bildet, zur Grundlage hat, sondern gerade dieses Prozeßverhältnis selbst, nicht weniger und auch nicht mehr. Darum ist aber auch die Klagerhebung nicht weniger und nicht mehr als ein Rechtsgeschäft, eine Willenserklärung, durch welche Prozeßrechte resp. deren Inbegriff, das Prozeßverhältnis, geschaffen, nicht aber bestehende prozessuale Rechte ausgeübt werden.

Bei Vornahme der Klaghandlung ist der Wille des Handelnden auf Gewährung des staatlichen Rechtsschutzes für einen schutzbedürftigen Anspruch gerichtet; wer dies will, muß klagen, denn Staatshilfe in Form der Zwangsvollstreckung wird, von vereinzelten Ausnahmen abgesehen, nur für staatlich geprüfte und als zu Recht bestehend befundene Ansprüche erteilt; wer also sein Recht verwirklicht sehen will, muß klagen, damit ihm der staatliche Rechtsschutz durch Urteil, eventuell Vollstreckung werde.

Dieses Urteil — Sachurteil — kann aber nur ergehen auf Grund des den Kläger, den Beklagten und das Gericht umschließenden Prozeßverhältnisses; angestrebt muß also vom Kläger zunächst das Zustandekommen desselben werden.

Wenn aber die Institution des Prozesses das sein soll, als was sie gedacht ist, das vom Staate den Parteien zur Verfügung gestellte Mittel, unbefriedigtes Rechtsschutzbedürfnis zur Befriedigung gelangen zu lassen, so muß es ausschließlich in die Hand des Rechtsschutzbedürftigen gelegt sein, die ihm in Aussicht gestellte staatliche Rechtsschutzhandlung hervorzurufen resp. das diese bedingende Prozeßverhältnis zunächst herzustellen. Die Prozeßordnung muß den Willen des Rechtsschutzbedürftigen, durch dessen Aktion der Prozeß ins Leben treten soll, also des Klägers mit der Macht ausstatten, durch vorschriftsmäßige Erklärung desselben, wenn die Bedingungen resp. Voraussetzungen für das Zustandekommen eines Civilprozesses gegeben sind, das Prozeßverhältnis als die notwendige Verbindung zwischen Kläger, Beklagtem und Gerichte, auf Grund welcher das Urteil ermöglicht wird, unabhängig von dem Willen des Beklagten und des Gerichtes herzustellen.

Den Willen einer Person aber mit dieser Macht ausstatten, heißt ihr die Möglichkeit erschließen, durch ein einseitiges Rechtsgeschäft die beabsichtigte, in der Konstituierung des Prozeßverhältnisses gelegene Wirkung in allen den Fällen hervorzubringen, in denen die Willenserklärung von einem Befugten abgegeben wird, diese dem Gesetze entspricht und alle Voraussetzungen gegeben sind, von denen das Gesetz die Zulässigkeit des Rechtsgeschäftes, d. i. die unmittelbare Herbeiführung der beabsichtigten Wirkung abhängig gemacht hat.

Über die von der RCPO. geforderte Beschaffenheit der Willenserklärung, durch deren Abgabe das Prozeßverhältnis geschaffen werden soll, gibt § 230 im Zusammenhange mit §§ 121, 192

Aufschluß. Hier wird auf das im allgemeinen Teile über die Beschaffenheit der Willenserklärungen, durch welche sich prozessuale Rechtsgeschäfte — insbesondere das Klaggeschäft — vollziehen sollen, Gesagte Bezug genommen und nur dort nicht bereits Erledigtes hinzugefügt.

Abgesehen von den Fällen der nach §§ 253, 461 ausnahmsweise zulässigen Erhebung mündlicher Klage muß die Willenserklärung des Klägers schriftlich, in einem von ihm oder von seinem bevollmächtigten Anwalte unterschriebenen Schriftsatze (Klagschrift § 233) niedergelegt sein; in demselben müssen die Personen genannt sein, welche als Subjekte in dem zu schaffenden Prozeßverhältnisse fungieren sollen; weiters muß das materielle Rechtsverhältnis, welches von dem Prozeßverhältnisse umschlossen oder in Bezug auf welches das letztere existent werden soll, genau gekennzeichnet und der Anspruch angegeben sein, welcher auf Grund desselben oder mit Bezug auf dasselbe gestellt wird; schließlich muß ein Antrag gestellt, d. h. gesagt sein, welches Sachurteil als das der behaupteten Rechtslage entsprechende beantragt werden wird.

Dies muß der Inhalt der die eigentliche „Klage" bildenden Willenserklärung sein, welche gerichtet ist auf das Zustandekommen des Prozeßverhältnisses zwischen Kläger, Beklagtem und Gericht behufs Ermöglichung des zwecks der Anspruchsbefriedigung ergehenden Urteiles.

Mit der „Klage" verbindet sich in dem „Klagschriftsatze" die Ladung; diese ist, wie sich aus § 191, Abs. 2 ergibt, eine vollkommen selbständige, zu der eigentlichen Klage hinzutretende, mit dieser nur behufs Zustellung an den Beklagten in demselben Schriftsatze zu vereinende Willenserklärung, welche abgegeben wird im Hinblicke auf das durch Zustellung der Klagschrift an den Beklagten zustande kommende Prozeßverhältnis; durch sie wird bereits ein den Inhalt des Prozeßverhältnisses bildendes subjektives Prozeßrecht ausgeübt; das Gleiche gilt von der mit der Ladung verbundenen Aufforderung zur Anwaltsbestellung.

Die totale Verschiedenheit der beiden Willenserklärungen ist mit der Hinweisung darauf genügend gekennzeichnet, daß die die „Klage" bildende Willenserklärung eine rechtsgeschäftliche, auf Schaffung eines Rechtsverhältnisses gerichtete ist, während die die Ladung resp. Aufforderung enthaltende Willenserklärung eine solche ist, durch welche ein bereits existentes subjektives Prozeßrecht ausgeübt wird, also ein Rechtsakt.

Die beiden in der Klagschrift zu vereinenden Willenserklärungen sind bezüglich ihrer Natur, Wesenheit und Wirkung auseinander zu halten.

Nach dem Wortlaute des Gesetzes ist es unbestreitbar, daß die Klagerhebung nur durch Zustellung eines die Klage und Ladung enthaltenden Schriftsatzes erfolgt; die RCPO. hat es aus Gründen der Zweckmäßigkeit für gut befunden, die Aufnahme der Ladung in den Klagschriftsatz vorzuschreiben; aber die Ladung hat mit dem Zustandekommen des Prozeßverhältnisses oder der Rechtshängigkeit nichts zu thun; Kläger ladet den Beklagten zur Verhandlung über die Klage zur Verhandlung in der durch Klagerhebung rechtshängig gewordenen Streitsache.

Man könnte sich den Hergang auch so vorstellen und dieser könnte von der RCPO. auch so geordnet sein, daß Kläger zunächst einen lediglich die „Klage" enthaltenden Schriftsatz an den Beklagten zustellen läßt, wodurch die Rechtshängigkeit resp. die Schaffung des Prozeßverhältnisses bewirkt wird; das Prozeßverhältnis enthält dann das bereits zu den Interimswirkungen der Rechtshängigkeit gehörende subjektive Prozeßrecht, den Gegner zur Verhandlung zu laden; dieses Recht wäre behufs Bewirkung der Verhandlung in der bereits rechtshängig gewordenen Streitsache dadurch auszuüben, daß der Kläger den Beklagten zum Verhandlungstermine ladet.

Lediglich zur Vereinfachung ist die Verbindung der Ladung mit der Klage und die Zustellung beider an den Beklagten unter einem vorgeschrieben; dies konnte geschehen, weil der Beklagte von der Willenserklärung, durch welche das Prozeßverhältnis hergestellt werden soll, nicht erst Kenntnis zu erhalten braucht, weil die Abgabe der Willenserklärung nicht erst durch Kenntnisnahme perfekt wird, sondern perfekt ist in dem Momente, wo die Zustellung derselben — die ja auch eine Ersatzzustellung sein kann — nach der Vorschrift des Gesetzes erfolgt ist.

Nachdem Zustellung der Klage und Ladung unter einem erfolgt, so ist die Klagerhebung im Momente der Zustellung der Ladung bereits abgeschlossen, das Prozeßverhältnis mindestens als ein pendentes bereits existent; die Ladung erscheint darnach als eine Ausübungshandlung eines den Inhalt des Prozeßverhältnisses bildenden, mit der Rechtshängigkeit bereits interimistisch gegebenen subjektiven Prozeßrechtes.

Die RCPO. ermächtigt nicht nur, sondern sie zwingt durch die Vorschriften der §§ 230 und 191 den Kläger zur Ausübung eines noch nicht entstandenen Prozeßrechtes; sie konnte dies thun, weil ja die Ausübungshandlung erst zum Abschlusse gelangt und gelangen kann, nachdem das ihr zu Grunde liegende subjektive Prozeßrecht mit der Begründung des Prozeßverhältnisses bereits existent geworden ist.

Je nach der Natur der in der Klagschrift vereinten Willenserklärungen ist auch deren Wirkung eine verschiedene, woraus sich wieder ergibt, daß auch das Verhalten des Gerichtes denselben gegenüber ein verschiedenes sein müsse.

Die die eigentliche „Klage“ bildende Willenserklärung ist eine rechtsgeschäftliche; zu ihrer Wirksamkeit ist — ihre Gesetzmäßigkeit vorausgesetzt — nur notwendig, daß sie perfekt geworden ist, dies wird sie aber in dem Momente, in welchem der Inhalt derselben zur Kenntnis derjenigen Personen, zwischen denen das Prozeßverhältnis hergestellt werden soll, gebracht wird; daß dieselben auch wirklich Kenntnis nehmen, wird nicht gefordert. Das Gericht hat sich mit dem Inhalte dieser Willenserklärung behufs Schaffung des Prozeßverhältnisses ebensowenig zu befassen, als der Beklagte; es hätte, wenn nicht aus dem gleich anzuführenden und zu erörternden Grunde eine Verschiebung eintreten würde, insbesondere auch anläßlich der Terminsbestimmung nicht zu prüfen, ob die Willenserklärung „Klage" den Anforderungen, welche das Gesetz an dieselbe rücksichtlich ihres Inhaltes stellt, entspricht.

Die Wirkung, welche durch diese Willenserklärung hervorgebracht werden soll, ist eine unmittelbare; sie besteht darin, daß mit der Zustellung an den Beklagten der Zustand der Rechtshängigkeit und damit jene Interimswirkungen eintreten, welche die RCPO. mit dem Inslebentreten des auf sein Zurechtbestehen noch nicht geprüften Prozeßverhältnisses verbunden hat.

Ob diese Wirkungen eintreten, hängt lediglich von der Ordnungsmäßigkeit der Klagerhebung, d. i. davon ab, daß die die Klage bildende Willenserklärung mit Bezug auf ihre Form und ihren Inhalt den gesetzlichen Anforderungen entspricht, und daß die Zustellung in gesetzlicher Weise vollzogen wird. Darüber, ob beides der Fall ist, entscheidet das angegangene Gericht und zwar erst in dem Momente, wo die Offizialpflicht oder die durch Ausübung eines subjektiven Prozeßrechtes des Beklagten wachgerufene Pflicht an dasselbe herantritt, das Zurechtbestehen des Prozeßverhältnisses zu prüfen. Dieser Moment ist derjenige, in welchem das Gericht eine Entscheidung, wozu die Terminsansetzung keineswegs gehört, zu treffen hat. Die Existenz des Prozeßverhältnisses als eines pendenten hängt nur davon ab, ob die Klage als erhoben anzusehen ist, ob eine den Anforderungen, welche die RCPO. an die Klage stellt, entsprechende rechtsgeschäftliche Willenserklärung an den Beklagten in legaler Weise zugestellt wurde.

Fehlt es an dem einen oder anderen, so ist die Herstellung der beabsichtigten Wirkung schon deshalb ausgeschlossen, weil es an einer solchen rechtsgeschäftlichen Willenserklärung mangelt, durch welche allein das Rechtsgeschäft zustande kommen kann. Erst, wenn es außer Zweifel steht, daß die rechtsgeschäftliche Willenserklärung gesetzmäßig gestaltet ist, kommt die zweite Frage nach der Rechtsbeständigkeit des pendenten Prozeßverhältnisses zur Prüfung und Entscheidung dadurch, daß untersucht wird, ob auch jene Voraussetzungen vorhanden sind, von welchen das Gesetz das Zustandekommen des Rechtsgeschäftes abhängig zu machen für notwendig erachtete.

Das Gericht kommt einmal und zwar zunächst in die Lage, zu erkennen, ob eine dem Gesetze entsprechende rechtsgeschäftliche perfekte Willenserklärung vorliege und ob mit Rücksicht hierauf die mit der Perfektion der Willenserklärung verknüpften Interimswirkungen eingetreten seien und dann weiter noch, ob das durch die abgegebene Willenserklärung intentionierte Rechtsgeschäft als ein rechtsbeständiges zustande gekommen ist.

Obwohl die „Klage“ als rechtsgeschäftliche Willenserklärung behufs Herbeiführung der beabsichtigten Wirkung keiner richterlichen Vermittelung, keiner Prüfung bedarf, so muß sie doch anläßlich der Terminsansetzung zunächst wenigstens darauf hin geprüft werden, ob sie in Bezug auf Inhalt und Form so beschaffen ist, daß durch sie das Prozeßverhältnis hergestellt werden kann; nur, wenn sie den diesfalls vom Gesetze aufgestellten Anforderungen entspricht, ist eine solche rechtsgeschäftliche Willenserklärung — eine Klage — vorhanden, durch deren Zustellung an den Beklagten die Rechtshängigkeit entsteht, und damit das Recht zur Ladung des Beklagten gegeben ist.

Darum hat die Prüfung der Ladung wohl eine Prüfung der Klage, aber keinen den Eintritt der durch sie beabsichtigten Wirkung vermittelnden Ausspruch über deren gesetzmäßige Form und Inhalt zur notwendigen Voraussetzung; die Ladung ist ein Rechtsakt; das Recht zu laden steht nur demjenigen zu, der bereits im Prozeßverhältnisse steht, oder in Bezug auf welchen dasselbe im Momente der Zustellung der Ladung zum mindesten als pendentes existent wird; bevor das Gericht die Ladung durch die Terminsbestimmung ergänzt, muß es sich darüber klar sein, ob denn dem Kläger das subjektive Prozeßrecht, den Beklagten zu laden, zusteht resp. im Momente der Zustellung zustehen kann und wird.

Die Entscheidung dieser Frage ist nicht bedingt durch das Zurechtbestehen des Prozeßverhältnisses; darüber könnte wohl in diesem Stadium kaum mit Sicherheit entschieden werden; das Recht, den Gegner zu laden, wird existent als Interimswirkung, welche mit der Klagerhebung, d. i. mit der ordnungsmäßigen Zustellung einer vorschriftsmäßigen Klage an den Beklagten eintritt; mit der Ausübungshandlung desselben kann und muß von dem Kläger schon im Hinblicke auf den erst künftigen Eintritt dieser Interimswirkung durch Aufnahme der Ladung in die Klagschrift begonnen werden; entspricht die Willenserklärung „Klage" in Bezug auf Form und Inhalt den Anforderungen des Gesetzes, so wird durch deren ordnungsmäßige Zustellung das Recht zur Ladung unbedingt existent, die bereits begonnene, aber erst mit der Zustellung abschließende Ausübungshandlung ist von einem Berechtigten vorgenommen, und zwar in der vom Gesetze geforderten Art und Weise, wenn die Ladung in den die Klage enthaltenden Schriftsatz mit aufgenommen, wider die in demselben als Beklagten bezeichnete Person gerichtet ist und dieser in der Weise unter einem mit der Klage zugestellt wird, wie dies im Gesetze vorgeschrieben ist.

Entspricht die Willenserklärung „Klage" in Bezug auf Form und Inhalt den Anforderungen des Gesetzes, kann durch deren ordnungsmäßige Zustellung an den Beklagten zum mindesten die Rechtshängigkeit der Streitsache herbeigeführt werden, kann es also durch sie zum Prozesse kommen, dann und nur dann hat es einen Zweck, es zur Verhandlung über die Klage kommen und den Beklagten laden zu lassen, nur dann ist das Recht des Klägers zu laden gegeben und kann durch die in der Ladung liegende Willenserklärung ausgeübt werden.

Weil das Gericht die Ladung zu prüfen hat, bevor es dieselbe durch die Terminsbestimmung ergänzt, muß es vor allem das Recht des Klägers zur Ladung und deshalb die Klage aber nur insoweit prüfen, um darüber gewiß zu sein, daß durch deren Zustellung wenigstens die Rechtshängigkeit der Streitsache, wenn auch nicht schon das zu Recht bestehende Prozeßverhältnis begründet werden könne.

Dazu bedarf es keiner Untersuchung über das Vorhandensein

der Prozeßvoraussetzungen, es genügt die Prüfung der Willenserklärung „Klage“ in Bezug auf die Gesetzmäßigkeit ihrer Form und ihres Inhaltes[6]).

Entspricht die Klage in Bezug auf Form und Inhalt nicht den Anforderungen des Gesetzes, so kann das Gericht die Terminsbestimmung verweigern, nicht etwa in Zurückweisung der „Klage“, sondern in Verneinung der Existenz des Prozeßrechtes zur Ladung, welches durch die in die Klagschrift aufgenommene Willenserklärung „Ladung“ ausgeübt wurde, obwohl jenes dem Kläger wegen Mangelhaftigkeit der „Klage“ nicht zustand resp. auch im Momente der Zustellung der Klage an den Beklagten nicht zustehen wird. Kann durch die Erhebung der Klage, d. i. durch Zustellung (deren Ordnungsmäßigkeit vorausgesetzt) derselben die Streitsache nicht einmal rechtshängig werden, weil die Klagschrift nicht den gesetzlichen Anforderungen entspricht, so hat das Gericht alles weitere dadurch abzuschneiden, daß es in Verneinung des ausgeübten Rechtes zur Ladung diese durch Terminsbestimmung zu ergänzen verweigert.

Das Gericht prüft das Recht zur Ladung auf Grund der Ordnungsmäßigkeit der Klage und verneint es, ohne über die Klage selbst einen Ausspruch zu thun.

Für das subjektive Prozeßrecht der Ladung ist das zum mindesten pendente Prozeßverhältnis resp. dessen Existentwerden die Voraussetzung; über die Existenz der Voraussetzung eines Rechtes muß entschieden werden, wenn über das Recht selbst entschieden werden soll; das Gericht kann dies thun, obwohl es zu einer die Existenz der Voraussetzung ausdrücklich aussprechenden oder verneinenden Entscheidung nicht befugt wäre.

---

[6]) Die Bemerkung Seufferts (Kommentar zu § 193, Nr. 2), daß man sich mit dieser Behauptung auf eine schiefe Ebene begebe, wo kein Halt mehr sei, ehe man bei der Abweisung der Klage a limine wegen irgend eines prozessualischen Mangels angelangt ist, erscheint nicht gerechtfertigt; man muß unterscheiden zwischen dem Mangel einer dem Prozeßgesetze entsprechenden Klagschrift und dem Mangel einer Prozeßvoraussetzung.

Durch die Verweigerung der Terminsbestimmung wird nicht über das Recht des Klägers auf Urteil entschieden; darüber kann in diesem Momente gar nicht entschieden werden, denn es gehört zu den Rechten, welche den Inhalt des rechtsbeständigen Prozeßverhältnisses bilden.

Die Willenserklärung „Klage" ist wohl an das Gericht gerichtet, sie ist für dasselbe aber kein movens, über welches es zu handeln hätte.

Dagegen ist die in der Klagschrift enthaltene, an den Gegner gerichtete Willenserklärung „Ladung" wenn auch nicht Ursache, so doch Grund zum Handeln des Gerichtes, dessen Pflicht dahin geht, jeden zum Zwecke der Terminsbestimmung bei der Gerichtsschreiberei überreichten Schriftsatz, welcher eine „Ladung" enthält, diese durch Einsetzung des von dem Gerichte lediglich mit Rücksicht auf seine Geschäftseinteilung zu bestimmenden Termines zu ergänzen. Aber diese Pflicht tritt nur dann ein, wenn der Ladende auch ein Recht zu laden hat; man kann dem Gerichte nicht zumuten, die Handlung eines Unberechtigten zu ergänzen, die ja trotz der Ergänzung keinen rechtlichen Erfolg, auch nicht den der bloßen Rechtshängigkeit der Streitsache herbeiführen könnte.

Die Pflicht des Gerichtes geht dahin, jede zwecks Einleitung oder Fortsetzung einer mündlichen Verhandlung erfolgende Ladung durch Terminsbestimmung zu ergänzen; das Gericht hat nicht über die Ladung zu entscheiden, denn es liegt kein an das Gericht gestellter Antrag vor; die Ladung ist eine Ausübungshandlung eines Prozeßrechtes, welches in einer dem Gegner gegenüber abgegebenen Willenserklärung besteht; durch diese Willenserklärung wird weder ein Anspruch an das Gericht — auf Entscheidung — noch ein Anspruch an den Gegner — auf Erscheinen im Termine — erzeugt. Aber das bloße Vorliegen des Ladungsschriftsatzes ist Grund für ein Handeln des Gerichtes; in Erfüllung seiner Pflicht hat es aber mit der Ergänzung der Ladung durch Terminsbestimmung nur dann vorzugehen, wenn der Kläger das Recht zur Ladung hatte.

Von den beiden in der Klagschrift enthaltenen Willenserklärungen kommt hier, wo es sich um das Rechtsgeschäft der Klagerhebung handelt, die Ladungserklärung als selbständige Ausübungshandlung eines subjektiven Prozeßrechtes nicht weiter in Betracht, um so weniger als sie nicht einmal eine speciell nur in Verbindung mit der Klage vorkommende Willenserklärung ist.

Dagegen wird sich noch eingehender mit der rechtsgeschäftlichen, die eigentliche „Klage" bildenden Willenserklärung und zwar in Ergänzung des bereits im allgemeinen Teile diesbezüglich Gesagten, insbesondere mit dem durch Z. 2 des Abs. 2 § 230 an erster Stelle aufgestellten Erfordernisse, daß mit der Klage ein seinem Gegenstande und Grunde nach bestimmt angegebener Anspruch erhoben werden müsse, zu beschäftigen sein.

Um dieser gesetzlichen Anforderung zu genügen, braucht der Kläger nur einen so bezeichneten Anspruch zu erheben; er braucht ihn nicht zu haben, insbesondere noch nicht zur Zeit, in welcher er die rechtsgeschäftliche Willenserklärung „Klage" abgibt, gleichgültig auf welchen Gegenstand dieser behauptete Anspruch gerichtet ist und worauf er sich gründet.

Insoweit es sich bloß um die Willenserklärung „Klage" handelt, deren Erhebung die Rechtshängigkeit der Streitsache bewirkt, wird sich nicht behaupten lassen, daß sich der Anspruch nach Gegenstand und Grund als ein privatrechtlicher darstellen müsse. Rechtshängig können auch „Klagen" werden, durch welche andere als privatrechtliche Ansprüche geltend gemacht werden; aber eine absolute Voraussetzung für die Zulässigkeit des Rechtsgeschäftes der Klagerhebung, also für die Rechtsbeständigkeit des Prozeßverhältnisses, ist es, daß jener behauptete Anspruch entweder aus einem Rechtsverhältnisse des Privatrechtes abgeleitet wird oder doch sich auf ein solches bezieht. Ein Civilprozeß, das einem solchen zu Grunde liegende Prozeßverhältnis, kann nur gedacht werden in Beziehung auf ein Privatrechtsverhältnis. Das Thema judicandi kann nur sein: ein aus einem Privatrechtsverhältnisse sich ergebender Anspruch, das Bestehen oder Nichtbestehen eines Privatrechtsverhältnisses selbst, endlich die Echtheit oder Unechtheit einer Urkunde — doch nicht jeder Urkunde. Diese muß vielmehr entweder Trägerin eines Privatrechtsverhältnisses sein (Wechsel) oder ein Privatrechtsverhältnis schaffende, gestaltende oder beendende Handlungen, insbesondere also Rechtsgeschäfte oder Indizien dafür verkörpern, oder eine Wissenserklärung bezüglich solcher Handlungen oder sonst eines Thatbestandes, an welchen das Privatrecht in hypothesi das Entstehen, die Veränderung oder Beendigung eines Privatrechtsverhältnisses knüpft, enthalten.

Eine Urkunde, durch welche ein öffentlich-rechtliches Verhältnis bewiesen werden soll, kann nur dann Gegenstand einer Feststellungsklage werden, wenn das öffentlich-rechtliche Verhältnis als Thatbestand für ein Privatrecht ausschlaggebend ist, oder wenn sie sich auf prozessuale Rechtsverhältnisse bezieht.

Ein richterlicher Ausspruch in der Hauptsache, welcher sich nicht auf ein Privatrechtsverhältnis bezieht, ist undenkbar; er kann nur enthalten eine Entscheidung über ein Privatrechtsverhältnis selbst, über einen aus einem solchen fließenden Anspruch oder über die Echtheit einer Urkunde, deren Bezug auf ein Privatrechtsverhältnis vorliegen muß. Im Civilprozesse, welcher zwar selbst ein öffentlich-rechtliches Rechtsverhältnis ist und als solches das Gericht und die Parteien, welch' letztere zu einander in einem Privatrechtsverhältnisse nicht notwendigerweise stehen müssen, umschließt, hat man es nur mit Privatrechtsverhältnissen zu thun.

Die Aufgabe des Prozesses, in Bezug auf diese die Bestimmungen des objektiven Rechtes zur Anwendung zu bringen, ist bedingt durch das Zurechtbestehen des Prozeßverhältnisses; nur wo dieses vorhanden ist, ist Sachentscheidung möglich. Der richterliche Ausspruch in der Hauptsache setzt also voraus, einerseits eine Beziehung auf ein existentes oder doch als existent behauptetes Privatrechtsverhältnis und andererseits das Zurechtbestehen des Prozeßverhältnisses.

Daß das Gericht bei der Sachentscheidung nicht bloß die

Bestimmungen des objektiven Privatrechtes, sondern auch die des Prozeßrechtes zur Anwendung zu bringen hat, braucht wohl kaum hervorgehoben zu werden, wohl aber, daß eine Sachentscheidung auch auf alleiniger Anwendung des Prozeßgesetzes beruhen kann und zwar im Falle des § 295, dessen Bestimmung zur lex generalis, daß ein Urteil über einen materiellen Anspruch nur nach Anwendung der Bestimmungen des Privatrechtes auf den geltend gemachten Anspruch ergehen kann, im Verhältnisse einer lex specialis steht[7]).

In jedem Prozesse kommen mindestens zwei Rechtsverhältnisse in Betracht, das Prozeßverhältnis und ein Privatrechtsverhältnis. Letzteres bildet insofern die notwendige Grundlage des ersteren, als es wenigstens der Klagbehauptung nach existieren muß. Andererseits wirkt wieder schon das bloß pendente Prozeßverhältnis — die bloße Rechtshängigkeit — auf das in der Klage Bezug genommene Rechtsverhältnis. Beide Rechtsverhältnisse führen im Prozesse vollständig getrennte Existenzen; sie unterliegen verschiedenen Schicksalen, womit aber nicht gesagt ist, daß die Schicksale des einen stets ohne Einfluß auf die des anderen sind.

Während das Prozeßverhältnis begründet werden kann mit Bezug auf ein nur behauptetes Privatverhältnis, oder auf einen nur behaupteten privatrechtlichen Anspruch, oder auf eine behauptetermaßen existierende, das eine oder den anderen betreffende Urkunde, so kann es zur Sachentscheidung nur kommen, wenn das Prozeßverhältnis nicht bloß als pendentes geschaffen wurde, sondern zu Recht besteht.

Zur dem Kläger günstigen Sachentscheidung kann es nur kommen, wenn auch das behauptete Privatrechtsverhältnis zu Recht besteht und zwar bereits zur Zeit der Begründung des Prozeßverhältnisses existierte.

---

[7]) In diesem Falle braucht der mit der Klage geltend gemachte Anspruch in Bezug auf sein Zurechtbestehen deshalb nicht geprüft zu werden, weil ja auf Grund des Sachurteiles Vollstreckung nur bezüglich des Kostenpunktes möglich, ein diesfälliger Anspruch aber ein prozessualer ist.

Nach heutigem Prozeßrechte wird es nicht gefordert, daß der mit der Klage erhobene Anspruch in dem Momente seiner gerichtlichen Geltendmachung bereits vorhanden war; es genügt, daß derselbe im Laufe des Prozesses auf Grund eines früher bedingten oder betagten subjektiven Privatrechtes entstanden ist.

Aber dieses, resp. das Privatrechtsverhältnis, zu dessen Inhalt es gehört, muß im Momente der Klagerhebung als solches bestehen, wenn auch noch nicht in jener Gestaltung, auf Grund welcher die Sachentscheidung zu treffen ist. Änderungen des Privatrechtsverhältnisses im Laufe des Prozesses, welche es erst in der Gestaltung erscheinen lassen, in welcher es sich nach dem Tenor der Klage bereits zur Zeit der Erhebung derselben angeblich befunden haben soll, müssen, sobald sie nur vor dem Urteile eingetreten sind, bei der Sachentscheidung berücksichtigt werden.

Dies gilt nicht bloß von der bereits besprochenen Umwandlung, durch welche ein bedingtes oder betagtes Recht zu einem unbedingten oder unbetagten wird, sondern von allen Veränderungen des Rechtsverhältnisses, insbesondere auch von der subjektiven Modifizierung derselben. Es genügt also, daß das Privatrechtsverhältnis, mit Bezug auf welches das Prozeßverhältnis entstanden ist, zu dieser Zeit überhaupt bestanden hat, wenn auch nicht zwischen den Personen, zwischen denen das Prozeßverhältnis entstanden ist[8]).

Wurde aber das Privatrechtsverhältnis, auf welches bei der Prozeßgründung Bezug genommen wird, im Laufe des Prozesses überhaupt erst existent, so kann auf Grund desselben kein Sachurteil ergehen. Die Klage muß abgewiesen werden, weil es sich zeigte, daß ein Rechtsverhältnis, mit Bezug auf welches die Prozeßgründung erfolgen sollte, noch gar nicht existierte.

---

[8]) Wurde statt des wirklichen Schuldners irrtümlich eine Person belangt, die aber im Laufe des Prozesses Alleinerbe des Schuldners wurde, so kann dem Kläger günstiges Sachurteil ergehen, ebenso bei actiones in rem scriptae, wenn das in der Klage behauptete Verhältnis zur Sache erst im Laufe des Prozesses hergestellt wurde.

Zur Prozeßgründung genügt es nicht, daß ein in der Klage benanntes Rechtsverhältnis behauptet wird; Rechtsverhältnisse entstehen aus Thatsachen und können nur aus solchen erkannt werden; die das in der Klage behauptete Rechtsverhältnis erzeugenden Thatsachen müssen daher in der Klage so weit angeführt werden, daß dasselbe aus ihnen zu erkennen ist. Diese Thatsachen müssen sich, wenn ein Sachurteil ergehen soll, vor der Prozeßgründung zugetragen haben. Der Prozeß soll eine Schutzordnung für bestehende, aber nicht für erst künftig und nur möglicherweise entstehende Rechte (nicht Ansprüche) sein; ein Prozeß über solche wäre ein Scheinprozeß; dem Mißbrauche des Prozeßinstitutes wäre Thür und Thor geöffnet.

Wird ein aus einem Privatrechtsverhältnisse abgeleiteter Anspruch eingeklagt, so muß jenes im Momente der Prozeßgründung zum mindesten hypothetisch existieren, es muß als möglicherweise existentes aus dem dasselbe schaffenden, in der Klage behaupteten Thatbestande erkannt werden können.

Ebenso, wenn auf Feststellung eines Rechtsverhältnisses geklagt wurde. Bei der Leistungsklage handelt es sich um einen Anspruch aus einem Rechtsverhältnisse, bei der Feststellungsklage um den Rechtsbestand des Rechtsverhältnisses; der dasselbe möglicherweise schaffende Thatbestand muß zur Zeit der Prozeßgründung bereits gegeben sein.

Dieses Erfordernis deckt sich aber nicht etwa mit der Anforderung des § 231, daß man an der alsbaldigen Feststellung ein rechtliches Interesse haben müsse, welches man nur dann als gegeben erachten könnte, wenn ein das Rechtsverhältnis möglicherweise schaffender Thatbestand bereits vorliegt.

Ein rechtliches Interesse könnte vielmehr auch vorhanden sein in Bezug auf ein existent werdendes Rechtsverhältnis; an sich müßte in diesem Falle das Feststellungsinteresse geradeso geschützt werden, wie das Befriedigungsinteresse bezüglich eines noch nicht bestehenden Anspruches geschützt wird; es müßte ein Sachurteil ergehen können, wenn nur das Rechtsverhältnis im Laufe des

Prozesses existent wurde, geradeso wie es ergeht, wenn der Anspruch im Laufe des Prozesses existent wurde. Letzteres ist nun nur mit der Einschränkung der Fall, daß das den Anspruch erzeugende Rechtsverhältnis oder richtiger der dasselbe schaffende Thatbestand — also die causa efficiens — bereits zur Zeit der Klagerhebung vorlag. Auch das Feststellungsbedürfnis kann nur unter der gleichen Bedingung Schutz finden, wie das Befriedigungsbedürfnis, daß nämlich das Rechtsverhältnis, um dessen Feststellung es sich handelt, im Momente der Klagerhebung besteht[9]).

Die Parteien können demnach durch materielle Rechtsgeschäfte die Entwickelung des Prozesses nur insofern beeinflußen, als sie die im Prozeßverhältnisse eingeschlossene Privatrechtsverhältnis abändernde oder beendende Rechtsgeschäfte vornehmen; die im Privatrechtsverhältnis begründenden Rechtsgeschäfte müssen bereits vor Begründung des Prozesses die Existenz dieses Rechtsverhältnisses bewirkt haben, wenn Prozeßgründung mit Bezug auf dasselbe möglich sein soll.

Über den mit der Klage erhobenen Anspruch kann es nur dann zum rechtsbeständigen Prozeßverhältnisse und zu einem durch dasselbe bedingten Sachurteile kommen, wenn dieser Anspruch aus einem Privatrechtsverhältnisse hervorgeht, oder sich zum mindesten auf ein solches bezieht, wenn er ein privatrechtlicher Anspruch in diesem Sinne ist.

Bei der Leistungsklage ist der mit der Klage erhobene Anspruch ein aus dem in Bezug genommenen Privatrechts-

[9]) Hiervon ausgehend, ließe sich unter Lösung der beiden Fragen: was ist bei den Feststellungsklagen Klaggrund und wie verhält sich dieser zum Sachurteile, welches doch auch das über die negative Feststellungsklage ergehende Urteil ist, ein Anhaltspunkt für die Entscheidung der kontroversen Frage, was hat der mit der negativen Feststellungsklage auftretende Kläger in derselben zu behaupten, damit es zum Sachurteile kommen könne finden. Hier kann dies nicht weiter verfolgt werden.

verhältnisse entstandener. Es wird behauptet, daß auch der mit der Feststellungsklage (auch mit der negativen) erhobene Anspruch dem Civilrechte entstamme, daß daher die Frage nach Grund und Gegenstand des Feststellungsantrages nach dem Civilrechte zu beurteilen sei, daß aber sowohl bei der Leistungs- als auch bei der Feststellungsklage die Existenz des Anspruches zur Begründung des Prozesses nicht genüge, sondern daß in beiden Fällen zu dem civilrechtlichen Anspruche ein rechtliches Interesse, daß gerade jetzt über den Anspruch entschieden werde, hinzutreten müsse. Dagegen wäre zu sagen, daß in dem einen Falle die Existenz des unbefriedigten Anspruches für sich allein gewiß genügt; denn mit der Existenz eines unbefriedigten Anspruches ist das geforderte Interesse an der sofortigen Entscheidung immer gegeben; daß aber in dem zweiten Falle der Anspruch erst aus dem rechtlichen Interesse an der sofortigen Entscheidung entsteht.

Der eben besprochenen Anschauung, daß der sogenannte Feststellungsanspruch ein civilrechtlicher, d. i. ein solcher sei, welcher sich aus den Bestimmungen des Privatrechtes unabhängig von der Bestimmung des § 231, welche nur beispielsweise solche im Privatrechte begründete Ansprüche nennt, ergibt und daß daher unter dem in § 230 (Abs. 2 Z. 2) genannten Anspruche stets ein auf Grund der privatrechtlichen Bestimmungen behaupteter, materieller Anspruch zu verstehen sei, direkt entgegengesetzt ist eine andere Anschauung, welche dahin geht, daß in der letztbezogenen Gesetzesstelle überhaupt von einem materiellen Anspruche keine Sprache, sondern daß unter dem dort erwähnten Anspruche stets ein publizistischer zu verstehen sei, der sich auch bei der negativen Feststellungsklage, mit welcher doch nie ein materieller Anspruch verfolgt werde, findet; diese Anschauung führte bekanntlich zur Aufstellnng der geistreich ersonnenen und bestechenden Lehre vom Rechtsschutzanspruche.

Eine gewisse Verwandtschaft des Rechtsschutzanspruches mit dem publizistischen Klagerechte und zwar in der Weise, daß letzteres ein Glied der Familie der Rechtsschutzansprüche ist, läßt sich leicht erkennen. Die Ablehnung des publizistischen Klagerechtes verliert an Bedeutung, wenn man dafür dem Rechtsschutzanspruche die Thüre öffnet, und wenn auf diesem ein neues nicht minder künstliches Gebäude aufgeführt wird.

Erfunden wurde die Lehre vom Rechtsschutzanspruch im Hinblicke auf die Bestimmung des § 231, durch welche die Feststellungsklage unabhängig von der Existenz eines aus einem materiellen Rechtsverhältnisse hervorgehenden Anspruches bei vorhandenem rechtlichem Interesse an als baldiger Feststellung als zulässig erklärt wurde.

Weil der negative Feststellungskläger keinen privatrechtlichen, d. i. aus den Bestimmungen des Privatrechtes hervorgehenden Anspruch zu stellen habe, so müsse unter dem Anspruche des § 230 (Abs. 2 Z. 2) ein auch dem Feststellungskläger zustehender Anspruch verstanden werden; dieser könne nur ein publizistischer sein, als welcher sich der Rechtschutzanspruch darstellt. Weil der negative Feststellungskläger, wenn ihm der publizistische Rechtsanspruch nicht dargereicht würde, gar keinen Anspruch hätte, den er mit seiner Klage erheben, sowie nach Gegenstand und Grund bezeichnen könnte, soll der Leistungskläger deren zwei haben, seinen privatrechtlichen und den Rechtsschutzanspruch dazu.

Es frägt sich nur, ob es nicht doch anginge, für den Feststellungskläger einen Anspruch, der nicht publizistischer, sondern ein materiell-rechtlicher ist, als welcher er von den „Motivenanbetern" verehrt wird, aus der Bestimmung des § 231 zu konstruieren, welcher mit dem Anspruche des § 230 ebenso gemeint sein kann, wie thatsächlich mit diesem der privatrechtliche Anspruch des Leistungsklägers und gewiß kein publizistischer Anspruch desselben gemeint wurde.

Durch die Zulassung der Feststellungsklage im weiteren Umfange, als in welchem früher die Präjudizialklage zulässig war, ist man um so weniger gezwungen, mit dem neuen Begriffe eines der Klaghandlung präexistierenden Rechtsschutzanspruches zu arbeiten, als dessen behauptete Präexistenz durch die Unmöglichkeit der Erfüllung desselben vor Vornahme der Klaghandlung und Stellung des Klagantrages ausgeschlossen erscheint. Die Klagerhebung ist ein prozessuales Rechtsgeschäft; die Möglichkeit zur Vornahme derselben steht offen, die Befugnis dazu ist gegeben in allen Fällen, in welchen dem Kläger ein aus einem materiellen Rechtsverhältnis entstandener oder mit Bezug auf ein solches (wenigstens behauptetes) bestehender Anspruch entweder auf Grund der privatrechtlichen Bestimmungen oder auf Grund der über dieselben hinausgehenden Bestimmung des § 231, welcher materiell-rechtliche Natur auch von den neuesten, dem Entwurfe eines bürgerlichen Gesetzbuches beigegebenen Motiven zuerkannt wird, zusteht.

In allen Fällen hat der Kläger den ihm zustehenden Anspruch nach Gegenstand und Grund in seiner Klage anzugeben und darzuthun, daß er einem materiellen Rechtsverhältnisse entstamme oder sich doch auf ein solches beziehe.

Der von dem Kläger in seiner Klage zu stellende Antrag ist nie auf Erfüllung des Anspruches seitens des Beklagten, sondern auf Erlaß des günstigen Sachurteiles gerichtet; das Gericht hat zu befinden, ob der Antrag in Bezug auf den erhobenen Anspruch zulässig sei; an der Zulässigkeit des Antrages auf richterliche Feststellung im Falle eines dem Kläger nach § 231 zustehenden Anspruches auf Beseitigung rechtlicher Ungewißheit kann wohl nicht gezweifelt werden.

Wer — seine Befugnis vorausgesetzt — eine den gesetzlichen Anforderungen in Bezug auf Form und Inhalt entsprechende Willenserklärung „Klage“ abgibt, hat alles gethan, was zur Schaffung des Prozeßverhältnisses notwendig ist.

Wie bei jedem Rechtsgeschäft handelt es sich aber nicht bloß um die Willenserklärung, um die Befähigung zu deren Abgabe und um deren gesetzmäßige Beschaffenheit, sondern es handelt sich, damit die durch die Willenserklärung beabsichtigte Wirkung hergestellt werden könne, auch noch darum, daß jene Voraussetzungen gegeben sind, unter denen allein es das Gesetz für gut befunden, die Zulässigkeit des durch die Willenserklärung angestrebten Rechtsgeschäftes zu statuieren.

Nach der RCPO. sind die Voraussetzungen für die Zulässigkeit des Klaggeschäftes entweder solche, welche in allen Fällen vorhanden sein müssen, damit die rechtsgeschäftliche Willenserklärung die beabsichtigte Wirkung — Schaffung des Prozeßverhältnisses — herbeiführen könne, oder sie sind solche, deren Mangel nur dann den Eintritt jener Wirkung verhindert, wenn von den Parteien auf das Vorhandensein der Voraussetzungen Gewicht gelegt wird.

Die ersteren — absoluten — Voraussetzungen werden schon durch die Institution des Prozesses erfordert; es ist daher Sache des Gerichtes, das Vorhandensein derselben von Amts wegen in Wahrnehmung des Interesses, welches der Staat an geordneter Rechtspflege hat, zu prüfen und bei deren Mangel den Nichteintritt der beabsichtigten Wirkung, also die Unzulässigkeit des intentionierten Rechtsgeschäftes auszusprechen.

Die letzteren — dispositiven — Voraussetzungen bezwecken die Wahrung der Interessen der Parteien an dem Zustandekommen des angestrengten Prozesses; von ihrem Willen hängt es ab, ob der Prozeß auch beim Mangel einer solchen Voraussetzung zustande kommen, die Willenserklärung „Klage" trotzdem die beabsichtigte Wirkung hervorbringen, das durch sie intentionierte Rechtsgeschäft ein zulässiges sein soll.

Ob alle diese Voraussetzungen im speciellen Falle gegeben sind, kann in vielen Fällen aus dem Inhalte der rechtsgeschäftlichen Willenserklärung „Klage" gar nicht, in anderen nur durch hinzutretende Erhebungen über zweifelhafte Punkte beurteilt werden. Um einerseits eine Untersuchung über das Vorhandensein der Voraussetzungen für die Zulässigkeit des das Prozeßverhältnisses begründenden Rechtsgeschäftes der Klage zu ermöglichen, und um andererseits den Parteien Gelegenheit zu bieten, einen eventuellen Mangel der Voraussetzungen zu rügen, muß zunächst eine Verbindung zwischen jenen Personen, welche zu einander in das Prozeßverhältnis treten sollen, und welche die Interessen, deren Wahrung die RCPO. durch Aufstellung der Voraussetzungen für die Zulässigkeit des Klaggeschäftes anstrebte, wahrzunehmen haben, hergestellt sein.

Die Herstellung dieser Verbindung erfolgt (im Normalfalle) durch Überreichung resp. ordnungsmäßige Zustellung des den gesetzlichen Anforderungen entsprechenden Klagschriftsatzes bei Gericht resp. an den Beklagten. Mit dieser Perfektion der rechtsgeschäftlichen Willenserklärung, mit der Klagerhebung, verbindet die RCPO. bereits das Existentwerden des Prozeßverhältnisses, welches aber zunächst in einen Schwebezustand tritt; dies äußert sich durch den Eintritt gewisser Interimswirkungen; die Personen, welche von dem pendenten Prozeßverhältnisse umschlossen werden, stehen bereits zu einander in einer durch die Klagerhebung hergestellten Verbindung und sie bleiben in dieser Verbindung bis zur Beendigung des Prozesses, wenn nicht wegen Mangel einer Voraussetzung die jene Verbindung herstellende rechtsgeschäftliche Willenserklärung als unwirksam, das Klaggeschäft als unzulässig erklärt wird. Das Zurechtbestehen des Prozeßverhältnisses ist bereits mit der Klagerhebung gegeben, wenn die Voraussetzungen für die Zulässigkeit des Klaggeschäftes vorhanden sind; einer Handlung, einer weiteren Willenserklärung bedarf es zur Rechtsbeständigkeit des Prozeßverhältnisses nicht mehr; es ist bereits durch die Klagerhebung zustande gekommen, fraglich ist im Momente der Klagerhebung nur, ob durch sie das Prozeßverhältnis rechtswirksam zustande kommen konnte.

Die RCPO., welche das Prozeßverhältnis dem Namen nach überhaupt nicht kennt, normiert in § 235, daß die Rechtshängigkeit der Streitsache durch die Klagerhebung begründet werde, und zählt die Wirkungen jener auf.

Die Rechtshängigkeit der Streitsache bedeutet aber keineswegs bloß, wie Schwalbach R. behauptet, daß das Gericht mit der Rechtssache befaßt ist, sondern sie ist „der Zustand, in welchen die Rechtssache durch die Klagerhebung versetzt wird"; die im § 235 aufgezählten Wirkungen der Rechtshängigkeit wären aus einem bloßen Befaßtsein des Gerichtes mit der Rechtsfrage nicht zu erklären; sie ergeben sich nur daraus, daß das Privatrechtsverhältnis, in Bezug auf welches das Prozeßverhältnis zustande kommen soll, bereits von diesem umschlossen wird, was notwendigerweise voraussetzt, daß das Prozeßverhältnis d. i. die mit Bezug auf ein bestimmtes Rechtsverhältnis eintretende Verbindung zwischen Kläger, Beklagtem und Gericht bereits existiert, wenn auch als ein noch in einem Schwebezustand befindliches.

Würde durch die Klagerhebung nur das Gericht, nicht aber auch bereits der Beklagte mit der Streitsache befaßt, so hätte es keinen Sinn, dem Beklagten die Einrede der Rechtshängigkeit zur Disposition zu stellen; er soll sich ja derselben bedienen können, weil er bereits ebenfalls mit der Rechtssache befaßt wurde; er kann diese Einrede erheben von dem Momente ab, in welchem ihm die erste Klage zugestellt wurde, ohne Rücksicht darauf, ob durch diese Klagerhebung eine rechtswirksame Begründung des Prozeßverhältnisses erfolgt ist und erfolgen konnte; es genügt, daß durch die Klage eine Verbindung zwischen Kläger und ihm hergestellt wurde, daß bereits eine Willenserklärung des Klägers vorliegt, welche das Zustandekommen des Prozeßverhältnisses anstrebt. Das pendente Prozeßverhältniß hat die Interimswirkung, daß der Kläger den mit der Rechtssache bereits befaßten Beklagten nicht neuerdings befassen, nicht neben dem bereits entrierten Prozeßverhältnisse ein zweites entrieren kann, wenn sich der Beklagte darauf berufen will, daß er durch die Klagerhebung bereits in ein, wenn auch noch in einem Schwebezustand befindliches Prozeßverhältnis mit dem Kläger getreten ist.

Das pendente Prozeßverhältnis äußert aber auch seine Wirkungen bereits auf den Kläger, denn dieser ist nicht mehr berechtigt, ohne Einwilligung des Beklagten die Klage zu ändern. Darüber, was Gegenstand des Prozesses werden soll, entscheidet der Kläger; er hat darüber durch Abgabe seiner Willenserklärung „Klage“ bereits entschieden; die in der Klagerhebung liegende

Willenserklärung bewirkt, daß jenes Rechtsverhältnis, welches dem Anspruche zu Grunde liegt, oder mit Bezug auf welches er gestellt wird, durch das pendente Prozeßverhältnis umschlossen wird. Bei dieser bereits bestehenden Wirkung muß es sein Bewenden haben, insofern der Kläger nicht befugt ist, seine Willenserklärung zu widerrufen, d. i. die Klage zurückzunehmen, in welchem Falle er dann eine neue Klage erheben kann, oder insofern der Beklagte nicht damit einverstanden ist, daß statt des bereits vom Prozeßverhältnisse umschlossenen Rechtsverhältnisses ein anderes als von jenem umschlossen gelten soll.

Der Kläger steht also bereits in dem durch die Klagerhebung engagierten Prozeßverhältnisse; sie bewirkt dessen Existenz, wenn auch noch nicht als eines rechtsbeständigen, so doch als eines dreiseitigen, Kläger, Beklagten und Gericht umschließenden Rechtsverhältnisses.

Irrig ist die Behauptung, Kläger werde von dem Prozeßverhältnisse erst umschlossen, wenn der Beklagte begonnen hat, zur Hauptsache mündlich zu verhandeln, weil der Kläger erst von da ab nicht mehr befugt ist, seine Willenserklärung „Klage“ zurückzunehmen, es wäre denn, daß der Beklagte seine Einwilligung dazu gibt.

Diese Unzulässigkeit der Zurücknahme der Willenserklärung „Klage“ hat nicht darin ihren Grund, daß erst jetzt das Prozeßverhältnis existent geworden und der Kläger nicht befugt ist, dasselbe durch eine einseitige Willenserklärung zu lösen, sondern darin, daß aus dem bereits durch die Klagerhebung wenigstens als pendentes existenten Prozeßverhältnisse durch einen Rechtsakt des Beklagten ein Anspruch seinerseits und zwar auf Urteil entstanden ist, der durch einseitigen Verzicht von Seite des Klägers nicht beseitigt werden kann. Bestünde dieser, nicht etwa durch eine rechtsgeschäftliche Willenserklärung, sondern durch eine Ausübungshandlung eines dem Beklagten zustehenden subjektiven Prozeßrechtes entstandene Anspruch nicht, so wäre nicht einzusehen, warum die Wirkung einer einseitigen rechtsgeschäftlichen Willenserklärung nicht durch einseitigen Verzicht, Zurücknahme, wieder beseitigt werden könnte[10]).

Die durch die Klagerhebung hergestellte, Kläger, Beklagten und Gericht umschließende Verbindung ist die vom Kläger durch Vornahme des Klaggeschäftes beabsichtigte Wirkung; sie tritt sofort mit der Perfektion der rechtsgeschäftlichen Willenserklärung ein, aber nur als bedingte, bedingt durch das Vorhandensein der Voraussetzungen für die Zulässigkeit des Rechtsgeschäftes der Klage; erst nach Prüfung desselben ergibt sich, ob die bedingt hergestellte Verbindung rechtlichen Bestand hat. Sind diese Voraussetzungen — sowohl die absoluten, als auch die dispositiven — gegeben, so kommt diese Verbindung nur scheinbar als eine bedingte zustande; thatsächlich steht es bereits außer Frage, daß das Prozeßverhältnis als ein auch rechtlich existentes zustande gekommen ist; die Bedingungen, von welchen das Zurechtbestehen des Prozeßverhältnisses abhängt, waren bereits im Momente der Klagerhebung erfüllt. Fehlten aber in diesem Momente dispositive Voraussetzungen, so blieb das Rechtsgeschäft in der Schwebe, bis durch Verzicht des Beklagten, oder wegen von seiner Seite nicht rechtzeitig vorgebrachter Rüge der den Eintritt der beabsichtigten Wirkung der rechtsgeschäftlichen Willenserklärung je nach dem Verhalten des Beklagten eventuell hindernde Mangel behoben wurde; von diesem Momente ab ist das pendente Prozeßverhältnis zum rechtsbeständigen geworden.

Wenn auch das Rechtsgeschäft der Klage in Anbetracht des Vorhandenseins der Voraussetzungen für seine Zulässigkeit von der Abgabe der rechtsgeschäftlichen Willenserklärung ab ein zulässiges, somit das Prozeßverhältnis ein rechtsbeständiges war, so kann es trotzdem zur Untersuchung oder auch zum Streite über das Vorhandensein der Voraussetzungenkommen; durch das

[10]) Das Nähere hierüber, insbesondere darüber, daß die Einwilligung des Beklagten zur Klagezurücknahme ein selbständiger Verzicht des Beklagten auf seinen dem klägerischen Verzichte im Wege stehenden Anspruch ist, folgt in dem Abschnitte von dem Rechtsgeschäfte des Verzichtes.

Ergebnis der ersteren oder durch die Entscheidung des letzteren wird aber das Prozeßverhältnis nicht erst rechtlich existent, sondern es wird nur als ein durch die Klagerhebung bereits rechtlich existent gewordenes anerkannt.

Fehlte es dagegen von vornherein an einer dispositiven Voraussetzung für die Zulässigkeit des Klaggeschäftes und wurde dieser Mangel nicht gerügt, so wurde hierdurch nicht etwa die Bedingung erfüllt, unter welcher das beabsichtigte Rechtsgeschäft zulässig ist, sondern es wurde die Bedingung nicht erfüllt, unter welcher nach Vorschrift des Gesetzes der Mangel einer dispositiven Voraussetzung seine das Zustandekommen des Prozeßverhältnisses ausschließende Wirkung äußert.

Weil nun der Mangel einer dispositiven Voraussetzung vom Beklagten nicht mehr gerügt werden kann, nachdem derselbe begonnen hat, zur Hauptsache mündlich zu verhandeln, hat man in dieser Streiteinlassung eine Mitwirkung des Beklagten zum Zustandekommen des Prozeßrechtsverhältnisses erkannt; die Versuchung hierzu lag um so näher, als ja einmal die Streiteinlassung des Beklagten wirklich diese Bedeutung hatte. Heute hat sie aber gewiß diese Bedeutung nicht mehr, sie hat nur die Bedeutung, daß die Zulässigkeit des Klaggeschäftes und somit das Zurechtbestehen des durch dasselbe geschaffenen Prozeßverhältnisses wegen Mangel einer dispositiven Voraussetzung nicht mehr in Frage gestellt werden kann. Für die rechtliche Existenz des Prozeßverhältnisses ist nur entscheidend das Vorhandensein der Voraussetzungen der Zulässigkeit des Klaggeschäftes oder, insofern es sich um dispositive Voraussetzungen handelt, der Eintritt jenes Momentes, in dem der Mangel derselben nicht mehr geltend gemacht werden kann. Nur für das Letztere ist die Streiteinlassung des Beklagten maßgebend; sie bewirkt nicht das Zustandekommen des Prozeßverhältnisses, sondern sie beendet das Recht des Beklagten, unter Berufung auf den Mangel einer Voraussetzung einen richterlichen Ausspruch über die Unzulässigkeit des Rechtsgeschäftes der Klage zu bewirken.

Daß dies die richtige Auffassung ist, dürfte noch deutlicher werden, wenn man den Fall ins Auge faßt, daß der Beklagte unter Vorbringung einer sog. prozeßhindernden Einrede die Verhandlung zur Hauptsache verweigerte, daß es zum Zwischenstreite darüber, ob das Prozeßverhältnis in Anbetracht des gerügten Mangels zu Recht bestehe und sohin zur Entscheidung kam, welche die fragliche Voraussetzung als gegeben erklärte. Soll auch in diesem Falle das Prozeßverhältnis trotz der ergangenen die Zulässigkeit des Klaggeschäftes konstatierenden Entscheidung noch immer nicht zu Recht bestehen, sondern soll es erst durch die nachfolgende Streiteinlassung des Beklagten als ein zu Recht bestehendes zustande kommen?

Das Zustandekommen des Prozeßverhältnisses als ein Rechtsverhältnis ist die mit der Klagerhebung beabsichtigte Wirkung; sie tritt, wenn das Rechtsgeschäft der Klage ein zulässiges ist, also die Voraussetzungen seiner Zulässigkeit gegeben sind, unmittelbar ein mit der Perfektion der rechtsgeschäftlichen Willenserklärung „Klage".

Nur der Kläger ist es, welcher ein berechtigtes Interesse an dem Zustandekommen des Prozesses hat, durch welchen die Rechtsverletzung behoben, der faktische mit dem rechtlichen Zustande in Übereinstimmung gebracht, eine für ihn nachteilige Rechtsungewißheit behoben werden soll; dieses Interesse ist ein geschütztes; das Interesse, welches der Beklagte an dem Nichtzustandekommen des Prozesses haben könnte, ist kein berechtigtes, denn es wäre gerichtet auf Fortdauer der Folgen der Rechtsverletzung, der Nichtübereinstimmung des faktischen Zustandes mit dem rechtlichen, der Rechtsungewißheit; solches Interesse muß des staatlichen Schutzes entbehren. Dem entspricht, daß dem Kläger die Möglichkeit eröffnet sein muß, sein Interesse am Zustandekommen des Prozesses in dasselbe befriedigender Weise wahrzunehmen; hierzu bedarf er keines Rechtes; es genügt, daß er durch Vornahme eines Rechtsgeschäftes das Prozeßverhältnis herzustellen, den Prozeß zu bewirken vermag.

Dies ist aber nur dann der Fall, wenn eine von ihm allein abgegebene rechtsgeschäftliche Willenserklärung genügt zum Zustandekommen des Rechtsgeschäftes, wenn es auf den Willen der anderen Subjekte, welche das Prozeßverhältnis umschließen soll, zur Herstellung dieser Wirkung nicht ankommt. Der klägerische Wille konnte von der Prozeßordnung mit dieser Macht ausgestattet werden, da wie erwähnt, nur der Kläger es ist, der an dem Zustandekommen des Prozesses ein Interesse hat; dieses Interesse wird dadurch entsprechend gewahrt, daß das Rechtsgeschäft, welches das Prozeßverhältnis zustande bringt, den Prozeß bewirkt, als ein einseitiges gestaltet wird.

Beklagter und Staat haben nur daran ein rechtliches Interesse, daß der Prozeß nur dann zustande komme, wenn die notwendigen Voraussetzungen dafür gegeben sind, daß durch den Prozeß auch sein Zweck — Rechtsbewährung und Verwirklichung — erreicht werden könne, daß durch ihn die Rechtsfrage endgültig erledigt werde und daß beides geschehe, ohne zweck- und grundlose Bestätigung der beiden anderen Prozeßsubjekte. Diesen Interessen sollte dadurch Rechnung getragen werden, daß die Prozeßordnung besondere, obigen Gesichtspunkten entsprechende Voraussetzungen für die Zulässigkeit des Prozesses und somit für die Möglichkeit rechtswirksamen Zustandekommens des Prozeßverhältnisses sowohl im staatlichen Interesse als auch in dem des Beklagten als Voraussetzungen für die Zulässigkeit des Rechtsgeschäftes der Klage aufstellte.

Die Prozeßvoraussetzungen sind also nichts anderes als Voraussetzungen für die Zulässigkeit des einseitigen Rechtsgeschäftes der Klagerhebung; dies muß im Hinblick auf die vielumstrittene Lehre von den Prozeßvoraussetzungen besonders hervorgehoben werden[11]). Die Frage, warum durch den „Kunstausdruck"

[11]) Die Bemerkung Kohlers Pr. S. 57, die Voraussetzungen des Prozeßrechtsverhältnisses seien zu unterscheiden von denen des Prozeßrechtsgeschäftes,

Prozeßvoraussetzungen aus der ungemein großen Zahl von prozessualischen Ansprüchen und Thatbeständen ganz willkürlich (?) eine Gruppe hervorgehoben wird, welche sich in nichts (?) von den übrigen prozessualischen Rechten unterscheidet (Menger S. Bd I, S. 292) ist wohl damit genügend beantwortet. Man wird sich auch nicht mehr über den von Menger (a. a. O. S. 291) beanstandeten, durch Bülow eingeführten „Kunstausdruck“ Prozeßvoraussetzungen wundern können, nachdem dieser Ausdruck ganz richtig aus der privatrechtlichen Doktrin herübergenommen wurde und zwar für die gleiche Sache; nur daß man im Privatrechte von den Voraussetzungen für die Zulässigkeit eines Rechtsgeschäftes und nicht für die Herstellung der durch das Rechtsgeschäft beabsichtigten Wirkung spricht. Nachdem man aber nur dann von einem Rechtsgeschäfte sprechen kann, wenn die durch die rechtsgeschäftliche Willenserklärung beabsichtigte Wirkung erreicht wird, so ergibt sich, daß die Begriffe „Voraussetzung der Zulässigkeit des Rechtsgeschäftes der Klage“ und „Prozeßvoraussetzung“ = Voraussetzung des Eintrittes des Prozeßverhältnisses Wechselbegriffe sind.

Die rechtsgeschäftliche, in gesetzlicher Form abgegebene Willenserklärung des Klägers für sich allein genügt noch nicht, um die beabsichtigte Wirkung — Prozeßgründung — herbeizuführen, sie genügt nur dann, wenn die Voraussetzungen, welche die Prozeßordnung für die Zulässigkeit des Rechtsgeschäftes der Klage im Interesse des Staates und des Beklagten und welche die möglichst gesicherte und die anderen Prozeßsubjekte nicht unnütz beschwerende Erreichung des Prozeßrechtes verbürgen, gegeben sind. Die im Interesse des Staates an geordneter Rechtspflege gelegenen Voraussetzungen müssen für alle Fälle gegeben sein, die im Interesse des Beklagten gelegenen nur dann, wenn er sein Interesse in der

zu welchem er auch eine bestimmte Form: die Form der Zustellung der Klage zählt, ist wohl ungenau und dürfte deren Richtigkeit im Sinne des Vorstehenden angezeigt sein. Die Form der Zustellung der Klage gehört nicht zu den Voraussetzungen des Klaggeschäftes, sondern zu den Erfordernissen der Willenserklärung, beziehentlich zu denen der Abgabe derselben.

durch die betreffende Voraussetzung geschützten Richtung gewahrt wissen will.

Welche Voraussetzungen dies sind, ergibt sich aus verschiedenen Bestimmungen der RCPO.; so vor allen aus der reichhaltigsten des § 247, weiters aus §§. 41, 42, 50, 84, 102 und 241[12]).

Dadurch, daß die Prozeßordnung diese Voraussetzungen für die Zulässigkeit des Rechtsgeschäftes der Klage aufstellte, konnte sie dieses als einseitiges gestalten, ohne die Interessen des Staates und des Beklagten schutzlos zu lassen. Hat der Beklagte, was hier zumeist in Betracht zu ziehen ist, ein berechtigtes Interesse, daß der von dem Kläger angestrengte Prozeß nicht zustande komme, weil es an einer Prozeßvoraussetzung fehlt, so kann er sein Interesse dadurch wahren, daß er gegen die Zulässigkeit des Rechtsgeschäftes der Klage unter Hinweis auf den Mangel der fraglichen Voraussetzung für dieselbe Protest erhebt und über dieselbe Entscheidung des Gerichtes herbeiführt. Darüber hinaus gibt es für ihn kein berechtigtes Interesse am Nichtzustandekommen des Prozesses und daher auch keinen Schutz für ein solches nicht berechtigtes Interesse.

Auf seinen Willen kommt es bei der Prozeßgründung nicht an; diese erfolgt auch gegen seinen Willen, wenn das Rechtsgeschäft der Klage ein zulässiges ist; sein Wille kommt nur insoweit in Betracht, als ihm die Möglichkeit offen steht, das Zustandekommen des Prozesses dann zu verhindern, wenn das Rechtsgeschäft der Klage wegen Mangels einer dispositiven Voraussetzung ein unzulässiges ist.

Nachdem es für die Prozeßbegründung auf den Willen des Beklagten nicht ankommt, so kann auch dafür keine Äußerung dieses seines Willens, keine Handlung des Beklagten nötig sein. Der Beklagte hat kein Mittel zur Hintanhaltung eines ordnungsmäßig zustandekommenden Prozesses, dafür kann ihn aber auch keine Pflicht

[12]) Für die Hauptinterventionsklage gilt noch insbesondere die Voraussetzung, daß über die Sache oder das Recht, welches mit derselben in Anspruch genommen wird, ein Rechtsstreit bereits und noch anhängig ist (§ 61).

treffen, zu diesem Zustandekommen mitzuwirken. Diese Pflicht wird zwar heute noch wie vor behauptet; während aber in der RCPO. ausdrücklich gesagt wird, welche Handlung des Klägers zum Zustandekommen des Prozesses notwendig sei und wie sie beschaffen sein müsse, findet sich keine einzige Stelle, aus welcher sich die Notwendigkeit eines Handelns von Seite des Beklagten zum Zustandekommen des Prozesses ergeben würde.

Ohne Prozeß kein Urteil, kein Sachurteil!

Kann ein solches ergehen, muß der Prozeß bereits zustande gekommen sein. Nun besagt § 296, daß ein Urteil, und zwar ein Sachurteil, auch dann ergehen könne, wenn Beklagter seit Zustellung der Klagschrift, also vom Momente des Existentwerdens des Prozeßverhältnisses ab, noch gar nicht gehandelt hat. Es muß also auch in diesem Falle das Prozeßverhältnis gegeben sein; ob es rechtlichen Bestand hat, muß zunächst ex officio vom Gerichte geprüft werden (§ 300 Z. 1) und zwar mit Rücksicht auf das Vorhandensein der absoluten Prozeßvoraussetzungen. Nur davon, daß diese gegeben sind, nicht aber von einer Einlassung, Streitabsichtserklärung oder was immer für einen Namen habenden anderen Handlung des Beklagten hängt es ab, ob das Prozeßverhältnis zu Recht besteht und Versäumnisurteil in der Sache ergehen kann.

Der klägerische Antrag auf Versäumnisurteil beruht auf einem den Inhalt des Prozeßverhältnisses mit bildenden subjektiven Prozeßrechte des Klägers; dieses und somit das Prozeßverhältnis müssen daher im Momente, in dem der Antrag gestellt wird, bereits gegeben sein.

Das Gegenteil wird gelehrt.

Das Prozeßverhältnis soll durch Fiktion hergestellt werden; diese Herstellung soll Versäumnisfolge sein, und zwar eine besondere Versäumnisfolge (im Unterschiede von der allgemeinen Ausschließung des Säumigen mit der vorzunehmenden Prozeßhandlung), welche nur über Antrag eintritt (§§ 209 und 296). Der Antrag, welcher diesfalls vom Kläger gestellt wird, ist der Antrag auf Versäumnisurteil nach § 296.

Dieser Antrag erfolgt in Ausübung eines subjektiven Prozeßrechtes, die Stellung desselben hat deshalb und weil er auf Erlaß eines Sachurteiles gerichtet ist, zur notwendigen Voraussetzung den Bestand des Prozeßverhältnisses. Wie kann dies aber sein, wenn über diesen Antrag erst die besondere Versäumnisfolge eintreten und das Prozeßverhältnis fiktionsweise hergestellt werden soll?

Gerade hierin muß ein Beweis dafür gefunden werden, daß das Prozeßverhältnis bereits als ein fertiges existierte, daß es keiner Handlung zu seinem Zustandekommen in dem Momente mehr bedurfte, als der Antrag auf Versäumnisurteil gestellt wurde. Da nun bis zu diesem Momente nur die eine von dem Kläger abgegebene rechtsgeschäftliche Willenserklärung „Klage" vorliegt, so muß diese für das Zustandekommen des Klaggeschäftes genügen, dieses muß ein einseitiges sein; ob es im konkreten Falle ein zulässiges ist, braucht in jenem Momente noch nicht entschieden zu sein; die Zulässigkeit ist zu prüfen bei Beantwortung der Frage, ob der Antrag des Klägers in Ausübung eines subjektiven Prozeßrechtes gestellt wurde, ob also die Voraussetzungen gegeben sind, von denen der Eintritt der mit der rechtsgeschäftlichen Willenserklärung des Klägers beabsichtigten Wirkung — Schaffung des Prozeßverhältnisses — also die Zulässigkeit des Rechtsgeschäftes der Klage abhängt. Ist dies der Fall, dann bestand zur Zeit der Antragstellung das Prozeßverhältnis zu Recht, der Kläger hatte das dessen Inhalt mit bildende Recht zur Antragstellung und es kann mit dem Erlasse des Versäumnisurteiles vorgegangen werden.

Ebensowenig als es für das Zustandekommen des Prozeßverhältnisses auf den Willen, auf eine Äußerung des Willens — Handlung — des Beklagten ankommt, ebensowenig bedarf es dazu einer Mitwirkung des Gerichtes.

Dieses wird über das Klaggeschäft überhaupt nicht thätig, wenn man von der Terminsansetzung, deren Bedeutung bereits erörtert wurde, absieht. Es wird erst aktiv infolge eines von den Parteien gestellten Antrages auf Urteil, sei es ein Antrag auf Sachurteil oder auf ein die Klage ab instantia abweisendes Urteil. In jedem der beiden Fälle hat das Gericht die absoluten Prozeßvoraussetzungen vor allem und in letzterem noch den Mangel jener Voraussetzung, wegen dessen Abweisung ab instantia beantragt wurde, zu prüfen. Sind die Voraussetzungen gegeben, so wirkte es durch seine Entscheidung zum Zustandekommen des Prozeßverhältnisses nicht mit, sondern es erklärt dieses als bereits zu Recht bestehend. Daß in der Abweisung ab instantia keine Mitwirkung zum Zustandekommen des Prozeßverhältnisses gefunden werden kann, bedarf wohl keiner Bemerkung.

Das Prozeßverhältnis wird also geschaffen durch ein prozessualisches Rechtsgeschäft, für welches von der Prozeßordnung die Voraussetzungen seiner Zulässigkeit normiert sind und zwar durch ein einseitiges, lediglich auf der in der Klagerhebung gelegenen Willenserklärung des Klägers beruhendes Rechtsgeschäft.

Neben dem einseitigen Klaggeschäfte kann dasselbe aber auch, wie bereits aus früher Gesagtem, insbesondere daraus, daß der Wille des Beklagten insoweit in Betracht komme, als diesem die Möglichkeit offen steht, das Zustandekommen des Prozesses dann zu verhindern, wenn das Rechtsgeschäft der Klage wegen Mangels einer dispositiven Voraussetzung ein unzulässiges ist, hervorgeht, als zweiseitiges und zwar als ungleich zweiseitiges vorkommen.

Gewiß bedarf es zur Schaffung des Prozeßverhältnisses nicht einer Handlung, einer Willenserklärung des Beklagten; aber es kann doch das Zustandekommen des Prozeßverhältnisses insofern auch von dem Willen des Beklagten abhängen, als er das eines bedingt unzulässigen vereiteln kann.

Die ordnungsmäßige Willenserklärung „Klage“ bewirkt, wenn die Voraussetzungen für die Zulässigkeit des durch sie beabsichtigten Rechtsgeschäftes gegeben sind, für sich allein die Schaffung des Prozeßverhältnisses.

Fehlt es an absoluten Voraussetzungen, so ist die Herstellung der beabsichtigten Rechtswirkung ausgeschlossen, das Klaggeschäft ist ein unzulässiges, es kann weder als ein einseitiges, noch als ein zweiseitiges das Prozeßverhältnis schaffen.

Anders wenn es an dispositiven Voraussetzungen mangelt. Dieser Mangel ist vom Gerichte, welches in allen Fällen über die Zulässigkeit des intentionierten Klaggeschäftes zu entscheiden hat, nur zu berücksichtigen, wenn er vom Beklagten geltend gemacht wird, wenn er wegen dieses Mangels Protest gegen die Zulässigkeit des Klaggeschäftes erhebt.

Es ist nun möglich, daß der Beklagte auf sein Recht hierzu verzichtet; es genügt aber auch, daß er den Protest gegen die Zulässigkeit des Klaggeschäftes nicht rechtzeitig erhebt, die einen solchen Mangel geltend machende „prozeßhindernde Einrede nicht vor Einlassung auf die Hauptsache vorbringt". Im Falle des Verzichtes ist es zweifellos, daß das Klaggeschäft nur infolge der Verzichtserklärung des Beklagten zulässig wird, daß es auf Grund von zwei seitens zweier Subjekte abgegebenen Willenserklärungen, doch nicht als gleichmäßig zweiseitiges zustande kommt [18]). Aber auch in dem Falle der Unterlassung des rechtzeitigen Protestes hängt die Zulässigkeit des Klaggeschäftes von dem Willen des Beklagten insofern ab, als er durch rechtzeitiges Erklären des nolle den Eintritt der beabsichtigten Wirkung hätte hindern können. Nur bedarf es keiner Willenserklärung des Beklagten; es genügt sein non nolle; das Klaggeschäft ist nicht unzulässig, weil der Beklagte dessen allerdings von seinem Willen abhängig gemachte Unzulässigkeit nicht gewollt hat; das Prozeßverhältnis kommt nicht dadurch zustande, daß sich der Beklagte in die Verhandlung zur Hauptsache eingelassen hat, sondern dadurch, daß er den Mangel der dispositiven Voraussetzung gar nicht oder doch bis zu dem Momente nicht gerügt hat, in dem er des Rügerechtes verlustig geworden ist.

---

[18]) Von einem solchen kann wegen Inkongruenz der Willenserklärungen keine Sprache sein; die eine Erklärung ist eine auf Schaffung des Rechtsverhältnisses gerichtete, die andere eine Verzichtserklärung; dies sind gewiß keine übereinstimmenden Willenserklärungen.

In diesem Falle ist also das Klaggeschäft ein ungleich zweiseitiges, auf der klägerischen Willenserklärung und der Nichterklärung des nolle seitens des Beklagten beruhendes; eine Mitwirkung des Beklagten zum Zustandekommen des Prozeßverhältnisses liegt nicht vor.

Auf eine Mitwirkung des Beklagten scheint es dann anzukommen, wenn Beklagter auf sein Rügerecht wegen Mangel einer dispositiven Voraussetzung verzichtet; aber es bedarf einer solch scheinbaren Mitwirkung niemals; die bloße Nichterklärung des nolle genügt.

Mit dem Zustandekommen des Prozeßverhältnisses ist die durch das Klaggeschäft beabsichtigte Wirkung eingetreten; das durch Abgabe der gesetzmäßigen Willenserklärung „Klage" seitens eines Befugten sich vollziehende Rechtsgeschäft der Klagerhebung schafft das Prozeßverhältnis; es tritt zunächst in einen Schwebezustand, dessen Beendigung von dem Vorhandensein der Voraussetzungen für die Zulässigkeit des Klaggeschäftes abhängt.

Dieser Schwebezustand kann nur ein scheinbarer sein, wenn die Voraussetzungen zwar gegeben sind, deren Vorhandensein aber bestritten wird. In diesem Falle ist das Klaggeschäft ein einseitiges; das Prozeßverhältnis wird schon durch die eine Willenserklärung „Klaze" als ein rechtsbeständiges geschaffen.

Fehlen absolute Voraussetzungen oder wird der Mangel dispcsitiver geltend gemacht und als richtig befunden, so wird der Schwebezustand durch den Ausspruch über die Unzulässigkeit des Klaggeschäftes beendet.

Fehlen nur dispositive und werden sie nicht geltend gemacht, so endet der Schwebezustand durch Abgabe einer diesbezüglichen Verzichtserklärung oder mit Ablauf der Frist zur Geltendmachung des Mangels durch Nichtabgabe der Erklärung des nolle seitens des Beklagten; das Prozeßverhältnis wird dadurch zum rechtsbeständigen; es kommt aber als solches nicht auf Grund eines einseitigen, sondern auf Grund eines ungleich zweiseitigen Rechtsgeschäftes zustande.

Die Richtigkeit des Gesagten wird durch die Betrachtung des bisher nicht erörterten Falles bestätigt, daß sich der Beklagte in die

Verhandlung zur Hauptsache eingelassen hat, ohne den Mangel einer dispositiven Voraussetzung durch Erhebung einer sog. prozeßhindernden Einrede zu rügen, eine solche aber später und zwar unter Glaubhaftmachung eines Hinderungsgrundes an deren rechtzeitiger Vorbringung erhebt.

Die Einlassung des Beklagten auf die Verhandlung zur Hauptsache bewirkt auch in diesem wie in allen anderen Fällen keineswegs das Zustandekommen des Prozeßverhältnisses; mit ihr ist nur die Frist zur Abgabe einer beim Mangel einer dispositiven Voraussetzung zulässigen dissentierenden Erklärung des Beklagten beendet. Die RCPO. kennt eine Wiedereinsetzung in den vorigen Stand nur behufs Nachholung einer versäumten, innerhalb einer bestimmten Frist vorzunehmenden Prozeßhandlung. Durch die Bestimmung des § 247 Abs. 3 in fine soll es dem Beklagten nur ermöglicht werden, sein nolle auch nach Ablauf der ohne sein Verschulden verstrichenen Frist zu erklären; durch die Wiedereinsetzung wird aber an seiner Einlassung auf die Verhandlung zur Hauptsache nichts geändert; deren rechtliche Wirkungen bleiben bestehen. Der Beklagte kann etwa nicht unter Hinweisung auf eine nach Einlassung erhobene (wenn auch noch rechtswirksam erhobene) prozeßhindernde Einrede die weitere Verhandlung zur Hauptsache verweigern und zunächst Entscheidung über seine prozeßhindernde Einrede verlangen; dieses Recht hat er durch die Einlassung unwiederbringlich verloren. Ebenso steht es mit den anderen Rechtswirkungen der Einlassung; auch der Kläger kann seine Klage ohne Zustimmung des Beklagten nicht mehr zurücknehmen. An der Einlassung, an deren Rechtswirkungen wird durch die Wiedereinsetzung nichts geändert.

Nur gegen den Ablauf der bis zu dem Momente der Einlassung laufenden Frist zur Erklärung des nolle seitens des Beklagten unter Berufung auf den Mangel dispositiver Voraussetzungen gibt es Wiedereinsetzung und die nachgeholte Erklärung hat denselben Effekt wie die rechtzeitig abgegebene; das Prozeßverhältnis kommt trotz Einlassung als rechtsbeständiges nicht zustande, wenn der gerügte Mangel einer dispositiven Voraussetzung besteht.

III. Das Interventionsgeschäft.

In dem durch die Klagerhebung geschaffenen Prozeßverhältnisse stehen als Subjekte: Kläger, Beklagter und Gericht; durch das von dem letzteren ergehende Urteil erfolgt feststellende Entscheidung über das Rechtsverhältnis, in Bezug auf welches das Prozeßverhältnis geschaffen wurde, und zwar „in jenen Grenzen, in welchen es der richterlichen Entscheidung unterstellt wurde“.

Diese Entscheidung kann auch für Personen, welche außerhalb des Prozeßverhältnisses stehen, von rechtlicher Bedeutung sein; solche Personen haben dann ein rechtliches Interesse an dem Ausfall der Entscheidung; dieses Interesse erfordert es, daß ihnen die Möglichkeit eröffnet werde, auf die Gestaltung der Entscheidung Einfluß zu nehmen.

Die Möglichkeit hierzu wurde von der RCPO. dadurch gegeben, daß sie erklärte, wer ein rechtliches Interesse daran habe, daß in einem zwischen anderen Personen anhängigen Rechtsstreite die eine Partei obsiege, könne dieser Partei zum Zwecke ihrer Unterstützung beitreten.

Dadurch, daß derjenige, welcher ein rechtliches Interesse daran hat, daß ein in einem anhängigen Prozesse ergehendes Urteil zu Gunsten des Klägers oder Beklagten laute, in die Lage versetzt wird, für diesen oder jenen im Prozesse dasjenige zu thun, was er vermag, um die Entscheidung zu einer günstigen zu gestalten, wird jenem Interesse Rechnung getragen; dazu wird aber nur erfordert, daß der Interessent berechtigt ist, im Prozesse zu Gunsten der von ihm zu unterstützenden Partei selbst die ihm zur Erreichung eines günstigen Urteiles tauglich scheinenden Prozeßhandlungen vorzunehmen. Aber weil nicht er, sondern die von ihm zu unterstützende Partei Herrin der Streitsache ist, so muß sein Interesse dem der Partei nachstehen, seine Prozeßhandlungen, worunter im Prozesse vorgenommene materielle Rechtsgeschäfte nicht mit inbegriffen sind, können nur insoweit Wirkung haben, als sie nicht im Widerspruche mit denen der Partei stehen; weiters kann er, wie sich dies aus dem Zwecke der Institution der Intervention ergibt, nur jene Prozeßhandlungen vornehmen, durch welche das Obsiegen der unterstützten Partei im Prozesse bewirkt werden kann.

Will derjenige, welcher ein rechtliches Interesse an dem Siege einer Prozeßpartei hat, dieses Recht zur Vornahme von Prozeßhandlungen erwerben, so muß er zu den Prozeßsubjekten in ein prozessualisches Rechtsverhältnis treten, als dessen Inhalt jene Berechtigung erscheint.

Dieses prozessualische Rechtsverhältnis ist aber nicht das Prozeßverhältnis selbst, sondern ein zu demselben hinzutretendes, welches außer den Subjekten des Prozeßverhältnisses, die solche auch fortan allein bleiben, den Intervenienten — oder wenn sowohl zur Seite des Klägers als auch des Beklagten interveniert wird, die Intervenienten — mit umschließt.

Dieses Interventionsverhältnis muß zunächst geschaffen werden, denn der Intervenient soll ja ein eigenes selbständiges Recht zur Vornahme der Prozeßhandlungen neben dem Interventen erlangen und die von ihm vorgenommenen Prozeßhandlungen sollen, insoweit sie mit denen der Partei nicht im Widerspruche stehen, den beiden anderen Subjekten des Prozeßverhältnisses gegenüber von der gleichen rechtlichen Wirkung sein, als wären sie von der unterstützten Prozeßpartei selbst vorgenommen.

Soll aber das Interesse des Intervenienten mittelbar durch Schaffung des Interventionsverhältnisses entsprechend gewahrt werden, so muß das Rechtsgeschäft, welches dasselbe schaffen soll, durch die Willensmacht des Intervenienten allein zustande kommen können, das Interventionsgeschäft muß als ein einseitiges gestaltet werden. Die RCPO. hat dasselbe thatsächlich so gestaltet, indem sie einerseits in § 63 erklärt, daß jeder, der ein Interventionsinteresse hat, der Partei, an deren Sieg ihm gelegen ist, zum Zwecke ihrer Unterstützung beitreten könne und andererseits in § 67, daß der Beitritt des Nebenintervenienten durch Zustellung eines Schriftsatzes, welcher die Bezeichnung der Parteien und des Rechtstreites, die Angabe des Interventionsinteresses und die Erklärung des Beitrittes enthalten muß, erfolge.

Hiermit ist es in der unzweideutigsten Weise zum Ausdrucke gebracht, daß die Herstellung des Interventionsverhältnisses durch eine von dem Intervenienten in schriftlicher Form abzugebende Willenserklärung, deren Absicht eben auf Herstellung des Interventionsverhältnisses gerichtet ist, unmittelbar, ohne daß es einer vermittelnden Richterhandlung bedarf, bewirkt wird; ebensowenig als es einer vermittelnden Handlung des Gerichtes bedarf, ebensowenig bedarf es einer Mitwirkung der Prozeßparteien; auf deren Willen kommt es vielmehr zur Herstellung der beabsichtigten Wirkung im Normalfalle (d. i. dann, wenn das Interventionsverhältnis durch Abgabe der gesetzmäßig gestalteten schriftlichen Interventionserklärung geschaffen wird) gar nicht an; es genügt die Zustellung des den gesetzlichen Anforderungen entsprechenden Interventionsschriftsatzes an die Prozeßparteien und zwar an beide[14]).

Mit der Perfektion der rechtsgeschäftlichen Willenserklärung tritt bereits die in § 68 Abs. 3 bezeichnete Interimswirkung des Interventionsgeschäftes ein; nur, wenn das Interesse bestritten wird, kommt es zu einer richterlichen Entscheidung über das Vorhandensein desselben, mit welcher dann der Schwebezustand in der einen oder anderen Weise endet.

Wach begnügt sich damit, die Beitrittserklärung als einen „prozessualischen Akt gegenüber den Parteien", „welcher nicht Klage ist", zu bezeichnen. Man wird weiter gehen und untersuchen müssen, ob dieser Akt eine Ausübungshandlung eines subjektiven Prozeßrechtes — ein Rechtsakt — oder ein Rechtsgeschäft wie die Klage ist. Die Interventionserklärung ist zwar keine Klage, aber wie die Klage ein prozessuales Rechtsgeschäft und zwar ein einseitiges. Während bei dem Rechtsgeschäfte der Klage von einer Verpflichtung des Beklagten zu einer Mitwirkung behufs Zustandekommens des Prozeßverhältnisses oder doch einer Pflicht zu dulden gesprochen wird, fällt es niemandem ein, Ähnliches von dem Interventionsgeschäfte zu behaupten.

[14]) Hierüber, wie überhaupt über die ganze hier behandelte Frage die gediegenen Ausführungen Wachs, in dessen Handbuch Bd. I, 2. Buch, 4. Kapitel.

Die den Vorschriften der Prozeßordnung gemäß abgegebene, ordentlich zugestellte Beitrittserklärung genügt zur Herstellung des Interventionsverhältnisses, wenn auch nicht immer des rechtsbeständigen. Ebenso wie bei dem Klaggeschäfte handelt es sich um die Schaffung eines prozessualischen Rechtsverhältnisses durch eine von demjenigen, welcher ein rechtliches Interesse an derselben hat, abgegebene, mit bestimmten Erfordernissen versehene Willenserklärung; in beiden Fällen beruht deren Abgabe nicht auf einem Rechte, das ausgeübt wird, sondern auf einer durch die Prozeßordnung eröffneten Möglichkeit, von welcher durch Abgabe der Willenserklärung Gebrauch gemacht wird; in beiden Fällen wird durch Abgabe der vorschriftsmäßigen Willenserklärung die beabsichtigte Wirkung unmittelbar hergestellt, als rechtsbeständige allerdings nur dann, wenn jene Voraussetzungen gegeben sind, von welchen die RCPO. die Herstellung der angestrebten Wirkung abhängig macht.

Was zunächst die Willenserklärung selbst, welche stets von einem Prozeßfähigen abgegeben werden muß, anbelangt, so ist dieselbe ebenso wie die Klage schriftlich abzugeben. Damit ist aber nicht gesagt, daß sie nur schriftlich mit Rechtswirksamkeit abgegeben werden könne; ebenso wie die Klagerhebung ausnahmsweise in den im Gesetze angeführten Fällen mündlich erfolgen kann, ebenso ist es keineswegs durch den mit § 231 in der Fassung übereinstimmenden § 67 („erfolgt") ausgeschlossen, daß die Interventionserklärung auch in anderer Form (mündlich) abgegeben werden könne, wenn auch das Gesetz nicht in gleicher Weise ausdrücklich hervorhebt, in welchen Fällen eine in mündlicher Form abgegebene Interventionserklärung genüge. Sie genügt in allen Fällen, wenn die mündliche Form von keiner der Parteien beanstandet wird, denn § 68 besagt, daß das Gericht die Intervention nur dann zurückweisen, also das Interventionsgeschäft nur dann als unzulässig erklären könne, wenn ein diesbezüglicher Parteiantrag vorliegt. An sich ist ja die mündliche Abgabe der Beitrittserklärung den beiden Parteien gegenüber im Termine zur mündlichen Verhandlung immer möglich; anders bei der

Klage, wo dies nur dann sein kann, wenn die Personen, welche Subjekte des Prozeßverhältnisses werden sollen, vor Gericht sich gegenüberstehen. Während also die Willenserklärung „Klage" nur in den von der RCPO. genannten Fällen (§§ 253, 461) auch mündlich abgegeben werden kann, genügt für die Interventionserklärung in allen Fällen die mündliche Form, wenn nicht die Parteien oder eine derselben auf der Einhaltung der von RCPO. geforderten schriftlichen Form bestehen.

Das Erfordernis der schriftlichen Form, in welcher die Willenserklärung abzugeben ist, gilt für die Klage bis auf die gesetzlich ausgesprochenen Ausnahmsfälle absolut, für die Interventionserklärung nur dispositiv. Anders steht es mit dem Inhalte der Willenserklärungen; Klage und Interventionserklärung müssen, wenn in schriftlicher Form abgegeben, den in den §§ 231 und 67 angegebenen Inhalt haben. Es scheint willkürlich das „muß" des § 67 mit „soll" zu übersetzen, während man das „muß" des § 231 als ein „muß" gelten läßt (so Wach).

Die Willenserklärung „Klage" muß, von den Ausnahmsfällen abgesehen, in schriftlicher Form abgegeben werden und für die schriftliche Willenserklärung ist der notwendige Inhalt gesetzlich vorgeschrieben. Das Prozeßverhältnis kann daher regelmäßig nur durch eine schriftliche Willenserklärung, welche den als notwendig erklärten Inhalt hat, geschaffen werden.

Anders beim Interventionsverhältnis; soll dies durch schriftliche Erklärung geschaffen werden, so muß auch diese den geforderten Inhalt haben. Die Interventionserklärung kann aber stets auch mündlich abgegeben werden, wenn die Parteien deren Abgabe in dieser Form nicht rügen; für die mündliche Erklärung ist kein bestimmter Inhalt als notwendig vorgeschrieben; ja noch mehr, die Interventionserklärung braucht nicht einmal mündlich abgegeben zu werden, es genügen dazu konkludente Handlungen, das Erscheinen des Intervenienten im Termine und die Vornahme von Prozeßhandlungen durch denselben.

Wenn die Parteien die in was immer für einer Form

abgegebene Beitrittserklärung nicht beanstanden, bewirkt sie das Zustandekommen des Interventionsverhältnisses. Ist die schriftliche Interventionserklärung wegen mangelhaften Inhaltes unwirksam, so kann das Interventionsverhältnis nur durch eine später mündlich oder durch konkludente Handlungen abgegebene Beitrittserklärung zustande kommen.

Als Voraussetzung für die Wirkung der diesbezüglichen Willenserklärung, also für die Zulässigkeit des Interventionsgeschäftes, wird von der RCPO. die genannt, daß der Intervenient das rechtliche Interesse, welches er an dem Siege einer Partei in einem anhängigen Prozesse zu haben behauptet, auch haben müsse; diese Voraussetzung ist keine absolute; das Gericht hat deren Vorhandensein nicht von Amts wegen, sondern erst dann zu prüfen, wenn von Seite einer Partei ein Antrag auf Zurückweisung des Intervenienten gestellt worden ist. Kommt es zu dieser Prüfung, so genügt Glaubhaftmachung des Interventionsinteresses.

Als weitere und zwar absolute Voraussetzung ergibt sich noch aus § 63, daß die Interventionserklärung rechtzeitig, d. i. zwischen der Klage und dem Urteile, welches durch kein Rechtsmittel mehr anfechtbar ist, abgegeben wird. Der Ansicht Wachs, daß die Intervention zur Seite des Klägers gleichzeitig mit der Klagerhebung erfolgen könne, ist gewiß beizupflichten. Die Zustellung der beiden Schriftsätze, der Klagschrift und der Interventionserklärung an den Beklagten, erfolgt unter einem; beide in den Schriftsätzen enthaltene Willenserklärungen des Klägers und des Intervenienten werden im selben Momente perfekt; die erstere erzeugt das Prozeß-, die letztere das Interventionsverhältnis; letzteres setzt sich an ersteres an, wozu notwendig ist, daß dieses bereits existiert[15]).

Das Interventionsverhältnis kann also zustande kommen auf Grund jeder in was immer für einer Form abgegebenen Interventionserklärung; auf Grund einer schriftlichen aber nur

[15]) Daß das Interventionsverhältnis ein dem Prozeßverhältnisse angegliedertes prozessualisches Rechtsverhältnis ist, wird von Wach wiederholt (so auch Handbuch Bd. I, S. 39) anerkannt; darnach kann es erst zur

dann, wenn sie den vom Gesetze geforderten Inhalt hat; dagegen auf Grund einer mündlichen oder durch konkludente Handlungen abgegebenen auch, wenn nur aus derselben die Absicht, das Interventionsverhältnis zu schaffen, zu entnehmen ist, und wenn die Parteien bis zum Schlusse der Verhandlung es nicht rügen, daß die Interventionserklärung nicht in schriftlicher Form mit dem gesetzlichen Inhalte abgegeben wurde.

Aber das Interventionsverhältnis kommt nicht in allen diesen Fällen durch ein einseitiges Rechtsgeschäft zustande. Dies nur dann, wenn die Beitrittserklärung schriftlich abgegeben wird, wenn sie den geforderten Inhalt hat und wenn die Voraussetzungen für die Zulässigkeit des Rechtsgeschäftes gegeben sind; nur dann kommt es auf den Willen der Parteien nicht an. Wer die den gesetzlichen Inhalt aufweisende schriftliche Beitrittserklärung rechtzeitig abgibt und sein Interesse glaubhaft macht, bewirkt durch sein Handeln allein das Zustandekommen des Interventionsverhältnisses als rechtsbeständiges.

Fehlt es an einer dieser Bedingungen, so kann sich das beabsichtigte Rechtsgeschäft auf Grund der abgegebenen Willenserklärung entweder gar nicht oder nur als ungleich zweiseitiges vollziehen. Eine inhaltlich mangelhafte Willenserklärung genügt überhaupt nicht; ein solcher Mangel kann durch Parteiwillen nicht beseitigt werden. Hat die schriftliche Beitrittserklärung den geforderten Inhalt nicht, so kann sich durch sie das Interventionsgeschäft überhaupt nicht vollziehen[16].

Entstehung gelangen, wenn das Prozeßverhältnis besteht; damit würde aber im Widerspruche stehen, daß die Einlassung des Beklagten auf die Hauptsache keine Voraussetzung rechtsbeständiger accessorischer Intervention ist (Wach a. a. O. S. 631), vorausgesetzt, daß, wie nach der auf S. 39 gemachten Bemerkung Wachs, „das judicium ist eine mit der kontradiktorischen Natur des Prozesses unlöslich zusammenhängende Thatsache, welche normal in der Klagehandlung und dem Eintritt des Gerichts und des Beklagten in die Sachverhandlung besteht", zu schließen ist, an der Einlassung des Beklagten auf die Hauptsache als zum Zustandekommen des Prozeßverhältnisses notwendig festgehalten wird.

[16]) Kommt in einem Falle, in welchem eine inhaltlich mangelhafte schriftliche Beitrittserklärung vorliegt, das Interventionsverhältnis doch zur Existenz, so wird es, wie schon oben bemerkt, nicht geschaffen durch die

Anders wenn es nur an einer Voraussetzung für die Zulässigkeit fehlt. Es wurde früher dargethan, daß das Klaggeschäft ausnahmsweise dann als zweiseitiges zustande kommen kann, wenn es an einer dispositiven Voraussetzung seiner Zulässigkeit fehlt und der Beklagte entweder ausdrücklich auf sein Recht, den Mangel der Voraussetzung zu rügen verzichtet, oder es unterläßt, Protest gegen die Unlässigkeit des Klaggeschäftes wegen dieses Mangels zu erheben; auch das Interventionsgeschäft kann als zwei-, richtiger dreiseitiges, weil es auf die Nichterklärung des nolle, auf das non nolle beider Prozeßparteien ankommt, dann zustande kommen, wenn die dispositive Voraussetzung des Vorhandenseins eines Interventionsinteresses nicht gegeben ist, dieses nicht glaubhaft gemacht wird. Fehlt es an dieser Voraussetzung für die Zulässigkeit des Interventionsgeschäftes, so kann sich doch, weil sie eine dispositive ist, das Interventionsgeschäft — selbstverständlich auch im Normalfalle, wenn es auf schriftlicher Interventionserklärung beruht — als ungleich zweiseitiges dadurch vollziehen, daß keine der Prozeßparteien ihr nolle erklärt. Der Mangel einer dispositiven Voraussetzung wirkt nur, wenn unter Berufung auf denselben Protest gegen die Zulässigkeit des Rechtsgeschäftes erhoben wird.

Anders, wenn es an einer absoluten Voraussetzung, also bei dem Interventionsgeschäfte an der Rechtzeitigkeit der abgegebenen Interventionserklärung fehlt. Ist einmal das Prozeßverhältnis durch rechtskräftige Entscheidung beendet, so ist eine Angliederung des Interventionsgeschäftes ausgeschlossen.

Ob die Willenserklärung des Intervenienten spontan oder über vorangegangene Streitverkündung seitens einer Prozeßpartei abgegeben wird, bleibt sich für die Natur des Rechtsgeschäftes der

---

mangelhafte schriftliche Beitrittserklärung und durch Nichterkärung des nolle seitens der Parteien, sondern durch eine später mündlich oder durch konkludente Handlungen abgegebene Interventionserklärung, die inhaltlich gar nicht mangelhaft sein kann (weil für eine solche kein Inhalt vorgeschrieben ist), und durch die Nichterklärung des nolle seitens der Parteien; es vollzieht sich dann als ungleich zweiseitiges.

Intervention ganz gleich. Bezüglich der Streitverkündung selbst wäre nur zu bemerken, daß sie keine Prozeßhandlung, sondern wenn sie sich nicht als außergerichtlicher Akt vollzieht, eine Handlung im Prozesse ist; als solche wird sie durch die RCPO. im § 70 bezüglich ihrer Form geregelt.

Die Pflicht zur Streitverkündung und die Folgen der Unterlassung derselben beruhen auf Bestimmungen des Privatrechtes.

Ihrer Natur nach ist die Streitverkündung zwar eine Willenserklärung, aber keine solche, durch welche der Destinatär zu einem Handeln veranlaßt werden soll; die Absicht des Streitverkünders geht nur dahin, in dem Denunziaten die Vorstellung zu erregen, daß der betreffende Prozeß, an dessen Ausgange derselbe ein rechtliches Interesse haben dürfte, anhängig ist.

In der Streitverkündung liegt zugleich Anerkennung dieses rechtlichen Interesses; der Denunziant dürfte daher nicht berechtigt sein, den Beitritt des Denunziaten als Intervenienten zu verweigern; es liegt vielmehr die Bereitwilligkeitserklärung des Denunzianten, sich die Intervention des Denunziaten gefallen zu lassen, bereits in der Streitverkündung vor.

Der Denunziant wünscht gerade nicht die Intervention des Denunziaten, er wünscht sich nur dagegen zu schützen, daß ihm, wenn er in die Lage kommen sollte, jenen Anspruch, der ihn zur Streitverkündung veranlaßte, geltend zu machen, oder, wenn dieser Anspruch gegen ihn geltend gemacht wird, nicht entgegen gehalten werden könne, der anhängige Rechtsstreit sei unrichtig entschieden oder von ihm mangelhaft geführt worden. Dagegen kann er sich durch rechtzeitige Streitverkündung decken; die Litisdenunziation hat den Zweck, dem Urteile eine ihm an sich nicht zukommende Wirkung gegen den Dritten zu verschaffen, es ihm gegenüber gleich wirksam zu machen, als wenn er Nebenintervenient geworden wäre (Wach a. a. O. S. 655).

Die Streitverkündung ist weder ein Rechtsakt, noch ein prozessuales Rechtsgeschäft, kommt also hier nicht weiter in Betracht.

III. Abschnitt.

Prozessuale Rechtsverhältnisse abändernde prozessualische Rechtsgeschäfte.

I. Allgemeines.

Ein Rechtsverhältnis, auch das Prozeßverhältnis, kann in mehrfacher Art abgeändert werden:

1. entweder so, daß der Inhalt des Rechtsverhältnisses abgeändert wird, oder so, daß

2. die Subjekte des Rechtsverhältnisses wechseln, oder endlich so, daß

3. der Gegenstand des Rechtsverhältnisses gewechselt wird.

Von einer Abänderung seines Inhaltes kann insolange gesprochen werden, als nur die denselben bildenden Rechte und Pflichten geändert, aber der Zweck, welcher durch das Rechtsverhältnis geschützt und durch jene erreicht werden soll, derselbe bleibt; würde dieser wechseln, so tritt ein neues Rechtsverhältnis an Stelle des alten; insbesondere kann der Inhalt eines Rechtsverhältnisses erweitert werden; es können zu den den Inhalt desselben bereits bildenden Rechten neue hinzutreten, insoweit diese nicht mit jenen unvereinbar sind und jene nicht zu den Rechten gehören, die mit Rücksicht auf den durch das Rechtsverhältnis zu schützenden Zweck notwendigerweise den Inhalt des Rechtsverhältnisses bilden.

4. Beim Prozeßverhältnisse tritt noch eine vierte Abänderungs-

möglichkeit hinzu, welche sich daraus ergibt, daß das Prozeßverhältnis ein fortschreitendes, sich nach seinem Ziele zu entwickelndes ist. Es kann sein, daß nur in Bezug hierauf eine Änderung eintritt, indem die Fortentwickelung beeinflußt wird, Inhalt, Subjekte und Gegenstand des Prozeßverhältnisses aber unverändert bleiben.

Ad 1. Durch das Rechtsgeschäft der Klagerhebung wird zwischen Kläger, Beklagtem und Gericht das Prozeßverhältnis begründet, welches die Rechtsanwendung durch das Gericht auf das Privatverhältnis, insoweit es der richterlichen Entscheidung durch den geltend gemachten Anspruch unterstellt wird, bezweckt.

Diesem Zwecke entsprechend gehen die Prozeßrechte der Parteien dahin, ihr Verlangen, ihre Anträge zu stellen, vom Gerichte Entscheidung zu begehren, dem Gerichte jene Thatsachen, welche den Anspruch tragen oder als nicht zu Recht bestehend erkennen lassen, zur Kenntnis zu bringen, sie zu bestreiten, das Gericht von der Wahrheit oder Unwahrheit dieser Thatsachen zu überzeugen und demselben die Anwendung der einschlägigen Rechtssätze nahe zu legen.

Nur dahin gehen die in dem Prozeßverhältnisse, wie es durch die Klagerhebung entstanden ist, enthaltenen Prozeßrechte der Parteien.

In Ausübung dieser Rechte werden die schon von Bulgarus genannten Aktus, die wir als Rechtsakte kennen lernten, vorgenommen.

Das Gericht tritt über Anregung der Parteien in Thätigkeit, welche durch die Ausübung der Parteirechte bestimmt wird; sie kann also nur eine den Parteirechten entsprechende sein; das Gericht nimmt die vorgebrachten Thatsachen zur Kenntnis, prüft sie nach freier Überzeugung mit Rücksicht auf ihre Wahrheit, wendet darauf die einschlägigen Bestimmungen des objektiven Rechtes an und spricht das Ergebnis dieser seiner Thätigkeit in der Entscheidung aus.

Soll die Thätigkeit des Gerichtes eine andere werden[1]), so muß der Inhalt des Prozeßverhältnisses abgeändert sein, was die Vornahme von abändernden Rechtsgeschäften oder den Eintritt anderer juristischer Thatsachen zur notwendigen Voraussetzung hat. Diese Abänderung ist nur nach einer doppelten Richtung möglich.

A. Das Gericht kann nur seiner Pflicht, die vorgebrachten Thatsachen mit Bezug auf ihre Wahrheit und mit Bezug auf ihre rechtliche Relevanz zu prüfen, enthoben werden; mit dem Wesen des Prozesses dagegen ist es unvereinbar, das Gericht bei seiner Entscheidung an bestimmte Thatsachen oder Gesetzesbestimmungen in der Weise zu binden, daß andere dem Gerichte in relevanter Form mitgeteilte Thatsachen oder ihm bekannte Gesetzesbestimmungen bei seiner Entscheidung unberücksichtigt bleiben sollen. Bekannt ist dem Gerichte das inländische Recht. Daneben obliegt dem Gerichte die Offizialpflicht, sich Kenntnis von einschlägigeu Bestimmungen des ausländischen Rechtes, des Gewohnheitsrechtes und von Statuten zu verschaffen. Die Berücksichtigung solcher Bestimmungen kann nicht für die Entscheidung in gleicher Weise ausgeschlossen werden, wie die von Thatsachen dadurch, daß sich die Parteien im Prozesse darauf nicht berufen, obwohl sie für die Entscheidung maßgebend wären oder daß sie es unterlassen, die richterliche Überzeugung von deren Wahrheit herzustellen.

Die Abänderung des Prozeßverhältnisses dahin, daß das Gericht seiner Pflicht die vorgebrachten Thatsachen mit Bezug auf deren Wahrheit zu prüfen, enthoben wird, kann sich nur dadurch vollziehen, daß an Stelle des Prozeßrechtes, die angeführten Thatsachen zu beweisen, welchem die Pflicht des Gerichtes, sich die Überzeugung von der Wahrheit derselben zu

---

[1]) Die Thätigkeit, welche dem Gerichte durch das Offizialprinzip auferlegt wird, bleibt hier außer Betracht; die diesfälligen Richterhandlungen können zwar nur von dem im Prozeßverhältnisse stehenden Gerichte vorgenommen werden, aber die Pflicht zu handeln beruht nicht auf jenem, sondern ist eine selbstständige; sie ist Pflicht zur Wahrung des staatlichen Interesses an geordneter Rechtspflege.

bilden, entspricht, ein anderes geschaffen wird, dem eine veränderte Pflicht des Gerichtes entspricht. Den Parteien wird im Prozesse die Möglichkeit erschlossen, an Stelle des Beweisrechtes das Recht treten zu lassen, Thatsachen festzustellen, welchem Rechte die Pflicht des Gerichtes entspricht, die festgestellten Thatsachen unabhängig von seiner Überzeugung der Entscheidung zu Grunde zu legen.

Dieses dem ursprünglichen Prozeßverhältnis fremde Recht der Thatsachenfeststellung wird geschaffen durch Parteiwillen im Wege der Abänderung des Prozeßverhältnisses durch Rechtsgeschäfte und zwar in doppelter Weise, entweder so, daß die Thatsachenfeststellung das Gericht nur dann und damals binden soll, wenn es zur Bildung seiner eigenen Überzeugung nicht gelangen kann und jene Bedingungen erfüllt werden, unter welchen die Thatsache als festgestellt gelten soll, — durch das Eidesgeschäft — oder so, daß die Thatsachenfeststellung das Gericht unbedingt (auch wenn es sich seine eigene Überzeugung bilden könnte) und sofort binden soll — durch das gerichtliche Geständnis.

Sowohl dieses als auch das Eidesgeschäft sind Rechtsgeschäfte, Parteiwillenserklärungen, durch welche das Prozeßverhältnis absichtsgemäß in der Weise abgeändert wird, daß zu den den Inhalt desselben bildenden Prozeßrechten das Recht zur Thatsachenfeststellung insofern hinzutritt, als es in Bezug auf einzelne (bestimmte) behauptete Thatsachen an Stelle des Beweisrechtes tritt.

Beide Rechtsgeschäfte sind prozessualische und daher auch prozeßrechtliche Rechtsgeschäfte; sie sind Rechtsgeschäfte, die das Prozeßverhältnis resp. dessen Abänderung unmittelbar zum Gegenstande haben, im Prozesse vorkommen und von der Prozeßordnung gestaltet werden.

B. Die Abänderung des Prozeßverhältnisses kann aber auch dahin erfolgen, daß das Gericht seiner Pflicht, die angeführten Thatsachen mit Bezug auf deren rechtliche Relevanz zu prüfen, enthoben wird. Diese Abänderung des Prozeßverhältnisses vollzieht sich in ganz anderer Weise als die vorerwähnte.

Die RCPO. gestattet den Parteien, auch im Prozesse materielle Rechtsgeschäfte vorzunehmen, mit deren Zustandekommen sie den prozessualen Effekt verbindet, daß dadurch die Richterpflicht, behufs Erlaß des Urteils das objektive Recht in Anwendung zu bringen, bis auf einen geringen Rest beendet wird.

Verzichtet der Kläger in mündlicher Verhandlung auf den in der Klage geltend gemachten Anspruch (§ 277), d. i. auf den Streitgegenstand (§§ 77 und 79), oder anerkennt Beklagter in gleicher Weise diesen Anspruch (§ 278), so soll das Gericht mit weiterer Thätigkeit innehalten; es hat die vorgebrachten Thatsachen weder auf deren Wahrheit, noch auf deren rechtliche Relevanz hin zu prüfen, sondern es soll sich abwartend verhalten.

Die RCPO. hat aber die beiden Rechtsgeschäfte der Verzichtleistung auf den materiellen Anspruch und des Anerkenntnisses desselben als im Prozesse vorkommende Handlungen anders gestaltet als das Privatrecht; in ihrer prozeßrechtlichen Gestaltung sind diese materiellen Rechtsgeschäfte einseitige.

Weiters hat die RCPO. mit der Thatsache des Vorkommens dieser materiellen Rechtsgeschäfte im Prozesse als deren prozessuale Folge eine Fortbildung, Erweiterung des Prozeßverhältnisses in der Weise verbunden, daß dem Gegner desjenigen, der das einseitige materielle Rechtsgeschäft vorgenommen hat, ein neues Prozeßrecht entstehen soll, das Recht, den Antrag zu stellen, daß das Gericht ein Urteil unter ausschließlicher Zugrundelegung dieses Rechtsgeschäftes erlassen möge.

Die Erweiterung des Prozeßverhältnisses vollzieht sich in diesen Fällen allerdings auch durch ein Rechtsgeschäft, aber mittelbar durch ein materielles, durch kein prozessualisches; sie vollzieht sich, ohne daß der Wille bei Abgabe der Verzichts- oder Anerkennungserklärung auf die Herbeiführung eines prozessualen Erfolges gerichtet ist; jedenfalls tritt dieser Erfolg auch dann ein, wenn die Partei etwa ihrer Erklärung ausdrücklich beifügen würde, sie wolle damit ihren Prozeßrechten nichts vergeben und auf der Durchführung des Prozesses bestehen. Der prozessuale Erfolg bleibt derselbe, er ist kein gewillkürter, sondern ein notwendiger; Verzicht und Anerkenntnis des Anspruches sind daher nicht zugleich materielle und prozessuale Rechtsgeschäfte, sie sind nur erstere; aber mit dem Thatbestande desselben verbindet die RCPO. wie mit anderen Thatbeständen, z. B. dem Tode der Partei oder des Anwaltes oder der Konkurseröffnung über das Vermögen der ersteren prozessuale Wirkungen — das Ruhen des Prozesses und das Entstehen eines neuen Prozeßrechtes; beide Folgen sind keine gewillkürten. Die RCPO. verbindet dieselben unabhängig vom Parteiwillen mit dem bloßen Thatbestande der beiden materiellen Rechtsgeschäfte; das Ruhen des Prozesses und Entstehung des neuen Prozeßrechtes tritt ein, wenn nur der von der Prozeßordnung geforderte Thatbestand des Verzichtes oder des Anerkenntnisses, also die diesbezügliche einseitige Erklärung vorliegt.

Sobald es sich aber um den Erlaß des sog. deklaratorischen Urteils handelt, hat sich das Gericht mit dem Zurechtbestehen des materiellen Rechtsgeschäftes zu befassen und hierbei die Bestimmungen des Privatrechtes in Anwendung zu bringen; es hat zu entscheiden, ob der materielle Anspruch ein solcher ist, auf den rechtswirksam verzichtet oder in Bezug auf welchen ein rechtswirksames Anerkenntnis abgegeben werden kann und ob die diesfälligen Erklärungen von einem dazu Berechtigten abgegeben wurden.

Würde man Verzicht und Anerkenntnis auch als prozessuale Rechtsgeschäfte erklären, so würde diese Entscheidung eine solche über die Zulässigkeit des prozessualen Rechtsgeschäftes sein, sie müßte darüber ergehen, ob die beabsichtigte prozessuale Wirkung eingetreten ist, ob also das Prozeßrecht auf Stellung des Urteilsantrages besteht. Darüber wird aber nicht entschieden; das Recht zur Stellung solchen Urteilsantrages entsteht als eine notwendig eintretende Folge der in mündlicher Verhandlung abgegebenen Verzichts- resp. Anerkennungserklärung; es wird stets mit voller Wirkung ausgeübt, der Antrag wird nie als unberechtigter zurückgewiesen, sondern es wird über denselben entschieden, ob das materielle Rechtsgeschäft zu Recht bestehe oder nicht. Nur in ersterem Falle kann das erbetene deklaratorische Urteil ergehen.

Die Beeinflussung des Prozeßverhältnisses in seiner Fortentwickelung — die Abänderung desselben — im Falle gerichtlich erklärten Verzichtes auf den materiellen Anspruch oder Anerkenntnisses desselben erfolgt also nicht durch prozessuale Rechtsgeschäfte; sie tritt ein als Folge materiellen im Prozesse vorgenommenen Rechtsgeschäftes; Verzicht und Anerkenntnis sind keine prozessualen Rechtsgeschäfte, sie bilden daher, obwohl sie noch zu eingehender Besprechung im letzten Abschnitte gelangen werden, wie bereits früher bemerkt wurde, ex professo keinen Gegenstand dieser Abhandlung. Wären diese materiellen im Prozesse vorkommenden Rechtsgeschäfte zugleich prozessualische, so hätte deren Erörterung als das Prozeßverhältnis abändernde prozessualische Rechtsgeschäfte in diesem Abschnitte zu erfolgen.

Die hier (ad 1) in Betracht kommenden prozessualen Rechtsgeschäfte: gerichtliches Geständnis und Eidesgeschäft, werden selbstständige Besprechung finden.

Ad 2. Nicht so jene prozessualen Rechtsgeschäfte, durch welche nur eine subjektive Umstellung des Prozeßverhältnisses erfolgt[a]). Sie sollen an dieser Stelle erledigt werden.

Eine Abänderung des Prozeßverhältnisses erfolgt dadurch nicht, daß an Stelle einer verstorbenen Partei deren Erben in den Prozeß eintreten; die physische Person wechselt, rechtlich ist aber das im Prozeßverhältnis stehende Subjekt in Anbetracht des Repräsentationsverhältnisses, welches zwischen Erblasser und den Erben besteht, dasselbe geblieben; im Falle des § 223 tritt nicht einmal eine Unterbrechung des Verfahrens ein; der Wechsel

[a]) „Die Succession in den Prozeß ist keine Succession in ein Recht, sondern eine Succession in ein Rechtsverhältnis." Kohler Pr. (S. 83).

der physischen Personen im Prozesse vollzieht sich nicht durch prozessuales Rechtsgeschäft, sondern durch Ausübung von Prozeßrechten, durch die Rechtsakte der Ladung und Aufnahmserklärung; dies betrifft aber nur die Fortführung der Prozeßthätigkeit. Dagegen wird der Wechsel der physischen Personen in dem fortdauernden Prozeßverhältnisse durch das materielle Rechtsgeschäft des Erbantrittes vollzogen.

Eine Abänderung des Prozeßverhältnisses erfolgt auch nicht im Falle des § 72, obwohl sich in demselben gewiß ein Wechsel der Prozeßsubjekte vollzieht; aber es wechseln eben nicht bloß die Prozeßsubjekte, sondern das Prozeßverhältnis selbst, man kann daher von keiner Succession in das Prozeßverhältnis sprechen[3]).

Der Wortlaut des § 72 und noch mehr der Umstand, daß die Frage des Kostenersatzes an den Beklagten durch das über den Prätendentenstreit ergehende Urteil erledigt wird, also kein besonderes Urteil mehr ergeht, durch welches der Prozeß zwischen Gläubiger und Schuldner beendigt wird, zwingt dazu, die Beendigung des Prozeßverhältnisses zwischen Gläubiger und Schuldner als durch dessen Entlassung aus dem Rechtsstreite bewirkt zu erklären und nicht etwa anzunehmen, daß der Prozeß zwischen Gläubiger und Schuldner bis zur Beendigung des Prätendentenstreites (Hauptinterventionsprozeß) nur ruhe. Über das Prozeßverhältnis hinaus bleibt aber der Kostenersatzanspruch als ein selbständiger, von dem sonst abgestorbenen Prozeßverhältnisse zurückgebliebenes Produkt fortbestehen[4]).

Er ist ein Anspruch, der wohl durch ein Handeln der Partei bedingt ist, aber ohne Willenserklärung — Antrag — entsteht (§ 279/2); über ihn muß in allen Fällen erkannt werden; man muß daher sagen, die Beendigung des Prozeßverhältnisses

---

[3]) Vgl. darüber Wach Vorträge (S. 83), Schollmeyer Zwischenstreit (S. 102).

[4]) Auch im Privatrechte kann ein Rechtsverhältnis beendigt werden, ohne daß dadurch ein bereits entstandener Anspruch erlischt. Näheres hierüber und über das Folgende im Abschnitte „Verzicht“.

erfolgt durch Entlassung des Schuldners; nur die Entscheidung über den selbständig gewordenen Kostenersatzanspruch des Beklagten, der in dem Prozeßverhältnisse zu dem Kläger nicht mehr steht, und in ein solches zu dem eintretenden Dritten nie getreten ist, wird dem im Prätendentenstreite ergehenden Urteile vorbehalten.

Jedenfalls erfolgt, was hier festzustellen ist, die Beendigung des Rechtsverhältnisses nicht durch Rechtsgeschäft, sondern durch das Urteil, welches die Entlassung ausspricht. Dagegen wird das neue Prozeßverhältnis zwischen dem ursprünglichen Kläger und dem in den Streit eintretenden Dritten durch Rechtsgeschäft bewirkt; dieses Rechtsgeschäft ist keine förmliche Klagerhebung, aber es entspricht einer solchen in Bezug auf seine Wirkung; es besteht in einer durch den Streiteintritt manifestierten Willenserklärung; zweifellos ist es wohl notwendig, daß der Eintritt in den Streit in der mündlichen Verhandlung ausdrücklich erklärt wird; durch diese einseitige Willenserklärung vollzieht sich das prozessuale Rechtsgeschäft, welches nach der hier vertretenen Auffassung Begründung eines neuen Prozeßverhältnisses, nach einer anderen dessen Abänderung im Wege der Succession bewirkt.

Im Falle der laudatio auctoris kommt es zur Abänderung des Prozeßverhältnisses, in welches statt des zuerst Beklagten dessen Auktor eintritt; bewirkt wird diese Abänderung durch ein zweiseitiges prozessuales Rechtsgeschäft zwischen den eben Genannten.[5]) Der Auktor erklärt im Termine den Prozeß an Stelle des Beklagten zu übernehmen, der Beklagte stimmt dieser Erklärung zu; hiermit ist die Abänderung des Prozeßverhältnisses, die Succession des Auktors in den Prozeß bewirkt. „Hat der Benannte (in dieser Weise) den Prozeß übernommen" § 73/4, so kann der Beklagte das Prozeßrecht, welches ihm bereits durch die laudatio entstanden

[5]) Eventuelle Zustimmung des Klägers bleibt außer Betracht, denn sie ist nur bei objektiv kumulierter Klage erforderlich, wenn ein Teil der Ansprüche gegen den Beklagten nicht als Besitzer der dem Auktor gehörigen Sache gerichtet ist, und bezieht sich nur auf diese mit der kumulierten Klage geltend gemachten Ansprüche, hat also mit der laudatio nichts zu thun.

ist und darin besteht, daß er die Verhandlung zur Hauptsache zu verweigern berechtigt ist, dadurch ausüben, daß er Antrag dahin stellt, er möge von der Klage entbunden werden. Durch die hierüber ergehende affirmative Entscheidung erfolgt nicht erst die Abänderung des Prozeßverhältnisses, in welchem der Auktor bereits allein als Beklagter steht. Durch diese Entscheidung wird nur ausgesprochen, daß der ursprüngliche Beklagte, welcher bis zur Erklärung des Auktors die Verhandlung zur Hauptsache verweigern konnte (§ 73 Abs. 1 am Schlusse) dies auch fernerhin zu thun berechtigt sei, weil er außerhalb des Prozeßverhältnisses stehe.

Durch diese Entscheidung wird aber nicht erkannt, daß der Beklagte nicht verpflichtet sei, sich zu verteidigen[6]); sie ergeht nicht über die gar nicht existierende Defensionspflicht; sie brauchte hierüber gar nicht zu ergehen, weil ja der Auktor den Prozeß „übernommen hat"; sie enthält nur einen Ausspruch über seine Berechtigung, sich in die Verhandlung zur Hauptsache nicht einzulassen und soll ihn vor jeder Verantwortlichkeit für den Ausgang des Prozesses dem Auktor gegenüber schützen, indem im Hinblicke auf die Rechtsparömie, qui jure suo utitur, neminem laedit, festgestellt wird, daß er von jeder Ersatzpflicht frei ist.

Das den Prozeß beendende Sachurteil ergeht gegen den Auktor und nur gegen diesen, beendet also noch weniger als die vorerwähnte Entscheidung das Prozeßverhältnis in Bezug auf den ursprünglichen Beklagten. Nachdem dieser bereits aus dem Prozesse getreten, kann er selbstredend von dem Momente seines Austrittes an keine Prozeßrechte mehr haben und ausüben; er kann daher insbesondere kein Rechtsmittel gegen das Sachurteil ergreifen; insofern, aber auch nur insofern wird es auch gegen ihn rechtskräftig.

Wenn § 73/4 (Schlußsatz) besagt, daß dieses Endurteil gegen ihn wirksam und vollstreckbar sein solle, so ist damit nichts anderes

---

[6]) Anderer Meinung Wach Vorträge (S. 82).

gesagt, als daß es bei der Zwangsvollstreckung zur Erwirkung der Herausgabe jener Sache, als deren Besitzer der ursprüngliche Beklagte belangt wurde, keinen Unterschied mache, ob sich dieselbe im Gewahrsam des Auktors oder des ursprünglich Beklagten befindet. Ist letzteres der Fall, so bedarf es ebensowenig einer Überweisung des Anspruches des Auktors auf Herausgabe der Sache (§ 772 mit § 736), als einer Einklagung dieses Anspruches (§ 753 mit § 740) und eines Urteiles hierüber. Dieses Urteil — und zwar ein für den Kläger günstiges — wird vertreten durch das den Prozeß beendende Sachurteil, welches gegen den früheren Beklagten wirksam und vollstreckbar sein soll. Dieses muß in der Vollstreckungsklausel, wenn auch darauf in § 665 nicht Bedacht genommen wurde, berücksichtigt werden, wenn die Verfügung des § 73/4 Schlußsatz praktische Geltung haben soll.

Abänderung des Prozeßverhältnisses dadurch, daß der Wechsel eines der Prozeßsubjekte eintritt, vollzieht sich auch in den Fällen der §§ 236 u. 237 durch die in diesen normierten prozessualischen Rechtsgeschäfte. Der Prozeß wird von dem neu eintretenden Subjekte statt des ausscheidenden übernommen; diese Übernahme erfolgt in Fällen des § 236 durch zweiseitiges, in denen des § 237 durch einseitiges prozessualisches Rechtsgeschäft. In allen Fällen verliert der Veräußerer (Cedent) durch die — auch unfreiwillige — Veräußerung die Legitimation zur Sache; zum Prozesse soll er aber legitimiert bleiben, insolange weder sein Rechtsnachfolger noch sein Gegner ein Interesse daran haben, daß die Prozeßlegitimation mit der Sachlegitimation in Einklang gebracht, also das Prozeßverhältnis dem entsprechend abgeändert werde.

Das eine solche Abänderung bewirkende prozessualische Rechtsgeschäft kommt in den Fällen des § 236 durch übereinstimmenden Willen des Rechtsnachfolgers und des Gegners, in denen des § 237 durch den Willen eines der beiden zustande; in keinem Falle bedarf es der Zustimmung des Veräußerers (Cedenten). Nach der Fassung des § 236 ist es nicht ausgeschlossen, daß auch dessen Zustimmung erforderlich ist, wenn sie auch nicht ausdrücklich verlangt wird; man braucht nur das Wort „übernehmen“ zu premieren und sich im Gegensatze dazu „abnehmen“ oder „wegnehmen“ zu denken. Dasselbe Wort ist aber auch in § 237 gebraucht, in dem deutlich ausgesprochen wird, daß die sogenannte Berechtigung des Rechtsnachfolgers, den Prozeß zu übernehmen, von einer Zustimmung ebensowenig abhängig ist, wie die Berechtigung des Gegners, die Übernahme des Prozesses seitens des Rechtsnachfolgers zu verlangen, welcher Berechtigung eine Verpflichtung desselben, den Prozeß zu übernehmen, enspr echen soll. Dies ist nur möglich, wenn es auf den Willen des Rechtsvorgängers nie ankommt. Es mag befremden, daß die RCPO. den Willen einer Prozeßpartei mit solcher Macht ausstattete, daß durch denselben die Abänderung des Prozesses im Wege des Hinausdrängens der anderen und des Hereinziehens des außerhalb des Prozeßverhältnisses stehenden Rechtsnachfolgers bewirkt werde, ja noch mehr, daß dieselbe Willensmacht auch diesem zukommen sollte. Entscheidend für die Gestaltung dieses prozessualischen Rechtsgeschäftes als einseitiges (eventuell zweiseitiges, bei welchem es aber auf den Willen des Veräußerers ebenfalls nicht ankommt) dürfte jedenfalls der Gesichtspunkt gewesen sein, daß nur die zur Sache legitimierten Personen ein wirkliches Interesse daran haben, mit derselben die ad processum in Einklang zu bringen; dem Interesse des nicht mehr zur Sache Legitimierten, sich auch vom Prozesse zu befreien, kann ja, wenn er ein solches hat, raschest auch ohne Vornahme eines prozessualischen Rechtsgeschäftes gedient werden.

Zweifelhaft könnte es sein, ob denn die Abänderung des Prozeßverhältnisses in den Fällen der §§ 236 u. 237 durch prozessualische Rechtsgeschäfte erfolge und zwar darum, weil beide Paragraphen von einer „Berechtigung“, ja § 237 sogar von „Verpflichtung“ zur Uebernahme des Prozesses sprechen. Die RCPO. bedient sich wiederholt des Ausdruckes „berechtigt sein“, wenn sie damit die rechtliche Möglichkeit, ein prozessualisches Rechtsgeschäft vorzunehmen, erklären will, so in §§ 61, 73/3 u. s. w.; in den Fällen der §§ 236, 237 liegt es auf der Hand, daß nur dies gesagt sein will. Würde es sich um die Ausübung eines Prozeßrechtes handeln, so müßte doch die Frage darnach gestellt werden, woher denn dieses Prozeßrecht stammen sollte; ein Prozeßrecht kann doch dem Rechtsnachfolger, der weder im Prozeßverhältnisse, noch in einer anderen prozessualischen Beziehung steht, nicht zustehen; eines oder das andere muß erst durch ein prozessualisches Rechtsgeschäft geschaffen werden; die Möglichkeit hierzu ist gegeben; der Rechtsnachfolger kann also nur durch prozessualisches Rechtsgeschäft, nicht aber durch Ausübung eines nicht existenten Prozeßrechtes in den Prozeß eintreten. Eine Berechtigung könnte daher nur dem Gegner des Rechtsnachfolgers, der bereits im Prozeßverhältnisse steht, zustehen und es den Anschein gewinnen, daß die Erklärung seines Willens, der Rechtsnachfolger solle den Prozeß übernehmen, kein Rechtsgeschäft, sondern Ausübung eines Prozeßrechtes ist, um so mehr, als von einer dieser Berechtigung entsprechenden Verpflichtung, oder eigentlich nur von dieser in § 237 gesprochen wird.

Der Beweis, daß auch die Willenserklärung des Gegners, welche die Abänderung des Prozeßverhältnisses bewirkt, ein prozessualisches Rechtsgeschäft und keine Ausübungshandlung eines subjektiven Prozeßrechtes ist, kann durch den Nacherweis erbracht werden, daß sie wirkt, ohne daß eine notwendig einem subjektiven Prozeßrechte entsprechende Verpflichtung den Prozeß zu übernehmen auf Seite des Rechtsnachfolgers existiert, ja daß eine solche Verpflichtung gar nicht existieren kann. Woher sollte diese Verpflichtung, die doch eine prozessuale sein müßte, stammen? Der Rechtsnachfolger steht nach der ausdrücklichen Erklärung des Gesetzes, daß die Veräußerung auf den Prozeß keinen Einfluß habe, außerhalb des Prozeßverhältnisses, und doch soll ihm eine Prozeßpflicht obliegen! Sie soll allen Menschen obliegen, die ein im Prozesse verfangenes Grundstück, ohne daß sie um den Prozeß wissen, kaufen oder sonst wenn auch notgedrungen erwerben. Vor einer solchen publizistischen Pflicht dürften auch jene zurückschrecken, welche die sogenannte Defensionspflicht als solche anerkennen.

Über die Nichtexistenz der Defensionspflicht, welche von der

RCPO. nirgends ausdrücklich als Pflicht gekennzeichnet wird, wurde im Abschnitte vom Klaggeschäft und insbesondere in dem Exkurse hierzu gehandelt; in Ergänzung des dort Gesagten kann hier auf den § 237 hingewiesen werden, in welchem ausdrücklichst von einem Verpflichtetsein gesprochen wird, ohne daß die Pflicht, um die es sich dreht, existiert. Ebenso, wie die Klagerhebung ein einseitiges prozessuales Rechtsgeschäft ist, durch welches das Prozeßverhältnis begründet wird, ohne daß der Beklagte eine Pflicht zu erfüllen hat, ist die von dem Gegner des Rechtsnachfolgers ausgehende Willenserklärung, welche die Abänderung des Prozeßverhältnisses durch Eintritt des Letzteren in dasselbe bewirkt, ein einseitiges prozessualisches Rechtsgeschäft, für dessen Zustandekommen es keiner Pflichterfüllung bedarf.

Der Rechtsnachfolger bewirkt die Abänderung des Prozeßverhältnisses durch Abgabe der Willenserklärung, in den Prozeß einzutreten; liegt diese in den Fällen des § 237 vor, so kann er nicht gehindert werden, alle Prozeßrechte, die ihm als Subjekt im Prozeßverhältnisse zukommen, auszuüben. Von Seite seines Gegners wird die Abänderung des Prozeßverhältnisses durch die Willenserklärung, daß er es in Hinkunft mit dem Rechtsnachfolger und nur mit diesem im Prozesse zu thun haben wolle, bewirkt; diese Willenserklärung muß dem Gerichte gegenüber abgegeben werden; denn § 237 spricht von einem „Antrage“; sie muß aber notwendigerweise auf den Rechtsnachfolger insinuiert werden; denn wenn auch ein Handeln seinerseits weder zur Abänderung des prozessualen Rechtsverhältnisses noch zur Beendigung, Durchführung des Prozesses ihm gegenüber notwendig ist, wenn es also auch eines „Übernehmens“ des Prozesses seinerseits nicht bedarf, so muß er doch in die Möglichkeit versetzt werden, die ihm durch die Abänderung des Prozeßverhältnisses zustehenden Prozeßrechte auszuüben.

Der Rechtsnachfolger muß also von dem Gegner, der auf Übernahme des Prozesses antragen will, zur mündlichen Verhandlung in einen in der Hauptsache anberaumten oder anzuberaumenden

Termin unter Bezugnahme auf die die Rechtsnachfolge in das Grundstück bewirkenden Thatsachen einerseits und unter genauer Darlegung des gegenwärtigen Standes des in Bezug auf dasselbe anhängigen Prozesses geladen werden. Erscheint der Geladene im Termine und bringt sein Gegner, je nachdem er Kläger oder Beklagter ist, den mit Rücksicht auf die subjektive Modifizierung des Prozeßverhältnisses abgeänderten Klags- oder Abweisungsantrag vor, so kann der Rechtsnachfolger den Bestand des einseitigen prozessualen Rechtsgeschäftes, durch welches die Abänderung des Prozeßverhältnisses auch gegen seinen Willen herbeigeführt wird, dadurch bestreiten, daß er die Rechtsnachfolge in das Grundstück bestreitet; ebenso wird er auch den rechtswirksamen Eintritt der Abänderung des Prozeßverhältnisses, wenn auch die Rechtsnachfolge in das Grundstück vorliegt, deshalb bestreiten können, weil in Bezug auf seine Person die Prozeßvoraussetzungen nicht gegeben sind, oder, um es anders auszudrücken, weil ihm prozeßhindernde Einreden zu Gebote stehen, die er gewiß noch geltend machen kann, auch wenn sie nicht zu den sog. nicht-verzichtbaren gehören, weil er sie früher ohne sein Verschulden geltend zu machen nicht in der Lage war.

Bestreitet er die Rechtsnachfolge oder aus anderem Grunde den rechtswirksamen Eintritt der Abänderung des Prozeßverhältnisses, so wird darüber nur dann Zwischenurteil zu ergehen haben, wenn die Entscheidung im Sinne der Bestreitung ausfällt; im anderen Falle enthält das Haupturteil verneinende Entscheidung über die Bestreitungsgründe. Bestreitet er beides nicht, so wird nur zur Hauptsache verhandelt und es ergeht ebenfalls Urteil in der Hauptsache.

Erscheint er nicht im Termine, so ergeht — ordnungsmäßige Ladung und rechtzeitige Mitteilung jener Thatsachen, aus denen die Rechtsnachfolge einerseits und der Stand des Prozesses andererseits ersichtlich ist, vorausgesetzt — Versäumnisurteil in der Hauptsache.

Gerade hierin liegt ein Beweis, daß es sich nicht um eine Verpflichtung, nicht um einen Antrag, der auf einen Ausspruch des Gerichtes über diese Verpflichtung zur Prozeßübernahme abzielt, handeln kann, denn sonst müßte erst über diese erkannt werden und zwar mit erhöhter Notwendigkeit gegenüber dem Falle des § 217/4, in dem ja eine Abänderung des Prozeßverhältnisses gar nicht eintritt. Der Erbe ist ja wegen der Repräsentation des Erblassers bereits Prozeßsubjekt, der Rechtsnachfolger in das Grundstück soll es erst in Erfüllung einer ihn angeblich treffenden Verpflichtung zur Prozeßübernahme werden. Diese Pflicht hat er nicht erfüllt, er hat den Prozeß nicht übernommen und doch ergeht wider ihn Urteil in der Hauptsache gerade so als wie, wenn er es gethan hätte.

Daraus folgt doch, daß es sich um die Erfüllung der Pflicht zur Übernahme des Prozesses gar nicht handelt, sondern daß die Abänderung des Prozeßverhältnisses in der Weise, daß der Rechtsnachfolger an Stelle seines Vorgängers tritt, sich ohne Erfüllung dieser sog. Pflicht zur Prozeßübernahme lediglich durch die Willenserklärung des Gegners, durch dessen einseitiges Rechtsgeschäft vollzieht.

Der Rechtsnachfolger kommt in das Prozeßverhältnis in gleicher Weise wie jeder Beklagte ohne sein Zuthun, ohne Pflicht, durch eine als einseitiges Rechtsgeschäft wirkende Willenserklärung, die ihm nur vollinhaltlich unter einem mit der Ladung behufs Wahrnehmung der ihm als Subjekt des Prozeßverhältnisses zustehenden Prozeßrechte zur Kenntnis gebracht werden muß.

Ein Anspruch auf ein pflichtmäßiges Handeln des Gegners entsteht weder durch einen Antrag noch durch Ladung; jener erzeugt nur einen Anspruch an das Gericht, diese erzeugt gar keinen Anspruch, sie hat gar keine prozessualische Wirkung, sondern nur prozessualische Folgen. Sie kann aber auch diese nur dann haben, wenn sie an eine bereits im Prozeßverhältnisse stehende Person ergeht[7]).

[7]) Die Vorladung der Zeugen ist etwas anderes als die hier in Rede stehende Ladung, sie wirkt, und zwar aus dem Grunde, weil durch sie eine in der That bestehende publizistische Verpflichtung geltend gemacht und durch diese Geltendmachung ein Anspruch erzeugt wird.

Die mit der Klage verbundene Ladung gewinnt dadurch prozessuale Folgen, daß sie an den durch das sich gleichzeitig vollziehende einseitige Rechtsgeschäft der Klagerhebung in das Prozeßverhältnis gezogenen Beklagten ergeht; die Ladung des Rechtsnachfolgers hat prozessuale Folgen, weil sie an denselben, welcher durch die als einseitiges Rechtsgeschäft wirkende Willenserklärung des Gegners, daß er dem zur Sache Legitimierten auch im Prozesse gegenüberstehen wolle, in das Prozeßverhältnis gezogen ist, ergeht.

Nicht nur die Personen, welche als Parteien im Prozeßverhältnisse stehen, auch das darin stehende Gericht kann wechseln; eine wirkliche Abänderung eines bestehenden Prozeßverhältnisses wird jedoch dadurch nicht bewirkt, denn entweder tritt das Landgericht an Stelle des Amtsgerichtes oder umgekehrt (§ 249); beides setzt voraus Rechtsunwirksamkeit des vor dem angegangenen Gerichte begründeten Prozeßverhältnisses und Neubegründung desselben vor dem Land- resp. Amtsgerichte im abgekürzten Wege der Überweisung; oder es tritt die Civilkammer an die Stelle der Kammer für Handelssachen, eventuell umgekehrt, dann erfolgt die Verweisung zwar nicht wegen Rechtsunwirksamkeit des Prozeßverhältnisses und keine Neubegründung desselben, aber das Gericht bleibt dasselbe, denn die verschiedenen Kammern gehören ja demselben Gerichte an.

Überdies vollzieht sich dieser Übergang in allen Fällen durch Verweisung seitens des Gerichtes durch eine Richterhandlung, also durch kein prozessualisches Rechtsgeschäft.

Auch die wirkliche Abänderung des Prozeßverhältnisses, welche die Beschreitung des Instanzenzuges mit sich bringt, erfolgt nicht durch rechtsgeschäftliche Prozeßhandlungen der Parteien, sondern durch Ausübung von Prozeßrechten, also durch Rechtsakte.

Der Wechsel des Gerichtes im Prozesse bleibt somit hier außer weiterem Betracht.

Ad 3. Gegenstand des Prozeßverhältnisses ist der mit der Klage geltend gemachte Anspruch, präzisiert durch Angabe des Rechtsverhältnisses, aus dem oder in Bezug auf welches er entstanden, und des Gegenstandes, auf den er gerichtet ist; gegenständliche Abänderung des Prozeßverhältnisses liegt dann vor, wenn jener Anspruch geändert wird; Änderung des Anspruches erfolgt stets durch Änderung des Grundes, des Rechtsverhältnisses, auf dem er beruht resp. auf welches er sich bezieht, dagegen nicht immer durch Änderung des Gegenstandes des Anspruches (§ 240 Z. 3); Änderung des Anspruches durch Änderung des Gegenstandes desselben liegt, obwohl der Grund des Anspruches nicht geändert wird, dann vor, wenn der Kläger, der berechtigt war, alternativ diesen oder jenen Gegenstand zu beanspruchen, mit der Klage sein Wahlrecht ausgeübt hat, später aber den nicht gewählten Gegenstand statt des gewählten in Anspruch nimmt.

Ob dies in Anbetracht des § 239 möglich ist, hängt davon ab, welche Wirkung auf das Prozeßverhältnis man der Klagänderung zuerkennt. Bewirkt sie Abänderung derselben, so kann der Kläger den vor der Klagerhebung in Wahl gestandenen Gegenstand nicht mehr in Anspruch nehmen, denn sein Wahlrecht wurde durch die Klagerhebung konsumiert.

Bewirkt aber die Klagänderung Beendigung des engagierten Prozeßverhältnisses und Begründung eines neuen, ist sie Zurücknahme der alten Klage unter gleichzeitiger Erhebung einer neuen, so werden die Wirkungen der Klagerhebung ex tunc beseitigt, der Rechtsstreit ist als nicht anhängig geworden anzusehen (243/3), das Wahlrecht lebt wieder auf und Kläger kann mit der neuen Klage dasselbe unbehindert ausüben.

Der oft gehörten Behauptung, die Klagänderung bewirke letzteres, sie sei nichts anderes, als Zurücknahme der alten Klage und Erhebung einer neuen, muß entgegengetreten werden. Wäre dies richtig, so gäbe es kein Rechtsgeschäft der Klagänderung, sondern diese bestände aus zwei Rechtsgeschäften, nämlich aus dem der Zurücknahme und dem der Erhebung einer Klage; auf jedes derselben müßten die Grundsätze zur Anwendung kommen, welche die RCPO. für dasselbe aufgestellt hat. Die Anwendung dieser Grundsätze wird aber direkt durch die Bestimmungen über die Klagänderung ausgeschlossen; die RCPO. gestaltet das Rechtsgeschäft der Klagänderung als ein selbstständiges prozessuales Rechtsgeschäft, durch welches die Abänderung des Prozeßverhältnisses, nicht aber die Beendigung des engagierten und Begründung eines neuen bewirkt wird.

Das Rechtsgeschäft der Klagerhebung ist wie gezeigt ein einseitiges, das der Klagzurücknahme ist, wie in dem Abschnitte vom Verzichte dargethan werden soll, entweder ein einseitiges oder es ist ein aus zwei einseitigen Rechtsgeschäften zusammengesetztes; entweder ist es Verzicht oder Doppelverzicht.

Dagegen wird das Rechtsgeschäft der Klagänderung als zweiseitiges prozessualisches Rechtsgeschäft gestaltet; der Wille des Klägers allein vermag die durch das Rechtsgeschäft beabsichtigte Wirkung niemals hervorzubringen; für die Klagänderung wird einmal Einwilligung des Beklagten gefordert (§ 235 Z. 3), gleich darauf (§ 241) aber doch wieder thatsächlich nicht verlangt; sie soll „angenommen" werden, wenn sich der Beklagte widerspruchslos auf die abgeänderte Klage eingelassen hat.

Darüber, daß die Klagänderung in letzterem Falle nicht durch Fiktion der Einwilligung des Beklagten als zweiseitiges Rechtsgeschäft zustande kommt, ist wohl nach den vortrefflichen Ausführungen Bülows F. (insbesondere S. 47 ff.) nichts mehr zu bemerken. Wenn es aber auch zum Zustandekommen des Rechtsgeschäftes der Klagänderung der Einwilligung des Beklagten nicht bedarf, so ist es doch als zweiseitiges in allen Fällen gestaltet.

Niemals hat der Wille des Klageänderung beabsichtigenden Klägers Macht über den des Beklagten; damit das Rechtsgeschäft der Klagänderung zustande komme, bedarf es der Einwilligung des Beklagten; es soll dazu aber auch genügen, daß dieser nicht dissentiert; wird die rechtsgeschäftliche Willenserklärung des Klägers vom Beklagten ohne Protest hingenommen, so wird sie durch das Unterlassen des Widerspruchs zum Rechtsgeschäft; dies ist der Fall, wenn der Beklagte, ohne daß ein dissentire von seiner Seite erklärt wird, sich auf die abgeänderte Klage einläßt; in dem widerspruchslosen Einlassen liegt nicht etwa eine rechtsgeschäftliche Willenserklärung, eine Mitwirkung zum Zustandekommen des Rechtsgeschäftes, wohl aber wird durch das Einlassen auf die abgeänderte Klage die Abgabe der Erklärung des non consentire präkludiert.

Mitwirkung des Partners wird zum Zustandekommen eines zweiseitigen Rechtsgeschäftes nicht in allen Fälleu erfordert, nur dann, wenn es auf Willensübereinstimmung, die durch Erklärung und Gegenerklärung zum Ausdruck gelangt, beruht. Hierin liegt jedoch nicht das Entscheidende. Ein Rechtsgeschäft ist nur so lange ein einseitiges, als es zum Zustandekommen des Rechtsgeschäftes nur der Erklärung dieses einen Willens bedarf, welche die beabsichtigte Wirkung unmittelbar hervorbringt, ohne daß es auf einen zweiten Willen ankommt. Kann das Zustandekommen des Rechtsgeschäftes dadurch ausgeschlossen werden, daß der Partner erklärt, er wolle die beabsichtigte Wirkung nicht, so ist der Wille des einen nicht mehr rechtbestimmend für den anderen, das Rechtsgeschäft ist nicht mehr ein einseitiges, wenn es auch in den Fällen, in denen es zustande kommt, dadurch entsteht, daß der eine eine Willenserklärung abgibt und der andere es unterläßt, sein dissentire zu erklären. Das einseitige Rechtsgeschäft wird perfekt mit der Abgabe der Willenserklärung des Einen, das (ungleichmäßige) zweiseitige erst in dem Momente, indem die Möglichkeit, daß der andere seine dissentire erklärt, weggefallen, die Frist dazu abgelaufen ist, anders ausgedrückt, wenn das Recht zur Abwehr präkludiert ist.

Diese Präklusion tritt bei der Klagänderung damit ein, daß der Beklagte sich auf die abgeänderte Klage einläßt.

Das Rechtsgeschäft der Klagänderung wird also entweder als gleichmäßig zweiseitiges perfekt durch Einwilligung des Partners,

20*

oder als ungleich zweiseitiges durch Nichterklärung des dissentire resp. durch Präklusion des Protestrechtes.

Es ist ein zweiseitiges auch dann, wenn die Klagänderung versucht wird, bevor noch der Beklagte zur Hauptsache zu verhandeln begonnen hat; auch dann bedarf es zum Zustandekommen des Rechtsgeschäftes der Klagänderung der Präklusion des Protestrechtes, welche erst mit dem Einlassen auf die abgeänderte Klage, nicht aber mit dem auf die Verhandlung zur Hauptsache eintritt. Niemals ist die Klagänderung von dem Willen des Beklagten unabhängig, lediglich der Willensmacht des Klägers unterstellt; sie ist daher nicht zusammengesetzt aus Zurücknahme und Neuerhebung der Klage, welche beiden Rechtsgeschäfte dann einseitig — also von dem Willen des Beklagten gänzlich unabhängig — gestaltet sind, wenn erstere noch vor dem Beginne der mündlichen Verhandlung des Beklagten zur Hauptsache erfolgt; sie ist ein selbständiges, besonderes zweiseitiges Rechtsgeschäft, durch welches die Abänderung des Prozeßverhältnisses mit Bezug auf seinen Gegenstand, den in der Klage geltend gemachten, von dem Prozeßverhältnisse umschlossenen Anspruch bewirkt wird.

Abänderung des Prozeßverhältnisses wird dagegen nicht bewirkt durch Erhebung der Widerklage, der Incident-Feststellungsklage oder Widerklage. Hierdurch erfolgt Begründung eines neuen Prozeßverhältnisses zwischen denselben Personen über einen neuen selbständigen Anspruch. Die diesfälligen Rechtsgeschäfte sind dem der Klagerhebung überhaupt nachgebildet und weisen eine Besonderheit nur darin auf, daß die Form der Klagerhebung eine vereinfachte ist.

Ad 4. Das Prozeßverhältnis kann endlich noch bloß darin abgeändert werden, daß durch prozessualische Rechtsgeschäfte die ohne solche sonst eintretende regelmäßige Fortentwickelung desselben beeinflußt wird; die hierher gehörigen Rechtsgeschäfte sind von mehr untergeordneter Bedeutung, wenn auch gerade durch sie die rechtsgeschäftliche Natur solcher das Prozeßverhältnis abändernder Prozeßhandlungen, die direkte Wirkung des Parteiwillens, die Erreichung des prozessualen Erfolges, ohne daß es einer richterlichen Vermittelung desselben bedarf, recht augenscheinlich zu Tage tritt. Die diesfälligen Rechtsgeschäfte sind sämtlich durch die RCPO. zweiseitig gestaltet; zu ihnen gehören die Vereinbarungen der Parteien über Verlängerung und Abkürzung von Fristen § 202/1, über Aufhebung eines Termins § 205/1 und über das Ruhen des Verfahrens § 228/1; sie alle können nicht bloß als gerichtliche (vor Gericht abgeschlossene) Rechtsgeschäfte, sondern auch als außergerichtliche vorkommen. Sie bedürfen insgesamt nicht näherer Betrachtung; was darüber zu sagen wäre, wurde bereits in dem von den prozessualen Rechtsgeschäften im Allgemeinen handelnden Abschnitte gesagt.

Höchstens eine kurze Bemerkung. Wird das Ruhen des Verfahrens dadurch bewirkt, daß beide Parteien im Termine nicht erscheinen, so kann dies Ruhen die Wirkung eines prozessualischen Rechtsgeschäftes sein; es muß es aber nicht sein; das Ruhen kann nicht bloß auf Willenseinigung, sondern auf gerade entgegengesetzten Willen der Parteien beruhen. Kläger will seinen Anspruch nicht weiter verfolgen, Beklagter sieht getrost einem Versäumnisurteile entgegen. Das Verfahren ruht, weil es an einem dasselbe fortbewegenden zum Abschlusse bringenden Antrage fehlt. Solches keineswegs rechtsgeschäftliches, weil nicht beabsichtigtes Ruhen tritt auch in den Fällen der §§ 267, 278 ein, wenn der Gegner des Verzichtenden oder Anerkennenden es unterläßt, den einzig möglichen Antrag, durch welchen das Verfahren fortbewegt, das Prozeßverhältnis zum Abschlusse gebracht werden kann, den Antrag auf Abweisung der Klage oder auf Verurteilung dem Anerkenntnisse gemäß zu stellen. (In beiden Fällen liegen rein materielle, nur prozeßrechtlich gestaltete Rechtsgeschäfte vor, die als Thatbestände eine notwendige prozessualische Wirkung haben.)

II. Dem gerichtlichen Geständnisse und dem Eidesgeschäfte Gemeinsames.

Abänderung des durch die Klagerhebung begründeten Prozeßverhältnisses seinem Inhalte nach liegt dann vor, wenn entweder anstatt eines der den ursprünglichen Inhalt desselben bildenden Prozeßrechte ein anderes, neues, tritt oder zu jenem ein solches hinzutritt.

Diese Abänderung kann bewirkt werden durch prozessualische Rechtsgeschäfte, also durch Parteiwillenserklärungen, welche die beabsichtigte Wirkung unmittelbar, also ohne daß es einer diese erst vermittelnden Richterhandlung bedarf, entstehen machen, weil ihnen das Gesetz rechtsproduktive Kraft zuerkannt hat.

Sowohl das Eidesgeschäft — richtiger die Eidesgeschäfte — als auch das gerichtliche Geständnis sind solche prozessualische Rechtsgeschäfte, durch welche das Prozeßverhältnis abgeändert wird und zwar dahin, daß außer den ursprünglichen Prozeßrechten des Beantragens, Behauptens, Bestreitens und Beweisens ein neues — das der Thatsachenfeststellung — geschaffen wird; beide Rechtsgeschäfte haben also dieselbe positive Wirkung, nicht aber eine gleiche negative.

Durch das gerichtliche Geständnis wird das entweder noch nicht oder schon ausgeübte Bestreitungsrecht bezüglich der zugestandenen Thatsache und damit auch das Beweisrecht bezüglich derselben beendet; das Eidesgeschäft wird erst nach Ausübung des Bestreitungsrechtes vorgenommen, es beendet weder das Bestreitungsrecht, die erfolgte Bestreitung bleibt vielmehr aufrecht, noch das Beweisrecht; dieses kann unbeirrt durch die Wirkung des Eidesgeschäftes ausgeübt werden.

Absolute Voraussetzung für die Zulässigkeit des Eidesgeschäftes ist die Unmöglichkeit, daß sich das Gericht von der Wahrheit der Thatsache, welche im Wege des Eidesgeschäftes festgestellt werden soll, auf Grund des gesamten Inhaltes der Verhandlungen, der namhaft gemachten Beweismittel, ja sogar auf Grund eines nicht namhaft gemachten — des richterlichen Eides — seine eigene Überzeugung bilden könne.

Für die Zulässigkeit des gerichtlichen Geständnisses wird das Vorhandensein dieser Voraussetzung nicht gefordert; durch dasselbe wird die zugestandene Thatsache festgestellt, auch wenn sich das Gericht von deren Wahrheit oder Unwahrheit überzeugen könnte, ja sogar dann, wenn das Gericht Überzeugung von deren Unwahrheit gewonnen hat; ob letzteres dann richtig ist, wenn sich die Überzeugung auf erbrachte Beweise gründet, mag in Anbetracht des Wortlautes des § 261 und der positiven von der RCPO. aufgestellten Beweisregeln als sehr fraglich dahingestellt bleiben; gewiß aber ist es richtig, wenn das Gericht seine Überzeugung lediglich aus dem gesamten Inhalte der Verhandlungen schöpfte[8]).

Durch das gerichtliche Geständnis kann die Feststellung sowohl bestrittener als auch unbestrittener Thatsachen, durch das Eidesgeschäft nur die letzterer erfolgen; das gerichtliche Geständnis zwingt das Gericht, seine Überzeugung dem Ergebnisse der formalen Feststellung unterzuordnen, das Eidesgeschäft nur, sich mit diesem Ergebnisse zu begnügen, wenn es zur Überzeugung von der materiellen Wahrheit nicht gelangen kann; aber nur das zu-

[8]) Sonst könnte ja das Gericht jedes Geständnis durch Berufung auf die gewonnene und in vielen Fällen gewiß nicht schwer zu begründende Überzeugung vom Gegenteil unwirksam machen, den Feststellungserfolg vereiteln.

lässige Rechtsgeschäft ist von Wirkung, kann das Gericht zu dem einen oder anderen zwingen.

Wenn nun auch die RCPO. das gerichtliche Geständnis im allgemeinen — abgesehen von den Ausnahmen im Verfahren in Ehe- und Entmündigungssachen — unabhängig von irgend welchen Voraussetzungen, das Eidesgeschäft dagegen unter der absoluten Voraussetzung, daß Erlangung der richterlichen Überzeugung unmöglich ist, und unter weiteren im Gesetze genannten Voraussetzungen für zulässig erklärt, so kann doch durch die gedachten Rechtsgeschäfte nicht in Bezug auf alle Thatsachen die Bildung der richterlichen Überzeugung von deren Wahrheit ausgeschlossen oder doch ersetzt werden durch das Ergebnis der Feststellung.

Es kann dies nur dann geschehen, wenn die Richterpflicht, sich von der Wahrheit der betreffenden Thatsache zu überzeugen, hervorgerufen wurde durch Ausübung eines subjektiven Prozeßrechtes, wenn sie also wie dieses auf dem Prozeßverhältnisse beruht; nur dann kann in Bezug auf diese Pflicht eine Abänderung eintreten, weil das Prozeßverhältniß selbst abgeändert wurde.

Diesbezüglich ist anzuführen, daß die in dem Prozeßverhältnisse begründete Verpflichtung des Gerichtes, sich von der Wahrheit einer behaupteten Thatsache zu überzeugen, nicht von vornherein besteht, sondern erst entsteht, sobald das Bestreitungsrecht in Bezug auf diese Thatsache zur Ausübung gelangt ist.

Im Prozesse und durch denselben soll zwar stets die Herstellung einer materiell wahren Urteilsgrundlage angestrebt werden; damit ist aber nicht gesagt, daß ein Urteil nur ergehen kann auf Grund von Thatsachen, von deren Wahrheit sich das Gericht überzeugt hat; es ist vielmehr eine Konsequenz der Verhandlungsmaxime, daß das Gericht bei seiner Entscheidung nicht nur an die Thatsachen gebunden ist, die von den Parteien vorgebracht und nicht wieder „zurückgenommen" (§ 431) wurden, sondern auch, daß es dieselben in Bezug auf ihre Wahrheit gar nicht prüfen darf, insolange sie der Gegner des Behauptenden nicht bestritten hat — eine Konsequenz, zu welcher der allerdings ebenfalls auf der Verhandlungsmaxime ruhende gemeine Prozeß noch nicht gelangt war.

Sind Thatsachen bestritten, so müssen sie bewiesen werden, insofern nicht Feststellung an Stelle des Beweises tritt; Thatsachen, deren Gegenteil notorisch ist, können nicht bewiesen, daher auch nicht festgestellt werden.

Der Beweis muß zwar dem Gerichte und nicht dem Bestreitenden erbracht werden, aber er ist nur dann zu erbringen, wenn es auf die Überzeugung des Gerichtes von der Wahrheit einer Thatsache ankommt, also nur dann, wenn sie bestritten und das Gericht nicht ohnedies von ihrer Richtigkeit bereits überzeugt ist. Das Bestreiten macht eine Thatsache für das Gericht ebensowenig unwahr, als das Behaupten sie wahr macht; wohl aber kommt es auf die Überzeugung des Gerichtes von der Wahrheit erst dann an, wenn sie bestritten ist: dann ist es auch Sache des Behauptenden, diese Überzeugung durch Ausübung seines Beweisrechtes herzustellen, wenn es überhaupt noch eines Beweises bedarf.

Wird nun das Prozeßverhältnis dahin abgeändert, daß formelle Feststellung an Stelle des Bestreitungsrechtes und daher auch des Beweisrechtes tritt, oder daß das Recht zur formalen Feststellung nach Ausübung des Bestreitungsrechtes zu dem Beweisrechte hinzutritt, so muß auch die Richterpflicht geändert werden; das gerichtliche Geständnis beendet die Richterpflicht, sich von der Wahrheit der zugestandenen Thatsache zu überzeugen; das Eidesgeschäft ändert dieselbe doch insofern, daß, wenn die Überzeugung nicht zu erlangen ist, die formale Feststellung genügt; das formal Festgestellte ist stets dem Urteile zu Grunde zu legen.

Neben dieser durch prozessualische, das Prozeßverhältnis abändernde Rechtsgeschäfte abänderbaren, auf dem Prozeßverhältnisse beruhenden, erst durch Geltendmachung von subjektiven Prozeßrechten wachgerufenen Verpflichtung des Gerichtes, sich von der Wahrheit bestrittener Thatsachen zu überzeugen, besteht aber noch eine nicht auf dem Prozeßverhältnisse beruhende, unabhängig von der Ausübung der subjektiven Prozeßrechte zu erfüllende Verpflichtung des Gerichtes, sich stets von dem Vorhandensein der die Zulässigkeit von Prozeßverhandlungen bedingenden Voraussetzungen resp. von der Wahrheit jener Thatsachen, aus denen sich das Vorhandensein der gedachten Voraussetzungen ergibt, zu überzeugen.

Diese Verpflichtung beruht auf dem öffentlichen Interesse des Staates an einer geordneten Rechtspflege; sie obliegt den Gerichten als den staatlichen mit der Rechtspflege betrauten Organen; sie muß stets erfüllt werden, zwar immer nur von dem jeweilig im Prozeßverhältnisse stehenden Gerichte, aber nicht in Erfüllung einer aus dem Prozeßverhältnisse herrührenden Verpflichtung, sondern einer sog. Offizialpflicht, einer ab ovo mit dem officium judicis verbundenen, nicht erst durch Ausübung eines subjektiven Prozeßrechtes wachgerufenen Pflicht.

Abgeändert kann durch Rechtsgeschäfte nur das Prozeßverhältnis, die in demselben enthaltenen Rechte und Pflichten werden, nicht aber eine unabhängig vom Prozeßverhältnisse bestehende richterliche Verpflichtung[9]). Beruht die richterliche Wahrheitserforschung auf dieser, so muß der Richter zur materiellen Wahrheit vorzudringen versuchen, er darf sich nicht mit formaler Feststellung begnügen; er muß dies nur dann, wenn seine Pflicht durch Abänderung des Prozeßverhältnisses geändert, beseitigt wird.

Formale Feststellung ist dort ausgeschlossen, wo das Recht zu derselben nicht durch Abänderung des Prozeßverhältnisses begründet wird. In den Fällen, wo die richterliche Wahrheitserforschung auf Offizialpflicht beruht, und in jenen, in denen es sich überhaupt um Herstellung einer richterlichen Überzeugung —

---

[9]) Im Ergebnisse übereinstimmend Birkmeyer in Busch Zeitschrift Bd. 7.

um Glaubhaftmachung — handelt, kann es nicht zur Thatsachenfeststellung kommen; gelangt das Gericht nicht zur Überzeugung von dem Vorhandensein der Voraussetzung für die Zulässigkeit einer Prozeßhandlung resp. von der Wahrheit der diesbezüglichen Thatsachen, so muß die Prozeßhandlung als unzulässig zurückgewiesen werden. Wird eine Thatsache nicht glaubhaft gemacht, so kann der von der Glaubhaftmachung abhängige Erfolg nicht eintreten.

Würde in den Fällen, in denen die Wahrheitserforschung auf der Offizialpflicht des Gerichtes beruht, dem Parteiwillen eine feststellende, die richterliche Überzeugung ausschließende Macht zugestanden, so wäre der Gestaltung des Prozesses als sog. Konventionalprozeß Thür und Thor geöffnet; es läge in der Hand der Parteien, alle im Interesse einer geordneten Rechtspflege geforderten Voraussetzungen, unter denen der Prozeß überhaupt und die einzelnen Prozeßhandlungen, aus welchen er sich zusammensetzt, allein zulässig sein sollen, illusorisch zu machen, indem sie die pflichtmäßige Überzeugung des Gerichtes von dem Vorhandensein jener Voraussetzungen dadurch ausschließen, daß sie Thatsachen, aus denen sich dasselbe ergeben soll, feststellen, welche, wenn es auf die richterliche Überzeugnng von deren Wahrheit ankäme, von dem Gerichte als unwahr erkannt würden.

Prozeß ist nur zulässig, das Prozeßverhältnis kann rechtswirksam nur dann begründet werden, wenn die Prozeßvoraussetzungen gegeben sind; ein Teil derselben ist für die geordnete Rechtspflege so wesentlich, daß sie von Amts wegen geprüft werden müssen; in Bezug auf sie muß das Gericht zu der Überzeugung von deren Vorhandensein gelangen; diese Überzeugung darf nicht durch auf Parteiwillen beruhende Feststellung von Thatsachen, aus denen sich das Vorhandensein derselben ergeben würde, wenn sie wahr wären, ersetzt werden. Auch das für die Zulässigkeit der Feststellungsklage geforderte rechtliche Interesse muß ebenfalls bewiesen, es kann nicht festgestellt werden, wenn Mißbrauch des Prozesses zu Informationszwecken hintangehalten werden soll.

Ebenso verhält es sich mit gewissen Voraussetzungen für die Zulässigkeit einzelner Prozeßhandlungen, z. B. des Einspruches, der Berufung u. s. w. auch der Eidesgeschäfte. So darf der Eid nur zugeschoben werden über Thatsachen, die dem Delaten, seinem Rechtsvorgänger oder seinem Vertreter aus eigener Wahrnehmung bekannt sein müssen; ob dies der Fall ist, hat das Gericht stets nach seiner Überzeugung zu beurteilen; Feststellung ist ausgeschlossen. Dem widerspricht nicht § 415; darnach ist es wohl zulässig, daß sich die Parteien über den Wegfall von dispositiven Voraussetzungen für die Zulässigkeit des Eidgeschäftes einigen, wenn die betreffende Voraussetzung nicht durch das Gericht im konkreten Falle als eine absolute erklärt wird; durch eine solche Einigung wird aber nicht das Vorhandensein der Voraussetzung festgestellt, sondern das Gericht setzt sich über deren Mangel hinaus und erklärt das Eidesgeschäft als zulässig, ohne daß die Voraussetzungen vorhanden sind.

In allen Fällen, in denen die Pflicht des Gerichtes, sich von der Wahrheit einer Thatsache zu überzeugen, nicht erst entsteht durch Ausübung eines subjektiven Prozeßrechtes, sondern Offizialpflicht ist, kann sie nicht abgeändert werden; denn nur das Prozeßverhältnis, aus dem sie entstammt, ist abänderbar durch Eidesgeschäft oder gerichtliches Geständnis[10]).

Beide prozessualische Rechtsgeschäfte sind also nicht bloß in den in der RCPO. namentlich aufgeführten Fällen, sondern in allen jenen unzulässig, in denen die Offizialpflicht des Gerichtes zur Wahrheitsprüfung in Frage kommt.

---

[10]) In allen jenen Fällen, in denen eine Richterhandlung auf Offizialpflicht beruht, kann die Vornahme derselben durch prozessuales Rechtsgeschäft nicht beeinflußt werden; so gibt es kein — auch kein auf Willensübereinstimmung der Parteien beruhendes — Rechtsgeschäft, durch welches Schluß der Verhandlung aufgehalten oder wieder aufgehoben, weiters Berichtigung des Thatbestandes im Urteile in dem von den Parteien begehrten Sinne bewirkt werden könnte u. s. w. — Auf den letzterwähnten Fall wurde hier ausdrücklich deshalb hingewiesen, weil von gewichtiger Seite eine Abänderung der Bestimmung des § 291 dahin, daß die Richtigstellung des Thatbestandes im Sinne übereinstimmenden Antrages der Parteien zu erfolgen habe, befürwortet wird.

Nur Abänderung des Prozeßverhältnisses kann durch prozessualische Rechtsgeschäfte, zu denen Eidesgeschäft und gerichtliches Geständnis gehören, bewirkt werden; durch ersteres tritt das Recht zur Feststellung einer Thatsache zu den Rechten, dieselbe zu bestreiten und zu beweisen, hinzu, durch letzteres tritt jenes an Stelle dieser. Die Wirkung beider Rechtsgeschäfte besteht wohl in einer Abänderung des Prozeßverhältnisses; der prozessualische Erfolg des gerichtlichen Geständnisses reicht aber weiter als der des Eidesgeschäftes; nicht nur diese beiden Rechtsgeschäfte, sondern auch jener Erfolg wird verschiedenartig gestaltet.

Bei dem gerichtlichen Geständnisse steht er fest in dem Momente, in welchem das Rechtsgeschäft des gerichtlichen Geständnisses und zwar, wie später gezeigt werden soll, als zweiseitiges perfekt wird; die zugestandene Thatsache ist als festgestellte dem Urteile zu Grunde zu legen. Bei dem Eidesgeschäfte erfolgt und zwar mit dem Perfektwerden des ersten, der Eideszuschiebung, nur Abänderung des Prozeßverhältnisses unter gleichzeitiger Einleitung eines Feststellungsverfahrens, das sich aus mehrfachen Prozeßhandlungen zusammensetzt, und in dessen von vornherein unbestimmtem Ergebnisse der Feststellungserfolg des konkreten Eidesgeschäftes besteht.

Diese hier nur in Gegenüberhaltung hervorgehobenen Unterschiede werden bei der gesonderten Darstellung der beiden prozessualischen Rechtsgeschäfte nähere Erörterung finden.

III. Das Eidesgeschäft.

Durch Vornahme dieses prozessualischen Rechtsgeschäftes erfolgt Abänderung des Prozeßverhältnisses dahin, daß zu den den ursprünglichen Inhalt desselben bildenden Parteirechten das Recht zur Thatsachenfeststellung hinzutritt.

Diese Abänderung wird bewirkt durch die in der mündlichen Verhandlung, also vor Gericht abgegebene, nicht aber an das Gericht, sondern an den Gegner gerichtete Willenserklärung, daß er seinen wider die nun festzustellende Behauptung erhobenen Widerspruch durch seinen Eid erhärten solle; diese Willenserklärung, deren Annahme von Seite des Gegners es nicht erst bedarf, bewirkt die Einführung des Feststellungsrechtes in den Prozeß und damit die Abänderung des Prozeßverhältnisses; sie ist das einseitige prozessualische Rechtsgeschäft der Eideszuschiebung; dieses eröffnet ein an die Eideszuschiebung sich schließendes Feststellungsverfahren, welches zum Zwecke der Entkräftung der Bestreitung gerichtet ist auf endgültige Feststellung der bestrittenen Thatsache.

Die Erreichung dieses Zweckes kann zunächst durch Feststellung und zwar in mehrfacher Weise, aber stets nur durch Vornahme von Prozeßhandlungen, durch Rechtsakte oder weitere Rechtsgeschäfte geschehen; der Zweck — Entkräftung der Bestreitung — kann aber auch erreicht werden ohne Feststellung der behaupteten Thatsache oder des Widerspieles derselben bei vollkommener Passivität des Delaten; in diesem Falle tritt nicht die als Mittel zum Zwecke beabsichtigte Wirkung der Thatsachenfeststellung, sondern ein anderer dem Deferenten wenigstens temporär, eventuell auch definitiv günstiger, dem angestrebten Zwecke dienlicher Erfolg ein. Derselbe besteht darin, daß der gegen die festzustellende Thatsache erhobene Widerspruch, dessen eidliche Erhärtung dem Delaten zunächst anheimgegeben war, entkräftet wird und so lange entkräftet bleibt, bis der Delat aus seiner Passivität heraus und in das Feststellungsverfahren aktiv eintritt.

Dieser von dem Feststellungswillen abliegende, statt der beabsichtigten Wirkung eintretende, aber doch demselben Zwecke — Entkräftung der Bestreitung — dienende Erfolg ist lediglich Wirkung der Präklusion.

Um die beabsichtigte Feststellungswirkung zu erzielen, müssen zu dem Rechtsgeschäfte der Eideszuschiebung noch andere, sogar von dem Willen desjenigen, der dasselbe vorgenommen, unabhängige Prozeßhandlungen hinzutreten, durch welche dann erst im Vereine mit der vorangegangenen Willenserklärung, durch welche allein sich das Rechtsgeschäft der Eideszuschiebung vollzieht, die Thatsachenfeststellung selbst erfolgt; zu der Eideszuschiebung muß die Eidesleistung oder andere von der RCPO. als gleichwertig behandelte, ihrer rechtlichen Natur nach aber total verschiedene Handlungen (Eideserlaß oder Eidesverweigerung) hinzutreten.

Die beabsichtigte Wirkung der Thatsachenfeststellung selbst wird also nicht wie beim gerichtlichen Geständnisse bloß durch die Willensmacht der Prozeßparteien hergestellt; deshalb hört aber die Willenserklärung nicht auf, eine rechtsgeschäftliche zu sein, sie entbehrt nicht der rechtsproduktiven Kraft; diese besteht vielmehr darin, daß es zur formalen Feststellung einer Thatsache kommt, normal kommen muß.

Dem Eidesgeschäfte eigenartig ist es nur, daß mit der Abgabe der Willenserklärung, durch welche es perfekt wird, zwar normal die Wirkung, daß die Thatsache im Wege der Feststellung zur Urteilsgrundlage gemacht wird, eintritt, daß es aber von weiter hinzutretenden Thatsachen abhängig ist, ob festgestellt wird die behauptete Thatsache oder deren Widerspiel, ja ob nicht abnormal statt dieser Wirkung eine durch das Feststellungsverfahren bedingte, mögliche Präklusionswirkung eintritt.

Eigenartig ist dem Eidesgeschäfte (im Gegensatze zu dem gerichtlichen Geständnisse) auch noch ein Weiteres, nämlich daß selbst die eben gekennzeichnete Wirkung nicht unbedingt eintritt, sondern daß das Eidesgeschäft so lange in der Schwebe, in einem Schwebezustande verbleibt, bis entschieden ist, daß seine Voraussetzungen gegeben sind. Vor allem tritt die Wirkung der Thatsachenfeststellung erst dann und nur insoweit ein, als es für das Gericht einer rechtsgeschäftlichen Feststellung der Thatsache noch bedarf, um diese als Urteilsgrundlage verwerten zu können, als es dem Gerichte nicht möglich wird, von der Wahrheit der Thatsache eine selbständige Überzeugung zu erlangen.

Das Eidesgeschäft ist also einerseits insofern von unbestimmtem Erfolge, als bestimmt in Normalfällen nur die Wirkung ist, daß eine Thatsache statt durch Beweis durch Feststellung — abnormal durch Entkräftung der Bestreitung — Urteilsgrundlage wird, andererseits ist es aber auch insofern von unbestimmter rechtsgeschäftlicher Wirkung, als sich das Gericht gegen seine zwingende Wirkung dann verschließen kann, wenn es in der Lage ist, sich von einer Thatsache, deren Feststellung durch Eidesgeschäft angestrebt wird, resp. von der Wahrheit der Thatsache Überzeugung zu verschaffen.

Wird aber die mit einer rechtsgeschäftlichen Willenserklärung beabsichtigte Wirkung nicht erreicht, so ist sie eben kein Rechtsgeschäft; es liegt wohl eine rechtsgeschäftliche Willenserklärung vor, aber sie entbehrt der rechtsgeschäftlichen Wirkung, weil es an einer Voraussetzung des Rechtsgeschäftes fehlt. Über die Bedeutung der Voraussetzungen für das Zustandekommen eines Rechtsgeschäftes, für dessen Gültigkeit wird auf die diesbezüglichen Ausführungen in dem von den prozessualischen Rechtsgeschäften im allgemeinen handelnden Abschnitte Bezug genommen,

Voraussetzung für die Zulässigkeit des Eidesgeschäftes ist zunächst, daß die Herstellung der richterlichen Überzeugung von der Wahrheit der festzustellenden Thatsache unmöglich ist. Dies ist es, was man allgemein mit der Subsidiarität des Eides bezeichnet, wobei daran gedacht wird, daß der Eid ein Beweismittel wie ein anderes ist, nur daß es erst zuletzt an die Reihe kommt.

Soll der Eid im Prozesse nicht bloß die Bedeutung eines Beweismittels haben, welche in der That nur dem richterlichen Eide zukommt, soll durch Eidesgeschäft die formale Feststellung einer Thatsache erfolgen, soll zu dem Rechte des Beweisens die Möglichkeit treten, für den Fall, als die Beweismittel nicht ausreichen, zu bewirken, daß das Gericht unangesehen auf seine Überzeugung gezwungen wird, den durch Eid festzustellenden Thatumstand dem Urteile zu Grunde zu legen, so muß diese dem Prozesse seiner Natur nach ferne liegende Wirkung durch eine darauf gerichtete specielle rechtsgeschäftliche Willenserklärung der Parteien herbeigeführt und zu dem Ende von der Prozeßordnung ein diesfälliges, das Prozeßverhältnis abänderndes Rechtsgeschäft als zulässig erklärt werden.

Ein solches Rechtsgeschäft kann als zwei- oder als einseitiges gedacht werden; zur Herbeiführung der Feststellungswirkung des Eides oder anderer durch das Gesetz mit demselben als gleichwertig erklärter Thatsachen kann eine übereinstimmende Willenserklärung beider Parteien gefordert, das der Feststellung vorangehende Rechtsgeschäft als Vertrag konstruiert werden oder es kann der Wille der einen Partei mit der Macht ausgestattet werden, daß eine einseitige Erklärung desselben genügt, um den Eid als formales Feststellungsmittel in den Prozeß einzuführen.

Beide Formen des Eidesgeschäftes samt verschiedenen Übergangsformen finden sich in den verschiedenen Prozeßrechten.

In jüngster Zeit hat Demelius (Sch.) den Unterschied zwischen dem jusjurandum in jure als Feststellungsmittel und dem jusjurandum in judicio als Beweismittel sowie das Vorkommen des ersteren als voluntarium und necessarium, endlich die Umgestaltung des Beweiseides in judicio zum Schiedseide im justinianischen Prozesse in eminenter Weise dargethan; er hat dadurch nicht nur dem römischen Civilprozesse ein neues Licht aufgesteckt, sondern auch für die Zukunft einen nicht mißzuverstehenden prozeßpolitischen Wink gegeben, der bei einem Ausbaue der Civilprozeßordnung gewiß mehr Berücksichtigung verdient, als die stets wiederkehrende Anforderung der Beseitigung des Eides zu Gunsten der Zeugenvernehmung in eigener Sache.

Die RCPO. erwähnt den vertragsmäßigen Eid, das jusjurandum voluntarium der Römer, welches, wie Demelius dargethan, seine Stelle keineswegs vor dem Prozesse, sondern im Verfahren, in jure, hatte, nirgends; sie läßt es aber den Parteien offen, die Streitsache zu vergleichen und selbstredend die Bedingungen des Vergleiches festzustellen, somit auch das Ergebnis desselben von der Ablegung oder Nichtablegung eines Eides durch die eine oder andere Prozeßpartei abhängig zu machen. Man kann daher sagen, daß die RCPO. den vertragsmäßigen Eid nur als verglichenen kennt, daß er nur in Verbindung mit einem Vergleiche über die Streitsache als eine in diesem gestellte Bedingung vorkommt. Ein solcher Vergleich ist aber, da er sich auf die Streitsache bezieht, nur den materiellen Anspruch feststellt, ein materielles Rechtsgeschäft, welches im Prozesse vorkommt und als notwendige prozessuale Rechtsfolge die Beendigung des Prozesses hat; die Vereinbarung über den Eid bildet dann einen Teil dieses materiellen Rechtsgeschäftes, sie ist kein prozessualisches Rechtsgeschäft, bleibt daher hier außer Betracht[11]).

---

[11]) Das Nähere hierüber im Abschnitte vom Verzichte, wo das Wesen des Prozeßvergleiches klar zu stellen versucht wird.

Eine denegatio actionis wegen abgelegten Eides, eine exceptio jurisjurandi, eine actio ex jurejnrando kennt die RCPO. nicht; dafür wird der abgeschlossene Vergleich, je nachdem der verglichene Eid abgelegt oder nicht abgelegt wird, bezüglich der im Vergleiche festgestellten Eidesfolgen exekutionsfähig, während der römische Prozeß eine Exekution ohne Urteil — also bloß auf den abgelegten Eid hin — nicht kannte.

Völlig abwegig wäre es in Anbetracht der Bestimmungen der §§ 415 und 426 anzunehmen, daß die RCPO. außer dem verglichenen Eide noch einen vertragsmäßigen, der also seinen Platz im Prozesse und nicht in dem denselben, wenn auch unmittelbar, so doch nicht als prozessualisches Rechtsgeschäft beendigenden Vergleiche hat, kenne. Außer dem vergleichenden Eide kennt die RCPO. nur den auf einseitigen prozessualischen Rechtsgeschäften — der Zuschiebung oder Zurückschiebung des Eides — beruhenden Thatsachenfeststellungseid; § 415 erwähnt nur einen Fall der ausnahmsweisen Zulässigkeit des einseitigen oder vielmehr der einseitigen Eidesgeschäfte — der Zuschiebung und Zurückschiebung — und § 426/1 nur eine ausnahmsweise zulässige Richterhandlung dem Eidesgeschäfte gegenüber.

Der prozessualische Erfolg, welcher durch das Eidesgeschäft absichtsgemäß bewirkt werden soll — die Thatsachenfeststellung — beruht, wenn das Eidesgeschäft überhaupt zulässig ist, wenn dessen Voraussetzungen gegeben sind, in allen Fällen auf dem Willen Einer Prozeßpartei; aber die gesetzlichen Voraussetzungen für die Zulässigkeit können infolge eines zu dem einseitigen Eidesgeschäfte hinzutretenden zweiseitigen prozessualischen Rechtsgeschäftes — Einigung der Parteien über den zu leistenden Eid — oder auch infolge des Nichterhebens von „Einwendungen" gegen die Zulässigkeit (das Nähere weiter unten) einerseits gemindert werden und dem Gerichte soll es andererseits gestattet sein, die Form des Beweis(?)beschlusses behufs Anordnung der Eidesablegung dann zu wählen, wenn eine Einigung der Parteien erfolgt ist.

Dem Eidesgeschäfte, wie es die RCPO. kennt, liegt der Gedanke zu Grunde, daß der Partei, welche einen Thatumstand nicht beweisen kann, die Möglichkeit eingeräumt werden soll, die Feststellung desselben, eventuell auch nur die Entkräftung der Bestreitung desselben durch ein prozessualisches Rechtsgeschäft zu bewirken. Beweismittel können ja, wie die Erfahrung reichlich darthut, fehlen oder voraussichtlich unzuverlässig sein, und der Gegner desjenigen, den die Beweislast trifft, dürfte sich nur zu leicht versucht fühlen, diesen Beweismangel, der ihm leicht bekannt sein kann, wider besseres Wissen und Gewissen auszunützen, indem er mala fide die voraussichtlich beweislos bleibende Thatsache widerspricht. Wer aber sein Bestreitungsrecht in solcher Weise mißbraucht, soll es sich gefallen lassen müssen, daß er durch eine von dem Beweisbelasteten abgegebene Willenserklärung genötigt wird, seinen Widerspruch mit seinem Gewissen zu vertreten, dadurch, daß er das Negativum beschwört, darzuthun, daß er bona fide die Thatsache bestritten habe; thut er dies, so soll das Negativum jener Thatsache, auf deren Feststellung das Eidesgeschäft abzielt, als formell festgestellt dem Urteile zu Grunde gelegt werden müssen.

Hierin wird von mancher Seite eine arge Bedrückung des Delaten gefunden; doch nicht mit vollem Rechte. Abgesehen davon, daß in dem Eidschwur ein Akt der Gottesverehrung liegen soll, liegt darin gewiß eine Rechtsausübung und zwar die Ausübung eines neuen Rechtes; zudem kann der Delat ein die Nötigung zur Eidesablegung paralysierendes Rechtsgeschäft, das der Zurückschiebung, vornehmen. Lügenhafter Behauptung gegenüber wird man sich nicht bedenken zu schwören. Will jemand überhaupt nicht schwören, so muß er es sich gefallen lassen, daß die Prozeßordnung auf diese Laune keine Rücksicht nimmt; es gibt ja auch Leute, die nicht klagen wollen; solche müssen es geduldig hinnehmen, daß ihnen ihr Recht nicht wird.

Der Beweisbelastete, dem Beweise für sein gutes Recht fehlen, soll also befugt sein, auf das Eidesgeschäft, welches auf formelle

Feststellung abzielt, zu rekurrieren. Soll durch dieses Eidesgeschäft dem oben dargelegten Bedürfnisse Genüge geleistet werden, so darf die Entscheidung der Frage, ob es überhaupt zur formalen Feststellung kommen soll, nicht von dem Bestreitenden abhängig gemacht, sondern das Eidesgeschäft muß einseitig gestaltet werden. Diese Gestaltung ist dem mala fide Bestreitenden gegenüber notwendig, dem bona fide Bestreitenden, der ja seinen Widerspruch durch seinen Eid erhärten und damit für ihn günstige Feststellung bewirken kann, nicht unbillig.

Das einseitige prozessualische Rechtsgeschäft, welches die RCPO. beim Fehlen von Beweismitteln als zulässig erklärt, ist die Eideszuschiebung; es ist vollendet mit der Abgabe der Willenserklärung, durch welche der Eid dem Delaten zugeschoben wird; hierbei ist die Absicht des Erklärenden darauf gerichtet, daß es zur formalen Feststellung der Thatsache kommen solle, die Hoffnung darauf, daß die Feststellung in ihm günstigen Sinne erfolgen, der Delat nicht in der Lage sein werde, seine Bestreitung mit seinem Gewissen zu vertreten.

Die nächste Wirkung der Eideszuschiebung, welche ohne jede richterliche Vermittelung nur durch den Willen des Deferenten — die Zulässigkeit des Eidesgeschäftes, über welche das Gericht allerdings zu wachen hat, vorausgesetzt — eintritt, ist die, daß es zur Thatsachenfeststellung kommt, daß das Prozeßverhältnis durch Hinzutritt des Rechtes hierzu inhaltlich erweitert, also abgeändert wird; mit dem Rechte zur Thatsachenfeststellung entsteht für den Delaten ein neues, subjektives Prozeßrecht, nämlich das, durch seinen Eid das Negativum formell festzustellen; dieses Prozeßrecht muß wie jedes andere Prozeßrecht behufs Einwirkung auf die Prozeßgestaltung durch dasselbe vom Delaten ausgeübt werden und zwar durch Abgabe einer Willenserklärung dahin, daß er bereit sei, seinen Widerspruch eidlich zu erhärten — durch den Rechtsakt der Annahmeerklärung.

In dieser liegt keineswegs, wie ja auch behauptet wurde, eine Annahme einer Eidesofferte, eine Zustimmung zu einem dem Delaten vom Deferenten proponierten zweiseitigen Eidesgeschäfte, wonach dann das Eidesgeschäft durch Zuschiebung und Annahmeerklärung zustande kommen würde.

Der Wille des Deferenten genügt; er ist rechtsbestimmend für den des Delaten dadurch, daß die RCPO. das Eidesgeschäft — zunächst ist nur von dem der Eideszuschiebung die Rede — als einseitiges prozessualisches Rechtsgeschäft gestaltete; so, wie sie dasselbe gestaltete, konnte es ohne Härte gegen den Delaten geschehen, indem ja diesem durch die Zuschiebung ein neues Prozeßrecht erwächst und ihm überdies noch die Möglichkeit eröffnet wird, ein die Eideszuschiebung, insoweit in ihr eine Nötigung zum Eidschwur gelegen ist, paralysierendes Rechtsgeschäft — die Zurückschiebung des Eides — vorzunehmen. Diese Möglichkeit mußte dem Delaten zur Wahrung der Parteiengleichheit eröffnet, und es mußte deshalb auch das prozessualische Rechtsgeschäft der Zurückschiebung als ein einseitiges gestaltet werden[12]).

Eideszuschiebung und Zurückschiebung sind also zwei selbstständige, einseitige, prozessuale Rechtsgeschäfte.

Der Delat kann unter Verzicht auf sein Recht, den Eid anzunehmen (man braucht nicht einmal einen Verzicht im technischen

---

[12]) Wenn auch keine Anerkennung der Richtigkeit des Gesagten darin gefunden werden kann, daß Bülow F. (S. 37) dem Rechte, den Eid anzunehmen, die Befugnis, ihn zurückzuschieben, gegenüberstellt, zumal er sich an anderer Stelle (in D.) gegen das prozessualische Rechtsgeschäft überhaupt ausspricht, so darf daraus doch vielleicht geschlossen werden, daß er, ohne den hier behaupteten Unterschied zwischen den beiden zur Wahl des Delaten verstellten Prozeßhandlungen anzuerkennen, einen solchen doch herausgefühlt und ihn in obiger mit der hier vertretenen Auffassung übereinstimmenden Weise zum Ausdrucke gebracht hat.

Sinne als vorliegend anzuerkennen; das Recht, den Eid anzunehmen, wird auch durch Ausübung des dem Delaten zustehenden Wahlrechtes beendet) ein neues, einseitiges prozessualisches Rechtsgeschäft dadurch vornehmen, daß er eine rechtsgeschäftliche Willenserklärung — die Zurückschiebungserklärung des Eides — mit der Wirkung abgibt, daß nicht die Feststellung des Negativum durch seinen, sondern die der zu beweisenden Thatsache durch des Deferenten Eid erfolgen solle.

Auch des Delaten Wille ist für den Willen des Deferenten rechtsbestimmend[18]); der Delat kann seinerseits das einseitige Rechtsgeschäft des Deferenten resp. den prozessualen Erfolg desselben, insoweit er in der Feststellung des Negativum durch seinen Eid besteht, also nicht die beabsichtigte Wirkung, daß es überhaupt zur Thatsachenfeststellung zu kommen hat, durch ein einseitiges Rechtsgeschäft — die Zurückschiebung — seinerseits paralysieren; dieses ist vollendet ebenfalls mit der Abgabe der Zurückschiebungserklärung, d. h. mit der Willenserklärung, daß Deferent seinerseits die von ihm aufgestellte Behauptung durch sein Gewissen erhärten, durch Eid formell feststellen solle.

Der Delat kommt durch die Eideszuschiebung nur insofern in eine Zwangslage, als er vor die Wahl gestellt wird, ein ihm neu entstandenes subjektives Prozeßrecht auszuüben resp. zunächst die Annahmeerklärung abzugeben, oder ein neues, prozessuales, einseitiges Rechtsgeschäft, die Eideszurückschiebung, vorzunehmen.

Will er keines von beiden thun, muß er sich als das Mindeste gefallen lassen, daß seine Bestreitung ihren prozessualen Erfolg verliert. Beides kann er nur im Laufe der mündlichen Verhandlung; thut er keines von beiden, so wird er nach § 208 mit beiden nach seiner Auswahl vorzunehmenden Prozeßhandlungen, mit dem Rechtsakte der Annahmeerklärung und mit der Vornahme

[18]) Man denke an den Fall, daß das factum probandum in einer Wahrnehmung des Rechtsvorgängers oder Vertreters des Delaten besteht, welche sich auf eine eigene Handlung des Deferenten bezieht.

des prozessualischen Rechtsgeschäftes der Zurückschiebung, ausgeschlossen.

Er kann weder das Negativum durch seinen Eid feststellen, worauf es statt eines Beweises der zu beweisenden Thatsache eventuell ankommt, noch kann er Feststellung derselben durch Eid des Deferenten bewirken; wohl aber wird sein gegen dieselbe erhobener Widerspruch hinfällig, die Thatsache soll als unbestritten gelten; aber sie ist nicht formell festgestellt, sondern wird nur, nachdem die Bestreitung ihre Wirkung verloren, wie es im § 429/2 heißt, „als zugestanden angesehen", d. h. in gewissen Beziehungen so wie eine zugestandene Thatsache behandelt.

Die über die Eideszuschiebung zu erfolgende formelle Feststellung des Negativum hätte nur durch Ablegung des Eides seitens des Delaten oder, was mit derselben gleich wirkt, durch Eideserlaß oder dadurch erfolgen können, daß der Delat den von ihm angenommenen Eid zu leisten verweigert.

Die Nichtabgabe einer zulässigen Erklärung des Delaten, also der Annahme- oder Zurückschiebungserklärung, ist keine Eidesverweigerung, sie wird nur, wie die §§ 417 und 420 besagen, als eine solche angesehen — ebenso wie das Nichtbestreiten einer Thatsache als deren Zugeständnis angesehen wird — also nur in gewissen Beziehungen.

Die Eidesverweigerung bewirkt nach § 429/2, daß das Gegenteil der zu beschwörenden Thatsache als formell festgestellt gilt. Die Unterlassung eine Erklärung des Delaten auf den zugeschobenen Eid entbehrt aber dieser Wirkung, denn in der Berufungsinstanz kann nach § 493 die unterbliebene Eideserklärung ebenso nachgeholt werden, wie die Erklärung über Thatsachen; würde das Unterlassen der Erklärung in der ersten Instanz als Verweigerung des Eides wirken, so wäre nach §§ 429/2 und 495/2 auch für die zweite Instanz das Negativum der zu beschwörenden Thatsache unwiderruflich festgestellt.

Daß die RCPO. keine Erklärung seitens des Deferenten über die Annahme des ihm zurückgeschobenen Eides verlangt oder, wie es im § 421 heißt, daß der zurückgeschobene Eid auch ohne Erklärung über die Annahme „als von dem Beweisführer angenommen" gilt, daß also der Deferent wahllos der rechtsgeschäftlichen Willenserklärung des zurückschiebenden Delaten gegenübersteht, erklärt sich daraus, daß er es ja war, welcher durch Vornahme des ersten Eidesgeschäftes — der Eideszuschiebung — in Ermangelung eines Beweises die dem Gerichte nötige Urteilsgrundlage im Wege der formellen Feststellung zu beschaffen suchte, daß er zu diesem Ende die Abänderung des Prozeßverhältnisses im Wege des Eidesgeschäftes bewirkte, und es sich daher gefallen lassen muß, sich selbst gebunden und somit durch das einseitige Rechtsgeschäft der Eideszurückschiebung in die Zwangslage versetzt zu sehen, den zurückgeschobenen Eid abzuleisten oder die Bestreitung der festzustellenden Thatsache als berechtigt und wirksam gelten zu lassen. Er hat nicht wie der Delat der Eideszuschiebung gegenüber die Vornahme zweier Prozeßhandlungen zur Wahl verstellt, er hat nur eine Prozeßhandlung — die Ablegung des zurückgeschobenen Eides — offen; es war daher für die Weiterentwickelung des Prozesses nicht notwendig, die Abgabe einer Annahmeerklärung zu fordern, welche ohne jede prozessuale Rechtsfolge wäre, da es doch nicht auf deren Abgabe, sondern auf die faktische Ablegung des angenommenen Eides ankommen würde. Die Zurückschiebung des Eides kann schon nach dem Wortlaute des § 421 als kein zweiseitiges prozessuales Rechtsgeschäft aufgefaßt werden.

Nach dem bisher Gesagten zeigen sich die Eideszuschiebung und Zurückschiebung als zwei selbständige prozessuale Rechtsgeschäfte. Das Letztere allerdings kann nur dann vorkommen, wenn ihm das Erstere vorausgegangen; aber dem ungeachtet ist es ein selbständiges, es tritt nicht etwa in Ergänzung des Ersteren zu diesem hinzu. Beide Eidesgeschäfte vollziehen sich als einseitige prozessuale Rechtsgeschäfte durch Abgabe je einer Willenserklärung.

Was nun diese Willenserklärungen anlangt, so wurde bezüglich des Inhaltes derselben bereits im allgemeinen Teile gesagt, daß die RCPO. als absolut notwendigen Inhalt jeder rechtsgeschäftlichen Eideserklärung vorschreibt, daß eine Thatsache zur formalen Feststellung gebracht werden solle. Eine Willenserklärung, welche diesen Inhalt nicht hat, welche auf formale Feststellung eines Rechtes, eines Rechtsverhältnisses, eines Anspruches gerichtet ist, kann die beabsichtigte Wirkung nie haben, es kann sich durch sie kein Rechtsgeschäft vollziehen, weil es ihr eben an dem vom Gesetze vorgeschriebenen Inhalte fehlt. Dieser wird aber stets als absolut notwendig gefordert, es gibt keine dispositive Normierung des Inhaltes einer rechtsgeschäftlichen Willenserklärung.

An dem Erfordernisse, daß die rechtsgeschäftliche Willenserklärung, durch welche sich die Rechtsgeschäfte der Eideszuschiebung oder Zurückschiebung vollziehen, muß von dem Gerichte, wenn es sich um die Prüfung der Zulässigkeit der Eidesgeschäfte handelt, stets festgehalten werden. Die Prüfung der Eidesgeschäfte mit Bezug auf den Inhalt der Willenserklärungen erfolgt von Amts wegen, ebenso die (etwa nur in der Begründung des Endurteils hervortretende) Ungültigerklärung des beabsichtigten Eidesgeschäftes wegen Mangel des geforderten Inhaltes der Willenserklärung; dies besagt § 415 in fine.

Dasselbe gilt von der Form, in welcher die Willenserklärung abgegeben werden muß. Wenn das Eidesgeschäft ein zulässiges sein soll, muß die Abgabe der Willenserklärung mündlich vor Gericht — in der mündlichen Verhandlung — und in Gegenwart des Gegners erfolgen; letzteres gewiß schon deshalb, weil ja die Willenserklärung nicht an das Gericht, sondern an den Gegner gerichtet ist, daher diesem bekannt gegeben werden muß.

Damit, daß die rechtsgeschäftliche Willenserklärung in Bezug auf Inhalt und Form den Anforderungen des Gesetzes entspricht, ist aber die Zulässigkeit des intentionierten Rechtsgeschäftes noch nicht außer Frage gestellt. Diesbezüglich kommt es noch weiters auf das Vorhandensein der von dem Gesetze für die Zulässigkeit des Rechtsgeschäftes geforderten Voraussetzungen an; sie können absolute oder dispositive sein.

Die RCPO. schreibt für die Eidesgeschäfte einige Voraussetzungen absolut, andere nur dispositiv vor und zwar letzteres, wie bereits im allgemeinen Teile dargethan wurde, in der Weise, daß die dispositiven, wenn deren Mangel nicht geltend gemacht wird, auch als absolute dann gelten sollen, wenn das Gericht im konkreten Falle das Vorhandensein der Voraussetzung zur Wahrung des Interesses, welches der Staat daran hat, daß der Eid nicht mißbraucht werde, für notwendig erachtet. Nicht die RCPO. selbst erklärt einen Teil der für die Zulässigkeit der Eidesgeschäfte geforderten Voraussetzungen als absolute, sondern sie überläßt es dem Ermessen des Gerichtes im konkreten Falle, stets als dispositive geltende Voraussetzungen auch als absolute zu erklären.

Von der RCPO. selbst werden zwei Voraussetzungen für die Zulässigkeit der Eidesgeschäfte als absolute erklärt; dieselben sind in den §§ 411 und 412 zum Ausdrucke gebracht.

Absolut unzulässig sind vor allem die Eidesgeschäfte, durch welche Thatsachen festgestellt werden sollen, deren Gegenteil das Gericht für erwiesen erachtet.

Feststellung durch Eid soll aber nicht bloß dann unzulässig sein, wenn das Gericht von dem Gegenteile der festzustellenden Thatsache bereits überzeugt ist, sondern auch insolange als das Gericht Aussicht hat, sich von der Wahrheit oder Unwahrheit der Thatsache eine Überzeugung bilden zu können. Nur wo diese für das Gericht nicht zu erlangen ist, sollen die Parteien die Möglichkeit haben, das Prozeßverhältnis in der Weise abzuändern, daß sich das Gericht eine Thatsache durch Eid feststellen lassen und dieselbe seinem Urteile zu Grunde legen muß. Die Richtigkeit des Gesagten ergibt sich aus den Bestimmungen der §§ 418, 419 u. 437.

Während aber die Voraussetzung, daß das Gericht nicht bereits von dem Gegenteile der festzustellenden Thatsache überzeugt ist, von der RCPO. selbst als absolute erklärt wird, überläßt sie es dem Ermessen des Gerichtes, im speciellen Falle das Eidesgeschäft auch dann für unzulässig zu erklären, wenn es mit Schluß der Verhandlung von der Wahr- oder Unwahrheit der festzustellenden Thatsache nur einigermaßen überzeugt ist und durch Ablegung des von ihm einer Partei aufzuerlegenden Eides, der keineswegs über die festzustellende Thatsache oder deren Negation zu lauten hat, volle Überzeugung nach der einen oder anderen Richtung zu erlangen gewiß ist.

Ob dies in einem speciellen Falle zutrifft, konnte vom Gesetze im voraus nicht bestimmt werden; das Gesetz mußte es ebenso, wie es in den Fällen des § 415 dem richterlichen Ermessen überlassen wurde, dispositive Voraussetzungen der Zulässigkeit, deren Mangel nicht gerügt wurde, für absolute und somit das Eidesgeschäft beim Mangel derselben als ein unzulässiges zu erklären, in das Ermessen des Gerichtes stellen, die Unzulässigkeit des Eidgeschäftes dann auszusprechen, wenn das Resultat der bereits abgeschlossenen mündlichen Verhandlung das war, daß das Gericht zwar noch nicht zur vollen Überzeugung von der Wahrheit oder Unwahrheit einer Thatsache gelangen konnte, aber bestimmte Aussicht dafür vorhanden ist, daß durch ein noch offen stehendes Beweismittel — durch den richterlichen Eid, durch dessen Ablegung oder Nichtablegung — die volle Überzeugung herstellbar ist.

In einem solchen Falle wird das Gericht durch § 437 angewiesen, anstatt des Gesetzes im Sinne desselben die Unzulässigkeit des intentionierten Eidesgeschäftes auszusprechen und zwar dadurch, daß es statt auf den zu- oder zurückgeschobenen Eid auf den richterlichen Eid erkennt. Das Gericht „kann“ dies thun infolge der ihm von der Prozeßordnung dazu erteilten Ermächtigung; es muß dies thun, weil das Gesetz in einem solchen Falle die

Abänderung des Prozeßverhältnisses ausgeschlossen wissen wollte, weil es nur dann zur Thatsachenfeststellung im Wege des Eidesgeschäftes kommen darf, wenn die richterliche Überzeugung von der Wahrheit oder Unwahrheit einer Thatsache nicht hergestellt werden kann.

Nur über das unzulässige Eidesgeschäft hinüber kann das Gericht zum Beweismittel des richterlichen Eides greifen. Nur so erscheint die Anwendung der Bestimmung des § 437 einer vorliegenden Eideszu- oder Zurückschiebung gegenüber möglich, nicht aber, wenn man den zugeschobenen Eid als ein Beweismittel erklärt, und zwar als ein subsidiäres, dem auch der richterliche Eid vorangeht. Wie, müßte man mit Recht fragen, käme die RCPO., welche doch an der Verhandlungsmaxime festhält, dazu, das Gericht anzuweisen, statt auf das Beweismittel des zugeschobenen Eides zu erkennen, ein gar nicht angebotenes Beweismittel in den Prozeß einzuführen?

Mit der Bestimmung des § 437 ist ausgesprochen, daß die Abänderung des Prozeßverhältnisses durch das Eidesgeschäft nur dann zulässig sein soll, wenn, was auch im Civilprozesse angestrebt werden muß — die Herstellung materieller Wahrheit — oder doch die Herstellung der richterlichen Überzeugung von der Wahrheit einer Thatsache unerreichbar ist.

Mit diesem als absolute Voraussetzung für die Zulässigkeit des Eidesgeschäftes geltenden, obersten Grundsatze tritt scheinbar die Verhandlungsmaxime in Konflikt, indem das Gericht berechtigt, ja sogar verpflichtet ist, auf ein nicht angebotenes Beweismittel zu erkennen, wenn dadurch Herstellung der richterlichen Überzeugung von der Wahrheit einer Thatsache erreichbar erscheint. Dieser Konflikt ist jedoch nur ein scheinbarer; wäre er in der That vorhanden, so bliebe es unaufgeklärt, warum das Gericht nicht auch berechtigt sein sollte, auf andere Beweismittel abzugehen, die ihm als zur Bildung seiner Überzeugung tauglich aus der Verhandlung bekannt geworden sind, ohne daß mittels derselben von den Parteien Beweis angetreten wurde.

Wenn es auch im Prozesse keine Wahrheitspflicht im Sinne von Pflicht der Parteien zur Wahrheit gibt, so steht der Prozeß doch unter der Herrschaft der bona fides. Man soll seine Prozeßrechte nur nach Recht und Gewissen ausüben, man soll gegen sein Wissen und Gewissen weder Thatsachen behaupten noch bestreiten; hiervon ausgehend, darf das Gericht annehmen, daß sowohl Behauptung und Bestreitung durch das Gewissen vertreten werden könne, daß also jede Partei bereit sei, die Wahrheit ihrer Behauptung i. w. S. durch ihren Eid zu bekräftigen. Darnach erscheint in der Aufstellung jeder Behauptung zugleich die Abgabe der Erklärung gelegen, die Wahrheit oder Unwahrheit der in Frage stehenden Thatsache mit dem Gewissen zu vertreten. Jede Partei muß von vornherein darauf gefaßt sein, daß das Gericht, um sich seine Überzeugung vervollständigen zu können, verlangt, die Partei möge durch ihren Eid darthun, daß die Behauptung oder Bestreitung bona fide erfolgt sei.

Zu diesem Überzeugungsmittel soll aber das Gericht nur dann greifen dürfen, wenn es ohnedies bereits eine gewisse Überzeugung davon erlangt hat, daß die Behauptung oder Bestreitung bona fide erfolgte. Die Spitze des richterlichen Eides ist gegen die mala fides gerichtet; sie würde sich aber auch gegen die bona fides kehren, wenn einer Partei der Eid auferlegt würde, deren Behauptung dem Gerichte nicht wenigstens bis zu einem bestimmten Grade mit der Wahrheit übereinstimmend erscheint. Dagegen soll das Gericht nicht gezwungen sein, in solchem Falle zunächst zu anderen Überzeugungsmitteln zu greifen, auch wenn mit denselben Beweis angeboten wurde. Das Gericht kann von der Wahrheit des Behaupteten durch Eid des Behauptenden bessere Überzeugung erwarten, als durch Aussagen bedenklich erscheinender Zeugen.

Weil der richterliche Eid dem Gerichte zunächst die Überzeugung von der bona fides des Behauptenden i. w. S. verschaffen soll, kann der Eid sowohl dem Behauptenden i. e. S. als auch dem Bestreitenden auferlegt werden, ohne Unterschied, ob die eidlich zu erhärtende Behauptung oder Bestreitung sich auf Thatsachen bezieht, die in Handlungen des Juranten, seiner Rechtsvorgänger oder Vertreter bestehen, oder welche Gegenstand der Wahrnehmung dieser Personen gewesen sind. Bei Zeugen hat sich das Gericht um die ratio scientiae zu erkundigen, beim Abgehen auf den richterlichen Eid muß es sich über die ratio scientiae des Juranten bereits seine Ansicht gebildet haben. Wäre dies nicht der Fall, so würde das Gebrauchmachen von diesem Überzeugungsmittel ein Mißbrauch der Ermächtigung sein, welche die RCPO. dem Gerichte in § 437 erteilt hat.

Die Verhandlungsmaxime fordert nur, daß der richterliche Eid stets über im Prozesse ausdrücklich behauptete Thatsachen auferlegt werde, mögen diese nun das Beweisthema selbst bilden oder bloße Indicien für dasselbe sein.

Während bei dem zugeschobenen Eide, bei dem Eidesgeschäfte die Parteien es sind, welche nicht nur das Eidesthema, sondern auch die Person des Juranten in rechtsgeschäftlicher Weise bestimmen, ist denselben beim richterlichen Eide, welcher reines Beweismittel ist, jede Einflußnahme darauf vollständig entzogen.

Der richterliche Eid geht dem zugeschobenen vor; das heißt: das intentionierte Eidesgeschäft ist dann unzulässig, wenn sich das Gericht seine Überzeugung durch Abgehen auf den richterlichen Eid ergänzen kann, wenn es also an der absoluten Voraussetzung, daß Bildung der richterlichen Überzeugung ausgeschlossen ist, fehlt.

Daß die Zulässigkeit des Eidesgeschäftes von der absoluten Voraussetzung, welche in der Unmöglichkeit der Bildung der richterlichen Überzeugung von der Wahrheit der festzustellenden Thatsache besteht, abhängig ist, gelangt auch noch durch die Bestimmungen der §§ 418 und 419 zum Ausdrucke. Beweis geht der Feststellung in allen Fällen vor, auch wenn die Beweise nach Vornahme des Eidesgeschäftes, während des auf Grund desselben sich entwickelnden Verfahrens, nach Beendigung desselben, insoweit es sich aus Parteihandlungen zusammensetzt, angeboten werden. Die Beweisanbietung kann bis zum Schlusse der mündlichen Verhandlung, nach deren Wiedereröffnung und in der Berufungsverhandlung erfolgen. Geschieht dies und erwartet sich das Gericht von den Beweismitteln einen für die Bildung seiner Überzeugung günstigen Erfolg, so hat es, trotzdem das Eidesgeschäft bereits perfekt ist, auf die angebotenen Beweise, mögen sich dieselben auf die festzustellende Thatsache oder auf deren Widerspiel oder auch auf dieses oder jene indicierenden Thatsachen beziehen, abzugehen — das Berufungsgericht unter Aufhebung des bedingten erstrichterlichen Endurteiles.

Die RCPO. erklärt jede auch unbedingt erfolgende Eideszuschiebung für den Fall als eine bedingte, daß (andere) Beweismittel geltend gemacht werden. Nur, wenn diese erfolglos bleiben, soll der Eid als zugeschoben „gelten"; das heißt wohl mit anderen Worten, nur dann soll das Eidesgeschäft zulässig sein. Weil in dem Falle, als andere Beweismittel geltend gemacht werden, das Eidesgeschäft zwar perfekt, dessen Zulässigkeit aber noch in Schwebe ist, soll auch dessen beabsichtigte Wirkung, daß es zur Feststellung resp. zum Feststellungsverfahren kommen soll, noch gar nicht eintreten; der Delat soll noch gar nicht vor die Wahl gestellt werden, sich für die Ausübung seines Rechtes, den Eid anzunehmen, oder für die Vornahme des Rechtsgeschäftes der Zurückschiebung zu entscheiden; er kann sich während der ganzen Dauer des Schwebezustandes für das eine oder andere entscheiden, und er soll nicht, wenn er seine Erklärung über die Zuschiebung schon früher abgegeben hat, der Möglichkeit beraubt werden, noch immer eines oder das andere zu thun; Präklusion kann nicht eintreten, bis die mündliche Verhandlung geschlossen ist; der Delat soll erst nach dem Ergebnisse der Beweisführung, welches ja Zweifel, ob er das Negativum beschwören kann, zu beheben vermag, seine Eideserklärung abzugeben gehalten sein; ja die das Eidesgeschäft bewirkende Eideszuschiebung soll sogar nach Aufnahme oder sonstiger Erledigung der angebotenen (anderen) Beweismittel wiederholt werden müssen. Sie muß es aber nur dann werden, wenn der Delat nicht schon auf die erste Eideszuschiebung hin seine Erklärung abgegeben hat. Das Eidesgeschäft muß nicht, nachdem seine Zulässigkeit sich herausgestellt hat, wiederholt werden; es ist bereits in rechtswirksamer Weise vorgenommen.

Es ist lediglich Sache der Prozeßleitung, die Wiederholung der Eideszuschiebung zu bewirken, wenn die Präklusionswirkung eintreten soll, ebenso wie die Aufforderung des Delaten, sich über die Zuschiebung zu erklären. Die Vorschriften des § 419/1 in fine und des § 420 sind lediglich das Eidesverfahren betreffende Formvorschriften.

Für das Eidesgeschäft ist nur die Bestimmung maßgebend, welche dessen Zulässigkeit betrifft und besagt, daß im Hinblicke auf das Ergebnis eines augebotenen Beweises erst dann über die Zulässigkeit des Eidesgeschäftes befunden werden könne, wenn gewiß ist, daß die absolute Voraussetzung für die Zulässigkeit — die Unmöglichkeit der Bildung richterlicher Überzeugung von der Wahrheit der festzustellenden Thatsache — gegeben ist.

Die zweite absolute Voraussetzung für die Zulässigkeit der Eidesgeschäfte spricht § 412 aus. Diese Behauptung bedarf eingehender Rechtfertigung.

Es muß auffallen, daß die Bestimmung „eine nicht beweispflichtige Partei übernimmt durch Eideszuschiebung, (durch welche nach § 416 die Antretung des Beweises erfolgt) nicht die Beweispflicht", nicht bereits, wenn schon eine solche Bestimmung überhaupt ausdrücklich getroffen werden sollte, verallgemeinert an früherer, passender Stelle des Gesetzes gebracht wurde. Die RCPO., welche sich über die Beweispflicht überhaupt nicht ausspricht, hat es nicht für nötig erachtet, den selbstverständlichen Satz, daß mit der Beweisantretung nicht etwa eine Beweislast erst geschaffen werden könne, bezüglich aller Beweismittel resp. bezüglich aller Beweisantretungen auszusprechen. Was sollte sie nun veranlaßt haben, wenn nur dieser allgemein gültige und selbstverständliche Satz in seiner speciellen Anwendung auf den Schiedseid hätte zum Ausdrucke gelangen sollen, dies zu thun? und wie kommt dieser dann doch höchst überflüssige Satz mitten unter die wichtigen Bestimmungen über die Zulässigkeit des Eidesgeschäftes?

Wenn durch § 412 nur die Zweifel gelöst werden sollen, zu deren Lösung, wie uns die Motive versichern, die fragliche Bestimmung getroffen wurde, so wird man zugestehen müssen, daß eine andere Fassung des § 412 sich dazu entschieden besser geeignet hätte, und daß dessen Stellung im Gesetze noch immer rätselhaft erscheint. Gewiß ist es, daß die Willenserklärung, durch welche sich das Rechtsgeschäft der Eideszuschiebung vollziehen soll, von jeder Prozeßpartei abgegeben werden kann. Fraglich aber ist es, ob jede Prozeßpartei, also beide Parteien, diese Willenserklärung mit der Wirkung abgeben können, daß auch der beabsichtigte Erfolg eintritt, ob sie also ein Rechtsgeschäft ist.

Der beabsichtigte Erfolg der Eideszuschiebung ist der, daß es zur Abänderung des Prozeßverhältnisses dahin kommt, daß zu dem Inhalte desselben das Recht, eine Thatsache formell festzustellen, hinzutritt. Dieser Rechtserfolg kann doch nur einmal bewirkt werden; ist das Prozeßverhältnis in solcher Weise abgeändert, daß es zur Feststellung der bestrittenen Thatsache oder des Widerspieles derselben kommt, so kann diese Abänderung nicht nochmals bewirkt, und es kann unmöglich über jede dieser Willenserklärungen, welche auf jene Abänderung abzielen, das Eidesverfahren eingeleitet werden[14]).

Wäre dies der Fall, so könnte es zu ganz sonderbaren Resultaten kommen; es könnte ja auch einmal vorkommen, daß die über die behauptete Thatsache und über deren Widerspiel zugeschobenen Eide verweigert werden oder wenigstens als verweigert anzusehen sind, oder daß beide Eide erlassen werden; dann ist sowohl die behauptete Thatsache als auch ihr Widerspiel „voll bewiesen", obwohl Beweis des Gegenteiles ausgeschlossen ist. Sind beide

[14]) Wach V. (S. 167) behauptet geradezu, daß Probant und Probat den Eid vollwirksam zuschieben können und auch auf die seitens des Letzteren erfolgte Zuschiebung die Aufforderung des § 420 zu erlassen und mit voller Konsequenz durchzuführen ist.

Eidesgeschäfte zulässig, so kann der Richter nichts thun, um in solchen Fällen, wenn die Thatsache für die Entscheidung die ausschlaggebende ist, zu einer Entscheidung zu kommen.

Man darf nicht einwenden, es sei kaum anzunehmen, daß ein ähnlicher Fall vorkommt; es kann auch sein, daß unvernünftige Leute unvernünftig Prozeß führen; für solche Fälle muß das Gesetz so vernünftig abgefaßt sein, daß der Richter nicht als der unvernünftigste von allen dasteht. In einem solchen Falle könnte sich der Richter, wenn beide Eidesgeschäfte zulässig sind, nicht darauf berufen, daß jene Behauptung in Berücksichtigung der zu ihrer Feststellung erfolgten Eideszuschiebung als voll bewiesen gelten soll, welche von dem Beweispflichtigen aufgestellt wurde; es kommt ja nicht mehr auf das Erbringen des Beweises an; Behauptung uud Gegenbehauptung recte Bestreitung sind bereits voll bewiesen, richtiger formell festgestellt.

Zum Eidesgeschäft befugt kann nur der Beweispflichtige sein, dem Beweismittel mangeln. Diesem Mangel kann und soll durch Abänderung des Prozeßverhältnisses im Wege des Eidesgeschäftes abgeholfen werden. Es kann sein, daß die nicht beweispflichtige Partei das Widerspiel der behaupteten Thatsache beweisen will; dazu mag sie irgend welche Beweise anbieten, aber zur Abänderung des Prozeßverhältnisses, wenn ihr diese fehlen, kann sie nicht befugt sein; gewiß nicht dann, wenn das Prozeßverhältnis bereits in der Weise abgeändert ist, daß über die Eideszuschiebung des Beweispflichtigen die Feststellung zunächst des Widerspieles der behaupteten Thatsache eventuell dieser selbst erfolgen soll.

Aber auch dann nicht, wenn dies nicht der Fall ist. Hat der Beweispflichtige keine Beweise für seine Behauptung angeboten, dann bewirkt die Eideszuschiebung der nicht beweispflichtigen Partei kein zulässiges Rechtsgeschäft, weil es ja auf die Feststellung des Widerspieles gar nicht ankommt; ihre Bestreitung der Thatsache genügt dafür, daß sich das Gericht von deren Wahrheit überzeugen muß; gelangt dasselbe bloß aus dem Ergebnisse der

Verhandlung zur Überzeugung von der Wahrheit der bestrittenen Thatsache, so ist das Eidesgeschäft unzulässig, weil es an der allgemeinen Voraussetzung der Zulässigkeit fehlt; gelangt es zu dieser Überzeugung nicht, so bedarf es nicht erst der Feststellung des Widerspieles, die bloße Bestreitung ist wirksam; es kann daher nicht zur Abänderung des Prozeßverhältnisses behufs Schaffung des im konkreten Falle ganz überflüssigen Feststellungsrechtes kommen; Zweckloses darf im Prozesse nicht zugelassen werden. Hat aber der Beweispflichtige Beweise angeboten, so kommt es auf das Ergebnis der Beweisaufnahme an; nach diesem ist die Eideszuschiebung der nicht beweispflichtigen Partei entweder wieder unzulässig, wenn die richterliche Überzeugung hergestellt ist, oder im anderen Falle zwecklos und deshalb unzulässig.

§ 412 sagt also, daß eine Eidesschiebung nur dann eine zulässige Abänderung des Prozeßverhältnisses bewirke, wenn sie von Seite des Beweispflichtigen erfolgt, daß dagegen die Eideszuschiebung von Seite der nicht beweispflichtigen Partei kein das Prozeßverhältnis abänderndes Rechtsgeschäft sei, weil durch die Eideszuschiebung keine Beweispflicht geschaffen werde und nur der Beweispflichtige, dem Beweise mangeln, befugt sein soll, das Prozeßverhältnis dahin abzuändern, daß an Stelle des Beweisrechtes das Feststellungsrecht treten solle, immer vorausgesetzt, daß es einer Feststellung deshalb bedarf, weil das Gericht zur Überzeugung von der Wahrheit oder Unwahrheit der relevanten Thatsache oder ihres Widerspieles nicht gelangen kann. § 412 entscheidet nicht die Frage, welche der von beiden Parteien bezüglich derselben Thatsache (Thatsache und deren Widerspiel) erfolgten Eideszuschiebungen zu berücksichtigen sei, sondern er spricht aus, daß für die Zulässigkeit des Eidesgeschäftes der Eideszuschiebung zu den in den §§ 410 und 411 bereits genannten Voraussetzungen noch die weitere hinzutrete, daß demjenigen, der den Eid zuschiebt, die Beweislast obliege. Jede Eideszuschiebung ist also eine sub conditione juris, daß den Zuschiebenden die Beweislast treffe, abgegebene Willenserklärung, durch welche das Eidesgeschäft bewirkt wird, wenn diese eine absolute Voraussetzung für die Zulässigkeit des Eidesgeschäftes bildende Bedingung erfüllt ist. Darum kann sie auch erfolgen, wenn der Zuschiebende an der ihm obliegenden Beweislast zweifelt, ohne daß er das Eidesgeschäft ausdrücklich als ein bedingtes vollzieht.

Die Beweispflicht ist eine wirkliche conditio juris, denn es handelt sich darum, ob der Zuschiebende von dem Gerichte als der Beweispflichtige erkannt wird, nicht ob er es nach den gesetzlichen Bestimmungen ist; die Entscheidung des Gerichtes über die Beweispflicht ist aber im Momente der Eideszuschiebung eine künftige, ungewisse, darum ist jede Eideszuschiebung eine sub conditione juris abgegebene rechtsgeschäftliche Willenserklärung. Von der Entscheidung über diese Bedingung — über die Voraussetzung — hängt die Zulässigkeit des Rechtsgeschäftes der Eideszuschiebung ab.

Ist sie erfüllt, ist die Voraussetzung gegeben, dann tritt der Erfolg des Eidesgeschäftes ein; es kommt zur Thatsachenfeststellung, zunächst zum Eidesverfahren nach den Bestimmungen des Gesetzes; ist sie nicht erfüllt, nicht gegeben, so ist sowohl die Eideszuschiebung unzulässig, als auch das sich an diese schließende Eidesverfahren ungültig; etwaige Ergebnisse desselben existieren rechtlich gar nicht, denn sie sind ja das Resultat eines unzulässigen Rechtsgeschäftes und eines ungültigen Verfahrens.

Geprüft wird die Zulässigkeit des Eides mit Rücksicht auf die Voraussetzung, daß der Deferent beweispflichtig ist, erst dann, wenn das Gericht sich über das Ergebnis des Eidesverfahrens auszusprechen hat. Diese Prüfung erfolgt von Amts wegen, denn die Voraussetzung ist eine absolute. Ausnahmsweise muß aber diese Prüfung schon in einem früheren Momente erfolgen und zwar nur in dem Falle, als ein Eid über das Widerspiel einer Thatsache zugeschoben wird, bezüglich welcher bereits eine Eideszuschiebung vorliegt. Zwei Eidesgeschäfte bezüglich derselben Thatsache können nicht neben einander zu Recht bestehen, es kann über sie nicht zu einem doppelten Eidesverfahren kommen, wenn nicht Ergebnisse zu Tage treten sollen, deren Hintanhaltung die Prozeßleitungspflicht des Gerichtes fordert. Für das Resultat jener Prüfung kann nicht allein entscheidend sein die darin bestehende Voraussetzung der Zulässigkeit des Eidesgeschäftes, daß sich der Richter Überzeugung von der Wahrheit nicht verschaffen könne, weil diese Voraussetzung für beide Eidesgeschäfte stets gleichmäßig gegeben ist oder fehlt; bestimmend kann die im § 410 bezüglich der Qualifikation der festzustellenden Thatsache ausgesprochene Voraussetzung sein; aber sie muß es nicht sein, denn die Thatsache kann zugleich in Handlungen des einen Delaten, seiner Rechtsvorgänger oder Vertreter bestehen, und Gegenstand der Wahrnehmung des anderen Delaten, seiner Rechtsvorgänger oder Vertreter gewesen sein, so daß dann beide Eideszuschiebungen gleichmäßig zulässig wären.

Entscheidend in allen Fällen kann nur sein die Voraussetzung der Zulässigkeit, welche § 412 ausspricht; jene Eideszuschiebung ist zulässig, die von dem Beweispflichtigen ausgeht. Hat dieser den Eid zuerst zugeschoben, so muß die Unzulässigkeit der neuen, von dem Gegner erfolgenden Zuschiebung ausgesprochen und dadurch die Einleitung des Eidesverfahrens von vornherein abgeschnitten werden. Hat die nicht beweispflichtige Partei dem Gegner früher den Eid zugeschoben und es wird ihr später selbst der Eid vom Beweispflichtigen zugeschoben, so muß die Unzulässigkeit ihrer früheren Zuschiebung und die Ungültigkeit des früheren Eidesverfahrens ausgesprochen werden, bevor das neue beginnen darf, denn der nicht beweispflichtige Deferent ist ja durch seine Eideszuschiebung, wie § 412 ausdrücklich hervorhebt, nicht beweispflichtig geworden.

Anläßlich der zuerst erfolgenden Eideszuschiebung kann sich das Gericht ganz passiv verhalten, es braucht nicht zu untersuchen, ob sie von Seite des Beweispflichtigen erfolgte; über dieselbe kann es zum Eidesverfahren ohne diesbezüglicher Prüfung kommen. Erfolgt aber eine koincidierende Eideszuschiebung auch von der zweiten Seite, so muß das Gericht sofort die Beweispflicht der beiden Parteien prüfen, um sich über die Zulässigkeit der beiden intentionierten Eidesgeschäfte aussprechen zu können; es muß sofort mit seinem Ausspruche, diese oder jene Eideszuschiebung sei unzulässig, hervortreten, um das unzulässige Verfahren über das unzulässige Eidesgeschäft abzuschneiden, eventuell dasselbe samt etwaigen Ergebnissen als ungültiges zu beseitigen.

§ 412 soll nach den Motiven nur die Frage entscheiden, welche der beiden Eideszuschiebungen zu berücksichtigten ist; er sagt aber viel mehr, er sagt: das Eidesgeschäft ist nur zulässig, wenn es vom Beweispflichtigen ausgeht; anders ausgedrückt: das Prozeßverhältnis kann nur durch ein vom Beweispflichtigen ausgehendes Eidesgeschäft abgeändert werden, denn es ist eine absolute Voraussetzung des Eidesgeschäftes der Eideszuschiebung, daß der Deferent beweispflichtig ist.

Nicht derjenige, welcher den Eid zuerst zuschiebt, ändert das Prozeßverhältnis ab, sondern derjenige, welcher die Abänderungsbefugnis hat, weil er der Beweispflichtige ist. § 412 sagt nicht etwas Selbstverständliches — daß durch Eideszuschiebung eine Beweispflicht nicht erst geschaffen werden könne — er sagt, daß nur die Eideszuschiebung des Beweispflichtigen rechtswirksam sei. Er enthält eine die Zulässigkeit des Eidesgeschäftes bedingende Voraussetzung des prozessualischen Rechtsgeschäftes der Eideszuschiebung; daher steht er im Gesetze an jener Stelle, wohin er gehört.

Fehlt es an einer der beiden (in §§ 411 u. 412) genannten absoluten Voraussetzungen für die Zulässigkeit des Eidesgeschäftes, so entbehrt die abgegebene Willenserklärung, wenn sie auch in Bezug auf Inhalt und Form den Anforderungen des Gesetzes entspricht der rechtlichen Wirkung, sie ist kein Rechtsgeschäft; durch eine solche Erklärung wird das Prozeßverhältnis nicht abgeändert, es kann gar nicht zur Feststellung, zum Feststellungsverfahren kommen; alle in diesem etwa vorgenommenen Prozeßhandlungen haben keinen prozessualischen Erfolg; sie können auch nicht versäumt werden, Eintritt einer Präklusionswirkung ist ausgeschlossen.

Außer den absoluten Voraussetzungen für die Zulässigkeit der Eidesgeschäfte hat die RCPO. auch noch andere Voraussetzungen und zwar in erster Linie als dispositive vorgeschrieben; für beide Eidesgeschäfte die in den §§ 410 (§ 413/1) und 414 genannten, für die Zurückschiebung noch die in § 413/2 genannte.

Fehlt es an einer solchen dispositiven Voraussetzung, so kann der Gegner desjenigen, der die Zu- oder Zurückschiebungserklärung abgegeben, den Mangel derselben geltend machen — Einwendungen vorbringen (§ 417/1) — und dadurch Ausspruch des Gerichtes — wenn auch nur einen indirekten — über die Unzulässigkeit des Eidesgeschäftes bewirken. Thut er dies nicht, erhebt er keine Einwendungen, so kommt deshalb allein das von vornherein für den Fall, daß die Voraussetzungen gegeben sind, als einseitiges gestaltete Eidesgeschäft doch nicht als ungleich zweiseitiges zustande. Es kommt auch in dem Falle, daß er sich mit der Abänderung des Prozeßverhältnisses einverstanden erklären sollte — „wenn die Parteien in betreff des zu leistenden Eides einig sind" (§ 415) — nicht ohne weiteres als gleichmäßig zweiseitiges, auf Willensüberstimmung beruhendes Rechtsgeschäft zustande.

Die RCPO. hat zwar in erster Linie die in Rede stehenden Voraussetzungen nur als dispositive, wegen des Parteiinteresses notwendige, normiert; aber auch das staatliche Interesse soll durch diese Voraussetzungen dann geschützt werden, wenn im konkreten Falle das Gegebensein der Voraussetzungen im öffentlichen Interesse erforderlich erscheint, obschon die Partei ihr Interesse ohne dasselbe für gewahrt erachtet. Die RCPO. hat es (§ 415) dem Ermessen des Gerichtes überlassen, die in den §§ 410, 413 und 414 genannten Voraussetzungen, wenn deren Mangel von den Parteien nicht gerügt wird („wenn sie über den Eid einig sind") als absolute zu erklären.

Entscheidet sich das Gericht dafür, daß die fehlende dispositive Voraussetzung im konkreten Falle nicht zugleich als absolute zu gelten habe, so kommt das Eidesgeschäft, je nachdem der Gegner nur keine Einwendungen erhoben oder sich mit dem Eide trotz des Mangels der Voraussetzung einverstanden erklärte, als ungleich oder gleichmäßig zweiseitiges zustande.

Entscheidet sich aber das Gericht dafür, daß die dispositive Voraussetzung zugleich auch als absolute zu gelten habe, so kann das Eidesgeschäft wegen des Mangels einer absoluten Voraussetzung überhaupt nicht zustande kommen [15]).

Indem es die RCPO. dem Ermessen des Gerichtes im einzelnen Falle überließ, eine mangelnde dispositive Voraussetzung als absolute und damit das intentionierte Eidesgeschäft als unzulässiges zu erklären, hat sie es dem Gerichte nur überlassen, in ihrem Sinne zu handeln, um das Interesse des Staates zu wahren. Findet das Gericht das Staatsinteresse ohnedies gewahrt und erklärt es deshalb die Voraussetzung nicht als absolute, so kommt das Eidesgeschäft als zweiseitiges zustande. In einem solchen Falle kann aber nicht etwa von einer rechtsgeschäftlichen Mitwirkung des Gerichtes zum Zustandekommen des Eidesgeschäftes gesprochen und dieses als dreiseitiges erklärt werden.

Das Gesetz konnte selbst den Ausspruch darüber, ob die Voraussetzung auch als absolute gelten solle, nicht thun, weil es nicht auf den speciellen Fall zugeschnitten werden konnte. Darum heißt es in § 415, das Gericht „kann anordnen"; aber es muß einen Ausspruch thun, da es das Gesetz dem Gerichte überlassen hat, statt seiner diesen Ausspruch zu thun.

Die in Frage stehende Richterhandlung ist daher eine pflichtmäßige, gewiß also keine rechtsgeschäftliche; es kann davon keine Sprache sein, daß das in den Fällen des § 415 zustande kommende Eidesgeschäft sich durch Mitwirkung des Gerichtes vollzieht und deshalb zum dreiseitigen wird.

---

[15]) Die Eidesgeschäfte — Zuschiebung oder Zurückschiebung — sind in § 415 getrennt genannt; für beide ist dieselbe gesetzliche Norm wohl unter einem, aber für jedes derselben besonders ausgesprochen; darnach kann das Eidesgeschäft nicht etwa als ein aus den beiden Willenserklärungen, durch welche sich die beiden Eidesgeschäfte vollziehen, bestehendes aufgefaßt werden.

Das Gericht wirkt zum Zustandekommen des Eidesgeschäftes in diesem Falle ebensowenig mit, als in einem anderen; sonst entscheidet es nur über die Zulässigkeit, in diesem Falle thut es noch statt des Gesetzes den Ausspruch darüber, ob eine Voraussetzung, von deren Gegebensein die Zulässigkeit abhängt, als absolute zu gelten habe[16]).

Daran wird dadurch nichts geändert, daß nach dem Wortlaute des Gesetzes das Gericht im Falle des § 415 nicht immer auf den Eid abgehen muß. Es kann nur dann nicht abgehen, wenn das Eidesgeschäft ein unzulässiges ist; die Prüfung des Vorhandenseins der absoluten Voraussetzungen, welche das Gesetz für die Zulässigkeit des Eidesgeschäftes aufgestellt hat, ist Offizialpflicht des Gerichtes; im Falle des § 415 muß der Erfüllung dieser Offizialpflicht noch eine Richterhandlung vorausgehen; das Gericht muß sich zunächst darüber klar werden, ob nach der Intention des Gesetzes eine bestimmte Voraussetzung im konkreten Falle als absolute gelten solle.

Ist es sich darüber klar geworden, daß dies nicht der Fall sei, dann ist das Eidesgeschäft wegen deren Mangel kein unzulässiges; das Gericht muß dann auf den Eid abgehen — vorausgesetzt, daß auch alle anderen Erfordernisse für die Zulässigkeit des Eidesgeschäftes gegeben sind.

Entspricht die Willenserklärung — Eideszuschiebungs- oder Zurückschiebungserklärung — in Bezug auf Inhalt und Form den gesetzlichen Anforderungen, sind auch die Voraussetzungen, insoweit

[16]) Das Eigenartige der Fälle des § 415 besteht nur darin, daß mit der Abgabe der das prozessualische Rechtsgeschäft herstellenden Parteiwillenserklärung resp. -erklärungen noch nicht bestimmt ist, ob ein (zulässiges) Rechtsgeschäft vorliegt, weil es ja von dem Ermessen des Gerichtes abhängt, eine fehlende dispositive Voraussetzung, deren Mangel nach dem Parteiwillen nicht wirken soll, als absolute zu erklären, womit unter einem über die Zulässigkeit auf Grund des auf richterlichem Ermessen beruhenden Ausspruches entschieden wird.

sie absolute sind, gegeben oder ist deren Mangel, insoweit sie dispositive sind, nicht geltend gemacht worden und hat das Gericht dieselben auch nicht als absolute erklärt, so tritt die beabsichtigte Wirkung der Abänderung des Prozeßverhältnisses in dem Sinne, daß es zur Thatsachenfeststellung, zum Feststellungsverfahren kommt, ein und zwar unmittelbar durch den erklärten Parteiwillen, ohne daß es einer Vermittelung des Eintrittes des prozessualischen Erfolges durch eine Richterhandlung bedarf.

Das Gericht wirkt nie zum Zustandekommen des Eidesgeschäftes mit; es kommt nur in die Lage, sich über dessen Zulässigkeit auszusprechen. Bejaht es dieselbe, so beläßt es das Gericht bei der bereits durch das perfekte Eidesgeschäft eingetretenen Wirkung; verneint es dieselbe, so ist eben kein Rechtsgeschäft zustande gekommen, die abgegebene Willenserklärung hat dann überhaupt keine rechtliche Wirkung.

Zweifel, daß dies so ist, daß die Wirkung des Eidesgeschäftes niemals eine durch das Gericht vermittelte, sondern eine direkt eingetretene ist, könnte die Bestimmung des § 420 erregen. Man könnte sagen, daß, wenn, wie behauptet, die Wirkungen des Eidesgeschäftes direkt eintreten sollen, auch der zugeschobene Eid wegen unterbliebener Erklärung als verweigert angesehen werden müßte, ohne daß es dazu erst einer Aufforderung des Delaten seitens des Gerichtes sich zu erklären, bedarf.

Dagegen wäre in erster Linie zu bemerken, daß das Ansehen des Eides als verweigert keine Wirkung des Eidesgeschäftes, sondern eine Folge der eintretenden Präklusion ist, allerdings einer Präklusion, die nur in dem über das Eidesgeschäft sich entwickelnden Verfahren vorkommen kann.

Aber auf die Herbeiführung dieses Erfolges ist die rechtsgeschäftliche Absicht beim Eidesgeschäfte nicht gerichtet; sie tritt ein unabhängig von derselben durch die gesetzliche Gestaltung dieses Verfahrens; sie beruht auf der allgemeinen Bestimmung des § 208.

Zu dem kommt aber noch, daß die fragliche Richterhandlung

nur in einer an den Delaten gerichteten Aufforderung, sein Prozeßrecht auszuüben, besteht; sie ist lediglich eine prozeßleitende Richterhandlung, geradeso wie eine vom Gerichte an die Partei gestellte Frage; in einer solchen liegt aber keine Vermittelung eines prozessualen Erfolges. Der Richter, welcher fragt: wollen Sie den genannten Herrn etwa als Zeugen über das in Rede stehende Faktum führen? vermittelt nicht die hierauf erfolgte Beweisantretung. Noch weniger vermittelt die Aufforderung zur Erklärung über den zugeschobenen Eid den Eintritt der mit der Nichtabgabe derselben verbundenen Rechtsfolge.

Sollte durch die Aufforderung ein prozessualer Erfolg vermittelt werden, so müßte sie durch eine Erklärung des eigenen, wenn auch mit den Bestimmungen des objektiven Prozeßrechtes im Einklange stehenden, richterlichen Willens sein; sie müßte wie jede Willenserklärung auf einem Entschlusse beruhen; sie müßte eben eine wirkliche Willenserklärung sein, bei welcher der Entschluß zur wirklichen Selbstbestimmung nicht fehlen kann.

Da es aber bei der Aufforderung des § 420 an diesem Entschlusse fehlt, so liegt gar keine (selbständige) Richterhandlung vor; durch eine solche Richterhandlung kann aber doch kein prozessualer Erfolg vermittelt werden.

Das Gericht macht den Delaten nur auf die vorliegende Eideszuschiebung und auf das ihm durch dieselbe neu entstandene Prozeßrecht aufmerksam.

Mit der Aufforderung thut das Gericht überhaupt gar keinen Ausspruch; es befolgt damit nur eine Formvorschrift, die im gemeinen Prozesse nicht existierte und nur notwendig erschien im mündlichen Verfahren wegen der Flüchtigkeit des gesprochenen Wortes.

Die Aufforderung geht nur vom Vorsitzenden aus; mit ihr ist darum auch noch gar nicht gesagt, daß die Zuschiebung ein zulässiges prozessualisches Rechtsgeschäft ist; sie ergeht ohne Prüfung desselben, diese erfolgt erst später und durch das Gericht, nicht durch den Vorsitzenden allein. Darum muß auch der Delat seine Erklärung abgeben, selbst wenn er Einwendungen gegen die Eideszuschiebung vorbringt (§ 417/1), also die Zulässigkeit des Eidesgeschäftes bestreitet.

Die Aufforderung des Gerichtes ist nur eine conditio sine qua non für den Eintritt der Präklusionsfolge; ob aber der Eid als verweigert anzusehen ist, hängt nur davon ab, ob die Eideszuschiebung zulässig war und die Erklärung auch auf die Aufforderung hin nicht abgegeben wurde.

Die Wirkung des Eidesgeschäftes, daß es zur formalen Feststellung einer Thatsache kommt, wird also direkt durch den erklärten Parteiwillen hergestellt, und zwar mit der Abgabe der rechtsgeschäftlichen Willenserklärung resp. mit der Abgabe der einen Willenserklärung und der Nichtabgabe der Protest-, eventuell der Abgabe der Zustimmungserklärung, wenn das Eidesgeschäft als ungleich oder gleichmäßig zweiseitiges zustande kommt.

Jene Wirkung tritt auch für das Gericht mit der Perfektion des Eidesgeschäftes bereits ein; das Gericht wird nicht erst durch das Abgehen auf den Eid oder durch die Eidesablegung gebunden, denn die Abänderung des Prozeßverhältnisses erfolgt ja auch für das in demselben stehende Gericht mit der Perfektion des Rechtsgeschäftes, dessen Zulässigkeit, die allerdings erst in einem späteren Momente geprüft wird, vorausgesetzt[17]).

Hier ist daran zu erinnern, daß nur durch die Eideszuschiebung das Prozeßverhältnis abgeändert wird, daß aber durch die Zurückschiebung nicht eine neuerliche Abänderung des Prozeßverhältnisses erfolgt, sondern daß dieselbe nur ein die Eideszuschiebung insofern paralysierendes Rechtsgeschäft ist, als es wohl bei der Wirkung, daß es zur Thatsachenfeststellung kommt, verbleibt,

[17]) Ob der zugeschobene oder der schon zurückgeschobene Eid zulässig ist, kann natürlich erst mit Schluß der Verhandlung bestimmt werden, denn bis dahin kann sich das Fehlen der absoluten Voraussetzung der Zulässigkeit dadurch ergeben, daß das Gericht eigene Überzeugung von der festzustellenden Thatsache aus dem Ergebnisse der Verhandlung oder aus einer etwaigen Beweisaufnahme gewinnt.

aber der nächste Erfolg der Zuschiebung, daß es zur Feststellung des Negativum durch den Eid des Delaten kommt, dahin abgeändert wird, daß Deferent die behauptete Thatsache zu beschwören hat.

Jedes dieser beiden ganz selbständigen Eidesgeschäfte wird mit der Abgabe der betreffenden Willenserklärung (resp. -erklärungen, im Falle es als zweiseitiges zustande kommt,) perfekt; sie befinden sich aber von vornherein stets in einem Schwebezustande, der so lange dauert, bis ein Ausspruch des Gerichtes über deren Zulässigkeit erfolgt ist.

Für das Eidesgeschäft der Zurückschiebung ist noch zu bemerken, daß dasselbe nur dann als ein rechtsbeständiges zustande kommen kann, wenn das Eidesgeschäft der Zuschiebung ein zulässiges ist.

Fehlte es beispielsweise für diese an der dispositiven Voraussetzung des § 410 und schiebt der Delat unter Geltendmachung des Mangels der Voraussetzung zurück, so ist das Eidesgeschäft der Zurückschiebung nur unter der Bedingung zustande gekommen, daß das der Zuschiebung ein zulässiges war. Ergibt sich aus der Prüfung desselben das Gegenteil, so fällt damit das Rechtsgeschäft der Zurückschiebung.

Die Prüfung der Zulässigkeit der Eidesgeschäfte findet regelmäßig erst nach Schluß der mündlichen Verhandlung anläßlich der Urteilsfindung statt und zwar von Amts wegen, ohne daß es eines Antrages bedürfte; die Partei hat gar nicht das Recht, einen solchen Antrag, mit dem sie etwa Prüfung der Voraussetzungen der Eidesgeschäfte und Ausspruch über deren Zulässigkeit verlangen würde, zu stellen; ein solcher Antrag müßte darauf verwiesen werden, daß das Gericht dies von Amts wegen thun werde, wenn es an der Zeit ist, sich mit den Eidesgeschäften, mit dem Ergebnisse des inzwischen verlaufenen Eidesverfahrens zu befassen, und daß der Ausspruch entweder in dem Endurteile oder in dessen Begründung zu finden sein werde.

Nur ausnahmsweise erfolgt die Entscheidung über die Zulässigkeit des Eides durch eine besondere Richterhandlung, wenn in den Fällen des § 426 die Eidesleistung durch Beweisbeschluß angeordnet wird; aber diese Entscheidung ist für das Gericht nicht bindend; das derselben zu Grunde liegende Eidesgeschäft kann noch immer als unzulässiges erklärt werden, wenn die früher gegebene allgemeine Voraussetzung dadurch in Wegfall gekommen ist, daß sich für das Gericht nach Fassung des Beweisbeschlusses neue Überzeugungsgründe erschlossen haben.

Die durch die Eidesgeschäfte beabsichtigte Wirkung der Abänderung des Prozeßverhältnisses durch Hinzutritt des Rechtes zur Thatsachenfeststellung tritt nach dem Gesagten ein als rechtsgeschäftliche; sie beruht auf der Macht, welche das Gesetz dem Parteiwillen beigelegt hat.

Von dieser Wirkung ist zu unterscheiden der Erfolg, welcher dadurch entsteht, daß bestimmte Prozeßhandlungen in dem auf dem Eidesgeschäfte der Zuschiebung beruhenden Eidesverfahren vorgenommen oder nicht vorgenommen werden; dieser Erfolg kann eintreten, unabhängig von dem Parteiwillen, er beruht zwar auf einem Rechtsgeschäfte, ist aber nicht dessen Wirkung, sondern Wirkung der Ausübung eines Prozeßrechtes oder Präklusionswirkung.

Zunächst ist noch zu untersuchen die Bindung der Prozeßsubjekte durch die Eidesgeschäfte. Prozeßrechte können durch Verzicht beendigt werden (die hier nicht in Frage kommenden Ausnahmen werden im nächsten, von den das Prozeßverhältnis beendenden Rechtsgeschäften handelnden Abschnitte erörtert), also auch das Recht zur Thatsachenfeststellung.

Erklärt wird dieser Verzicht von Seite des Deferenten durch Widerruf der Zuschiebung; dadurch kommt die Zuschiebungshandlung insofern in Wegfall, als deren Wirkungen wieder aufgehoben werden; das Prozeßverhältnis ist nicht mehr abgeändert, das Recht zur Thatsachenfeststellung und damit auch das Eidesverfahren beendet.

Ausgesprochen hat die RCPO. allerdings die Widerruflichkeit der Zuschiebung nur für den Fall des § 432, in welchem die Eideszuschiebung sogar nach Eintritt der Rechtskraft des bedingten Endurteiles widerrufen werden kann. Die Widerruflichkeit aus § 423, welche Annahme und Zurückschiebung regelmäßig als unwiderruflich erklärt, deshalb zu erschließen, weil er über die Zuschiebung schweigt, also bezüglich ihrer Widerruflichkeit nichts aussagt, dürfte wohl unzulässig sein, um so mehr, als in den Entwürfen die Zulässigkeit des Widerrufes der Zuschiebung nur für den Fall ausgesprochen war, daß sich der Delat über diese noch nicht erklärt hat.

Dagegen gibt § 416 genügenden Aufschluß, welcher besagt, daß die Zuschiebungserklärung Beweisantretung sei, wonach von ihr wohl dasselbe gelten muß, was das Gesetz bezüglich der (anderen) Beweisantretungen normiert.

Beweisantretungen sind stets widerruflich; Nachweis darüber wird im nächsten Abschnitte erbracht werden, vorläufig kann die Hinweisung auf §§ 364, 367 und 401, welch' letzterer, wie dies gezeigt werden soll, einseitigen Verzicht trotz seines Wortlautes nicht für unzulässig erklärt, genügen.

Die Eideszuschiebung kann also, wie jede Beweisantretung, stets widerrufen werden, auch wenn der Delat seine Erklärung bereits abgegeben hat. In diesem Falle soll durch den Widerruf allerdings nicht nur ein fremdes Recht durch Verzicht beendet werden, sondern sogar ein bereits ausgeübtes, durch welches ein Anspruch entstanden ist. Und doch ist es ausnahmsweise so. Das Recht des Delaten, durch seinen Eid das Negativum festzustellen, ist ein bedingtes, besteht nur für den Fall, als es bei der Abänderung des Prozeßverhältnisses bleibt, als es zur Thatsachenfeststellung kommt; ebenso ist sein durch Annahmeerklärung entstandener Anspruch, vom Gerichte zum Eide zugelassen zu werden, ein bedingter. Kommt es aus irgend einem Grunde nicht zur Feststellung, so cessieren Recht und Anspruch; also auch dann, wenn der Deferent seine Zuschiebungserklärung widerrufen hat.

Damit wird dem Delaten kein Unrecht zugefügt, er wird nicht geschädigt; er hat nur dann ein Interesse, zunächst zum Eide zu kommen, wenn es bei der Feststellung bleibt. Er kann es sich gefallen lassen, daß ihm sein diesfälliges Recht erlischt, wenn der Deferent auf die Entkräftung der aufrecht bleibenden Bestreitung verzichtet, er muß es sich gefallen lassen, wenn das Gericht etwa dem Deferenten den richterlichen Eid auferlegt.

Anders steht es mit der Widerruflichkeit der Annahme- und Zurückschiebungserklärung.

Von einem Widerrufe derselben kann natürlich nur dann die Sprache sein, wenn es bei der Thatsachenfeststellung verbleibt; kommt es aus irgend einem Grunde nicht dazu, so bedarf es nicht erst eines Widerrufes derselben, sie werden von selbst hinfällig.

Nach § 419/2 wird das Wahlrecht des Delaten dadurch beendet, daß er eine oder die andere der ihm zur Wahl verstellten Erklärungen abgegeben hat; nur dann soll dies nicht der Fall sein, wenn nach Abgabe der Erklärung noch Beweise aufgenommen werden; durch eine solche Beweisaufnahme können Umstände zu Tage gefördert werden, welche Bedenken gegen den von ihm abzulegenden Eid hervorrufen oder beseitigen; dem soll billigerweise Rechnung getragen und dem Delaten die Möglichkeit eröffnet werden, den Prozeß nicht schon durch Nichtleistung des ihm nunmehr unablegbar gewordenen Eides zu verlieren, sondern es auf den Eid des Deferenten ankommen zu lassen oder diesen von dem ihm bereits zugefallenen Eide auszuschließen, indem er den ihm erst ermöglichten Eid selbst ablegen zu wollen erklärt.

Für einen solchen Fall gestattet das Gesetz sogar den Widerruf eines sonst unwiderruflichen Verzichtes. Durch Abgabe der Zurückschiebungserklärung erfolgt nicht nur die Vornahme eines neuen prozessualischen Rechtsgeschäftes, sondern es wird gleichzeitig auf das Recht zur Abgabe der Annahmeerklärung — diese ist eine Willenserklärung, die Eidesablegung dagegen eine Wissenserklärung — verzichtet. Dieses Recht soll nach § 419/2 trotz des Verzichtes auf dasselbe wieder aufleben, der Delat soll neuerdings vor die Wahl gestellt werden, es auszuüben, oder den Eid zurückzuschieben. Durch Widerruf der Zurückschiebungserklärung wird nicht nur deren Wirkung beseitigt, sondern es erfolgt durch ihn zugleich Widerruf des Verzichtes auf das Recht zur Abgabe der Annahmeerklärung in zulässiger Weise; das Gesetz mußte an dieser Stelle die allgemeine Gültigkeit des selbstverständlichen Satzes, daß ein Recht, welches zur Abgabe einer Willenserklärung durch Verzicht beendet ist, nicht durch dessen Widerruf in Wirksamkeit treten könne, durchbrechen, wenn durch den Widerruf der abgegebenen Zurückschiebungserklärung, d. i. durch Zurücknahme des einseitigen Rechtsgeschäftes der Zurückschiebung, dem Delaten gestattet werden soll, sein Wahlrecht nochmals auszuüben.

Während § 419/2 mit § 423 die Widerruflichkeit der Annahmeerklärung auf den Fall beschränkt, daß nach Abgabe derselben neue Beweise aufgenommen wurden, soll die Zurückschiebungserklärung auch im Falle des § 422 widerrufen werden können; über den Grund dieser ungleichen Behandlung der beiden dem Delaten möglichen Erklärungen ist wohl nichts zu bemerken.

Außer den beiden bis jetzt erörterten Eidesgeschäften — der Zuschiebung und der Zurückschiebung — tritt uns in § 429/1 noch ein drittes Eidesgeschäft: die Erlassung des Eides entgegen, welches im Anschlusse an das zunächst Folgende und zum Abschlusse desselben erörtert werden soll.

Durch die Zuschiebung des Eides erfolgt die beabsichtigte Abänderung des Prozeßverhältnisses in der Weise, daß es zur Thatsachenfeststellung behufs Entkräftung der Bestreitung kommen soll; daß es wirklich dazu kommt, ist damit nicht bewirkt; die Feststellung erfolgt erst durch Ablegung des Eides, zunächst des Eides des Delaten, eventuell des Deferenten; zur Ablegung welchen Eides es kommt, bestimmt der Wille des Delaten; nach dem Willen des Deferenten kann er schwören, nach seinem Willen soll dieser schwören; er kann dies bewirken durch Vornahme des Rechtsgeschäftes der Zurückschiebung. Will oder kann der Delat nicht schwören, so kann er es bewirken, daß nicht durch seinen, sondern des Gegners Eid die Feststellung bewirkt wird, und zwar in dem einen oder andern Sinne bewirkt werden muß.

Die RCPO. hat die Erreichung der beabsichtigten Wirkung des Eidesgeschäftes, daß es zur Feststellung kommen soll, dadurch gesichert, daß es das durch die Eideszuschiebung eingeleitete Eidesverfahren in einer seinem Zwecke — Entkräftung der Bestreitung — entsprechenden Weise geregelt hat. Zunächst ist es wohl dem Willen des Delaten anheimgegeben, sich entweder für die Ausübung seines Feststellungsrechtes oder dafür zu entscheiden, daß der Deferent in die Lage kommt, das ihm in zweiter Linie zustehende Feststellungsrecht auszuüben. Die Abgabe einer diesbezüglichen Willenserklärung muß, wenn sie den beabsichtigten Erfolg haben soll, zu einer Zeit abgegeben werden, wo sie ihn in dem geregelten Prozeßgange noch haben kann; damit die richtige Zeit zur Abgabe dieser für den Feststellungserfolg so wichtigen Erklärung nicht versäumt werde, muß der Delat von Amts wegen zur Abgabe derselben aufgefordert werden. Gibt er aber auch darauf keine Erklärung ab, so soll er mit Schluß der mündlichen Verhandlung, innerhalb welcher alle erstinstanzlichen Prozeßhandlungen vorgenommen werden müssen, sein Recht zur Abgabe der Erklärung verwirkt haben [18]). Er kann weder den Rechtsakt der Annahmeerklärung noch das Rechtsgeschäft der Zurückschiebung mehr vornehmen.

Diesen möglichen Fall mußte das Gesetz ins Auge fassen, und in konsequenter Weise verhindern, daß, nachdem zur Abänderung des Prozeßverhältnisses keine Mitwirkung des Delaten erfordert wird, vielmehr das Eidesgeschäft, damit es seinen Zweck auch gegen dessen Willen erreichen könne, als einseitiges gestaltet wurde, bloße Passivität des Delaten nicht genüge, die Erreichung des angestrebten Zweckes zu hintertreiben.

Zweck der Feststellung ist Entkräftung der Bestreitung;

[18]) § 420 redet nur davon, daß der Eid als „verweigert" anzusehen ist, wenn trotz Aufforderung keine Erklärung erfolgt, nicht etwa davon, daß die Erklärung dann schon verweigert ist, wenn sie der Aufforderung nicht unmittelbar nachfolgt; vergl. dazu § 493.

dieser Zweck soll dann erreicht sein, wenn der Delat sich passiv verhält, in welchem Falle er mit der Vornahme der ihm zur Wahl verstellten Prozeßhandlungen präkludiert wird.

§ 417/2 sagt zwar, daß in diesem Falle der „Eid" als verweigert anzusehen sei, dies ist aber, wie bereits dargethan wurde, ungenau; dem Zwecke des Eidesgeschäftes wird auch dadurch Genüge geleistet, daß in solchem Falle die Bestreitung der festzustellenden Thatsache ihren prozessualischen Erfolg verliert; dabei konnte es die RCPO. bewenden lassen, und dies ist auch geschehen; trotzdem, daß der „Eid" als verweigert anzusehen ist, gilt das Gegenteil der festzustellenden Thatsache nicht nach § 429/2 als festgestellt; die unterbliebene oder verweigerte „Erklärung" — so sagt § 493 — kann in der Berufungsinstanz und auch im Falle der Wiedereröffnung der erstrichterlichen Verhandlung in dieser nachgeholt werden; dagegen behält die „verweigerte Leistung des Eides", also die Verweigerung des „Eides", nicht der „Erklärung" über die Zuschiebung, ihre Wirksamkeit.

Von einer Verweigerung des Eides, oder, wie § 429/2 sagt, der Eidesleistung kann erst dann die Sprache sein, wenn es sich nicht mehr um die Abgabe der Erklärung des Delaten über die Eideszuschiebung, sondern bereits um die Ableistung des bereits durch das Gericht formulierten, durch bedingtes Endurteil oder durch Beweisbeschluß auferlegten Eides handelt; sie liegt erst dann vor, wenn der zur Eidesablegung bestimmte Termin damit endet, daß der Schwurpflichtige den fraglichen Eid nicht ablegt. Eine im Laufe der mündlichen Verhandlung abgegebene Erklärung, daß er den zu- oder zurückgeschobenen Eid nicht ablegen werde, wolle oder könne, ist nur dann von rechtlicher Wirkung, wenn sie vom Delaten abgegeben wird und als Zurückschiebungserklärung aufzufassen, danach zu behandeln ist; ist sie dies nicht, so könnte sie nur als ein Verzicht auf das Recht, den bereits zugefallenen Eid abzuschwören, aufgefaßt werden; ein solcher Verzicht ist aber, wie im nächsten Abschnitte dargethan wird, als Verzicht auf die Abgabe einer Wissenserklärung wirkungslos, er kann jederzeit widerrufen werden, richtiger es bedarf gar keines Widerrufes, sondern es kann, solange die Frist nicht um ist, jederzeit die Wissenserklärung abgegeben werden.

Von einer Verweigerung der Eidesleistung kann doch erst dann die Sprache sein, wenn der Zeitpunkt gekommen ist, an dem der Eid abzuleisten ist. Gewiß ist eine frühere Weigerung keine Verweigerung, keine solche im Rechtssinne, d. i. eine Weigerung, welche rechtliche Folgen nach sich zieht. Die Verweigerung des Eides, der Eidesleistung soll aber die rechtliche „Folge" haben, daß das Gegenteil der zu beschwörenden Thatsache als festgestellt gilt. Dies ist eine vom Gesetze ausgesprochene, die Erreichung der Feststellungsabsicht fördernde Bestimmung.

Eben wurde das in § 429/2 gebrauchte Worte „Folge" premiert, weil es ganz richtig ist, daß die Fürwahrannahme des Gegenteiles der zu beschwörenden Thatsache nur eine Folge der Eidesverweigerung ist, eine durch das Gesetz mit ihr verbundene, gewiß aber nicht von dem Handelnden — dem Eidesverweigerer — beabsichtigte Wirkung. Ebenso richtig spricht § 429/1 von der „Wirkung" der Erlassung des Eides, welche gleich sein soll der Wirkung der Leistung des Eides; diese Wirkung tritt ein als eine von dem Erlassenden beabsichtigte, sie tritt ein, weil das Gesetz es zuläßt, daß der Wille des Erlassenden diese Wirkung hervorbringe.

Die Erlassung des Eides ist demnach im Gegensatze zur Eidesverweigerung ein Rechtsgeschäft; sie ist das dritte Eidesgeschäft, dessen Besprechung noch erübrigte.

Die Erlassung des Eides ist diejenige Willenserklärung des Gegners des nach dem jeweiligen Stande des Eidesverfahrens Schwurpflichtigen, durch welche dasselbe für diesen günstige Feststellungsergebnis herbeigeführt werden soll, welches dieser durch Ableistung des Eides herbeizuführen vermag. Durch Erlassung des Eides soll also der beabsichtigte Feststellungserfolg unmittelbar eintreten; Erlaß ist demnach kein Verzicht; er ist kein Verzicht auf das Recht zur Thatsachenfeststellung, aber auch kein Verzicht auf die Erfüllung einer Pflicht.

Vor allem existiert keine Pflicht weder zur Thatsachenfeststellung überhaupt noch zur Eidesablegung behufs derselben. Die Abänderung des Prozeßverhältnisses durch das Eidesgeschäft besteht darin, daß beide Parteien das Recht zur Thatsachenfeststellung und zu diesem Ende das Recht zur Erhärtung ihrer Behauptung oder Bestreitung durch Eidesablegung erhalten. Wer schließlich berechtigt sein soll, den die Feststellung bewirkenden Eid abzulegen, wird durch das Ergebnis des Eidesverfahrens bestimmt; man nennt ihn den Schwurpflichtigen, aber verpflichtet ist er nicht, den Schwur zu leisten, er ist nur berechtigt, die Feststellung durch seinen Eid zu bewirken.

Man würde doch mit dem Begriffe des subjektiven Rechtes zu sehr in Kollision kommen, wollte man behaupten, daß dem Gegner des Schwurpflichtigen das Recht zustehe, von diesem zu verlangen, daß er den Eid ablege, damit jener den Prozeß verliere. Wie immer man den Begriff des subjektiven Rechtes fassen mag, dieses Recht wäre unter keine der bekannten Begriffsbestimmungen subsumierbar.

Man wende nicht ein, daß dies nur daher rühre, weil es sich um ein subjektives Prozeßrecht handelt, worauf die für das subjektive Privatrecht aufgestellten Begriffsbestimmungen nicht passen.

Im allgemeinen Teile wurde dargethan, daß jedes subjektive Prozeßrecht stets das Recht zur Vornahme eigener Prozeßhandlungen enthält. Sind diese Willenserklärungen, so können sie gerichtet sein an das Gericht oder an den Gegner. Erstere erzeugen einen Anspruch auf ein Handeln des Gerichtes, erst durch dessen Ausspruch kann ein Anspruch auf gegnerisches Handeln entstehen. Wider den Gegner gerichtete Willenserklärungen (Ladungen, Aufforderungen) können wohl Handlungen desselben provozieren, aber sie erzeugen keinen Anspruch auf gegnerisches Handeln. Es gibt also kein subjektives Prozeßrecht, durch dessen Ausübung ein Anspruch des Berechtigten auf eine Handlung seines Gegners entstünde.

Wenn dies richtig ist, muß es auch im Eidesverfahren zutreffen; trifft es zu, so liegt darin ein neuer Beweis für die Richtigkeit des Gesagten.

Die Eideszuschiebung ist eine Prozeßhandlung von doppelter Bedeutung und Wirksamkeit.

Sie ist eine rechtsgeschäftliche Willenserklärung, durch welche das Prozeßverhältnis abgeändert wird, sie ist aber zugleich eine Prozeßhandlung, durch welche ein neu geschaffenes subjektives Prozeßrecht ausgeübt wird; dieser Rechtsakt ist an den Gegner gerichtet und besteht in der Aufforderung desselben, das Negativum der festzustellenden Thatsache festzustellen. Ein Anspruch auf ein Handeln des Gegners wird durch ihn nicht erzeugt. Dieser kann handeln, in doppelter Weise handeln; auch wenn er nicht handelt, wird der Zweck des Feststellungsverfahrens, die Entkräftung der Bestreitung erreicht.

Handelt der Delat über die ihm zugekommene Aufforderung, so übt er entweder eigenes Prozeßrecht durch Abgabe der Annahmeerklärung aus oder er macht von der Möglichkeit, den nächsten Erfolg der Eideszuschiebung durch Vornahme eines prozessualischen Rechtsgeschäftes umzugestalten, Gebrauch. Thut er letzteres, so liegt in der Zurückschiebung nicht etwa wie in der Zuschiebung ebenfalls zugleich eine an den Gegner gerichtete Aufforderung, zu handeln.

Worin sollte dies Handeln bestehen? Der Deferent kann über die Zurückschiebung gar nicht handeln, wenigstens nicht rechtswirksam. Er muß abwarten, bis er entweder durch Beweisbeschluß oder durch bedingtes Endurteil darüber belehrt wird, daß ihm das Recht zustehe, durch seinen Eid die Thatsache festzustellen, weil die von ihm intentionierte rechtsgeschäftliche Abänderung des Prozeßverhältnisses, sowie das prozessualische Rechtsgeschäft der Zurückschiebung als zulässig befunden wurden.

In keinem Stadium des Eidesverfahrens hat also die eine Prozeßpartei an die andere einen Anspruch, daß diese überhaupt handle, geschweige gar den Feststellungseid ablege; es kann daher von einer Pflicht dazu keine Sprache sein, denn eine Handlungspflicht kann doch dort nicht existieren, wo kein Anspruch auf ein Handeln da ist.

Noch weniger wird aber durch den das Eidesverfahren abschließenden Ausspruch des Gerichtes eine Pflicht zur Eidesablegung erzeugt; dieser Ausspruch ergeht nur über die Zulässigkeit des resp. der Eidesgeschäfte und über das Ergebnis des Eidesverfahrens; es wird erkannt, daß das Recht zur Thatsachenfeststellung infolge zulässiger Abänderung des Prozeßverhältnisses gegeben ist, und welcher der Parteien das Recht zusteht, durch ihren Eid die Feststellung zu bewirken. Es existiert also keine Pflicht, sondern nur ein Recht zur Eidesablegüng.

Man sagt, es existiere beides, das Recht sei zugleich eine Pflicht. Dadurch wird man wenigstens der undankbaren Mühe überhoben, nach dem der Pflicht entsprechenden Rechte zu suchen.

Rührend ist die Vereinigung von Recht und Pflicht in einer Person, besonders darum, weil doch das Recht ein Recht auf eine Handlung, die Pflicht eine Pflicht zu einer solchen sein soll.

Sonst wird allerdings ziemlich allgemein und gewiß auch nicht ohne allen Grund gelehrt, daß im Falle der Vereinigung solchen Rechtes und solcher Pflicht in einer Person beide erlöschen; im Prozesse läßt man sie aber ruhig die kurze Spanne Zeit noch weiter leben; er nimmt ja, wenn er einmal in dieses Stadium gekommen, ohnedies bald ein Ende.

Läßt man aber den Gedanken von Vereinigung des Rechtes und der Pflicht in einer Person fallen, und nimmt man weiter an, daß der Schwurpflichtige wirklich pflichtig sei, so wird man die Frage zu erledigen haben, wer der Berechtigte ist. Der Gegner kann es nicht sein, weil er, wie gezeigt, keinen Anspruch an den Schwurpflichtigen hat; er verlangt es sich auch gewiß nicht, daß der Eid geleistet wird. Es bleibt nur der eine Ausweg, das Gericht als den Berechtigten zu erklären. Das Gericht hat auf den Eid erkannt, es kann fordern, daß er auch abgelegt werde. Das fordert aber das Gericht nicht; es erkennt in dem bedingten Endurteile alternativ und stellt es dem Schwurpflichtigen vollkommen frei, den Eid abzulegen oder nicht; das Gericht hat gewiß keinen Anspruch auf Eidesablegung, es will ja nur definitive

Feststellung der Thatsache, und die erfolgt durch Eidesleistung und durch Eidesverweigerung.

Wäre das Gericht der Berechtigte, wie könnte dann Eideserlaß sein Verzicht auf die Erfüllung der Pflicht zur Ablegung des Eides, worauf es ja hier zunächst ankommt. Verzichten auf die Erfüllung einer Pflicht könnte doch gewiß, wenn es auch richtig sein sollte, daß dieser Verzicht nicht zugleich ein Verzicht auf das der Pflicht entsprechende Recht ist, immer nur der Berechtigte; berechtigt soll aber das Gericht sein und den Eid erläßt in rechtswirksamer Weise der Gegner des Schwurpflichtigen.

Das Gesagte dürfte wohl dafür genügen, daß Erlaß des Eides niemals ein Verzicht sein könne; keiner auf ein Recht, denn der Erlassende hat kein Recht, keiner auf Erfüllung einer Pflicht, denn derjenige, dem sie erlassen werden soll, hat keine Pflicht. Der Erlaß des Eides ist vielmehr ein besonderes prozessualisches Rechtsgeschäft, welches nur im Feststellungsverfahren vorkommt und vorkommen kann. Es ist ein das Eidesgeschäft — die Eideszuschiebung — abänderndes Rechtsgeschäft. Nach der Absicht des Deferenten soll es zur Thatsachenfeststellung, und zwar durch Eid kommen; davon, ob es der des Gegners oder der eigne ist, kann hier abgesehen werden; jedenfalls entsteht durch die Abänderung des Prozeßverhältnisses das Feststellungsrecht, welches aber nur durch Ablegung des Eides ausgeübt werden kann.

Ist nun das Eidesverfahren so weit vorgeschritten, daß — die Zulässigkeit des Eidesgeschäftes eventuell beider Eidesgeschäfte vorausgesetzt, — bestimmt ist, wer die definitive Feststellung durch Eidesablegung zu bewirken berechtigt ist, so kann dies noch im letzten Momente dadurch abgeändert werden, daß der Gegner des Berechtigten diesem die Ablegung des Eides erläßt; dann erfolgt die Feststellung durch Abgabe der Willenserklärung, die man den Erlaß des Eides nennt. Abgeändert wird die Art der Feststellung; es wird nicht festgestellt durch den Eid des Schwurpflichtigen, sondern durch ein Rechtsgeschäft des Erlassenden, durch welches Feststellung in dem dem Schwurpflichtigen günstigen Sinne, also so wie sie durch seinen Eid geschehen wäre, erfolgt.

„Et nota!" Hierin liegt eine Feststellung, die Partei beabsichtigt eine solche; die Thatsache soll gerade so festgestellt sein, als wie, wenn sie durch die Eidesleistung festgestellt worden wäre. In dem Erlasse der Eidesleistung liegt nicht etwa ein Fallenlassen, ein Widerruf der Behauptung und Bestreitung, oder ein Geständnis der Thatsache oder des Negativum. Wäre es dies, so wäre die Wirkung des Erlasses in beiden Fällen eine unbedingte und selbständige. Sie ist aber beides nicht, sondern sie beruht vielmehr stets auf der Wirkung des resp. der vorangehenden Eidesgeschäfte; die Zulässigkeit derselben ist die Bedingung für die Wirkung des Erlasses.

Man kann den Eid erlassen, und doch wird die Thatsache, bezüglich welcher der Eid erlassen wird, nicht festgestellt; so in allen Fällen, in denen jede Thatsachenfeststellung überhaupt sowohl durch gerichtliches Geständnis oder Eidesgeschäft oder durch letzteres wegen Mangel der allgemeinen oder besonderen Voraussetzungen der Zulässigkeit der Zurückschiebung ausgeschlossen ist.

Die Zulässigkeit des Rechtsgeschäftes des Erlasses ist in allen Fällen gegeben, in denen das Eidesgeschäft überhaupt nicht unzulässig erklärt wird oder wurde; die RCPO. kennt und nennt keine besonderen Voraussetzungen der Zulässigkeit des Eiderlasses.

Erlaß des Eides ist ein selbständiges einseitiges Rechtsgeschäft; es ist unwiderruflich, weil die festzustellende Thatsache bereits durch Abgabe der Erlaßerklärung festgestellt ist. Diese eingetretene rechtsgeschäftliche Wirkung kann durch Erklärung eines gegenteiligen Willens nicht wieder beseitigt werden.

Daß bei den Eidesgeschäften, insofern deren Widerruf (Zurücknahme) zulässig ist, der Widerrufende alle Prozeßhandlungen vornehmen kann, die er vor der Vornahme des widerrufenen Eidesgeschäftes vornehmen konnte, ist selbstverständlich; denn durch den Widerruf wird das Eidesgeschäft resp. alle durch dasselbe eingetretenen Wirkungen beseitigt, auch die, welche in dem Verluste eines Prozeßrechtes bestehen; dieses kann daher wieder ausgeübt werden.

Dies wird ausdrücklich in § 433 gesagt, welcher im Abs. 1 den Widerruf der Eidesgeschäfte dann für zulässig erklärt, wenn der Schwurpflichtige stirbt, wenn er zur Leistung des Eides unfähig wird oder wenn er aufhört, gesetzlicher Vertreter zu sein. Für das Rechtsgeschäft der Eideszuschiebung, welches ja stets widerruflich ist, hat diese Bestimmung nur insofern Bedeutung, als der Widerruf auch dann noch möglich wird, wenn der Deferent wegen Schlusses der Verhandlung verhindert ist, seine diesbezügliche Willenserklärung abzugeben. In den angeführten Fällen kann er also auch widerrufen in dem zur Urteilsverkündigung anberaumten Termine; thut er dies und bietet er unter einem neue Beweismittel an, wozu er nach dem früher Gesagten berechtigt sein muß, so kommt es gar nicht zur Urteilsverkündung, sondern es muß die Verhandlung wieder eröffnet werden, allerdings nur „in Ansehung der betreffenden Beweisführung“. Bietet er keine neuen Beweismittel an, so kann sofort ohne Wiedereröffnung der Verhandlung zur Verkündung eines den Widerruf berücksichtigenden Urteiles geschritten werden.

Widerruft der Deferent erst nach der Urteilsverkündung, so ist das Urteil für das Gericht insoweit abänderlich, als es auf der Thatsache, bezüglich welcher der zugeschobene Eid widerrufen wurde, beruht. Behufs Findung eines neuen Urteiles muß die mündliche Verhandlung wieder eröffnet werden, wenn neue Beweismittel angeboten werden; im anderen Falle kann es sofort zur Verkündung eines neuen Urteiles kommen. Dieses Recht zum Widerruf kann ausgeübt werden bis zur Rechtskraft des Urteiles, wohl auch bis zur Eidesablegung, so daß der Widerruf noch im Eidestermine zulässig ist.

Für das Eidesgeschäft der Zurückschiebung ist das ausnahmsweise Widerrufsrecht des § 433 ungleich wichtiger; die

Zurückschiebung kann dann auch selbständig widerrufen werden, wenn der Deferent die Zuschiebung nicht widerrufen hat, die Zurückschiebung nicht also schon dadurch hinfällig geworden ist. Von dem Widerrufe der Zurückschiebung gilt das oben bezüglich des Widerrufes der Zuschiebung Gesagte mit der Modifikation, daß nicht die Anbietung neuer Beweismittel, sondern die Abgabe der Annahmeerklärung in Frage kommt. Wird lediglich die Zurückschiebungserklärung widerrufen, aber keine Annahmeerklärung abgegeben, so bleibt es dem Widerrufenden selbstverständlich unbenommen, diese in der Berufungsinstanz nachzuholen. Der Widerruf beseitigt nur die Wirkung des Eidesgeschäftes der Zurückschiebung, er ist aber nicht zugleich Annahmeerklärung.

Das Rechtsgeschäft des Eiderlasses ist auch in den Fällen des § 433 unwiderruflich, denn durch dasselbe erfolgt ja bereits die Feststellung der Thatsache, ist aber einmal diese festgestellt, so kann diese Wirkung nicht mehr beseitigt werden. Das Rechtsgeschäft der Eideserlassung kann aber auch nicht mittelbar dadurch widerrufen werden, daß die Zuschiebung oder Zurückschiebung widerrufen wird; dies ist unzulässig, weil ja die Thatsache bereits festgestellt ist. Mit dem Momente des Eiderlasses hat der Schwurpflichtige aufgehört, schwurpflichtig zu sein; es fehlt daher schon an der gesetzlichen Voraussetzung, von welcher § 433 die Zulässigkeit des Widerrufes der beiden Eidesgeschäfte — der Zuschiebung und Zurückschiebung — abhängig macht.

Bei der Erörterung der Eidesgeschäfte wurde davon ausgegangen, daß der Schiedseid kein Beweismittel, sondern ein Mittel der formellen Feststellung ist, daß das Eidesgeschäft ein prozessualisches Rechtsgeschäft ist, welches das Prozeßverhältnis abändert, durch Hinzutritt des Feststellungsrechtes erweitert. Man könnte nun versucht sein, die vorstehende Erörterung der Eidesgeschäfte deshalb von der Hand zu weisen, weil man sich zu der Ansicht bekennt, daß der Schiedseid in Anbetracht vieler wortdeutlicher Bestimmungen der RCPO., der Stelle, an welcher die Eideslehre im Gesetze abgehandelt wird u. s. w., ein Beweismittel sei.

In die Streitfrage, ob er dieses oder Mittel der formalen Feststellung ist, einzutreten, liegt außerhalb des Bereiches dieser Abhandlung; Stellung zu dieser Streitfrage mußte genommen werden; es konnte dies auf Grund der überzeugenden Ausführungen von Wendt B. und von in verschiedenenen Abhandlungen Wachs, welcher sich leider über diese Streitfrage noch nicht in zusammenhängender Darstellung ausgesprochen hat, gethanen Aussprüchen leicht geschehen.

Steht man aber auf dem entgegengesetzten Standpunkte, so kann man doch kaum bestreiten, daß die Eideszuschiebung und Zurückschiebung keine Rechtsakte, Ausübungshandlungen subjektiver Prozeßrechte, sind. Die rechtsgeschäftliche Natur dieser Prozeßhandlungen ist nicht zu verkennen.

Wer den Eid als Beweismittel ansieht, muß doch erkennen, daß das Eidesgeschäft ein Rechtsgeschäft ist, welches eine Veränderung in der Rechtslage der beiden Prozeßparteien bewirkt. Man kann sich dann immer noch entscheiden, ob diese Veränderung darin besteht, daß die Beweislast oder das Beweisrecht durch das Eidesgeschäft verschoben wird[19]). Richtiger dürfte es sein, sich für eine Verschiebung des Beweisrechtes zu erklären und sich dann die Eidesgeschäfte beiläufig so vorzustellen:

Der beweisbelastete Deferent bewirkt durch Zuschiebung des Eides Veränderung der Rechtslage der Parteien dahin, daß es auf die Erfüllung seiner sog. Beweispflicht, und zwar durch seinen Eid erst dann ankommen soll, wenn der Delat, dem ein neues, ihm noch nicht zustehendes Beweisrecht eingeräumt wird, von dem-

---

[19]) Auch über das Erstere ließe sich vielleicht trotz der entschiedenen Verwahrung Wachs B. (S. 166), die ja erstens von seinem Standpunkte berechtigt und zweitens wohl hauptsächlich nur im Hinblicke auf § 412 gemacht ist, noch sprechen. Gewiß kann man die Beweislast von sich nicht abwälzen, wenn man sie nicht hat.

selben keinen Gebrauch machen will, sondern es vorzieht, statt seinerseits das ihm entstandene Beweisrecht behufs Erbringung des Nachweises das Negativum auszuüben, dem Deferenten das Recht, die Thatsache durch seinen, des Deferenten, Eid zu beweisen, zuzugestehen. Der Beweisbelastete schiebt also die Beweislast nicht von sich ab, sondern er behält sie, nur gewinnt er für den Fall, als der Delat nicht selbst das Recht zu schwören ausüben will, den Eid als Beweismittel.

Bei einer ähnlichen Auffassung werden sich alle Ausführungen, welche unter Zugrundelegung der hier acceptierten Auffassung vom Schiedsgerichte vorgebracht wurden, auch dann als richtig zeigen, wenn man den Eid als Beweismittel ansieht; auch dann würde man zugestehen müssen, daß die Parteiwillenserklärungen, durch welche der Schiedseid in den Prozeß als Beweismittel eingeführt wird, rechtsgeschäftliche Natur haben. Man würde denselben Rechtsgeschäften begegnen, die mit entsprechendem prozessualen Erfolge vorgenommen werden.

IV. Das gerichtliche Geständnis.

Durch das prozessualische Rechtsgeschäft des gerichtlichen Geständnisses wird das Prozeßverhältnis dahin abgeändert, daß an Stelle des Bestreitungs- und Beweisrechtes das Feststellungsrecht tritt.

Diese Abänderung wird bewirkt durch eine in der mündlichen Verhandlung abgegebene sowohl an das Gericht als auch an den Gegner gerichtete Willenserklärung des Inhaltes, daß eine früher bestrittene oder noch nicht bestrittene, von dem Gegner behauptete Thatsache als für diesen Prozeß festgestellt gelten, daher, deren Relevanz vorausgesetzt, dem Urteile zu Grunde gelegt werden solle.

Diese Willenserklärung, deren Annahme es nicht erst bedarf, bewirkt aber nicht nur die Einführung des Feststellungsrechtes in den Prozeß, sondern zugleich die Feststellung der zugestandenen Thatsache. Daß das gerichtliche Geständnis ein prozessualisches Rechtsgeschäft ist, kann wohl keinem Zweifel unterzogen werden; es liegt eine von dem Gesetze als zulässig erklärte, d. h. eine den beabsichtigten Erfolg herbeiführende Willenserklärung vor, durch welche das Prozeßverhältnis abgeändert wird, und es tritt diese Wirkung ein ohne Vermittelung des Gerichtes. Dieses kann wohl ein abgelegtes gerichtliches Geständnis als ein unzulässiges zurückweisen, aber nicht etwa nach seinem Ermessen, sondern nur dann, wenn es nach dem Gesetze unzulässig ist.

Dies ist es — eine in Bezug auf Inhalt (darüber wurde bereits im allgemeinen Teile gehandelt) und Form den Anforderungen des Gesetzes entsprechende Willenserklärung vorausgesetzt — aus dem bereits erörterten Grunde, wenn die Pflicht des Gerichtes, sich die Überzeugung von der Wahrheit einer Thatsache zu verschaffen, nicht eine auf dem Prozeßverhältnisse beruhende, sondern Offizialpflicht ist, also wenn unabhängig von dem Parteiwillen bei sonstiger Unzulässigkeit der Prozeßhandlung deren absolute gesetzliche Voraussetzungen bewiesen werden müssen; dieser Grund trifft auch dann zu, wenn das Gegenteil der Thatsache, welche zugestanden werden soll, notorisch ist.

Sowohl notorische als zugestandene oder als zugestanden anzusehende Thatsachen bedürfen keines Beweises; die beiden letzteren Kategorien deshalb nicht, weil sie nicht bestritten sind, die erstere nicht, weil das Gesetz normiert, daß Beweis einer notorischen Thatsache nicht verlangt werden kann, weil ja das Resultat einer Beweisführung, die Herstellung der richterlichen Überzeugung von der Wahrheit der notorischen Thatsache bereits anticipiert ist.

Aber der Beweis des Gegenteiles einer notorischen Thatsache ist nicht ausgeschlossen; es kann ja sein, daß auch eine notorische Thatsache unwahr ist, obwohl das Gericht die subjektive Überzeugung von deren Wahrheit hat. Diese Überzeugung kann dem Gerichte nur durch Beibringung einer anderen genommen werden, sein vermeintliches Wissen um die Thatsache muß durch zwingenden Beweis beseitigt werden; es kann aber dadurch nicht beeinträchtigt werden, daß die Parteien durch ihren Willen das Gegenteil der Thatsache feststellen wollen.

Wenn es aber richtig ist, daß das Gegenteil einer notorischen Thatsache wohl bewiesen, aber nicht durch gerichtliches Geständnis festgestellt werden könne, so sollte man sich konsequenterweise anzunehmen gezwungen fühlen, daß auch das Gegenteil einer Thatsache, von deren Wahrheit sich das Gericht durch das Ergebnis der Verhandlung oder Beweisaufnahme überzeugt hat, nicht festgestellt werden könne. Und doch ist im Gesetze die Zulässigkeit des Geständnisses nirgends davon abhängig gemacht, daß das Gericht nicht etwa von dem Gegenteile der zugestandenen Thatsache überzeugt ist, oder gar sich noch überzeugen kann.

Damit, daß das Gesetz sagt, zugestandene Thatsachen sind beweisunbedürftig, ist klar ausgesprochen, daß das Gericht sich von Thatsachen nicht zu überzeugen hat, die zugestanden sind; es darf Überzeugungsgründe nicht auf sich wirken lassen.

Jeder Zweifel hierüber muß, obwohl das Gesetz ziemlich schweigsam ist, durch die Bestimmungen des § 296 mit § 297 beseitigt werden. Wurde in früherem Termine durch eine mißlungene Beweisführung von Seite des Klägers in dem Gerichte die Überzeugung hergestellt, daß das Gegenteil der behaupteten Thatsache wahr ist, so muß das Gericht doch diese als zugestanden, als wahr annehmen und dem Urteile zu Grunde legen, wenn der Beklagte in einem späteren Termine nicht erschienen ist; der Grund hierfür liegt nur darin, daß die frühere Bestreitung nicht berücksichtigt wird, und eine nicht bestrittene Behauptung nicht bewiesen zu werden braucht, sondern unangesehen auf die richterliche Überzeugung von ihrer Wahrheit dem Urteile zu Grunde gelegt werden muß. Wird aber die bereits erlangte richterliche Überzeugung von der Unwahrheit einer Thatsache durch Unterlassung der Bestreitung resp. Nichtbeachtbarkeit einer in früherem Termine vorgebrachten Bestreitung ausgeschlossen, so muß doch zweifellos der erklärte Wille, eine Thatsache nicht bestreiten zu wollen, die gleiche Wirkung haben. Der Fall liegt eben ganz anders als bei der Notorietät des Gegenteiles.

Das Gericht bringt das Wissen um die notorische Thatsache mit in die mündliche Verhandlung, gewinnt sie eventuell (im Falle der Amtsnotorietät) auch erst im Laufe derselben, aber nicht auf Grund derselben. Die in dem Gerichte von einer Thatsache unabhängig von der mündlichen Verhandlung resp. von deren Ergebnissen und Beweisaufnahme entstandene Überzeugung ist da und wirkt so lange auf das Gericht, bis es durch die Verhandlung vom Gegenteile überzeugt wird. Anders bei der Überzeugung, welche das Gericht aus der Verhandlung oder Beweisaufnahme schöpft; das Gericht darf auf seine in dieser Weise gewonnene Überzeugung nicht hören, es darf sich gar nicht fragen, ob eine Thatsache wahr sei oder nicht, wenn nur die Partei erklärt, sie bestreite die Thatsache nicht, ziehe eine bereits vorgebrachte Bestreitung zurück, umsomehr erst, wenn sie die Thatsache nicht nur nicht bestreitet, sondern durch gerichtliches Geständnis ausdrücklich feststellt.

Wird eine Thatsache behauptet, die mit keiner notorischen Thatsache im direkten Widerspruche steht, so tritt die Pflicht des Gerichtes, die behauptete Thatsache in Bezug auf ihre Wahrheit zu prüfen, erst ein, wenn sie bestritten wird; von dieser Pflicht, von deren Erfüllung kann dann keine Sprache sein, wenn bezüglich dieser Thatsache gerichtliches Geständnis vorliegt, welches ja Abänderung des Prozeßverhältnisses gerade in diesem Punkte bewirkt.

Die Pflicht des Gerichtes, eine Thatsache in Bezug auf ihre Wahrheit zu prüfen, kann aber nur insoweit abgeändert werden, als sie durch Ausübung des Bestreitungsrechtes wachgerufen und dadurch erfüllt wird, daß sich das Gericht seine freie Überzeugung auf Grund des gesamten Inhaltes der Verhandlung und des Ergebnisses einer Beweisaufnahme bildet. Wird diese Pflicht abgeändert, so darf sich das Gericht keine bei Entscheidung des Prozesses verwertbare Überzeugung bilden und eine etwa bereits gewonnene nicht verwerten.

Nicht aber kann die Pflicht des Gerichtes zur Wahrheitsprüfung durch ein prozessualisches Rechtsgeschäft dann abgeändert werden, wenn seine Überzeugung, abgesehen von dem Ergebnisse der Verhandlung, auf Notorität beruht. Das Gericht ist allerdings nicht berechtigt, eine zwar notorische aber nicht behauptete Thatsache seiner Entscheidung zugrunde zu legen[20]); aber es ist verpflichtet, eine notorische Thatsache, deren Gegenteil festgestellt

[20]) Das Gegenteil behauptet Planck L. (Bd. I, S. 447).

werden soll, auch wenn nur dieses, nicht aber auch die notorische Thatsache behauptet wurde, dadurch zu berücksichtigen, daß es seine Überzeugung von der notorischen Thatsache der beabsichtigten Feststellung des Gegenteiles entgegenstellt und das Feststellungsgeschäft als ein unzulässiges erklärt.

Die Officialpflicht des Gerichtes, eine Thatsache auf ihre Wahrheit zu prüfen, tritt also nicht bloß dann ein, wenn es sich um die Feststellung absoluter Voraussetzungen für die Gültigkeit von Prozeßhandlungen dreht, sondern auch dann, wenn das Gegenteil einer festzustellenden Thatsache notorisch ist.

Hierin liegt der Grund, aus dem das gerichtliche Geständnis einer notorisch unwahren Thatsache unzulässig ist, und nicht wie oft behauptet wird[21]), darin, daß das gerichtliche Geständnis als Verzicht auf die Berechtigung, vom Gegner Beweis zu fordern, dann wirkungslos sei, wenn diese Berechtigung nicht existiert, „wenn Notorität eingreift". Die Notorität macht wohl die notorische Thatsache beweisunbedürftig; aber bei der Feststellung einer Thatsache, deren Gegenteil notorisch ist, handelt es sich gar nicht um die Beweisunbedürftigkeit der notorischen Thatsache, nicht um das allerdings nicht existente Recht, für sie Beweis zu verlangen, um keinen Verzicht auf dieses nicht existente Recht, sondern um den Verzicht auf das Recht, für eine allerdings sehr beweisbedürftige, weil mit einer notorischen Thatsache in direktem Widerspruch stehende Thatsache Beweis zu verlangen. Eine solche Thatsache kann nicht durch gerichtliches Geständnis festgestellt werden, weil das Gericht durch rechtsgeschäftlichen Willen der Parteien nicht gezwungen werden kann, sein auf Notorietät beruhendes Wissen um die Thatsache unterzuordnen der Feststellung des Gegenteiles, weil die Officialpflicht des Gerichtes auch dahin geht, eine Thatsache, die das Gegenteil einer notorischen Thatsache bildet, auf ihre Wahrheit zu prüfen; für das Ergebnis dieser Prüfung bleibt das eigene Wissen des Gerichtes um die notorische Thatsache

---

[21]) So Planck L. (Bd. I, S. 447) und ein Teil der Kommentatoren.

solange entscheidend, als dem Gerichte nicht die Überzeugung verschafft wird, daß das Gegenteil der notorischen Thatsache wahr ist.

Feststellung wird durch die Officialpflicht des Gerichtes, wo immer diese gegeben ist, ausgeschlossen.

Diese Officialpflicht des Gerichtes kommt außer den schon früher besprochenen Fällen und den eben besprochenen auch noch in anderen vor.

Gleich in dem mit der Notorietät verwandten und daher im Gesetze unmittelbar nach § 264 zur Normierung gelangten Falle.

Das Gericht muß wissen, was Rechtens ist; kennt es in einem anderen Staate geltendes Recht, Gewohnheitsrechte oder Statuten nicht, so muß es sich das Wissen um dieselben, die Überzeugung von der Existenz und dem Inhalte der betreffenden, entscheidenden Gesetzesbestimmungen verschaffen; es genügt nicht, daß eine Partei Existenz und Inhalt einer solchen behauptet und daß diese Behauptungen unbestritten bleiben oder gar Feststellung derselben durch gerichtliches Geständnis herbeigeführt werden soll. Solche Feststellung ist unzulässig; das Gericht muß sich von der Existenz und dem Inhalte der betreffenden Rechtsnorm überzeugen.

Diese Officialpflicht des Gerichtes liegt auch dann vor, wenn ein und dieselbe Partei mit einander unvereinbare Thatsachen, oder wenn eine Partei eine an sich schon unmögliche Thatsache behauptet und Bestreitung nicht erfolgt.

Das von Seuffert (C. zu § 261, Nr. 3) für den letzteren Fall empfohlene Auskunftsmittel, die Bestimmungen des § 178 GVG. und des § 144 CPO. zu handhaben, ist ein stumpfes. Wer etwas Unmögliches behauptet und aufrecht erhält, der hat doch keinem zur Aufrechthaltung der Ordnung erlassenen Befehle nicht gehorcht, der kann doch nicht bloß deshalb, weil er von einer unmöglichen Behauptung nicht abgehen will, gezwungen werden, den Termin zu verlassen; ebensowenig liegt in der Vorbringung und Aufrechthaltung einer unmöglichen Behauptung seitens eines

Rechtsanwaltes eine Ungebühr, Beleidigung des Gerichtes; wenn der Anwalt etwa selbst an die Möglichkeit seiner Behauptung glaubt, kann er dies auch ohne Beleidigung dem Gerichte zumuthen[22]); wie sollte also Anwendung des § 180 GVG. möglich sein, und wenn sie möglich wäre, wird denn durch die Bestrafung des Anwaltes die Behauptung aus der Welt geschafft? Das Gericht kann aber einer solchen Behauptung sein Wissen entgegenstellen, sie als eine unmögliche erklären und ex officio auf deren Beweis dringen. Erst dadurch, daß dieser nicht erbracht wird, wird die Behauptung für das Gericht unbeachtlich.

Daß es nur diesen Ausweg gibt, daß man in solchem Falle eine Officialpflicht des Gerichtes, Beweis zu fordern, als existent annehmen muß, welche immer dann gegeben ist, wenn es sich um das staatliche Interesse an der Prozeßgestaltung — also auch daran, daß Entscheidung für alle Fälle gesichert ist — handelt, wird klar, wenn man den ebenfalls bereits angedeuteten Fall, daß dieselbe Partei mehrere einander ausschließende Thatsachen behauptet, die unwidersprochen bleiben, in Betracht zieht.

Gerade solchen Behauptungen gegenüber könnte der Gegner meinen, daß eine Feststellung derselben in seinem Interesse gelegen sei, um beide Behauptungen zu fixieren und sich dann darauf zu berufen, daß eine die andere ausschließe, daher keine als wahr gelte. Das wäre nur dann richtig, wenn es sich um Behauptung von Thatsachen handelt, welche sich in ihrer Wirkung aufheben, nicht aber um solche, die sich gegenseitig ausschließen; wenn zwei an sich mögliche Thatsachen, die nur in Bezug auf einander unmöglich sind, von derselben Partei behauptet werden und wegen Nichtbestreitung aufrecht bleiben, so steht einer Fürwahrnahme beider das richterliche Wissen um die Unmöglichkeit, daß beide zugleich wahr sind, entgegen; das Gericht darf sie aber nicht ungeprüft von der Hand weisen, es muß darauf dringen, daß ihm Beweise beigebracht werden, auf Grund deren es sich

[22]) Wo liegt die Grenze dafür, daß man eine Thatsache für möglich hält? Morgen kann möglich sein, was heute noch unmöglich erscheint.

von der Wahrheit der einen und von der Unwahrheit der anderen eine Überzeugung bilden kann; gelangt es auf diesem Wege zu keiner Überzeugung, so behandelt es die beiden, wenn auch unwidersprochenen Thatsachen nicht als wahr, sondern beide als unwahr.

Niemals aber kann es gezwungen werden, beide als wahr zu behandeln; Feststellung solcher Thatsachen durch gerichtliches Geständnis ist daher ausgeschlossen; auch in einem solchen Falle ist das gerichtliche Geständnis unzulässig, weil die Officialpflicht des Gerichtes, sich von der Wahrheit zu überzeugen, durch Parteiwillen nicht beseitiget werden kann.

Wo aber nicht die Officialpflicht des Gerichtes, sich von der Wahrheit einer Thatsache zu überzeugen, hineinspielt, steht es immer in der Willensmacht der Parteien, durch gerichtliches Geständnis die Prüfung einer Thatsache in Bezug auf ihre Wahrheit seitens des Gerichtes auszuschließen, die Thatsache als wahr festzustellen und das Gericht zu zwingen, sie als wahre seinem Urteile zu Grunde zu legen.

Diese Wirkung tritt ein lediglich durch die Willensmacht der Parteien, selbst gegen den Willen des Gerichtes, das sich ja vielleicht schon eine eigene Überzeugung von der Unwahrheit der als wahr festgestellten Thatsache gebildet hat, niemals durch Vermittlung des Gerichtes.

Das gerichtliche Geständnis, dessen Natur nach dem Gesagten die eines prozessualischen Rechtsgeschäftes ist, hat also ein viel größeres Bereich, in welchem es das Gericht beherrscht, als das Eidesgeschäft; die für die Zulässigkeit des letzteren bestehende absolute Voraussetzung, daß das Gericht von dem Gegenteile der durch das Eidesgeschäft festzustellenden Thatsache nicht etwa bereits überzeugt ist und daß sich das Gericht auch keine Überzeugung von der Wahrheit der Thatsache zu beschaffen vermag, gilt nicht für das gerichtliche Geständnis. Dieses hindert vielmehr das Gericht, sich eine solche Überzeugung zu bilden, ja es beseitigt die bereits gewonnene.

Wenn es nun richtig sein soll, daß das gerichtliche Geständnis ein einseitiges prozessualisches Rechtsgeschäft ist, wie wegen

Nichtnotwendigkeit der Annahme desselben anscheinend mit Recht behauptet wird, so muß es auffallen, daß die RCPO. diesem einseitigen Rechtsgeschäfte eine viel ausgedehntere Wirkung dadurch verschafft hat, daß seine Zulässigkeit von den absoluten Voraussetzungen, welche für die Zulässigkeit des Eidesgeschäftes gelten, nicht abhängig ist.

Zunächst ist die Frage zu stellen, ob denn das gerichtliche Geständnis wirklich ein einseitiges prozessualisches Rechtsgeschäft ist. Wer eine Thatsache behauptet, gibt eine Wissens- und keine Willenserklärung ab; Wissenserklärungen können im Prozesse beliebig widerrufen werden; durch den Widerruf einer aufgestellten Behauptung hört dieselbe auf Prozeßstoff zu sein, d. h. sie kann nicht als Urteilsgrundlage verwendet werden[23]).

Wer eine behauptete Thatsache zugesteht, kann eine Wissenserklärung abgeben, wenn er durch sein Zugeständnis nur der Wahrheit die Ehre geben will[24]); ein solches gerichtliches Geständnis ist aber kein Rechtsgeschäft; denn Rechtsgeschäfte sind Willenserklärungen. Ein Rechtsgeschäft ist das gerichtliche Geständnis nur, wenn durch dasselbe der Wille erklärt wird, eine behauptete Thatsache, ob sie wahr ist oder nicht, für den Prozeß als wahr festzustellen.

Diese Feststellungswirkung soll eintreten bloß durch Abgabe der Willenserklärung des Gestehenden, ohne daß es einer Annahme derselben von Seite des Behauptenden bedarf § 261/2. Darnach scheint es nun allerdings, daß das gerichtliche Geständnis ein einseitiges prozessualisches Rechtsgeschäft ist, da es zum Zustandekommen desselben nur Einer Willenserklärung bedarf.

Wenn aber das gerichtliche Geständnis die Wirkung haben soll, daß die behauptete Thatsache für den Prozeß festgestellt ist, so muß durch dasselbe nicht nur das Bestreitungsrecht und

---

[23]) Darüber, daß sie immerhin maßgebend bleiben kann für die Bildung der richterlichen Überzeugung von der Wahrheit oder Unwahrheit anderer Thatsachen, wird in dem Abschnitte vom Verzichte gehandelt werden.

[24]) Vergl. hierüber Planck L. (Bd. I § 64).

das Beweisrecht beendet, sondern auch dem Behauptenden die Möglichkeit genommen sein, auf die behauptete Thatsache, richtiger auf den Effekt, welcher hierdurch bewirkt wird, zu verzichten, also die Behauptung zu widerrufen.

Der Behauptende kann durch ein einseitiges, nur auf der Erklärung Eines und zwar nicht seines Willens beruhendes Rechtsgeschäft nicht der Möglichkeit beraubt werden, seine Behauptung zu widerrufen[25]). Dazu bedarf es noch notwendig seines Willens; aber es bedarf nach dem Gesetze keiner zustimmenden Willenserklärung, keiner Annahme des Geständnisses, es genügt das non nolle des Behauptenden.

Wenn im Gesetze gesagt ist, daß es der Annahme des Geständnisses nicht bedarf, um die Willenserklärung des Gestehenden zum prozessualischen Rechtsgeschäfte zu machen, so ist damit nicht gesagt, daß es sich der Behauptende gefallen lassen müsse, daß die von ihm einmal behauptete Thatsache als Urteilsgrundlage festgestellt werde gegen seinen Willen; es muß ihm vielmehr nach wie vor zustehen, dies dadurch zu verhindern, daß er die aufgestellte Behauptung widerruft; er kann sein nolle durch den Widerruf und nur dadurch erklären; es hängt also von seinem Willen ab, ob das vom Gestehenden beabsichtigte Rechtsgeschäft zustande kommt; er kann Protest erheben gegen die einseitige Festllellung und durch diesen Protest bewirken, daß nicht nur die Feststellung der behaupteten Thatsache nicht erfolgt, sondern auch, daß die Thatsache selbst ihre Beachtlichkeit verliert. Er kann aber das Eine nur, wenn er das Andere will. Die Rechtswirksamkeit des Geständnisses hängt daher davon ab, daß er gegen die Wirksamkeit der Geständniserklärung nicht Protest erhebt, daß er sein nolle nicht dadurch erklärt, daß er die zugestandene Thatsache widerruft.

Erst durch das non nolle des Behauptenden wird die Geständniserklärung zum prozessualen Rechtsgeschäfte, zum

---

[25]) Im Ergebnisse übereinstimmend Planck L. (Lehrbuch Bd. I, S. 251 ff.)

gerichtlichen Geständnisse. Dieses ist daher kein einseitiges, prozessuales Rechtsgeschäft, sondern ein zweiseitiges, zu dessen Zustandekommen allerdings keine zustimmende Willenserklärung abgegeben werden muß, sondern wofür das non nolle, das Nichterklären des Verneinungswillens genügt, also ein ungleich zweiseitiges; die Figur, auf deren Vorkommen Bülow F. (S. 81 ff.) insbesondere im Civilprozesse hingewiesen hat.

Nachdem das gerichtliche Geständnis durch das Abgeben einer Willenserklärung einerseits und durch das Unterlassen des Protestes andererseits zustande kommt, so fragt es sich, wann das prozessualische Rechtsgeschäft des gerichtlichen Geständnisses perfekt wird.

Diese Frage beantwortet sich durch die Antwort auf die Frage, wann man davon sprechen könne, daß der Protest unterlassen ist. Davon zunächst. Zweifellos muß die Protesterklärung der Geständniserklärung nicht auf dem Fuße nachfolgen, denn das Geständnis soll ja auch in Abwesenheit des Gegners abgelegt werden können.

Der Behauptende muß vielmehr auch der Geständniserklärung gegenüber solange berechtigt sein, seine Behauptung zu widerrufen, als er dies mit prozessualischem Erfolge überhaupt thun kann, also bis zum Schlusse der mündlichen Verhandlung, natürlich auch in der wiedereröffneten und in der Berufungsverhandlung, denn diese ist ja als Fortsetzung der erstrichterlichen Verhandlung anzusehen.

Wenn auch das gerichtliche Geständnis als ungleich zweiseitiges prozessualisches Rechtsgeschäft zumeist erst mit Ablauf der Frist perfekt wird, innerhalb welcher der Behauptende seine zugestandene Behauptung noch widerrufen kann, so kann es doch durch Abgabe einer Willenserklärung seitens des Behauptenden auch schon früher perfekt werden und zwar dann als gleichmäßig zweiseitiges.

Es kann sein, daß der Behauptende auf die Geständniserklärung hin auch seinerseits seinen Feststellungswillen in Bezug auf die zugestandene Thatsache erklärt. Das gerichtliche

Geständnis bedarf keiner Annahme, es kann auch ohne solche als ungleich zweiseitiges Rechtsgeschäft zustande kommen, aber der Behauptende kann doch die Geständniserklärung annehmen d. h. seinen Willen dahin erklären, daß die von ihm behauptete, vom Gegner zugestandene Thatsache festgestellt sein und als solche dem Urteil zu Grunde gelegt werden solle.

Diese Willenserklärung ist in mündlicher Verhandlung abzugeben; sie erfolgt zumeist dadurch, daß der Behauptende durch seinen Antrag (also durch eine von ihm ausgehende Willenserklärung) Feststellung des Geständnisses durch Aufnahme in das Verhandlungsprotokoll bewirkt (§ 270/2).

Mit Abgabe einer solchen Willenserklärung kommt das gerichtliche Geständnis als gleichmäßig zweiseitiges Rechtsgeschäft zustande, es wird mit Abgabe der Willenserklärung perfekt und es ist von diesem Momente ab auch für den Behauptenden bindend, d. h. dieser kann wegen der von ihm abgegebenen, die Feststellung der behaupteten Thatsache bewirkenden Willenserklärung, wegen des auch auf seinem Willen beruhenden prozessualischen Rechtsgeschäftes die nicht bloß behauptete, sondern festgestellte Thatsache nicht mehr widerrufen, weder in der erstrichterlichen Verhandlung, noch in der Berufungsverhandlung (§ 494).

Aber die Bindung des Gestehenden an seine abgegebene Willenserklärung tritt nicht erst in dem Momente der Perfektion des Rechtsgeschäftes, sondern bereits mit der Abgabe seiner Willenserklärung ein.

Nur der Gegner des Gestehenden kann bis zum Schlusse der mündlichen Verhandlung durch Protest gegen die Feststellung der Thatsache unter Widerruf derselben bewirken, daß das Rechtsgeschäft des gerichtlichen Geständnisses gar nicht zustande kommt. Ist es aber einmal durch Verschweigung seiner Widerspruchserklärung oder durch Erklärung seines Feststellungswillens zustande gekommen, so ist damit die beabsichtigte Feststellungswirkung eingetreten.

Für den Gestehenden gibt es vom Momente, in dem er seine

auf Feststellung gerichtete Willenserklärung abgegeben, keinen Widerruf, keine Willenserklärung, durch welche allein seine frühere entkräftet würde. Ein Widerruf, dessen Wirksamkeit von dem in § 263 genannten Bedingungen abhängig ist, ist kein Widerruf, kein Rechtsgeschäft; der beabsichtigte Erfolg eines solchen Widerrufes wird nicht hergestellt unmittelbar durch den Willen des Widerrufenden; ein solcher Widerruf ist die Ausübung eines doppelt bedingten Prozeßrechtes, durch welche eine Incidentverhandlung mit richterlicher Cognition über die Wirksamkeit des sog. Widerrufes veranlaßt wird; ihr Ergebnis ist der Erfolg des Widerrufes, also gewiß oft nicht der beabsichtigte.

Wäre es richtig, daß das gerichtliche Geständnis nichts anderes ist, als ein Verzicht auf das Bestreitungsrecht, so müßte es nicht nur einen Widerruf geben, sondern es bedürfte nicht einmal eines Widerrufes in dem Sinne von Zurücknahme des Geständnisses. Dies folgt daraus, daß jede bezüglich einer behaupteten Thatsache abgegebene Bestreitungserklärung eine Wissenserklärung ist, daß weiters auf die Abgabe von Wissenserklärungen ein Verzicht mit Rechtswirksamkeit d. i. mit Beendigung des Bestreitungsrechtes nicht abgegeben werden kann. Demnach könnte der Gestehende im nächsten Momente die zugestandene Thatsache wieder bestreiten, ohne daß es eines besonderen Widerrufes des Geständnisses erst bedürfte.

Das Geständnis ist aber mehr als Verzicht auf das Bestreitungsrecht. Im Prozesse werden keine Gefälligkeiten erwiesen; man verzichtet nicht glatt weg auf das Bestreitungsrecht, um dem Gegner Beweis (und sich allenfalls Kosten) zu ersparen, sondern man verzichtet nur anscheinend auf das Bestreitungsrecht, weil man Feststellung, also gerade den gegenteiligen Erfolg, der durch Bestreitung herbeigeführt werden kann, will. Dieser Erfolg wird allerdings erst mit der Perfektion des prozessualischen Rechtsgeschäftes des gerichtlichen Geständnisses erreicht, aber die Bindung des Gestehenden ist schon mit der Erklärung seines Feststellungswillens eingetreten.

Das gerichtliche Geständnis ist ein das Prozeßverhälnis in gleicher Weise für die beiden Parteien und für das Gericht abänderndes zweiseitiges Rechtsgeschäft, keineswegs bloß Verzicht auf eigenes Recht und noch dazu rechtsunwirksamer. Durch das gerichtliche Geständnis wird die zugestandene Thatsache festgestellt, d. h. der Zugestehende kann sie nicht mehr bestreiten, der Behauptende nicht mehr zurücknehmen und das Gericht muß sie unangesehen auf seine Überzeugung von der Wahrheit derselben hinnehmen.

Nur noch eine Bemerkung bezüglich des gerichtlichen Geständnisses nicht behaupteter Thatsachen. Der Gestehende stellt in diesem Falle eine anscheinend seinem Gegner günstige Behauptung auf uud gesteht (?) sie zugleich zu; solches Geständnis ist natürlich ohne jede Wirkung; aber auch damit ist seine rechtsgeschäftliche Wirkung noch nicht gegeben, daß der Gegner später die im voraus zugestandene Behauptung aufstellt; sie tritt erst ein, wenn er dabei stehen bleibt und die mündliche Verhandlung schließt, ohne daß er sie unter Protest gegen das Geständnis zurücknimmt oder wenn er unter ausdrücklicher Bezugnahme auf das im vorhinein abgelegte Geständnis die subpeditierte Behauptung als solche vorbringt, die als festgestellt gelten soll.

Hiermit können die Betrachtungen des prozessualischen Rechtsgeschäftes des garichtlichen Geständnisses in Anbetracht der eingehenden und gründlichen Behandlung, welche das gerichtliche Geständnis von vielen Seiten gefunden hat[26]), geschlossen werden.

Die vorstehenden Ausführungen sollten nur die rechtsgeschäftliche Natur des gerichtlichen Geständnisses als eines zweiseitigen — entweder ungleich oder gleichmäßig zweiseitigen — prozessualischen Rechtsgeschäftes klar stellen.

[26]) So insbesondere Demelius C., Wach G. und Planck L. (Bd. I § 62).

IV. Abschnitt.

Prozessuale Rechtsverhältnisse beendende prozessualische Rechtsgeschäfte.

I. Der Verzicht. (Allgemeines.)

Trotz der Bedenken, welche in neuerer Zeit von einem Teile der privatrechtlichen Doktrin dagegen erhoben wurden, den Verzicht seiner Vielgestaltigkeit wegen als ein besonderes Rechtsgeschäft zu behandeln, soll und kann derselbe hier doch als solches erörtert werden.

Die RCPO. kennt den Verzicht als ein prozessualisches Rechtsgeschäft; sie befaßt sich auch an einer Stelle (§ 277) mit dem materiellen Rechtsgeschäfte des Verzichtes, wie sich beides aus der folgenden Darstellung ergeben wird; hierdurch wird man dahin gedrängt, den Verzicht als ein selbständiges Rechtsgeschäft zu erkennen. Man kann diesem Drängen um so williger Folge leisten, als sich einerseits doch auch noch in neuerer Zeit ein gewichtiger Teil der privatrechtlichen Doktrin dazu versteht, den Verzicht dann als ein „besonderes wenngleich universelles Rechtsgeschäft“ anzuerkennen, wenn zum Zustandekommen desselben die einseitige Willenserklärung des Berechtigten genügt und als andererseits die RCPO. das Rechtsgeschäft des Verzichtes, mag es sich um einen prozessualen oder um einen materiellen Verzicht handeln, stets als einseitiges Rechtsgeschäft gestaltet, man es daher im Prozesse nur mit dem einseitigen Verzichte zu thun haben wird. Neben diesem kennt die RCPO. nur einen Doppelverzicht; „die erklärte Einwilligung oder Zustimmung zum Verzichte ist nichts anderes als diesseitiger Verzicht". Planck L. (B. I, S. 297).

Wenn in folgendem von prozessualem Verzichte gesprochen wird, so ist darunter stets eine Willenserklärung des Berechtigten, durch welche, ohne daß es einer Annahme dieser Erklärung bedarf, „absichtsgemäß die Beendigung eines Rechtes" erfolgt, zu verstehen. Diese Willenserklärung kann nicht nur auf die Beendigung eines einzelnen Rechtes sondern auch auf die mehrerer Rechte gerichtet sein, insbesondere wenn diese den Inhalt eines Rechtsverhältnisses ausmachen. Rechtsverhältnisse haben aber meist gegenseitige Rechte der in denselben stehenden Subjekte zu ihrem Inhalte; nachdem die Verzichtserklärung immer vom Berechtigten ausgehen soll, so würde sich ergeben, daß ein Rechtsverhältnis, welches gegenseitige Rechte zu seinem Inhalte hat, nur durch gegenseitigen Verzicht beendet werden kann.

Hiervon sind im Privatrechte nur insoferne Ausnahmen gemacht, als in gewissen Fällen einseitiger Rücktritt eines Kontrahenten und dadurch Auflösung des Rechtsverhältnisses gestattet ist; so ist die Beendigung der Rechtsverhältnisse der Miete, des Mandates, der Sozietät durch einseitigen Rücktritt, dessen Erklärung „Kündigung„ oder „Widerruf" heißt, zulässig. Ob in diesen Fällen von einem Verzichte gesprochen werden kann, bleibt folgenden Ausführungen (unten ad II) vorbehalten.

Die RCPD. hat sich hierin dem Privatrechte angeschlossen und ohne den einseitigen Rücktritt resp. die durch denselben bewirkte Beendigung eines Rechtsverhältnisses von dem einseitigen Verzichte auf die den Inhalt eines Rechtsverhältnisses bildenden Rechte scharf auseinanderzuhalten, die Beendigung des Prozeßverhältnisses durch einseitige Willenserklärung — durch Verzicht — als zulässig erklärt; in einem gewissen Stadium der Entwicklung des Prozeßverhältnisses allerdings genügt nicht eine vom Kläger abgegebene Rücktrittserklärung, sondern es muß auch eine vom Beklagten abgegebene hinzukommen; immer aber wird der Rücktritt, welcher durch Zurücknahme der Klage erfolgt, von der RCPD. als Verzicht, die Auflösung des Prozeßverhältnisses durch Rücktritt als Beendigung desselben durch Verzicht — Zurücknahme der rechtsproduktiven Handlung — behandelt.

Mit der Beendigung eines Rechtsverhältnisses erlöschen die dessen Inhalt bildenden einzelnen Rechte, insoweit sich dieselben nicht, wie die neue Doktrin sich auszudrücken beliebt, im Zustande der Spannung befinden; es erlöschen also *nicht* die bereits entstandenen *Ansprüche*; insoweit einzelne Rechte das Wesen von Ansprüchen angenommen haben, zu Ansprüchen geworden sind, führen sie von der durch einseitige Willenserklärung erfolgten Beendigung des Rechtsverhältnisses ab gewissermaßen eine *selbständige* Existenz.

Das Rechtsverhältnis ist dann allerdings abgestorben; es hört nach jeder *anderen* Richtung zu wirken auf, nur *nicht* nach der *einen*, daß es die Grundlage bleibt für sein Produkt, für den Anspruch, welcher sich aus ihm entwickelt hat, daß der Anspruch auf Grund des früher existenten Rechtsverhältnisses *auch nach* dessen Beendigung geltend gemacht werden kann. Ein solches als Anspruch perpetuiertes Recht erlischt *erst*, abgesehen von der hier nicht weiter in Frage kommenden Erfüllung des Anspruches, durch Verzicht des Anspruchsberechtigten, durch *Anspruchsverzicht*.

Verzicht ist nur dann ein *Rechtsgeschäft*, wenn durch denselben ein bestehendes Recht, sei es ein noch spannungsfreies oder ein im Zustande der Spannung befindliches — ein bereits existenter Anspruch — oder die Existenz eines Rechtsverhältnisses *beendet* wird. Man kann darum nicht von einem *rechtsgeschäftlichen* Verzicht, der sich *bloß* auf die *Ausübung* eines Rechtes bezieht, sprechen es wäre denn, daß in einem Verzichte auf die Ausübung notwendigerweise ein Verzicht auf das Recht *selbst* gelegen ist; dies ist *dann* der Fall, wenn es einer Ausübungshandlung des Berechtigten *bedarf*, *um* das Recht in den Zustand der Spannung zu versetzen; in allen anderen Fällen ist eine Willenserklärung, durch welche nur die Ausübung eines Rechtes gehindert wird, entweder kein Rechtsgeschäft, oder, wenn sie ein solches ist, kein Verzicht.

Ebenso wenig kann man von einem rechtsgeschäftlichen Verzichte auf den Erwerb eines Rechtes, auf die bloße Möglichkeit eines Rechtserwerbes und auf die Möglichkeit, ein bestehendes Recht zu ändern oder zu beenden, sprechen. Wird von der Möglichkeit, durch Abgabe einer Willenserklärung ein Recht zu erwerben, Gebrauch gemacht, so liegt ein Rechtsgeschäft vor, der Wille hat seine rechtsproduktive Macht geäußert, er hat in die Rechtssphäre ändernd eingegriffen. Durch Abgabe einer Willenserklärung, von dieser Möglichkeit keinen Gebrauch machen, eine Rechtsproduktion nicht bewirken zu wollen, bleibt die Rechtssphäre unberührt; einer solchen Willenserklärung fehlt das Charakteristikon des Rechtsgeschäftes.

Ein rechtsgeschäftlicher Verzicht ist nur in Bezug auf existente Rechte möglich; ausnahmsweise kann es genügen, daß nur das Rechtsverhältnis, dessen Inhalt sich um das künftige Recht, auf welches verzichtet werden soll, erweitern kann, bereits existent ist, dies aber nur dann, wenn das künftige Recht ipso jure oder durch die Ausübung eines bereits den gegenwärtigen Inhalt des Rechtsverhältnisses bildenden Rechtes seitens des Berechtigten entsteht. Demnach ist ein rechtsgeschäftlicher Verzicht auf Abgabe einer Willenserklärung, durch welche ein Rechtsverhältnis erst entstehen soll, also auf ein Rechtsgeschäft, welches Begründung eines Rechtsverhältnisses bewirkt, unmöglich; so gibt es keinen rechtsgeschäftlichen Verzicht auf die Möglichkeit, Verträge abzuschließen. Eine beim Ehevertrage denkbare Ausnahme liegt abseits von unserem Gegenstande.

Ein rechtsgeschäftlicher Verzicht ist auch in Bezug auf andere Rechtsgeschäfte, durch welche Rechtsverhältnisse abgeändert oder beendet werden sollen, ausgeschlossen; denn auch diese Rechtsgeschäfte werden nicht in Ausübung eines verzichtbaren Rechtes, sondern durch Benützung von Möglichkeiten, worauf es keinen Verzicht gibt, vorgenommen; es gibt insbesondere, was gleich hier betont werden soll, keinen Verzicht auf Verzicht.

Zum Begriffe des rechtsgeschäftlichen Verzichtes wird also

einerseits stets erfordert, daß durch denselben ein Recht aufgegeben, beendet wird; andererseits bildet es ein weiteres wesentliches Begriffsmerkmal, daß die Beendigung des Rechtes durch eine Willenserklärung bewirkt wird. Ob diese Erklärung ausdrücklich oder durch eine konkludente Handlung erfolgt, ist einerlei, vorausgesetzt natürlich, daß sich aus der konkludenten Handlung der Verzichtswille notwendig ergibt; aus bloßer Passivität ist der Verzichtswille niemals zu entnehmen; um das Vorhandensein desselben annehmen zu können, müßten diesen indizierende Umstände hinzutreten. In dem Nichthandeln innerhalb bestimmter Zeit, mit deren Ablauf Rechtsverlust eintritt, kann daher nie ein rechtsgeschäftlicher Verzicht gefunden werden.

Dies vorausgeschickt, soll der prozeßrechtliche Verzicht, d. i. Verzicht in seiner Gestaltung im Prozesse durch die RCPO. erörtert werden.

In derselben begegnet man dem Verzichte als prozessualisches Rechtsgeschäft und zwar wiederholt in verschiedenen Gestalten vorkommend, dagegen nur einmal als materielles im Prozesse vorkommendes, vor Gericht vorgenommenes Rechtsgeschäft. Dem Programme folgend, ist letzterer nur gelegentlich, dagegen der Verzicht als prozessualisches Rechtsgeschäft ex professo zu behandeln; unter diesem ist eine Willenserklärung, durch welche prozessuale Rechtsverhältnisse und Beziehungen oder nur einzelne den Inhalt derselben bildende subjektive Prozeßrechte absichtsgemäß beendet werden, zu verstehen. Nachdem prozessuale Rechtsverhältnisse und Beziehungen stets subjektive Prozeßrechte zu ihrem Inhalte haben, so hat der Verzicht stets die Existenz subjektiver Prozeßrechte zur selbstverständlichen Voraussetzung.

Es gibt keinen Verzicht auf die bloße Möglichkeit, durch Vornahme prozessualischer Rechtsgeschäfte das Prozeßverhältnis oder andere prozessuale Rechtsverhältnisse und Beziehungen und mittelbar dadurch subjektive Prozeßrechte zu schaffen; es gibt insbesondere keinen Verzicht auf das Rechtsgeschäft der Klagerhebung; ein sog. Klagrecht existiert, wie bereits dargethan wurde und im

Exkurse noch dargethan werden soll, als publizistisches Recht nicht; auf ein solches kann es daher auch keinen Verzicht geben[1]); wohl aber gibt es ein materielles Klagrecht, die Klagbarkeit und einen Verzicht darauf.

Die RCPO. enthält über denselben keinerlei Bestimmungen; da er prozeßrechtlich nicht normiert, also kein prozeßrechtlicher ist, so gelten bezüglich desselben nicht nur, wenn er außergerichtlich, sondern auch, wenn er gerichtlich, d. i. im Prozesse in der für Prozeßhandlungen überhaupt vorgeschriebenen Form (Planck a. a. O. S. 292) abgegeben ist, die Bestimmungen, welche das Privatrecht für Verzichte aufstellt. Nachdem dieses den rechtsgeschäftlichen Verzicht in allen Fällen, in denen es sich um das Aufgeben eines Rechtes einem bestimmten Verpflichteten gegenüber handelt, zweiseitig gestaltet, so muß die diesfällige Verzichtserklärung, auch wenn sie gerichtlich abgegeben wird, von dem Verpflichteten angenommen werden.

Die außergerichtliche Form dieses Verzichtes ist das pactum de non petendo. Es schließt nicht aus die Klagerhebung, auch nicht die rechtsgültige Begründung des Prozeßverhältnisses; ebenso wenig schließt der gerichtlich erklärte Verzicht auf das Klagrecht die Fortsetzung des Prozesses aus, er beendet nicht das Prozeßverhältnis; in beiden Fällen besteht der Erfolg des Verzichtes auf das materielle Klagrecht nur in der Erzeugung einer materiellen Einrede, deren Erhebung den Prozeßverlust für den Kläger aus einem materiellen Grunde bewirkt[2]).

Würde sich der gedachte Verzicht auf ein publizistisches Klagrecht beziehen, so müßte er der Klagerhebung entgegenstehen, die rechtsgültige Begründung des Prozeßverhältnisses verhindern resp. dasselbe beenden. Unter der gleichen, nicht zugestandenen Voraussetzung müßte es auch einen Verzicht auf das Klagrecht bei unklagbaren Forderungen geben, da ja die Unklagbarkeit nur ope

[1]) Anderer Meinung Planck L. (Bd. I S. 301); Näheres darüber folgt beim Verzichte auf den Anspruch.

[2]) Anderer Meinung Planck a. a. O. (S. 292 u. 300 ff.)

exceptionis wirkt; auch müßte die den Verzicht auf das Klagrecht geltend machende Einrede keine materielle, sondern eine Prozeßeinrede sein.

Es gibt aber nicht nur keinen Verzicht, auf die Möglichkeit, prozessualische Rechtsgeschäfte vorzunehmen, durch welche das Prozeßverhältnis, andere prozessuale Beziehungen, somit Prozeßrechte geschaffen werden sollen, es gibt auch keinen rechtsgeschäftlichen Verzicht auf die Möglichkeit, dieselben abändernde oder beendende Rechtsgeschäfte vorzunehmen; so insbesondere keinen Verzicht auf gerichtliches Geständnis, auf die Eidesgeschäfte, ebensowenig auf Erlassung des Eides, auf Zurücknahme der Klage, des Einspruches, der Berufung der Revision, es gibt eben keinen Verzicht auf Verzicht.

Der Verzicht ist nur dann ein prozessualisches Rechtsgeschäft, wenn durch ihn das Prozeßverhältnis oder andere prozessuale Beziehungen oder auch nur einzelne subjektive Prozeßrechte beendigt werden.

Gegenstand des prozessualen Verzichtes können immer nur Prozeßrechte sein, ganz einerlei, wozu sie gebraucht werden: zum Angriffe oder zur Verteidigung[3]).

Im allgemeinen Teile wurde dargethan, daß subjektive Prozeßrechte stets die Vornahme eigener Prozeßhandlungen, welche sich als Ausübungshandlungen der Prozeßrechte darstellen und welche Rechtsakte genannt wurden, zum Gegenstande haben, weiters daß erst durch Vornahme von Rechtsakten, insofern diese prozessuale Willenserklärungen sind, prozessuale Ansprüche entstehen, daß somit jeder prozessuale Anspruch die Ausübung eines Prozeßrechtes durch den Berechtigten zur notwendigen Voraussetzung hat[4]).

---

[3]) Darum scheint die auf eine diesbezügliche Unterscheidung gegründete Behandlung des Verzichtes (Planck a. a. O. S. 261 ff. insbes. 291, 316, 317) nicht vorteilhaft.

[4]) Nur deshalb ist es zulässig, nicht von einem Verzichte auf Prozeßrechte, sondern von einem solchen auf deren Gebrauch zu sprechen; Planck a. a. O. (S. 291, 316).

Hiernach ist es von Einfluß für die Wirkung des Verzichtes auf ein Prozeßrecht, ob er abgegeben wird vor oder nach Ausübung des letzteren; im ersten Falle erlischt, wenn der Verzicht ein zulässiges Rechtsgeschäft ist, mit dem Rechte selbstredend die Berechtigung zur Vornahme der Ausübungshandlung des Rechtsaktes; damit ist ausgeschlossen die Entstehung eines Anspruches.

In dem letzteren Falle aber ist, wenn die Ausübungshandlung in einer Willenserklärung bestand, ein Anspruch, und zwar auf Seite desjenigen, welcher auf das bereits ausgeübte Prozeßrecht verzichtet, bereits entstanden; dieser Anspruch erlischt mit dem Rechte, auf welches verzichtet wird.

Um die Richtigkeit des Gesagten, sowie mit Rücksicht auf oberste, die ganze Institution des Prozesses beherrschende Prinzipien notwendig werdende Ausnahmen von dem Gesagten im einzelnen darthun zu können, müssen die Fälle, in denen es sich um Verzicht auf ein einzelnes Prozeßrecht handelt, von jenen auseinandergehalten werden, in denen auf die Existenz des Prozeßverhältnisses oder anderer prozessualer Beziehungen verzichtet wird (Fälle des Rücktrittes); weiters muß beim Verzichte auf einzelne Prozeßrechte unterschieden werden, ob dieselben Handlungen i. e. S. (mechanische Handlungen) oder Erklärungshandlungen, Wissens- oder Willenserklärungen, zum Gegenstande haben.

II. Verzicht auf einzelne Prozeßrechte.

Von dem Verzichte auf subjektive Prozeßrechte, welche Handlungen i. e. S. — Realakte (mechanische Handlungen) — des Berechtigten zu ihrem Gegenstande haben, soll zuletzt gesprochen werden; er dürfte als solcher nur selten vorkommen; er verbindet sich vielmehr gewöhnlich mit dem Verzichte auf das Recht zur Vornahme eigener Erklärungshandlung, oder er ist selbst nur eine konkludente Handlung, von welcher auf einen Verzicht bezüglich einer Erklärungshandlung notwendigerweise geschlossen werden muß.

Ist ersteres der Fall, so kommt er nur nebenbei in Betracht, wenn letzteres, so ist er als das zu behandeln, was er seinem Wesen nach ist, als Verzicht auf ein die Vornahme einer Erklärungshandlung betreffendes Prozeßrecht.

A. Verzicht auf durch Abgabe von Wissenserklärungen auszuübende Prozeßrechte.

1. Zunächst soll der Fall, daß die Verzichtserklärung abgegeben wird, bevor noch das subjektive Prozeßrecht zur Abgabe von Wissenserklärungen ausgeübt wurde, somit die betreffende Wissenserklärung in der durch die Prozeßordnung für dieselbe verlangten relevanten Form noch nicht vorliegt, betrachtet werden.

Die RCPO. erwähnt einen solchen Verzicht nirgends; der Verzicht auf das subjektive Prozeßrecht, thatsächliche Behauptungen vorzubringen, sich über diese zu erklären, Beweis- und Gegenbeweismittel namhaft zu machen und sich über die namhaft gemachten zu erklären, ist gewiß eine Willenserklärung, durch welche dieses Prozeßrecht enden soll; aber die RCPO. verneint durch ihr

Schweigen die rechtsgeschäftliche Kraft dieser Willenserklärung; sie hat einem derartigen intentionierten Rechtsgeschäfte die notwendige gesetzliche Sanktion verweigert; sie mußte dies thun in Wahrung des den Prozeß beherrschenden Grundsatzes, daß jedes ergehende Urteil — wenn möglich — auf materieller Wahrheit beruhen solle; wenn diese auch nicht in allen Fällen im Prozesse hergestellt werden kann, so soll die Herstellung derselben doch stets mit allen zulässigen Mitteln angestrebt werden. Soll es überhaupt zu einem Urteile im Sinne von autoritativer Rechtsanwendung durch das Gericht — also mit Ausschluß der auf den Bestimmungen der §§ 277 und 278 beruhenden Urteile deklaratorischer Natur — kommen, so darf es den Parteien nicht genommen werden, dem Gerichte die zum Erkennen des wahren Sachverhaltes notwendigen Grundlagen sowie die zur Bildung seiner Überzeugung tauglichen Beweismittel zu liefern, selbst wenn sie eine gegenteilige Absicht erklärt haben sollten, sei es bloß einseitig oder in Willensübereinstimmung; dem Verzichtenden muß es vielmehr freistehen, trotz seiner im allgemeinen abgegebenen oder auf eine konkrete Thatsache oder auf ein bestimmtes Beweismittel beschränkten (und etwa auch von dem Gegner angenommenen) Verzichtserklärung alle Arten von Wissenserklärungen vorzubringen, durch welche das Gericht in die Lage versetzt wird, den wahren Sachverhalt zu erkennen, die Überzeugung von seiner Richtigkeit zu gewinnen und auf denselben behufs Fällung eines auf einem wahren Sachverhalte beruhenden Urteiles das objektive Recht zur Anwendung bringen zu können.

Eine Prozeßordnung darf einen möglichen Mißbrauch der Institution des Prozesses nicht sanktionieren; die RCPO. durfte darum die das Recht zur Abgabe von Wissenserklärungen beendende Willenserklärung nicht unter Sanktion stellen, einen diesfälligen Verzicht nicht als zulässiges prozessualisches Rechtsgeschäft erklären, gleichviel ob der Erfolg von einer oder von beiden Prozeßparteien beabsichtigt wird.

Nach dem, was in allgemeinen Teile über Wissenserklärungen gesagt wurde, schiene es nahezu überflüssig, hervorzuheben, daß es auch keinen rechtswirksamen Verzicht auf das Recht, von dem Gegner aufgestellte thatsächliche Behauptungen zu bestreiten, gibt, daß also eine derartige jeder Wirkung entbehrende Willenserklärung kein Rechtsgeschäft ist.

Wäre die von mehreren Seiten ausgesprochene Ansicht, daß das Geständnis nichts anderes sei, als Verzicht auf das Recht, thatsächliche Behauptungen zu bestreiten, richtig, so könnte es, da es als Verzicht auf eine Wissenserklärung kein Rechtsgeschäft ist, den Gestehenden nicht binden, während doch dessen Bindung von den Vertretern obiger Ansicht behauptet wird.

Irrig wäre es, anzunehmen, daß die Unwiderruflichkeit des Geständnisses etwa nur beweise, der bezüglich des Verzichtes auf Wissenserklärungen aufgestellte Satz, man könne auf das Recht zur Abgabe derselben nicht rechtswirksam verzichten, werde durchbrochen. Nichts weniger als das; aber das Geständnis ist mehr als ein Verzicht auf das Bestreitungsrecht; es ist, wie im vorigen Abschnitte ausgeführt wurde, ein prozessualisches Rechtsgeschäft, durch welches die Feststellung einer Thatsache unabhängig von der richterlichen Überzeugung erfolgt.

Wäre es nur Verzicht auf das Thatsachenbestreitungsrecht, so könnte es doch unmöglich eine intensivere Wirkung haben als die absichtlich unterlassene Bestreitung.

Wer aber eine Behauptung zu bestreiten unterläßt, verliert trotz der etwa über Ausübung des Fragerechtes dem Gerichte ausdrücklichst erklärten Absicht, daß er durch seinen Vortrag eine aufgestellte Behauptung nicht bestreiten wollte, daß er also die Bestreitung absichtlich, d. i. im Bewußtsein seines Bestreitungsrechtes unterlassen habe und unterlasse, dieses auch jetzt über die gewordene Anregung nicht ausübe, keineswegs das Recht, die Thatsache später im Laufe der erstrichterlichen oder der Berufungsverhandlung zu bestreiten. Die unbestrittene Thatsache ist nur insolange wie eine zugestandene zu behandeln, als sie unbestritten geblieben ist. Die erklärte Absicht, eine Handlung vorzunehmen oder nicht vornehmen zu wollen, bringt nach Klein Sch. P. H.

gar keine rechtliche Wirkung hervor; sie hat nur dann eine solche, wenn ihr positive Gesetzesbestimmung eine rechtliche Wirkung beilegt. Die RCPO. unterscheidet zwischen „zugestehen" und „nicht bestreiten" (§ 129/2), sie verbindet nur mit dem „zugestehen" nicht aber mit dem „nicht bestreiten wollen" eine rechtsgeschäftliche Wirkung (§ 261); nur das „zugestehen", nicht das „nicht bestreiten wollen" ist Geständnis; nur dieses bindet den Gestehenden, nicht aber das „nicht bestreiten wollen".

Verzicht auf das Bestreitungsrecht hat zwar eine rechtliche Folge, nämlich die, daß die Thatsache, auf welche sich der Verzicht bezieht, so behandelt wird, als wäre sie zugestanden; aber er hat keine rechtsgeschäftliche Wirkung, durch ihn wird die Thatsache nicht festgestellt; die Feststellungswirkung wird nur mit dem Geständnisse, mit dem „zugestehen" einer Thatsache verbunden.

Daß eine in Bezug auf das Recht zur Vorbringung von Wissenserklärungen abgegebene Verzichtserklärung keine rechtsgeschäftliche Wirkung hat, also kein Verzicht ist, gilt auch von der Erkärung, auf die Ablegung eines Eides zu verzichten; dies ausdrücklich zu betonen, scheint nötig, obwohl es sich von selbst ergeben würde, wenn man sich erinnert, daß, wie im allgemeinen Teile dargethan wurde, die Eidesablegung zu den Wissenserklärungen gehört. Erklärt der Delat über die Eideszuschiebung, daß er auf die Abgabe seiner eidlichen Wissenserklärung über das Negativum der festzustellenden Thatsache verzichte, so wird durch Ausübung des richterlichen Fragerechtes klarzustellen sein, ob er mit seiner Erklärung den Eid zurückschieben, also das ihm nach dem Gesetze zustehende Wahlrecht in dieser Weise ausgeübt haben wolle. Ist dies der Fall, so ist seine Erklärung als rechtsgeschäftliche Zurückschiebungserklärung bindend; er hat durch Ausübung seines Wahlrechtes das Recht zur Abgabe der Annahmeerklärung — einer Willenserklärung — beendet. Im andern Falle wird er aber doch trotz seines wortdeutlichen Verzichtes auf die Ablegung des Eides — Abgabe einer Wissenserklärung — zur Abgabe der Annahmeerklärung berechtigt bleiben, bis Präklusion eintritt.

Nachdem der Delat sich über die Eideszuschiebung nur dahin erklären kann, ob er den Eid annehme oder zurückschiebe, so könnte nur noch der Fall eintreten, daß seine Erklärung, auf die Ablegung des Eides zu verzichten, wenn er bei derselben stehen bleibt, als Verweigerung einer nach dem Gesetze zulässigen Erklärung angesehen wird. Die darnach eintretende Folge ist aber dann nicht Wirkung der Verzichtserklärung, welche Wirkung sich ja auch auf die Berufungsinstanz erstrecken müßte.

Nach Abgabe der Annahmeerklärung seitens des Delaten hat eine von ihm etwa abgegebene Erklärung, auf die Ablegung des Eides zu verzichten, ebensowenig rechtliche Wirkung, wie eine von dem Deferenten, der ja keine Annahmeerklärung abzugeben hat (§ 421), ausgehende. In beiden Fällen wird der Verzichtende trotz erklärten Verzichtes zur Ablegung des Eides zugelassen werden müssen, gleichviel ob die Verzichtserklärung im Laufe der Verhandlung oder im Eidestermine abgegeben wurde, wenn nur die Bereiterklärung zur Eidesablegung vor Schluß des letzteren, also rechtzeitig, abgegeben wird.

Das Gericht muß trotz der Verzichtserklärung auf den einmal angenommenen oder zurückgeschobenen Eid erkennen; mit der Erklärung, einen solchen Eid nicht ablegen zu wollen, hat die Prozeßordnung keine rechtliche Wirkung verknüpft[5]); eine solche kann nur herbeigeführt werden durch Nichterscheinen im Eidestermin oder Verweigerung der Eidesablegung, durch die Thatsache der Nichtablegung des Eides im Termine; wer im Eidestermine aus irgend welchen, von dem Gerichte nicht zu berücksichtigenden Bedenken erklärt, auf die Ablegung des Eides zu verzichten, kann ihn bis zum Schlusse des Termines dennoch ablegen, wenn er sich bis dahin von der Unbegründetheit seiner Bedenken überzeugt hat, oder aus einem andern und dann gewiß

[5]) Damit steht nicht im Widerspruche, daß § 495/2 die Verweigerung des Eides auch für die Berufungsinstanz als wirksam erklärt; diese Bestimmung bezieht sich nur auf den Fall, daß der Eid durch Beweisbeschluß angeordnet und der Eidestermin unter Verweigerung der Eidesleistung geschlossen wurde.

nicht erklärten Motive. Genug an dem, daß er an der Ablegung des Eides trotz früher erklärten Verzichtes nicht gehindert werden kann, was beweist, daß ein solcher Verzicht keine rechtsgeschäftliche Wirkung hat, kein Verzicht ist.

2. Auch eine Verzichtserklärung, welche abgegeben wird, nachdem das subjektive Prozeßrecht zur Abgabe von Wissenserklärungen bereits ausgeübt wurde, ist kein rechtsgeschäftlicher Verzicht auf dieses Recht; auch durch sie kann das subjektive Prozeßrecht zur Vorbringung von Wissenserklärungen nicht beendet werden, wenn dadurch das Prinzip der materiellen Wahrheit, welches ja den Civilprozeß wenigstens in eingeschränktem Maße beherrscht, nicht verletzt werden soll.

Weil das Recht nicht beendet wird, kann es jederzeit neuerdings ausgeübt werden; die Verzichtserklärung bindet den Verzichtenden nicht; er hat für die Zukunft vollkommen freie Hand.

Aber wie steht es mit der bereits abgegebenen Wissenserklärung, durch welche das Prozeßrecht vor der erfolgten Verzichtserklärung ausgeübt wurde?

Die Vornahme irgend einer Handlung und somit auch die einer Prozeßhandlung ist eine Thatsache; ein Verzicht ist nur in Bezug auf Rechte, nicht in Bezug auf Zustände und noch viel weniger in Bezug auf Thatsachen denkbar; durch Verzichtserklärungen können Thatsachen nicht aus der Welt geschafft werden. Wenn daher von einem Verzichte auf bereits abgegebene Wissenserklärungen gesprochen wird, so hat dies nur den Sinn, daß durch den Verzicht in demjenigen, dem gegenüber die Wissenserklärung abgegeben wurde, die durch diese bewirkte Vorstellung eines Thatsächlichen, eines Vorhandenen wieder aufgehoben, beseitigt werden soll; man will den Erfolg der abgegebenen Wissenserklärung durch die Wirkung der Verzichtserklärung paralysieren, indem man die Erklärung „zurücknimmt“.

In der Zurücknahme einer Behauptung oder einer andern Wissenserklärung ist daher kein Verzicht auf das Recht zur Abgabe von Wissenserklärungen, sondern lediglich ein Verzicht auf den Effekt, welchen eine abgegebene Wissenserklärung nach der Absicht des Erklärenden in dem Destinatär hervorbringen sollte, gelegen; nur wegen dieses Verzichtes auf den Effekt kann man statt von Zurücknahme einer Behauptung auch von einem Verzichte auf eine Behauptung, auf eine behauptete Thatsache sprechen.

Die RCPO. nennt die Sache beim richtigen Namen, indem sie vom „Zurücknehmen" früherer Behauptungen spricht (§ 431); Die Zurücknahme von Wissenserklärungen wird für zulässig ausdrücklich erklärt. Dies konnte geschehen, der Verzicht auf eine abgegebene Wissenserklärung konnte, da durch ihn das Recht, neuerdings Wissenserklärungen abzugeben, nicht beendet wird, als zulässig erklärt werden, ohne mit dem Prinzipe der materiellen Wahrheit in Konflikt zu geraten; ja, es mußte sogar geschehen in Bethätigung eines andern Grundsatzes, daß bona fides den Prozeß beherrschen solle.

Die Zurücknahme einer Behauptung soll ebenso wie deren frühere Aufstellung nur bona fide erfolgen; man soll nur auf Grund seines Wissens behaupten, nur auf Grund besseren Wissens eine einmal aufgestellte Behauptung zurücknehmen; man darf an letzterem nicht gehindert werden; die Prozeßordnung muß es den Parteien vielmehr ermöglichen, Behauptungen, die sich als unrichtig zeigen, zurückzunehmen, ungenaue durch genauere zu ersetzen, früher bestrittene Thatsachen als unbestrittene gelten zu lassen, d. i. die Bestreitungserklärung zurückzunehmen, dies alles im Interesse der Wahrheit, der Beschaffung von richtigen Urteilsgrundlagen.

Es ist nun noch insbesondere der Erfolg, welcher durch Zurücknahme einer positiven Behauptung, — durch Verzicht auf dieselbe — erreicht wird, ins Auge zu fassen. Wenn auch dieser Erfolg der ist, daß durch die Zurücknahme einer Behauptung dem Gerichte die Vorstellung des früher Behaupteten als eines thatsächlichen genommen wird, so bleibt dem Gerichte doch die Vorstellung der aufgestellten Behauptung, welche Vorstellung auf das Gericht in allen Fällen einen Einfluß ausüben wird, in denen die Zurücknahme der Behauptung nicht schon nach der evidentia facti bona fide erfolgt.

Das will sagen:

Die zurückgenommene Behauptung kann vom Gerichte nicht berücksichtigt, die behauptete Thatsache nicht als Urteilsgrundlage verwendet werden; es müßte denn sein, daß der Gegner die Behauptung, um welche es sich handelt, aufgenommen, auch zur seinigen gemacht hat; dies geht aber nur dann, wenn er damit die Beweislast übernimmt, welcher, weil in der Zurücknahme der vom Gegner aufgenommenen Behauptung immer zugleich deren Bestreitung gelegen ist, genügt werden muß; doch ist es fraglich, ob der Beweislast durch eine Beweisführung genügt werden muß. Die Vorstellung, daß der die Behauptung Zurücknehmende zuerst es war, der sie aufgestellt, kann aber dem Gerichte nicht genommen werden, und sie wird für die Bildung seiner Überzeugung möglicherweise maßgebend sein.

Eine Bestreitungserklärung kann ebenfalls zurückgenommen werden; diese Zurücknahme braucht aber keineswegs, stets ein „Zugestehen" der früher bestrittenen Thatsache zu sein, sie kann auch lediglich in der Zurücknahme der erfolgten Bestreitung, oder wenn man lieber will, in einem Verzichte auf das bereits ausgeübte Bestreitungsrecht bestehen. Dies ist von Wichtigkeit wegen der Möglichkeit neuerlicher, bis zum Schlusse der mündlichen Verhandlung zulässiger Bestreitung trotz Zurücknahme der früheren.

Zurücknahme einer Behauptung oder einer Bestreitung soll noch nach geschlossener mündlicher Verhandlung, ja sogar noch nach Rechtskraft eines bedingten Endurteiles, und zwar im Schwurtermine seitens des Schwurpflichtigen zulässig sein. Mit Zurücknahme der Behauptung hört diese auf, Urteilsgrundlage zu sein, und kann dazu etwa im weiteren Verlaufe des Schwurtermins nicht neuerdings gemacht werden, weil ja Behauptungen nur in der mündlichen Verhandlung aufgestellt werden können[6]). Bloße Zurücknahme einer Bestreitung,

[6]) Wurde der Schwurtermin über Beweisbeschluß angeordnet, so dürfte nichts im Wege stehen, daß der Schwurpflichtige die zurückgenommene Be-

also Verzicht auf das Bestreitungsrecht ist im Schwurtermine nach dem Wortlaute des § 431 unzulässig; es muß zugleich Feststellung der Thatsache durch das prozessualische Rechtsgeschäft des gerichtlichen Geständnisses erfolgen; § 431 verfügt, daß der Schwurpflichtige die früher bestrittene Thatsache im Schwurtermine nur „zugestehen“, nicht aber bloß die Bestreitung zurücknehmen könne; dies wohl deshalb, weil ja der Schwurtermin auch über Beweisbeschluß vor sich gehen kann.

Die RCPO. erwähnt bezüglich des Prozeßrechtes zur Abgabe von Wissenserklärungen ausdrücklich einerseits die Zurücknahme von Behauptungen und Bestreitungen, andererseits den Verzicht auf Beweismittel, bezüglich welcher die Beweisantretung bereits erfolgte (§§ 364, 367, 401), nicht aber einen Verzicht auf namhaft gemachte Beweismittel, mittels welcher noch keine Beweisantretung erfolgte; Zurücknahme solcher Erklärungen, durch welche Beweismittel lediglich namhaft gemacht wurden, ist gewiß zulässig, aber ohne alle Bedeutung, da sie ja ohne Beweisantretung für das Gericht unbeachtlich sind. Nur bezüglich jener Beweismittel, mit Bezug auf welche bereits Beweisantretung erfolgt ist, kann von einem rechtsgeschäftlichen Verzichte, durch welchen ein Recht beendet wird, die Sprache sein; hierüber ist aber beim Verzichte auf abgegebene Willenserklärungen zu handeln.

Wer eine Behauptung, eine Bestreitung, oder die Namhaftmachung eines Beweismittels zurücknimmt, kann dieselbe Thatsache neuerdings behaupten oder bestreiten, das Beweismittel neuerdings namhaft machen so lange, bis ihm die Gelegenheit hierzu durch Schließung der Verhandlung entzogen wird; das zuletzt Gesagte gilt, d. h. es gibt keinen Verzicht auf das Recht zur Behauptung und zur Bestreitung, zur Namhaftmachung von Beweismitteln; es gibt nur Zurücknahme, durch welche der früher aufgestellten Behauptung, der geschehenen Bestreitung der Effekt genommen wird;

hauptung in weiterer mündlicher Verhandlung neuerdings aufstellt; mit Erfolg allerdings nur, wenn er Beweise für sie erbringt; denn neuerliche Feststellung muß wohl ausgeschlossen sein.

aber hierdurch erfolgt keine Bindung für die Zukunft; in der Zurücknahme liegt ja kein Verzicht auf das Recht; das Gleiche gilt von der Zurücknahme namhaft gemachter Beweismittel, mit denen Beweis noch nicht angetreten wurde. Solange Beweis nicht angetreten wurde, kann Zurücknahme namhaft gemachter Beweismittel an neuerlicher Namhaftmachung nicht hindern[7]).

B. Verzicht auf durch Abgabe von Willenserklärungen auszuübende Prozeßrechte.

1. Erfolgt die Verzichtserklärung in Bezug auf ein Prozeßrecht, welches die Abgabe von Willenserklärungen zum Gegenstande hat, bevor dasselbe ausgeübt wurde, also vor Abgabe der Willenserklärung in relevanter Form, so sollte nach der erklärten Absicht des Verzichtenden das Prozeßrecht, somit die Berechtigung zur Vornahme der Ausübungshandlung erlöschen. Die in Bezug auf solche Prozeßrechte abgegebene Verzichtserklärung ist aber nur dann, wenn der beabsichtigte Erfolg auch eintritt, ein prozessualisches Rechtsgeschäft; ob dies der Fall, ob mit der Verzichtserklärung die Beendigung des subjektiven Prozeßrechtes verbunden ist, kann nur aus den positiven Bestimmungen der Prozeßordnung, durch welche die Anerkennung, die Zulässigkeit der einzelnen prozessualischen Rechtsgeschäfte erfolgt, beantwortet werden. Nur jene Verzichtserklärungen sind prozessualische Rechtsgeschäfte, mit denen die Prozeßordnung das Erlöschen des subjektiven, in der Abgabe einer Willenserklärung bestehenden Prozeßrechtes, auf welches verzichtet wurde, verbindet.

Wer durch Abgabe einer prozessualischen Willenserklärung

[7]) Wenn Planck a. a. O. S. 295 vom Verzichte auf ein Beweismittel spricht, die Bindung aber erst mit Schluß der mündlichen Verhandlung, auf welche das Urteil ergeht, eintreten läßt, so erklärt er damit, daß eine solche Verzichtserklärung kein Rechtsgeschäft ist, nicht die Wirkung eines Verzichtes hat, denn die Wirkung tritt ja erst durch Präklusion, nicht durch die Verzichtserklärung ein und fällt in der Berufungsinstanz wieder fort.

einen bestimmten prozessualen Erfolg herbeizuführen berechtigt ist, bleibt dies auch trotz einer etwaigen Verzichtserklärung auf sein subjektives Prozeßrecht, es wäre denn, daß die Prozeßordnung mit einer solchen ausdrücklich die Beendigung des Prozeßrechtes verbunden hätte. Die Prozeßordnung hat dies in einzelnen Fällen gethan und in allen diesen Fällen die Abgabe einer einseitigen Willenserklärung für genügend erklärt, also das prozessualische Rechtsgeschäft des Verzichtes ausnahmslos als einseitiges gestaltet. In allen anderen Fällen tritt der beabsichtigte Erfolg nicht ein, die Verzichtserklärung ist kein prozessualisches Rechtsgeschäft, auch dann nicht, wenn etwa die erklärte Absicht beider Parteien auf Beendigung eines subjektiven Prozeßrechtes gerichtet wäre. Es gibt keine schon von sich aus rechtswirksame Vereinbarung der Parteien über Beendigung eines subjektiven Prozeßrechtes — wäre dies, so hätten wir ja die Möglichkeit der Schaffung eines allseitig als unzulässig erklärten Konventionalprozesses. Dies vorausgeschickt, wird man sich mit dem prozessualischen Rechtsgeschäfte des Verzichtes auf Prozeßrechte, welche durch Abgabe von Willenserklärungen ausgeübt werden, in jenen Fällen zu beschäftigen haben, in welchen es das Gesetz als zulässig erklärt. Darüber hinaus gibt es auch keinen rechtsgeschäftlichen Verzicht auf Prozeßrechte zur Abgabe von Willenserklärungen.

Wenn Verzicht ein prozessualisches Rechtsgeschäft ist, so muß die Beendigung des Prozeßrechtes in dem Momente erfolgen, in welchem der Verzicht als Rechtsgeschäft zustande gekommen ist. Ist der Verzicht (wie zumeist im Privatrechte) als zweiseitiges Rechtsgeschäft gestaltet, so tritt die Beendigung des Rechtes erst mit der Annahme der abgegebenen Verzichtserklärung ein. Anders, wenn, wie im Prozeßrechte, das Rechtsgeschäft des Verzichtes einseitig gestaltet ist; dann tritt die Wirkung des Verzichtes und damit natürlich auch die Bindung des Verzichtenden im Momente der abgegebenen Verzichtserklärung ein [8]).

[8]) Anderer Ansicht Planck a. a. O. S. 295, welcher beim gerichtlichen Verzichte die Bindung erst eintreten läßt, wenn die Partei ihr letztes Wort

Die rechtsgeschäftliche Wirkung des Verzichtes ist eine rechtsaufhebende, rechtsbeendende; ist diese einmal eingetreten, und zwar durch bloße Abgabe der einseitigen Verzichtserklärung, so kann es keinen Widerruf derselben mehr geben. Würde mau Widerruf des Verzichtes für an sich möglich halten, so müßte man in ihm ein neues, und zwar rechtsproduktives Rechtsgeschäft erkennen.

Durch Rechtsgeschäfte werden Rechtsverhältnisse resp. Rechte geschaffen, abgeändert oder beendet. Abändernde oder beendende Rechtsgeschäfte haben das Dasein von Rechtsverhältnissen resp. Rechten zur notwendigen Voraussetzung. Wenn aber durch Verzicht Rechtsverhältnisse resp. Rechte beendet werden, so kann Widerruf des Verzichtes kein abänderndes oder beendendes Rechtsgeschäft, sondern nur ein rechtserzeugendes sein, es müßten durch ihn die durch Verzicht beendeten Rechtsverhältnisse resp. Rechte wieder erzeugt werden.

Im allgemeinen kann hierzu der Widerruf des Verzichtes nicht genügen, was man ungenau durch den Satz auszudrücken pflegte: ad renunciata non datur regressus.

Beendete Rechtsverhältnisse resp. Rechte können aber durch dieselben Handlungen wieder entstehen, durch welche sie früher entstanden waren; genügte dazu lediglich eine einseitige Willenserklärung, ein einseitiges Rechtsgeschäft, so könnte man deren Abgabe als in dem Widerrufe gelegen betrachten und den Widerruf des Verzichtes zur Wiederherstellung der durch Verzicht beendeten Rechtsverhältnisse resp. Rechte genügen lassen, und so von einem Widerrufe in uneigentlichem Sinne sprechen.

Anders ausgedrückt: Ein sog. Widerruf des Verzichtes ist nur dann und insoweit zulässig, als durch den Verzicht lediglich durch einseitige Willenserklärungen geschaffene Rechtsverhältnisse

---

über den betreffenden Gegenstand gesprochen hat; in allen Fällen, auf welche sich diesfalls berufen wird, würde, wenn die Bindung erst in dem behaupteten Momente eintreten würde, was aber nicht der Fall ist, die Präklusion wirken; andererseits bleibt es unaufgeklärt, warum Verzicht auf eine Prozeßrüge, auf die Abnahme des Parteieides bezügliche Verzichtserklärungen sofort wirken.

oder Rechte beendet wurden und deren neuerliche Schaffung nicht etwa präkludiert ist.

Wurden die Rechtsverhältnisse oder Rechte nicht durch einseitige rechtsgeschäftliche Willenserklärungen geschaffen, mußte zu denselben noch eine weitere Handlung hinzutreten, so ist der bloße Widerruf des Verzichtes nicht ausreichend zur Neubegründung des Rechtsverhältnisses resp. des Rechtes, er ist rechtsunwirksam und d. h. unzulässig.

Selbstredend kann von einem Verzichtswiderrufe nur dann gesprochen werden, wenn der widerrufene Verzicht ein zulässiges Rechtsgeschäft war; war der Verzicht rechtsunwirksam, so bedarf es nicht erst eines Widerrufes.

Was nun den Verzicht auf das Recht zur Abgabe prozessualer Willenserklärungen anbelangt, so wird derselbe, wie schon wiederholt bemerkt, von der RCPO. nur einseitig gestaltet, es bedarf keiner Annahme der Verzichtserklärung. Die Zulässigkeit dieser Gestaltung folgt schon aus der Natur der subjektiven Prozeßrechte.

Alle subjektiven Prozeßrechte haben die Vornahme eigener Handlungen — Rechtsakte — mit zum Inhalte; nur durch Vornahme derselben entstehen, insofern sie Willenserklärungen sind, Ansprüche, und zwar nur dem Gerichte, nicht aber dem Prozeßgegner gegenüber.

In Anbetracht dessen wäre es höchst überflüssig, eine Annahmeerklärung eines auf ein noch nicht ausgeübtes subjektives Prozeßrecht gerichteten Verzichtes zu fordern. Der als einseitiges prozessualisches Rechtsgeschäft gestaltete Verzicht beendet das subjektive Prozeßrecht, auf welches die Verzichtserklärung gerichtet ist, und schließt damit die Vornahme der Ausübungshandlung aus.

Die RCPO. kennt den rechtsgeschäftlichen Verzicht auf ein noch nicht ausgeübtes, in der Abgabe einer Willenserklärung bestehendes Prozeßrecht bezüglich des Rechtes der Berufung, der Revision und des Einspruches (§§ 475, 529 und 311); sie erklärt ausdrücklich, daß ein diesfälliger, nach Erlassung des betreffenden Urteils erklärter Verzicht, um wirksam zu sein, einer Annahme seitens des Gegners nicht bedarf.

In der verschieden aufgefaßten, in § 475 ausgesprochenen Bestimmung, die ja nicht bloß für die Berufung und Revision, sondern auch für den dem gemeinen deutschen Civilprozesse völlig unbekannten Einspruch, bei welchem doch von einer durch die gedachte gesetzliche Verfügung „zu wahrenden Rechtskontinuität" nicht die Sprache sein kann, Geltung hat, wird man die positiv und negativ erfolgte Normierung der Wirksamkeit des Verzichtes zu erkennen haben; darnach ist der Verzicht wirksam, d. h. ein prozessuales Rechtsgeschäft, wenn er nach Erlassung des betreffenden Urteiles erklärt wird; nicht bedarf er, um wirksam zu sein, Annahme von seiten des Gegners.

Damit ist alles gesagt, was man zu wissen wünscht und worüber, wie behauptet wird, Bestimmungen in der RCPO. fehlen; es ist im § 475 insbesondere gesagt, daß es keinen rechtswirksamen Verzicht auf das Recht der Berufung vor Erlassung des Urteiles gibt, also auch keinen solchen durch zweiseitige Willenserklärung und keinen außergerichtlichen; denn, wenn ein vor Erlaß des Urteiles vor Gericht erklärter (auch vereinbarter) Verzicht rechtsunwirksam ist, um wieviel mehr erst ein außergerichtlicher.

Über die Unzulässigkeit solcher außergerichtlicher Vereinbarungen, durch welche Normen der Prozeßordnung abgeändert werden sollen, in Form eines Verzichtes auf subjektive Prozeßrechte geben die Ausführungen Bülows in D. gründlichen Aufschluß [9]).

Ganz unzulässig wäre es, etwa bezüglich der Rechtswirksamkeit einer die Berufung ausschließenden außergerichtlichen Vereinbarung auf den Schiedsvertrag hinzuweisen und zu finden, daß es doch auch angehen müsse, sich auf einen inappellablen Ausspruch des Erstrichters zu vereinen. „Der Schiedsvertrag hat negative publi-

---

[9]) Anderer Ansicht Planck a. a. O. S. 292, 299, 311.

zistische Bedeutung; er schließt die Staatsrechtspflege aus"[10]). Wer aber überhaupt Prozeß will, muß ihn so wollen, wie ihn die Prozeßordnung gestaltet hat, also auch mit den Institutionen, welche behufs Korrektur eines möglicherweise ungerechten Urteiles getroffen werden mußten.

Über die Gestaltung des Verzichtes auf das Recht der Berufung, der Revision und des Einspruches als einseitiges durch Abgabe der Verzichtserklärung dem Gerichte gegenüber sich vollziehendes prozessualisches Rechtsgeschäft ist dem Gesagten nichts beizufügen; dagegen ist der Grund anzuführen, aus dem dieser Verzicht erst nach Erlassung des betreffenden Urteiles erklärt werden darf; dieser Grund liegt in der Natur des Prozeßverhältnisses als eines sich fortentwickelnden Rechtsverhältnisses, dessen Inhalt sich mit dem Fortschreiten des Prozesses ändert. Die oben angeführten Voraussetzungen, unter welchen im Privatrechte auf künftige Rechte verzichtet werden kann, treffen bezüglich des Berufungs-, Revisions- und Einspruchsrechtes nicht zu. Diese Rechte gehören zwar zum Inhalte des schon mit Prozeßbeginn entstandenen Prozeßverhältnisses, aber sie selbst werden erst existent im Laufe der Weiterentwickelung desselben und sie werden nicht existent ipso jure oder durch einen Rechtsakt desjenigen, dem diese Rechte erwachsen sollen, sondern durch die Vornahme einer notwendigerweise vorangehenden Richterhandlung. Ein Verzicht auf solche künftige Prozeßrechte ist ebenso unzulässig wie ein Verzicht auf bloße rechtliche Möglichkeiten des Handelns.

Die Rechtsakte, durch welche das Recht der Berufung, der Revision und des Einspruches ausgeübt wird, sind die Erklärung der Berufung, der Revision und des Einspruches §§ 479 Z. 2, 515 Z. 2 und 305 Z. 2; die Vornahme dieser Prozeßhandlungen wird durch Verzicht ausgeschlossen. Bei Berufung und Revision kommen auch noch die diesfälligen Anträge in Betracht.

Ob es zulässig ist, nur auf die Stellung bestimmter Berufungs- oder Revisionsanträge zu verzichten, ist fraglich; dafür

[10]) Vergl. hierüber die das Schiedsverfahren erst in das richtige Licht stellenden Ausführungen Wachs H. Bd. I, § 7.

würde sprechen, daß in solchem Verzichte ja nur ein teilweiser, stofflich beschränkter Verzicht auf das Recht der Berufung und Revision gelegen ist; dagegen, daß die RCPO. die Zulässigkeit eines Verzichtes auf Anträge nicht anerkennt.

Bei anderen Anträgen ist eine solche mittelbare Verzichtserklärung, wie sie bei den Berufungs- und Revisionsanträgen durch Verzicht auf die Berufung oder Revision erfolgt, nicht denkbar; bezüglich ihrer gibt es daher gar keinen rechtsgeschäftlichen Verzicht; das Recht zur Abgabe prozessualischer Willenserklärungen dem Gerichte gegenüber, welches durch Stellung von Anträgen oder Vorbringung von Gesuchen ausgeübt wird, erlischt keineswegs durch eine Verzichtserklärung auf das Recht.

Weder der Kläger kann in der mündlichen Verhandlung auf sein Recht, den Urteilsantrag oder andere Anträge, noch der Beklagte auf das, den Abweisungsantrag oder andere Anträge zu stellen, in rechtswirksamer Weise verzichten; die Rechtswirkung solcher Verzichtserklärungen tritt nicht ein, weil sie vom Gesetze mit diesen nicht verbunden wird; trotz erklärten Verzichtes können alle an sich zulässigen Anträge wirksam gestellt werden.

Derartige Verzichtserklärungen können nur dann rechtliche Wirkung haben, wenn sie als konkludente Handlungen für andere Willenserklärungen angesehen werden können und diese nach dem Gesetze rechtliche Wirkung haben, die dann eintritt.

Wer auf ein durch Prozeßgesuch geltend zu machendes Prozeßrecht verzichtet, verwirkt damit das Recht zur Vorbringung eines solchen Gesuches nicht; es müßte denn der eben erwähnte Fall eintreten; so beim Verzicht auf Einbringung eines Ablehnungsgesuches wegen Befangenheit.

Dem Anscheine nach spricht die RCPO. von einem rechtsgeschäftlichen Verzichte auf Prozeßrechte, deren Ausübungshandlungen in dem Gerichte gegenüber abgegebenen Willenserklärungen bestehen, in den §§ 247 und 267, indem sie in ersterem erklärt, daß auf das Recht, gewisse prozeßhindernde Einreden zu erheben, nicht wirksam verzichtet werden könne, woraus die Zulässigkeit rechtsgeschäftlichen

Verzichtes auf andere prozeßhindernde Einreden erschlossen werden könnte, und indem sie in letzterem erklärt, daß auf die Befolgung einiger das Verfahren und insbesondere die Form einer Prozeßhandlung betreffenden Vorschriften verzichtet werden kann, während auf die Befolgung anderer nicht wirksam verzichtet werden kann.

Die beiden gesetzlichen Bestimmungen werden getrennt zu betrachten sein.

§ 247/3 besagt, daß der Beklagte die sog. prozeßhindernden Einreden, insoweit sie solche sind, auf die er wirksam nicht verzichten kann, stets dagegen andere nur beim Vorhandensein der ausgesprochenen Bedingung noch im Laufe der Verhandlung zur Hauptsache erheben könne. Hieraus soll folgen, daß es andere prozeßhindernde Einreden gibt, in Bezug auf welche ein rechtsgeschäftlicher Verzicht zulässig ist.

Nach der in dieser Abhandlung an früherer Stelle vertretenen Auffassung soll durch § 247 gesagt sein, daß das Klaggeschäft beim Mangel einer absoluten Voraussetzung stets ein unzulässiges ist, daß es daher auf den Willen des Beklagten gar nicht ankomme, daß dagegen der Beklagte das Zustandekommen des Klaggeschäftes bei dem Mangel einer dispositiven Voraussetzung seiner Zulässigkeit nicht bloß durch Nichterklärung seines nolle, sondern auch dadurch bewirken könne, daß er ausdrücklich erklärt, von dem Vorhandensein der fehlenden dispositiven Voraussetzung absehen zu wollen. Mit Abgabe dieser Erklärung oder mit Ablauf der Frist zur Erklärung des nolle wird das Klaggeschäft als zweiseitiges perfekt. Daß nach dieser Auffassung von einem rechtsgeschäftlichen — ein Recht beendenden — Verzichte keine Sprache sein könne, ist klar.

Ganz abgesehen von dieser Auffassung des § 247 ist gewiß, daß die RCPO. mit der in Rede stehenden Bestimmung darüber nichts aussagen wollte und nichts ausgesagt hat, ob auf Einreden, insbesondere prozeßhindernde verzichtet werden könne, ob es einen rechtsgeschäftlichen, ein Einrederecht beendenden Verzicht auf Einreden gibt; sie wollte nur zum Ausdrucke bringen, daß es Prozeßvoraussetzungen gibt, deren Mangel berücksichtigt werden muß, wenn auch der Beklagte von demselben absehen zu wollen ausdrücklich erklärt, und daß solche auch im Laufe der Verhandlung zur Hauptsache gebracht werden können, weil es ja auf das Einrederecht des Beklagten gar nicht ankommt, sondern weil der Mangel von Amts wegen zu berücksichtigen ist. Würde die RCPO. haben im Gegensatze zum früheren Rechte aussprechen wollen, daß es einen rechtsgeschäftlichen Verzicht auf Einreden gibt, d. h. daß durch ein prozessualisches Rechtsgeschäft das Prozeßrecht zur Vorbringung von Einreden erlöschen soll, so hätte sie dies wohl ausdrücklich erklären müssen. Dies hat sie aber nirgends gethan; und darum thut man unrecht, von einem Verzichte auf Einreden, auf prozeßhindernde Einreden zu sprechen, obwohl es kein derartiges prozessualisches Rechtsgeschäft gibt, zumal einer diesfälligen Verzichtserklärung keine rechtsbeendende Wirkung von der RCPO. zugestanden ist.

Planck a. a. O. S. 295 anerkennt die Richtigkeit des zuletzt Gesagten, spricht aber doch in irreführender Weise von einem Verzichte. Er sagt: „Der erklärte Verzicht auf eine Sacheinrede hindert nicht, dieselbe dennoch vor Schluß der mündlichen Verhandlung geltend zu machen", „dagegen ist der Verzicht auf eine prozeßhindernde Einrede bereits bindend mit dem Beginne der mündlichen Verhandlung des Beklagten zur Hauptsache."

Das heißt doch: Der Verzicht auf eine Einrede, sei es eine Sacheinrede oder eine prozeßhindernde (also wohl auch eine andere Prozeß-Einrede), hat überhaupt keine Rechtswirkung, er beendet nicht das Recht zur Geltendmachung der Einrede, er ist daher kein Rechtsgeschäft; dagegen kann Präklusion eintreten; diese tritt ein bei den Sacheinreden mit Schluß der mündlichen Verhandlung, bei den prozeßhindernden Einreden mit Einlassung des Beklagten auf die Verhandlung zur Hauptsache; tritt sie ein, so äußert sie jene Wirkung, die irrigerweise dem einseitigen Verzichte zugeschrieben wird, welcher erst in einem späteren Momente, der mit der Perfektion des Rechtsgeschäftes des Verzichtes, wenn es ein solches gäbe, gar nichts zu thun hätte, für den Verzichtenden bindend werden soll.

Die RCPO. kennt ein prozessualisches Rechtsgeschäft des Verzichtes, durch welches das subjektive Prozeßrecht zur Vorbringung von Einreden — seien dies prozeßhindernde oder andere Prozeß- oder Sacheinreden — beendigt wird, ebensowenig als das frühere Recht.

Daß in Bezug auf das durch die Einrede geltend gemachte materielle Recht (resp. Anspruch) rechtsgeschäftlicher Verzicht zulässig sein kann, ist gewiß; so der Verzicht, eine Forderung einzuklagen, oder sie im Kompensationswege zur Aufrechnung zu bringen; solcher Verzicht ist aber ein materielles Rechtsgeschäft, kommt also hier nicht weiter in Betracht.

Während § 247 troß seines anscheinend dafür sprechenden Wortlautes keineswegs über die Wirksamkeit einer bezüglich einer prozeßhindernden Einrede abgegebenen Verzichtserklärung etwas aussagt[11]), erklärt § 267 positiv und ausdrücklich, daß man auf die Befolgung einer das Verfahren, die Form einer Prozeßhandlung betreffenden Vorschrift verzichten könne.

Liegt eine Verletzung einer absoluten Vorschrift vor, so tritt Nichtigkeit des Verfahrens resp. der Prozeßhandlung ein, es bedarf dazu nicht erst einer Parteirüge; es wirkt die Verletzung der Vorschrift an sich; bei Verletzung solcher Vorschriften kann es keinen rechtsgeschäftlichen Verzicht auf das Rügerecht geben, denn Verzicht hätte ebenso wenig Wirkung wie die Rüge. Die Rüge bewirkt

---

[11]) Die Richtigkeit des Gesagten soll an einem konkreten Falle ersichtlich gemacht werden:

Beklagter stellt vor Einlassung auf die Hauptsache Antrag auf Abweisung ab instantia und sagt zur Begründung: ich sehe ab von dem Mangel der dispositiven Voraussetzung A und will nur den der Voraussetzung B geltend machen; bei Erörterung des letzteren kommt er aber auch auf den ersteren zurück und stützt sich in zweiter Linie auch auf diesen. Gewiß kann er dies rechtswirksam troß seines früher erklärten Verzichtes thun. Ist man der Ansicht, er könne dies nicht, weil die Einreden nicht „gleichzeitig" erhoben wurden, so wirkt Präklusion, aber nicht der erklärte Verzicht.

nicht die von Amts wegen auszusprechende Nichtigkeit, der Verzicht kann die Nichtigkeitserklärung nicht ausschließen.

Ein Verzicht soll aber da möglich sein, wo es sich nur um die Verletzung von dispositiven, das Verfahren und insbesondere die Form einer Prozeßhandlung betreffenden Vorschriften handelt; in diesen Fällen räumt die RCPO. den Parteien ein Rügerecht ein, dessen Nichtgeltendmachung unter den im § 267 Abs. 1 in fine genannten Voraussetzungen genügt, daß die Verletzung der betreffenden Vorschrift ihre rechtlichen Folgen verliert; die betreffende Prozeßhandlung wird saniert, und zwar durch Präklusion des Rügerechtes.

Außerdem erwähnt aber § 267 den Fall, daß die Partei „auf die Befolgung der Vorschrift (nicht auf das ihr zustehende Rügerecht) verzichtet" und spricht von Vorschriften, auf deren Befolgung eine Partei wirksam nicht verzichten kann.

Hiermit scheint wohl gesagt, daß die Partei bezüglich einiger Vorschriften erklären könne, sie bestehe nicht darauf, daß bei Vornahme der betreffenden Prozeßhandlung die Vorschrift eingehalten sei.

Ist diese dem Wortlaute „auf Befolgung einer Vorschrift verzichten" entsprechende Auffassung richtig, so gibt es auch keinen rechtsgeschäftlichen Verzicht auf das Rügerecht, sondern nur eine Erklärung, daß sich das Verfahren, eine Prozeßhandlung auch ohne Einhaltung einer dispositiven Vorschrift vollziehen könne, was ungenau Verzicht, der ja im juristischen Sinne nur in Bezug auf ein Recht — nicht aber etwa auch auf die Ausstattung einer Handlung mit bestimmten Förmlichkeiten — möglich ist, einerseits und eine Präklusion des Rügerechtes andererseits. Sollte diese Auffassung nicht gebilligt werden, dann könnte nicht angezweifelt werden, daß die Prozeßordnung in den Fällen des § 267 nicht nur ein Rügerecht normiert, sondern auch den Verzicht auf dasselbe ausdrücklich als wirksam, als ein zulässiges prozessualisches Rechtsgeschäft erklärt.

Die RCPO. sagt nicht, welche Vorschriften für das Verfahren oder für die Form einer Prozeßhandlung so wesentlich sind, daß auf deren Befolgung wirksam nicht verzichtet werden kann. Die Antwort auf diese Frage ist im § 513 zu suchen.

In keinem Zusammenhange hiermit steht die Bestimmung der §§ 356/2 und 375/1, welche besagen, daß auf die Beeidigung der Zeugen und Sachverständigen von den Parteien verzichtet werden kann; in denselben ist nicht etwa von einem Verzichte auf die Befolgung einer Formvorschrift, sondern von einem wirklichen Verzichte im Sinne von Beendigung eines Prozeßrechtes durch Willenserklärung die Rede.

Zu den Beweisrechten gehört das subjektive Prozeßrecht, sich zum Erweise aufgestellter Behauptungen von Thatsachen auf Zeugen und Sachverständige zu berufen, dieselben namhaft zu machen und deren Vorladung, Vernehmung sowie Beeidigung ihrer Aussagen zu bewirken. Die Parteien können wohl nicht auf ihr Prozeßrecht, Beweis mittels Zeugen und Sachverständigen zu beantragen, verzichten, denn eines solchen Verzichtes als eines rechtswirksamen thut die RCPO. keine Erwähnung; sie können aber auf die Vernehmung von Zeugen und Sachverständigen, mit welchem sie Beweis bereits angetreten haben („den die Partei vorgeschlagen hat" § 364) und auch auf das in seiner Allgemeinheit durch § 358 eingeschränkte Recht auf Beeidigung derselben verzichten; nur wird im letzteren Falle Doppelverzicht erfordert.

Die Besprechung des Verzichtes auf das Recht zur Abgabe von Willenserklärungen kann nicht abgeschlossen werden, ohne nochmals der schon früher erwähnten Beweisantretungserklärungen ausdrücklich zu gedenken und zu bemerken, daß bezüglich ihrer dasselbe gilt, was von dem Verzichte auf das Recht zur Abgabe von prozessualischen Willenserklärungen überhaupt gesagt wurde, daß also ein Verzicht auf Abgabe einer Beweisantretungserklärung jeder Rechtswirkung entbehrt, weil die RCPO. einen solchen Verzicht als zulässiges prozessualisches Rechtsgeschäft nicht erklärt, den Eintritt der mit der Verzichtserklärung beabsichtigten Wirkung mit der Abgabe derselben nicht verbindet. Es kann daher trotz erklärten Verzichtes, diesen oder jenen Beweis führen — antreten —

zu wollen, insoweit nicht etwa §§ 252, 339 (367) und 398 hindernd im Wege stehen, der betreffende Beweis noch im Laufe der erstrichterlichen Verhandlung und stets in der Berufungsverhandlung angetreten werden.

---

2. Zur Erörterung des Verzichtes auf subjektive, durch Abgabe von Willenserklärungen zur Ausübung gelangende Prozeßrechte nach Ausübung derselben übergehend muß zunächst daran erinnert werden, daß durch Abgabe von an das Gericht gerichteten Willenserklärungen (aber nicht aller) ein prozessualer Anspruch wider dasselbe entsteht, während bei den an den Gegner gerichteten niemals ein Anspruch wider diesen entsteht. Es wird unterschieden werden müssen zwischen dem erklärten Verzichte auf subjektive Prozeßrechte, durch deren Ausübung ein Anspruch entstanden ist, und zwischen solchen, bei denen dies nicht der Fall ist.

Die Frage, ob es einen rechtswirksamen Verzicht auf ein subjektives Prozeßrecht zur Abgabe von prozessualen Willenserklärungen gibt, wurde ad 1 dahin beantwortet, daß die Wirkung der Beendigung des Prozeßrechtes nur dann eintritt, wenn das Gesetz diese Wirkung damit verbindet; dasselbe muß gelten, wenn auch das Prozeßrecht vor Abgabe der Verzichtserklärung bereits ausgeübt wurde, wenn es sich nicht etwa um ein Recht handelt, welches nur einmal ausgeübt werden kann.

Auf das bereits ausgeübte Prozeßrecht kann nicht verzichtet werden, da eine Handlung durch Verzicht auf dieselbe nicht aus der Welt geschafft werden kann; man kann nur verzichten auf die Wirkung, welche durch die Handlung hervorgebracht werden soll; besteht diese Wirkung, wie dies bei durch Abgabe von Willenserklärungen ausgeübten Prozeßrechten der Fall sein kann, in dem Entstehen eines Anspruches, so kann auf diesen verzichtet werden. Dieser Verzicht wird dadurch erklärt, daß man die Handlung, durch welche der Anspruch entstanden ist, zurücknimmt, daß man die bereits abgegebene Willenserklärung zurückzieht. Der Erfolg einer solchen Erklärung tritt mit deren Abgabe von selbst in allen Fällen ein, wenn nicht etwa das Gesetz die Zurücknahme einer abgegebenen Willenserklärung als wirkungslos erklärt.

Wirkung des Verzichtes auf ein bereits durch Abgabe einer Willenserklärung ausgeübtes Prozeßrecht kann also immer nur sein Erlöschen des etwa entstandenen Anspruches; der Verzicht wirkt also nur, insoweit er Anspruchsverzicht ist.

Demnach wird sich zunächst mit dem Verzichte auf Prozeßrechte zu beschäftigen sein, durch deren Ausübung bereits Ansprüche wider das Gericht entstanden sind.

Die RCPO. erwähnt den „Verzicht auf einen Anspruch“ nur einmal, und zwar im Sinne von Verzicht auf den materiellen Anspruch, während hier der Verzicht auf den prozessualen, d. i. den durch Ausübung eines subjektiven Prozeßrechtes entstandenen Anspruch an das Gericht zu erörtern ist.

In § 277 — der einzigen Stelle, in der von Verzicht auf den Anspruch die Rede ist — kommt das Wort Anspruch in zwei verschiedenen Bedeutungen vor[12]).

Daß der in § 277 erwähnte Verzicht sich auf den materiellen Anspruch, d. i. den Streitgegenstand bezieht, folgt schon daraus, daß die §§ 77 und 79 von Verzichtsleistung „auf den Streitgegenstand“ in Gegenüberhaltung zur Anerkennung des von dem Gegner geltend gemachten Anspruches, d. i. des den Streitgegenstand bildenden Anspruches reden, womit jene materiellen Rechtsgeschäfte gemeint sind, die in den §§ 277, 278 ihre Normierung finden. Daß mit dem Anspruche, von dem in § 277 zuerst gesprochen wird, nicht der prozessuale Anspruch gemeint sein könne, folgt daraus, daß durch einen Verzicht auf den prozessualen Anspruch, insofern er mit rechtsgeschäftlicher Wirkung zustande kommen sollte, das Prozeßverhältnis, wie dies ad II dargethan werden soll, beendet, somit die Möglichkeit eines über denselben noch ergehenden Urteiles ausgeschlossen würde; dieses Urteil kann

[12]) Vergleiche zu dem Folgenden Wach H. (S. 293 ff.)

und soll aber über Antrag des Beklagten auf Grund des klägerischen Verzichtes nach § 277 ergehen[13]).

Abgewiesen soll der Kläger mit dem prozessualen d. i. mit dem ihm durch Ausübung seines subjektiven Prozeßrechtes, durch den gestellten Urteilsantrag an das Gericht zustehenden Anspruche werden; abweisen kann einen Anspruch nur der, gegen den er erhoben wurde; erhoben wurde aber dem Gerichte gegenüber nur der prozessuale Anspruch auf ein dem Kläger günstiges Sachurteil. Daraus folgt, daß mit dem Worte „Anspruch", wo es zum zweiten Male in § 277 vorkommt, der prozessuale Anspruch gemeint ist.

Verzicht auf den Anspruch erwähnt, wie bereits gesagt, die RCPO. nur in § 277, und zwar im Sinne von Verzichte auf den materiellen Anspruch; von dem Verzichte auf den prozessualen Anspruch wird in der RCPO. nirgends gehandelt. An dessen Zulässigkeit kann aber, da er durch Zurücknahme der abgegebenen Willenserklärung erfolgt, nicht gezweifelt werden, da die Zurücknahme von vorgenommenen Prozeßhandlungen, also insbesondere das Zurückziehen abgegebener Willenserklärungen dadurch allgemein gestattet ist, daß die RCPO. jene abgegebenen Willenserklärungen, durch welche die Ausübung eines Prozeßrechtes erfolgt und welche nicht widerrufen, nicht zurückgenommen werden können, ausdrücklich benennt, so bezüglich der Parteiwillenserklärungen die Erklärung, einen zugeschobenen Eid anzunehmen (§ 423), bezüglich der richterlichen Willenserklärungen die in End- und Zwischenurteilen enthaltene Entscheidung (§ 289).

An alle von der RCPO. nicht für unwiderruflich erklärten Willenserklärungen — insoweit es sich nicht um rechtsgeschäftliche Willenserklärungen handelt — sind die Prozeßsubjekte nicht gebunden, sie können jederzeit zurückgenommen werden; bezüglich der richterlichen Willenserklärungen wird dies wiederholt im Gesetze ausdrücklich bemerkt. Jeder durch Abgabe einer rechts-

[13]) Anderer Meinung Planck a. a. O. (S. 301 ff.); Auseinandersetzung hierüber folgt unten ad II.

auszuübenden prozessualen Willenserklärung entstandene Anspruch kann also durch Zurücknahme derselben beendet werden. Damit wird aber nicht zugleich beendet das subjektive Prozeßrecht, es wäre denn, daß es nur einmal ausgeübt werden kann.

Ausdrücklich wird von der RCPO. nur besprochen die Zurücknahme der Berufung (§ 476), der Revision (§ 529) und des Einspruches (§ 311), und dies deshalb, weil ja durch die diesbezüglichen Erklärungen noch kein Anspruch entstanden ist.

Wenn nun, wie kaum angezweifelt werden kann, durch die Berufungs-, Revisions- und Einspruchserklärungen noch kein prozessualer Anspruch entstanden ist, die Zurücknahme jeder Willenserklärung aber nur die Bedeutung haben kann, daß ihr die Wirkung genommen, also der etwa entstandene Anspruch beendet wird, und wenn trotzdem die Zurücknahme der oben erwähnten Erklärung Gegenstand der ausdrücklichen Normierung durch die RCPO. geworden ist, so muß mit Recht die Frage aufgeworfen werden, was denn die Zurücknahme einer solchen, keinen prozessualischen Anspruch erzeugenden Willenserklärung für eine rechtliche Wirkung haben solle.

Die Antwort hierauf scheint in § 476/3 mit §§ 529 und 311 gegeben; Zurücknahme der Berufungs-, Revisions- und Einspruchserklärung soll bewirken den Verlust des subjektiven Prozeßrechtes zur Abgabe der diesbezüglichen Erklärungen („Verlust des Rechtsmittels" resp. des Einspruches). Damit ist gesagt, daß das Recht zur Abgabe dieser Erklärungen nur einmal ausgeübt werden darf.

Dies mußte im Gesetze ausdrücklich gesagt werden, weil sonst auch nach Zurücknahme der Berufungs-, Revisions- und Einspruchserklärung das Recht zur neuerlichen Abgabe derselben nicht beendet, sondern wie jedes andere subjektive Prozeßrecht, welches durch Abgabe einer Willenserklärung ausgeübt wird und durch Verzicht ohne ausdrücklicher gesetzlicher Normierung der rechtsgeschäftlichen Wirkung desselben nicht beendet wird, durch neuerliche Abgabe der früher zurückgenommenen Willenserklärung wieder ausgeübt werden könnte.

Nur in diesen von der RCPO. ausdrücklich normierten Fällen wird durch Zurücknahme der abgegebenen, nicht rechtsgeschäftlichen prozessualischen Willenserklärung das subjektive Prozeßrecht selbst beendet; in allen anderen Fällen besteht die Wirkung, wenn eine solche überhaupt eintritt, nur in der Beendigung des entstandenen prozessualischen Anspruches.

Andererseits kann die Beendigung eines prozessualischen Anspruches durch prozessualisches Rechtsgeschäft immer nur durch Zurücknahme der Willenserklärung, durch deren Abgabe er entstanden ist, erfolgen.

Ein Verzicht auf den prozessualischen, durch Abgabe der nicht rechtsgeschäftlichen Willenserklärung erzeugten Anspruch allein ist wegen der Unselbständigkeit desselben — er ist ja nur die Wirkung der fortbestehenden Ausübungshandlung — undenkbar. Zurücknahme eines in der Abgabe einer Willenserklärung bestehenden Rechtsaktes ist Anspruchsverzicht, nur in den Fällen der §§ 476, 529 und 311 ist sie Rechtsverzicht.

Hier sei vorläufig im Zusammenhange nur darauf hingewiesen, daß die RCPO. auch die Zurücknahme der Klagehandlung, des Rechtsgeschäftes der Klage kennt und daß der in ihr liegende Verzicht für sich allein nur bewirkt die Beendigung des Prozeßverhältnisses sowie von durch Ausübung seinen Inhalt bildender Prozeßrechte entstandenen Ansprüchen des Klägers, niemals aber Beendigung eines dem Beklagten bereits entstandenen Anspruches, daß vielmehr, wenn und in so lange ein solcher besteht, Zurücknahme der Klage rechtsunwirksam ist.

Infolge der Untrennbarkeit des Schicksales des Anspruches von dem demselben zu Grunde liegenden Rechte und wenn es, wie dies stets bei prozessualischen Ansprüchen der Fall ist, zur Entstehung desselben eines Rechtsaktes bedarf, auch von dem Schicksale dieses muß mit der Zurücknahme des Rechtsaktes der Anspruch, ohne daß es einen besonderen Anspruchsverzicht seitens des Berechtigten bedarf, erlöschen.

Die Frage, wie lange die Partei berechtigt ist, Willenserklärungen zurückzunehmen, auf entstandene Ansprüche zu verzichten, beantwortet sich aus dem Wesen der Willenserklärung, durch welche ein Anspruch auf ein Handeln des Gerichtes erzeugt wird. Nur so lange als dies Handeln nicht erfolgte, der Anspruch nicht erfüllt ist — ob die Richterhandlung im Sinne des Antrages erging oder nicht, kommt hier nicht in Betracht — ist Verzicht resp. Zurücknahme möglich.

Zu den Willenserklärungen gehören auch jene Erklärungen, durch welche sich die Beweisantretung vollzieht. Die RCPO. besagt allerdings generell in § 255, daß die Beweisantretung durch Bezeichnung der Beweismittel, speciell in § 336 die Antretung des Beweises durch Augenschein durch Bezeichnung des Gegenstandes des Augenscheins und durch die Abgabe der zu beweisenden Thatsachen, in § 338 die des Zeugenbeweises durch Benennung der Zeugen und Bezeichnung der Thatsachen, über welche die Vernehmung derselben stattfinden soll, endlich in § 368 die des Beweises durch Sachverständige durch Bezeichnung der zu begutachtenden Punkte erfolge.

Diese Erklärungen sind aber keineswegs bloße Wissenserklärungen, was sie nach dem Wortlaute des Gesetzes sein könnten, sondern sie sind Willenserklärungen, und zwar immer ihrem Sinne nach Anträge.

Nur in den Fällen der §§ 386, 393 und 397, durch welche die Antretung des Beweises durch Urkunden, die sich nicht im Besitze des Beweisführers befinden, normiert wird, spricht das Gesetz von einem Antrage, durch welchen die Beweisantretung sich vollzieht.

Zurückgenommen können auch diese Willenserklärungen werden, durch deren Abgabe sich die Beweisantretung vollzieht, gewiß in so lange, bis das Gericht Beweisbeschluß erlassen hat — der Fall, daß es zur Beweisaufnahme ohne vorangehenden Beweisbeschluß kommt, braucht nicht, wie sich gleich zeigen wird, speciell behandelt zu werden — dazu hätte es gar nicht der ausdrücklichen Erwähnung der Zulässigkeit der Zurücknahme solcher Willenserklärungen bedurft.

Aber die RCPO. wollte die Zulässigkeit der Zurücknahme derselben über den Beweisbeschluß hinaus ausgedehnt wissen und dies mußte eigens hervorgehoben werden. Die RCPO. normiert in § 364, daß, wenn nach Fassung des Beweisbeschlusses die Zurücknahme der Beweisantretungserklärung erfolgt, Zeugen nicht mehr vorgeladen, vorgeladene nicht mehr vernommen werden dürfen, eventuell daß mit der bereits begonnenen Vernehmung eingehalten werden müsse. Obschon die Richterhandlung, welche durch Abgabe der Beweisantrittserklärung zunächst veranlaßt wurde, bereits vorgenommen ist, spricht § 364 doch nicht von der Zurücknahme der Parteiwillenserklärung, sondern von einem Verzichte wohl nur deshalb, weil ja die Verzichtserklärung nur bezüglich einzelner Zeugen oder Sachverständiger wirken, dagegen die Beweisantrittserklärung bezüglich der übrigen aber vollwirksam bleiben soll. Dieser Verzicht, welcher ausdrücklich als einseitig zulässiger erklärt wird, bewirkt Sistierung aller weiteren Richterhandlungen in Bezug auf den mittels des betreffenden Zeugen oder Sachverständigen angetretenen Beweis.

Ist aber einmal ein Zeuge oder ein Sachverständiger vernommen, wenn auch nur über einige der zu erweisenden Umstände, so gibt es keinen Verzicht mehr auf das Ergebnis der Vernehmung. Die Aussagen der Zeugen und auch Sachverständigen sind unwiderruflich Urteilsgrundlage geworden; das Gericht kann durch eine Verzichtserklärung nicht gehindert werden, sich seine Überzeugung auf Grund des Ergebnisses der Verhandlung und insbesondere einer erfolgten Beweisaufnahme zu bilden. Vortrag des Ergebnisses durch die Parteien ist nur Formsache; Verzicht auf diesen Vortrag hat nie die Wirkung, daß das dem Gerichte ohnedies bekannte Beweisergebnis unbeachtlich werden kann.

Zurückgenommen kann eine Beweisantretungserklärung nur in so lange werden, als sie die prozeßleitende Thätigkeit des Gerichtes beeinflußt, wozu noch die Vernehmung gehört. Diese kann in jedem Momente durch Verzicht des Beweisführers beendet, nicht aber deren Ergebnis beseitigt werden.

Daß dieser Verzicht ein einseitiges Rechtsgeschäft ist und daß auch kein Doppelverzicht hierzu erfordert wird, ergibt sich daraus, daß in § 364 nur gesagt wird, daß der Gegner des Verzichtenden durch dessen Verzicht in der Ausübung seiner Beweisrechte nicht behindert werden kann.

Die Ausübung dieser Beweisrechte soll in dem Falle, als die vom Beweisführer namhaft gemachten Zeugen bereits erschienen sind, vereinfacht werden; der Gegner braucht nichts weiters zu thun, als deren Vernehmung oder die Fortsetzung derselben zu verlangen; hierzu ist er, wenn er auch früher unterlassen hat, Beweisantretungshandlungen vorzunehmen, schon nach §§ 256 und 251/2 und 339 berechtigt, weil ja der Rechtsstreit durch die Beweisführung in einem solchen Falle nicht verzögert wird.

In dem erwähnten Verlangen des Gegners liegt nur Ausübung eignen Beweisrechtes; wird es nicht ausgeübt, so bedarf es weder Zustimmung zu der Verzichtserklärung des Beweisführers, noch eignen Verzichtes, der einseitige Verzicht des Beweisführers genügt (§ 364).

Irrig wäre es, die Berechtigung des Gegners, die Vernehmung der Erschienenen zu verlangen, aus der sog. Gemeinsamkeit produzierter Beweismittel ableiten zu wollen, welche die RCPO. nicht kennt.

Gemeinsam ist dem Gegner nur etwa das Wissen um ihm ohne den Beweisantretungserklärungen des Beweisführers unbekannte Zeugen, deren er sich bei Ausübung seiner Beweisrechte bedienen kann, geworden.

Daß der Verzicht auf ein präsentes Beweismittel als einseitiger wirksam ist, wird nicht etwa durch die bezüglich des Urkundenbeweises im § 401 getroffene, der im § 364 ausgedrückten analoge Bestimmung, daß der Beweisführer nach erfolgter Vorlegung der Urkunde „nur mit Zustimmung" des Gegners auf dieses Beweismittel verzichten könne, widerlegt. Die keineswegs entsprechende Formulierung des § 401 dürfte ihre Entstehung der

Gewöhnung an den früher geltenden Satz, daß Urkunden durch deren Produktion gemeinsam werden, verdanken.

Die RCPO. kennt nur gemeinschaftliche Urkunden § 387 Z. 2; bezüglich welcher sie eine Editionspflicht statuiert; diese ist aber auch (abgesehen von dem Requisite der Gemeinschaftlichkeit nach § 388) bei allen in Händen des Gegners des Beweisführers befindlichen Urkunden vorhanden, wenn jener auf dieselben im Prozesse, wenn auch nur in einem vorbereitenden Schriftsatze, Bezug genommen hat. Hat er nur dies gethan, so muß der Beweisführer, um mit einer solchen Urkunde beweisen zu können, erst Editionsantrag stellen, um so die Vorlegung der Urkunde, eventuell den Eintritt der Rechtsfolgen der Nichtvorlegung (392) zu bewirken.

Hat aber der Gegner seinen Beweis angetreten, liegt also die Urkunde einmal dem Gerichte vor, so soll der Beweisführer nur dann berechtigt sein, die Urkunde zurückzunehmen, wenn der Gegner ausdrücklich oder durch die konkludente Handlung der Zustimmungserklärung zur Zurückziehung der Urkunde erklärt, daß er sich der bereits vorgelegten Urkunde nicht zum Zwecke eigener Beweisführung bedienen wolle.

Von dieser Erklärung spricht das Gesetz als „Zustimmung zum Verzichte"; sie ist aber in der That ein selbständiger Verzicht auf das Recht auf Edition nach § 388.

Nur wenn dieser Verzicht vorliegt, soll dem Beweisführer die Zurücknahme der bereits vorgelegten Urkunde gestattet sein; im andern Falle soll das ganze bei Zurückziehung der Urkunde eventuell notwendig werdende Editionsverfahren abgeschnitten werden und der Beweisführer gehalten sein, die vorgelegte Urkunde bei Gericht als ein dem Gegner zugängliches Beweismittel, bezüglich dessen ihm schon vordem Recht auf Edition zustand, zu belassen.

Die Fassung des § 401 stimmt mit der des § 475; nur daß in ersterem Zustimmung des Gegners zum Verzichte verlangt, in letzterem dagegen nicht verlangt ist; die Bestimmung des § 401 wird daher ebenso oft falsch interpretiert wie des § 475; sie besagt keineswegs, wie behauptet wird, implicite, daß vor erfolgter Vorlegung einer Urkunde ohne Zustimmung des Gegners auf das Beweismittel verzichtet werden könne, sondern lediglich, daß es einen rechtsgeschäftlichen Verzicht auf das Beweismittel der Urkunde nur nach erfolgter Vorlegung unter Zustimmung gebe, nicht, daß nur dieser von der Zustimmung abhängig sei.

Solche Schlüsse ad contrarium sind absolut unzulässig. Vor Vorlegung der Urkunde gibt es eben gar keinen rechtswirksamen Verzicht, der sog. Verzichtende ist vielmehr trotz Verzichtserklärung die Urkunde vorzulegen, den Beweis anzutreten berechtigt.

§ 401 will nichts anderes als die in Bezug auf den Zeugenbeweis im § 364 ausgesprochene Verfügung in sinngemäßer Anwendung auf den Urkundenbeweis wiederholen.

In den Fällen der §§ 364 und 401 ist Verzicht im Sinne von Beendigung eines Rechtes durch Willenserklärung zu nehmen; eine diesfällige Verzichtserklärung hat nicht bloß die Wirkung einer Zurücknahme der betreffenden Beweisantretungserklärung, durch welche Zurücknahmeerklärung das Beweisrecht nicht beendet wird, sondern es soll durch solchen Verzicht das Beweisrecht mittels dieses Zeugen, mittels dieser Urkunde beendet werden. Wer einmal die Thätigkeit des Gerichtes so weit in Anspruch nahm, soll nicht berechtigt sein, das Gericht neuerdings zu behelligen, indem er sich trotz früheren Verzichtes auf das specielle Beweismittel mit demselben neuerdings zum Beweise erbietet. Man kann Behauptungen, Bestreitungen zurücknehmen, aber nicht auf das Recht, sie abzugeben oder wiederabzugeben verzichten; dagegen kann man präsente Beweismittel nicht bloß zurücknehmen, sondern nur auf das Recht, vermittelst derselben zu beweisen, verzichten; ein solcher Verzicht soll wie jeder rechtsgeschäftliche „Verzicht" unwiderruflich sein.

Die Wirkung auch dieses einseitigen Verzichtes tritt wie die jedes wirksamen Verzichtes in dem Momente ein, in dem das Rechtsgeschäft des Verzichtes perfekt wird, hier also mit Abgabe der einseitigen Verzichtserklärung. Mit dem erklärten Verzichte auf das vorgelegte, präsente Beweismittel hat der Verzichtende sein Beweisrecht mit diesem verwirkt.

Anbelangend den Verzicht resp. die Zurücknahme von in Ausübung eines subjektiven Prozeßrechtes vorgenommenen Willenserklärungen, die dem Gegner gegenüber abgegeben wurden, ist kurz zu sagen, daß es einen solchen nicht gibt, weil das Prozeßrecht bereits ausgeübt und durch die Ausübung kein Anspruch entstanden, also kein Gegenstand eines Verzichtes pro praeterito vorhanden und ein Verzicht pro futuro unzulässig ist.

C. Verzicht auf die Vornahme von Handlungen i. e. S. betreffende Prozeßrechte.

Unter Zugrundelegung der bisher ad A und B entwickelten Sätze bietet die Beantwortung der Frage nach der rechtlichen Natur eines Verzichtes auf Rechte zur Vornahme von Realakten, je nachdem der Verzicht vor oder nach deren Ausübung erklärt wird, keinerlei Schwierigkeit; er kommt als selbständiger auch nur selten vor, sondern verbindet sich zumeist mit dem Verzichte auf Erklärungshandlungen, wenn er nicht thatsächlich ein solcher ist, der sich nur in die Form eines Verzichtes auf Prozeßhandlungen i. e. S. kleidet.

1. Wer auf die Ausübung eines zur Vornahme von Prozeßhandlungen i. e. S. berechtigenden Prozeßrechtes verzichtet, beendet damit nicht etwa sein subjektives Prozeßrecht zur Vornahme der Prozeßhandlung, denn die RCPO. anerkennt solchen Verzicht nirgends als ein zulässiges prozessualisches Rechtsgeschäft.

Insbesondere gibt es keinen rechtswirksamen Verzicht — auch nicht einen auf einem sog. Verzichtsvertrage beruhenden — darauf, im Termine, sei es nun ein Verhandlungs- oder Beweisaufnahmetermin, zu erscheinen. Trotz eines derartigen Verzichts ist der Verzichtende berechtigt, im Termine zu erscheinen und alle ihm überhaupt zustehenden subjektiven Prozeßrechte auszuüben[14]).

[14]) Anderer Meinung Kohler Pr. (S. 40). Wenn nach Kohler die Parteien keine Disposition über Thatsachen haben, wie kann ihnen Disposition darüber zugestanden werden, Verteidigungsmittel im Prozesse geltend zu machen? Was heißt: Ein Vertrag, in welchem der Schuldner verspricht, im

So wenig es einen rechtswirksamen Verzicht auf das subjektive Prozeßrecht zur Vorbringung einzelner Angriffs- oder Verteidigungsmittel gibt, ebenso wenig kann es einen Verzicht auf das Erscheinen im Verhandlungstermine geben, denn solcher Verzicht wäre auf Seite des Klägers Verzicht auf Vorbringung aller Angriffs-, auf Seite des Beklagten auf Vorbringung aller Verteidigungsmittel.

Alle diese Verzichte müssen, abgesehen davon, daß sie die Prozeßordnung nicht als zulässige prozessualische Rechtsgeschäfte erklärt hat, schon deshalb unzulässig sein, weil dadurch dem Richter die Urteilsgrundlagen entzogen werden sollen, auf welchen ein decisives — nicht bloß deklaratorisches — Urteil ergehen soll, weil sich ja jede Partei ein ihr beliebiges Urteil von selbst machen könnte, wenn sie sich von vornherein von dem Gegner (dem Geschäftsfreunde) Verzicht auf das Erscheinen im Termine bedingt.

Ein auf Rechtsanwendung basierendes Urteil kann nur ausgeschlossen werden durch Verzicht auf den materiellen Anspruch oder durch Anerkennung des Anspruches, keineswegs aber durch Verzicht auf die Verteidigung. Dieser verhält sich zu jenem geradeso, wie sich der Verzicht auf das Bestreitungsrecht verhält zum Geständnisse.

Anerkennung des Anspruches ist viel mehr als ein bloßer Verzicht auf die Verteidigung, sie ist ein materielles Rechtsgeschäft, durch welches Feststellung des Anspruches und somit Ausschluß der richterlichen Prüfung seines Zurechtbestehens, Ausschluß der Rechtsanwendung erfolgt; vollzieht sich dieses Rechtsgeschäft im Prozesse, so untersteht es bezüglich seiner Form dem Prozeßgesetze; dieses hat die Anerkennung des Anspruches in mündlicher Verhandlung als einseitiges Rechtsgeschäft gestaltet, aber deshalb hört es doch nicht auf, ein materielles zu sein.

Prozesse abwesend zu bleiben, ist gültig? Wird der trotzdem erscheinende Beklagte gar nicht gehört, also der Grundsatz des beiderseitigen Gehöres verlassen, oder hat der Kläger etwa Ersatzansprüche gegen den erschienenen Beklagten, wenn durch dessen Verteidigung der Prozeß für den Kläger verloren ging?

2. Verzicht auf ein Prozeßrecht, welches bereits durch Vornahme einer Handlung i. e. S. ausgeübt wurde, kann nur durch deren Zurücknahme erfolgen. Zurückgenommen kann jede Prozeßhandlung i. e. S. werden; damit entfällt der durch deren Vornahme bewirkte oder erst zu bewirkende Effekt; in der Zurücknahme liegt aber kein Verzicht auf das Prozeßrecht zur Vornahme; das Prozeßrecht wird also nicht beendet, neuerliche Vornahme der Handlung und damit Herstellung des mit ihr verbundenen Effektes durch Zurücknahme der früheren Handlung nicht ausgeschlossen. Hinderung an Wiedervornahme der Handlung kann nur Präklusionswirkung sein.

Die Zurücknahme einer Prozeßhandlung i. e. S. kann auch dann noch erfolgen — dies muß insbesondere bemerkt werden —, wenn der durch sie selbst angestrebte Effekt bereits hergestellt ist; ein überreichtes Prozeßgesuch kann zurückgenommen werden auch dann noch, wenn das Gericht von dessen Inhalte bereits Kenntnis genommen, selbstredend nicht mehr dann, wenn es über den in demselben enthaltenen Antrag entschieden hat.

Zurücknahme des Erscheinens im Termine wäre Verlassen des Termines; damit treten verschiedene Folgen ein, je nachdem die Partei, die den Termin verläßt, bereits verhandelt hat oder nicht.

Welcher Art diese Folgen sind, bleibt hier außer Betracht. Hier ist nur zu konstatieren, daß Verlassen des Termines weder Zurücknahme der im Termine bereits vorgenommenen Prozeßhandlungen ist, noch Beendigung des Rechtes, in demselben oder in einem etwa vertagten Termine wieder zu erscheinen, bewirkt. Sollten die im Termine vorgenommenen Prozeßhandlungen als zurückgenommen gelten, so müßte deren Zurücknahme insbesondere erklärt werden; solche Erklärung hätte allerdings die ad A 2 und ad B 2 erörterten Rechtsfolgen.

Dagegen würde die ausdrückliche, beim Verlassen des Termines abgegebene Erklärung, auf fernere Anwesenheit in der Verhandlung zu verzichten, nach dem ad 1 Gesagten jeder Wirkung entbehren.

III. Verzicht auf prozessuale Rechtsverhältnisse und auf andere prozessuale Beziehungen.

In den einleitenden Bemerkungen dieses vom Verzichte handelnden Abschnittes wurde hervorgehoben, daß es außer den Willenserklärungen, durch welche einzelne Rechte beendet werden, auch solche gebe, durch die ein Rechtsverhältnis beendet wird; die Frage, ob nicht nur jene, sondern auch diese Verzichtserklärungen sind, wurde offen gelassen. Bekanntlich hat die neuere privatrechtliche Doktrin gegen die Verquickung der Fälle, in deren einem es sich um Beendigung eines Rechtes durch Verzicht, in deren anderem dagegen um den Austritt aus einem Rechtsverhältnisse, um dessen Auflösung durch einseitigen Austritt handelt, Stellung genommen und darauf hingewiesen, daß im ersteren Falle ein Verzicht, also ein Rechtsgeschäft vorliege, während im anderen die Auflösung des Rechtsverhältnisses nicht durch ein Rechtsgeschäft, sondern durch einen Rechtsakt, durch Ausübung eines Rechtes, welches den Inhalt des zu beendenden Rechtsverhältnisses mit bildet, stattfinde. Auf Rechte könne verzichtet werden, nicht aber auf Rechtsverhältnisse; Auflösung derselben durch einseitigen Austritt sei nur dann möglich, wenn das Austrittsrecht zu den den Inhalt des Rechtsverhältnisses bildenden Rechten gehört, so bei der Miete, beim Mandate, bei der Societät, wo dem Kontrahenten das Recht des Rücktrittes, der Kündigung, des Widerrufes zusteht. Werde auf das Rücktrittsrecht rechtsgültig verzichtet, so entfalle auch für die eben genannten Rechtsverhältnisse die Möglichkeit einseitiger Auflösung derselben. Darin, daß dieser Verzicht möglich ist, liege ein Beweis dafür, daß es sich um ein Recht des einseitigen Austrittes handelt, denn nur auf Rechte, nicht auf bloße Möglichkeiten könne verzichtet werden.

Anders betrachtet die RCPO. den einseitigen Rücktritt vom Prozeßverhältnisse; nach ihr erfolgt nicht nur die Begründung des Prozeßverhältnisses durch einseitiges Rechtsgeschäft, sondern es ist auch Beendigung desselben in gleicher Weise möglich, sie erfolgt durch „Zurücknahme" der Klage. Diese Zurücknahme beruht ebenso wie die Klagerhebung lediglich auf einer rechtlichen Möglichkeit, nicht auf einem Prozeßrechte; sie kann auf keinem solchen beruhen, denn dieses könnte nur existieren als ein Recht, welches den Inhalt des Prozeßverhältnisses mit bildet; Zurücknahme der Klage ist nun eine Willenserklärung, durch welche der Klagerhebung alle Wirkung genommen werden soll „der Rechtsstreit soll als nicht anhängig geworden" anzusehen sein (§ 243/3) die Klagerhebung soll mit all' ihren Wirkungen, das Prozeßverhältnis mit allen, seinen Inhalt bildenden Rechten weggefallen sein, zu denen aber auch das Rücktrittsrecht notwendigerweise gehören müßte.

Die Zurücknahme der Klage kann also nicht auf der Ausübung eines nicht existenten Prozeßrechtes beruhen, sondern sie beruht auf einer bloßen rechtlichen Möglichkeit, von der der Kläger beliebigen Gebrauch machen kann; es gibt darum keinen rechtsgültigen Verzicht auf die Zurücknahme der Klage, denn diese Zurücknahme ist Beendigung des Prozeßverhältnisses durch Verzicht auf dasselbe, durch ein Rechtsgeschäft.

Auch die durch Eidesgeschäft bewirkte Abänderung des Prozeßverhältnisses wird durch ein Rechtsgeschäft, welches die Natur des Verzichtes hat, und von der Prozeßordnung „Widerruf" genannt wird, beendet; ebenso erfolgt die Beendigung anderer prozessualer Rechtsverhältnisse und Beziehungen, in denen beispielsweise der Nebenintervenient, der Beweisführer zum ewigen Gedächtnisse, der Arrestwerber in dem Falle, als die Leistungsklage noch nicht erhoben ist, steht.

Bei der Beendigung prozessualer Rechtsverhältnisse durch

rechtsgeschäftliche Willenserklärung ist der Verzichtswille auf das „als Subjekt in dem Rechtsverhältnisse Stehen“ gerichtet; der Verzichtende will aus dem Rechtsverhältnisse ausscheiden und dieses dadurch zum Zerfalle bringen.

Die Beendigung erfolgt vorzeitig, in abnormer Weise. Der Prozeß entwickelt sich nicht seinem Ziele — dem Urteile — zu und wird nicht erst durch dieses beendet, sondern dieses wird durch Parteiwillen, durch das Rechtsgeschäft des Verzichtes abgeschnitten.

Die Weiterentwickelung des Prozeßverhältnisses wird durch Ausübung der seinen Inhalt bildenden Prozeßrechte bewirkt; je nachdem bestimmte Prozeßrechte von seiten der Prozeßsubjekte bereits ausgeübt wurden, befindet sich das Prozeßverhältnis in einem vorgeschritteneren Stadium der Entwickelung; für die Gestaltung und die Wirkung des Verzichtes auf das Prozeßverhältnis fragt es sich, ähnlich wie es sich beim Verzichte auf Prozeßrechte darum fragt, ob solche bereits ausgeübt wurden oder nicht, darum, in welches Stadium der Entwickelung der Prozeß durch Ausübung von Prozeßrechten bereits gelangt ist.

A. Verzicht auf das Prozeßverhältnis.

Wenn Verzicht auf das Prozeßverhältnis das sein soll, was er besagt, so muß durch ihn Beendigung des Prozeßverhältnisses erfolgen, d. h. das Prozeßverhältnis muß über rechtsgeschäftliche Parteiwillenserklärung aufgelöst werden, es müssen die seinen Inhalt bildenden Rechte erlöschen. Ist aber einmal das Prozeßverhältnis durch Verzicht in anderer als bestimmungsgemäßer Weise (diese ist Beendigung durch Urteil) beendet, so ist selbstredend eine dem Verzichte nachfolgende Beendigung durch Urteil ausgeschlossen; Urteil, Sachurteil ist nur möglich, nachdem das Prozeßverhältnis überhaupt resp. in rechtswirksamer Weise, also rechtsgültig zu stande gekommen ist, und so lange es fortbesteht.

Begründet wird das Prozeßverhältnis durch die Klagerhebung; rechtsgültige Begründung ist durch diese erfolgt, wenn die Prozeßvoraussetzungen gegeben sind; vor der Klagerhebung ist gar kein Urteil möglich, mangelt es an den Prozeßvoraussetzungen, so kann kein Sachurteil ergehen. Ist das Prozeßverhältnis beendet, so kann wieder kein Urteil, weder Urteil ab instantia noch Sachurteil ergehen; dies ist der Fall, wenn das Prozeßverhältnis durch Konfusion (Beerbung des Klägers durch den Beklagten und umgekehrt) oder durch hier zu erörternden Verzicht oder endlich durch gerichtlichen Vergleich erlischt.

Die RCPO. kennt solchen rechtsgeschäftlichen Verzicht und benennt ihn Zurücknahme der Klage; diese „hat zur Folge, daß der Rechtsstreit als nicht anhängig geworden anzusehen ist" § 243/3, sie beendet die Rechtshängigkeit, das Prozeßverhältnis, und zwar ex tunc, d. h. die seinen Inhalt bildenden Rechte, die durch Ausübung derselben entstandenen Ansprüche werden von der Gerichtstafel gelöscht

Die RCPO. erklärt aber auch die Zurücknahme der Klage als die einzig und allein mögliche Parteiwillenserklärung, durch welche das Prozeßverhältnis absichtsgemäß und direkt beendet wird; sie kennt nur eine renunciatio liti, aber keine renunciatio liti et causae, wohl aber eine renunciatio causae sed non liti, wenn unter lis richtig Prozeß und nicht Streiten im Prozesse verstanden wird.

Diese Behauptung muß, bevor an die Besprechung der Klagezurücknahme gegangen wird, gerechtfertigt werden, zumal die gegenteilige Behauptung durch einen gewichtigen Gewährsmann — Planck a. a. O. S. 300 ff. — vertreten wird.

Nach ihm erscheint der Verzicht auf die erhobene Klage in doppelter Form, als Verzicht auf das Klagrecht selbst und folgeweise auf die Entscheidung und als bloßer Verzicht auf letztere; nach ihm liegt in dem gerichtlichen Verzichte auf das Klagrecht, d. i. in dem Verzichte auf den geltend gemachten Anspruch (§ 277) immer zugleich Zurücknahme der Klage.

Es hat sich bereits wiederholt Gelegenheit geboten, darauf hinzuweisen, daß ein Klagrecht im Sinne von publizistischem, nicht materiellem Klagrecht nicht existiert, ebenso Gelegenheit, darzuthun, daß es deshalb keinen Verzicht auf ein publizistisches Klagrecht, wohl aber einen solchen auf das materielle Klagrecht gibt und daß dieser Verzicht kein prozessualisches, sondern ein materielles Rechtsgeschäft ist. Auch auf die verschiedene Bedeutung des zweimal in § 277 vorkommenden Wortes „Anspruch“ und insbesondere darauf, daß unter dem geltend gemachten „Anspruch“ der materielle rechtliche Anspruch zu verstehen ist, wurde schon hingewiesen. (Materiell rechtlicher Anspruch ist nicht gleichbedeutend mit einem Anspruche, der aus Bestimmungen, die das Privatrecht aufstellt, abgeleitet wird; auch die RCPO. und insbesondere § 231 enthält, wie in dem Abschnitte „Klagegeschäft“ angedeutet wurde, privatrechtliche Bestimmungen.)

Der Anspruch, auf welchen im Falle des § 277 verzichtet wird, ist jener Anspruch, von dem § 230 Z. 2 spricht, der nach seinem Gegenstand und Grunde in der Klage bezeichnet werden muß; soll er aber bereits in dieser Weise in der Klage angegeben werden, so muß er der Klage, dem Prozesse präexistieren, er kann nicht sein der prozessuale Anspruch, welcher erst durch Ausübung eines Prozeßrechtes, durch Vornahme einer Prozeßhandlung entsteht; er ist nicht der „gegen das Gericht erhobene Anspruch auf Zuerkennung des in der Klage bezeichneten — (man würde in Übereinstimmung mit den in § 230 enthaltenen Gesetzesworten erwarten: Anspruches) — privatrechtlichen Vorteiles (?)“; in einem Verzichte auf jenen Anspruch kann nicht zugleich die Erklärung gelegen sein, Kläger wolle von seinem Anspruche auf Entscheidung keinen Gebrauch machen.

In § 277 kann weder ein Verzicht auf einen Anspruch auf Zuerkennung eines privatrechtlichen Vorteiles noch ein solcher auf einen Anspruch auf Entscheidung überhaupt gemeint sein, denn diese beiden Ansprüche entstehen nicht einmal durch die Klagerhebung, sondern erst durch Stellung des Klagantrages in der mündlichen

Verhandlung; früher existieren diese Ansprüche gar nicht; wenn nun § 277 von einem „geltend gemachten" Anspruche redet, so kann dies keiner der beiden gedachten Ansprüche sein, die erst durch die Antragstellung entstanden sind (vor derselben konnten sie nicht erfüllt werden, auf etwas, was noch nicht erfüllt werden kann, gibt es keinen Anspruch), denn diese wurden nicht als bereits bestehende geltend gemacht, sondern erst durch Antragstellung erzeugt. Wenn aber keiner dieser Ansprüche unter dem geltend gemachten Anspruche, auf den verzichtet wird, verstanden sein kann, so bleibt nur mehr der materiell-rechtliche über; nur auf diesen kann sich der klägerische Verzicht beziehen.

Verzicht auf die anderen Ansprüche müßte das Prozeßverhältnis beenden; dann wäre aber kein Urteil mehr möglich und doch soll nach § 277 auf Grund des Verzichtes das den Kläger mit seinem Anspruche, d. i. mit dem durch Stellung des Klagantrages in der mündlichen Verhandlung entstandenen Anspruche abweisende Urteil ergehen. Daß dieser Anspruch, d. i. der prozessuale Anspruch, bereits entstanden sein muß, wenn gerichtlich auf den materiell-rechtlichen verzichtet werden kann, geht unzweifelhaft aus § 277 hervor. Der Verzicht soll bei der mündlichen Verhandlung, nicht im Termine überhaupt abgegeben werden; der Termin beginnt allerdings bereits mit dem Aufruf der Sache (§ 197/1), aber die mündliche Verhandlung wird erst durch Stellung der Parteianträge eingeleitet; „bei der mündlichen Verhandlung" heißt daher jedenfalls in dem Abschnitte des Termins, welcher auf die Stellung der Parteianträge folgt; verzichtet der Kläger, nachdem er den Klagantrag gestellt, auf seinen materiell-rechtlichen Anspruch, so ist er mit seinem durch Stellung des Klagantrages entstandenen Anspruche abzuweisen, wenn Beklagter dies beantragt. Dies und nichts anderes sagt § 277.

Die Behauptung, daß im Falle als die Verzichtserklärung des Klägers erfolgte, bevor Beklagter seine mündliche Verhandlung zur Hauptsache begonnen hat (Stellung des nackten Abweisungsantrages genügt hierzu nicht, denn er kann später durch Geltendmachung einer sogen. prozeßhindernden Einrede fundiert werden), die Stellung des Antrages auf Abweisung des Klägers unmöglich gemacht sei, scheint unhaltbar. Wie ist diese Behauptung mit dem Wortlaute des § 277, in dem nicht unterschieden wird, wann bei der mündlichen Verhandlung der Verzicht erklärt wird, sondern für alle Fälle des bei derselben erklärten Verzichtes die Verfügung getroffen wird, vereinbar? Der angeführte Grund, „denn die klägerische Erklärung ist zugleich Zurücknahme der Klage“, ist gewiß nicht stichhaltig, weil ja das Prozeßverhältnis nicht beendet wird. Wäre die klägerische Erklärung zugleich Zurücknahme der Klage, so könnte nie mehr ein Urteil über dieselbe ergehen.

Die Beendigung des Prozeßverhältnisses erfolgt demnach keineswegs durch den Verzicht auf den Anspruch; der Prozeß wird vielmehr über Verzicht auf den Anspruch erst durch das nach § 277 ergehende Urteil beendet, wenn Beklagter darauf anträgt. Wenn nicht, ruht der Prozeß; würde Kläger in diesem Falle, wo also kein Urteil ergeht, erneute Klage anstellen, so kann derselben von seiten des Beklagten die Einrede der Rechtshängigkeit entgegengesetzt werden; der Beklagte ist keineswegs nur die Einlassung auf die neue Klage in so lange zu verweigern berechtigt, als ihm die früheren Kosten nicht erstattet worden sind.

Ist das Urteil nach § 277 ergangen und erneut Kläger seine abgewiesene Klage, so kann derselben doch gewiß die exceptio rei judicatae entgegengesetzt werden; der Beklagte kann doch nicht gezwungen werden, sich, wie behauptet wird, auf einen neuen Prozeß einzulassen, sobald ihm nur die Kosten des früheren erstattet worden sind. Warum soll das Urteil nach § 277 weniger Rechtskraft haben, als ein anderes, wenn es überhaupt ein Urteil ist und daß es eines ist, wird nicht bestritten. Was sollte die Zulassung einer neuen Verhandlung bezwecken? Soll Kläger etwa berechtigt sein, trotz früheren Verzichtes auf seinen geltend gemachten Anspruch zu verhandeln? Man müßte dies annehmen, wenn die res judicata nicht im Wege stehen soll, denn das prozeßrechtliche aber materielle Rechtsgeschäft des Verzichtes auf den materiellrechtlichen Anspruch hat nur in dem Prozesse, in dem es zustande kam, die prozessuale Folge, daß Beklagter sofort Abweisungsantrag nach § 277 stellen kann. Im erneuten Prozesse könnte sich der Beklagte, der sich durch exceptio rei judicatae nicht zu schützen vermag, nur auf den in dem anderen Prozesse vorgekommenen Verzicht auf den materiellrechtlichen Anspruch zu seiner Verteidigung berufen, worüber dann gewöhnliches Urteil zu ergehen hätte; keineswegs könnte er Abweisung des Anspruches nach § 277 beantragen.

Einer im ersten Prozesse abgegebenen Annahmeerklärung bedürfte aber der Verzicht auch im Falle solchen Verzichtes nicht, denn das materiell rechtliche Rechtsgeschäft des Verzichtes ist als prozeßrechtliches zu stande gekommen, der Verzichtende bleibt daher an seinen Verzicht, und zwar nicht bloß für den Prozeß, in dem er verzichtet hat, gebunden, weil der prozeßrechtliche (durch das Prozeßrecht als einseitiger gestaltete) Verzicht den materiell rechtlichen Anspruch, nicht aber einen prozessualen betraf[15]).

Damit, daß der Verzicht auf den Anspruch ein materiellrechtliches Rechtsgeschäft ist — ebenso das gerichtliche Anerkenntnis des geltend gemachten Anspruches seitens des Beklagten (§ 278) und der Prozeßvergleich — hängt es zusammen, daß die Prozeßvollmacht bezüglich der Verzichtleistung „auf den Streitgegenstand", bezüglich der Anerkennung des Anspruches und bezüglich des Vergleiches beschränkt werden kann (§ 79); unbeschränkbar soll sie nur bezüglich der Prozeßhandlungen, die nicht über den Prozeß hinauswirken, sein; zu jenen gehören aber nur die prozessualen, dagegen nicht die prozeßrechtlichen, materiellen Rechtsgeschäfte.

[15]) Man könnte nicht etwa das Gegenteil unter Berufung auf das Geständnis behaupten wollen, denn dieses ist kein materiell-rechtliches, sondern ein prozessualisches Rechtsgeschäft; die Feststellung einer Thatsache erfolgt für diesen Prozeß, der Verzicht auf den materiell-rechtlichen Anspruch erfolgt dagegen für immer.

Hier dürfte es am Platze sein, dasjenige, was über das materielle Rechtsgeschäft des gerichtlichen Vergleichs zu sagen ist, vorzubringen.

Prozeßvergleich ist nicht zusammengesetzt aus Verzicht auf den Anspruch und Anerkennung desselben in der Weise, daß Kläger auf einen Teil des Anspruches verzichtet und Beklagter den andern Teil anerkennt; hierdurch würde der Prozeß nicht erledigt, das Prozeßverhältnis nicht beendigt; Beendigung würde erst dadurch erfolgen, daß Beklagter bezüglich eines Teiles des Anspruches Verzichtsurteil, Kläger bezüglich des andern Anerkenntnisurteil beantragt und ein aus Verzichts- und Anerkenntnisurteil zusammengesetztes Urteil ergeht. Diese an sich mögliche Auffassung und Gestaltung des Prozeßvergleiches ist nicht die der RCPO.

Prozeßvergleich ist aber auch nicht, wie Planck a. a. O. S. 305 behauptet, zusammengesetzt aus der vom Kläger dem Prozeßgerichte abgegebenen Erklärung des Verzichtes auf den Anspruch, welche zugleich sein soll Verzicht auf die Entscheidung über den Anspruch, und aus einem zwischen den Parteien abgeschlossenen Verzichtsvertrage, mit welchen Kläger dem Beklagten gegen eine von diesem zugesagte Gegenleistung beliebigen Inhaltes verspricht, das jetzt verfolgte Klagrecht endgültig nicht gebrauchen zu wollen.

Verzicht auf den Anspruch ist vor allem, wie bereits dargethan, nicht Verzicht auf die Entscheidung über den Anspruch, sondern Verzicht auf den Streitgegenstand. Vergleich kann auch nicht notwendig sein Verzicht auf den Streitgegenstand, denn sonst wären alle jene Vergleiche, mit denen Kläger seinen Anspruch aufrecht erhält und sich nur seinerseits zu einer Leistung an den Beklagten verpflichtet, keine Vergleiche.

Vergleich kann aber noch weniger sein Vertrag, mit welchen auf den Gebrauch des jetzt verfolgten Klagerechtes endgültig verzichtet wird; hierin müßte ein Verzicht auf das publizistische Klagrecht erkannt werden; ein solches existiert aber nicht, daher ist auch ein Verzicht auf dasselbe nicht denkbar. Würde durch den

Vergleich auf dieses Klagrecht verzichtet, so müßte die Einrede der verglichenen „Streitsache“ eine prozeßrechtliche sein; anerkanntermaßen ist sie aber eine materiell-rechtliche.

Die Leistung, zu welcher sich Beklagter im Vergleiche verpflichtet, ist überhaupt keine Gegenleistung, am allerwenigsten eine solche für den Verzicht auf das Klagrecht; sie ist entweder Leistung — wenigstens teilweise — desjenigen, worauf der materiell-rechtliche Anspruch des Klägers gerichtet war, oder Ersatzleistung dafür. Darum kann der Beklagte, auch wenn er noch nicht geleistet hat, einer neuerlichen Klage mit Erfolg die Einrede der verglichenen Streitsache entgegensetzen, während dieser, wenn es sich um eine Gegenleistung handeln würde, vom Kläger mit Erfolg die replicatio non adimpleti contractus entgegengesetzt werden könnte.

Aus den wenigen Bestimmungen, welche die RCPO. über den gerichtlichen Vergleich enthält, ist wohl so viel zu entnehmen, daß sie denselben als im Prozesse vorkommendes materiell-rechtliches Geschäft auffaßt; über das Zustandekommen des Vergleiches enthält die RCPO. gar keine Bestimmung, sie hat ihn als im Prozesse vorkommendes Rechtsgeschäft nicht selbständig gestaltet, wie sie dies bezüglich des Verzichtes auf den Anspruch oder des Anerkenntnisses desselben gethan, indem sie beide als einseitige Rechtsgeschäfte gestaltete, sondern sie beschäftigt sich nur mit dem nach den Normen des Privatrechtes zu stande gekommenen Vergleiche; sie spricht in §§ 93, 702 von abgeschlossenen Vergleichen, in § 471/2 von einem Vergleiche, der geschlossen wird, und zwar durch Vereinbarung der Parteien §§ 93, 471, vor Gericht §§ 471, 702. Der nach den Privatrechtsnormen direkte zwischen den Parteien, also nicht durch dem Gerichte gegenüber abgegebene Erklärungen abgeschlossene Vergleich ist lediglich durch Aufnahme in das Protokoll festzustellen (§ 146, Z. 2 und § 471/2).

Von einem Verzichte des Klägers gegenüber dem Prozeßgerichte ist nirgends die Rede; an späterer Stelle S. 306, 307 erkennt Planck in dem Vergleiche nicht bloß Verzicht des Klägers auf das jetzt verfolgte Klagrecht, sondern auch noch einen Verzicht des Beklagten auf die Verteidigung, was nach früheren Äußerungen desselben gleichbedeutend ist mit Anerkenntnis des Anspruches. Darnach enthielte der Vorgang des Vergleiches nicht „zweierlei", sondern dreierlei; zu dem Verzichte des Klägers gegenüber dem Prozeßgerichte und dem Verzichtsvertrage unter den Parteien käme noch das Anerkenntnis des Beklagten dem Prozeßgerichte gegenüber; darnach hätte man es mit zwei einseitigen und einem zweiseitigen Rechtsgeschäfte zu thun. Anhaltspunkte im Gesetze lassen sich dafür nicht finden; wohl aber sagen §§ 93, 146, daß durch den Vergleich der Rechtsstreit (ganz oder teilweise) erledigt wird, d. h. daß der Prozeß, insoweit dessen Erledigung durch Vergleich erfolgt, beendet wird, ohne daß es zu einem Urteile kommt, daß somit das materielle Rechtsgeschäft des Vergleiches als solches auch das Prozeßverhältnis beendet. Die Absicht der Parteien, welche einen gerichtlichen Vergleich schließen, braucht nur darauf gerichtet zu sein, daß dadurch der Streitgegenstand, der klägerische materiell-rechtliche Anspruch geordnet wird, die Absicht der Parteien braucht nicht auf Beendigung des Prozesses gerichtet zu sein; darum ist der Vergleich nur ein materielles Rechtsgeschäft, weil die rechtsgeschäftliche Absicht nur den Streitgegenstand betrifft, und nicht zugleich ein prozessuales; die Beendigung des Prozesses ist wohl eine Folge des Vergleiches, und zwar eine von der Prozeßordnung mit demselben verknüpfte notwendige, welche auch als unbeabsichtigte eintritt.

Die Beendigung des Prozeßverhältnisses tritt ebenso unabhängig von dem Willen der Parteien ein, wie die im § 93 angeordnete Kostenaufhebung; beides tritt ein, ohne daß die Parteien daran gedacht haben; die Kostenaufhebung tritt wohl ohne, nicht aber gegen den Willen der Parteien ein; es ist ihnen andere Vereinbarung gestattet; die Beendigung des Prozesses tritt aber nicht nur ohne, sondern auch gegen den Willen der Parteien ein; sie sind gar nicht mehr berechtigt, die Thätigkeit des

Gerichtes ferner in Anspruch zu nehmen, nachdem sie sich über den Anspruch des Klägers vergleichsweise auseinandergesetzt haben.

Im gerichtlichen Vergleiche ist niemals eine Vereinbarung, durch welche ein Prozeßrecht absichtsgemäß beendet wird, gelegen; er ist nur insoweit ein prozessualisches Rechtsgeschäft, als durch ihn die Kostenfrage in anderer Weise erledigt wird, als es durch die Verfügung des § 93 vorgesehen — als prozessuale Folge des materiellen Vergleiches angeordnet ist.

Vergleich über die Streitsache selbst ist also ebenso wie Verzicht auf den Anspruch und Anerkenntnis desselben ein materielles Rechtsgeschäft, mit dem notwendige prozessuale Folgen verbunden sind. Es mag ja sein, daß in speziellen Fällen die Absicht des oder der Erklärenden nicht bloß darauf gerichtet war, die materielle Wirkung hervorzubringen, sondern daß auch der prozessuale Effekt des betreffenden materiellen Rechtsgeschäfts, also das Ruhen des Prozesses oder dessen Beendigung mitbeabsichtigt war; dieser Wille ist jedoch nicht die causa efficiens für den Eintritt des prozessualen Effektes; der Effekt tritt ein unabhängig von dem Willen, also auch wenn dieser gar nicht vorhanden ist, ja sogar gegen den Willen und dies ist entscheidend dafür, daß die gedachten materiell-rechtlichen Rechtsgeschäfte nicht zugleich prozessualische sind. Dagegen kann nicht eingewendet werden, daß Rechtsgeschäfte auch nicht beabsichtigte Wirkungen haben können, daß diese vom Gesetze bestimmt werden; dies ist nur insoweit richtig, als das Privat- oder das Prozeßrecht die Wirkungen der materiellen oder prozessualen Rechtsgeschäfte bestimmt; aber es geht gewiß nicht an, zu behaupten, daß ein Rechtsgeschäft, welches nur als materiell-rechtliches — unter der Sanktion des Privatrechtes stehendes — beabsichtigt ist, zugleich ein prozessualisches wird.

Das materielle Rechtsgeschäft ist ein für sich abgeschlossener Thatbestand, mit dem das Prozeßrecht, wie mit einem andern, gewisse Rechtsfolgen verbinden kann.

Ebenso wie Tod einer Partei, Verlust der Prozeßfähigkeit u. s. w.

Thatbestände sind, an welche die RCPO. die Folge knüpft, daß das Verfahren unterbrochen wird, ebenso ist dies bei den Thatbeständen des materiell-rechtlichen Verzichtes und Anerkenntnisses der Fall, ebenso tritt Beendigung des Prozesses ein, wenn der Thatbestand des materiellen Vergleiches gegeben ist.

Verzicht auf den Anspruch, dessen Anerkenntnis und Vergleich — die Trias, der man in der RCPO. wiederholt begegnet — sind nur materielle Rechtsgeschäfte, in keinem derselben ist ein Verzicht auf das Prozeßverhältnis, auf die Gesamtheit der seinen Inhalt bildenden Prozeßrechte gelegen; die RCPO. kennt keine renunciatio liti et causae, sondern nur eines oder das andere; sie kennt nur eine renunciatio liti, nur einen Verzicht auf das Prozeßverhältnis und dies ist die Zurücknahme der Klage; eine solche ist in dem Anspruchsverzichte und in dem Vergleiche ebenso wenig gelegen, als in dem Anerkenntnisse ein prozessuales Rechtsgeschäft gefunden werden kann, durch welches der Prozeß, das Prozeßverhältnis beendet wird.

Verzicht auf das Prozeßverhältnis, auf den Prozeß, setzt notwendigerweise die Existenz des Prozeßverhältnisses voraus; es gibt keinen Verzicht auf ein sog. publizistisches Klagrecht, auf die bloße Möglichkeit, das Rechtsgeschäft der Klagerhebung vorzunehmen; erst wenn die Klage erhoben ist, kann Verzicht auf das Prozeßverhältnis durch Zurücknahme der Klage erfolgen. Eine solche ist wohl auch in einem früheren Momente, in der Zeit zwischen der Einreichung der Klagschrift bei dem Gerichtsschreiber zum Zwecke der Terminsansetzung und der Zustellung an den Gegner denkbar; aber in ihr liegt dann kein Verzicht auf das Prozeßverhältnis, sondern lediglich Zurücknahme einer Teil-Handlung, welche kein Rechtsakt, Ausübung eines noch gar nicht existierenden Prozeßrechtes ist, sondern durch welche sich erst in Verbindung mit anderen, noch nicht vorgenommenen Teil-Handlungen das Rechtsgeschäft der Klagerhebung vollziehen sollte; das Prozeßverhältnis kommt also thatsächlich in diesem Falle gar nicht zu stande; in solcher Zurücknahme der Klage liegt daher kein Verzicht auf das Prozeßverhältnis.

Der Verzicht auf das Prozeßverhältnis gestaltet sich anders als der ad I besprochene Verzicht auf einzelne Prozeßrechte, weil das Prozeßverhältnis Rechte der verschiedenen Prozeßsubjekte zu seinem Inhalte hat, durch Verzicht auf dasselbe, wenn dadurch das Prozeßverhältnis seinem ganzen Inhalte nach beendigt werden soll, auch Prozeßrechte der anderen mit dem Verzichtenden im Prozeßverhältnisse stehenden Personen erlöschen müssen. Hiebei kommt in Betracht, ob im Momente des Verzichtes die Prozeßrechte bereits ausgeübt wurden, ob die Ausübungshandlungen Willenserklärungen waren und durch sie prozessualische Ansprüche entstanden sind, endlich von wem diese Rechtsakte vorgenommen wurden, wem die Ansprüche entstanden sind.

Nach den Bestimmungen der RCPO. soll durch Verzicht auf das Prozeßverhältnis dieses seinem ganzen Inhalte nach, also auch die den anderen Prozeßsubjekten zustehenden Prozeßrechte erlöschen, insoweit durch Ausübung derselben seitens des Beklagten nicht bereits diesem der Anspruch auf Sachentscheidung, d. i. auf Entscheidung über diese Klage, von diesem Gerichte, gegenüber diesem Kläger entstanden ist. Kläger soll befugt sein, durch Verzicht auf das Prozeßverhältnis Beendigung der eignen Prozeßrechte und etwa auch daraus bereits ihm entstandener Ansprüche, ja auch Beendigung der den anderen Prozeßsubjekten zustehenden Rechte zu bewirken, ohne daß es eines von seiten der letzteren erklärten Verzichtes darauf bedarf, insolange nur nicht auf Seite des Beklagten dadurch, daß er zur Hauptsache zu verhandeln begonnen hat, Anspruch auf Sachentscheidung entstanden ist. Soll auch dieser aus dem Prozeßverhältnisse entstandene Anspruch erlöschen, so muß zu dem Verzichte des Klägers selbständiger Verzicht des Beklagten hinzutreten.

Nur bis zum Beginne der mündlichen Verhandlung des Beklagten zur Hauptsache kann die Klage ohne Einwilligung des

Beklagten zurückgenommen werden, (§ 243/1); später wird diese Einwilligung verlangt, weil nicht bloß fremde Rechte, sondern sogar der selbständige Anspruch des Beklagten auf Sachurteil beendet werden muß; diese Einwilligung besteht in einem selbständigen Verzichte auf diesen prozessualen Anspruch, es tritt zu dem Verzichte des Klägers, zu der Zurücknahme der Klage noch ein prozessualer Verzicht des Beklagten hinzu.

Die Möglichkeit, durch Verzicht nicht bloß eigne, sondern auch fremde Rechte zu beenden, steht im Widerspruche mit dem eingangs angeführten Verzichtsbegriffe; dieser Widerspruch löst sich nur dadurch, daß die fraglichen Rechte den Inhalt eines Rechtsverhältnisses mit bilden, welches durch einseitigen Verzicht beendet werden soll; man wird dies dann um so eher als zulässig erachten, wenn das Rechtsverhältnis durch einseitiges Rechtsgeschäft zustande kam, wie dies ja beim Prozeßverhältnisse der Fall ist.

Die einseitige rechtsgeschäftliche Willenserklärung, durch welche das Prozeßverhältnis entstanden ist, soll zurückgenommen werden können, die vorgenommene einseitige Klaghandlung soll ihrer rechtlichen Wirkungen entbehren, oder, wie § 243/3 sich ausdrückt, der Rechtsstreit soll als nicht anhängig geworden — also das Prozeßverhältnis als nicht entstanden — anzusehen sein.

Dies ist zulässig, so lange es sich nur um den Inhalt des Prozeßverhältnisses bildende Rechte, aus denen noch keine Ansprüche entstanden sind, handelt. Existieren aber bereits solche, so können immer nur die eigenen Ansprüche des Verzichtenden durch dessen Verzicht erlöschen, niemals die des Gegners. Hieran hält auch die RCPO. bei der Gestaltung der Klagezurücknahme fest, ohne daß sie wie das Privatrecht eine selbständige Fortexistenz der Ansprüche über das bereits abgestorbene Rechtsverhältnis hinaus kennt, mit alleiniger bezüglich des Anspruches auf Kostenersatz gemachter Ausnahme; dieser Anspruch kann über das Prozeßverhältnis hinaus eine selbständige Existenz führen.

Das Prozeßverhältnis kann nur unter gleichzeitigem

Erlöschen der aus ihm entstandenen Ansprüche beendigt werden, und zwar deshalb, weil durch das Wesen des Prozesses eine Befriedigung der durch Willenserklärungen der Berechtigten entstandenen Ansprüche nach Beendigung des Prozeßverhältnisses ausgeschlossen ist. Die Ansprüche sind gegen das Gericht gerichtet, verlangen behufs ihrer Befriedigung die Vornahme einer Richterhandlung, welche allerdings bereits veranlaßt ist durch die abgegebene Willenserklärung, die aber erst im Prozesse vorgenommen werden soll und nur in diesem vorgenommen werden kann.

Durch die abgegebene Willenserklärung allein ist zwar der Anspruch entstanden; aber die Partei verlangt nicht nur, daß der Richter handle, was er nur im Prozesse kann, sondern daß er in bestimmter, dem Antrage entsprechender Weise handle; um dies zu bewirken, bedarf es der Begründung des Anspruches, welche durch Abgabe von weiteren zu dem Antrage hinzutretenden Erklärungen erfolgt, zu denen das Prozeßverhältnis berechtigt; dessen Existenz ist daher unbedingt nötig, damit der Anspruch fundiert werden und die richterliche Entscheidung über den fundierten Anspruch ergehen könne.

Anders bei dem Anspruche auf Kostenersatz; bezüglich desselben bedarf es gar keiner Willenserklärung, über denselben wird von Amts wegen erkannt nach den Bestimmungen der Prozeßordnung unabhängig vom, nur nicht gegen den Parteiwillen; dann nicht, wenn auf den diesfälligen Anspruch verzichtet wird.

Die Feststellung der Kosten erfolgt auch in den Fällen, in denen das Prozeßverhältnis durch Urteil beendigt wird, nach Beendigung desselben. In gleicher Weise soll auch der Ausspruch über den Kostenersatz nach Zurücknahme der Klage ergehen können. Die Selbständigkeit des gesetzlichen Anspruches auf Kostenersatz ermöglicht diese Art seiner Behandlung.

Alle anderen Ansprüche müssen gleichzeitig mit der Beendigung des Prozeßverhältnisses beendet werden, anders ist diese nicht möglich. Ist der Anspruch auf Sachentscheidung auf seiten des Beklagten bereits existent geworden, so muß, wenn die Klage zurückgenommen werden will, selbständiger Verzicht auf diesen Anspruch vorliegen; dieser Verzicht wird dadurch erklärt, daß der Beklagte seine Einwilligung zu der durch Zurücknahme der Klage erfolgenden Beendigung des Prozeßverhältnisses erteilt.

Ist aber der Anspruch auf Sachentscheidung auf seiten des Beklagten noch nicht entstanden, hat er den Abweisungsantrag nicht so gestellt, daß es erkennbar ist, er beantrage abweisende Entscheidung in der Hauptsache, sondern geht sein Antrag dahin, es möge wegen mangelnder Prozeßvoraussetzungen die Abweisung der Klage ab instantia ausgesprochen werden, so ist wohl allerdings ein Anspruch auf ein dieselbe aussprechendes Urteil entstanden. Bezüglich dieses Anspruches ist aber ein Verzicht auf denselben behufs seiner Beendigung nicht nötig, denn diese wird ja im Falle der einseitigen Klagzurücknahme durch Befriedigung desselben, wenn auch in anderer Form bewirkt. Es ergeht zwar kein die Klage ab instantia abweisendes Urteil, aber der durch ein solches herzustellende Effekt wird durch die Zurücknahme der Klage bewirkt der Beklagte erreicht, was er durch seinen Antrag auf ein die Klage ab instantia abweisendes Urteil erreichen wollte; er braucht sich über diese Klage in keine Verhandlung in der Hauptsache einzulassen, das bis jetzt nur als pendentes bestehende, bezüglich seiner rechtswirksamen Begründung noch gar nicht geprüfte Prozeßverhältnis wird beendet, sein Kostenersatzanspruch bleibt ihm gewahrt, über denselben kann nach Beendigung des Prozeßverhältnisses erkannt werden.

Nach dem Gesagten wird also in allen Fällen durch Zurücknahme der Klage, insoweit eine solche als prozessuales Rechtsgeschäft zulässig erklärt ist, das Prozeßverhältnis beendet; die sämtlichen seinen Inhalt bildenden subjektiven Prozeßrechte der Prozeßsubjekte erlöschen, ebenso die aus denselben bereits entstandenen Ansprüche; die eigenen des Verzichtenden durch seinen Verzicht — durch Zurücknahme der Klage —, die des Beklagten durch Befriedigung resp. Herstellung eines Zustandes, der adäquat ist jenem bei Erfüllung des Anspruches, oder durch eigenen Verzicht, der durch Einwilligung in die Zurücknahme der Klage erklärt wird; nur der Kostenersatzanspruch kann überbleiben und nach Beendigung des Prozeßverhältnisses befriedigt werden.

B. Verzicht auf durch prozessualische Rechtsgeschäfte bewirkte Abänderungen des Prozeßverhältnisses.

Es gibt wohl keinen Verzicht auf die Vornahme von prozessualischen Rechtsgeschäften, durch welche das Prozeßverhältnis abgeändert werden soll, aber Verzicht auf die bewirkte Abänderung ist zulässig.

Das meiste, was hierüber zu sagen ist, wurde bereits bei Erörterung der das Prozeßverhältnis abändernden Rechtsgeschäfte, insoweit sie selbständiger Besprechung unterzogen wurden, vorgebracht.

Es kann daher bezüglich des Verzichtes auf die durch Geständnis und Eidesgeschäfte bewirkten Abänderungen des Prozeßverhältnisses, bezüglich der Gestaltung solchen Verzichtes als Widerruf (des Geständnisses, der Annahme und Zurückschiebung des Eides) als Erlaß (des Eides) darauf verwiesen werden. Im übrigen gestaltet sich die Sache höchst einfach.

Die durch prozessualische Rechtsgeschäfte der Parteien herbeigeführten Abänderungen des Prozeßverhältnisses können durch Parteiwillenserklärungen wieder beseitigt werden.

Eine Ausnahme von dieser allgemeinen Regel wird nur durch die Bestimmung des § 235 Z. 2 geschaffen. Wurde das Prozeßgericht durch erst im Prozesse erfolgende Vereinbarung der Parteien (durch ein prozessualisches Rechtsgeschäft, also durch eine wirkliche, nicht fingierte Vereinbarung) zuständig, so kann auf diese durch Rechtsgeschäft erzeugte Wirkung nicht mehr verzichtet werden, denn durch eine Veränderung der die Zuständigkeit des Prozeßgerichtes begründenden Umstände wird diese nicht berührt. Verzicht ist nur möglich auf die Wirkung einer außergerichtlich, vor dem Prozesse erfolgten Prorogation, in so lange der Prozeß nicht bei dem prorogierten Gerichte anhängig geworden ist.

Dagegen kann auf das durch prozessualisches Rechtsgeschäft bewirkte Ruhen des Prozesses, auf die in gleicher Weise bewirkte Verlängerung oder Abkürzung einer Frist, auf die Terminsaufhebung auf etwaige die Sicherheitsleistung betreffende Vereinbarungen resp. auf deren Wirkungen rechtsgültig verzichtet werden, und zwar in allen diesen, durch zweiseitiges prozessualisches Rechtsgeschäft bewirkten Abänderungen durch einen Doppel-Verzicht, also durch zwei von den beiden Parteien abgegebene, koïncidierende Verzichtserklärungen.

C. Verzicht auf andere prozessuale Rechtsverhältnisse und Beziehungen.

Hierüber enthält die RCPO. gar keinerlei Bestimmungen; bei der Frage nach der Möglichkeit und nach der Gestaltung solchen Verzichtes ist man auf die sonst in der RCPO. enthaltenen Bestimmungen über den Verzicht und auf die über Schaffung der zu beendenden prozessualen Rechtsverhältnisse und Beziehungen angewiesen.

Darnach dürfte sich ergeben:

1. Das Nebeninterventionsverhältnis endet durch Austrittserklärung des Nebenintervenienten aus dem Prozesse und durch sein dem entsprechendes Verhalten; der Austritt kann in jeder Lage des Rechtsstreites erfolgen; Prozeßhandlungen, welche der Nebenintervenient zur Unterstützung der Parteien bereits vorgenommen hat, kann er ohne deren Einwilligung wohl nicht zurücknehmen.

2. Die durch die Beweisführung zum ewigen Gedächtnisse geschaffene prozessuale Beziehung wird beendet durch einseitiges Abstehen von dem Gesuche oder von der Beweisaufnahme, durch Verzicht auf die Vernehmung der Zeugen oder Sachverständigen. Daß der Gegner des Verzichtenden ein selbständiges Recht hat, nach Analogie des § 364 für seine Person die Vernehmung zu verlangen, dürfte wohl kaum zu bezweifeln sein.

3. Ähnlich verhält es sich beim Arrestverfahren, bevor noch das Hauptverfahren anhängig ist, und bei dem Verfahren behufs Erlassung einstweiliger Verfügungen. Der Arrest- oder Verfügungswerber kann jederzeit sein Begehren zurückziehen, auf die Vornahme des bewilligten Arrestes oder der bewilligten Verfügung, auf sein entstandenes Prozeßrecht oder auf seinen prozessualischen Anspruch verzichten; durch solchen Verzicht erlischt die prozessuale Beziehung zwischen dem Arrest- oder Verfügungswerber, seinem Gegner und dem Gerichte. Die Kostenfrage wird natürlich durch Beendigung der prozessualen Beziehung nicht berührt, ein diesbezüglicher Anspruch bleibt vorbehalten.

III. Excurs.

I. Das publizistische Klagerecht.

Windscheid (A) hat durch seine Untersuchungen über das Verhältnis des Rechtes zum Klagrechte, welchem er die Selbständigkeit, die Realität abspricht und von welchem er behauptet, daß es willkürlich in unser heutiges Rechtssystem hineingetragen worden sei (S. 222 f.), den Anstoß gegeben, daß Muther (A), der sich zum Teil an Hasse anlehnt, in Bekämpfung der Windscheidschen Abhandlung die öffentlich rechtliche Seite der Klage schärfer, und zwar in einer Weise kennzeichnete, daß er wohl als Begründer der Lehre vom publizistischen Klagrechte angesehen werden kann.

Nach ihm ist actio nicht bloß die Klagformel, sondern auch der Anspruch auf deren Erteilung (S. 36, 40), welcher zu seinen Voraussetzungen einerseits das Bestehen eines subjektiven Rechts, andererseits dessen Bestreitung hat (S. 23, 39) und gegen den praetor als Verpflichteten gerichtet ist; er erklärt das publizistische Klagrecht als ein durch Verletzung bedingtes Recht zum Schutze des Privatrechts (S. 40), als ein Recht des Verletzten gegen den Staat auf Gewähr der Rechtshilfe (S. 43).

Während zur Zeit des Formular-Prozesses actio in diesem Sinne den Anspruch auf Erteilung der formula zur Konstituierung des judicium behufs thatsächlicher Anerkennung des subjektiven Rechts bedeutete, änderte sich dieser auch nach Beseitigung des Formular-Prozesses gebliebene, wider den Staat gerichtete Anspruch dahin, daß er nunmehr ging auf Zulassung der Klage, und schon dann gegeben war, wenn nur eine Rechtsverletzung behauptet wird, ohne daß der Anstellung der Klage eine Weigerung des Beklagten vorausgegangen sein muß (S. 45—47). Recht und Klagrecht seien auch heute nicht identisch, zumal jedem ein anderer Verpflichteter gegenüberstehe.

Bekker (A) unterscheidet zwischen actio, dem Rechte, welches bei Bejahung der Frage, ob judicium zu geben sei, als vorhanden anzunehmen ist, und zwischen Anspruch, d. i. demjenigen, was der judex anzuerkennen berufen ist (Bd. I, § 13).

Actio und Anspruch sind ihm Rechtsverhältnisse zwischen drei Beteiligten; ersteres zwischen den Aktiv- und Passiv-Subjekten und dem Magistrate, letzteres zwischen diesen beiden Subjekten und dem judex.

Diese beiden Rechtsverhältnisse sollen zu ihrem Inhalte ein publizistisches und ein privates Recht haben.

Bei dem ersteren gehe jenes auf Einsetzung eines judicium — Gewährung von judex und formula — dieses auf Übernahme des judicium — Mitwirkung zum Zustandekommen desselben; bei letzterem sei jenes gerichtet auf Anerkennung, eventuell Umsetzung in den entsprechenden Geldbetrag, dieses auf eine Leistung.

Actio soll sein ein Recht auf judicium, Anspruch ein solches auf Leistung (Bd. I, §§ 53, 55).

Im späteren römischen Prozesse sei der Anspruch ungeändert geblieben, während eine Änderung der actio erfolgt sei, und zwar sowohl nach deren staatsrechtlicher Seite hin — das Recht auf Einsetzung des judicium wurde zur unbedingten Befugnis, vom Gerichte als Staatsorgan die Prüfung desjenigen, quod venit in hanc actionem, zu verlangen —, als auch nach der privatrechtlichen Seite hin — das Recht, den Gegner zum Erscheinen zu zwingen, fiel weg, der Beklagte mußte sich nur obige Prüfung gefallen lassen und nach dem Ausfall derselben den klägerischen Ansprüchen gerecht werden.

Darnach existiert ein publizistisches Recht immer nur dem Staate gegenüber; wider den Beklagten hat Kläger nur ein privates Recht; ein publizistisches Klagrecht wird also für den römischen Prozeß zugegeben, aber es soll nur bestehen dem Staate gegenüber.

Das heutige „klagbare Recht“ soll ein durchaus moderner Gedanke sein, der noch keineswegs abgeklärt ist; der Begriff sei noch nicht abgeschlossen, die Folgen noch nicht ausgedacht und erwogen.

Diese Ausführungen und insbesondere der letztgedachte Ausspruch riefen den lebhaftesten (in B) zum Ausdrucke gebrachten Widerspruch Muthers hervor.

Er weist in Übereinstimmung mit seiner früheren Auffassung vom Klagerecht die Behauptung Bekkers zurück, daß dem Kläger wider den Beklagten stets nur ein privates Recht zustehe; das publizistische Klagrecht wird als ein dem Kläger sowohl wider das Gericht als auch wider den Beklagten zustehendes Recht erklärt; dagegen, daß die Theorie vom klagbaren Rechte neu konstruiert werden müsse, wird entschiedener Protest eingelegt.

Der moderne Prozeß habe allerdings keine typischen Aktionsformulare mehr, aber das Gericht habe nach den vorgetragenen Thatsachen die Frage zu entscheiden: an sit actio? Diese Frage sei nicht identisch mit jener, ob Kläger einen in concreto begründeten Anspruch habe. Das Gericht erkenne darüber, ob Beklagter schuldig sei, sich einzulassen; darin liege aber noch kein Anerkenntnis eines dem Kläger wider den Beklagten zustehenden Anspruches (auch im römischen Rechte habe es nicht nur Ansprüche ohne Aktionen, sondern auch Aktionen ohne Anspruch gegeben); die beiden Fragen: ist überhaupt ein Klagrecht begründet und ist das den konkreten Anspruch formulierende Petit entsprechend, seien scharf auseinanderzuhalten.

Weil Anerkennung des Anspruches und Anerkennung der Rechtshilfe etwas ganz Verschiedenes seien, dürfe man sich den Anspruch selbst gar nicht als einen klagbaren denken.

Die Frage nach der Existenz des behaupteten publizistischen Klagrechtes im modernen Prozesse soll erst unter einem mit der Erörterung der diesbezüglich von Degenkolb und Plósz aufgestellten Behauptungen erörtert werden; zunächst soll nur obigen Citaten gegenüber insoweit Stellung genommen werden, als sie sich auf den römischen Prozeß, insbesondere auf den Formular-Prozeß beziehen.

Wenn es richtig ist, daß man unter actio nicht bloß die Klagformel, sondern auch den Anspruch auf deren Erteilung zu verstehen habe, welcher gegen den praetor als Verpflichteten gerichtet ist, so wird man sich wohl dem kaum verschließen können, in diesem Anspruche — actio in diesem Sinne — das gesuchte publizistische Klagrecht zu erkennen; man wird dann auch geneigt sein, dem beizupflichten, daß dieses publizistische Klagrecht mit der Umbildung des Formular-Prozesses in dem ordo cognitionum nicht in Wegfall gekommen sei, sondern vielmehr als Anspruch auf Zulassung der Klage fortbestanden habe.

Aber Muther hat keinerlei Beweis dafür erbracht, daß die römischen Juristen unter actio den Anspruch auf Erteilung der formula zur Konstituierung des judicium behufs thatsächlicher Anerkennung des subjektiven Rechtes verstanden haben. Während es möglich gewesen wäre, dies ergebende Aussprüche (ihre Existenz vorausgesetzt) römischer Juristen zu citieren, ist der Beweis der Negative auf direktem Wege unerbringbar; aber man wird ihn vielleicht dann als hergestellt erachten, wenn es möglich ist, darzuthun, daß es gar kein subjektives Recht des Klägers auf Erteilung der formula behufs Konstituierung des judicium gegeben hat, welches sich daher weder in dem Anspruche wider den praetor auf datio actionis seu judicii noch in dem wider den Beklagten auf Mitwirkung zur Konstituierung des judicium geäußert haben kann.

Dies ergibt sich aus nachstehenden Ausführungen von Demelius (C), denen nur weniges beigefügt zu werden braucht.

Im Legisaktionsverfahren erfolgte die Rechtsdurchsetzung durch solenne Selbsthilfe; es bedurfte keines sie zulassenden Ausspruches. Ein Ausspruch der Obrigkeit oder des judex erfolgte nur über Widerspruch des Persekuten behufs Beseitigung der Rechtsdurchsetzung.

Anders im Formular-Prozesse, in welchem die Absicht des Klägers noch immer auf Rechtsdurchsetzung und nicht auf Urteil gerichtet war; aber diese vollzog sich nicht mehr durch solenne Selbsthilfe, sondern unter staatlicher Beihilfe, die in der obrigkeitlichen Kognition über die Durchsetzbarkeit des Rechtes und in der Autorisation zur Selbsthilfe bestand.

In der Hinweisung des Klägers auf eine bestimmte Formel lag nur die Ankündigung der Durchsetzung eines bestimmten Anspruches und zwar im Wege des Prozesses, wenn es der Persekut nicht vorziehen sollte, den Weg der Selbsthilfe dem Kläger durch confessio zu erschließen. In dem edere actionem lag keine Bitte um Urteil; der Persekut wurde dadurch nur vor den Entschluß gestellt, utrum cedere an contendere ultra debeat.

Kläger wollte sein Recht durchsetzen; er erbot sich, durch Hinweisung auf die bestimmte Formel die Voraussetzung darzuthun, unter welcher allein es nur mehr eine Rechtsdurchsetzung gibt. Die Untersuchung und die Kognition über das Vorhandensein dieser Voraussetzung und deren Feststellung konnte aber entfallen, wenn mit dem erklärten Willen des Klägers der des Persekuten koïncidierte; dies genügte dafür, daß die Obrigkeit den Kläger zur Selbsthilfe autorisierte.

Cedere ist nicht tacere, sondern confiteri; lag confessio vor, so kam es gar nicht zur Kognition über die Durchsetzbarkeit des Anspruches, sondern das jus persequendi in judicio wurde zum jus exequendi, quod sibi debetur.

Entschloß sich der Persekut zum contendere, und erfolgte denegatio actionis, so hatte damit die angekündete Rechtsdurchsetzung ihr Ende erreicht. Die Frage, ob die Formel zu erteilen sei, entschied der praetor; sie hatte mit dem Willen der Parteien nichts zu thun; durch deren Willen konnte sie nicht gelöst, sondern nur umgangen werden; die Durchsetzbarkeit des Rechtes hing ab vom positiven Rechte oder vom praetor als Fortbildner desselben.

War dagegen die Existenz des für durchsetzbar erklärten Rechtes bestritten, so konnte der praetor den Kläger zur Rechtsdurchsetzung erst autorisieren, nachdem über die Existenz des Rechtes entschieden war; diese Entscheidung beruhte auf der Willensübereinstimmung der Parteien — dem Prozeßvertrage —, auf Grund dessen der judex zur Entscheidung für ermächtigt galt.

In Anbetracht dessen der Unterschied zwischen dem römischen Urteile und dem heutigen; jenes war weder autoritative Rechtsanwendung noch ein Gebot (Jhering G. Bd. I S. 158); das damalige römische Urteil beruhte überhaupt nicht auf Gesetzesanwendung, sondern nur auf der Meinung des judex; die Rechtsanwendung war schon, bevor die Streitsache an diesen gelangte, durch den praetor erfolgt bei der datio formulae samt Ausstattung derselben mit praescriptiones, exceptiones. Durch den mit Bezug auf die formula abgeschlossenen Prozeßvertrag versprachen sich die Parteien, daß dem Sieger das vom judex Zuerkannte werden solle; der Richterspruch war die Bedingung, unter welcher dies Versprechen gegeben wurde (Jhering a. a. O. Bd. I S. 156, 157).

Der praetor konnte den Kläger zu der von ihm angekündeten Rechtsdurchsetzung nur unter der Bedingung autorisieren, daß sich der Bestreitungswille des Beklagten dem Rechtsdurchsetzungswillen des Klägers untergeordnet hat. Der praetor autorisierte den Kläger auf Grund des vom judex gefällten Urteiles zur Rechtsdurchsetzung, dieser mußte Macht über die Sache oder die Person zu erlangen suchen; in dieser selbst erlangten Macht wurde er von der Obrigkeit kraft ihres imperium geschützt.

Das Formularverfahren konnte keinen Einlassungszwang, sondern nur Zwang, entweder zum Zustandekommen des Rechtsstreites beizutragen oder ohne solchen und ohne urteilsmäßige Feststellung dem Kläger Exekutionsmacht zu gewähren; hinter der Weigerung zum einen oder andern stand missio in bona.

Schwieg der Persekut in jure, so wurde er nicht mehr wie im Legisaktionsverfahren als überwunden, sein Widerspruchsrecht als verwirkt betrachtet, die Rechtsdurchsetzung konnte nicht mehr ihren Fortgang nehmen; dazu bedurfte es der obrigkeitlichen Autorisation; diese konnte aber nur erfolgen über Anspruchsanerkennung oder über ein dem Kläger günstiges, auf dem Prozeßvertrage beruhendes Urteil. Ohne eine das eine oder andere bewirkende Willenserklärung des Persekuten konnte es zum Urteile nicht kommen, wenn das das römische Recht beherrschende Prinzip des subjektiven Willens gewahrt werden sollte.

Der praetor gab daher, um den Persekuten zur Abgabe der einen oder anderen Willenserklärung zu bestimmen, die missio in bona, durch welche bezüglich des durchzusetzenden Anspruches gar nichts entschieden, wohl aber der Persekut vor die Alternative gestellt wurde, entweder certum confiteri oder se uti oportet defendere oder es geschehen zu lassen, daß seine ganze wirtschaftliche und soziale Existenz vernichtet werde; es sollte, wenn der Persekut einen begründeten Anspruch nicht zugestehen, einen zweifelhaften nicht bestreiten wollte, nicht etwa bloß sein der Rechtsdurchsetzung widerstrebender Wille überwunden, sondern ihm sein rechtlicher Wille bedingungsweise ganz genommen werden.

War der Wille des Perseukten dadurch aus der Welt geschafft, daß dieser die Herrschaft über sein Vermögen verloren hatte, so stand dem Willen des Klägers kein Wille mehr entgegen, er konnte sich Befriedigung aus dem Vermögen des Beklagten aus der für dasselbe vom bonorum emptor gezahlten Kaufsumme verschaffen.

In dem eben geschilderten Rechtsdurchsetzungsverfahren ist wohl kein Raum für ein subjektives Recht des Klägers auf Erteilung der formula behufs Konstituierung des judicium; ein solches Recht kann sich weder geäußert haben in einem Anspruche wider den praetor auf datio actionis seu judicii, noch in einem solchen wider den Beklagten auf Mitwirkung zur Constituierung des judicium. Der Kläger erklärte nur unter Hinweisung auf eine bestimmte Formel, sein durch diese geschütztes Recht durchsetzen zu wollen; die Gestaltung des sich hieran schließenden Verfahrens hing nicht von dem Rechte des Klägers, sondern von dem Willen des Persekuten ab; wollte er es nicht zur datio actionis seu judicii kommen lassen, so brauchte er nur entweder den (privatrechtlichen) Anspruch des Klägers anzuerkennen oder einfach nicht mitzuthun; im ersteren Falle kam es ohne weiteres zur Durchsetzung des klägerischen Rechtes, im letzteren doch zur Befriedigung des Klägers, wenn das Vermögen des Persekuten dazu ausreichte; aber es kam in keinem dieser Fälle zur datio actionis seu judicii. Dazu kam es bloß, wenn der Persekut und der praetor wollten.

Der dem behaupteten publizistischen Rechte entsprechende Zustand konnte nur hergestellt werden, wenn die beiden angeblich verpflichteten Personen wollten. Daß es zum Urteile kam. war daher im Formularprozesse nicht Wirkung eines publizistischen Klagrechtes; gerade darin soll aber die Wirkung desselben bestehen.

Im Formularprozesse beruhte das Urteil nicht auf einem publi=

zistischen Klagrechte, sondern auf der Willenserklärung der Parteien; das Urteil hatte auch eine ganz andere Bedeutung wie unser heutiges Urteil; wenn sich nun das publizistische Klagrecht im Sinne von Recht des Verletzten gegen den Staat auf Gewähr der Rechtshilfe nicht geändert haben soll, so ist nicht zu begreifen, wie demselben Klagrechte als Wirkung früher das im Formularprozesse ergehende und jetzt das heutige Urteil entsprechen soll. Das damalige Urteil entsprach dem damaligen Rechtsgeschäfte, durch welches die Prozeßgründung erfolgte, dem Prozeßvertrage; das heutige entspricht unserem einseitigen Rechtsgeschäfte der Klagerhebung, durch welches das Prozeßverhältnis begründet wird; aber keines entspricht einem publizistischen Rechte. Aus Vorstehenden ergibt sich, daß es zur Zeit des Formularprozesses kein publizistisches Recht auf datio actionis seu judicii und auf Mitwirkung behufs Zustandekommen des letzteren gegeben habe.

Für den justinianischen Prozeß wird man nur schwer, selbst wenn man an die Existenz eines publizistischen Klagrechtes im Formularprozesse glauben sollte, bei dieser Überzeugung stehen bleiben können; das Recht auf datio actionis seu judicii und auf Mitwirkung zum Zustandekommen des letzteren kann sich doch nicht erhalten haben, nachdem die datio actionis seu judicii und die Mitwirkung zu dessen Konstituierung weggefallen war; dafür, daß an Stelle dieses Rechtes ein Recht darauf, mit seiner Klage zugelassen zu werden, getreten und daß dieses Recht noch immer das publizistische Klagrecht von ehemals geblieben ist, fehlt jeder Anhaltspunkt.

Der Grund, aus welchem der als Streitverfahren vorzügliche Formularprozeß aufgegeben wurde, lag in der Vollstreckung der Urteile, welche eine mangelhafte, nur äußerst ungenügende war und als solche von den immer praktischer gewordenen, nicht mehr von einer idealen Rechtsauffassung getragenen Römern erkannt wurde. Wenn auch die Selbsthülfe im Formularprozesse zur autorisierten geworden war, wenn auch das durch sie Errungene imperio geschützt wurde, so blieb sie doch immer Selbsthilfe und erwies sich als solche unzureichend; man strebte nach einer mächtigeren Hilfe, als welche man die Staatshilfe erkannte.

Das Bedürfnis nach unmittelbarer Vollstreckung des Urteiles mußte zunächst dahin drängen, daß der Richterspruch von der mit Kognitions- und mit richterlicher Zwangsgewalt ausgestatteten Obrigkeit ausgehe. Dies konnte nur dadurch erreicht werden, daß der magistratus den von ihm eingeleiteten Prozeß selbst durch Urteil erledigte.

Hiermit war die einschneidendste Umwälzung geschehen; dem künstlich aufgeführten Gebäude des ordo judiciorum privatorum war durch Beseitigung der Trennung des jus und judicium in der Weise daß sich diese beiden Prozeßstadien vor mit ganz verschiedenen Gewalten ausgestatteten Ämtern abspielten, seine Grundfeste genommen, es mußte zusammenfallen; nur das materielle Aktionenrecht, welches sich in dem alten Gebäude entwickelt hatte, ist geblieben. Das System der Selbsthilfe hatte sein Ende erreicht, das Prinzip des subjektiven Willens seine Geltung im römischen Prozesse verloren.

Nicht mehr wurde Rechtsdurchsetzung unter Hinweis auf eine bestimmte Formel angekündet, diese vom praetor nach vorangehender causae cognitis gegeben und auf Grund derselben von einem gewählten Richter das Urteil gefällt, sondern es wurde die Klage bei der Obrigkeit, welcher die volle Entscheidung in merito zustand, eingebracht; das Klagelibell, welches im Anschluße an früheres nur die Angaben der actio zu enthalten brauchte, vereinte in sich die durch den Richter zu vermittelnde in jus vocatio und die editio actionis; citatio, insinuatio, Übernahme des libellus contradictionis seu obreptionis und der Kaution erfolgten durch das Gericht [1]). Die früher zur Begründung des Prozeßverhältnisses nötige litis contestatio war weggefallen, aber man nannte so den per narrationem propositam et contradictionem objectam sich vollziehenden Beginn des Rechtsstreites.

Die Entscheidung erfolgte aus eigener Machtvollkommenheit der Obrigkeit, als Organ der staatlichen Gerichtsbarkeit; die Parteien versprachen sich nicht mehr, im Prozeßvertrage das zu leisten, worauf der Spruch des judex lauten würde, sondern wurden zur Leistung verurteilt, und hinter dem Urteile stand die Exekutionsgewalt des Staates. „Der Rechtszwang zur Ausführung eines kondemnatorischen Urteiles wurde im neueren monarchischen jus extraordinarium ein spezieller und direkter“ Rudorff, R. (Bd. II. S. 291).

Mit der Umwandlung der Selbsthilfe in Staatshilfe trat an Stelle der in jus vocatio des Klägers die Ladung, evocatio, der Gerichtsobrigkeit. Wer der in jus vocatio keine Folge leistete, setzte sich wenigstens mit einem gewissen Erfolge der Eigenmacht des actor entgegen; es konnte nicht zum judicium kommen. Der obrigkeitlichen Gerichtsgewalt konnte man sich nicht mehr mit gleichem Erfolge widersetzen; der nicht Erscheinende war nicht bloß indefensus, sondern

[1]) Charakteristisch ist, daß die Kaution nicht mehr die cautio judicatum solvi umfaßte; denn für das Urteil gab es gerichtliche Vollstreckung.

contumax, gegen ihn konnte mit der cognitio vorgegangen, das Urteil gefällt werden; das Urteil war bereits das, was es heute ist: autoritative Rechtsanwendung durch den Staat, als Träger der Gerichtsbarkeit. Weil der Staat es war, welcher das Urteil fällte und dann auch exequierte, so konnte das Urteil immer nur auf Rechtsanwendung beruhen.

Erst im justinianischen Prozesse ruht das ganze Verfahren auf der aus der Gerichtshoheit des Staates sich ergebenden Gerichtsunterworfenheit; der Staat hat die Rechtsdurchsetzung in seine starke Hand genommen, dem Willen der Parteien ist es nur mehr überlassen, ob die eine ihr Recht verfolgen, die andere sich dagegen verteidigen wolle. Der Staat brauchte nicht mehr die actio zu geben, der Beklagte nicht zum Zustandekommen des judicium mitzuwirken und dadurch das Urteil zu ermöglichen, dieses mußte über jede ordnungsmäßige Klage ergehen.

Deshalb soll auch das publizistische Klagerecht nur mehr darin bestanden haben, mit der Klage zugelassen zu werden. Dieses wäre nun nur mehr ein wider den Staat, aber nicht mehr wider den Beklagten gerichtetes Recht; aber auch das ist es nicht.

Dieses Recht würde nur in den Fällen, in denen eine Klage zugelassen wird oder doch zuzulassen ist, bestehen; in den Fällen, in denen eine Klage mit Recht nicht zugelassen wird, würde es fehlen; stets würde die mit der Gerichtsbarkeit betraute Obrigkeit zu entscheiden haben, ob dem Kläger ein gegen sie gerichtetes, aber nur bedingungsweise gegebenes Recht zustehe. Wozu bedarf es dieses publizistischen Rechtes neben der wirksamen actio, welche mit der Klagschrift geltend gemacht wird?

Es genügt vollkommen die dem Schutzbedürftigen eingeräumte Möglichkeit, mit der actio aufzutreten; nur wer eine actio zu haben behauptet, kann klagen; dazu bedarf er nicht noch weiters eines publizistischen Klagrechtes.

Für die Richtigkeit des Gesagten sprechen die Quellen. Neben dem oft citierten Ausspruche des Celsus l. 51 D. 44,7, der über das in Frage stehende plublizistische Klagrecht nichts aussagt, sind in Betracht zu ziehen die Aussprüche des Julianus l. 6 § 12 D. 3,5: quoniam conveniendi eos judicio facultatem non habuit, qui nullam actionem intendere potuit ..., und des Gajus l. 1 D. 13,4: Alio loco, quam in quem sibi dari quisque stipulatus esset, non videbatur agendi facultas competere ... wonach die actio die notwendige Voraussetzung der facultas conveniendi judicio seu agendi bildet.

Nur derjenige, welchem nach dem jus civile eine actio zustand oder dem sie vom praetor über dieses hinaus oder hinüber erteilt wurde, konnte das quod sibi debeatur judicio persequi.

Im justinianischen Prozeß mußte die actio, welche mit der Klage geltend gemacht werden wollte, in dem übernommenen Aktionensystem enthalten sein; eine neue actio konnte selbstredend nicht mehr gegeben werden.

Die **actio** gibt die facultas agendi, d. i. die **Klagmöglichkeit**; derjenige, welcher die actio hat, muß aber von dieser Klagmöglichkeit in richtiger Weise Gebrauch machen, wenn die actio Erfolg haben, das durch sie zu schützende Privatrecht wirklich geschützt werden soll.

Es genügt zur Zustandebringung des Prozesses die **Möglichkeit**, die **facultas**, ein das Prozeßverhältnis begründendes **Rechtsgeschäft** vorzunehmen; dazu bedarf es keines publizistischen Rechtes, auf dessen richtige Ausübung es ja auch noch immer ankommen müßte, sondern lediglich eines **Gebrauchmachens** von dieser Möglichkeit in **richtiger Weise**, also der Vornahme eines den **gesetzlichen Anforderungen entsprechenden** Klaggeschäftes.

Für das publizistische Klagrecht ist Degenkolb (in E.) neuerdings eingetreten. Er behauptet, Klage könne nicht Metamorphose des materiellen Rechtes sein, weil der Einlassungszwang auch dem bloß behaupteten Rechte, ja auch dem unbegründeten Anspruche, dem nicht bestehenden Rechte gegenüber obwalte.

Er sagt wohl, es sei fraglich, ob nicht nach heutigem Rechte an Stelle der Einlassungs**pflicht** ein Einlassungs**recht** mit eventueller Präklusionswirkung getreten sei, zumal das Pflichtgebot wie im römischen, deutschen und kanonischen Prozesse nicht mehr vorkomme, beantwortet aber diese Frage im Sinne der Existenz einer Einlassungs**pflicht**.

Einlassungspflicht müsse sein, um die Rechtsordnung als Friedensordnung zu gestalten. Inhalt des Einlassungszwanges sei die rechtliche Gebundenheit, auf angestellte Klage hin zum Zustandekommen, zur Entwickelung des Prozesses durch eigene Erklärung oder durch die eines Vertreters mitzuwirken — vorausgesetzt die Ehrlichkeit der Klage und Erheblichkeit der Klagebehauptungen. Das publizistische Klagrecht sei das Recht des ehrlichen Klägers auf judicium.

Wach, der (in D. und K.) davon ausgeht, daß der Prozeß auf der Amtspflicht des Richters, Recht zu sprechen und auf der Einlassungspflicht des Beklagten, Recht zu geben, beruht, kommt dadurch, daß er in letzterer eine publizistische für jeden, der im Inlande gerichtsunterworfen ist, existente, für die Rechtsordnung, für die Konstruktion des Prozesses unumgänglich notwendige Pflicht erkennt, und obschon er dies thut, dazu, den das publizistische Klagrecht betreffenden Ausführungen Degenkolbs in überzeugender Weise entgegenzutreten.

Könnte auch Klagrecht als Recht auf Prozeß der Rechtsbehauptung beigelegt werden, so komme doch das Klagrecht im Sinne der staatlichen zwangsweisen Bewährung nur dem wirklichen Rechte zu; man könne daher den alten Begriff des Klagrechtes = klagbaren, d. h. des prozessualen Schutzes teilhaftigen Rechtes nicht entbehren.

Dem guten Glauben, der Überzeugung von dem Rechte könne nie der positive Wert eines subjektiven Rechtes, Klagberechtigung gegenüber dem Beklagten begründenden Faktums gegeben werden; auch der ehrliche Beklagte müßte ein subjektives Recht auf Bestreitung haben, welches die Verpflichtung, sofort dem klägerischen Anspruche zu genügen, ausschließen müßte. Berechtigung, Urteil zu fordern, sei nicht subjektives Recht, sondern eine Redewendung zur Bezeichnung des Selbsthilfeverbotes.

Um nicht rechtlos zu sein, brauche man kein Recht auf Recht zu haben, es genüge die Möglichkeit, Rechtsschutz auf Grund der Rechtsbehauptung zu begehren. Das ordnungsmäßige Klagen sei rechtlich relevantes Handeln, ein Stück des beabsichtigten Rechtsgeschäftes der Litiskontestation; das Klagen sei mit der rechtlichen Wirkung ausgerüstet, die lit. cont. unter der Bedingung der Nichterfüllung des klägerischen Anspruches zu erzwingen (?), aber diese der Klage innewohnende Kraft brauche keineswegs auf einem subjektiven (der Einlassungspflicht korrespondierenden) Rechte zu beruhen.

Wenn um der Möglichkeit eines realen klägerischen Interesses halber der Rechtsweg eröffnet werde, so komme damit nicht ein individuelles Interesse — auf einem solchen müßte das vom Staate sanktionierte Handelndürfen, welches subjektives Recht sein soll, beruhen — sondern lediglich das allgemeine an der Existenz der Rechtsordnung überhaupt zur Geltung.

Es gebe also kein subjektives publizistisches, abstraktes Klagrecht, es sei als Recht auf Gerichtsfolge in der Defensionspflicht nicht ausgesprochen; der Staat könne befehlen, sich auf die Klage einzulassen, aber nicht jedermann versichern, daß er sich bei jeder behaupteten Klage mit dem Willen der Staatsgewalt im Einklange befinde, daß er auf deren Schutz zu rechnen habe. Nur der materiell Berechtigte habe ein reales Interesse an der Einlassung. Der klägerische Anspruch in prozessualer Beziehung sei nicht als „Anspruch" auf judicium zu bezeichnen; Kläger verlange nur staatliche Verwirklichung seines materiellen Rechtes im Prozesse; nicht wegen des klägerischen Interesses an der Einlassung sei ein Recht auf Einlassung gegeben, als dessen Ausfluß sich die Einlassungspflicht darstellt, sondern diese sei eine allgemeine staatsbürgerliche (?) Pflicht. Klagrecht könne also nie sein Recht auf Einlassung sondern nur die Potenz des materiellen Rechtes zur staatlichen, prozessualen Bewährung, Klagbarkeit in diesem Sinne.

Weil Wach das publizistische Klagrecht verneint, erkennt er auch notwendigerweise in der Klaghandlung keine Handlung, durch welche ein Prozeßrecht ausgeübt wird, sondern ein rechtlich relevantes Handeln, welches ein Stück eines beabsichtigten Rechtsgeschäftes, der Litiskontestation, ist. Das Rechtsgeschäft, durch welches das Prozeßverhältnis zu stande kommt, ist also nach seiner Ansicht ein zweiseitiges, bestehend aus den ordnungsmäßigen Klagen und aus der pflichtmäßigen Einlassungserklärung, welche durch Abgabe der Erklärung, den klägerischen Anspruch bestreiten zu wollen, erfolgt.

Wach gegenüber bedarf es daher zur Rechtfertigung der im Teile II, Abschnitt II, Kapitel II der voranstehenden Abhandlung aufgestellten Ansicht vom Klaggeschäfte nur des Nachweises der Einseitigkeit desselben, des Umstandes, daß es einer Einlassungserklärung zum Zustandekommen des Prozeßverhältnisses nicht bedarf, daß die Einlassung des Beklagten keine pflichtmäßige sei, daß es eine Defensionspflicht ebenso wenig gibt als ein publizistisches Klagrecht.

Auch Plósz (Kl.) hat es unternommen, die Existenz eines publizistischen von dem subjektiven Privatrechte durchaus verschiedenen, aus demselben auch nicht abgeleiteten Klagrechtes nachzuweisen.

Richtig ist, „daß das Privatrecht, welches in der Klage behauptet wird, nicht existieren müsse, damit die Prozeßgründung durchgeführt werden könne", unrichtig aber, daß es dazu eines publizistischen Klagrechts bedürfe, daß dieses „schon vor dem Endurteile, während der Prozeßgründung vorhanden und seine Existenz gewiß sein müsse" (S. 14).

Darnach hätte die Prozeßgründung ein zweifellos existentes Klagrecht zur notwendigen Voraussetzung; es soll ja „bei der Prozeßgründung als ein vorhandenes Recht geltend gemacht werden" und es soll das Verfahren, wenn sich herausstellt, daß das Klagrecht nicht existiert, eingestellt, eventuell vernichtet werden" (S. 15).

Der Klaghandlung, welche nur ein Element der Gesamtheit der prozeßerzeugenden Handlungen bilden soll, deren unmittelbarer, charakteristischer Zweck die Prozeßgründung, und welche also auf Einlassung des Gerichtes und des Beklagten gerichtet ist, soll das publizistische Klagrecht entsprechen; es soll die Klaghandlung begleiten und durch diese ausgeübt werden; es soll ein Recht sein, von dessen Vorhandensein der Erfolg der Klage abhängt (S. 10 u. 11).

Dieses Recht auf Prozeßgründung soll nur (S. 13) existieren an gewisse Behauptungen — Rechtsbehauptungen — gebunden, je nach der Feststellung des Gegenstandes oder Umfanges des Civilprozesses (S. 17); diese Behauptungen sollen den Grund, den Titel des Klagrechtes bilden.

Als erläuterndes Beispiel wird unter anderen angeführt, daß das Civilprozeßgründungsrecht bezüglich einer behaupteten Darlehensschuld gegeben sei, nicht aber bezüglich einer Spielschuld.

Hieraus erfährt man wohl, daß das Klagrecht während der Prozeßgründung vorhanden sein müsse, daß es die Klaghandlung begleite und durch sie ausgeübt werde, man bleibt aber im unklaren über die Entstehung desselben; das Angeführte würde darauf hinweisen, daß das Prozeßgründungsrecht schon vor der die Prozeßgründung einleitenden Klaghandlung vorhanden sein müsse; da es aber an gewisse Rechtsbehauptungen gebunden ist, so kann es doch erst in dem Momente entstehen, in welchem diese Behauptungen in der Absicht, die Prozeßgründung dem Gerichte und Beklagten gegenüber herbeizuführen, aufgestellt wurden.

Ein Recht kann nicht dadurch entstehen, daß es ausgeübt wird.

Und doch könnte, wenn es das von Plósz postulierte Klagerecht überhaupt gibt, dasselbe nur durch die Klaghandlung existent werden.

Man versuche es, sich den Plósz'schen Ausspruch, das publizistische Klagrecht (= Prozeßgründungsrecht) existiere nur an gewisse Behauptungen — nämlich an die Behauptung privatrechtlicher klagbarer Ansprüche (von der Feststellungsklage sieht Plósz einstweilen ab) — gebunden und könne nur unter Aufstellung solcher Behauptungen ausgeübt werden, zurechtzulegen. Prozeßgründungsrecht existiert also nicht, wenn straf- oder verwaltungsrechtliche Ansprüche, oder privatrechtliche aber unklagbare Ansprüche behauptet werden; ob der klagbare privatrechtliche Anspruch begründet ist, also zu Recht bestehe, ist für die Existenz des Klagrechts gleichgültig.

Fraglich scheint es, ob jeder, der sich einbildet, einen solchen Anspruch zu haben, schon ein Klagrecht hat oder ob er dies nur dann hat, wenn er diesen Anspruch zu haben behauptet, und zwar in der von ihm angestrengten Klage behauptet. Wäre das erstere der Fall, so könnte Plósz nicht sagen, daß das Klagrecht an gewisse Behauptungen gebunden sei; die Aufstellung der Behauptung des eingebildeten Anspruches wäre aber dann eine Ausübungshandlung bereits früher existenten Klagrechtes, durch welche der Anspruch auf Prozeßgründung erzeugt wird; dies ließe sich hören, aber ungelöst bliebe die Frage nach der Entstehung des Klagrechtes, denn daß es dadurch existent werde, daß man sich einbildet, einen privatrechtlichen Anspruch zu haben, wird wohl niemand behaupten. Plósz ist auch weit entfernt davon, eine solche Behauptung aufzustellen; man kann seinen Ausspruch, es sei das Klagrecht an gewisse Behauptungen gebunden, nur dahin verstehen, daß mit der Aufstellung dieser gewissen Behauptungen in einer Klage das Klagrecht entstehe; wenn aber das Aufstellen solcher Behauptungen Entstehungshandlung für das publizistische Klagrecht ist, wie kann es gleichzeitig Ausübungshandlung des noch nicht entstandenen, sondern erst durch die Ausübungshandlung geschaffenen Rechtes sein? Nach Plósz wäre die Klaghandlung nicht bloß eine Prozeßgründungshandlung, sondern sie müßte zugleich sein Prozeßgründungsrechts-Gründungshandlung, denn durch Behauptung des klagbaren Anspruches, die doch mit der Klage erfolgt, wird erst das Prozeßgründungsrecht existent und durch seine mit dem Gründungsakte erfolgende Ausübung wird wenigstens von seiten des Klägers das Prozeßverhältnis begründet.

Ist es da nicht bei weitem einfacher, das Prozeßgründungsrecht bei Seite zu lassen und sich zu der natürlichen Auffassung zu bekennen, daß durch die Klage, mit welcher ein privatrechtlicher Anspruch behauptet wird, direkt das Prozeßverhältnis begründet wird, ohne daß es dazu erst der Erzeugung eines publizistischen Rechtes bedarf.

Auch die weiteren Ausführungen Plósz' geben über die Entstehung des Klagrechtes keinen genügenden Aufschluß. „Das Klagrecht gehört zu dem Inhalte des die Mitglieder einer (staatlichen) Rechtsgemeinschaft umschließenden Rechtsverhältnisses" (S. 84). „Das Klagrecht ist ein Handeln-Dürfen, welches dem Staate nicht präexistiert, welches aus dem positiven Willen der Staatsgewalt abgeleitet und durch die Kraft desselben wirksam ist; es ist der Inhalt eines Rechtsverhältnisses zwischen den Parteien (!), eine rechtlich bestimmte und gesicherte Möglichkeit (!), den von derselben abgesehen rechtlich geschützten Zustand eines andern Subjektes verändern zu dürfen" (S. 101). Mit der negativen Feststellung, daß das Klagrecht dem Staate nicht präexistiere, ist nicht viel gewonnen.

Würde das subjektive Klagrecht — von diesem spricht Plósz in der citierten Stelle — zu dem Inhalte des alle Personen, welche in einer staatlichen Gemeinschaft leben, umschließenden Rechtsverhältnisses gehören, so müßte diesem Rechte eine Pflicht aller entsprechen. Dies ist aber nach Plósz nicht richtig, denn das subjektive Klagrecht soll nur, an die Behauptung eines privatrechtlichen klagbaren Anspruches gebunden, dem Kläger gegen denjenigen zustehen, gegen den sich der behauptete Anspruch richtet; darum sagt Plósz auch in dem zweiten Citate, daß es den Inhalt eines zwischen den Parteien bestehenden Rechtsverhältnisses bilde.

Fragen wir nun, wodurch denn die in der staatlichen Rechtsgemeinschaft lebenden Personen zu Parteien werden und wodurch das allgemeine, alle jene Personen umschließende Rechtsverhältnis zu dem besondern die Parteien umschließenden werde, so ergibt sich aus den Ausführungen Plósz', daß beides durch die Behauptung des privatrechtlichen Anspruches erfolge.

Wenn aber das subjektive Klagrecht den Inhalt des zwischen den Parteien bestehenden Rechtsverhältnisses bildet, so kann es diesem nicht präexistieren ebenso wenig wie das schemenhafte allgemeine Klagrecht dem Staate präexistiert; darnach entsteht es durch die Behauptung des privatrechtlichen Anspruches. Dann ist aber Klagrecht nicht Recht zur Prozeßgründung, sondern ein durch die Gründungshandlung entstandenes Recht, das Recht auf Urteil, entstanden durch Vornahme einer gesetzmäßigen Klaghandlung.

Die Existenz eines zu dem Inhalte des Prozeßverhältnisses gehörenden Rechtes auf Urteil wird selbstverständlich zugegeben; dieses ist ein subjektives Prozeßrecht, durch dessen Ausübung — Stellung des Klagantrages — der Anspruch auf Urteil entsteht; aber es ist kein Recht, durch dessen Ausübung das Prozeßverhältnis erst hergestellt wird, es ist nicht das von Plósz behauptete publizistische Klagrecht.

Bezüglich dieses „durch die Logik der Institution des Prozesses geforderten“ Klagrechtes äußert sich Plósz (S. 93) dahin, daß es mit einer notwendigerweise unvollkommenen, nicht durch Ungültigkeit, sondern nur durch Verantwortlichkeit sanktionierten Beschränkung erteilt werde, mit der Beschränkung nämlich, das Recht nur auf eine begründete Behauptung hin und nur für den Notfall zu gebrauchen.

Begrifflich notwendig sei diese Schranke freilich nicht; sie bestehe aber nach heutigem Rechte, und zwar bestehe die Verantwortlichkeit in der Pflicht zum Kostenersatze. Zunächst wird mit Rücksicht auf die Bestimmung des § 89 zugestanden, daß es wegen der in Aussicht stehenden Gefahr, die Prozeßkosten tragen zu müssen, nicht vernünftig ist oder doch sein kann, zu klagen, wenn der Beklagte nicht durch sein Verhalten Veranlassung zur Klage gegeben hat; die Kostenersatzpflicht tritt aber nicht in allen Fällen des Klagens ohne Notwendigkeit ein, sondern hängt von dem ferneren Verhalten des Beklagten — von dem sofortigen Anerkennen des Anspruches — ab; es ist daher unrichtig, daß als Sanktion für die Ausübung des Klagerechtes ohne Notfall Kostenersatzpflicht eintrete; läßt sich der Beklagte kontumazieren, so muß er die Kosten tragen, obwohl ein Notfall nicht vorlag.

Was soll es aber heißen, daß man für das Gebrauchmachen vom Klagerechte dann verantwortlich sei und daher die Kosten zu zahlen habe, wenn die Klagebehauptung, d. i. die Rechtsbehauptung, sich als unbegründet gezeigt hat?

Man ist doch auch dann kostenpflichtig, wenn der privatrechtliche Anspruch besteht, aber eine Prozeßvoraussetzung nicht gegeben ist.

Weiters kann man verantwortlich nur für ein schuldbares Handeln werden; sollte daher die Kostenersatzpflicht Folge der Verantwortlichkeit für den Mißbrauch des Klagerechtes sein, so müßte sie abgestellt sein auf die bona fides des Klägers, nicht aber auf den Ausspruch des Gerichtes über das Begründetsein der Behauptung. Der unterliegende Kläger hat aber die Kosten auch dann zu tragen, wenn er sich, bevor er den Klageweg betreten hat, von den Koryphäen der Wissenschaft Rechtsgutachten erbeten hatte, die sämtlich zu seinen Gunsten lauteten.

Die Kostenersatzpflicht beruht nicht auf der Verantwortlichkeit für den Gebrauch des Klagerechtes — sie trifft ja auch den Beklagten —; die Behauptung von der Erteilung des Klagerechtes unter den behaupteten Beschränkungen entbehrt daher jeder realen Unterlage.

Das Klagrecht kann immer nur ausgeübt werden durch Aufstellung der „gewissen" Behauptungen. Wer klagt auf eine unbegründete Behauptung hin, mißbraucht sein Klagrecht nicht, denn einen andern als den gemachten Gebrauch kann er ja von demselben nicht machen, sondern er hat überhaupt kein Klagrecht; Plósz meint, in einem solchen Falle habe der Kläger allerdings ein Klagrecht, aber er solle von demselben bei sonstiger Verantwortlichkeit keinen Gebrauch machen. Wozu hat er dann ein Klagrecht?

Was ist das Klagrecht für ein Recht, wenn man von demselben nur in dem Falle Gebrauch machen soll, daß der privatrechtliche Anspruch durch das Gericht als zu Recht bestehend anerkannt wird, bei sonstiger Verantwortlichkeit für den richtigen (?) Gebrauch des Klagrechtes? Allen, die einen privatrechtlichen Anspruch behaupten, ein Klagrecht zusprechen, aber nur jenen unter sonstiger Verantwortung für den Mißbrauch den Gebrauch des Klagrechtes zugestehen, deren Anspruch als begründet erklärt wird, heißt doch ein Recht mit der Linken geben und mit der Rechten nehmen. Hat man ein Klagrecht, so kann man für dessen normenmäßige Ausübung nie verantwortlich sein.

Anders wenn man sich die Klaghandlung von keinem Prozeßrechte begleitet denkt, wenn man die Befugnis zur Vornahme der Klaghandlung wirklich als das ansieht, was sie nach Plósz sein soll, nämlich als eine rechtlich bestimmte und gesicherte Möglichkeit, das Prozeßverhältnis selbst gegen den Willen des Beklagten zu begründen, also als die Möglichkeit, das einseitige Rechtsgeschäft der Klagerhebung vorzunehmen, durch welche das Prozeßverhältnis zustande kommt. Dadurch befreit man die ganze Institution des Prozesses von dem höchst problematischen und ebenso überflüssigen publizistischen Klagrechte und den Kläger von der großen Verantwortung, welche mit dem Gebrauche desselben verbunden sein soll.

Wer ein zulässiges Rechtsgeschäft vornimmt oder wenigstens die zu dessen Zustandekommen erforderliche Willenserklärung abgibt, den trifft keinerlei Verantwortung; kommt das Rechtsgeschäft zu stande, wird die beabsichtigte Wirkung herbeigeführt, so treten auch alle jene Folgen ein, welche das Gesetz, ohne daß sie speciell von dem Handelnden beabsichtigt waren, mit dem Rechtsgeschäfte verbindet, auch wenn es für den Handelnden ungünstige sind. Wer durch Vornahme des Klaggeschäftes das Prozeßverhältnis, den Prozeß, ins Leben ruft, den treffen alle Folgen, die das Gesetz mit dem Gewinnen oder Verlieren des Prozesses verbindet; von einer Verantwortlichkeit dafür, daß er das Rechtsgeschäft vorgenommen, ist aber keine Spur.

Faßt man dagegen die Klaghandlung nicht als das *Gebrauchmachen von der Möglichkeit, ein Rechtsgeschäft vorzunehmen*, sondern als Gebrauchmachen von einem Rechte auf, so muß man natürlich zu der Frage gedrängt werden, wieso es denn komme, daß zwar der Prozeß, das Urteil (Sachurteil) durch die Ausübung des Rechtes erfolgt, daß man aber dafür, daß man sein Recht ausübte, zur Verantwortung gezogen wird. Die von Plósz versuchte Lösung dieser Frage scheint nicht glücklich. Wenn das publizistische Klagrecht gegeben sein soll, für jeden behaupteten privatrechtlichen Anspruch, so darf man die Kostenersatzpflicht nicht damit in Zusammenhang bringen, daß man von diesem Rechte Gebrauch machte, ohne den behaupteten Anspruch zu haben. Man steht vor der Alternative, den Kostenersatzanspruch als einen privatrechtlichen zu erklären oder das publizistische Klagrecht aufzugeben; das Letztere wird wohl das Richtigere sein.

Das Klagrecht, oder, wie es auch genannt wird, Recht auf Sachentscheidung wird existent mit dem Prozeßverhältnisse, zu dessen Inhalte es gehört; (davon, daß der Anspruch auf Urteil erst entsteht durch Stellung des Antrages in der Hauptsache ist hier abzusehen); das Prozeßverhältnis wieder gelangt zur Existenz durch das Rechtsgeschäft der Klage, durch Klagerhebung.

Ebenso wie es gezeigtermaßen mit der Existenz des behaupteten publizistischen Klagrechtes beschaffen ist, ebenso steht es auch mit den Wirkungen, welche dasselbe behauptetermaßen haben soll.

Einerseits soll es wie eine Prozeßvoraussetzung wirken, andererseits aber müßte die Wirkung doch mit der materiellrechtlichen der Klagbarkeit des Anspruches zusammenfallen.

Es soll bei der Prozeßgründung vorhanden sein; stellt sich heraus, daß es nicht existiert, muß das Verfahren eingestellt, eventuell vernichtet werden. (S. 15.)

Betrachten wir dies an einem im Sinne von Plósz gewählten Beispiele. Kläger behauptet in der Klage, eine Wechselforderung, bezüglich welcher die Valuta geflossen ist, an den Beklagten zu stellen zu haben; da ist doch das Klagerecht vorhanden; nun stellt sich im Prozesse heraus, daß überhaupt keine Valuta geflossen ist, daß gar keine Wechsel- sondern eine Spielschuld vorliegt, über die ein Wechsel gegeben wurde, daß also das Klagrecht fehlt; daher müßte das Verfahren eingestellt werden; so nach Plósz; in der Wirklichkeit wird zweifellos die Klage in merito abgewiesen werden, weil die Forderung nicht klagbar ist.

Nach Plósz würde Klagrecht = Prozeßgründungsrecht eine Prozeßvoraussetzung sein und es würde diese darin bestehen, daß die Klage einen privatrechtlicheu klagbaren Anspruch behauptet. Die Klagbarkeit eines Anspruches ist aber materiell-rechtlich, kann nie eine Prozeßvoraussetzung bilden, wie es bezüglich der Zulässigkeit des Rechtsweges der Fall ist. Wenn auch die Klagbarkeit = Erzwingbarkeit ein öffentlich-rechtliches Element im Privatrechte (S. 33) bildet, so kann man sich doch schwer mit der Ansicht Plósz' befreunden, daß das publizistische Klagerecht einmal als Prozeßvoraussetzung bei der Entscheidung über die Prozeßgründung, und dann noch ein zweites Mal (im selben Prozesse) als Voraussetzung des Prozeßsieges geprüft werde. (S. 42).

Thatsächlich ist die Sache anders. Zunächst wird bei Prüfung des rechtswirksamen Zustandegekommenseins des Prozeßverhältnisses auf Grund der erhobenen Klage diese selbst, d. i. die in ihr liegende Willenserklärung, zweitens die Form, in welcher sie abgegeben wurde, endlich das Vorhandensein der Voraussetzungen, unter denen das Rechtsgeschäft der Klagerhebung zulässig ist, das sind die Prozeßvoraussetzungen, geprüft; über die Klagbarkeit wird in der Meritalentscheidung mit entschieden. Über das publizistische Klagrecht wird überhaupt nicht entschieden, weil ein solches nicht existiert. Aus den Entscheidungen, mit welchen ein Ausspruch über das Klagrecht erfolgt, ergibt sich, daß darunter die verschiedensten Dinge verstanden werden, nur das nicht, was Plósz darunter versteht. Bald wird von mangelndem Klagrechte wegen fehlender Prozeßlegitimation, bald wegen fehlender Sachlegitimation des Klägers, bald wegen Verfehlung der Person des Beklagten, bald wegen Unklagbarkeit des erhobenen Anspruches, bald wegen Nichteignung desselben für den Civilprozeßweg gesprochen.

Den von Plósz konstruierten juristischen Begriff kennt die Praxis nicht, die Theorie kann ihn entbehren; er ist, wie Wach H. (Bd. I. S. 23) sagt, irreführend und juristisch unfruchtbar. Wach ist entschieden beizutreten, wenn er sagt, „die Möglichkeit, rechtswirksam zu klagen, — dieses sogenannte publizistische Klagrecht ist res merae facultatis . . . Die formell korrekte Klage ist der rechtserhebliche Thatbestand, welcher das prozessualische Recht auf Urteil schlechthin (?) begründet," sie ist aber noch mehr wie das, sie ist das einseitige prozessualische Rechtsgeschäft, durch welches das Prozeßverhältnis begründet wird, unter der Voraussetzung, daß das Klaggeschäft ein zulässiges ist, daß die Voraussetzungen für dessen Zulässigkeit gegeben sind.

Erfreulicherweise stimmt mit Wach, was das Klagrecht betrifft, Planck S. (Bd. I.) darin überein, daß auch letzterer das sog. publizistische Klagerecht = Prozeßgründungsrecht ablehnt, was sich aus den Stellen, wo er von dem Klagrechte im prozessualischen Sinne handelt (insbesondere S. 264, 400, 443), ergibt. Planck versteht unter Klagrecht im prozessualischen Sinne das dem Kläger wider das Gericht zustehende Recht auf Zuerkennung eines von ihm bezeichneten entweder privatlichen oder prozessualischen Vorteiles; er unterscheidet im prozessualischen Klagrechte eine materielle und formelle Seite; nach der letzteren Seite ist ihm Klagrecht das Recht, von diesem Gerichte in diesem Rechtsstreite in diesem Zeitpunkte ein Urteil über den beanspruchten Vorteil zu verlangen; nach der ersteren das Recht, den beanspruchten Vorteil zu verlangen.

Darnach ist das prozessualische Klagrecht nicht Recht auf Prozeßgründung, sondern immer Recht auf Urteil; es ist nicht Inhalt eines dem Prozesse präexistierenden, alle in einer staatlichen Rechtsgemeinschaft lebenden Personen oder auch nur die Parteien umschließenden Rechtsverhältnisses, sondern es entsteht erst durch Anführung jener Thatsachen seitens des Klägers, durch welche das Klagrecht sowohl nach seiner materiellen als auch nach seiner formellen Seite begründet sein soll. Durch die Anführung dieser Entstehungsthatsachen in der Klage ist der aus diesem Rechte abgeleitete Anspruch wider den Gegner auf Gewährung des begehrten Vorteiles und wider das Gericht auf Zuerkennung desselben zu begründen; die diesfalls angeführten Thatsachen bilden die materielle und formelle Grundlage des in dem Klagantrage behaupteten Klagrechtes.

Was Planck prozessualisches Klagrecht (und zwar nach der formellen Seite hin betrachtet) nennt, ist ein Recht, welches die Rechtsbeständigkeit des Prozeßverhältnisses zur notwendigen Voraussetzung hat, welches also dem Prozeßverhältnisse nicht präexistiert, sondern erst durch dessen Zurechtbestehen zur Existenz gelangt.

Kohler P. (S. 42.) spricht sich auf das entschiedenste gegen die Existenz eines publizistischen Klagerechtes aus, er sagt: „Es gibt kein publizistisches Klagrecht; wohl aber existiert die Möglichkeit, für ein jedes Rechtssubjekt, mit Klageautorität (?) gegen irgend ein anderes aufzutreten; jedes soziale Wesen hat mit der Persönlichkeit die rechtliche Möglichkeit, nicht nur Akte des Privatrechtes zu vollziehen, sondern auch Akte des Prozeßrechtes und insbesondere auch den Autoritätsakt des Klagrechtsgeschäftes". Nachdem nur „Abwehrgedanken" vorgebracht werden sollen, so kann ich es mir erlassen, mich mit dem neuen Begriffe — Autoritätsakt — (vielleicht ist es auch nur ein neuer Name für einen bekannten Begriff?) zu befassen.

Nur eines möchte ich zum Schlusse noch hervorheben: Wenn es ein publizistisches Klagrecht geben sollte, wie stünde es dann mit der Zulässigkeit des dasselbe (allerdings nicht nach römischem, wohl aber nach heutigem Rechte) beseitigenden Schiedsvertrages? Kann den ein jus publicum durch pacta privata geändert werden?

Das Gesagte dürfte für die Ablehnung des publizistischen Klagrechtes = Prozeßgründungsrecht genügen, worauf es allein ankommt, um die Klaghandlung nicht als Ausübungshandlung eines subjektiven Prozeßrechtes, sondern als das erscheinen zu lassen, was sie ist, als ein prozessualisches Rechtsgeschäft.

II. Die Einlassungs- oder Defensions-Pflicht.

Ebenso wenig als eine Klage nur dann berechtigt ist, wenn ihr eine Rechtsverletzung voranging, ebenso wenig braucht diese Rechtsverletzung als gewollte im Prozesse fortzudauern; Beklagter braucht im Prozesse nicht zu streiten. Früher hat man auf den dem Klagbegehren entgegentretenden Willen des Beklagten Gewicht gelegt und daher auch den Streit — vor Gericht — als ein wesentliches Begriffsmerkmal in die Definition des Prozesses aufgenommen, ja, die Bezeichnung des Prozesses als Rechtsstreit hat sich bis auf die neueste Zeit erhalten. Der Prozeß kann ein Rechtsstreit sein, er ist es aber nicht immer, nicht begriffsnotwendig.

Der Prozeß ist ein notwendiges Übel, aber das Streiten im Prozesse ist nicht notwendig, und es ist von Übel, wenn ein Prozeßgesetz so angelegt ist, daß das Streiten oder zum mindesten die Erklärung der Streitabsicht seitens des Beklagten notwendig ist zur Gründung des Prozesses und zur Erreichung des Prozeßzweckes.

Zweck des Prozesses ist Rechtsverwirklichung, Rechtsbewährung.

Dem berechtigten Rechtsschutzbedürfnisse soll durch staatliche Rechtsschutzhandlung Befriedigung werden. Dies kann geschehen ohne Streit, ohne Erklärung einer Streitabsicht.

Daß die Vollstreckung zuweilen ohne Streit erfolgen könne, ist wohl zweifellos (§ 702). Ebenso gewiß ist dies bezüglich der Verurteilung; diese kann nach § 278 RCPO. erfolgen ohne jeden Streit, über sofortiges Anerkenntnis des klägerischen Anspruches seitens des Beklagten. Aber auch das Urteil im Sinne von Entscheidung ist ohne erklärte Streitabsicht möglich.

Wie das Wort „Rechtsstreit" das Wesen des Prozesses in unrichtigem Lichte erscheinen läßt, so auch das Wort „Entscheidung", wobei man an ein Entscheiden des Gerichtes für die eine oder die andere der sich angeblich begriffsnotwendig im Prozesse gegenüberstehenden Rechtsbehauptungen des Klägers und Beklagten denkt, während doch das Gericht nur zu erkennen hat, was im konkreten Falle Rechtens ist.

Das Gericht hat nach dem Gesetze zu entscheiden; dies will sagen, das Gericht hat das Gesetz, das objektive Recht auf den vorliegenden Fall zur Anwendung zu bringen und die von ihm gefundene Anwendung als geltendes Recht zwischen den Parteien zu erklären; diese sind verpflichtet, das ergehende Urteil als definitive Regelung der Prozeßfrage hinzunehmen. Das staatliche Urteil ist begriffsmäßig ein auf Rechtsanwendung beruhendes.

Damit das Recht im Prozesse zur Anwendung gelange, braucht es keinen Rechtsstreit; dazu ist weder von seiten des Klägers noch des Beklagten Streitabsicht notwendig; irrig ist es, dafür, daß es zum Urteile, d. i. zur Rechtsanwendung kommen könne, vom Kläger eine animo litigandi aufgestellte Rechtsbehauptung und vom Beklagten eine animo litigandi vorgebrachte Rechtsverneinung zu fordern.

Die Streitabsicht ist für die richterliche Rechtsanwendung ganz indifferent; thatsächlich ist sie auch beim Kläger in den seltensten Fällen vorhanden; er verlangt nur Befriedigung seines Rechtsschutzbedürfnisses, d. h. die staatliche Rechtsschutzhandlung, Vollstreckung, Verurteilung oder Urteil, nie Prozeß im Sinne von Rechtsstreit; er muß nur streiten, wenn er durch das Verhalten des Beklagten dazu gezwungen wird.

Beklagter hat die Streitabsicht regelmäßig nur in den Fällen, in denen er wirklich in den Streit eintritt; Fälle, in denen Streitabsicht seinerseits vorhanden ist, ohne daß sie zur Ausführung gelangt, gehören zu den durch eigenartige Konstellation von widrigen Umständen bedingten Ausnahmen. Wenn Beklagter aber nicht streitet, so verzichtet er deshalb durchaus nicht auf die Rechtsanwendung; im Gegenteil, der Nichteintritt in den Streit kann gerade seinen Grund darin haben, daß Beklagter von vornherein darauf rechnet, daß nur ein auf Rechtsanwendung beruhendes Urteil ergehen könne, daß die Prüfung des klägerischen Anspruches mit Rücksicht auf Recht und Gesetz unbedingt erfolgen müsse.

Eine Prüfung des klägerischen Anspruches mit Bezug auf die Bestimmungen des objektiven Privatrechtes findet nur dann nicht statt, wenn Beklagter auf dieselbe dadurch verzichtet, daß er den klägerischen Anspruch anerkennt; aber nur das gerichtliche Anerkenntnis, keineswegs das bloße Nichtbestreiten ersetzt die Rechtsprüfung; sie ist eine Pflicht des Staates als Hüter der Gerechtigkeit; er übernimmt diese Pflicht im konkreten Falle durch Annahme der Klage im Interesse der Gerechtigkeit, nicht in dem des Beklagten.

Dieser hat jedoch nicht bloß die Wahl, den klägerischen Anspruch anzuerkennen oder zu bestreiten. Der Gegensatz von Anerkennen ist nicht Bestreiten sondern Nichtanerkennen. Hat Beklagter den Klagsanspruch weder anerkannt, noch bestritten, so kommt es zur Rechtsanwendung durch das Gericht, d. i. zur Entscheidung durch ein gewöhnliches — nicht deklaratorisches — Urteil; dazu bedarf es nicht erst einer Fiktion der Streitabsicht, der Litiskontestation.

Wenn eine solche Fiktion in vielen Fällen auch der Wirklichkeit entsprechen würde, so ist doch in anderen das Gegenteil gewiß.

Wie soll die Streitabsicht fingiert werden können, wenn Beklagter dem den später eingeklagten Wechsel zur Zahlung präsentierenden Notar erklärte, er anerkenne selbstredend seine aus dem Wechsel hervorgehende Schuld und werde dieselbe in kurzer Frist bezahlen, was ihm nur momentan unmöglich sei, wenn diese Erklärung in den Protest aufgenommen und dieser der Klage angeschlossen wurde, also das Nichtvorhandensein der Streitabsicht durch eine öffentliche Urkunde bewiesen vorliegt.

In Anbetracht solchen Widersinnes hat es die RCPO. auch unterlassen, das Erfordernis der Litiskontestation, der Erklärung der Streitabsicht seitens des Beklagten aufzustellen, oder gar eine Fiktion derselben für den Fall des Schweigens des Beklagten auf die Klage vorzuschreiben; deshalb darf auch die Doktrin nicht zu Fiktionen ihre Zuflucht nehmen, um Wirkungen zu erklären, deren Eintritt nach der gesetzlichen Institution des Prozesses ohne jede Fiktion erklärt werden kann.

Das Gericht hat über die Klage das Gesetz auf den Sachverhalt anzuwenden, der seiner Beurteilung vorliegt; begrifflich ist es dazu weder notwendig, daß der Klaganspruch bestritten erscheint, noch daß die Darstellung des Sachverhaltes eine zweiseitige ist. Notwendigerweise muß, damit überhaupt ein Urteil ergehen kann, nur von seiten des Klägers die Darstellung eines Sachverhaltes erfolgen, der unter objektives Recht subsumiert werden kann; der Kläger muß das Urteilssubstrat liefern, mit Bezug auf welches sein Begehren gestellt ist; dem Beklagten muß nur die Möglichkeit eröffnet sein, dieses Substrat eventuell richtigzustellen und zu ergänzen. Um ein ungünstiges Urteil möglicherweise abzuwenden, braucht Beklagter nicht seine Streitabsicht zu erklären, wohl aber muß er von dem Kläger angeführte, diesem günstige Thatsachen, insoweit sie unwahr sind, bestreiten, für sich günstige vorbringen und Einreden insoweit erheben, als sie rechtsverfolgende sind. Dadurch wird die Darstellung der Prozeßfrage eine zweiseitige; durch sie wird umfassendere Garantie dafür gegeben, daß die Darstellung des Sachverhaltes eine objektiv richtige und vollständige ist. Dies braucht sie aber für den Civilprozeß nicht notwendig zu sein, da es sich ja in ihm immer nur um formelle Wahrheit handeln kann, wenn auch materielle erstrebt werden soll.

Die Darstellung kann objektiv richtig und vollständig sein, wenn sie ein- oder zweiseitig ist; in beiden Fällen ist auch das Gegenteil möglich. Für die Rechtsanwendung ist dies gleichgültig; sie kann entsprechend erfolgen auf ein- oder zweiseitige, richtige oder unrichtige Darstellung hin ebenso, wie nach vorangegangener Erklärung der Streitabsicht des Beklagten, als auch ohne solche.

Der Beklagte kann gegenüber einer vorliegenden Klage die Rechtsanwendung zu Gunsten des Klägers ausschließen, indem er den Anspruch des Klägers anerkennt; dagegen kann er niemals die Rechtsanwendung — das Urteil — zu Ungunsten des Klägers ausschließen. Ebenso wenig als er durch sein Handeln die Rechtsanwendung (mit vorstehender Beschränkung) hindern kann, ebenso wenig ist sein Handeln notwendig, um sie zu ermöglichen; auf des Beklagten Willen kommt es für die Rechtsanwendung gar nicht an; es bedarf daher dazu auch keiner Erklärung, den klägerischen Anspruch bestreiten zu wollen.

Weil die Erklärung der Streitabsicht seitens des Beklagten nicht notwendig ist, ist es auch nirgends im Gesetze vorgeschrieben, dieselbe im Versäumnisfalle durch Fiktion künstlich herzustellen.

Im Abs. 1 des § 296 RCPO. heißt es nur, daß das thatsächliche mündliche Vorbringen des Klägers als zugestanden anzunehmen ist; wenn dem durch die Doktrin beigefügt wird, daß der Beklagte als den Anspruch bestreitend anzusehen sei, so beruht dies lediglich auf der irrigen Annahme, daß sonst die im Abs. 2 § 296 folgende Bestimmung nach welcher, insoweit das als zugestanden anzusehende mündliche Vorbringen des Klägers den Klagantrag rechtfertigt, diesem gemäß zu erkennen, soweit dies aber nicht der Fall ist, die Klage abzuweisen sei, nicht zu erklären wäre. Diese Erklärung ist aber ganz einfach: Nachdem das Gericht in allen Fällen (den einen des Anerkenntnisses des klägerischen Anspruches ausgenommen) das begehrte Urteil nur auf Grund der ihm pflichtmäßig obliegenden Rechtsanwendung erlassen kann, so muß die Rechtsanwendung auch im Versäumnisfalle erfolgen, und das Versäumnisurteil wird sich im Sinne der Bestimmung des Abs. 2 des § 296 gestalten, ohne daß es nötig ist, den Beklagten als den Anspruch bestreitend anzusehen; ein Stattgeben dem Klagbegehren mit Ausschluß der Rechtsanwendung hätte Anerkenntnis des Beklagten zur notwendigen Voraussetzung; im Versäumnisfalle bleibt es bei der Regel, daß Urteil nur auf Rechtsanwendung beruhen könne.

Dafür, daß, wenn die Litiskontestation — Erklärung der Streitabsicht seitens des Beklagten — nicht fingiert würde, das im Versäumnisfalle des Beklagten ergehende Versäumnisurteil stets zu Gunsten des Klägers lauten müßte, kann man sich nicht auf den aus der Verhandlungsmaxime fließenden Grundsatz „ne eat judex ultra petita partium" berufen. In der vorstehenden Fassung kann der Grundsatz von vornherein nur dann zur Anwendung kommen, wenn petita partium vorliegen; eine Erweiterung des Grundsatzes dahin, daß, wenn nur ein Petit vorliegt, stets nach diesem erkannt werden müsse, wäre kein Postulat der Verhandlungsmaxime, sondern Leugnen des obersten Grundsatzes der Gerechtigkeitspflege, daß das Urteil auf Rechtsanwendung beruhen müsse, es bestünde dann außer dem Ausnahmsfalle des deklaratorischen Urteils nach § 278 eine weitere positive gesetzliche Ausnahmebestimmung auch für den Versäumnisfall; eine solche fehlt aber bekanntlich.

Mit dem Gesagten stimmt die gesetzliche, wegen Vermeidung des irreleitenden Plurals bessere Formulierung obiger Rechtsregel im § 279 RCPO. „das Gericht ist nicht befugt, einer Partei etwas zuzusprechen, was nicht beantragt ist"; daraus zu schließen, daß einer Partei das von ihr Begehrte nicht aberkannt werden dürfe, wenn die Aberkennung nicht beantragt ist, verstößt gegen die Elemente der Logik ebenso wie gegen den obersten Grundsatz, daß das Urteil auf Rechtsanwendung beruhen müsse.

Das Verbot, einer Partei etwas zuzusprechen, was nicht beantragt ist, kann doch das Gericht nicht hindern, einen unbegründeten, mit der Klage geltend gemachten Anspruch abzuweisen, weil Abweisung von der Gegenpartei nicht beantragt ist. Durch Abweisung wird ja dem Beklagten nichts zuerkannt.

Man kann dagegen nicht einwenden, daß durch den Protest gegen eine solche geradezu willkürliche Erweiterung der Bestimmung des § 279 das Zuerkennen unzulässig premiert werde. Es wird zugestanden, daß die im § 279 ausgesprochene Regel über den Wortlaut der Gesetzesbestimmung hinausreicht; gewiß darf auch nichts aberkannt werden, was nicht beantragt ist, d. h. das Urteil darf die Nichtexistenz eines nicht erhobenen Anspruches nicht aussprechen. Jeder gestellte Anspruch kann aber zu- oder aberkannt werden, je nachdem er im Gesetze begründet ist oder nicht; das Gesetz verlangt nur, daß der positive Antrag gestellt ist, nicht aber der Abweisungsantrag.

Die Verhandlungsmaxime gilt doch auch in den Fällen, in denen über einen in einem Prozeßgesuche gestellten Antrag ohne vorangehende mündliche Verhandlung und ohne Einvernehmung des Gegners erkannt wird; und doch kann ein solcher Antrag bekanntlich abgewiesen werden. Wo bleibt der notwendige Abweisungsantrag?

Das Gericht kann nur zuerkennen, wenn der Antrag im Gesetze begründet ist; im andern Falle muß es den Antrag aberkennen, auch beim Fehlen eines Abweisungsantrages. Der Richter hat, wie schon oben bemerkt, nicht etwa bloß ein Wahlrecht zwischen den beiden Anträgen auf Zuerkennung und auf Aberkennung, was natürlich zur notwendigen Voraussetzung hätte, daß beide Anträge gestellt sind, sondern er hat über den gestellten Zuerkennungsantrag unter Gesetzesanwendung zu erkennen.

Es bedarf nicht der Fiktion des Abweisungsantrages, um dem Richter ein Wahlrecht zu eröffnen, denn es handelt sich nicht um Ausübung eines solchen, sondern um Rechtsanwendung.

Nur das Überschreiten des Zuerkennungsantrages ist dem Gerichte verboten, nicht auch das eines vorliegenden Abweisungsantrags; soweit dieser nicht reicht, hat Beklagter über den Anspruch des Klägers nicht etwa zu dessen Gunsten disponiert; eine die Rechtsanwendung ausschließende Disposition liegt nur im gerichtlichen Anerkenntnisse; sollte sich aus den Ausführungen des Beklagten oder sonst wie ergeben, daß das Klagbegehren nicht nur insoweit nicht im Gesetze begründet ist, als der Abweisungsantrag geht, so hat das Gericht auch über diesen hinaus das Klagbegehren abzuweisen, wenn dieses mit Rücksicht auf die Ausführungen des Beklagten oder sonst im Gesetze nicht begründet erscheint. Wenn keine die Rechtsanwendung ausschließende, in dem gerichtlichen Anerkenntnisse und nur in diesem liegende Disposition des Beklagten erfolgt ist, hat die Rechtsanwendung der ganzen Institution des Prozesses und der Richterpflicht gemäß ihren freien Lauf.

Für die richterliche Entscheidung gilt nur die eine Grenze, daß das (oder auch die) auf Zuerkennung gerichtete Begehren nicht überschritten werden darf, auch wenn sich durch Rechtsanwendung auf den vorliegenden Fall ein Mehr oder Anderes ergeben würde; nur das, worum gebeten wurde, kann zuerkannt werden.

Aberkannt kann sogar ein Anspruch werden, auf dessen Zuerkennung der übereinstimmende Wille der beiden Parteien gerichtet ist, nämlich im Falle des gerichtlichen Anerkenntnisses eines gesetzlich unzulässigen Anspruches; warum sollte eine Aberkennung unzulässig sein, wenn weder eine auf Aberkennung noch eine auf Zuerkennung gerichtete Willenserklärung des Beklagten vorliegt?

Eigentümlich erscheint die Bestimmung des § 278 RCPO., daß im Falle des gerichtlichen Anerkenntnisses der Kläger das Begehren um Verurteilung im Sinne desselben stellen müsse, widrigens, wie § 278 allgemein interpretiert und gehandhabt wird, das Verfahren ruhen solle; sie erscheint aber selbstverständlich, wenn man dem früher Gesagten beipflichtet und erwägt, daß das ursprüngliche Klagbegehren nur dahin gerichtet sein könne, daß ein auf Rechtsanwendung beruhendes Urteil ergehen möge nnd daß der Richter stets verpflichtet sei, ein solches zu erlassen, ausgenommen er wäre durch Anerkenntnis der Verpflichtung zur Rechtsanwendung entbunden und in die Lage gesetzt, statt eines dezisiven ein deklaratorisches Urteil ergehen zu lassen. Hierzu wird aber der Richter nur durch Anerkenntnis des Beklagten in die Lage versetzt; zu einem deklaratorischen Urteile kann es erst kommen, wenn ein darauf gerichtetes Begehren des Klägers vorliegt; würde das Gericht ohne specielles Begehren des Klägers ein deklaratorisches Urteil bloß auf das Anerkenntnis hin erlassen, so würde ein für den Kläger günstigeres Urteil (ein Urteil unter günstigeren Bedingungen) ergehen, als um das er gebeten hat; es würde ein Urteil ergehen, das gar nicht beantragt ist. Darum muß vorerst von seiten des Klägers um Verurteilung dem Anerkenntnisse gemäß gebeten werden.

Die Handhabung der Bestimmung des § 278 in der Weise, daß das Verfahren, wenn dieser Antrag nicht gestellt wird, ruhen soll, wäre bei anderer Auffassung ohne inneren Grund.

Wenn auch das klägerische Begehren vom Anbeginn an auf Zuspruch gerichtet war, so sollte dieser doch nur über Rechtsanwendung auf das Klagfaktum — auf das kausale Geschäft — ergehen; in dem unbedingten Zuerkennen auf Grund des Anerkenntnisses — des in diesem liegenden Rechtsgeschäfts — ist ein Vorteil gelegen, den Kläger vielleicht mit Grund von sich fernhalten will und der ihm nicht aufgedrungen werden darf; er muß Verurteilung dem Anerkenntnisse gemäß vorerst beantragen. Das Gesetz stellt ihm aber nicht frei, eine der Prozeßlage nach ganz unnötige dezisive Entscheidung dem Gerichte an den Hals zu hängen; es stellt ihn nur vor die Wahl, sich des abgegebenen Anerkenntnisses zur definitiven Erledigung des Prozesses zu bedienen oder denselben in suspenso zu belassen.

Wäre die Anschauung richtig, daß, im Falle ein Abweisungsantrag nicht gestellt wird, stets dem Kläger das Gebetene zuerkannt werden müsse, so wäre das Verlangen des § 278 nach Stellung eines

Verurteilungsantrags dem Anerkenntnisse gemäß vollkommen unerklärich. Wenn das Urteil ohne Abweisungsantrag immer zuerkennend lauten müßte, so müßte dies doch umso mehr dann der Fall sein, wenn ein Anerkenntnis vorliegt, ohne daß es dazu eines eigenen auf Verurteilung dem Anerkenntnisse gemäß gestellten Antrags bedürfen würde.

Mit dem Antrage auf Versäumnisurteil verhält sich die Sache anders; durch ihn kann Rechtsanwendung nie ausgeschlossen werden, wohl aber bedarf es desselben, um die specielle Versäumnisfolge, daß die Klagethatsachen als vom Beklagten zugestanden anzusehen seien, eintreten zu lassen §§ 209 mit 296.

Wenn nun der Abweisungsantrag dafür, daß es zur Rechtsanwendung komme, einflußlos ist, wenn demnach die Folge der Nichtstellung desselben darin nicht bestehen kann, daß das ohne einen solchen ergehende Urteil stets im Sinne des Klagebegehrens lauten müsse, so fragt man wohl mit Grund, was die Doktrin zwinge oder berechtige, einen solchen zu fingieren, obwohl das Gesetz von einer solchen Fiktion nichts weiß.

Man beruft sich darauf, daß jedem Rechte eine Pflicht, daher dem Klagrechte des Klägers die Einlassungspflicht des Beklagten entspreche und daß diese Pflicht auf ein Handeln des Beklagten gerichtet sei; der Beklagte habe die Wahl, den Anspruch anzuerkennen oder denselben zu bestreiten — seine Streitabsicht zu erklären. Dagegen soll er nicht berechtigt sein, sich der Klage gegenüber passiv zu verhalten; würde er diesthun, so müßte er gezwungen werden, seine Handlungspflicht zu erfüllen.

Diese Anschauung ließe sich vielleicht mit einigem Schein von Recht verteidigen, wenn man ein publizistisches Klagrecht annimmt; sie wird aber völlig haltlos, wenn man ein solches (und zwar mit Recht) leugnet.

Degenkolb erklärt in E. die Einlassungspflicht als die rechtliche Gebundenheit auf angestellte Klage hin zum Zustandekommen, zur Entwicklung des Prozesses mitzuwirken und zwar durch des Beklagten oder seines Vertreters Erklärung. Er fordert diese, weil Prozeß ein Verfahren zwischen den Parteien ist, daher dem Urteile die prozeßrechtliche Grundlage durch bloß einseitige Klagbehauptung nicht verschafft werden könne. Wenn positivrechtlich das Schweigen des Beklagten auf die Klage nicht als Nichteinlassung bestraft werde, müsse es doch als stillschweigende Einlassung behandelt werden, welche als Erklärung, nicht widersprechen zu wollen, aufzufassen wäre. Ob mit dem Nichtwidersprechen ein Zugestehen des Anspruches oder der ihm zu Grunde liegenden Thatsachen verbunden werden solle, hänge vom prozeßrechtlichen Bedürfnisse „nach einem für die Weiterentwicklung des Prozesses ausreichenden (in diesem Sinne also notwendigen) Erklärungsinhalte ab“; für alle Fälle sei aber die Einlassung eine Notwendigkeit, um die Rechtsordnung zur Friedensordnung zu gestalten.

Gegen obige Bestimmung des Begriffes der Einlassungspflicht hat schon Wach (D. und K.) eingewendet, daß sich die Einlassungspflicht nur auf das Zustandekommen, nicht aber auf die Entwicklung des Prozesses beziehe. Aber auch mit dieser sich schon aus dem Namen ergebenden Einschränkung dürfte sich eine Einlassungspflicht aus den von Degenkolb angeführten Grüuden nicht erschließen lassen.

Prozeßzweck ist Rechtsverwirklichung, Rechtsbewährung beruhend auf Rechtsanwendung; Prozeß muß daher ein Verfahren sein, welches die Erreichung dieses Prozeßzweckes ermöglicht; die Rechtsverwirklichung durch Rechtsanwendung erfolgt durch das Gericht, dieses muß durch das Verfahren dazu in die Lage gesetzt werden; daß sich an demselben beide Parteien beteiligen, daß es daher notwendig ein Verfahren zwischen den Parteien sei, ist, wie oben gezeigt, nicht notwendig; notwendig ist, damit sich die Rechtsordnung zur Friedensordnung gestalte, nur, daß das Urteil zwischen den Parteien Recht schaffe, ob sich an dem vorangehenden Verfahren beide Parteien beteiligten oder nicht und ob es deshalb oder trotzdem ein gerechtes ist oder nicht.

Daß dem Beklagten die Möglichkeit offen stehen müsse, sich an dem Verfahren zu beteiligen und dadurch auf die Entscheidung des Gerichtes Einfluß zu nehmen, ist allerdings ein Postulat der Rechtsordnung; daraus folgt jedoch keine Pflicht, sondern nur ein Recht zur Einlassung, zur Teilnahme an dem vom Gerichte über klägerisches Begehren eröffneten Verfahren, um dasselbe so zu gestalten, daß die Rechtsanwendung mit erhöhter Sicherheit erfolgen könne. Über jede ordnungsmäßig erhobene, den gesetzlichen Anforderungen entsprechende Klage kann es zum Urteile — zur autoritativen Rechtsanwenduug — kommen. Das zu demselben führende Verfahren braucht nur als zweiseitiges angelegt zu sein, kann sich aber, ohne daß der Prozeßzweck im mindesten leidet, zum einseitigen gestalten; es bedarf keiner Einlassungspflicht, noch weniger kann von einem Einlassungszwange die Sprache sein.

In dem vorstehenden Sinne hat sich bereits Heyßler geäußert

und insbesondere hervorgehoben, daß es im Prozesse nur einen Zwang, den zur Gerichtsfolge (Gerichtszwang) für den Beklagten gibt, darin bestehend, daß er ohne uud wider Willen der Jurisdiktion des gesetzlich kompetenten Richters unterworfen wird; darüber hinaus gebe es im Prozesse nur eine indirekte Nötigung, thätig zu sein, um einen gewissen Erfolg zu erzielen; der sog. Einlassungspflicht entspreche kein Recht anderer Personen, sie bedeutet nur die Nötigung zur Ausübung eignen Rechtes.

Während Degenkolb, von der Notwendigkeit der Einlassungserklärung ausgehend, zum Schlusse gelangt, daß das Unterlassen derselben als stillschweigende Einlassung zu behandeln und als Erklärung, nicht widersprechen zu wollen, aufzufassen sei, kommt Wach (D. u. K.) zu dem Resultate, daß die Erfüllung der Einlassungspflicht in der Bestreitung des Anspruches bestehe, und daß durch Stillschweigen die Erklärung des Streitwillens vollzogen werde (was allerdings von Wach selbst (Pr. u. K.) dahin richtig gestellt wird, daß an Stelle des Willensaktes der Streitabsichtserklärung richterliches Aufzwingen des Prozesses trete). Wach ist auch davon abgegangen, daß die Erfüllung der Einlassungspflicht in der Bestreitung des Anspruches bestehe, und hält nunmehr daran fest, daß man die Einlassungspflicht sowohl durch Anerkennen als auch durch Bestreiten des Anspruches erfüllen könne, eines oder das andere aber thun müsse, worauf später zurückzukommen sein wird.

Für jetzt genügt der Hinweis auf obige Divergenz in den Konsequenzen, zu welchen Degenkolb und Wach auf Grund so ziemlich derselben Voraussetzungen, durchdrungen von der Unentbehrlichkeit der Einlassungspflicht für die Konstruktion des Prozesses, gelangen, welches Durchdrungensein so weit geht, daß beide zur Fiktion der Erfüllung der Einlassungspflicht greifen; und doch fällt die Fiktion bei dem einen dahin aus, daß der schweigende Beklagte als nicht streiten wollend angesehen wird, während bei dem andern gerade die notwendige Erklärung der Streitabsicht resp. durch richterliches Aufzwingen der dem Bestreiten von Seite des Beklagten entsprechende Zustand hergestellt wird.

Plósz, der die Einlassungspflicht als auch im heutigen Rechte fortbestehend ansieht, behauptet, daß sich nur der Zwang im Falle ihrer Nichterfüllung, der früher in der missio in bona, Acht und Bann bestand, geändert habe; man suche nicht mehr die Erfüllung der Pflicht zu erzwingen, sondern realisiere einfach das Recht des Klägers, das publizistische Klagrecht; es werde im Notfalle dem Kläger statt des dreiseitigen ein zweiseitiger Prozeß verliehen, mit allen für den Kläger notwendigen Wirkungen eines dreiseitigen; dieser erhalte weder Exekutionsrecht noch unmittelbar eine Verurteilung, sondern nur ein den Beklagten bindendes Verfahren, durch welches er zu einem Urteile gelangen könne. Dies entspreche der heutigen Anschauung vom Zwange als einer Realisierung des Rechtes durch Gewalt. (S. 158.)

Diese Argumentation steht und fällt mit der Existenz eines publizistischen Klagrechtes, dessen grundlose Annahme bereits dargethan wurde. Im einzelnen wäre dagegen zu bemerken:

Unter Einlassungspflicht des Beklagten wird dessen Pflicht, zum Zustandekommen des Prozesses durch eine von ihm abzugebende Erklärung mitzuwirken, verstanden; im Falle der Nichterfüllung dieser Pflicht sei früher Erfüllungszwang, d. h. missio in bona u. s. w. eingetreten. Dieser sog. Erfüllungszwang hatte nun das Eigentümliche, daß durch dessen Anwendung weder die vorzunehmende Handlung, noch der durch sie zu erreichende Zweck erreicht wurde; Beklagter wurde weder zur Abgabe der den Prozeß mitbegründenden Erklärung gezwungen, noch kam es zum Prozesse und auf Grund desselben zum Urteile, sondern der Kläger erhielt Exekutionsrecht ohne Urteil, ohne daß es zur Rechtsanwendung auf den klägerischen Anspruch gekommen wäre. Daß man solches keinen Erfüllungszwang bezüglich der Einlassungspflicht nennen könne, liegt wohl auf der Hand.

Dies hat sich allerdings geändert, indem heute dem Kläger statt dreiseitigen Prozesses zweiseitiger verliehen wird. Dies ist aber keine Änderung im Erfüllungszwange, sondern eine solche in den Bedingungen für das Zustandekommen des Prozesses.

Früher war Prozeß — judicium — mit Rechtsstreit gleichbedeutend; ohne Streit, ohne Bestreiten des klägerischen Anspruches seitens des Beklagten gab es keinen Prozeß, kein Urteil. Der confessus und der non defensus wurden wie der judicatus behandelt; Kläger bekam gegen ihn Exekutionsmöglichkeit, ohne daß zuvor Rechtsanwendung erfolgt, Urteil ergangen wäre. Heute ist der Prozeß so konstruiert, daß es vor der Exekution zu beiden kommen muß; dem nicht antwortenden Beklagten gegenüber kommt es zum Versäumnisverfahren, in demselben zur Rechtsanwendung, zum Urteile unter Fürwahrannahme der vom Kläger behaupteten Thatsachen.

Daß sich die heutigen Anschauungen vom Zwange dahin geändert haben, daß derselbe lediglich in einer Realisierung des Rechtes durch Gewalt bestehe, ist eine beweislos hingestellte Behauptung, welche der Wirklichkeit nicht entspricht.

Zwang wird heute noch ausgeübt als indirekter oder direkter

Zwang, d. h. Einwirkung auf den Willen des Pflichtigen mittels Haft und Geldstrafen, durch Pfändung oder Wegnahme der zu leistenden Sache, wodurch dem Ansprecher das werden soll, worauf sein Anspruch gerichtet ist. Wo wir nichts von all' dem finden, dort können wir auch von keinem Zwange sprechen; gewiß könnte man dies auch nicht bezüglich der Erfüllung der Einlassungspflicht, wenn eine solche existieren würde; sie würde nicht erzwungen, sondern es kommt zum Prozesse ohne Einlassung. Wie man in diesem Falle von einer Realisierung des Rechtes „durch Gewalt" sprechen kann, ist völlig unverständlich; man müßte denn das Zustandekommen des Prozesses ohne Mitwirkung des Beklagten als einen Gewaltakt und die dasselbe regelnde Gesetzesvorschrift als Gewalt bezeichnen.

Noch schlimmer steht es um die Begründung der Einlassungs- oder Defensionspflicht, wenn man das ihr entsprechende publizistische Klagrecht verwirft.

In hervorragender Weise wird die Ansicht von der Notwendigkeit und Existenz der Einlassungspflicht resp. Defensionspflicht durch Wach (D. u. K.), sowie (Pr. u. K.) vertreten.

Wach geht ebenfalls davon aus, daß Einlassungspflicht bestehen müsse, um die Rechtsordnung als Friedensordnung zu gestalten; Rechtsschutz müsse sein, damit Recht nicht nur in thesi bestehe, Prozeß müsse sein, damit Rechtsschutz sein könne, und Einlassungspflicht müsse sein, damit Prozeß sein könne, denn dieser ruhe auf der Amtspflicht des Richters, Recht zu sprechen, und auf der Einlassungspflicht des Beklagten, Recht zu geben; Prozeß könne nur auf Basis erklärten Streitwillens gegründet werden.

Der Satz, daß Prozeß auf der doppelten Pflicht, Recht zu sprechen und Recht zu geben, ruhe, war ja einmal richtig, so lange zur Begründung des judicium eine Litiskontestations-Erklärung des Beklagten unbedingt gefordert wurde.

Heute beruht der Prozeß lediglich darauf, daß der Staat verpflichtet ist, über ordnungsmäßige Klage Recht zu sprechen, d. i. das objektive Recht auf den konkreten Fall in Anwendung zu bringen, und daß der Beklagte den auch ohne seine Mitwirkung im Prozesse zu stande kommenden Rechtsspruch als formelles Recht schaffend anerkennen demselben entsprechen muß, widrigens gegen ihn im Sinne desselben exekutionsweise vorgegangen wird, unter der Voraussetzung, daß er der Gerichtsgewalt des rechtsprechenden Gerichtes unterworfen ist.

Worin soll heute die Defensionspflicht, d. i. die Pflicht des

Beklagten, Recht zu geben, bestehen? Hierauf wird geantwortet: darin, den Anspruch entweder anzuerkennen oder zu bestreiten.

Dieses in der Wahl des Beklagten stehende Alternativum wäre eine Verpflichtung ganz eigener Art, denn die beiden Erfüllungsarten stehen im kontradiktorischen wenn auch nicht im konträren Gegensatze; einer solchen Verpflichtung gegenüber könnte der Zwang immer nur in Willensbeugung bestehen; Rechtszwang soll aber nicht Willensbeugung, sondern nur Herstellung des pflichtmäßigen Resultates sein. Worin soll dieses bestehen, in der Anerkennung oder im Bestreiten?

Wenn Beklagter die Wahl hat, seine Defensionspflicht dadurch zu erfüllen, daß er den Anspruch anerkennen oder bestreiten kann, wenn dies Alternativum überhaupt den Inhalt einer rechtlichen Verpflichtung bilden kann, warum soll Beklagter nicht auch zum bloßen Nichtbestreiten berechtigt sein? Aus der Natur des Prozesses als eines kontradiktorischen Verfahrens soll sich ergeben, daß Beklagter den Anspruch entweder anerkennen oder bestreiten müsse. Wo bleibt denn im ersteren Falle das Kontradiktorische?

Man hilft sich dadurch, daß man auf das Zweiparteienverhältnis das Gewicht legt, welches für alle Fälle gewahrt werden müsse, und welches auch dann gewahrt werde, wenn Beklagter als anerkennend in den Prozeß eintritt; aber eintreten müsse er. Das Prozeßverhältnis sei ein dreiseitiges, zu dessen Zustandekommen unbedingt das Eintreten der drei Subjekte in den Prozeß gefordert werde.

Wach selbst sagt aber ganz unbestreitbar richtig: Wenn Passivität keine Hinderung oder Erschwerung der Rechtsverfolgung bildet, ergibt sich im Prozesse keine Verpflichtung zur Aktivität, also zur Aktion. Fragt sich also, liegt in der Passivität eine Hinderung, eine Erschwerung der Rechtsverfolgung. Die Antwort darauf lautet: Die Mitwirkung des Beklagten zur Streitbegründung sei nötig, dieser dürfe die vorliegende Klage nicht ignorieren.

Die Mitwirkung des Beklagten zur Streitbegründung ist aber eben heute nicht mehr nötig, es kommt ja auch ohne dessen Mitwirkung zum Sach-Urteile, welches doch Prozeß zur notwendigen Voraussetzung hat; nur dieses — das Urteil — darf Beklagter nicht ignorieren; dies verlangt die Gestaltung der Rechtsordnung als Friedensordnung; wollte er es, tritt Zwang, Erfüllungszwang gegen ihn ein.

Wach weist darauf hin, daß der Zwang zur Antwort (also zur Erklärung, ob man den Anspruch anerkennen oder bestreiten wolle) weggefallen sei, als man zur Überzeugung kam, Passivität sei nicht notwendig wirksame Weigerung des Rechtes und nicht bloß durch Antwort könne Prozeß entstehen. Nichtsdestoweniger sei aber die Antwort, Erfüllung der Defensionspflicht, Übernahme der Beklagtenrolle durch Willensakt, geblieben, nur sei statt der früheren Art des Zwanges eine andere, und zwar die Ausübung des Zwanges durch Fiktion, d. i. Realisierung der Defensionspflicht ohne Aktivität des Beklagten, Aufzwingen der Beklagtenrolle durch Richterakt, Behandlung des Beklagten als die Klage bestreitend getreten. Nicht die Antwort des Beklagten werde fingiert, sondern die Prozeßgründung erfolge durch Richterakt geradeso, als wäre sie durch Erfüllung der Defensionspflicht seitens des Beklagten geschehen.

Dazu wird gelehrt, daß bei pflichtwidrigem Nichthandeln Rechtszwang durch Fiktion, d. i. durch Herstellung des pflichtmäßigen Resultates des Handelns im Wege fiktiver Verwirklichung des bei der dem Verpflichteten ungünstigsten Verwirklichung der Pflicht eintretenden Zustandes, geübt werde. Und doch wird nicht fingiert, daß Beklagter den Anspruch anerkenne, was doch die für ihn ungünstigere Verwirklichung der auf Anerkennen oder Bestreiten gerichteten Defensionspflicht wäre, sondern daß er den Anspruch bestreite. Bekanntlich soll die ebenfalls behauptete sog. Erklärungspflicht gegenüber den Klagthatsachen ebenfalls durch Fiktion verwirklicht werden, und zwar dadurch, daß Beklagter als die Thatsachen zugestehend angesehen wird.

Auf die sich aufdrängende Frage, warum durch die Fiktion einmal das für den Beklagten günstige, ein anderes Mal das ungünstige Resultat, welches durch Erfüllung der Pflicht herstellbar gewesen wäre, hergestellt wird, bekommen wir die Antwort, „die Passivität wirke eben verschieden nach Verschiedenheit der verletzten Pflichten". Dies ist aber irreleitend; die Passivität bewirkt in beiden Fällen das Gleiche, nämlich Eintritt des Rechtszwanges durch Fiktion; aber die Fiktion soll in jedem Falle anders wirken, einmal Herstellung des bei der dem Verpflichteten ungünstigsten Verwirklichung der Pflicht eintretenden Zustandes, das andere Mal Herstellung des bei der dem Verpflichteten ungünstigsten Verwirklichung der Pflicht eintretenden Zustandes.

Eine Erklärung für diesen Zwiespalt ließe sich nur in positiven Gesetzesbestimmungen finden und keineswegs in der Dogmatik.

Das Gesetz schreibt vor, daß im Falle der Passivität des Beklagten die thatsächlichen Behauptungen des Klägers als zugestanden anzunehmen seien, was man als Fiktion des Zugeständnisses, als poena confessi bezeichnet; es schreibt aber nirgends vor, daß auch der Klaganspruch als zugestanden anzunehmen sei, sondern es sagt, daß über diesen erkannt werden müsse, ob er unter Zugrundelegung der als zugestanden anzusehenden Thatsachen im Rechte begründet sei (§ 296). Wollte man nun mit einer im Gesetze nicht ausgesprochenen Fiktion wissenschaftlich weiter arbeiten, so glaubte man, es riskieren zu können, mit der Wahrheit in Kollision zu geraten, wenn man dabei nur mit dem Gesetze nicht in Kollision kommt; dies wäre aber dann der Fall gewesen, wenn man die für den Beklagten ungünstigste Erfüllung der Defensionspflicht — das Anerkenntnis — fingiert hatte; um die Fiktion der Anspruchsbestreitung nicht preisgeben zu müssen, beliebte man, sich über die eignen Worte hinwegzusetzen, und erklärte das Gegenteil von dem zutreffend, was man als die notwendige Wirkung der Fiktion erklärt hatte.

Man könnte es vielleicht versuchen, aus diesem Dilemma dadurch herauszukommen, daß man daran festhält, daß durch die Fiktion zwar nicht die Antwort fingiert, sondern das verwirklicht werde, was die Partei sollte, daß der Rechtszwang durch Fiktion nicht darin bestehe, daß jenes Resultat im Wege der fiktiven Verwirklichung hergestellt werde, welches bei der dem Verpflichteten *ungünstigsten* Verwirklichung der Pflicht eintreten würde, sondern dasjenige, welches das der ganzen *Institution des Prozesses entsprechende* ist. Dann könnte man ja finden, daß jenes Resultat hergestellt werden müsse, welches bei Bestreitung des Klaganspruches eintritt, judicium acceptum.

Dies würde aber nur dann stimmen, wenn man das Wesen des Prozesses auch heute noch als Rechtsstreit erklärt. Hält man dagegen an dem Prozeßzwecke, also daran fest, daß es zur Rechtsanwendung kommen solle, so braucht der Zustand des Bestreitens nicht künstlich hergestellt zu werden, nachdem dieses nicht Voraussetzung der Rechtsanwendung ist, sondern diese nur durch Anerkennung des Anspruches ausgeschlossen wird. Man käme also dann nur zu einem negativen Resultate, daß nämlich eine Anerkennung des Anspruches nicht fingiert werden dürfe, während die Fiktion des Thatsachen-Zugeständnisses die Rechtsanwendung nicht ausschließt. Keineswegs aber könnte man das Bestreiten als das *Normale* erklären. Das stimmt mit dem Gesetze; Zugestehen der Thatsachen wird angenommen; im übrigen kommt es zur Rechtsanwendung ohne jede künstliche Herstellung des Zustandes, der durch Bestreitung des Anspruches eintritt, denn dieser Zustand tritt auch ohne Bestreitung ein. Die Frage, ob denn das Zustandekommen des Prozeßverhältnisses die Streiteinlassung, d. i. Bestreitung des Anspruches in der Hauptsache zur notwendigen Voraussetzung habe, bleibt der Erörterung vorbehalten.

Die Defensionspflicht soll im Falle der Nichterfüllung Aufzwingen der Beklagten-Rolle fordern; tritt Beklagter nicht in Aktion, so soll er eine stumme Rolle spielen; worin besteht dieselbe? Daß er Beklagter ist, gegen den ein rechtswirksames Urteil ergehen kann; das war er aber vom Momente der Klagerhebung ab; von da ab war ihm der Prozeß aufgezwungen, wenn er gerichtsunterworfen war; später wird ihm im Prozesse nichts mehr aufgezwungen; Erfüllungszwang tritt erst nach dem Urteile ein.

Wir sehen keine Defensionspflicht im Sinne einer Handlungspflicht, wir erkennen nirgends einen Zwang durch Verwirklichung derselben und da beides fehlt, kann nicht eines zur Rechtfertigung des andern dienen.

Das gewichtigste Argument für die Existenz der Defensionspflicht soll sich daraus ergeben, daß zwar der Prozeß, das Prozeßverhältnis, schon durch die Klagerhebung in dem Sinne begründet werde, daß mit dieser das Recht auf Urteil, nicht aber ein Recht auf Sachurteil gegeben ist, daß hingegen erst die Einlassung des Beklagten auf die Sachverhandlung eine Sachentscheidung ermögliche, daß also erst durch sie die Streitbegründung erfolge; ein Sachurteil könne nur auf Grund eines kontradiktorischen Verfahrens vorgehen, dazu sei aber Streiteinlassung nötig; freiwillig würde sich niemand auf den Streit einlassen, daher müsse eine Einlassungspflicht existieren. Hiermit begegnen wir dem alten Irrtume mit den historischen Wurzeln.

Was war, ist eben nicht mehr, und man darf sich nicht gegen die Erkenntnis des Neuen dadurch verschließen, daß man noch immer das Alte fingiert.

In jus vocatio, das mit der editio actionis beginnende, die contentio de ordinando judicio enthaltende, mit der litis contestatio, dem judicium acceptum abschließende Verfahren in jure, das sich hieran erst anschließende, die Verhandlung in der Hauptsache umfassende Verfahren in judicio einerseits und unsere Klagerhebung, Vorverfahren über die Prozeßvoraussetzungen und Verhandlung zur Hauptsache andrerseits sind eben verschiedene Dinge. Dem entsprechend ging auch die Begründung des Prozeßverhältnisses in andrer Weise vor sich als dies heute der Fall ist.

Wie hätte das Prozeßverhältnis durch Klagerhebung in unserm Sinne begründet werden können, nachdem es eine solche nicht gab. Der in jus vocatio folgte erst die editio actionis und diese brauchte ihr nicht zu folgen; wurde sie unterlassen, so trat denegatio jurisdictionis ein; die editio actionis hatte bloß den Zweck, den Beklagten sofort mit der species futurae litis bekannt zu machen (Lenel: edictum perpetuum, S. 49.). Unterblieb die editio, so hatte die Sache ihr Ende erreicht, bevor sie eigentlich einen Anfang nahm, obwohl beide Parteien vor dem praetor erschienen waren.

Anders bei uns. Ist einmal die Klage erhoben, so ist die Sache schon auf einen ganz andern Punkt gekommen, wenn auch der Beklagte und Kläger sich vor der Obrigkeit noch nicht gegenüber gestanden sind.

Ob es überhaupt zu einer contentio de ordinando judicis kommt, hängt ganz vom Verhalten des Beklagten der ihm zugestellten Klage gegenüber ab; nicht aber hängt es davon, insbesondere von einer litis contestatio, von einem accipere judicium ab, ob es zum judicium kommt.

Früher war die Streitbegründung die Prozeßbegründung; zum Prozesse konnte es ja — vorausgesetzt, daß nicht denegatio actionis wegen Mangels einer Prozeßvoraussetzung erfolgt war — nur im Streitfalle kommen, sonst gab es nur Exekution durch missio in bona; zur Streitbegründung bedurfte es natürlich der litis contestatio; diese war also die notwendige Bedingung der Begründnng des Prozeßverhältnisses.

Bevor noch irgend etwas zwischen dem actor und dem in jus vocatus begründet war, kam es zur contentio de ordinando judicio; diese schloß mit der denegatio actionis oder nach vorausgegangener rein formeller litis contestatio mit der datio actionis und judicis, in welchem Falle das Prozeßverhältnis zu stande gekommen war, und zwar definitiv als rechtswirksames. Das Verfahren in jure fand nicht seine selbstverständliche, notwendige Fortsetzung durch das in judicio; jenes mußte erst durch specielle Akte in dieses hinübergeleitet werden.

Nach der römischen Rechtsauffassung sollen Rechte und Pflichten nur dem Willen des Berechtigten oder Verpflichteten gemäß entstehen; sollten nun im Prozesse oder durch denselben Rechte oder Pflichten zur Entstehung gelangen, so mußte doch dieser selbst zunächst auf dem Willen der Parteien beruhen; ein Aufzwingen des Prozesses mußte den Römern, als gegen ihre Grundanschauung vom Rechte verstoßend, als etwas Unmögliches erscheinen. Sollte Prozeß entstehen, so brauchte man dazu notwendig eine dahin abzielende Willenserklärung der Parteien.

Um den Prozeßvertrag existent werden zu lassen, gab man das Recht der in jus vocatio.

Um den Prozeßvertrag zustande zu bringen, genügt aber

nicht das bloße Erscheinen vor dem praetor; vor diesem mußte der Prozeßvertrag erst abgeschlossen werden. Die datio actionis hatte die aktive Mitwirkung des Beklagten zur notwendigen Voraussetzung. Ohne das suscipere judicium konnte es nicht zum judicium kommen, für welches die actio gegeben werden sollte. Nichts war den Römern ferner gelegen als den Streitwillen des Beklagten zu fingieren und den von ihm nicht abgeschlossenen Prozeßvertrag als zustande gekommen zu betrachten. „Ohne Einlassung kein Prozeß, kein Urteil!" gilt für den Formularprozeß als unbestreitbar.

Heute liegen die Dinge anders. Halten wir denn an dem Grundsatze fest, daß Rechte und Pflichten stets auf dem Willen des Berechtigten und Verpflichteten beruhen? Hängt das Unterworfensein unter die Gerichtsgewalt des Staates von dem Willen des in dem Gebiete desselben Lebenden ab?

Niemand darf sein kompetenter Richter entzogen werden, aber ebenso kann sich niemand seinem kompetenten Richter entziehen; wer von diesem belangt wird, gegen den ergeht ein Urteil, ohne daß es auf seinen Willen, seine Mitwirkung ankommt.

Wer von seinem kompetenten Richter mit ordnungsmäßiger Klage belangt wird, kann das Ergehen eines Urteiles nicht hindern; weil er es aber nicht hindern kann, so erfordert es die Konsequenz, daß auch seine Mitwirkung dazu nicht erfordert wird.

Das Urteil besteht nur in der Rechtsanwendung, und diese Anwendung des Rechtes eines Staates erfolgt stets ohne den Willen der Einwohner desselben auf sie. Sie können sich ebenso wenig dem Prozesse wie der Verjährung entziehen.

Aber nicht bloß aus dem eben dargelegten Grunde bedurfte es im römischen Prozesse einer Mitwirkung des Beklagten zum Zustandekommen desselben, sondern auch noch aus einem andern, vielleicht noch wichtigeren. Heute ergeht über die Klage das Urteil, welches auf Anwendung des feststehenden positiven Rechtes beruht; Kläger und Beklagter können auf die Rechtssätze, welche zur Anwendung zu gelangen haben, hinweisen, notwendig ist es nicht, denn jura novit curia.

Unsere Richter sind nur berufen, das bestehende Recht anzuwenden, nicht aber neue Rechtssätze zu schaffen. Die römischen Magistrate waren Rechtsbildner, sie standen, wie dies vielseits hervorgehoben wurde, über dem Rechte.

Indem der praetor die Rechtsregel für ein judicium erteilte, gab er die actio; die zumeist an sich als Rechtsbewußtsein oder überhaupt als unfertiges Recht existierende Rechtsregel war nicht geeignet, in einem judicium ohne weiteres zur Geltung zu kommen; der praetor gab erst diese Rechtsregel für das judicium in der actio, und zwar unter der doppelten Voraussetzung, daß die Formel verlangt wurde, und daß der Gegner die Leistung verweigerte (Muther a. a. O. S. 22).

Streit war also die Voraussetzung der datio actionis, jener setzt aber wieder Aktivität beider Parteien voraus. Ohne Mitwirkung des Beklagten konnte also die actio gar nicht gegeben werden.

Im justinianischen Libellprozesse erging zwar über das Klaglibell, ohne daß es auf die Rechtsweigerung seitens des Gegners ankommt, das praeceptum; mit diesem beginnt aber noch nicht das judicium, sondern voran geht wie früher ein Verfahren in jure; dieser erste mit der lit. cont. abschließende Abschnitt des Prozesses wurde nach wie vor ausgefüllt durch die Verhandlung darüber, an sit actio, während dem zweiten die Beantwortung der Frage, quid veniat in judicium, vorbehalten war. Der Rechtsstreit wurde bereits im ersten Abschnitte des Prozesses scharf abgegrenzt; dazu mußten beide Parteien mitwirken.

Heute ist die Stellung des Richters eine ganz andere geworden. In der actio ist ihm keine Rechtsregel gestellt, an welche er bei Fällung seines Urteiles gebunden ist; der Prozeß wird nur durch die in demselben vorgebrachten Thatsachen abgegrenzt, der Richter hat nur zu prüfen, ob dieselben zur Begründung des erhobenen Anspruches unter Anwendung des positiven Rechtes ausreichen.

Nicht über eine mit Beginn des judicium abgeschlossen dastehende Rechtsbehauptung wird entschieden, sondern der Richter hat den ganzen Verhandlungsstoff, wie dieser ihm von den Parteien im Laufe des Prozesses an die Hand gegeben wurde, seinem Urteile zu Grunde zu legen, ohne daß es auf dessen rechtliche Verwertung durch die Parteien weiter ankommt. Der Richter hat bei seinem Urteile nicht mehr auf eine typische Rechtsbehauptung Rücksicht zu nehmen; er kann das positive Recht auf den Urteilsstoff frei zur Anwendung bringen. Das Urteil wird nicht mehr gefordert über eine von beiden Parteien einverständlich festgesetzte Rechtsbehauptung, sondern der Kläger ist es, welcher einseitig Urteil fordert, d. i. Rechtsanwendung auf den von ihm zur Begründung seines Anspruches angeführten Sachverhalt.

Früher war die lit. cont., also die Streiteinlassung des Beklagten behufs Feststellung der typischen Rechtsbehauptung, welche der Entscheidung als Grundlage diente, notwendig; heute ist diese Notwendigkeit entfallen, denn der Richter kann auf die ihm vorgetragenen Thatsachen das positive Recht stets zur Anwendung bringen.

Nach heutigem Rechte erfolgt schon durch die Klagerhebung die Prozeßbegründung, schon durch sie erwirbt der Kläger ein Recht auf Urteil; ob dieses eine Entscheidung über das Zu-Recht-bestehen des Prozeßverhältnisses oder einer Sachentscheidung ist, hängt nicht vom Verhalten des Beklagten, sondern vom Vorhandensein der Prozeßvoraussetzungen ab. Sind absolute Prozeßvoraussetzungen nicht gegeben, kommt es nicht zum Sachurteile trotz Einlassung des Beklagten; umgekehrt kommt es dazu, wenn jene gegeben sind, auch ohne daß sich Beklagter in den Streit einläßt.

Die Handlungen, durch welche die Prozeßbegründung erfolgt, sind mit der Klagerhebung abgeschlossen; ob aber durch diese Handlungen das Prozeßverhältnis rechtswirksam begründet wurde, begründet werden konnte, hängt nicht von der Einlassung des Beklagten ab; das Hinzutreten derselben ist nur insofern von Bedeutung, als es sich um sog. verzichtbare Prozeßeinreden handelt; durch vorbehaltlose Einlassung des Beklagten wird die Begründung des Prozeßverhältnisses insoweit rechtsbeständig, als demselben nur der Mangel dispositiver Prozeßvoraussetzungen im Wege stand; mit der Einlassung des Beklagten auf die Hauptsache ist die Frist um, innerhalb welcher er wegen Mangels einer dispositiven Voraussetzung für die Zulässigkeit des prozessualischen Rechtsgeschäftes der Klagerhebung hätte Protest erheben können; das Klaggeschäft kommt als ungleich zweiseitiges zu stande.

Gewiß ist nicht zu bestreiten, daß gewisse Rechtswirkungen des Prozeßverhältnisses erst mit der Streiteinlassung des Beklagten eintreten; unrichtig aber scheint es, zu behaupten, daß, so lange nicht alle Rechtswirkungen des Prozeßverhältnisses eingetreten sind, das Prozeßverhältnis noch nicht seiner wesentlichen Wirkung nach zu Recht bestehe.

Nicht alle denkbaren Rechtswirkungen eines Rechtsverhältnisses treten schon mit dem Existentwerden desselben, sondern manche erst in einem späteren Momente ein, der sich nach einer Handlung oder Unterlassung einer der im Rechtsverhältnisse stehenden Personen bestimmt. So beispielsweise bei der societas.

Ebenso ist es mit den Wirkungen des Prozeßverhältnisses; deshalb ist es aber nicht, wie Wach sagt, bedeutungslos, daß einige der Wirkungen, die vordem mit der litis contestatio verbunden waren, schon mit der Klagerhebung verbunden sind, weil dies eben nicht bezüglich der Gesamtheit der Wirkungen der litis contestatio der Fall ist. Dagegen ist den Ausführungen Wachs, die darthun, welche Wirkungen des Prozeßverhältnisses erst mit der Einlassung des Beklagten auf die Verhandlung zur Hauptsache eintreten, vollinhaltlich beizutreten.

Unzutreffend ist es aber, die mit der Klagerhebung verbundenen Wirkungen als von der Streiteinlassung loslösliche zu betrachten, und zu behaupten, daß sie sich nur unter der Voraussetzung mit der Klagerhebung verknüpfen, daß ihr die Einlassung nachfolgt. Wir sehen vielmehr, daß diese Wirkungen ganz unabhängig von der späteren Streiteinlassung eintreten; nicht auf diese kommt es an, sondern einzig und allein darauf, daß das Prozeßverhältnis durch die Klagerhebung rechtsbeständig begründet wurde und begründet werden konnte, daß die Prozeßvoraussetzungen, d. i. die Voraussetzungen für die Zulässigkeit des prozessualischen Rechtsgeschäftes der Klagerhebung gegeben sind.

Statt nun zu sagen, daß die mit der Klagerhebung verbundene Rechtswirkung von der Einlassung loslöslich ist, scheint es richtiger, zu betonen, daß dies die allgemeinen Wirkungen des Prozeßverhältnisses sind, neben denen es auch noch andere, besondere gibt, die erst mit der Streiteinlassung deshalb existent werden, weil sie vor derselben gegenstandslos wären. Warum sollte man den Kläger früher als an die Klage unwiderruflich gebunden erklären, bevor der Beklagte durch seine Einlassung einen Anspruch darauf erworben hat, daß es gerade über diese Klage von diesem Gerichte zur Rechtsanwendung durch Urteil kommen solle? Erst die Stellung des Abweisungsantrages des Beklagten bewirkt, daß ihm auf Grund des bereits begründeten Prozeßverhältnisses der Anspruch auf Urteil und der Anspruch quod actor in judicio permaneat ad terminum litis erwächst.

Ebenso ist es mit dem Rechte der Widerklage; weil Beklagter sich dahin erklärt hat, daß es jetzt zur Rechtsanwendung mit Bezug auf den Gegenstand des Prozesses kommen solle, soll er auch verlangen können, daß unter einem über seinen mit diesem Prozeßgegenstande im Zusammenhange stehenden oder erlaubterweise in einen solchen gebrachten Anspruch entschieden werde.

Die beiden eben besprochenen Rechtswirkungen des Prozeßverhältnisses sind Rechtswirkungen, welche nicht schon mit der Existenz des Prozeßverhältnisses, sondern nur unter der Bedingung eintreten, daß Beklagter sich auf den Streit einläßt; diese Bedingung kann sich zugleich mit der erfüllen, unter welcher das durch die Klagerhebung begründete pendente Prozeßverhältnis zum rechtsbeständigen wird, und dies zwar dann, wenn es sich um dispositive Prozeßvoraussetzungen, sog. verzichtbare Prozeßeinreden handelt.

Anders steht es mit der Rechtshängigkeit und den im § 235 der RCPO. genannten Wirkungen derselben, mit den Interimswirkungen, welche schon eintreten, bevor es noch gewiß ist, daß das Prozeßverhältnis als ein rechtsbeständiges geschaffen werden kann. Rechtshängigkeit ist der Zustand, in dem das den Gegenstand des Prozesses bildende materielle Rechtsverhältnis durch Klagerhebung versetzt wird, also der Zustand, in dem sich dieses von dem Momente an, als es Prozeßgegenstand geworden und in dem die Prozeßsubjekte in Bezug auf dasselbe in das Prozeßverhältnis getreten sind, befindet.

Prozeßverhältnis und Rechtshängigkeit sind correlata. Rechtshängigkeit ist ohne Prozeßverhältnis und dieses ohne jene undenkbar.

Die Einrede der Rechtshängigkeit besagt, daß das Prozeßverhältnis, wenn auch als ein noch im Schwebezustand befindliches, bereits zwischen den Parteien und einem bestimmten Gerichte existent geworden und daß bis zur Beendigung desselben dasselbe oder ein anderes Gericht neuerdings nicht befaßt werden könne, ebenso wenig als in dasselbe eine neue Partei eintreten darf; die perpetuatio fori ist das Festgehaltensein des Gerichtes im Prozeßverhältnisse und durch dasselbe, wenn es nur im Momente der Prozeßbegründung das zuständige war. Bei jedem Rechtsverhältnisse handelt es sich doch nur um die Qualifikation im Momente der Begründung; der später handlungsunfähig Gewordene bleibt in den Rechtsverhältnissen stehen, in die er als Handlungsfähiger getreten ist. Ebenso ist es mit dem Verbote der Klagänderung; das Prozeßverhältnis ist durch die Erhebung dieser Klage und mit Bezug auf diese Klage existent geworden; das Hineinschmuggeln einer andern, geänderten Klage in jenes Rechtsverhältnis soll ausgeschlossen und Beklagter, wenn er nicht selbst zum Zustandekommen des Rechtsgeschäftes der Klagänderung mitwirkt, berechtigt sein, zu fordern, daß für die neue (geänderte) Klage das Prozeßverhältnis durch Erhebung derselben erst begründet werde.

Die Rechtshängigkeit und deren eben besprochene prozessuale Wirkungen werden durch die Klagerhebung begründet, denn durch sie erfolgt die Herstellung des Prozeßverhältnisses, wenigstens als eines in einem Schwebezustande befindlichen, ohne daß noch außerdem ein sog. abschließender Akt, die Einlassung, hinzutritt.

Wenn oben darauf hingewiesen wurde, daß mit der Klagerhebung zwar die Prozeßbegründung abgeschlossen, aber damit die Frage nicht erledigt wurde, ob das Prozeßverhältnis rechtswirksam begründet werden konnte, weil ja erst nach der Klagerhebung daran gegangen werden kann, zu prüfen, ob denn die Prozeßvoraussetzungen vorhanden seien, welche vorhanden sein müssen, damit das begründete Prozeßverhältnis zu Recht bestehe, so ist noch hervorzuheben, daß keineswegs, wie behauptet wird, die prozessualen Wirkungen der Klagerhebung nur unter der stillschweigenden Voraussetzung bestehen, daß es zur Litiskontestation, d. i. zur Einlassung auf die Verhandlung zur Hauptsache komme. Diese Einlassung ist für das Bestehen der gedachten Rechtswirkungen ohne jeden Einfluß. Sie bestehen vielmehr auch im Falle der Nichteinlassung des Beklagten, denn dieser ist berechtigt, einer wider ihn angebrachten neuen Klage während der Einspruchsfrist gegen ein wider ihn ergangenes Versäumnisurteil die Einwendung der Rechtshängigkeit entgegenzusetzen und auch dem nicht erschienenen Beklagten gegenüber ist die Änderung der Klage, wenn ihm auch ein dieselbe vorbereitender Schriftsatz rechtzeitig zugestellt worden wäre, ausgeschlossen; andererseits bestehen die Rechtswirkungen der Klagerhebung nicht, obwohl sich Beklagter auf die Verhandlung zur Hauptsache eingelassen hat, wenn Kläger seine Klage mit Einwilligung des Beklagten, nach Einlassung desselben zurücknimmt. Auch in diesem Falle ist der Rechtsstreit als gar nicht anhängig geworden anzusehen § 243 Abs. 3 RCPO.

Auf die Einlassung des Beklagten kommt es daher nicht an, sondern lediglich auf die Begründung des, wenn auch noch pendenten Prozeßverhältnisses durch Klagerhebung. Schon mit dieser Begründung treten die Rechtshängigkeit und folgeweise auch die mit ihr verbundenen Rechtswirkungen ein. Das rechtliche Begründetsein des Prozeßverhältnisses kommt hierbei nicht in Betracht. Der Begründung des, wenn auch noch pendenten Prozeßverhältnisses entspricht der Zustand der Rechtshängigkeit; diese endet mit der Lösung des Prozeßverhältnisses (abgesehen von dessen bestimmungsgemäßer Beendigung durch Sach-Urteil) durch ein prozessualisches Rechtsgeschäft des Klägers, durch Klagzurücknahme oder dadurch, daß sich die erfolgte Gründung des pendenten Prozeßverhältnisses als rechtlich unzulässig erweist, weil die Voraussetzungen für die Zulässigkeit des Rechtsgeschäftes der Klagerhebung nicht gegeben sind; in diesem Falle wird das Klaggeschäft als ein unzulässiges, das intentionierte Rechtsverhältnis als ein nicht rechtsbeständiges durch Abweisung der Klage erklärt.

Erlischt das Prozeßverhältnis, so müssen notwendigerweise auch der Zustand der Rechtshängigkeit und die durch Gesetz an ihn geknüpften Rechtswirkungen erlöschen.

Man kann daher nicht behaupten, daß die Klagerhebung als prozessualer Akt — als prozessualisches Rechtsgeschäft — nur relative Bedeutung habe, nämlich nur im Hinblick auf die Prozeßbegründung, d. h. den abschließenden Akt der Einlassung; sie hat vielmehr absolute

Bedeutung, und zwar die eines einseitigen prozessualischen Rechtsgeschäftes, welches für sich allein bestimmte Rechtswirkungen erzeugt.

Von einer „Relativität der Klagerhebung" kann man ja sprechen, nur muß man dabei nicht die behauptete, angeblich erst später zum Abschluß gelangende Prozeßbegründung, sondern das Zurechtbestehen des mit der Klagerhebung als pendenten, zur Existenz gelangenden Prozeßverhältnisses im Auge haben.

Das Prozeßverhältnis kommt zustande durch das einseitige Rechtsgeschäft der Klagerhebung, durch die in dieser liegende in gesetzlicher Form abgegebene rechtsgeschäftliche Willenserklärung des Klägers; mit deren Vollendung tritt als Interimswirkung die Rechtshängigkeit ein, das Prozeßverhältnis besteht als pendentes; ob es zu Recht besteht, ob die mit der Klagerhebung beabsichtigte Rechtswirkung herbeigeführt werden könne, hängt nicht bloß von der rechtsgeschäftlichen Willenserklärung, sondern von dem Vorhandensein der Voraussetzungen der Zulässigkeit des Rechtsgeschäftes der Klage ab. Erst wenn festgestellt ist, daß dieselben vorhanden sind, oder daß ein diesfälliger Mangel nicht geltend gemacht wird (in welchem Falle das Klaggeschäft als ein ungleich zweiseitiges zustande kommt), ist die beabsichtigte Wirkung der Klagerhebung definitiv hergestellt, das Prozeßverhältnis besteht von da nicht mehr bloß als ein pendentes, sondern es besteht zu Recht; die früher bestandenen Interimswirkungen gehen mit dem Aufhören des Schwebezustandes in definitive Wirkungen über; die RCPO. hat dieselben, die einzelnen den Inhalt des Prozeßverhältnisses bildenden Prozeßrechte nirgends aufgezählt; dies ist und mußte nur bezüglich der Interimswirkungen geschehen, da das Gesetz allein gewisse Wirkungen als mit der Abgabe der rechtsgeschäftlichen Willenserklärung verbundene Interimswirkungen des noch im Schwebezustande befindlichen Rechtsgeschäftes erklären kann.

Die Frage nach der Existenz der Einlassungs- oder Defensionspflicht ist mit der, ob dem Beklagten im Prozesse Handlungspflichten obliegen, nicht zu verbinden. Das Prozeßverhältnis hat zu seinem Inhalte Rechte und Pflichten auf resp. zu Handlungen der im Prozeßverhältnisse stehenden Personen; es kann auch Handlungspflichten des Beklagten zu seinem Inhalte haben.

Die **Einlassungspflicht** soll aber eine Pflicht des Beklagten sein, die **nicht** den Inhalt des Prozeßverhältnisses mitbildet, sondern sie soll sein die Pflicht des Beklagten, **zum** Zustandekommen des Prozeßverhältnisses **mitzuwirken**.

Wenn es daher auch richtig wäre, daß durch Verneinung der Handlungspflichten des Beklagten das Prozeßverhältnis als Rechtsverhältnis preisgegeben würde, was behauptet wird, so könnte doch das Gleiche nicht bezüglich der Einlassungspflicht behauptet werden.

Die Rechte und Pflichten, welche den Inhalt des Prozeßverhältnisses bilden, dienen den rechtlichen Interessen, die im Prozesse verfolgt werden; daneben gibt es noch rechtliche Interessen am Prozesse. Diese Interessen sind für die drei Prozeßsubjekte verschieden. Der Staat hat nur ein Interesse am Prozesse, daran, daß die Prozeßhandlungen der Parteien ungehindert vorgenommen werden können und daß sie vorgenommen werden, wie er sie behufs Erreichung des Prozeßzweckes gestaltete.

Ganz andere Interessen haben die Parteien; sie haben Interessen auch im Prozesse.

Am Prozesse, daran, daß es zum Prozesse komme, hat aber nur der Kläger, nicht auch der Beklagte ein Interesse.

Während die Interessen der Parteien im Prozesse gewahrt werden durch Ausübung der Prozeßrechte, d. i. der den Inhalt der prozessualen Rechtsverhältnisse bildenden subjektiven Rechte, — daß diese Interessen auch durch Vornahme von prozessualischen Rechtsgeschäften, durch welche das Prozeßverhältnis abgeändert wird, gewahrt werden, bleibt hier außer Betracht — wird das rechtliche Interesse des Klägers am Prozesse durch kein subjektives Prozeßrecht geschützt; es genügt zur Wahrung des klägerischen Interesses am Prozesse, daß ihm durch die Rechtsordnung die Möglichkeit eröffnet wird, durch sein Handeln den Prozeß, das zum Urteil führende Prozeßverhältnis zu begründen; hierzu muß ein einseitiges Handeln, ein einseitiges prozessualisches Rechtsgeschäft, durch welches die beabsichtigte Wirkung erzielt wird, genügen; auf den Willen des Beklagten kann es nicht ankommen, dieser hat ja kein Interesse am Prozesse.

Er kann nur ein Interesse haben, daß es nicht zum Prozesse komme, wenn die Voraussetzungen der Zulässigkeit des Rechtsgeschäftes der Klagerhebung mit Bezug auf die wider ihn gerichtete Klage nicht gegeben sind; dieses Interesse ist ein berechtigtes und vom Rechte geschütztes.

An dem Nichtzustandekommen des Prozesses hat der Beklagte gewiß dann kein Interesse, wenn er sich der Klage gegenüber wissentlich im Unrechte befindet und trotzdem den dem Rechte entsprechenden Zustand nicht herstellt. Letzteres hätte er schon vor der Klage thun sollen oder er soll es doch über dieselbe thun. Dadurch, daß er es thut, kann er ein ihm ungünstiges Sachurteil und die mit einem solchen verbundenen prozeßrechtlichen Nachteile von sich abwenden.

Ebenso wenig als es für den von dem Rechte des Klägers überzeugten Beklagten ein Interesse an dem Nichtzustandekommen des Prozesses gibt, ebenso wenig hat er ein solches in dem Falle, als er den klägerischen Anspruch als nicht zu Recht bestehend erachtet oder dessen Zurechtbestehen mindestens bezweifelt.

In diesem Falle kann er allerdings ein Interesse daran haben, daß es zum Sachurteile komme; dieses Interesse kann er dadurch wahrnehmen, daß er sich bestreitend auf die Verhandlung zur Hauptsache einläßt, indem er den Abweisungsantrag in der Sache stellt. Mit der Stellung dieses Antrages erwirbt auch er einen Anspruch auf Sachurteil, der durch einseitige Zurücknahme der Klage nicht aus der Welt geschafft werden kann.

Aber an dem Nichtzustandekommen des Prozesses hat er in diesem Falle kein Interesse und darum gibt es auch für ihn keine Möglichkeit, das Zustandekommen zu hindern.

Den Interessen, welche der Kläger am Prozesse hat, wird dadurch, daß die Prozeßordnung das Rechtsgeschäft der Klagerhebung als ein zulässiges erklärte und es beim Vorhandensein der Voraussetzungen der Zulässigkeit als einseitiges gestaltete, vollkommen Rechnung getragen; diesem Interesse gibt es auf Seite des Beklagten nur insofern ein gegenüberstehendes, als diese Voraussetzungen der Zulässigkeit des Klaggeschäftes nicht gegeben sind; auch diesem ist dadurch Rechnung getragen, daß (über Protest des Beklagten) das intentionierte Klaggeschäft nicht zu stande kommt. Darüber hinaus gibt es kein Interesse des Beklagten am Nichtzustandekommen des Prozesses, und weil es kein solches gibt, besteht für dasselbe kein Schutz; aber ebenso wenig kann es für den Beklagten eine Pflicht zum Handeln geben, durch welches nicht sein, sondern des Gegners Interesse am Prozesse gewahrt werden soll.

Der Prozeß muß so angelegt sein, daß Kläger und Beklagter, insoweit sie ein rechtliches Interesse am und im Prozesse haben, dasselbe beliebig verfolgen können; der Staat aber hat die Pflicht, in der Weise thätig zu werden, daß die von dem einen oder von beiden in Verfolgung ihres Interesses in der von ihm geregelten Form unternommenen Handlungen von dem angestrebten Erfolge begleitet sind. Über die ordnungsmäßige Klage muß es zum Prozesse, zur Rechtsanwendung, zum Sachurteile kommen, oder doch, wenn der Interessent entsprechend handelt, kommen können; ein etwa dahin gehendes Interesse des Beklagten, daß es nicht zum Urteile in der Sache komme, obwohl die Prozeßvoraussetzungen gegeben sind, entbehrt des staatlichen Schutzes, weil es den Prozeßzweck vereiteln würde; für den Beklagten gibt es dem zulässigen Rechtsgeschäfte der Klageerhebung gegenüber nur den einen Weg, ein ungünstiges Sachurteil abzuwenden, die Erfüllung des klägerischen Anspruches, also die höchste Aktivität; kein anderes aktives Vorgehen kann dies bewirken, um wieviel weniger erst ein passives Verhalten. Auch bei völliger Passivität des Beklagten muß Sachurteil ergehen können.

Es gibt keine prozessuale Verpflichtung des Beklagten, durch deren Erfüllung der Prozeß beendet werden könnte. Der Beklagte hat nur die eine Verpflichtung, den Anspruch des Klägers zu befriedigen und dadurch den Zustand herzustellen, der dem subjektiven Privatrechte des Klägers entspricht; mit deren Erfüllung hat er alles gethan.

So lange dies aber nicht geschehen ist, muß die Zwangsgewalt des Staates parat gehalten oder zunächst parat gestellt werden, um jenen Zustand herbeizuführen. Das Paratstellen erfolgt durch die Rechtsanwendung, durch das Urteil.

Aber auch der Beklagte kann sie ohne Rechtsanwendung parat stellen, durch gerichtliches Anerkenntnis des klägerischen Anspruches. Ob man hiermit den eigentlichen Prozeß dadurch beendigt sein läßt, daß man dem gerichtlichen Anerkenntnis sofort Vollstreckbarkeit zugesteht, oder noch ein deklaratorisches Urteil auf Grund des Anerkenntnisses ergehen läßt, ist eine Frage der Zweckmäßigkeit, nicht einer durch die Natur des Prozesses bedingten Notwendigkeit.

Das Interesse des Klägers geht auf Änderung des faktischen Zustandes, das des Beklagten auf Beibehaltung desselben.

Sache des Klägers ist es daher, diese Änderung durch Aktivität herbeizuführen; der Beklagte braucht nicht aktiv zu werden, er will ja nur in seiner Lage beharren.

Das Interesse des Klägers muß aber nicht auf Änderung des faktischen Zustandes, es kann auch auf Beendigung eines Zustandes der Ungewißheit gerichtet sein; darnach stellt sich die Art der Befriedigung des Rechtsschutzbedürfnisses. Neben dem rechtlichen Interesse an der Änderung eines bestehenden Zustandes im Sinne der Erfüllung eines privatrechtlichen Anspruches existiert noch ein anderes als ein rechtlich anerkanntes, somit rechtliches, nämlich dasjenige an der Beseitigung eines Zustandes der Ungewißheit. Aber nicht jeder solche gibt schon an sich ein rechtliches Interesse an der Beseitigung desselben; ein solches ist nur dann vorhanden, wenn der Bestand oder Nichtbestand eines Rechtsverhältnisses für die Geltendmachung oder Abwehr privatrechtlicher Ansprüche von Einfluß ist, wenn die Rechtsposition durch die Unentschiedenheit in solcher Weise beeinflußt wird, daß mit der Fortdauer derselben materiell-rechtliche Nachteile (nicht etwa bloß wirtschaftliche) zu befürchten stehen. Nur dann genügt das Interesse zur Eröffnung des Prozesses behufs alsbaldiger Beseitigung des Zustandes der Ungewißheit durch Feststellung des Bestandes oder Nichtbestandes eines Rechtsverhältnisses, oder der Echtheit einer auf ein Privatverhältnis Bezug habenden Urkunde.

Beklagter kann ein im Rechte begründetes Interesse haben, daß ein gegebener faktischer Zustand nicht geändert werde, und zwar dann, wenn dieser dem Rechte entspricht, was ja durch Rechtsanwendung, Sachurteil anerkannt werden soll; um dies zu erreichen, hat er Prozeßrechte zur beliebigen Ausübung; es gibt aber kein durch das Recht geschütztes Interesse, daß der Zustand der Ungewißheit fortdauert. Hat Kläger ein rechtliches Interesse, daß die alsbaldige Feststellung des Zurecht- oder Nichtzurechtbestehens eines Rechtsverhältnisses erfolge, so gibt es kein gegenüberstehendes rechtliches Interesse.

Weil das Interesse des Beklagten, wenn durch den Prozeß Änderung des faktischen Zustandes angestrebt wird, ein anderes (rechtliches) ist, als wenn es sich um Beendigung des Zustandes der Ungewißheit handelt, so ist auch seine Stellung eine verschiedene. In ersterem Falle kann er den rechtswidrigen Zustand selbst ändern, indem er den Anspruch des Klägers erfüllt; den Zustand der Ungewißheit kann er aber nur vor dem auf richterliche Feststellung abzielenden Prozesse durch außergerichtliches Anerkenntnis beseitigen; um sein Anerkenntnis, durch welches ja die Ungewißheit hatte behoben werden können, handelt es sich im Feststellungsprozesse nicht mehr; das Feststellungsinteresse des Klägers wird nur befriedigt durch richterlichen Ausspruch über den Bestand des Rechtsverhältnisses, eventuell über die Echtheit der Urkunde.

Während der Beklagte im Falle der Leistungsklage ein ungünstiges Sachurteil noch im Prozesse von sich abwenden kann, kann er dies im Falle der Feststellungsklage nicht; er muß es immer zur Entscheidung, zur Beendigung des Zustandes der Ungewißheit, welcher nur vor dem Prozesse durch sein Anerkenntnis hätte beseitigt werden können, durch das Gericht kommen lassen.

Sollte eine Verpflichtung zur Beseitigung des Zustandes der Ungewißheit im Prozesse existieren, so müßte es doch notwendigerweise auch eine Möglichkeit geben, diese Verpflichtung zu erfüllen. Diese existiert aber nicht. Und doch soll es für den Feststellungsbeklagten eine Verpflichtung geben, sich auf den Prozeß aktiv einzulassen?

Diese Verpflichtung könnte doch nur bestehen, wenn Beklagter zwischen der Erfüllung des klägerischen Anspruchs oder dem Eintritte in den Prozeß die Wahl hätte. Nur dann könnte man sagen: Thust du nicht, was Kläger begehrt, dann erkläre dich warum; kannst du es nicht thun, dann anerkenne wenigstens den Anspruch; willst du keines von beidem thun, dann bestreite ihn! Der Feststellungsklage gegenüber hat aber Beklagter keine Wahl mehr zwischen Erfüllung des klägerischen Anspruchs und Einlassung auf den Prozeß; es gibt kein Verhalten des Beklagten, das ihn von einer Verurteilung befreien könnte; wenn er auch alles thut, was er thun kann, so vermag er doch nicht, den Prozeß, ein ihm ungünstiges Sachurteil von sich abzuhalten. Wollte man nun auch für den Feststellungsprozeß eine Einlassungspflicht behaupten, so käme man zu einem höchst sonderbaren Resultate.

Der Beklagte kann den bereits begonnenen Prozeß von sich nicht mehr abwenden; dem klägerischen Anspruche steht er nicht als Verpflichteter gegenüber; er hat gar nicht die Möglichkeit der Erfüllung desselben; und doch soll er durch die Defensionspflicht verpflichtet werden, das festzustellende Rechtsverhältnis anzuerkennen oder zu bestreiten! Gewiß nicht. Ebenso wenig als ihm ein rechtliches Interesse an der Fortdauer des Zustandes der Ungewißheit zugestanden werden kann, ebenso wenig kann ihm eine Verpflichtung auferlegt werden, irgend etwas zur Beseitigung dieses Zustandes zu thun, nachdem er ihn ja überhaupt nicht beseitigen kann; er muß es sich nur gefallen lassen, daß der Zustand rechtlicher Ungewißheit durch Urteil des Gerichts beendet werde, woran Kläger ein rechtliches Interesse hat und haben muß.

Nur wer ein rechtliches Interesse hat, kann in dem Sinne verpflichtet sein, in Bethätigung desselben aktiv zu werden, daß er behufs Verfolgung seines Interesses gewisse Prozeßhandlungen vornehmen muß; das Handeln im Prozesse oder das auf das Zustandekommen desselben abzielende Handeln soll ja nur das Mittel sein zur Geltendmachung oder Verteidigung rechtlicher Interessen. Die Annahme einer Einlassungspflicht erscheint unbegründet, weil ja der Beklagte gar kein Interesse am Zustandekommen des Prozesses hat.

Der Kläger hat wohl ein Interesse am Zustandekommen des Prozesses, aber auch er ist nicht gezwungen, die Klage zu erheben; er muß es nur thun, wenn er den Prozeß will, in Bethätigung seines Interesses an demselben. Der Zeitpunkt und die Art der Erhebung der Klage steht ganz in seinem Belieben. Dem entspricht nach dem Prinzipe der

Parteiengleichheit nur, daß es auch im Belieben des Beklagten gelegen sein müsse, sich auf die Klage einzulassen, daß aber keine Verpflichtung hierzu — keine Einlassungspflicht existieren könne.

Mit der Verneinung der Einlassungspflicht wird nicht nur das Prozeßverhältnis, sondern auch dessen Dreiseitigkeit nicht aufgegeben.

Das Prozeßverhältnis wird als dreiseitiges nicht wie es wegen der Symmetrie mit so großer Befriedigung hervorgehoben wird, durch drei Akte, durch Erhebung der Klage auf Seite des Klägers, durch Anbringung der Klage auf Seite des Gerichts und durch Streiteinlassung auf Seite des Beklagten, sondern bloß durch die als einseitiges Rechtsgeschäft sich darstellende Klagerhebung begründet.

Die Beklagtenrolle braucht im Prozesse nicht gespielt zu werden, damit dieser sich als ein dreiseitiges Rechtsverhältnis, als ein Zweiparteienverhältnis darstellt; der Beklagte steht als Partei in dem Prozeßverhältnis, wenn er auch seine Parteirechte nicht ausübt; ebenso ist es ja auch mit dem Kläger; dieser muß wohl, damit der Prozeß seinen Anfang nehmen kann, aktiv auftreten, indem er die Klage erhebt; im Prozesse selbst braucht er keine Rolle zu spielen, er bleibt trotzdem als Partei im dreiseitigen Prozeßverhältnisse stehen; der Prozeß ist ein Zweiparteienprozeß auch im Versäumnisverfahren, und zwar auch im Falle, als Kläger säumig ist.

Mit Unrecht wird stets mit alleiniger Ausnahme von Schwalbach der Fall des Versäumnisses des Beklagten allein in Betracht gezogen, und behauptet, es müsse dem Beklagten, wenn das Zweiparteienverhältnis nicht preisgegeben werden wolle, eine Prozeßrolle aufgezwungen werden, die mindestens darin bestehe, daß er den Klaganspruch bestreitet.

Warum stellt sich die Sache beim Ausbleiben des Klägers anders? Das Zweiparteienverhältnis wird nicht preisgegeben, obwohl in diesem Falle gar nichts fingiert wird, der Kläger im Prozesse nicht einmal als Statist auftritt. Die in den Motiven zu § 295 angedeutete Verzichtsfiktion ist wissenschaftlich wohl als aufgegeben zu betrachten.

Der Klaganspruch entzieht sich in diesem Falle der richterlichen Entscheidung, weil er in der mündlichen Verhandlung noch gar nicht geltend gemacht wurde; aber der Kläger steht in dem durch die Klagerhebung geschaffenen Prozeßverhältnisse und es kann daher zu einem ihn in der Sache abweisenden Urteile kommen. Gerade darin liegt nach Schwalbach R. der Beweis für die Existenz des Prozeßverhältnisses, daß es zum Versäumnisurteile kommen kann. „Wo Versäumnisurteil möglich ist, dort ist das Prozeßverhältnis vorhanden."

Das Zweiparteienverhältnis bleibt im Versäumnisverfahren, mag nun Versäumnis des Beklagten oder Klägers eintreten; weder der Beklagte noch der Kläger können aus dem Prozesse eliminiert werden; deshalb brauchen sie aber im Prozesse keine Rolle zu spielen. Die Behauptung, kein Prozeß könne auf Präklusion gegründet werden, er müsse stets auf die Basis des erklärten Streitwillens gestellt sein, ist bezüglich des Klägers unrichtig; denn der Kläger hat im Versäumnisfalle seinen Streitwillen noch nicht erklärt, und ein solcher wird auch nicht fingiert.

Im Ausbleibensfalle des Klägers liegt dem Gerichte, wenn es zu entscheiden hat, nur ein Antrag, der des Beklagten auf Versäumnisurteil, vor. Nur über diesen ist zu entscheiden, und zwar, wenn nicht absolute Prozeßvoraussetzungen fehlen, stets im Sinne des Antrages; das Gericht hat nur zu prüfen, ob Versäumnis des Klägers vorliegt; im übrigen erledigt sich die richterliche Kognition insofern, als es zur Anwendung des objektiven Privatrechtes durch das erkennende Gericht nicht kommt.

Die RCPO. hat für den Fall der Versäumnis des Klägers im § 295 die Versäumnisfolge dahin festgesetzt, daß Kläger mit seiner Klage abgewiesen wird, ohne daß es einer Prüfung des mit der Klage geltend gemachten Anspruches bedarf. Diese Prüfung ist ausgeschlossen, denn ein auf denselben Bezug nehmender Antrag wurde vom Kläger in der mündlichen Verhandlung nicht gestellt, verlesen und die denselben tragenden Thatsachen, auf welche hin die Prüfung erfolgen könnte, wurden in der mündlichen Verhandlung nicht angeführt, sie können daher vom Gerichte, das bei seiner Prüfung nur das in dieser Vorgekommene berücksichtigen darf, gar nicht beachtet werden. Das Gericht hat also nur, nachdem es sich von dem Vorhandensein der absoluten Prozeßvoraussetzungen überzeugt hat, über Antrag des Beklagten die von dem Gesetze dahin geregelte Versäumnisfolge, daß Kläger mit seiner Klage abzuweisen ist, auszusprechen. Daß das ergehende Versäumnisurteil die exceptio rei judicatae begründet, ist selbstverständlich, zumal es nach der RCPO. ein Sachurteil ist.

Wohin geht nun der nach § 295 zu stellende Antrag des Beklagten? Doch nur auf Verwirklichung des in der Versäumnisfolge liegenden, den Kläger treffenden Rechtsnachteiles.

In diesem Antrage soll nach Birkmayer (B). ein Verhandeln zur Hauptsache gelegen, er soll ein durch Verhandeln zur Hauptsache motivierter Antrag sein. Angenommen und auch zugegeben, dieser Antrag sei kein nackter, sondern ein durch Versäumnis des Gegners begründeter Antrag und in dieser Begründung verhandle der Beklagte bereits, so kann man doch nicht behaupten, daß der Beklagte durch die Begründung dieses seines Antrages zur Hauptsache verhandle.

Richtig ist, daß einerseits ein Versäumnisurteil nur möglich ist bei der Versäumung der mündlichen Verhandlung zur Hauptsache und daß andererseits die Versäumnisfolge des § 295 Abweisung der Klage ist; der mit dieser geltend gemachte Anspruch wird aber durch sie nur mittelbar betroffen. Die Klage wird abgewiesen und damit auch der mit ihr geltend gemachte Anspruch. Dieser Anspruch wird nicht als ein nicht zu Recht bestehender vom Gerichte abgewiesen, denn das Gericht kommt gar nicht in die Lage, sich mit demselben in irgend einer Weise zu beschäftigen; es kann ihn nicht prüfen und daher auch nicht abweisen. Das Gericht prüft nur die Versäumnis und spricht als Folge jene aus, welche das Gesetz als Versäumnisfolge erklärt hat, Abweisung der Klage, ohne daß über deren Inhalt eine Verhandlung stattgefunden hätte. Eine Verhandlung zur Hauptsache ist aber die Verhandlung über den Inhalt der Klage, über den in derselben gestellten Antrag.

Nach § 128 wird die mündliche Verhandlung überhaupt eingeleitet durch Stellung der Parteianträge; worüber die Verhandlung gehen soll, wird durch den Antrag resp. die Anträge bestimmt. Nur die Hauptsache betreffende Anträge können die mündliche Verhandlung zur Hauptsache einleiten; diese Anträge sind aber nach Birkmeyer a. a. O. S. 38 von rechtlicher Relevanz nur im Zusammenhange mit den sie begründenden Thatsachen und Rechtsbehauptungen; die mündliche Verhandlung beginnt darnach also erst mit der Motivierung der Anträge, die mündliche Verhandlung zur Hauptsache erst in dem Momente, in welchem aus dieser Motivierung zu entnehmen ist, daß die Anträge sich auf die Hauptsache beziehen. Bezüglich des von dem Kläger aus der Klagschrift verlesenen Antrages kann diesfalls kein Zweifel obwalten; dieser ist stets ein sich auf die Hauptsache beziehender Antrag; mit der Begründung desselben beginnt die Verhandlung zur Hauptsache, wenn Beklagter seinen Gegenantrag nicht auf prozeßhindernde Einreden stützt und abgesonderte Verhandlungen über dieselben verlangt, oder das Gericht diese anordnet.

Die mündliche Verhandlung zur Hauptsache kann also immer nur mit der Stellung des klägerischen Antrages eingeleitet und durch Begründung desselben begonnen werden. Dies ist so selbstverständlich, daß die RCPO. es nicht für nötig befunden hat, erst ausdrücklich vorzuschreiben, daß der Antrag des Klägers dem des Beklagten und die Begründung des ersteren der des letzteren vorauszugehen habe. Immer erhält Kläger zu beidem früher das Wort.

Wie sollte eine mündliche Verhandlung zur Hauptsache beginnen können, ohne daß Kläger seinen Antrag stellt und diesen begründet? Der Antrag des Beklagten zur Hauptsache kann immer nur ein Gegenantrag sein (Anerkenntnis des Anspruches ist kein Antrag); einen solchen gibt es aber nur einem in der mündlichen Verhandlung gestellten Antrage gegenüber. So lange dieser nicht gestellt ist, kann es keinen Antrag des Beklagten zur Hauptsache geben. Ein solcher ist daher auch der Antrag auf Versäumnisurteil nach § 295 keineswegs; der Beklagte beantragt nur, daß der Eintritt der prozessualen Versäumnisfolge vom Gerichte ausgesprochen werde; dies kann er, ohne daß die Verhandlung zur Hauptsache begonnen hat, und daran wird er dadurch nicht gehindert, daß diese Versäumnisfolge, das die Klage abweisende Urteil und die diesem zur Seite stehende exceptio rei judicatae mittelbar den Anspruch der Klage ergreift.

Es kommt gar nicht zum Beginne der Verhandlung zur Hauptsache; wenn sie aber nicht begonnen hat, gar nicht beginnen konnte, kann sie auch keine „so minimale Existenz haben, daß man sie leicht neben dem Antrage übersehen konnte" (Birkmeyer a. a. O. S. 59). Der Antrag des Beklagten auf Versäumnisurteil enthält nicht nur kein Verhandeln zur Hauptsache, sondern es kann auch kein Zweifel obwalten, ob er ein Antrag zur Hauptsache sei oder nicht. Er ist von vornherein als ein auf Verwirklichung des durch das Prozeßgesetz mit der klägerischen Versäumnis verbundenen Rechtsnachteiles gerichteter Antrag ein so prononciert prozessualer, daß man in ihm kein Einlassen des Beklagten auf die noch gar nicht begonnene Verhandlung zur Hauptsache erkennen kann, wenn auch der Termin, in dem er gestellt wurde, dazu bestimmt war, und wenn auch die Versäumnisfolge den Klaganspruch mittelbar ergreift. Das Prozeßgesetz hat angeordnet, daß in diesem Falle ein Urteil in der Hauptsache der Wirkung nach ergeht, obwohl es seiner Grundlage nach kein solches ist und sein kann, nachdem ja eine Verhandlung zur Hauptsache gar nicht stattgefunden hat, das Gericht gar nicht in die Lage versetzt wurde, in der Hauptsache zu erkennen. Die Versäumnis des Klägers soll genügen, um ihn mit seiner Klage abzuweisen, gleichviel ob sein Anspruch erwiesenermaßen — etwa durch vorliegende Originalausfertigungen öffentlicher Urkunden — begründet ist oder nicht. Es findet Abweisung der Klage statt als Versäumnisfolge, ohne daß Anwendung des objektiven Privatrechtes stattgefunden hätte; das nach § 295 ergehende Versäumnisurteil beruht nur auf der Anwendung des Prozeßgesetzes.

Der klagbare Anspruch des Klägers wird durch dessen Versäumnis und das die Versäumnisfolge aussprechende Urteil keineswegs zum unklagbaren, wie etwa ein wechselmäßiger Anspruch im Falle der Versäumnis des zur Protestlevierung verpflichteten Wechselinhabers aufhört, ein wechselmäßiger zu sein. Der materiell rechtliche Anspruch bleibt ein klagbarer, nur kann einer neuerlichen Klage die exceptio rei judicatae entgegengesetzt werden.

So viel scheint festzustehen, daß in dem Antrage auf Versäumnisurteil nach § 295 keine Einlassung des Beklagten auf die Hauptsache gefunden werden könne.

Ist aber dies richtig, so ist damit der unwiderlegliche Nachweis geliefert, daß das Prozeßverhältnis nicht erst durch Einlassung des Beklagten auf die Hauptsache existent wird, denn nur unter der Voraussetzung der Existenz des Prozeßverhältnisses ist ein Kontumazialerkenntnis möglich, es muß daher das Prozeßverhältnis unabhängig von der Einlassung des Beklagten existent geworden, also bereits durch die Klagerhebung zu stande gekommen sein.

Würde man Birkmeyer alles konzedieren, so käme er doch in Widerspruch mit sich selbst. Nach seiner Ansicht kommt das Prozeßverhältnis erst durch die Streiteinlassung des Beklagten zu stande; der Begriff derselben wird ex professo auf S. 42 a. a. O. dahin präzisiert: „Der mit Leugnung der Klagthatsachen oder mit rechtlichen Gegendeduktionen oder mit Einreden in der Sache selbst begründete Gegenantrag enthält des Beklagten Streiteinlassung". Wie kann dann in der Stellung des Antrages auf Versäumnisurteil nach § 295 auch eine noch so minimale Streiteinlassung gefunden werden? Wo bleiben bei ihm die alternativ als notwendig erklärte Leugnung der Klagthatsachen, die rechtlichen Gegendeduktionen und die Einreden in der Sache selbst?

Trotzdem findet Birkmeyer in der Stellung des Antrages auf Versäumnisurteil nach § 295 die Erklärung des Beklagten, mit dem Kläger in der Hauptache streiten zu wollen (a. a. O. S. 63). Wieso? Der Kläger hat zwar bereits seine Klage erhoben, aber noch gar nicht zu streiten begonnen. Dann will doch Beklagter über die Klage (über den in derselben geltend gemachten Anspruch) gar nicht streiten, sondern er verlangt deren sofortige Abweisung ohne jeden Streit unter Anwendung eines ihm durch die Prozeßordnung eingeräumten speciellen Prozeßrechtes.

Jeder Streit über die Klage, über den mit derselben geltend gemachten Anspruch, auch ein künftiger, soll durch das beantragte Versäumnisurteil und die demselben zur Seite stehende exceptio rei judicatae ein für allemal aus der Welt geschafft werden; und da soll von einem „streiten wollen“ gesprochen werden können?

Es wurde dargethan, daß das Zweiparteienverhältnis auch bei vollkommener Passivität des Klägers nach der Klagerhebung nicht aufgegeben wird, daß dieser vielmehr als Subjekt in dem einmal begründeten Prozeßverhältnisse verbleibt, aber ohne gezwungen zu sein, im Prozesse zu handeln. Es wurde dargethan, daß es auf das Handeln des Klägers im Prozesse nicht ankomme, und daß das Handeln des Beklagten bei Versäumnis des Klägers kein Einlassen auf die Sache, kein Verhandeln zur Hauptsache sei, daß daher das Prozeßverhältnis nicht erst durch Einlassung des Beklagten zustande kommen könne, nachdem es doch in dem besprochenen Falle existent ist, seine Wirkungen äußert, ohne daß auch nur die Verhandlung zur Hauptsache eröffnet wurde.

Der Beklagte kann den Antrag auf Versäumnisurteil nur als im Prozeßverhältnisse bereits stehend stellen, denn in diesem Antrage liegt die Ausübung eines subjektiven Prozeßrechtes, und die Existenz eines solchen setzt das Bestehen des Prozeßverhältnisses voraus.

Ebenso im Falle der Versäumnis seitens des Beklagten. Auch der Kläger kann den Antrag auf Versäumnisurteil, durch welches gegen den Beklagten in der Hauptsache entschieden werden soll, nur unter der Voraussetzung rechtswirksam stellen, daß das Prozeßverhältnis als ein dreiseitiges bereits besteht, daß der Beklagte in demselben als Prozeßsubjekt steht, obwohl er sich in eine Verhandlung zur Hauptsache noch nicht eingelassen hat und sich in eine solche auch nicht einläßt.

Wie in diesem Falle eigentlich der Fiktionsmechanismus arbeiten soll, ist niemals richtig aufgeklärt worden; man begnügt sich damit, zu sagen, die Streiteinlassung, Bestreitung des vom Kläger in der Hauptsache erhobenen Anspruches werde fingiert. Die Fiktion des Zugeständnisses der Thatsachen soll erst eintreten über den gestellten Antrag auf Versäumnisurteil; wann tritt die Fiktion der Anspruchsbestreitung ein? gewiß doch unter einem mit der Fiktion des Thatsachenzugeständnisses, also auch über den gestellten Antrag auf Versäumnisurteil. Wenn nun in diesem Momente die Fiktion eintritt, so wird durch sie erst des Prozeßverhältnis hergestellt; aber der Versäumnisurteilsantrag ging voraus, er wurde bereits gestellt vor der Fiktion, also bevor das Prozeßverhältnis durch fingierte Einlassung zu stande gekommen war. So lange aber das Prozeßverhältnis nicht als ein dreiseitiges zu stande gekommen war, konnte das durch Stellung des Versäumnisurteilsantrages ausgeübte Prozeßrecht nicht ausgeübt werden, weil es den Inhalt des Prozeßverhältnisses mit bildet, dieses aber erst später durch Fiktion der Anspruchsbestreitung zustande gekommen ist.

Man sieht, daß man mit der Behauptung der Herstellung des Prozeßverhältnisses durch Einlassung des Beklagten eventuell durch Fiktion der Anspruchsbestreitung nicht aufkommen kann, daß man die Notwendigkeit der Streiteinlassung zur Prozeßbegründung und damit die Einlassungspflicht aufgeben und das Prozeßverhältnis durch die Klagerhebung als hergestellt ansehen muß.

Ein Beleg dafür, daß die Einlassungspflicht nicht der Gegenwart, sondern der Vergangenheit angehöre, daß nur im Formularprozesse deren Erfüllung behufs Zustandekommens des Prozeßverhältnisses nötig war, daß deren Fortbestehen im heutigen Prozesse nur dann behauptet werden kann, wenn die totale Umbildung, welche die ganze Institution des Prozesses erfahren hat, unberücksichtigt gelassen wird, ergibt sich aus dem Verhalten Plancks gegenüber der in Rede stehenden Streitfrage.

Planck lehrt in L. (Bd. I. § 56 „freier Gebrauch der Parteirechte"), daß die Parteien über den Gebrauch ihrer Prozeß**rechte** frei disponieren; welche Prozeßrechte dies aber seien, das bestimme die durch Parteiwillkür unabänderliche Prozeßordnung; eine besondere Bewandtnis habe es mit dem uneigentlichen **negativen** Prozeßrechte: dem Rechte der angegriffenen Partei, zu verlangen, daß dem Angreifer das von ihm Erbetene wegen Mangels der von ihm zu erfüllenden prozeßordnungsmäßigen (formellen oder materiellen) Anforderungen vom Gericht verweigert werde. Mache der Angegriffene hiervon keinen Gebrauch, so begründe dies höchstens die Gefahr, daß das Gericht den vorhandenen Mangel bei seiner Prüfung allenfalls übersähe, keineswegs aber sei das Gericht weder der pflichtmäßigen Prüfung noch der Verpflichtung zur Zurückweisung des Angreifers bei entdecktem Mangel überhoben. Das deutsche Civilprozeßrecht habe aber **innerhalb gewisser Grenzen** die Bemängelung des Angegriffenen zur Bedingung der gerichtlichen Prüfung und Zurückweisung erhoben und damit das negative Prozeßrecht in ein positives, der freien Disposition des Angegriffenen unterliegendes umgewandelt.

Über die Erfüllung ihrer **eigentlichen** Prozeß**pflichten** verfüge die Partei **nicht** nach freiem Belieben, sie werde vielmehr dazu gezwungen. Zu diesen gehöre von alters her die in der Dingpflicht gelegene Pflicht des Beklagten, dem Richter Rechtens zu pflegen, wozu insbesondere auch die Verpflichtung gehöre, auf die Klage zu antworten, ob und inwieweit sie bestritten werden solle. Die Pflicht des Beklagten habe nicht erst mit dem rechtskräftigen Endurteile, sondern mit dem definitiven Ladungsgebot, bezw. mit dem Gebot zur Antwort begonnen. Nach deutschem Rechte sei es dem Beklagten nicht freigestanden, passiv zu bleiben und es auf ein Eremodicialverfahren ankommen zu lassen. Durch Ungehorsam des Beklagten habe der Kläger ein *unbedingtes* Recht auf *Verurteilung* desselben erlangt, welche Wirkung die spätere deutsche Prozeßrechtslehre als die der Fiktion des Eingeständnisses bezeichnet habe; diese Fiktion habe sich nicht mehr auf den Anspruch, sondern auf die zu dessen Begründung behaupteten Thatsachen bezogen. Auch in der RCPO. bilde das Zwangsmittel gegen den Angegriffenen zur Erfüllung seiner Antwortspflicht die Fiktion des Eingeständnisses der thatsächlichen Klagsbehauptungen.

Antworten, das heißt hier „an der zweiseitigen Verhandlung sich beteiligen" müsse der Beklagte, das sei seine der Dispositionsfreiheit entzogene Pflicht, deren Erfüllung nötigenfalls erzwungen würde. Aber *wie* er antworten, ob er zugestehen oder bestreiten wolle, „*was*" er zugestehen oder bestreiten wolle, das stehe in seinem Belieben. Ja, das Civilprozeßrecht habe dieser Antwort zum Zwecke der Entlastung des Gerichtes wie des Angreifers eine das Gericht bindende Wirkung beilegen zu dürfen geglaubt durch die Vorschrift, daß regelmäßig *nur das* weiterer Prüfung unterzogen werden solle und dürfe, was der Angegriffene *bestreitet*, nicht aber das, was er zugesteht. Hiermit werde nicht die Antwort, aber die *bestreitende* Antwort zu einem *positiven Prozeßrechte*, über dessen Ausübung der Beklagte frei verfüge.

Darnach ist Antwortspflicht, d. i. die Pflicht, sich an der zweiseitigen Verhandlung zu beteiligen, von der Planck spricht, nicht *Einlassungspflicht allein*, sondern sie umfaßt auch die sog. *Erklärungspflicht*.

Sie wird erfüllt durch *jede* Beteiligung an der zweiseitigen Verhandlung durch Zugestehen oder Bestreiten, und zwar *des Anspruches oder* der zu seiner Begründung angeführten *thatsächlichen Behauptungen*.

Indem der Beklagte auf die Klage überhaupt antwortet, erfüllt er die Antwortspflicht; damit ist aber die Einlassungspflicht noch nicht erfüllt; denn die Antwort kann ja in einem Zugestehen oder Bestreiten der Klagthatsachen bestehen, — und solche Antwort ist genügende Erfüllung der Antwortpflicht — während die *Einlassung* in einer Erklärung *über* den *Anspruch* bestehen soll.

Wenn also Planck die von ihm geforderte Erfüllung der Antwortpflicht schon in einer Erklärung über die Klagthatsachen erkennt, so ist damit die Einlassungspflicht aufgegeben.

Während andere es als Pflicht des Beklagten erklären, daß er den Klaganspruch entweder anerkenne oder bestreite, braucht sich der Beklagte nach Planck über den Anspruch gar nicht zu äußern, es genügt ein Zugestehen oder Bestreiten der Thatsachen; während andere die Bestreitung des Anspruches als Erfüllung der Einlassungspflicht fordern, erklärt Planck die bestreitende Antwort als positives Prozeßrecht, das der Beklagte ausüben kann, wenn er will, allerdings nicht, wann und wie er will.

Damit tritt Planck zu den Ansichten der früher genannten Verteidiger der Einlassungspflicht in direkten Widerspruch.

Planck kommt aber doch nur dadurch zur Leugnung der Einlassungspflicht, daß er sie in der Antwortspflicht aufgehen läßt und nur deren Erfüllung als pflichtmäßige fordert.

Hierin liegt das Bedenkliche seiner Anschauung, denn es tritt ein Vikariieren in der Erfüllung von Verpflichtungen ein, die, wenn sie überhaupt existieren sollten, auseinandergehalten und speziell erfüllt werden müßten. Gerade darin, daß eine aus heterogenen Verpflichtungen zusammengesetzte Pflicht schon dadurch allein erfüllt werden soll, daß man nur einer dieser Verpflichtungen gerecht wird, dürfte ein Beweis dafür zu finden sein, daß beide Pflichten thatsächlich nicht existieren, daß es weder eine Einlassungs-, noch eine Erklärungspflicht, noch endlich eine aus beiden zusammengesetzte Antwortspflicht gibt, sondern daß nur das existiert, was Planck als ein positives Prozeßrecht anerkennt, nämlich das Bestreitungsrecht, das Recht zur bestreitenden Antwort.

Wenn Planck auch für den heutigen Prozeß eine Antwortspflicht aufstellt, so wirken Anschauungen nach, die er sich auf Grund so tiefer Studien, wie er sie im älteren deutschen Prozeßrechte gemacht hat, erworben hat.

Sagt nicht Planck selbst in der Note 13, daß er die sowohl die Einlassungs- als auch die Erklärungspflicht leugnende Anschauung Bülows nicht nur für wissenschaftlich möglich, sondern auch als großen Vorteil gewährend erachte, daß sie insbesondere das gekünstelte Erklärungsmittel der Fiktion entbehrlich mache, und daß er nur darum an seiner Anschauung festhalte, weil sie die Verbindung mit älteren Rechtsquellen aufrecht erhalte und den heutigen Rechtszustand als einen geschichtlich gewordenen ersichtlich mache.

Dabei dürfte aber doch übersehen sein, daß faktische Änderungen eingetreten sind, die berücksichtigt werden müssen. Hebt nicht Planck hervor, daß es nach deutschem Rechte dem Beklagten nicht freistand, passiv zu bleiben und es auf ein Eremodicialverfahren ankommen zu lassen? Spricht er nicht von einer Gegenleistung des Beklagten für den ihm durch die Rechtsordnung gegen die Eigenmacht des Klägers gewährten Schutz, welche Gegenleistung in dem Erscheinen und Erklären darüber bestehen soll, welche Punkte als bestrittene einer weiteren Verhandlung zu unterstellen sind?

Ist nicht gerade darin eine totale Änderung eingetreten?

Heute steht es dem Beklagten frei, passiv zu bleiben; er kann es auf das Versäumnisverfahren ankommen lassen. Weiters zeigt sich die Erklärung des erscheinenden Beklagten in der Regel nicht als ein auf die thunlichste Erleichterung der gerichtlichen Kognition und Entscheidung abzielender Akt der Dankbarkeit; das Amt des Richters ist — den Fall der gerichtlichen Anerkennung des Klaganspruches ausgeschlossen — ein einfacheres, wenn sich der Beklagte ruhig kontumazieren, d. h. den Richter ohne Einstreuungen seinerseits das Recht auf die vorliegenden als zugestanden anzusehenden Thatsachen anwenden läßt. Das frühere Civilprozeßrecht mag der Antwort des Beklagten zum Zwecke der Entlastung des Gerichtes wie des Angreifers eine das Gericht bindende Wirkung durch die Vorschrift beigelegt haben, daß regelmäßig nur das weiterer Prüfung unterzogen werden solle und dürfe, was Beklagter bestreitet, nicht aber das, was er zugesteht.

Heute muß es auch zur richterlichen Prüfung und zum Urteile kommen, wenn Beklagter weder bestreitet, noch zugesteht, wenn er passiv bleibt. Wie steht es in diesem Falle mit der richterlichen Prüfung?

Dabei ist die Rechtsfrage von der Frage nach der Richtigkeit der Thatsachen, auf welche hin die Rechtsfrage zu lösen ist, auseinander zu halten. Daß die Rechtsfrage zu prüfen ist, wenn der Anspruch bestritten wurde, steht außer Zweifel. Der Institution des Prozesses gemäß muß die Rechtsfrage aber auch dann geprüft werden, wenn der Anspruch nicht bestritten ist; denn der Staat kann die Rechtsordnung nicht dadurch aufrecht erhalten, daß er etwas als formales Recht erklärt und dessen Verwirklichung erzwingt, was er nicht unter Anwendung des objektiven Rechtes als Recht erkannt hat; kein Urteil ohne Rechtsanwendung! Nachdem aber durch Urteil nur zwischen den Parteien formales Recht geschaffen wird, so kann, insoweit es sich im Prozesse nur um Privatrechte handelt, bei denen nicht auch zugleich ein öffentliches Interesse in Frage kommt, durch richterlichen

Ausspruch als formales Recht erklärt werden, was das Gericht nicht als dem objektiven Privatrechte entsprechend erkannt hat, wenn nur der Beklagte den vom Kläger erhobenen Anspruch als zu Recht bestehend anerkannt hat, und zwar dem Gerichte gegenüber.

Durch dieses Anerkenntnis wird das Gericht der ihm sonst obliegenden Verpflichtung der Rechtsanwendung überhoben; es kann und muß ein nicht auf dieser, sondern auf ausdrücklicher Parteidisposition beruhendes Urteil ergehen.

Die Rechtsfrage ist also nur dann nicht zu prüfen, wenn die Rechtsprüfung durch Anerkenntnis des Anspruches gegenstandslos geworden ist.

Das Urteil beruht in diesem Falle auf dem Anerkenntnisse, in allen anderen Fällen muß sich der Richter überzeugen, daß der Anspruch, welcher auf Grund des vorliegenden Sachverhaltes erhoben wird, im Rechte begründet ist.

Darum finden wir auch übereinstimmend in allen den modernen Rechtsanschauungen entsprechenden Prozeßgesetzen, welche ein Kontumazialurteil kennen, die Vorschrift, daß mit der Rechtsprüfung auch vorgegangen werden müsse, wenn Beklagter den Klaganspruch nicht bestreitet, nirgends aber eine, die lautet: Wer nicht antwortet, wird verurteilt.

Anders liegt es bezüglich der Prüfung der Thatsachen in Bezug auf ihre Wahrheit.

Daß diese Prüfung nötig ist, wenn die Thatsachen bestritten wurden, kann nicht zweifelhaft sein; ebenso wenig, daß diese nicht weiter zu prüfen sind, wenn der Gegner sie als richtig zugesteht. Das Geständnis wirkt wie das Anerkenntnis, es schließt die richterliche Prüfung aus; dieses die Rechtsprüfung, jenes die Thatsachenprüfung. Der Richter muß die Thatsache für wahr halten, nicht weil er von ihr überzeugt ist, sondern weil sie zugestanden ist.

Wurden aber Thatsachen weder zugestanden, noch bestritten, so entsteht die Frage, ob sich der Richter zunächst von deren Richtigkeit zu überzeugen oder ohne weiteres das Recht in Bezug auf sie zur Anwendung zu bringen habe.

Muß sich der Richter ebenso, wie er sich im Falle der Nichtbestreitung des Anspruches stets davon zu überzeugen hat, daß dieser im Rechte begründet ist, auch von der Wahrheit der nicht bestrittenen Thatsachen überzeugen?

Diese Überzeugung ist keine für das Urteil unbedingt notwendige; die Rechtsanwendung kann auch ohne sie erfolgen; das

Urteil erscheint als ein gerechtfertigtes, gerechtes, wenn das objektive Recht auf den vorliegenden Sachverhalt richtig angewendet wurde; ob es materiell ein gerechtes ist, hängt davon, aber nicht allein davon ab, ob der ihm zu Grunde liegende Sachverhalt wahr ist; es ist auch dann ein materiell ungerechtes, wenn andere dem Gerichte nicht vorliegende Thatsachen, die für den Anspruch entscheidend sind, aus denen sich eine rechtswirksame Einrede ergeben würde, existieren.

Weil die Überzeugung des Gerichtes von der Wahrheit der Thatsachen für das Urteil nicht notwendig ist, kann sich die positive Prozeßrechtsgesetzgebung zu der Frage, ob das Gericht nicht bestrittene Thatsachen seinem Urteile ohne weiteres zu Grunde legen könne, verschieden verhalten. Es kann gefordert werden, daß sich das Gericht zunächst von der Wahrheit der Thatsachen überzeuge, es kann aber auch davon abgesehen werden.

Aber auch durch diese Prüfung würde für die materielle Richtigkeit des Urteils nicht viel erreicht, denn es bleibt ja noch immer die Möglichkeit, daß auch ein Urteil, welches auf der Überzeugung des Gerichtes von der Wahrheit der nicht bestrittenen Thatsachen beruht, ein ungerechtes ist, weil andere Thatsachen dem Gerichte nicht vorgebracht wurden, die für eine materiell gerechte Entscheidung maßgebend gewesen wären.

Das Prozeßgesetz muß es aber dem Beklagten überlassen, zu seinen Gunsten sprechende Thatsachen im Prozesse anzuführen und es konnte es ihm daher auch ohne Bedenken überlassen, Thatsachen zu bestreiten, wenn er deren Wahrheit durch das Gericht zunächst geprüft haben wollte und das Urteil nur auf Grund der geprüften Thatsachen ergehen sollte.

Das Bestreiten der Klagthatsachen ist aus einem negativen Prozeßrechte zu einem positiven geworden. Die Thatsachen, die der Beklagte nicht rechtzeitig, d. i. vor Schluß der mündlichen Verhandlung bestreitet, werden vom Gerichte nicht geprüft und dem Urteile, ohne daß sich das Gericht von deren Wahrheit überzeugt hat, dem Urteile zu Grunde gelegt. Wird aber die Verhandlung fortgesetzt, entweder, weil sie wieder eröffnet wird, oder weil sich an die erstrichterliche Verhandlung eine Berufungsverhandlung anschließt, so kann der Beklagte sein Bestreitungsrecht noch immer ausüben, er kann die früher unbestritten gebliebenen Thatsachen bestreiten.

Gerade hierin liegt ein Beweis dafür, daß die RCPO. durch die Bestimmungen der §§ 129 und 296, daß nicht bestrittene Thatsachen (thatsächliches Vorbringen) als zugestanden anzusehen seien, keine

Fiktion des Geständnisses ausgesprochen hat, daß die nicht bestrittenen Thatsachen nicht etwa zugestandene, also unwiderruflich als wahr geltende sind, sondern daß sie nur in so lange von dem Gerichte mit Bezug auf ihre Wahrheit nicht zu prüfen sind, als sie nicht bestritten bleiben.

Nach der RCPO. ist die Rechtsprüfung nur im Falle des Anerkenntnisses des Anspruches ausgeschlossen; dagegen sind Thatsachen in Bezug auf ihre Richtigkeit nur zu prüfen, wenn sie bestritten sind; durch Bestreiten werden sie erst beweisbedürftig; die Rechtsanwendung hat aber keine Anspruchsbestreitung seitens des Beklagten zur Voraussetzung, sie liegt in der Institution des Prozesses als einer Rechtsschutzordnung; der Anspruch des Klägers muß beim Mangel der von ihm zu erfüllenden prozeßordnungsmäßigen (formellen oder materiellen) Anforderungen abgewiesen werden, ohne daß es einer Bestreitung des Zu-Recht-Bestehens desselben bedarf.

Das würde aber dann nicht stimmen, wenn die Behauptung Plancks, daß die bestreitende Antwort (ein seiner Natur nach negatives Prozeßrecht) durch das deutsche Civilprozeßrecht zu einem positiven in dem Sinne umgewandelt wurde, daß die Bemängelung des Angegriffenen zur Bedingung der gerichtlichen Prüfung und Zurückweisung erhoben wurde, auch bezüglich der Antwort auf den Klaganspruch zu gelten hätte. Die den Klaganspruch bestreitende Antwort muß vielmehr negatives Prozeßrecht des Beklagten geblieben sein, und zwar in dem oben erörterten Sinne, daß nämlich durch Nichtgebrauch desselben für den Beklagten höchstens die Gefahr entsteht, daß das Gericht die Unschlüssigkeit der Klage bei der Entscheidung übersieht, nicht aber, daß das Gericht der Prüfung und Zurückweisung der Klage wegen Unbegründetheit des Begehrens überhoben wäre.

Aus dem Gesagten folgt bezüglich der in Frage stehenden Einlassungs- oder Defensionspflicht, daß Planck nicht nur das Bestreiten des Klaganspruches, sondern überhaupt jede Erklärung des Beklagten über den Anspruch selbst als Pflicht aufgegeben hat; er verlangt nur Antwort auf die Klage, zum mindesten eine solche, die sich mit den Klagethatsachen beschäftigt. Darum kommt er auch zu der Konsequenz, daß das Zwangsmittel zur Erfüllung der Antwortspflicht lediglich die Fiktion des Eingeständnisses der thatsächlichen Klagbehauptungen ist.

Wenn auch dieser Anschauung nicht beigetreten werden kann, so geht doch aus dem Gesagten hervor, daß Planck die Fiktion der Bestreitung des Klaganspruches als Zwangsmittel ebenso wenig kennt als eine Einlassungs = Defensionspflicht.

www.ingramcontent.com/pod-product-compliance
Lightning Source LLC
LaVergne TN
LVHW092149300926
849161LV00002B/229